Aufbruch in die Zukunft

Volker Heyse
(Hrsg.)

Aufbruch in die Zukunft. Erfolgreiche Entwicklungen von Schlüsselkompetenzen in Schulen und Hochschulen

Aktuelle persönliche Erfahrungen aus Deutschland, Österreich und der Schweiz

Waxmann 2014
Münster • New York

Initiiert und gefördert durch die Heyse Stiftung
Menschenbilder – Menschenbildung.

HEYSE STIFTUNG

MENSCHENBILDER –
MENSCHENBILDUNG

Bibliografische Informationen der Deutschen Nationalbibliothek
Die Deutsche Nationalbibliothek verzeichnet diese Publikation in der Deutschen Nationalbibliografie; detaillierte bibliografische Daten sind im Internet über http://dnb.d-nb.de abrufbar.

Print-ISBN 978-3-8309-3052-5
E-Book-ISBN 978-3-8309-8052-0

www.waxmann.com
info@waxmann.com

Umschlaggestaltung: Pleßmann Design, Ascheberg
Satz: Stoddart Satz- und Layoutservice, Münster
Druck: Těšínská tiskárna, a.s., Český Těšín

Gedruckt auf alterungsbeständigem Papier,
säurefrei gemäß ISO 9706

Inhalt

5. Kompetenzfeststellung und -validierung – bewährte Methoden und Instrumente

Vorwort

Die Kernfrage, unter welchen Bedingungen und gegen welche Bedrohungen die Möglichkeiten von Lernen und Bildung heute stark zu machen sind, ist in jeder Generation neu zu bestimmen. Das Ziel eines emanzipatorischen Bildungs- und Zivilgesellschaftsbegriffs muss dabei stets die Verbesserung der Handlungschancen der Subjekte und die unterstützende Entfaltung von Lebensbedingungen sein. Individualisierte und pluralisierte Gesellschaften wie die unsere zeichnen sich diesbezüglich durch ein generelles Wechselspiel von Chancen und Risiken aus. Was Menschen hier an Lernprozessen brauchen, wie sie die konkreten Anforderungen ihres Lebens „lesen" können, welche Lernschritte und Kompetenzen sie daraus für sich ableiten, ist dabei äußerst unterschiedlich. Das, was Menschen ins Zentrum ihrer Bemühungen stellen, hängt stark davon ab, was sie als zu lösendes Problem anzusehen gelernt haben und welche Reaktionen darauf für sie sinnvoll sind. Eine schlichte Ausdehnung von Beschulungsszenarien hat deshalb eher den Effekt des Motivationsverlustes sowie der Ausbreitung einer instrumentellen Einstellung zum Lernen. Vielmehr bedarf es der Lernwelten, die selbstbestimmte Lernprozesse aktivieren, in der Basisqualifikationen und Schlüsselkompetenzen angeeignet und mit praktischen Erfahrungen verbunden werden können. Für die vielen partikularen Interessen, Wünsche, die einzelnen Probleme und Anforderungen von Menschen ist es deshalb entscheidend, ob diese in einer beweglichen Lernstruktur bearbeitbar sind, oder ob starre Prozeduren den Lernvorgang bestimmen. Diese Akzentuierung scheint ein Schlüssel dazu zu sein, ob Lerner und Lernerinnen eine aktive Teilhabe am Bildungsprozess „spüren", ob das Verhältnis von Angebot und selbständiger Aneignung in Balance ist. Die strukturelle Unterscheidung in „beweglich" oder „starr" hebt zwar den prinzipiellen Widerspruch zwischen Vorgaben und Anleitung für Lernende nicht vollständig auf, betont aber den qualitativen Zusammenhang von „objektiver" Lernerfordernis und individuellen Aneignungsmöglichkeiten.

Dies gilt umso mehr, als jede Erziehung, jedes Lernen ein Vorgriff auf Künftiges ist, das doch nur vom überkommenen Gegenwärtigen ausgehen kann. Die Welt, an die wir durch Erziehungs- und Lernprozesse herangeführt werden sollen, ist prinzipiell unbekannt. Das wahrlich große Ziel besteht deshalb darin, dass die Heranwachsenden, die Lernenden, ihr Geschick selbst meistern können. Dazu müssen sie in der Lage sein, ihre Existenz möglichst ausführlich und mannigfaltig zu erkennen, zu reflektieren und zu gestalten. Dies verpflichtet jede Pädagogik zur kritischen Bestandsaufnahme, zur skeptischen Prüfung des Gegebenen.

Die Beiträge dieses Sammelbandes sind innerhalb der Grundfrage, wie Menschen zu kompetenten Interpreten/Interpretinnen und Handelnden ihrer Lernwelt werden, positioniert und arbeiten sich diesbezüglich am Konstrukt der Schlüsselkompetenzen daran ab. Die unterschiedlichen Entwürfe von Schlüsselkompetenzen werden hier vor allem dazu verwendet, um zu zeigen, wie Lernen im Sinne einer Vertiefung und Erweiterung bestehender Erfahrungs- und Wissensstrukturen wirken kann und welche didaktischen Schlussfolgerungen daraus zu ziehen sind. In diesem Sinne dokumentiert und kommentiert dieses Buch auf äußerst anschauliche Art und Weise, wie Konzepte der Schlüsselkompetenzen ertragreich an schon bislang entwickelte genuin pädagogische Kompetenzmodelle anschließbar gemacht werden können. Desgleichen werden nationale und internationale Projekte zur Beurteilung, Validierung und Zertifizierung von Schlüsselkompetenzen vorgestellt und im Sinne lebensbegleitender Lern- und Bildungsbestrebungen diskutiert. Sie stellen in ihrer Gesamtheit originelle Wegmarken in der Auseinandersetzung mit der Entstehung, der Erfassung und Weiterentwicklung von Schlüsselkompetenzen in allen Bildungsbereichen dar. Sie bieten den Leserinnen und Lesern dazu nicht nur ein aufschlussreiches Kompendium der Kompetenzentwicklung und -forschung in unterschiedlichsten pädagogischen Bezügen, sondern auch Anregungen zur Weiterentwicklung der eigenen Handlungsperspektiven.

Univ.-Prof. Dr. Rudolf Egger
Zentrum für Lehrkompetenz
der Karl-Franzens-Universität Graz

Volker Heyse

Einleitung

1. Ausgangssituation

Um die künftigen Anforderungen und Herausforderungen der Risikogesellschaft mit zunehmender Komplexität und weitgehend nicht voraussagbaren Entwicklungen und Lebensanforderungen zu bewältigen, bedarf es tiefgreifender Veränderungen in Bildung und Erziehung in Schulen und Hochschulen.

Es gibt durchaus sehr gute Beispiele des Gelingens solcher Neuausrichtungen. Diese bleiben jedoch der Öffentlichkeit weitgehend unbekannt und somit „wenig ansteckend". Schulen und Hochschulen müssen den Lernenden vor allem Möglichkeiten einräumen, Offenheit und Interesse für Neues zu stärken, Kreativität und Innovationsfreude zu entwickeln, Teamgeist zu erwerben, das Interesse an fachübergreifenden Kenntnissen und umfassende Projektarbeitserfahrungen zu erweitern – also wichtige lebensmeisternde *Schlüsselkompetenzen* zu entwickeln.

Die Hochschulen sind auf Bildungs- und Erziehungsresultate der Schulen angewiesen, sonst sind erschwerende, zusätzliche „Reparaturleistungen" notwendig wie Grammatikkurse, Nachhilfekurse in Mathematik, Naturwissenschaften, Sprachen, Benimm-Dich-Kurse und einfache Teambildungsmaßnahmen. Eine gute schulische Bewertung in Mathematik zeugt häufig im Hochschulalltag von einer umfassenden formalen Kenntnis-Aneignung, jedoch noch lange nicht von der Verwertbarkeit und Umsetzung dieses abgefüllten Wissens in neuen praktischen Lebenssituationen. Wieso geben so viele Studierende in technischen Disziplinen in den ersten vier Semestern auf bzw. bestehen diverse Klausuren nicht, obwohl ihr Abiturzeugnis gerade das Studium dieser Fachrichtungen anscheinend nahelegt? Andererseits setzen viele Hochschulen die einseitige Wissensabfüllung fort und schätzen die Notwendigkeit des Erwerbs praktischer Lebenserfahrungen minder ein. Das Resultat sind dann Berufsanfänger als – vorwiegend theoretisch ausgebildete – Fachspezialisten mit deutlich eingeschränkter menschlicher Reife und mangelnder Lebenserfahrung.

Und das setzt sich im beruflichen Alltag fort: Mangel an neuen Bildungsangeboten und -formen, insbesondere zur Stärkung wichtiger *Schlüsselkompetenzen.*

Unser Buch setzt genau an dieser Stelle an und stellt diverse Lösungsmöglichkeiten am Beispiel erfolgreicher Einzelbeispiele zur Diskussion.

2. Ein erster Überblick

36 namhafte Autorinnen und Autoren aus Deutschland, Österreich und der Schweiz legen ihre reichhaltigen persönlichen Erfahrungen bei der Entwicklung von *Schlüssel-*

kompetenzen[1] in Schulen, Hochschulen, Weiterbildungsinstituten anschaulich dar. Dabei wird deutlich, dass die zunehmend stark geforderte Neuausrichtung von Schulen und Hochschulen an vielen Stellen schon begonnen hat oder gar schon recht vorangeschritten ist, jedoch noch zu wenig in der Öffentlichkeit kommuniziert und nachhaltig unterstützt wird.

Das Buch widmet sich insbesondere folgenden Schwerpunkten:

- Voraussetzungen und Erfolgsfaktoren für eine nachhaltige Wissensvermittlung, Fertigkeits- und Kompetenzentwicklung als Einheit
- Visionen, Strategien und praktische Erfahrungen zur Feststellung und Entwicklung von Schlüsselkompetenzen (Handlungsfähigkeiten)
- Best-Practice-Beispiele für gelungene Lehrplanung und Curriculum-Planung zur Förderung von Schlüsselkompetenzen
- Beispiele für die Feststellung, Validierung und Zertifizierung von Schlüsselkompetenzen
- Wege und Möglichkeiten der Vorbereitung und Stärkung von Lehrpersonen in den unterschiedlichen Organisationen zur erfolgreichen Schlüsselkompetenzentwicklung.

Die Autorinnen und Autoren selbst sind vor allem Lehrende in Schulen, Berufsschulen, Hochschulen und Weiterbildungseinrichtungen, (Weiter-)Bildungsmanager, Wissenschaftler, Methodiker und bringen damit unterschiedliche Sichtweisen, Akzentuierungen und persönliche Erfahrungen zum Thema „Erfolgreiche Entwicklung von Schlüsselkompetenzen" ein. Gemeinsam ist allen ein hohes Verantwortungsbewusstsein gegenüber der Aus- und Weiterbildung in Deutschland und ein konstruktiver Gestaltungswille. Die einzelnen Beiträge enden nicht bei kritischen Zustandsbeschreibungen, sondern bieten eine Vielzahl von Best-Practice-Beispielen und Diskussionsanregungen für alle zukunftsoffenen, praktisch Tätigen in Schulen und Hochschulen in Deutschland, Österreich und der Schweiz.

Das Buch verfolgt das Ziel, durch die eingefangene Breite generelle Entwicklungsstränge sichtbar zu machen, konkrete Kompetenzentwicklungen und deren Validierung sowie Zertifizierung anzuregen und laufende Gestaltungen öffentlich zu verallgemeinern und zu stärken.

Es wurde von der gemeinnützigen HEYSE Stiftung „Menschenbilder – Menschenbildung" initiiert, koordiniert, inhaltlich und finanziell gefördert.

Wissen und formale Qualifikationen sind bei weitem keine Gewähr für eine erfolgreiche Arbeits- respektive Lebensbewältigung. Am Ende der schulischen oder hochschulischen Ausbildung haben die Absolventen alle Prüfungen bestanden; Wissen und

1 Immer noch werden Schlüsselkompetenzen oft eher verwirrend als „überfachliche" oder gar „nebenfächerliche" Kompetenzen bezeichnet. Dahinter steht eine Übergewichtung des Fachwissens. Auch die Gleichsetzung mit sogenannten Soft Skills ist aus heutiger Sicht falsch.

in einem geringeren Ausmaß fachliche Fähigkeiten wurden nachgewiesen. Werden sie auch später gute Fachleute sein? Können sie komplexe und problematische offene Situationen des Berufsalltags selbständig und kreativ lösen? Verfügen sie über die notwendigen Schlüsselkompetenzen?

Kompetenzen entwickeln sich nicht durch reine Informationsvermittlung und Klausur orientiertes Auswendiglernen bzw. durch Appelle an den Verstand. Notwendig sind hingegen Chancen und Möglichkeiten eines „learning by doing" unter Supervision geschulter Lehrpersonen mit nachfolgendem individuellem Feedback.

Wissen ist das Eine. Offenheit für Veränderungen, Problemlösungsfähigkeit, Gestaltungsfähigkeit, Kommunikations- und Kooperationsfähigkeiten – diese ***Schlüsselkompetenzen*** *sind wichtiger als das Lernen formalen Wissens und dessen vorwiegende bis ausschließliche Bestätigung durch Zensuren oder credit points.* Die Lernenden müssen lernen, über ihre Stärken und Schwächen nachzudenken, an ihnen zu arbeiten und ihre Stärken zu erweitern. Sie sollten unter guter Betreuung lernen, aktiv zu gestalten und mit anderen zusammen zu arbeiten.

3. Schlüsselkompetenzen aus EU-Sicht

Die heute mehr denn je gerechtfertigten Kompetenzorientierungen folgen den fast zwei Jahrzehnte währenden EU-Forderungen zur Beachtung und Herausbildung von Schlüsselkompetenzen als „Handlungsfähigkeiten" *in allen Bildungs- und Erziehungsbereichen.*

Einerseits proklamiert die EU seit langem vier grundsätzliche Lernanforderungen, die sich problemlos mit den heute üblichen vier Grund- oder Basisgruppen verbinden lassen.

Tab. 1: EU-Lernanforderungen und Kompetenzgruppen

Learning to be (Personale Kompetenz)	**Learning to do** (Aktivitäts- und Handlungskompetenz)
Learning to live together (Sozial-kommunikative Kompetenz)	**Learning to know** (Fach- und Methodenkompetenz)

Während früher das Learning *to know*, die Entwicklung der Fach- und Methodenkompetenzen, fast ausschließlich im Vordergrund der Aus- und Weiterbildung in vielen Bereichen stand, kamen in den letzten Jahren deutlich auch weitere Entwicklungsziele – bezogen auf die *anderen drei Kompetenzgruppen* – hinzu.

Die EU geht bei *Schlüsselkompetenzen* davon aus, dass sie als Handlungsfähigkeiten und nicht als reine (Fach-)Kenntnisse und kenntnisbezogene Fertigkeiten zu bezeichnen sind und die Bereitschaft und Fähigkeit umfassen, selbstorganisiert (neuen) Aufgaben, Situationen, Herausforderungen zu begegnen, angemessene Handlungsoptionen zu entwickeln und diese erfolgreich umzusetzen.

Andererseits betont die EU in zahlreichen Memoranden und Orientierungen[2] die Notwendigkeit, Wissen, Fertigkeiten und Handlungsfähigkeiten stets in Einheit zu lehren und als Einheit zu beurteilen.

Neben etlichen speziellen Schlüsselkompetenz-Beschreibungen hebt die EU acht Gruppen von Schlüsselkompetenz-Gruppen als Referenzrahmen für lebenslanges Lernen hervor:

- Muttersprachliche Kompetenz
- Fremdsprachliche Kompetenz
- Mathematische Kompetenz und grundlegende naturwissenschaftlich-technische Kompetenz
- Computerkompetenz
- Lernkompetenz
- Soziale Kompetenz und Bürgerkompetenz
- Eigeninitiative und unternehmerische Kompetenz
- Kulturbewusstsein und kulturelle Ausdrucksfähigkeit.

Eine Reihe von Begriffen taucht immer wieder im EU-Referenzrahmen auf, zum Beispiel: kritisches Denken, Kreativität, Initiative, Problemlösungsfähigkeit, Wertehaltungen, Risikobewertungsfähigkeit, Entscheidungsfähigkeit, Offenheit für Veränderungen und konstruktiver Umgang mit Gefühlen spielen für alle acht Schlüsselkompetenz-Gruppen eine Rolle. Sie liegen hinter den acht Schlüsselkompetenz-Gruppen der EU und lassen diese Kompetenzen erst lebendig, praktisch relevant werden.

Menschen mit umfassendem theoretischen Wissen und hoher (formaler) fachlicher Qualifikation können in konkreten, offenen Situationen, z.B. bei Einbeziehung des sozialen Bezugssystems von Mitarbeitern, völlig überfordert sein. Kompetenzen fundieren auf Werten und werden durch Erfahrungen konsolidiert. Werte werden erst wirksam, Erfahrungen erst relevant, wenn sie als Emotionen und Motivationen verinnerlicht sind.

4. Verhältnis von Fachwissen und Fachkompetenz

Häufig werden beide Begriffe synonym verwendet. Besonders kennzeichnend ist dieses im schulischen und hochschulischen Alltag. Personen mit einem hohen theoretischen Wissensstand und wissensgemäßen einfachen Fertigkeiten werden unbesehen auch als fach*kompetent* bezeichnet – auch wenn sie größte Schwierigkeiten haben, dieses Wissen selbst in neuen Anforderungssituationen erfolgreich anzuwenden.

2 Insbesondere: Memorandum 2000: Lebenslanges Lernen; Europass, 2004 (Förderung der Transparenz bei Qualifikationen und Kompetenzen); Richtlinie über die Anerkennung von Berufsqualifikationen, 2005; Empfehlungen zu Schlüsselkompetenzen für lebenslanges Lernen, 2006; Entwurf des European Qualifikation Framework (EQF), 2008; Arbeitsprogramm „Allgemeine und berufliche Bildung", 2010.

Die EU beschreibt zum Beispiel die Schlüsselkompetenz-Gruppe „Mathematische Kompetenz“ als „die Fähigkeit, mathematisches Denken zu entwickeln und anzuwenden, um Probleme in Alltagssituationen zu lösen. Ausgehend von guten Rechenkenntnissen liegt der Schwerpunkt sowohl auf Verfahren und Aktivität *als auch* auf Wissen. Mathematische Kompetenz ist – in unterschiedlichem Maße – mit der Fähigkeit und Bereitschaft zur Benutzung von mathematischen Denkarten (logisches und räumliches Denken) und Darstellungen (Formeln, Modelle, Konstruktionen, Kurven, Tabellen) verbunden. „Mathematische Kompetenz“ ist *nicht* formales mathematisches Wissen allein, sondern die Fähigkeit zu dessen Umsetzung / Nutzung in unterschiedlichen (vor allem neuen) Lebensanforderungen, -situationen. Bei Lehrenden schließt diese Art von Fachkompetenz ein, andere für Mathematik und die Vorteile ihrer Nutzung und praktischen Anwendung zu interessieren, den Vorteil ihrer Beherrschung individuell motivierend zu vermitteln und mathematisches Wissen methodengestützt und in hohem Maße schriftlich und mündlich verständlich zu vermitteln, in Projektarbeiten die Lernenden eigene mathematische Anwendungen und eigene Erkenntnisse gewinnen zu lassen.

Jedoch: Im Alltag finden wir immer wieder diese verengende Aussage vor: „Dieser Referendar hat auf der Universität hervorragend abgeschlossen und ihm wird im Lehrfach Mathematik ein hervorragendes Wissen bescheinigt. Also hat er eine sehr hohe Fachkompetenz. Merkwürdig ist aber, dass die Schüler das anscheinend nicht erkennen. Sie sind, seitdem er der Fachlehrer für Mathematik wurde, durchweg im Zensurendurchschnitt gesunken“. Tatsächlich hat der Referendar große Probleme im Umgang mit den Schülern und in der Herangehensweise beim Unterrichten. Er ist sehr theoretisch, abstrakt in seinen Ausführungen, monologisiert und begegnet dem zunehmenden Desinteresse der 14-jährigen Schülerinnen und Schüler und der Unruhe im Klassenzimmer mit lauten, aggressiven Ermahnungen und Strafarbeiten. Und die Schüler verlieren immer mehr ihr Interesse für das Fach … Anscheinend wurden auf der Hochschule viele für die Unterrichtspraxis bedeutsamen Kompetenzen nicht vermittelt und entwickelt.

Ein anderes Missverständnis zeigt sich in der schnellen Schlussfolgerung: „Herr Dr. X ist ein hervorragender Chirurg (er hat ein umfassendes Wissen und meisterliche OP-Fertigkeiten, hohes handwerkliches Können). Also machen wir ihn zum Chefarzt“. Und dann wird ersichtlich, dass er große Schwierigkeiten hat, andere zu führen, Nicht-Ärzte zu akzeptieren, zu delegieren, Mitarbeiter anzuleiten …

Wenn also in den einzelnen Abschnitten zum Beispiel große Verbesserungsmöglichkeiten bezüglich der *Fachkompetenz* von Lehrenden gesehen werden, dann werden damit nicht unbedingt das Fachwissen und die (theoretischen) didaktischen Kenntnisse in Frage gestellt. Letztere können auf sehr hohem Niveau, jedoch nur bedingt praktisch zur Geltung kommen.

5. Verhältnis von Qualifikation und Kompetenz

Die fachlichen Qualifikationen sagen allein noch nichts darüber aus, ob Menschen Freude am eigenen Lernen oder an der eigenen Arbeit empfinden, sich produktiv in Gruppen oder Teams einbringen, eigenverantwortlich arbeiten, sich selbst gut organisieren und mit anderen in produktive Kooperation gehen oder schwierige Situationen mit Gelassenheit und Tatkraft bewältigen können. Jemand kann sehr wohl über ausgeprägtes Wissen und auch über zertifizierte fachliche Qualifikationen verfügen und doch in konkreten, offenen Situationen völlig überfordert sein. Kompetenzen fundieren auf Werten und werden durch Erfahrungen konsolidiert. Werte werden erst wirksam, Erfahrungen erst relevant, wenn sie als Emotionen und Motivationen verinnerlicht sind. Kompetenzen lassen sich also nur durch emotions- und motivationsaktivierende Lernprozesse erwerben. Emotionen und Motivationen werden in instabilen Situationen aktiviert, in denen allein durch „Denken" keine Lösungen gefunden werden können. Kompetenzen bilden sich als generalisierte Dispositionen im biografischen Handeln („im Leben") heraus, einige sehr früh, einige in Zusammenhang mit aktuellen Lebens- und Arbeitsprozessen. Sie sind nicht theoretisch vermittelbar, aber durch ergebnisoffene Handlungssituationen trainierbar. *Sie setzen Qualifikationen voraus, ersetzen diese aber nicht, sondern ergänzen sie.*

Grundsätzlich ist in diesem Zusammenhang zu unterscheiden zwischen Qualifikationen und Kompetenzen. „Qualifikationen sind eine gute Garantie für den Handlungserfolg, wenn die Handlungsziele eindeutig vorbestimmt sind und die Wege zur Zielerreichung konstant vorgegeben werden können. Kompetenzen sind hingegen dann notwendig, wenn die Handlungsziele kaum oder gar nicht festliegen, wenn in eine offene, unscharfe, komplexe Zukunft hinein kreativ gehandelt werden muss. Kompetenzen umfassen vor allem *Handlungsfähigkeiten*, Können, Kontrolle individuelle Emotionen, Werte, Motivationen und Willensanstrengungen. Kompetenzen von Personen sind deren Disposition, in dynamischen, offenen, komplexen und problematischen Situationen selbstorganisiert und kreativ handeln zu können. Sie sind damit weit umfassender als Qualifikationen" (Heyse & Schircks, 2012).

Der Begriff „Schlüsselqualifikation" wurde in den 1970er Jahren von Mertens (1974) geprägt. Er verstand unter Schlüsselqualifikationen die Qualifikationen, die als Schlüssel zur Erschließung von sich schnell änderndem Fachwissen dienen können. Qualifikation ist etwas Objektives, direkt vermittelbar, direkt prüfbar und auf dieser Grundlage zertifizierbar.

Der Begriff wurde in den nachfolgenden zwei Jahrzehnten überdehnt, indem unter ihm alle neuen, bewusst werdenden Anforderungen begrifflich subsummiert wurden, insbesondere auch solche, die auf Veränderungen und Prozesse hinweisen, die nicht situativ prüfbar sind und bescheinigt werden können. So pendelte dieser Begriff zunehmend zwischen Form und Inhalt, Bestimmtheit und Unbestimmtheit (Ghisla, 2007). Schlüsselqualifikation wird häufig auch nur als Synonym für „Schlüsselanforderungen zur Bewältigung komplizierter Anforderungen" verstanden.

So wurden seit den 1990er Jahren vermehrt Anstrengungen unternommen, neben den Begriff Schlüsselqualifikation einen weiteren, auf individuelle Handlungsfähigkeiten abzielenden Begriff zu finden, und der Begriff Schlüsselkompetenz setzte sich allmählich erfolgreich durch.

6. Zukunftsorientierungen für Schulen

Das Lernen für ein langes Leben schließt die **Schule** und später (ggf.) die **Hochschule** als Lernort, Motivator ein, genauso aber auch die Familie, Bekannte, Freundeskreise, Sportvereine, Jugendgruppen, Zirkel, Medien (insbesondere Internet und TV). Hierbei darf es keineswegs zu einer „Tayloristischen Arbeitsteilung" nach dem Motto „Der ist für das und die anderen für jenes, die Schule für die Kenntnis- und Wissensaneignung und die außerschulischen Bereiche für Werte, Schlüsselkompetenzen u.a. verantwortlich" kommen.

Analog zu den Empfehlungen des Rats für Nachhaltige Entwicklung (2010) vertreten wir - in der Einleitung zur Diskussion stellend - zehn wichtige „Schulaufgaben" (vgl. auch Almendinger, 2012; Precht, 2013).

Notwendige Prinzip- und Widerspruchslösungen - zumal im gesellschaftlichen Kontext - setzen sich in der Regel nur nach Zuspitzung von Widersprüchen, konfrontativen Auseinandersetzungen und äußerlich in Form von „langen Wellen" durch. Paradigmenwechsel und deren praktische Umsetzung in der Breite benötigen überwiegend ab offensiver öffentlicher Erstansprache gute 20-40 Jahre, also ein bis zwei Generationen. Die systemisch-systematische Kompetenzforschung im deutschsprachigen Raum kann erst auf eine rund zwanzigjährige Tradition zurückblicken.[3]

Die gesellschaftliche Entwicklung bedingt nun jedoch eine Umsetzungstempoerhöhung in unseren Schulen und Hochschulen.

(1) Wissen ist nicht alles: Fertigkeiten *und Fähigkeiten* entfalten.
Es müssen die Unterrichtsformen geändert werden: Demokratie lehren, Vorbild für andere zu sein lernen, Werthaltungen stärken, interkulturelle und soziale Kompetenzen vermitteln, die Bereitschaft schulen, Verantwortung zu übernehmen ... Unterrichtsinhalte dürfen nicht zu früh verengt werden, sondern müssen Fundamente für Wissens- und Kompetenzentwicklung ein Leben lang sein. Hier muss bei der Aus- und Weiterbildung von Lehrern und Lehrerinnen angesetzt werden.

Unabdingbar ist die Ermöglichung breiter Kompetenzentwicklungen. Seit 1996 orientiert die EU auf eine vernetzte Wissensvermittlung *und* breite Kompetenzentwicklung im Einklang.

---

3 Geistige Pioniere, die die Forschungen mit großer persönlicher Überzeugung und öffentlichen Überzeugungskräften in Deutschland in den Jahren 1993–2007 sehr stark vorangetrieben haben, waren zweifelsohne Johannes Sauer, Erwin Staudt, Peter Meyer-Dohm, Ekkehart Frieling, Reinhold Weiss, John Erpenbeck u.a.

Nach wie vor dominiert einseitig das Learning to know – orientiert an Stoffunmengen.

Schulen und Hochschulen müssen sich vom Ritual des kurzfristigen Einpaukens großer Stoffmengen, die später wieder vergessen werden, lösen und sich der Erziehungsverantwortung in Richtung Ermöglichung, Lebensertüchtigung, Können offenherzig stellen.

Es müssen die Unterrichts- und Lehrformen geändert werden, um das Vorleben zu lernen, Werthaltungen zu festigen, interkulturelle und soziale Kompetenzen zu vermitteln, die Bereitschaft zu stärken, Verantwortung zu übernehmen, die Fähigkeit zur Selbstreflexion zu entwickeln. Die Unterrichts- und Lehrinhalte dürfen nicht zu früh verengt werden, sondern müssen Fundamente für Wissens- und Kompetenzentwicklung für ein ganzes Leben sein.

Zwischen individuellem Wissen und dessen praktischer Umsetzung liegen häufig große Distanzen. Es müssen viel mehr Möglichkeiten des Ausprobierens geschaffen werden, Spielräume eingeräumt werden, das Tun muss zugelassen werden, das Fehler-Machen akzeptiert sein.

Hier muss bei der Auswahl der Lehramtsbewerber und bei deren Ausbildung angesetzt werden. Hochschullehrer müssen konsequenter auf die Lehre vorbereitet und weitergebildet werden.

(2) Stärken stärken statt Schwächen stärken

Die Lehrergewerkschaft GEW richtet sich gegen die zunehmende „Vermessung der Schulwelt“ (Osel, 2013) durch immer neue, teure Studien zum Nachweis von Verbesserungen der PISA-Ergebnisse in Deutschland („Durchs Wiegen wird die Sau nicht fetter“) und warnt davor, dass Schulen immer mehr zu „Produktionsstätten abfragbaren Wissens“ würden und spricht vom „Dreischritt: Lernen – Testbestehen – Vergessen“. Wenn Bildungsforscher abstrakte und sich gegenseitig widersprechende Wirkungsmodelle entwickeln und propagieren, sehen sich schließlich die Lehrenden mehr als „Opfer von Unterstellungen und nicht mehr als deren Adressaten“ (Gruschka nach Osel, 2013).

(3) Von Vielfalt profitieren

Die OECD betont besonders drei Wege zur Schlüsselkompetenz-Entwicklung: Learning by doing, interkulturelles Lernen sowie Lernen, in heterogenen Gruppen erfolgreich miteinander umzugehen und miteinander handeln zu können.

Gefordert ist, dass die Lernenden lernen, Menschen aus anderen sozialen und kulturellen Gruppen anerkennend und respektvoll zu begegnen, den Umgang mit Vielfalt zu erlernen und das Menschenrecht auf inklusives Lernen praktisch und einprägsam umzusetzen.

(4) Schneller ist nicht besser: mehr Zeit zum Lernen

Im Vergleich zur steigenden Lebenserwartung der Generationen bei guter Gesundheit wird der Anteil von Bildung an der Lebenszeit stetig verkürzt: Verringerung der Gymnasialzeit, Verkürzung der Studiendauer durch die Bachelor- und Masterstudiengänge, nur schleppender Ausbau der Weiterbildung. Damit leidet auch die Entwicklung von Schlüsselkompetenzen – obwohl gerade diese immer wichtiger werden und angemahnt werden.

Schneller muss nicht besser sein. Im Vergleich zur steigenden Lebenserwartung der Generationen wird der Bildungsanteil an der Lebenszeit verkürzt. Einerseits verlagert sich vieles in den Bereich der informell und non-formal angeeigneten Kenntnisse und Kompetenzen. Andererseits scheinen Schul- und Hochschulpolitik nach wie vor und noch zunehmend „Kampfplätze der Ideologien" (Issig, 2013) zu sein. Ein unüberschaubares Dickicht an Reformen, Reförmchen, nicht realisierbaren Veränderungsvorschlägen – mit vielen teuren Studien „abgesichert" – bringt kaum einen Schritt weiter zur kompetenzbasierten Wissensvermittlung und Erziehung zum Leben. Die Bewältigung von Unmengen vermittelten Wissens wird mit immer neuen Begriffen gepaart und gerechtfertigt wie G8 oder G9, Gelenkklassen, Flexi-Jahre, M-Züge u.v.a.m., ohne dass die dringendsten Fragen beantwortet werden: WELCHES Wissen muss tatsächlich in WELCHEM Umfang und WIE vermittelt werden und WELCHE Art von Können muss seitens der Schule garantiert werden (im Sinne einer evidenzorientierten Wissensvermittlung und Erziehung)?

Kann das lebenslange Lernen gelernt werden, WIE können die für die Gesellschaft wie den Einzelnen lebensnotwendigen Schlüsselkompetenzen erworben und verstärkt werden? Das benötigt jedoch auch Lehr- und Lernzeit und sollte nicht mit „Kosten, Lehrermangel, mehr Unterrichtsstunden" gleichgesetzt werden, sondern mit „sinnvoller Investition" in die Zukunft unserer Gesellschaft.

In den Hochschulen haben wir den gleichen Trend, die gleiche falsche Politik der zeitlichen Verkürzung und Verschulung. Es bleibt kaum Zeit für persönlichkeitsbildende Angebote und Hilfen. Studenten werden zunehmend gehetzte Credit-point-Hopper mit trainiertem Kurzzeitgedächtnis und mit Stoppuhr und Häkchenliste in der Hand.

Die Notwendigkeit einer Verlängerung der individuellen Lernzeit und die dafür notwendige Lernumgebungsgestaltung wird auch an der Gruppe der älter werdenden Menschen deutlich: Je länger Menschen arbeiten, desto wichtiger werden die Weiterbildung, aber auch neue Ausbildungsangebote für betrieblich gewollte Umsteiger oder im Rahmen von Selbstverwirklichungs-Bestrebungen von Senioren. Angefragt sind solche Praxisformen wie „Senior-Azubi-Programme, „Senior-Trainee-Programme oder Senior-Weiterbildungsstudium. Künftig wird es mehr „mosaikartige Erwerbsbiografien" (Heckel, 2013b) geben, in denen Aus- und Weiterbildung zu verschiedenen Zeiten wichtig sind. In den USA bieten zunehmend Colleges unter dem Namen „encore-carreer" Ausbildungsprogramme speziell für „Plus 50 Learners" an. Wie vielfach belegt wird (Heckel, 2013a), lernen Menschen jeglicher Altersgruppen erfolgreich, wenn sie den Sinn für sich sehen, das Gelernte praktisch umsetzbar ist (Handlungskompetenz) und sie richtig gefördert werden. Gerade für ältere Menschen ist das weitere Lernen grundsätzlich bedeutsam für ein sinnvolles Altern.

Hier sind gesellschaftlich neue strategische Konzepte und Investitionen und ein anderes Zeitbewusstsein erforderlich. Die Anforderungen dieses lebenslangen Lernens betreffen alle Lernorte. Es beginnt in der Schule (Lernen lernen, Neugier und Offenheit für Neues, Eigenverantwortung ...), führt über Hochschulen bis hin zu den kommerziellen Weiterbildungsanbietern und Volkshochschulen.

(5) Eine kompetente Bildungsrepublik braucht Kreativität: mehr Autonomie für unsere Schulen

Die Schulen sollten für die Schüler da sein. Was sollen die Schüler der jeweiligen Schule (entsprechend ihrer sozialen und regionalen Situation) können? Welche Lehrerinnen und Lehrer, Sozialarbeiterinnen und Sozialarbeiter, Mentoren und ehrenamtlichen Helfer müssen passgenau ausgewählt werden? Auf der Grundlage gemeinsamer Richtlinien (Rahmenpläne, Standards ...) sollten die Schulen größtmögliche Autonomierechte erhalten. Im Mittelpunkt müssen die Schülerinnen und Schüler und ihre Bedürfnisse und Möglichkeiten stehen. Und dahingehend sollten die Schulleiterinnen und Schulleiter ausgebildet werden.

(6) Gemeinsam sind wir stark: alle Akteure miteinander vernetzen

Hierbei geht es um den Aufbau einer Infrastruktur, die mit gut bezahltem Personal die Kinder bildet und vielfältige Kompetenzen ermöglicht. Eine Ermöglichungspädagogik, die auch die Vernetzung der vielfältigen Akteure und Einrichtungen im Bildungsverlauf der Lernenden im Auge hat, wird angestrebt. Dabei ist die Zusammenarbeit unterschiedlicher Institutionen (einschließlich gemeinnützige Stiftungen) und Professionen von großer Bedeutung.

Durch eine ergebnisorientierte Vernetzung werden die verschiedenen Akteure und Einrichtungen miteinander verknüpft und holen sich dadurch den langen Atem für eine zeitlich erweiterte, ganzheitliche und lebensbewältigungsorientierte Hilfe und Lernunterstützung.

(7) Mehr fachübergreifende Projektarbeiten

Zur Vorbereitung der Bewältigung komplexer Lebensanforderungen ist mehr gemeinsamer Unterricht mit Lehrern verschiedener Fächer zu unterstützen. Am Beispiel eines kleinen Tischroboters könnten zum Beispiel Physik-, Mathematik- und Biologielehrer gemeinsame Unterrichtsformen entwickeln, fachübergreifende Projektarbeiten, ggf. mit unterschiedlichen Klassen- und Altersgruppen, organisiert werden.

In der hochschulischen Ausbildung lassen sich ebenfalls diverse fachübergreifende Lehr- und Projektarbeitsmöglichkeiten sehen sowie die Zusammenarbeit zwischen den Lehrbeauftragten und Praktikern, einschließlich pensionierten Experten, in gemeinsamen Vorlesungen, Seminaren und studentischen Projekten.

(8) Umfassende Talente-Ermöglichung

Hüther und Hauser weisen darauf hin, dass in allen Kindern viele Begabungen ruhen, die ihnen ermöglichen, in eine komplizierte Welt hineinzuwachsen und sich vielfältiges Wissen, Handlungsfähigkeiten, Werte, Schlüsselkompetenzen anzueignen.

Allerdings wird dieser Reichtum an Begabung von Eltern, Lehrerinnen und Lehrern, Erzieherinnen und Erziehern vernachlässigt, und es wird einseitig nach Hochbegabungen geschaut, die zu außergewöhnlichen Leistungen auf einem bestimmten Gebiet führen. Talente werden einseitig nach ihrer materiellen Verwertbarkeit betrachtet. Neurobiologisch betrachtet ist jedes Kind in besonderem Maße begabt und kann dieses auch unter einer günstigeren Lern- und Beziehungskultur weiter entwickeln.

Anstrebenswert ist eine differenzierte Betrachtung der individuellen Begabungen und Schlüsselkompetenzen als Fundament für die spätere breite Lebensbewältigung, eine Begabungsermöglichung und die Stärkung des Selbsterkennens und des emotionalen Wohlbefindens der Lernenden. Und das bezieht sich insbesondere auch auf behinderte Schülerinnen und Schüler, deren Begabungen besonders übersehen oder verkannt werden. Wenn Gerald Hüther nachweist, dass es gelungen ist, Kinder mit Down Syndrom zum Abitur zu führen, so zeigt das, welche Potenziale und Schlüsselkompetenzen in Schüler/inne/n mit körperlichen und geistigen Behinderungen stecken, die durch das besondere Eingehen auf die Besonderheiten dieser Menschen entfaltet werden können – und sollen.

(9) Evidenzorientierte Gesamtverantwortung statt Zensuren- und Credit-point-Betrachtungen

Künftige Schul- und Hochschulpolitik benötigt ein höheres Niveau an Verantwortungskultur. Es muss gewährleistet sein, dass die Lernenden über den gesamten Lehr- und Lernprozess betrachtet werden und später der Wissens- und Handlungsfähigkeitserwerb eingeschätzt und zertifiziert werden kann, während des Prozesses Feedback gegeben und seitens der unterschiedlichen Fachlehrer *gemeinsam* über individuelle Lernschritte diskutiert werden kann. Dazu werden beauftragte Lehrende benötigt, die als Prozessmentoren die Kommunikation mit allen Fach-Lehrenden pflegen, Feedback einholen und selbst auch geben: gegenüber den Lernenden wie auch den Lehrenden.

(10) Schule und Hochschule als Sport- und Fitnessräume für die Persönlichkeitsentwicklung der einzelnen Lernenden

Künftig wird die Wissensaneignung immer mehr über E-Learning und Nutzung der unterschiedlichsten (auch heute noch nicht bekannter) Medien erfolgen. Ermöglichung und Selbstaneignung werden gestärkt. Damit verlieren die bisherigen Ausbildungsorte keineswegs an Bedeutung; sie benötigen jedoch ein erweitertes Selbstverständnis und erweiterte Lernziele: das Lernen lernen, lernen, mit anderen konstruktiv zu kommunizieren, mit anderen auszukommen, Konflikte angemessen und mit Würde zu lösen, geschichtsbewusst und gesellschaftlich verantwortungsvoll zu agieren, Hilfe und Solidarität untereinander auszuüben. Das sind starke Pro-Argumente für die Schulen und Hochschulen. Das benötigt aber auch erweiterte Handlungsprofile der

Lehrenden; die Verantwortung des Lehrers kann dann nicht ausschließlich an den Schulpsychologen wegdelegiert werden.

(11) Individualisierung der Bildung

Künftig werden die Hochschulen nicht mehr Bildung als Massenware („Eine Konfektionsgröße für alle") anbieten können. Das Internet eröffnet neue Bildungsformen nach dem Motto „Jedem seine eigene Vorlesung" (Dräger, 2013). Interessant sind heute schon die MOOCs (Massive Open Online Courses), mit denen in kurzen verständlichen Sequenzen und häufig kostenlos hervorragendes Wissen internationaler Experten und deren Anwendungserfahrungen vermittelt wird. Die Inhalte können individuell zusammengesetzt werden und sind jederzeit im Internet abrufbar. Damit geht nicht nur eine nennenswerte Demokratisierung des Wissens einher, sondern man kommt auch dem Ideal eines auf die individuellen Interessen, Erwartungen und Fähigkeiten zugeschnittenen Studiums nahe. Die laufenden Weiterentwicklungen ermöglichen eine weitere Personalisierung der Studienangebote, die auch die individuelle Motivation, die Lernstile und Anwendungsinteressen berücksichtigt, zu POOCs (Personal Open Online Courses).

Die weitere Digitalisierung, verbunden mit der Verringerung von Vorlesungen, und die Überwindung starrer Studienpläne und des Klebens an zum Teil mittelmäßigen Lehrbüchern der Vorlesenden, bietet die Chance einer individuelleren Betreuung der Studierenden durch die Lehrenden und von mehr Freiräumen zur Anregung individueller Kompetenzentwicklungen.

Auf keinen Fall aber dürfen Online-Kurse Lernsklaven produzieren; „der Mensch ist und bleibt des Menschen Lehrer" (Lankau, 2014). Die Gefahr ist jedoch sehr groß, dass bei breiterer Nutzung von Online-Kursen Budgetkürzungen, Streichung von Professorenstellen, Einsparung im Bereich Coaching / Training genutzt werden, um „einzusparen". Es überwiegt schon heute in vielen Einrichtungen, politisch-ministeriell vorgegeben ein Kosten-Vermeidungs- und Senkungsdenken statt eines strategisch klugen Bildungsinvestitions-Denkens.

Sollen die Möglichkeiten des Online-Denkens sinnvoll genutzt werden, braucht es mehr Lehrende und Trainer für die Betreuung, eine effiziente Verbindung von unterschiedlichen Lehrmedien, zeitweiliger Präsenz(Gruppen-)Arbeiten, ausgebildete individuelle Betreuerinnen und Betreuer, begleitendes (Fach-)Mentoring.

(12) Größere Internationalität in der Ausbildung

Nach Riesner (2013) nimmt die Bereitschaft der Studierenden an Studienaufenthalten im Ausland zu. In Fächern mit Master-Abschluss verwiesen rund 56% der Absolventen in einer Studie der Universität Kassel darauf, dass sie beim Berufseinstieg Vorteile durch die Auslandserfahrungen hatten.

Anders stellt es sich bei *angehenden* Lehrern dar: Nur 25% der befragten Lehramtsstudenten verwiesen auf entsprechende Erfahrungen; die Bereitschaft zu einem Auslandsaufenthalt war deutlich geringer. Riesner schlussfolgert, dass diese geringe Mobilität und die internationale Horizonteinschränkung die Nutzung von kultureller

Vielfalt, das Verständnis für kulturell-geschichtliche Entwicklungen und die Nutzung erfahrener Lern- und Lebensszenarien herabsetzt. Zugleich verweist er auf universitäre Barrieren gegenüber motivierten Studierenden: Da ein Auslandspraktikum von Lehramtsstudenten, abgesehen vom Fremdsprachen-Studium, in der Regel in der Studienordnung nicht vorgesehen ist, wird die praktische Zeit im Ausland auch nicht als Leistung anerkannt, und das BAföG wird in Deutschland zum Beispiel eingestellt, „wenn nicht alle Universitätskurse bis zum fünften Semester belegt werden konnten und bestimmte Rückstände im Studium registriert werden“ (Riesner, 2013). An dieser Stelle muss zuallererst die Hochschulpolitik nachgebessert werden. Sollanforderungen und Ermöglichungen für künftige Lehramtsstudenten und zukunftsorientierte Studienpläne müssen konsequent mit fortschrittlichen Schulen zusammen entwickelt werden.

(13) Lernende nach ihren Gaben und nicht nach dem familiären Hintergrund bewerten und fördern

In einem Interview mit Ijoma Mangold (2014) sprach die Schriftstellerin Monika Zeiner über ihre Abstempelung in der Schule, aus der sie erst durch einen neuen, „unkonventionellen“ Lehrer ausbrechen konnte:

> „Ich habe mich früh für Literatur begeistert, aber ich erinnere mich an eine Zeit am Gymnasium, als ich einen Deutschlehrer hatte, der mich für eine ‚typische Dreierschülerin‘ hielt. Das erzählte er auch in jeder Sprechstunde meiner Mutter. Man könne, meinte er, über mich gar nicht viel sagen, und mit einer Drei könne man ja auch ganz zufrieden sein. Aber es war doch eine eigenartige Diskrepanz, weil ich mich tatsächlich sehr zu Sprache und Literatur hingezogen fühlte, aber der Lehrer mit seiner Autorität mir attestierte, dass das nichts für mich sei…Vielleicht lag es an meiner Familie … Meine Eltern kamen beide aus bäuerlichen, aus heutiger Sicht fast archaischen Verhältnissen … Meine Eltern hatten jedenfalls keinen akademischen Hintergrund, und ich kann mir vorstellen, wenn da eine Frau Doktor in der Sprechstunden gesessen hätte, dann hätte der Lehrer sich eher gefragt: Steckt in dem Kind vielleicht doch etwas anderes als eine Dreierschülerin? ... Aber ich glaube, dass das ein Problem ist, das wir auch heute noch haben: dass die Kinder mehr nach dem familiären Hintergrund bewertet werden als nach ihren wahren Gaben“.

Zum Glück erhielt sie in der 10. Klasse einen neuen Lehrer, der vorher für längere Zeit im Ausland war. „Dieser Lehrer hatte die grandiose Idee, uns aus einer langen Liste, die er für Weltliteratur hielt, eins auswählen zu lassen, um es der Klasse vorzustellen. Ich wählte Doktor Faustus von Thomas Mann. Ich hatte nicht einmal die Hälfte verstanden, aber ich war total begeistert. Es war ein Erweckungserlebnis, das Tor zur Literatur.“ Und sie beschreibt, wie sie als Jugendliche, zum Teil sehr pathetisch, zum Teil recht falsch Thomas Mann imitierte. Ihr alter Deutschlehrer hätte das alles sehr genau angestrichen, ihr neuer Lehrer jedoch gab dem Raum: „Er war ein Freigeist, der etwas mit der Begeisterung seiner Schüler anfangen kann. So gesehen war er meine Rettung.“

Erinnert sei an dieser Stelle an die von Hüther unter Punkt (8) erhobene Maxime: Anstrebenswert ist eine differenzierte Betrachtung der individuellen Begabungen und Schlüsselkompetenzen als Fundament für die spätere breite Lebensbewältigung, eine Begabungsermöglichung und die Stärkung des Selbsterkennens und des emotionalen Wohlbefindens der Lernenden. Und: Beim Aufspüren und Unterstützen von individuellen Begabungen darf die Herkunft des Kindes nicht im Mittelpunkt stehen – nach beiden sozialen Seiten hin.

(14) Idole ersetzen nicht Vorbilder

In bestimmten Altersgruppen werden Idole gesucht und bewundert. Nachahmung und Identifikation führen zu eigenartig anmutender Imitation oder unbewusster Übernahme auch äußerer Erscheinungsbilder. Und häufig verschwimmen die Begriffe Idol und Vorbild miteinander. Idole sind jedoch zu weit vom eigenen Alltagsgeschehen entfernt, um auch als Vorbilder wirken zu können (Czepel, 2014). Stattdessen übernehmen die Rolle der Vorbilder vor allem Menschen aus dem unmittelbaren Umfeld: Familienangehörige, insbesondere die Eltern, *und* einzelne Lehrer, indem ihre beobachtbaren und erlebten Werthaltungen als Maßstab und Orientierung dienen. Realvorbilder gewinnen in unseren Gesellschaften an Bedeutung, Idole verlieren diese hingegen. Echte Vorbilder müssen real sein, und es braucht den persönlichen, emotionalen Kontakt zu ihnen. Echte Vorbilder erfüllen insbesondere die Rolle von „gedanklichen Sparringpartnern" (Faulhammer, 2014) zur Entwicklung von Selbstreflexion, eigenen Werthaltungen und Verhaltensabgrenzungen.

Solche Fragen müssen an Lehr-/Lernorten viel intensiver, kritisch-toleranter und handlungsfördernd diskutiert werden. Seitens des Schul-/Hochschulmanagements müssen gute Beispiele sensibel erfasst, pädagogisch unterstützt und verallgemeinert werden.

7. Anliegen des Buches

Die Autorinnen und Autoren haben seit Jahren mit viel Idealismus und praktischer Unduldsamkeit lebendige, dauerhafte Teillösungen hinsichtlich der angesprochenen 14 lebensnotwendigen Zukunftsausrichtungen und weiteren offensichtlichen Problemstellungen in Schulen und Hochschulen auf den Weg gebracht. In der Öffentlichkeit wird noch viel zu viel lamentiert und blockiert als konsequent gehandelt. Es werden zu wenig lebendige Beispiele, an denen man sich orientieren und auch „wetzen" kann, publik gemacht. Das Buch möchte helfen, diese entwicklungshemmende öffentliche Einengung zu überwinden und überfällig notwendige Schritte zur Schlüsselkompetenz-Entwicklung in Schulen und Hochschulen zu unternehmen. Es wendet sich an Bildungspolitiker und -wissenschaftler, Rektoren, Lehrende in Schulen und Hochschulen, Eltern, Großeltern.

Literatur

Almendinger, J. (2012): Unsere Schulaufgaben. In: Alles was wichtig ist 2013. Die großen Themen auf einen Blick. Knaus-Verlag, München.

Cedefop (2008): Der Perspektivwechsel hin zu Lernergebnissen. Entwicklungen in Hinblick auf Ergebnisse. Europäisches Zentrum für die Förderung der Berufsbildung.

Czepel, R. (2014): Kompass fürs Leben. Universitätszeitschrift upgrade 13, Krems a. d. Donau.

Dräger, J. (2013): Jedem seine eigene Vorlesung. Die Zeit, Nr. 48 vom 21.11.2013.

Faulhammer, F. (2014): Vorbild für selbstbestimmtes Lernen. Universitätszeitschrift upgrade 13, Krems a. d. Donau.

Ghisla, G. (2007): Überlegungen zu einem theoretischen Rahmen für die Entwicklung von kompetenzorientierten Curricula. Eidgenössisches Hochschulinstitut für Berufsbildung EHB, Bern.

Haas, S. (2013): Bildung macht die Menschen produktiver. Interview mit Ludger Wößmann. SZ Nr. 267 vom 19.11.2013.

Haas, L. (2013): Erziehung mit Liebe, Respekt und Wertschätzung. Mittelbayerische Zeitung vom 27.12.2013.

Heckel, M. (2013a): Aus Erfahrung gut. Wie die Älteren den Arbeitsmarkt erneuern. Edition Körber-Stiftung, Hamburg.

Heckel, M. (2013b): Die Midlife-Gewinner. Die Zeit Nr. 49 vom 28.11.2013.

Heyse, V. & Schircks, A. D. (2012): Kompetenzprofile in der Humanmedizin. Instrumente und Konzepte für die Ausrichtung von Aus- und Weiterbildung auf Schlüsselkompetenzen. Waxmann, Münster.

Hüther, G. (2013): Verändert die Schule. In: Welt am Sonntag (Forum), Nr. 5.

Hüther, G. & Hauser, U. (2012): Die Talente unserer Kinder. In: Alles was wichtig ist 2013. In: Die großen Themen auf einen Blick. Knaus-Verlag, München.

Issig, P. (2013): Im Dickicht der Reformen. Welt am Sonntag, Ausgabe 50 vom 15.12.2013, Seite BY1.

Lankau, R. (2014): Ohne Dozenten geht es nicht. Die Zeit Nr. 3 vom 9.1.2014.

Lohmann, H. & Debatin, J. F. (2012) (Hrsg.): Neue Ärzte braucht das Land? Innovationsbaustelle Ärzteausbildung Deutschland. medhochzwei Verlag, Heidelberg.

Mangold, I. (2014): Das war meine Rettung. Interview mit Monika Zeiner. Zeit Magazin, Nr. 3 vom 9.1.2014.

Mertens, D. (1974): Schlüsselqualifikationen. Thesen zur Schulung für eine moderne Gesellschaft. In: Mitteilungen aus der Arbeitsmarkt- und Berufsforschung. Jg. 7, Heft 1.

Osel, J. (2013): Die Vermessung der Schulwelt. SZ Nr. 277 vom 30.11./1.12.2013.

Pichler, M. (2013): Schulrevolution gefordert. Ztschr. wirtschaft + weiterbildung Nr. 09.

Precht, R. D. (2013): Anna, die Schule und der liebe Gott. Wilhelm Goldmann Verlag, München.

Rat für Nachhaltige Entwicklung (2010): Indikatorenbericht 2010, Berlin.

Riesner, L. (2013): Zu Hause lernt es sich am schönsten. SZ Nr. 278 vom 2.12.2013.

Roßnagel, C. S. (2013): Lernen im Alter? Yes we can! Die Zeit Nr. 49 vom 28.11.2013.

Kapitel I

Entwicklung von Schlüsselkompetenzen in Schulen

Volker Heyse

Einleitung

Entwicklung von Schlüsselkompetenzen – pädagogische Utopie oder Realität?

In diesem Kapitel melden sich namhafte Wissenschaftler/innen und Praktiker/innen zu Wort und teilen ihre persönlichen Erfahrungen mit. Ihnen allen lag eine Reihe von Fragen des Herausgebers vor, die nachfolgend aufgeführt werden. Dabei wurde natürlich keinesfalls davon ausgegangen, dass alle Autor/innen alle Fragen beantworten konnten. Es wurden vielmehr individuelle Schwerpunktsetzungen auf der Grundlage eigener begründbarer Erfahrungen bevorzugt.

Fragen, denen in den folgenden Abschnitten nachgegangen wird:

- Wie können neben der Wissensentwicklung gleichzeitig Handlungsfähigkeiten (Schlüsselkompetenzen) und Fertigkeiten bewusst angeregt und gestärkt werden? Welche Konsequenzen hat das auf die Unterrichtsformen? Welche Konsequenzen hat das für die Aus- und Weiterbildung von Lehrerinnen und Lehrern? *Welche Best-Practice-Beispiele oder strategischen Überlegungen gibt es?*
- Wie werden im schulischen Alltag die Offenheit für Veränderungen, die Kreativität, die Innovationsfähigkeit der Schülerinnen und Schüler gewünscht, gefördert, genutzt und bestätigt? *Welche Best-Practice-Beispiele oder strategischen Überlegungen gibt es?*
- Inwieweit und mit welchen unterschiedlichen Herangehensweisen werden die individuellen Begabungen und Schlüsselkompetenzen differenziert als Fundament für die spätere breite Lebensbewältigung, eine Begabungsermöglichung und die Stärkung des Selbsterkennens und des emotionalen Wohlbefindens der Schülerinnen und Schüler betrachtet und gefördert? *Welche Best-Practice-Beispiele oder strategischen Überlegungen gibt es?*
- Inwiefern werden die seit 1996 von der EU erhobenen Forderungen nach einer vernetzten Wissensvermittlung im Einklang mit einer breiten Entwicklung von Schlüsselkompetenzen (zumindest ansatzweise) umgesetzt?: *Learning to know* (Kenntnisse, Fach- und Methodenkompetenz) / *Learning to be* (personale Kompetenz) / *Learning to do* (Aktivitäts- und Handlungskompetenz) und *Learning to live together* (sozial-kommunikative Kompetenz)? *Welche Best-Practice-Beispiele oder strategischen Überlegungen gibt es?*
- Wie weit wird im schulischen Alltag von Prinzipien und Konsequenzen einer Ermöglichungspädagogik ausgegangen? Wie weit gelingt eine Vernetzung der vielfältigen Akteure und Einrichtungen im Bildungsverlauf der Schülerinnen und Schüler und ggf. auch die Zusammenarbeit unterschiedlicher Institutionen (ein-

schließlich gemeinnützige Stiftungen) und Professionen? *Welche Best-Practice-Beispiele oder strategischen Überlegungen gibt es?*

- Was braucht es, um Schulleiterinnen und Schulleiter schon in der Aus- und Weiterbildung auf die Bedürfnisse, Schlüsselkompetenzen / Begabungen und Lebensbewältigungsmöglichkeiten der Schülerinnen und Schüler auszurichten? *Welche Best-Practice-Beispiele oder strategischen Überlegungen gibt es?*
- Welche praktikablen Ansätze / Beispiele gibt es dafür, dass Schülerinnen und Schüler lernen, Menschen aus anderen sozialen und kulturellen Gruppen anerkennend und respektvoll zu begegnen, den Umgang mit Vielfalt zu erlernen und bewusst, freiwillig Verantwortung für das Gemeinwesen zu übernehmen und praktisch und einprägsam umzusetzen? *Welche Best-Practice-Beispiele oder strategischen Überlegungen gibt es?*
- Was bedingt eine nachhaltige Ausbildung und Zertifizierung von Lehrer*persönlichkeiten* (über Fachlehrerausbildung hinaus)? Was muss sich ggf. in der Aus- und Weiterbildung von Lehrerinnen und Lehrern ändern? *Welche Best-Practice-Beispiele oder strategischen Überlegungen gibt es?*
- Inwieweit sollen / können Schlüsselkompetenzen der Schülerinnen und Schüler validiert und zertifiziert und damit das klassische Notensystem reformiert (oder zumindest erweitert) werden? *Welche Best-Practice-Beispiele oder strategischen Überlegungen gibt es?*
- Inwieweit nehmen solche (wirksamen) Formen der Anregung von Schlüsselkompetenzentwicklung Eingang in den schulischen Alltag wie
  - Möglichkeiten eines „learning by doing“ unter Supervision geschulter Lehrerinnen und Lehrer mit nachfolgendem individuellen Feedback
  - das Gewähren und Inanspruchnehmen diverser (Selbst-)Reflexionsmöglichkeiten und das bewusste Lernen aus Fehlern
  - Erfahrungsaustausch mit anderen Akteuren und Institutionen im Bildungsverlauf einerseits und mit anderen Schülerinnen und Schülern andererseits
  - Lernen über starke Identifikation mit starken Lehrer-Persönlichkeiten? *Welche Best-Practice-Beispiele oder strategischen Überlegungen gibt es?*

Wissen, Bildung, Kompetenz, Kompetenzerhalt und Wissensveraltung, Kompetenzbildung und emotional-motivationale Einflüsse, Kompetenzaufbau und kompetente Vorbildpersönlichkeit: Das sind nur ein paar Themen aus der Fülle der möglichen, die die Leser/innen anregen sollen, den ganzen Problemkreis – Kompetenzbildung, Begabungsermöglichung und Bildungskompetenz – auf eigene, interessante, weiterwirkende Art zu durchdenken.

Natürlich gäbe es weitere bedeutsame Fragen wie zum Beispiel diese: Inwieweit werden Schlüsselkompetenzen / Begabungen bei behinderten Schüler/inne/n erkannt, genutzt, gefördert und als Stärken ausgewiesen? Diese und etliche andere Fragen – gepaart mit existenten guten Erfahrungen und Beispielen – zeigen die Bedeutsamkeit und Sinnfälligkeit weiterer – durch Veröffentlichungen angestoßener – Verallgemeinerungen pädagogischer Realität.

Mathias Balliet, Udo Kliebisch

The Vision of Competence – oder: Was ist ein guter Lehrer?

Abstract

In Zeiten von PISA-Tests, Bildungsstandards und Kompetenzorientierung fordern viele Eltern: Schulen sollen nicht nur dem gesetzlich verankerten Bildungs- und Erziehungsauftrag nachkommen, sondern zunehmend zukunftsorientiert und visionär agieren. Was bedeutet das konkret? Der vorliegende Beitrag skizziert das Bild eines guten Lehrers[1] im Jahr 2040, beschreibt dessen wesentliche Handlungsfelder, sein Selbst- und Unterrichtsverständnis und das dazu notwendige Kompetenzprofil. Diese Vision einer kompetenten Lehrkraft der Zukunft eröffnet Entwicklungsperspektiven und zeigt, in welche Richtung sich Lehreraus- und -weiterbildung schon heute entwickeln sollten.

„Der ist der beste Lehrer, der sich nach und nach überflüssig macht."
(George Orwell)

1. Das Land der Phantasie

„Phantasie ist wichtiger als Wissen, denn Wissen ist begrenzt."
(Albert Einstein)

„In The Year 2525" – Mancher wird sich an diesen Songtext erinnern. 1969 von dem Duo Zager und Evans auf den Musikmarkt gebracht, erzählt das Lied von der Zukunft des Menschen. Die Vision: Der Mensch wird sich abhängig machen von Technologien, passiv werden, dem Weltuntergang entgegendämmern. Gut 40 Jahre später – heute –: Ein Loblied der Technik, wir singen es an vielen Stellen. Abhängigkeit? Ja, wir sind inzwischen auch abhängig von technischen Errungenschaften, sicher in einem Maße, das man sich Ende der 1960er Jahre kaum vorstellen konnte. Unsere Realität übertrifft sogar Zagers und Evans' kühne Spekulationen. Wie bereiten wir unsere Kinder auf diese Welt vor? Was tun die Schulen dafür? Wie sind unsere Lehrer „so drauf"? Lehrer, die selbst Kinder einer Welt (geworden) sind, die ohne Internet, PC und Smartphone nicht mehr zu denken ist.

Wagen wir den Blick in die Zukunft, machen wir es wie Zager und Evans vor vier Jahrzehnten. Einmal Prophet sein, einmal so richtig ausspinnen, was möglich wäre,

1 Soweit in diesem Beitrag männliche Formen genannt werden, sind weibliche Formen ausdrücklich mitgemeint.

wenn … Und: Visionen sind nicht zwangsläufig Apokalypsen. Visionen können Versuche sein, die aktuelle persönliche, berufliche oder globale Wirklichkeit auf ein Wünschenswertes hin weiterzudenken. Wenn wir in diesem Aufsatz Visionen meinen, dann so: Für uns sind Visionen Bilder einer Zukunft, die wir uns wünschen, auf die wir hoffen und für die wir etwas tun wollen und können. Das schließt ein, Gegenwärtiges ernst zu nehmen und wertzuschätzen, das schließt aber auch ein, Gefahren und Risiken zu sehen, die der Weg in diese Zukunft birgt. Das schließt aber vor allem ein, Chancen zu erkennen, sie zu betonen und nach Ressourcen zu fragen: Wie können wir mit unseren Mitteln die Chancen nutzen, die wir schon haben? Wie können wir Ressourcen weiterentwickeln, um unser Ziel zu erreichen?

Visionen entstehen nicht aus dem Nichts. Auch Einsteins Relativitätstheorie fiel nicht vom Himmel. Vielmehr nahm Einstein Phänomene der Wirklichkeit zum Anlass, um an ihnen Fragen zu entdecken. Fragen, die zu Antworten führten, die er zum Teil selbst nicht vorhersah. Visionen sind in diesem Sinne immer Verlängerungen und Vernetzungen dessen, was uns umgibt. Wir entwickeln Bilder und Filme von einer Zukunft, die wir uns wünschen. Visionen haben eine starke Anziehungskraft, sie sind attraktiv im wörtlichen Sinne. Sie motivieren, bringen uns auf Trab und in Schwung. Für Visionen zu arbeiten lohnt sich – solange wir glauben, dass wir sie erreichen können. Wir laden Sie ein zu einer Reise, zu einer Phantasiereise ins Land der „Vision of Competence".

1.1 Ihre Vision vom guten Lehrer

„Ein guter Lehrer hat nur eine Sorge: zu lehren, wie man ohne ihn auskomme."
(André Gide)

Gerd Altmann@pixelio.de

Nehmen Sie an, eine gute Fee hätte Sie geküsst: Die Vision wäre Wirklichkeit. Ein guter Lehrer steht vor Ihnen, und dieser Lehrer hätte alles, was Sie sich unter einem guten Lehrer vorstellen. So sollte ein Lehrer sein. Stellen Sie sich das Jahr 2040 vor, damit es für Sie greifbarer wird. Fangen Sie jetzt an, sich ein Bild von diesem Lehrer zu machen. Vielleicht möchten Sie sich entspannen und die Augen schließen. Stellen Sie sich vor, Sie sitzen in Ihrem Lieblingskino, ganz entspannt in einer der mittleren Reihen. Vorn auf der Leinwand entsteht vor Ihrem inneren Auge das Bild aus dem Jahr 2040. Ihr guter Lehrer! Sie sehen auf der Leinwand, wie der Lehrer agiert: Im Unterricht, in Beratungsgesprächen, mit Eltern und Kollegen. Ein paar Fragen können Ihnen helfen, wichtige Facetten in den Blick zu nehmen. Und wenn Sie's ernst meinen: Dann machen Sie die Übung, bevor Sie den nächsten Abschnitt lesen.

Aufgabe: Lesen Sie die Fragen einzeln. Notieren Sie dann stichwortartig Ihre Antworten.

- Welche Idee von Unterricht hat dieser Lehrer?
- Wie definiert dieser Lehrer seine Rolle im Unterricht?
- Wie aufgeschlossen ist er gegenüber neuen Entwicklungen?
- Wie geht der Lehrer mit Unsicherheiten und Störungen um?
- Welches Erziehungsziel steht für diesen Lehrer ganz oben?
- Wie viel und welche Initiative zeigt der Lehrer im Unterricht?
- Wie versteht der Lehrer seine Rolle als Berater von Schülern und Eltern?
- Welche fachlichen und methodischen Inhalte sind dem Lehrer wichtig?
- Wie anwendungsbezogen vermittelt der Lehrer das Wissen?
- Wie intensiv wird Wissen im Unterricht des Lehrers fachspezifisch, aber auch überfachlich vernetzt?
- Was weiß der Lehrer über die Fähigkeiten und Interessen seiner Schüler?
- Wie und wann kooperiert der Lehrer mit seinen Kollegen?
- Wie integrationsfähig ist der Lehrer?
- Wie gut stellt er sich auf seine Gesprächspartner ein?
- Wie überzeugend wirkt er in den Aktionsprozessen mit Schülern, Eltern, Kollegen und Vorgesetzten?
- Wie intensiv fördert der Lehrer die Kompetenzen der einzelnen Schüler?
- Inwieweit gestaltet der Lehrer seinen Unterricht inklusiv?

Sicher haben Sie sich die Antworten auf die Fragen aufgeschrieben. Gehen Sie Ihre Antworten jetzt noch einmal durch: Was fällt Ihnen auf? Inwieweit lesen Sie wirklich *Ihre* Antworten? Oder sind es vielleicht doch nur die Antworten, die Sie schon in Ihrer Ausbildung gegeben hätten? Erinnern Sie sich: Der Lehrer vor Ihrem inneren Auge arbeitet im Jahr 2040, nicht heute! Wie visionär sind Ihre Antworten? Geben Sie jeder Antwort eine Schulnote: „1“ steht für „sehr visionär“ und „6“ bedeutet „ganz traditionell“. Schauen Sie sich das Ergebnis Ihrer Bewertung an: Welche Antworten haben Sie am besten bewertet? Wo stecken Ihre Visionen? Nehmen Sie sich diese Antworten noch einmal vor und konkretisieren Sie sie: Suchen Sie dazu nach weiteren Beispielen für das Verhalten, das Sie beschreiben. Oder suchen Sie nach weiteren Situationen, in denen die Eigenschaft des Lehrers deutlich wird. Wichtig: Malen Sie sich Ihre visionärsten Antworten möglichst prächtig aus. Wenn Sie mögen: Skizzieren Sie ein Bild, das Ihre Vision zum Ausdruck bringt.

1.2 Unsere Vision: der Lehrer als Entwicklungshelfer

Gerd Altmann@pixelio.de

„Man kann niemanden etwas lehren, man kann ihm nur helfen, es in sich selbst zu finden."
(Galileo Galilei)

Natürlich, Sie sind gespannt: Wie stellen *wir* uns den guten Lehrer vor, den guten Lehrer aus dem Jahr 2040? Gehen wir gemeinsam die Fragen durch, die wir im letzten Abschnitt gestellt haben. Wir ordnen dabei die Fragen den vier Kompetenzbereichen zu, die Volker Heyse und John Erpenbeck (2007; 2009) entwickelt haben. Und das sind unsere Antworten:

2. Vier Basiskompetenzen eines guten Lehrers

2.1 Personale Kompetenz des Lehrers

Personale Kompetenzen befähigen den Lehrer, selbstorganisiert zu denken und zu handeln. Und das in Bezug auf sich selbst: Ein Lehrer mit hoher personaler Kompetenz zeichnet sich vor allem durch diese Eigenschaften aus: Selbstvertrauen, Mut, Kreativität, Loyalität, Glaubwürdigkeit, Eigenverantwortung und eine gefestigte Werthaltung. Unseren Antworten auf die folgenden Fragen liegt die Vision eines Lehrers mit hoher personaler Kompetenz zu Grunde. Unsere Intention ist es, dies zu zeigen: Wie ermöglicht dieses Kompetenzprofil einem Lehrer zukunftsweisendes Denken und Handeln?

- Welche Idee von Unterricht hat dieser Lehrer?
- Welches Erziehungsziel steht für diesen Lehrer ganz oben?
- Wie versteht der Lehrer seine Rolle als Berater von Schülern und Eltern?
- Wie geht der Lehrer mit Unsicherheiten und Störungen um?
- Wie aufgeschlossen ist er gegenüber neuen Entwicklungen?
- Inwieweit gestaltet der Lehrer seinen Unterricht inklusiv?

Was es schon gibt

Kooperative Lernprozesse haben sich als leitende Maxime modernen Unterrichts durchgesetzt. Diese Prozesse bestimmen auch das Lehrerbild und das Selbstverständnis, das ein Lehrer entwickelt. Die personale Kompetenz vieler Lehrer ist durch die Grundannahmen kooperativen Lernens stark beeinflusst. Welche Kriterien kennzeichnen kooperative Lernprozesse? Kooperatives Lernen stützt sich auf fünf Grundelemente (siehe Green & Green, 2012; Kliebisch & Meloefski, 2013, Band 2). Der Ausgangspunkt für alles: positive Abhängigkeit.

Pädagogische Ziele wie Selbstständigkeit und Kritikfähigkeit implizieren auch, dass Lernende ihre eigenen Lernprozesse selbstständig initiieren und unterhalten können. Carl Rogers (2012) beschreibt selbstinitiiertes Lernen als besonders nachhaltig. Wird Lernen für den Lernenden wichtig, verändert es etwas in ihm, an seinen Einstellungen und Überzeugungen, dann wird Lernen zur Erkenntnis. Solche Erkenntnisse können handlungsbestimmend werden, können die anderen Kompetenzebenen beeinflussen.

Kooperatives Lernen hilft, Lernen nachhaltig zu machen. Das Prinzip positiver Abhängigkeit ist ein konkretes Mittel dafür. Wie funktioniert es? Der Lehrer möchte im Erdkundeunterricht die Schüler mit den besonderen Problemen von Großbauwerken bekannt machen. Ein Staudamm ist das Bespiel. Der Lehrer nutzt im Unterricht verschiedene Materialien: (1) eine Karte im Atlas, (2) einen Text über die Entstehung des Staudamms, (3) eine grafische Darstellung und (4) zwei Tabellen. Die Materialien beschreiben mit unterschiedlichem Fokus Auswirkungen, die der Bau des Staudamms auf die Baugesellschaft, auf das Land, auf die Arbeiter vor Ort und die Anwohner hatte und hat. Und so geht der Lehrer methodisch vor: Jeder Schüler erhält eines der fünf Materialien und zehn Minuten Zeit, sich damit allein zu beschäftigen. Dafür hat der Lehrer jedem Material eine oder mehrere Aufgaben hinzugefügt. Dann teilt der Lehrer die Klasse in Gruppen zu je fünf Personen ein. In jeder Gruppe hat jeder Schüler in der Einzelarbeit ein anderes Material vorbereitet. Die Gruppe erhält zwei Aufgaben: Tauscht eure Ergebnisse aus. Und: Entwickelt ein gemeinsames Ergebnis. Die zweite Aufgabe konkretisiert der Lehrer durch den Fokus auf einen bestimmten Aspekt, zum Beispiel den der Nachhaltigkeit. Jedes Gruppenmitglied muss am Ende der Arbeitsphase fähig sein, die Ergebnisse zu präsentieren. Wer Präsentator ist, bestimmt der Zufall.

Die Vorgehensweise führt dazu, dass die Schüler einer Arbeitsgruppe aufeinander angewiesen sind: Jedes Gruppenmitglied wird gebraucht, um die Gruppenaufgabe zu bewältigen. Weniger Schüler werden sich daher vom Arbeitsprozess abhängen, sich einfach nur auf die anderen verlassen. Denn jeder weiß: Die anderen brauchen meine Ergebnisse und ich könnte am Ende der sein, der das Gesamtergebnis im Plenum vorstellen muss. Die Schüler spüren also Verantwortung für sich selbst und für die anderen Gruppenmitglieder. Das kann, muss aber nicht immer angenehm sein, aber es ist zutiefst demokratisch. Und: In jedem Fall ist es eine Herausforderung zum Mitmachen, die die meisten Schüler annehmen.

Welche personalen Kompetenzen braucht der Lehrer, der so arbeiten will? Welche Überzeugungen hat er von sich, wie versteht er seine Rolle? Dieser Lehrer versteht sich als Arrangeur von Prozessen, er stellt Lernsettings zur Verfügung, in denen Schüler sich entfalten können. Er hilft Schülern, ihre Vorstellungen über die Unterrichtsgegenstände zu entdecken und weiterzuentwickeln. Das Lernverständnis ist konstruktivistisch (siehe Reich, 2012): Jeder Lerner erschafft mit Hilfe der neuen Informationen seine eigene Wirklichkeit. Aber unser Lehrer schafft zugleich noch mehr. Er deutet Störungen im Unterricht als Herausforderungen, als produktive Bausteine, die lernprogressiv wirken können. Lernförderlich werden Störungen, wenn der Lehrer sie metadiskursiv aufgreift, wenn er sie bespricht und gemeinsam mit der Gruppe bereinigt (siehe Cohn, 2013). Wem hat die Störung genutzt? Wem hat sie geschadet? Was sollten wir tun, um in Zukunft solche Störungen zu vermeiden (siehe Winkel, 2011)?

Ein Lehrer, der kooperativ arbeitet, versteht sich vor allem als Entwickler, weniger als Unterrichtender und Erzieher: Er hilft den Schülern, sich selbst zu entwickeln. Er hilft ihnen, ihre Ressourcen zu entdecken und aktiv zu nutzen. Dieses Rollenverständnis impliziert eine Beratungsaufgabe, die den Unterricht des kompetenten Lehrers fortlaufend begleitet. Unser Lehrer denkt aber auch politisch, systemisch: Er lehrt demokratisch und er ermöglicht den Schülern, Demokratie zu lernen. Sich zu emanzipieren und zugleich zu partizipieren und am Ende solidarisch mit der Gruppe zu handeln: Das sind Wertvorstellungen, die dem demokratischen Grundverständnis unserer Gesellschaft entsprechen. Über kooperative Arbeitsprozesse lassen sich diese Werte weitgehend in die schulische Praxis hereinholen und umsetzen. Doch was geschieht, wenn diese Theorie auf die Wirklichkeit des Jahres 2040 trifft?

Seit Anfang des Jahrtausends hat Norm Green zusammen mit seiner Frau Kathy das Konzept des Kooperativen Lernens in Deutschland bekannt gemacht: anfangs in Bayern, dann in Mönchengladbach und später unter anderem in Dortmund, Bochum, Krefeld und Stuttgart. Flächendeckende Trainings und die Ausbildung von Moderatoren durch das Green-Institut tragen seitdem dazu bei, dass das Kooperative Lernen an vielen Schulen der Bundesrepublik zum Standard wird. Auch Qualitätsanalysen von Unterricht nutzen die Merkmale Kooperativen Lernens als Kriterien. Regelmäßige Fortbildung stützt den Prozess. Angesichts der neuen Herausforderungen der Schulen wird dennoch auf Nachhaltigkeit des Prozesses zu achten sein: Die Heterogenität der Schüler mit Blick auf soziale und fachliche Kompetenzen, das Recht jedes Schülers auf individuelle Förderung, die Umsetzung des Inklusionsgedankens, zudem die Arbeitsverdichtung durch einen verkürzten Ausbildungsgang bis zum Abitur (G8) und zentrale Prüfungen, all das stellt für manche Lehrer die Effizienz kooperativer Lernprozesse nicht nur auf die Probe, sondern auch in Frage. Hier gilt es gegenzusteuern. Gerade die neuen Ansprüche an die Lehrkräfte machen kooperative Lernprozesse nötig. Kooperatives Lernen leistet einen entscheidenden Beitrag, um die Erwartungen an eine moderne Bildungslandschaft zu erfüllen. Die Lehrerausbildung bereitet die jungen Kollegen vielerorts entsprechend vor. So entsteht an der Schule ein Verständnis von Kooperation, das nicht nur den Unterricht, sondern auch die Kollegien betrifft (siehe Brüning & Saum, 2012b; Klinger, 2013; Konrad & Traub, 2010).

Und was es noch geben sollte: die Vision

Wie reagiert unser kompetenter Lehrer auf Neues? Und welche Visionen hat er selbst? Zunächst einmal: Die Wirklichkeit von Unterricht ist oft anders als das, was uns die Theorie über Unterricht vermittelt. Viele Lehr-/Lernprozesse sind gut gemeint, aber nicht gut gemacht. Zu große Klassen und ein zu hohes Maß an Heterogenität in vielen Klassen behindern gut überlegte Unterrichtssettings. Viele Maßnahmen zur individuellen Förderung helfen sicher denen, die Hilfe brauchen, unterstützen aber oft zu wenig diejenigen, die überdurchschnittlich begabt sind. Unser kompetenter Lehrer aus dem Jahr 2040 weiß: Er steht mit seinem Unterricht in ständiger Konkurrenz mit vielen Medien und natürlich mit einer Lernsoftware, die längst eine Qualität hat, die er kaum „toppen" kann.

Was kann unser Lehrer seinen Schülern bieten, was die Technik nicht längst (auch) leistet? Aufgeschlossenheit und Werthaltungen! Lehrer müssen sich als Lerner verstehen, ein Leben lang. Sie müssen sich auf die Welt und die Wirklichkeit ihrer Schüler einlassen. Das ist weit mehr als das, was wir heute unter Schülerorientierung verstehen oder mit dem Begriff „Bedingungsanalyse" (siehe Klafki, 2007) benennen. „Sich einlassen auf" heißt auch eintauchen, sich erzählen lassen, zum Gesprächspartner werden, der versteht und spiegelt, der wertschätzt und stützt. Das bedeutet auch: Schule muss für Schüler und Lehrer zum gemeinsamen Lebensraum werden. Gemeinsam essen, spielen und denken. Die Welt des anderen verstehen und sich mit ihr auseinandersetzen. Alten-WGs machen es zum Teil vor, was auch in Schulen möglich wäre: Miteinander für einander da zu sein. Jeder mit den Kompetenzen, die er hat. Und immer alle für das Ganze (siehe von Hentig, 2012).

Aufgeschlossen zu sein ist das eine, Werthaltungen zu haben und zu vermitteln ist das andere. Pure Aufgeschlossenheit kann schnell verkommen, verkommen zu einem Gebundensein an alles, was neu ist und einem nutzt. Der Grat ist schmal zwischen Aufgeschlossenheit und Relativismus. Joseph Ratzinger spricht, zwar in anderem Zusammenhang, von einer „Diktatur des Relativismus" (siehe Fischer, 2005). Beim Relativismus handelt es sich um jene Haltung, die Werte in ihrer Bedeutung verschwimmen lässt, sich nicht festlegt. Im Unterricht kommt es dann zu typischen Lehreräußerungen: „Super, ihr habt es verstanden. Hierzu muss jeder seine eigene Meinung entwickeln." Aus Angst vor der eigenen Meinung, aus Angst davor, mit ihr und mit sich selbst anzuecken, entsteht ein Relativismus, der ethisch bedenklich sein und werden kann. Wo alles möglich ist, ist viel los, vielleicht aber auch viel zu wenig klar und fest. Lehrer im Jahr 2040 werden mehr noch als heute Orientierung geben müssen, werden mehr als schon heute Leuchttürme sein müssen, die den Schülern ein möglicher Wegweiser sind. Dazu braucht der Lehrer eigene Werthaltungen, die er in steter Auseinandersetzung mit sich und seinen Mitmenschen entwickelt, stets neu überdenkt und dann als Überzeugungstäter vermittelt.

Welche Werte könnten und sollten das sein, die der kompetente Lehrer der Zukunft haben und vermitteln sollte? Eine berechtigte Frage, die schwer zu beantworten ist. Gerade Werthaltungen sind das Produkt einer eigentümlichen Mischung aus Beharren und Entwickeln. Veränderte Zeiten verlangen einerseits neue Werte, andererseits gibt es überzeitliche Werte, die als unverrückbar gelten. Gesellschaften entwickeln sich, aber eben immer nur in bestimmten Bereichen. So kommt es gleichzeitig zum Wandel von Wertvorstellungen (Aufgeschlossenheit) und es bleibt an anderen Stellen alles beim Alten, begründet wohlgemerkt (Wert-Haltung). Unser kompetenter Lehrer muss also auch sensibel sein für Entwicklungen, muss sich selbst entwickeln und doch zugleich auch eine klare Haltung vertreten. Ein schwieriges Geschäft angesichts einer Angebotsflut, die die Schüler an jeder Ecke belauert und mit neuer Attraktivität aufwartet.

Was heißt das für den Unterricht? Unser Lehrer könnte ein klares Ja sagen zu kooperativen Arbeitsweisen. Warum? Weil er damit klare Regeln und eindeutige Werte repräsentieren und vermitteln kann. Und zugleich sollte er sensibel hinschauen: Da gibt es Schüler, die wollen sich (wie heute!) auf die kooperativen Prozesse nicht einlassen. Und da gibt es Schüler, die können dies offenbar nicht – auch wie heute. Werthaltungen durchzusetzen, gegebenenfalls auch mit Strafe, ist das eine, Werthaltungen zu leben und zu vermitteln ist das andere. Wirklich personal kompetente Lehrer können beides: Sie sind zum Beispiel vom Geist kooperativer Arbeitsprozesse durchdrungen, konfrontieren ihre Schüler immer wieder damit, sind aber auch offen für Einwände, treten in einen Dialog mit den Schülern: „Ja, ich verstehe euch und eure Wünsche. Aber dennoch werde ich bei meiner Entscheidung bleiben. Ich möchte es euch erklären."

Unser Lehrer aus dem Jahr 2040 wird auch Erzieher sein, und er soll Vorbild sein in einer Gesellschaft, deren Möglichkeiten heute kaum abzuschätzen sind. Aufgeschlossen zu sein und zugleich Werte nachhaltig zu vertreten, beides ist für den Erzieher nötig. In der Vielfalt nicht zu ersticken, sondern sie als Herausforderung und Chance zur Entwicklung zu verstehen, das wird immer schwieriger in einer Gesellschaft, deren Angebote unzählbar werden. Wertepluralität, so wünschenswert sie einerseits sein mag, so sehr birgt sie andererseits die Gefahr der Orientierungslosigkeit. Kinder und Jugendliche brauchen in einer solchen Gesellschaft Vorbilder, die ihnen Halt geben. Sie brauchen Vorbilder, die im Zweifel Grenzen setzen, die ihre persönliche Autorität nutzen und Werte vorleben und deren Einhalten auch einfordern. Erziehung war schon immer ein schwieriges Geschäft. Kindern und Jugendlichen sind, zumindest in bestimmten Entwicklungsphasen, die Regeln der Erwachsenen zu eng. Auflehnen und Widersprechen sind dann angesagt. Diese im wörtlichen Sinn kritischen Phasen sind für alle Beteiligten zugleich Chancen: Sich selbst im Spiegel der Erzieher erleben und klären, wer man ist, wer man sein sollte und wer man sein möchte. Das macht lebenstüchtig und selbstbewusst. Lehrer können den Heranwachsenden als Erzieher in diesen wichtigen Lebensphasen helfen. Dazu müssen Lehrer einen schmalen Grat gehen: Sie müssen ermöglichen und verbieten. Das schaffen sie nur dann authentisch, wenn sie selbst wissen, wer sie sind und welchen Werten sie folgen wollen.

2.2 Handlungs- und Aktivitätskompetenz des Lehrers

Die Handlungs- und Aktivitätskompetenz eines Lehrers bestimmt, mit wie viel oder wie wenig Antrieb er tut, was er will. Mit anderen Worten: Ein Lehrer mit ausgeprägter Handlungs- und Aktivitätskompetenz zeigt hohe Tatkraft, Mobilität, Initiative und Ausführungsbereitschaft. Ihm fällt es leicht, seine Absichten und Ziele selbstorganisiert umzusetzen, und das mit großem Engagement. Mit Blick auf die folgenden beiden Fragen zeigen wir: Zu welchem unterrichtlichen Selbstverständnis gelangt ein Lehrer mit diesem Kompetenzprofil?

- Wie definiert dieser Lehrer seine Rolle im Unterricht?
- Wie viel und welche Initiative zeigt der Lehrer im Unterricht?

Was es schon gibt

Die Schule als Institution ist ein wichtiger Teil unserer Gesellschaft, ein wichtiger Teil unserer Kultur. Viele Menschen meinen, unsere Gesellschaft wandelt sich; der Einfluss moderner Kommunikationsmedien, rasante Entwicklungen im wissenschaftlich-technischen Bereich und veränderte Anforderungen des Arbeitsmarktes verändern die Art, wie wir Menschen miteinander umgehen. Schon Heraklit wusste: „*Panta rhei – Alles fließt!*", und im 21. Jahrhundert ist die Fließgeschwindigkeit höher denn je. Das gilt auch für die Schule: Sie ist nicht mehr nur ein Ort des Lehrens und Lernens – sie ist als „Lernende Schule" zugleich Subjekt und Objekt pädagogischer Entwicklung (siehe Schratz & Steiner-Löffler, 1999).

Gerd Altmann@pixelio.de

Viele Akteure machen eine Lernende Schule aus: Schüler, Lehrer, Schulleitung, Eltern, außerschulische Partner. Alle diese

Akteure stellen sich großen Herausforderungen. Sie müssen ständig neu aushandeln, wie sie als Team miteinander umgehen wollen, welche Aufgaben sie wann für bedeutsam halten und wie sie ihre Entwicklung bezogen aufeinander gestalten wollen. Die Lernende Schule als echtes Gemeinschaftsprojekt, als eigenverantwortliche und selbstständige Einrichtung, als Co-Produktion im wörtlichen Sinn! Kein Zweifel: Die Anforderungen an die Beteiligten steigen – und das gilt auch und vor allem für die Lehrer (siehe Baum, 2014; Rahm, 2005). Sie müssen …

- systematisch Unterrichtsentwicklung betreiben und evaluieren,
- sich durch Maßnahmen zur Personalentwicklung weiterqualifizieren,
- an der Organisationsentwicklung mit verbindlichen Zielorientierungen mitwirken,
- zunehmend mehr Verantwortung innerhalb dieser Organisation übernehmen,
- aktiv das Schulleben mitgestalten,
- rückhaltlos kommunizieren und evaluieren und
- kollegiumsinterne Qualitätsentwicklung vor Ort sinnvoll mit externer Unterstützung seitens der Schulaufsicht verknüpfen.

Der Lehrer als „Halbtagsjobber?" – Uwe Schaarschmidt konnte zeigen: Dieses Label hat nichts mit der Realität zu tun (siehe Schaarschmidt, 2005). Lehrer brauchen eine hohe Handlungs- und Aktivitätskompetenz, um mit den neuen Anforderungen Schritt halten zu können. Nichts für Lehrer mit erklärter Schonhaltung. Eine hohes Maß an Initiative und Tatkraft, großes Engagement mit klarer pädagogischer Zielsetzung – das sind notwendige Bedingungen für eine erfolgreiche Arbeit auf einem weiten Feld von Aufgaben. Dieses weite Feld lässt sich zum Beispiel so beschreiben (siehe Ministerium für Schule und Weiterbildung in NRW 2011):

Abb. 1: Handlungsfelder des Lehrberufs; Quelle: Ministerium für Schule und Weiterbildung in NRW 2011

Man kann sich vorstellen: Wer in solch unterschiedlichen Handlungsfeldern professionell agieren will, muss sein Handwerk in technischer Hinsicht beherrschen. Ein Beispiel: Mit Blick auf das Handlungsfeld *Erziehen* muss der Lehrer …

- erzieherisch kompetent sein,
- Präventionsmaßnahmen kennen,
- individuell unterstützen,
- Werthaltungen reflektieren,
- soziale Beziehungen gestalten und
- sich mit Strategien der Konfliktlösung auskennen.

Diese Kompetenzen sind allerdings nicht mehr als Handlungsdispositionen, sie sind (noch) nicht die Handlung selbst! Der Motor für ihre Umsetzung ist eine gut entwickelte Handlungs- und Aktivitätskompetenz. Erst sie macht aus gedachtem Handeln tatsächliches Handeln, erst sie verführt immer wieder dazu, Denken und Handeln kongruent zu machen.

Wie verhält sich ein Lehrer mit hoher Handlungs- und Aktivitätskompetenz in seinem „Kerngeschäft"? Genauer: Auf welchem Selbstverständnis basiert sein unterrichtliches Handeln? Und: Wie definiert er seine (Leitungs-)Rolle im Unterricht? Vorab: Idealtypische Vorstellungen hinsichtlich der Lehrerrolle im Unterricht sind einem deutlichem Wandel unterworfen. Der Charakter eines autoritären „Schulmeisters" wurde in Deutschland im Zuge der späten 1960er Jahre von antiautoritären Erziehungskonzepten eingeholt, die Partnerschaftlichkeit und Gleichberechtigung einfordern. Heute werden kooperative Lernformen favorisiert, bei denen der Lehrer eher eine begleitende Rolle spielt, und zwar die eines Lernberaters und -begleiters. Diese Entwicklungen sind nicht unkritisch betrachtet worden: zu viel Partnerschaft, zu viel Mitbestimmung, zu viel Freiheit – Könnte das die Kinder und Jugendlichen nicht überfordern? Werden die Heranwachsenden nicht viel zu früh wie kleine Erwachsene behandelt, die sie in der Tat ja nicht sind? Welche Auswirkungen hat das auf ihre Entwicklung (siehe Winterhoff & Tergast, 2009; Winterhoff & Thielen, 2011)?

Was bedeutet das neue Rollenverständnis für den Lehrer? Vielleicht, dass sich der Lehrer in seinen Handlungen bremsen, in seiner Aktivität zurücknehmen muss? Keineswegs! Die Ergebnisse der Studie von John Hattie zur Wirksamkeit von Lehrern und Lernen (siehe Hattie, 2013 und 2014; Steffens & Höfer, 2012) sind als Plädoyer für einen aktiven und präsenten Lehrer zu lesen: Hatties idealtypischer Lehrer praktiziert „Direkte Instruktion" in einer Abfolge von sieben Schritten:

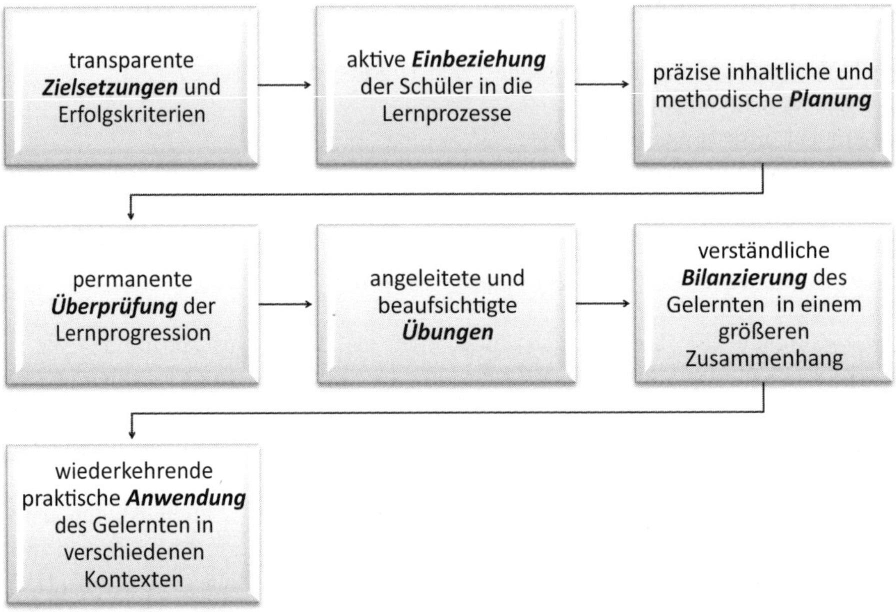

Abb. 2: Sieben Schritte direkter Instruktion

In diesem Lehr-/Lernprozess versteht sich der Lehrer als verantwortlicher Arrangeur der Lernprozesse. Er trifft im Vorfeld des Unterrichts Planungsentscheidungen und vermittelt den Lernenden im Unterricht durch angemessene Ordnungsstrukturen Orientierung und Sicherheit. Aber: Ein Lehrer mit hoher Handlungs- und Aktivitätskompetenz reißt das „Ruder des Unterrichts" nicht unentwegt an sich. Sein Unterricht ist nicht zu verwechseln mit einem Unterricht, der im Wesentlichen aus einem fragend-entwickelnden Unterrichtsgespräch besteht. Er nimmt sich in bestimmten Phasen des Unterrichts bewusst zurück, verlagert seine Aktivität dabei auf flexible und methodisch variable Hilfestellungen, kann so individuell fördern und fordern. Erst so ist ein zielführender Unterricht möglich, der den Schülern maximalen Freiraum und Orientierung zugleich gibt.

Lehrergesundheit wird immer wichtiger. Es ist daher erfreulich und zukunftsweisend zugleich, dass man schon heute einen Zusammenhang herstellt zwischen der Aktivitäts- und Handlungskompetenz der Lehrer und ihrer Gesundheit. Denn: Lehrer handeln nur dann motiviert, initiativ, tatkräftig und engagiert, wenn sie gesund sind und bleiben. Die Ordnung des Vorbereitungsdienstes in NRW (siehe Ministerium für Schule und Weiterbildung in NRW 2011) zum Beispiel berücksichtigt diesen Zusammenhang. Die Ausbildung in sechs Handlungsfeldern umfasst auch, dass die angehenden Lehrer lernen, mit Belastungen umzugehen und ihre Ressourcen zweckdienlich und ökonomisch einzusetzen. Der (gesunde!) Lehrer ist nun mal der entscheidende Faktor des Unterrichts – das zeigt John Hatties richtungsweisende Metastudie deutlich (siehe Hattie, 2013 und 2014). Hatties Analysen sind als Plädoyer für einen Lehrer mit gut entwickelter Aktivitäts- und Handlungskompetenz zu lesen. Denn die größten Lernerfolge, so fasst Martin Spiewak Hatties Untersuchungsergebnisse zusammen, erzielen Lehrer mit einem bestimmten Selbst- und Unterrichtsverständnis: Sie verstehen sich als aktivierende Regisseure, initiieren Lernprozesse und behalten dieselben im Blick, führen die Lerngruppe stringent und erzeugen Transparenz über Methoden und Ziele (siehe Spiewak, 2013).

Und was es noch geben sollte: die Vision

Wie mag Unterricht im Jahre 2040 aussehen? Was könnte er mit unserer heutigen Vorstellung von Unterricht gemeinsam haben, was wird radikal anders sein? Wir sind uns sicher: Die Rolle des Lehrers im Lehr-/Lernprozess wird einer der Faktoren sein, der sich in Zukunft am deutlichsten wandeln wird.

Vielleicht fragen Sie sich, warum wir uns da so sicher sind. Ganz einfach: Wir denken in Verlängerung dessen, was wir heute in der Unterrichtsentwicklung erleben. Dabei ist deutlich: Moderne Medien finden immer stärker Eingang in den Unterrichtsalltag. Viele Schulbuchverlage haben die Entwicklung von multimedialen Lernsoftware für sich entdeckt und fangen gegenwärtig erst an, die umfassenden Möglichkeiten solcher Lernarrangements zu nutzen. Die Nutzung multi(!)medialer Lernsoftware bietet verschiedene Vorteile, wenn es um die Aufnahme von Informationen geht:

- ***Lernen mit allen Sinnen***: Es werden durch Ton, Bild, Video und Animationen verschiedene Sinnesorgane angesprochen, die in Verbindung zu einer besseren Gedächtnisleistung führen.
- ***Passung***: Die Auswahl der Inhalte kann auf die individuellen Bedürfnisse und den Kenntnisstand des jeweiligen Benutzers zugeschnitten werden.
- ***Interaktivität***: Eine intelligente Lernsoftware reagiert auf das Arbeitsverhalten des Benutzers, diagnostiziert den Kenntnisstand und generiert darauf abgestimmte Übungs- und Wiederholungssequenzen.
- ***Individueller Zuschnitt***: Einerseits sind Dauer und Zeitpunkt des Lernens frei wählbar, andererseits stellt sich die Software auf das individuelle Lerntempo des Benutzers ein.

Interaktive Beamer, kreideloser Unterricht, direkte Anschlüsse an Internet und Intranet sind an manchen Schulen schon heute selbstverständlich – in allen Klassenräumen. Und die Schüler sind längst gut ausgerüstet, um sich daran anzuschließen: Smartphones, Laptops und Tablet PCs. All diese Vorteile sind nur der momentane Stand der Dinge; und wir gehen davon aus, dass sich die Qualität multimedialer Lernsoftware in Zukunft rasant verbessern wird. Die Konsequenz: Eine gute Lernsoftware wird dem Schüler der Zukunft Wissen höchst nachhaltig, passend, interaktiv und individualisiert an- und darbieten – und zwar so lernwirksam, wie es Lehrer im Klassen- oder Kursunterricht nicht werden erreichen können. Manche Wissenschaftsmagazine im Fernsehen geben erste Eindrücke von der Qualität einer Software, die in Zukunft nicht nur die Schulen, sondern jedermann wird nutzen können. Wird der Lehrer im Jahre 2040 dadurch überflüssig?

Ein klares „Nein!". Bildung als Ziel von Erziehung und Unterricht umfasst mehr als bloßes Wissen. Keine Frage: Wissen ist im Rahmen von Lern- und Bildungsprozessen bedeutsam, es ist aber nicht mehr als die Bedingung der Möglichkeit von Erkenntnis. Schon in den 1950er Jahren entwickelte Benjamin Bloom ein sechsstufiges Modell von Taxonomien im kognitiven Bereich, das diesen Sachverhalt veranschaulicht (siehe von Saldern, 2011):

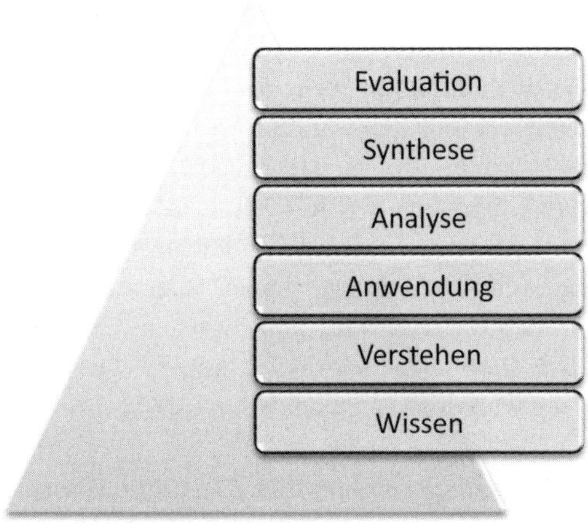

Abb. 3: Lerntaxonomie im kognitiven Bereich (Bloom)

Multimediale Lernprogramme der Zukunft können sicher vieles leisten – aber auf welchem Niveau? Mit Blick auf Blooms Taxonomien kann der Lehrer im Jahre 2040 sicherlich Einiges von dem, wofür Lehrer heutzutage verantwortlich sind, delegieren: Wenn es um die Aneignung von Wissen, um das Verstehen von Sachverhalten und die Anwendung des neuen Wissens in vorgegebenen Kontexten geht, ist der Lehrer kaum mehr gefragt. Seine multimedialen Helfer werden solche Lernprozesse höchst individualisiert und lernwirksam initiieren und begleiten. Aber: Multimediale Lernprogramme werden trotz Weiterentwicklung der „Künstlichen Intelligenz" nur auf den unteren Taxonomieebenen funktionieren (siehe Lämmel & Cleve, 2012). Für wirklich komplexe kognitive Leistungen, die Bloom auf der oberen Hälfte der Pyramide ansiedelt, fehlt es den Medien an Flexibilität, Spontaneität, Emotion und Intuition. Anders gesagt: Programmierer schaffen es in Wahrheit nicht, die Fähigkeiten unseres Gehirns so abzubilden, dass es auf höherer kognitiver Ebene hinreichend gefordert würde. Daher: Der Lehrer im Jahre 2040 wird sehr gefragt sein, mehr noch: Er wird intensiv gefordert sein, wird sich mit hohem Engagement und großer Initiative in Lehr-/Lernprozesse einbringen, und zwar fast ausschließlich in solche Phasen, die sich auf dem Niveau kognitiv anspruchsvoller Vernetzungsleistungen abspielen. Eine verantwortungsvolle Aufgabe, der er sich bewusst sein muss: Unterricht verharrt heute oft auf unteren Taxonomieebenen, über die reine Wissensvermittlung geht er dann kaum hinaus: Wissensvermittlung und Wissenserwerb werden Selbstzweck statt zum Ausgangspunkt für das Aufbauen eines komplexen Kompetenznetzes, das die Schüler der Zukunft brauchen werden (siehe Kliebisch, 2011). Will sich der Lehrer der Zukunft angesichts multimedialer Lernprogramme nicht überflüssig machen, muss er sich weiter professionalisieren, muss seine Kompetenzen weiterentwickeln, vielleicht sogar neue zurüsten. Und dieses gestärkte und erweiterte Kompetenzprofil wird er nur in professionelles Handeln umsetzen können, wenn er tatkräftig, motiviert und dynamisch ist. Der Schlüssel zum Erfolg: Eine hohe Handlungs- und Aktivitätskompetenz.

2.3 Fach- und Methodenkompetenz des Lehrers

Fachwissen, fachübergreifende Kenntnisse, Erfahrungen, Planungsverhalten und systematisch-methodisches Vorgehen – all diese Eigenschaften und Fähigkeiten bilden die Fach- und Methodenkompetenz eines Lehrers. Nur wenn ein Lehrer über ein gut vernetztes Fachwissen verfügt, kann er (sich wandelnde) fachspezifische Fragestellungen und Zusammenhänge verstehen und neue kreative Lösungen für die Herausforderungen des Alltags entwickeln. Der Lehrer muss verschiedene Methoden einsetzen können, um Tätigkeiten, Diskussionen und andere Prozesse zu strukturieren. Im Folgenden stellen wir dar: Wie beeinflusst dieses Kompetenzprofil das pädagogisch-didaktische Verhalten des Lehrers? Also:

Gerd Altmann@pixelio.de

- Wie intensiv wird Wissen im Unterricht des Lehrers fachspezifisch, aber auch überfachlich vernetzt?
- Welche fachlichen und methodischen Inhalte sind dem Lehrer wichtig?
- Wie anwendungsbezogen vermittelt der Lehrer das Wissen?
- Wie intensiv fördert der Lehrer die Kompetenzen der einzelnen Schüler?

Was es schon gibt

Bildung ist mehr als Wissen. Bildung ist sowohl die Fähigkeit, Wissen zu Erkenntnissen zu machen als auch die Fähigkeit, ohne fremde Hilfe – eigenständig – Erkenntnisse zu erlangen. Erst Erkenntnisse werden handlungsleitend, erst Erkenntnisse generieren Werte, die Kompetenzen mit konstituieren. Bildung ist in diesem Sinne einerseits Fremdbildung, also die Bildung, die ein Lehrer einem Schüler vermittelt, andererseits ist Bildung aber immer auch Selbstbildung, also Selbstqualifizierung. Aus der Sicht des Lehrers braucht es dazu eines Verständnisses von konstruktivistischem Lernen (siehe Reich, 2012).

Wir wissen: Das menschliche Gehirn bildet die Wirklichkeit nicht objektiv ab, sondern produziert die Realität in jedem Lernprozess neu und konstruiert dabei auf vielfältige Weise und weitgehend unvorhersehbar ein subjektives Bild, eine subjektive Landkarte der objektiven Realität (siehe Kliebisch & Meloefski, 2013). Die Neurobiologen Maturana und Varela (2012) sprechen in diesem Zusammenhang von einem Erkenntnisakt. Die Welt da draußen existiert nicht objektiv; sie wird durch unser Gehirn nicht einfach fotografiert und dann in unserer internen Vorstellung der Welt abgebildet. Die Welt draußen ist vielmehr eine Vielzahl von Daten, die unser Gehirn durchströmen, bevor diese Daten sich in uns zu einer Vorstellung der externen Wirklichkeit zusammensetzen. Während die Daten unser Gehirn durchlaufen, ist unser Gehirn nicht untätig: Es bearbeitet die Daten und deutet sie. Dieser Deutungsprozess vollzieht sich nicht nur blitzschnell; das Gehirn vollzieht ihn auch in der Art eines Autopiloten: Wir sind an diesem Deutungsprozess nur ansatzweise bewusst beteiligt, 90% der Deutung geht unbewusst vor sich. Unser Gehirn handelt dabei für uns; es nutzt Erfahrungen, die es gemacht hat. Alles, was dem Gehirn bekannt oder unwichtig vorkommt, bleibt dem Individuum unbewusst (siehe Hüther, 2013; Roth, 2013). Das ist auf der einen Seite entlastend, birgt aber auch Gefahren. Automatische Deutungen können entlasten, wo sich die Wirklichkeit, die wir deuten, nicht geändert hat; die Automatik kann überall dort gefährlich werden, wo sie auf eine Wirklichkeit trifft, die nicht mehr die alte ist. Jeder kennt den Effekt vom heimischen PC: Alte Treiber passen oft nicht zu neuer Hardware. Die Folgen: meist unüberblickbar und unvorhersehbar.

Unser Gehirn schafft also in unserem Kopf ein Bild der Wirklichkeit, nicht aber die Wirklichkeit selbst. Konstruktivistische Didaktik macht sich diesen Gedanken zu Eigen: Schüler lernen nicht alle gleich, sondern jeweils individuell. Wissen kann man im engeren Sinn daher nicht vermitteln. Der Lehrer kann dagegen Lernen anregen mit dem Ziel, dass die Schüler sich Wissen aneignen und dieses Wissen dann zu ihren persönlichen Erkenntnissen strukturieren. Erkenntnisnetze, die so entstehen, sind niemals abgeschlossen, sie bleiben immer vorläufig und sind offen für Neues. Neues Wissen verändert das Netz und schafft neue Einsichten und Erkenntnisse. Der Schüler verarbeitet also das Wissen und schafft sich so ein individuelles System von Erkenntnissen, das seine subjektive Sicht auf die Welt repräsentiert. Diese Subjektivität ist aber nicht beliebig. Sie wird in gewissem Maß objektiviert durch die Verarbeitungsprozesse unseres Gehirns, die bei den Menschen durch die Anatomie des Gehirns grundsätzlich gleich sind. Darüber hinaus werden die Erkenntnisse geprägt durch kulturelle Gemeinsamkeiten, die wir mit einer Gruppe von Menschen teilen. Subjektive Erfahrungen und Prägungen sind also nur ein Faktor, der die Erkenntnisnetze strukturiert.

Was heißt das für den Lehrer? Schon heute berücksichtigen Lehrer die subjektiven Erkenntnisprozesse ihrer Schüler: Maßnahmen zur individuellen Förderung tragen dazu bei, die subjektive Konstruktion der Erkenntnis möglichst optimal zu gestalten (siehe Klippert, 2012a und b). Lernausgangslagen, Lerngeschwindigkeiten und Lerninteressen sind dabei vor allem von Belang (siehe Brüning & Saum, 2012a). Diese Faktoren gilt es mit Blick auf den Schüler zu diagnostizieren, um dann für ihn passgenau Förderkonzepte zu entwickeln. Die Diagnosekompetenz der Lehrer ist allerdings wenig entwickelt; sie beruht oft mehr auf bloßer Intuition, auf Alltagswissen als auf validen Daten. Diagnose heißt im Schulalltag oft nur Symptombekämpfung: Lehrer schauen bei der Diagnose von Schülerleistungen viel zu wenig auf die Selbst- und Handlungskompetenz der Schüler. Mangelnde Selbst- und Handlungskompetenz führen schnell zu Fehl- und Minderleistungen im Bereich der Fachkompetenz. Statt die Selbst- und Handlungskompetenz zu stärken, werden dann meist Förderprogramme aufgelegt, die Wissensdefizite aufheben sollen. Durch diese einseitige Betrachtung dessen, was Schüler leisten, sind heute viele Fördermaßnahmen wahrscheinlich weniger wirksam, als sie bei systematischer und ganzheitlicher Diagnose der Schülerkompetenzen sein könnten.

Methodenkompetenz zu vermitteln ist heute vielen Lehrern wichtig. Methoden helfen den Schülern vor allem beim selbstständigen Konstruieren von Erkenntnissen (siehe Klippert, 2012c). Wie erarbeite ich systematisch einen Text? Welche Schritte gehe ich beim Lösen einer Mathematikaufgabe? Wie muss ich vorgehen, wenn ich ein naturwissenschaftliches Experiment vorbereite? Wie lerne ich effektiv Vokabeln? Fragen, die der Unterricht oft nicht so beantwortet, dass Schüler die entsprechenden Aufgaben zielführend, zeitökonomisch und vor allem selbstständig lösen können. Mangelnde Methodenkompetenz macht dann zumindest unsicher, im ungünstigsten Fall führt sie mit Blick auf die jeweilige Aufgabe in die Irre. Wenn wir selbstständige Schüler wollen, dann müssen wir deren Methodenkompetenz weiter stärken. Dazu reichen punktuelle Methodentrainings nicht. Methoden müssen im Unterricht systematisch eingeübt werden, anhand der Inhalte, die der Unterricht nach Plan behandelt. Und: Schüler müssen über ihre Erfahrung mit den Methoden sprechen, sie müssen ihre Erfahrungen auswerten: Wie gut habe ich die Methode verstanden? Wie gut konnte ich sie anwenden? Wie gut ist mein Ergebnis? Was brauche ich noch, damit ich die Methode beim nächsten Mal noch zielgerichteter einsetzen kann?

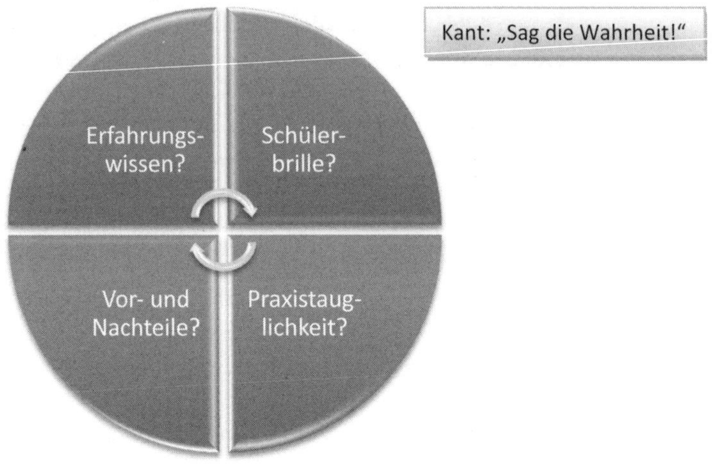

Abb. 4: Das Prinzip „Vernetzung"

Erlangen von Erkenntnis ist nur durch Vernetzung von Wissensbausteinen möglich. Was heißt vernetzen? Ein Beispiel: Kants kategorischer Imperativ führt in der Praxis zu der Forderung: „Du darfst unter keinen Umständen lügen." Das ist ein Wissensbaustein, den die Schüler durch eine angemessene Bearbeitung der Kant'schen Ethik erwerben. Vernetzen kann man dieses Element vielfältig, etwa indem man …

- die Vorteile des kantischen Konzepts klärt: Für wen hätte es welchen Nutzen, wenn wir uns alle im Sinne Kants verhalten, also nie lügen würden?
- die Vorteile des Konzepts im Vergleich zu einem anderen Konzept beurteilen lässt: Für wen hätte Kants Konzept im Vergleich zu dem des Utilitarismus mehr Vorteile?
- die allgemeine Praxistauglichkeit des kantischen Ansatzes befragt: Was wäre, wenn ein Arzt immer die Wahrheit sagen würde?
- das Konzept durch die Schülerbrille sehen lässt: Was wäre, wenn du in der Schule immer die Wahrheit sagen müsstest?
- das Erfahrungswissen der Schüler mit dem Anspruch Kants vergleichen lässt: Wie wahrscheinlich ist es wohl, dass sich Menschen / ihr als Schüler so verhaltet, wie es Kant vorgibt?

Was müssen Schüler beim Vernetzen leisten? Man kann es sich so vorstellen: Der Lehrer stellt den Schülern im Unterricht zunächst viele einzelne Wissensbausteine bereit. Die Schüler vollziehen diese Bausteine nach und verstehen so, was ein Autor meint, zum Beispiel was Kants Kategorischer Imperativ bedeutet. Der Gewinn für die Schüler bis hierher: Sie können das Wissen reproduzieren, das sie haben lernen sollen. Was fehlt? Der Anwendungsbezug beziehungsweise ein komplexer Umgang mit diesem Wissen. Erst der komplexe Zugriff und die Fähigkeit, das Wissen in neuen Situationen anzuwenden, macht das Wissen zur Erkenntnis, macht aus Faktenwissen Kompetenz.

Die Anwendungsorientierung kann der Lehrer auf verschiedene Weise erreichen. Einige Beispiele:

- *Vergleichen*: Vergleiche das Modell A mit dem Modell B. Vergleiche die Vor-/Nachteile, die sich aus einer Annahme ergeben, mit den Vor-/Nachteilen einer anderen Annahme.
- *Bewerten / Position beziehen*: Was hältst du von dem Modell A, wenn du seine ethischen / sozialen / wirtschaftlichen Folgen bedenkst?
- *Entscheidungen treffen / Urteile begründen*: Welches Modell würdest du am ehesten anwenden? Begründe deine Entscheidung.
- *Perspektiven wechseln*: Du würdest Modell A wählen. Nimm jetzt einmal die Perspektive von Modell B ein: Welche Einwände könntest du aus dieser Sicht gegen das Modell A formulieren?
- *Historische Dimension berücksichtigen*: Nimm an, wir hätten das Modell A schon im Mittelalter gehabt: Wie gut hätte es funktioniert?
- *Visionen nutzen*: Stell dir vor, die Entwicklung geht auch in den nächsten Jahrzehnten so weiter wie bisher. Inwieweit würde uns das Modell A in 1000 Jahren wohl noch nutzen?
- *Paradoxe Verknüpfungen herstellen*: Inwieweit könnten Elefanten von dem ethischen Modell profitieren?

Der Lehrer wird die Art der Vernetzung abhängig machen von dem, was er im weiteren Verlauf der Unterrichtsreihe behandeln will. Vernetzung dient immer nur einem Ziel: Sie hilft Schülern, erlerntes Wissen in vorhandene Strukturen zu integrieren und dadurch neue Erkenntnisse zu gewinnen. Die Freien Schulen in der Diözese Rottenburg-Stuttgart knüpfen hier an: Mit dem Marchtaler Plan schaffen sie einen Rahmen, in dem der Vernetzung von Wissen viel Raum gegeben wird. Das Konzept greift auf Elemente der Montessori-Pädagogik und Ideen des Jena-Plans von Peter Petersen zurück. Der Marchtaler Plan umfasst neben dem Morgenkreis und der Freien Stillarbeit vor allem Vernetzten Unterricht (siehe Maier-Hauser, 2013; Koerrenz, 2012). Das Vorgehen beim Vernetzten Unterricht gleicht dem beim fächerübergreifenden Unterricht: Für jede Jahrgangsstufe gibt es eine Reihe von Themen. Der Vernetzte Unterricht bearbeitet diese Themen aus der Sicht verschiedener Fächer und ermöglicht den Schülern so unterschiedliche Perspektiven auf denselben Inhalt. Das Erschließen und Verstehen von Wirklichkeit wird so mehrdimensional. Kinder und Jugendliche erfahren multiperspektivisch mehr über ihre eigene Rolle in der Welt, als dies durch ein segmentiertes Vorgehen in einzelnen Fächern möglich wäre. Sich selbst in der Welt zu verstehen ist immer auch notwendige Bedingung für Identitätsbildung. Insoweit trägt Vernetztes Denken im Vernetzten Unterricht dazu bei, die Persönlichkeitsentwicklung von Kindern und Jugendlichen zu fördern und zu stärken.

Und was es noch geben sollte: die Vision

Vernetzung kostet Zeit, nachhaltige Vernetzung kostet noch mehr Zeit. Die heutige Schulsituation scheint Vernetzen wegen Zeitmangels weitgehend zu verhindern. Lehrer klagen über G8; sie hätten zu wenig Zeit, den Stoff durchzunehmen. Offene Unterrichtsformen bleiben so auf der Strecke. Schüler fühlen sich durch die Stofffülle überfordert, resignieren vielleicht sogar. Zentrale Prüfungen erfordern Anwendungskompetenz der Schüler. Unterricht muss diese Kompetenz mehr als bisher entwickeln. Das Vermitteln von Wissen wird nicht die Aufgabe des Lehrers sein. Neue Medien, vor allem interaktive Lernsoftware wird das übernehmen. Schon heute sind Online-Enzyklopädien wie Wikipedia für viele Schüler Lieferant vieler Informationen. Niemand wird verhindern, dass diese Informationen auch genutzt werden, sei dies nun wünschenswert oder auch nicht. Kein Lehrer wird in absehbarer Zeit Wissen so anschaulich machen können, wie es Software und Wissensplattformen im Internet können werden. Lehrer werden damit mehr und mehr überflüssig, wenn es um das Aneignen von Wissen geht.

Wo liegt die neue und doch zugleich alte Aufgabe der Lehrer in der Zukunft? Fakten zu verknüpfen, Sachverhalte in neue, ungewohnte Zusammenhänge zu rücken, alternative Strukturen und Perspektiven aufzuzeigen: Das alles ist nötig, wenn aus Wissen Erkenntnis werden soll. Erkenntnis zudem, die Voraussetzung für moralisches und sozial verträgliches Handeln ist. Man mag einwenden: Auch Lernsoftware kann Wissen verknüpfen, intensiver sogar als Menschen. Mag sein! Aber im Klassenraum geschieht doch weit mehr als die Verknüpfung selbst. Hinzu kommt der interaktive Prozess aller, die guten Willens sind und sich auf den rationalen Diskurs einlassen. In einem rational geführten Unterrichtsgespräch geht es um mehr als um das Ergebnis, eben die Erkenntnis. Hier geht es vor allem um den Weg zu dieser Erkenntnis. Was macht diesen Weg aus?

Die kommunikative Struktur ist prozessorientiert. Der einzelne Schüler darf auf diesem Weg Fehler machen, darf Unvollkommenes äußern, aber auch einfach nur bestätigen und vertiefen, was andere schon festgestellt haben. In diesem Konglomerat verschiedener Lerntempi und Ergebnisstände hat der Lehrer eine besondere Aufgabe: Er ist sozusagen der Wegweiser durch den Dschungel und kennt seinerseits aber sehr genau das Ziel. Wie geht der Lehrer vor, um das kommunikative Ziel und damit die Erkenntnisprogression der Schüler stets im Blick zu haben? Hier ist die sozialkommunikative Kompetenz des Lehrers gefragt (siehe auch den nächsten Abschnitt). Er gibt dem einzelnen Schüler im Laufe der kommunikativen Interaktion Rückmeldungen über den Stand seines Wissens und den Stand seiner Erkenntnis und fordert ihn zugleich zum Weiterdenken auf:

„Du hast diesen Aspekt schon erkannt, mit Blick auf X solltest du noch weiterdenken."

„An dem Punkt irrst du dich. Überlege bitte in die andere Richtung."

„Ja, das habt ihr richtig erkannt. Aber stimmt denn das auch unter der Bedingung X?"

„Ja, prima. Unter welchen Bedingungen gäbe es ein Problem?"

„Genau, das stimmt. Denk jetzt mal um die Ecke: Wie sähe das aus der Sicht von A aus?“

Rückmeldung ist ein zentrales Moment, den kommunikativen Prozess zielgerichtet zu gestalten und zugleich den einzelnen Schüler individuell zu fördern (siehe Kliebisch & Meloefski, 2013a). Rückmeldungen können ermutigen, herausfordern und bestätigen. Immer sind sie für den Schüler ein Feedback, das neu orientiert und motivieren kann, den gemeinsamen Weg weiterzugehen. Die Multiperspektivität des Lehrers, die jeden Lernstatus aufnimmt, verleiht dem kommunikativen Prozess eine innere Dynamik, die eine Lernsoftware nicht einholen kann. Etwas Weiteres kommt hinzu: Jeder einzelne Schüler ist in dieser kommunikativen Interaktion nicht nur Gesprächspartner des Lehrers, jeder Schüler ist zugleich Gesprächspartner seiner Mitschüler. Unterricht, auf Emanzipation und Partizipation ausgerichtet, ist eine Interaktion von jedem mit jedem. So wird jeder Schüler für jeden anderen zum Feedbackgeber: Jeder fordert und fördert damit jeden anderen und der Lehrer steuert alle Prozesse auf ein gemeinsames Erkenntnisziel hin.

Abb. 5: Idealtypischer Gesprächsverlauf

Wie steuert der Lehrer den Gesprächsverlauf? Das Grundprinzip: Offen starten und dann verdichten: „Worum geht es hier?“ Eine solche Einstiegsfrage lässt breiten Raum zur Assoziation. Schüler dürfen sowohl beschreiben, was sie zum Beispiel auf einem Bild sehen, als auch die Bildinhalte deuten. Verschiedene kognitive Niveaus werden durch offene Fragen gleichzeitig angesprochen, so dass Schüler mit unterschiedlichen Kompetenzen Beiträge liefern können. Die Aufgabe des Lehrers: Er muss die Breite der Beiträge auf das konzentrieren, was unter dem Aspekt der Lernentwicklung nötig ist. Dazu gibt der Lehrer einerseits eine Rückmeldung und andererseits eine Orientierung: „Die Aspekte X und Y, die Sonja und Peter nannten, passen hervorragend, sind aber erst später unser Thema. Im Moment solltet ihr euch erst einmal mit dem Aspekt Z beschäftigen. Anja, du hattest dazu etwas gesagt ...“ Jetzt beschäftigen sich die Schüler mit dem Aspekt Z, den der Lehrer als Orientierungspunkt angeboten hat. Das Verfahren vom Allgemeinen zum Konkreten kann der Lehrer mehrfach hintereinanderschalten, bis die Dichte an Ergebnissen erreicht ist, die er sich wünscht.

Neben der einfachen Orientierung auf einen Gesichtspunkt wird der Lehrer Impulse setzen, die die Schüler zum Vernetzen der Inhalte anregen: „Lasst uns mal mit dem wichtigen Aspekt Z weitermachen. Was würden wohl Menschen, die in der Arktis leben, zu diesem Punkt sagen?“ Oder: „Vergleicht bitte mal Z mit A und berücksichtigt dabei vor allem, was ihr schon über B gehört habt.“ Oder: „Z ist bestimmt wichtig. In welchen Fällen ist Z vielleicht völlig unbedeutend?“ Oder: „Nehmt an, ihr würdet auf dem Mars leben, im Jahre 2525. Wie wichtig wäre Z dann?" (siehe insgesamt Balliet & Kliebisch, 2013; Kliebisch & Meloefski, 2013b, Band 1).

Alle Impulse fordern die Schüler heraus, den Aspekt neu zu sehen. Immer müssen die Schüler neue Gedankengerüste aufbauen und artikulieren. In einer Lerngruppe von dreißig Schülern kommt dabei eine Vielzahl unterschiedlicher Konstrukte zustande. Möglichst viele davon sollte der Lehrer zulassen. Erst dann wird er konzentrieren, weiterführen und vielleicht weitere Angebote zur Vernetzung machen. Wichtig: Die Schüler sollen sich in der kommunikativen Interaktion immer auch untereinander Rückmeldung geben, sich gegenseitig bestätigen, ergänzen, aber auch widerlegen und widersprechen. Der Lehrer leitet diese Prozesse an und steuert sie stets nach demselben Prinzip: Immer offen starten und dann auf Wesentliches verengen! So haben die Schüler am Ende jeder Teilphase des Gesprächs und natürlich an dessen Ende insgesamt Ergebnisse, die sie nachvollzogen haben und daher für sie anschaulich und verständlich sind. Der Gesprächsverlauf führt über die Konstruktion, die der einzelne Schüler vollzieht, zu einem sachlich objektivierbaren Ergebnis, das in den Köpfen der Schüler durch die Vernetzungsarbeit stark verankert ist. Grundlage für die Qualität des Ergebnisses ist stets die fachlich-methodische Expertise des Lehrers.

Unterricht im Jahre 2040 bleibt nicht dabei stehen, Vernetzung überhaupt zu fordern. Hier wird Vernetzung zum leitenden Prinzip von Unterricht. Ganze Unterrichtsstunden, etwa nach der Hälfte oder am Ende einer Unterrichtsreihe, können Vernetzungsstunden sein. Kombiniert mit Prozessen kooperativen Arbeitens können die Schüler so eine Fülle von Ideen einbringen und anschließend auf Plausibilität, auf Praktikabilität und auf ihre immanenten Werte hin untersuchen und bewerten. Hierfür bieten sich unterschiedliche methodische Formate an: Ein Rollenspiel beispielsweise oder eine Talkshow, ein Standbild oder eine Rede, über die anschließend gesprochen wird, eine Podiums- oder Fishbowldiskussion. Methodische Vielfalt weckt und erhält bei den Schülern Interesse und Motivation, methodische Vielfalt ist aber kein Selbstzweck. Eine Methode ist immer nur so gut, wie sie das Anliegen der Vernetzung stützt. Das Ziel: Lernprogression durch ständiges Umwälzen und Neuorientieren des eben Gelernten.

Und wenn man ganz weit gekommen ist, geht auch dies: Die Schüler vernetzen ihre neuen Erkenntnisse mit paradoxen Aussagen. „Vergleicht doch bitte Z mal mit der These: Elefanten würden ihre Zähne auch gern putzen, wenn man sie ließe." Oder: „Was hat Z wohl mit dem Liegestuhl eures Zahnarztes zu tun?" Oder: „Meine These: Ob man Z oder die linke Taste einer Computermaus zu Hause hat, ist von der Wirkung absolut gleich. Was meint ihr?" Gerade die Verknüpfung mit scheinbar Absurdem führt zwingend zur Neukonstruktion von Erkenntnis: Die Schüler müssen die Gemeinsamkeiten zwischen dem gerade Gelernten und dem absurden Muster suchen. Gibt es diese Gemeinsamkeiten überhaupt? Worin liegen sie? Welche Analogien sind möglich, vielleicht auch nur mit Mühe? Oder gibt es da überhaupt keinen Zusammenhang? Aber wie lässt sich das genau begründen? Solche oder ähnliche Fragen führen zu dem, was Vernetzung will: Die Schüler drehen und wenden im wörtlichen Sinn den Gegenstand im Kopf. Sie suchen Möglichkeiten, ihn einzuordnen, das noch Unklare klar zu machen, eine Struktur zu entwickeln, die greifbar werden lässt, was A mit B zu tun hat oder auch nicht. Zugleich ist dieses Hin- und Herwenden äußerst kreativ: Es sprengt Denkgrenzen, weil die Grenzen purer Sachlichkeit in Richtung des Absurden zumindest zum Teil überschritten sind. Implizit lernen die Schüler dadurch: Lösungen suchen und finden heißt eben auch, Gangbares und Eingefahrenes zu überwinden zugunsten von Neuem, Ungedachtem und Ungesagtem. Lernprogression ist dann nicht nur ein Anhäufen von Wissen, auch mehr als das Anhäufen von Erkenntnissen, es ist ein Weg ganzheitlicher Lernerfahrung mit dem Lernwerkzeug schlechthin, mit unserem Gehirn.

2.4 Sozialkommunikative Kompetenz des Lehrers

Lehrer sind professionelle Kommunikatoren. Sie führen unentwegt Gespräche, und das nicht nur im Unterricht; Lehrer sprechen auch mit Schülern, Kollegen, Schulleitung, Eltern, Sozialarbeitern und vielen anderen Stellen. Lehrer brauchen sozialkommunikative Kompetenz, um diese Gespräche nicht nur reibungslos, sondern fruchtbar und produktiv gestalten zu können. Das heißt: Ein gutes Beziehungsmanagement, Offenheit, Verständnisbereitschaft und eine hohe Kooperations- und Anpassungsfähigkeit sind Voraussetzungen für kommunikativen Erfolg. Und: Ein solides Repertoire an Gesprächstechniken bildet das Rüstzeug für erfolgreiches Kommunizieren. Unsere Antworten auf die folgenden Fragen zeigen, welche Vorteile eine gut ausgebildete sozialkommunikative Kompetenz für den Lehrer hat:

- Was weiß der Lehrer über die Fähigkeiten und Interessen seiner Schüler?
- Wie gut stellt er sich auf seine Gesprächspartner ein?
- Wie integrationsfähig ist der Lehrer?
- Wie intensiv kooperiert der Lehrer mit seinen Kollegen?
- Wie überzeugend wirkt er in den Aktionsprozessen mit Schülern, Eltern, Kollegen und Vorgesetzten?

Was es schon gibt

In den 1990er Jahren präsentierte das ZDF die Vorabendserie „Unser Lehrer Dr. Specht“. Der Protagonist erscheint als der Inbegriff eines sozialkommunikativ kompetenten Pädagogen: Markus Specht, gespielt von Robert Atzorn, lebt für seinen Beruf, ist sehr hilfsbereit, äußerst kommunikativ und kooperativ. Er ist bei seinen Schülern sehr beliebt, hat ein sicheres Gespür für Krisen- und Konfliktsituationen; er unterstützt die beteiligten Schüler aufopfernd bei ihren Lösungsbemühungen, und das zu jeder Tages- und Nachtzeit. Ein erstrebenswertes Ideal, dem Lehrer nacheifern sollten? Wohl kaum …

Lehrer mit einer hohen sozialkommunikativen Kompetenz sind in der Regel beliebt, und das bei Schülern und Kollegen. Sie sind offen und freundlich, zeigen Verständnis für unterschiedliche Meinungen, sind zugänglich für Vorschläge und Anregungen. Sozialkommunikative Kompetenz hilft vor allem dabei, Arbeitsprozesse in Teams zu koordinieren; in solchen Momenten treffen oft unterschiedliche Meinungen und Arbeitsweisen aufeinander, die einfühlsam und sozial verträglich an- und ausgeglichen werden müssen. Konkret heißt das: Nur mit einer gut entwickelten Sozialkommunikative Kompetenz wird es einem Lehrer gelingen,

- im Unterricht ein förderliches Lernklima zu erzeugen,
- seine Erwartungen und Ansprüche an Klasse und Unterricht überzeugend und zugleich verträglich zu formulieren,
- die Schüler auch zu außerunterrichtlichem Engagement für Klasse und Schule zu motivieren,
- sowohl dem einzelnen Schüler als auch der Gruppe gerecht zu werden,
- in Elterngesprächen professionell zu informieren, zu beraten, diplomatisch zu vermitteln und gegebenenfalls zu überzeugen oder
- mit Kollegen angemessen umzugehen (z.B. bei Fachschaftsarbeit, kollegialer Fallberatung oder Supervision).

Gerd Altmann@pixelio.de

Ähnliches gilt für den Schulleiter: Mittels seiner sozialkommunikativen Kompetenz wird er jedem einzelnen Kollegen das Gefühl vermitteln, eine wichtige Rolle im Gesamtgefüge der Schule zu spielen. Er wird loben, wo es dazu Anlass gibt, und er wird stützen, wo Hilfe nötig ist. Jeder wird so herausgefordert, mehr als nur „Dienst nach Vorschrift" zu leisten.

Das Beispiel Dr. Specht lehrt aber auch dies: Die sozialkommunikative Kompetenz eines Menschen kann sich ungünstig auswirken, sofern sie in Relation zu den übrigen Kompetenzbereichen überzogen oder zu schwach ausgebildet ist (siehe Keim & Wittmann, 2009).

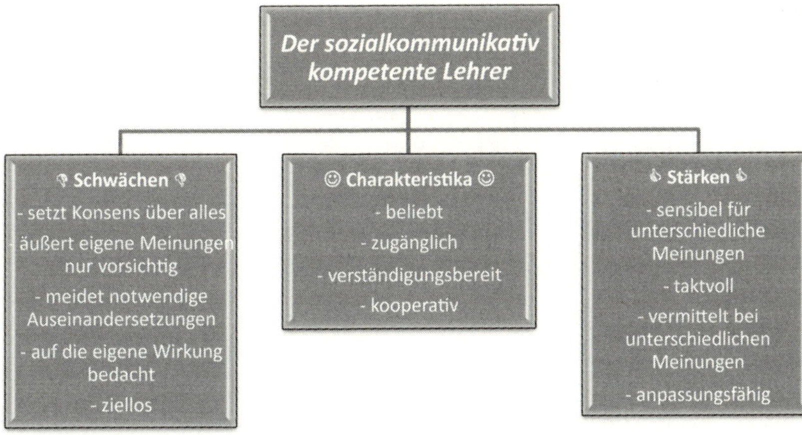

Abb. 6: Merkmale sozialkommunikativer Lehrer

Dazu ein Beispiel: Lehrer Stein unterrichtet Geschichte in der Klasse 8b. Für einen motivierenden Einstieg in das Thema „Die Französische Revolution" hat er mit hohem Aufwand Materialien vorbereitet (hohe Fach-/Methodenkompetenz) und begeistert die Schüler, indem er das Unterrichtsgeschehen engagiert und initiativ moderiert (hohe Aktions-/Handlungskompetenz) und klare Positionen und Ansichten vertritt (hohe Personale Kompetenz). Welche Rolle spielt Lehrer Steins sozialkommunikative Kompetenz in dieser konkreten Situation? Höchstens eine Nebenrolle … Szenenwechsel: Lehrer Stein unterrichtet am nächsten Tag in der Klasse 7c, eine undisziplinierte Lerngruppe. Zwischenrufe, Seitengespräche, Provokationen – und ein Lehrer Stein, der mit dem gleichen Kompetenzprofil agiert wie am Vortag in Klasse 8b. Ihm gelingt es nicht, auf eine Kombination aus hoher sozialkommunikativer und personaler Kompetenz zurückzugreifen – und genau das wäre nun notwendig: Es würde Herrn Stein in dieser Situation sehr helfen, verständnisvoll und sensibel zu reagieren, die Gründe für das Schülerverhalten gemeinsam mit der Klasse aufzudecken, kreativ, konstruktiv und zielführend zu handeln und damit eine reibungslose Fortführung des Unterrichts anzubahnen (siehe Kliebisch, 2011). Aber Vorsicht: Ein Übermaß an sozialkommunikativer Kompetenz könnte Herrn Stein handlungsunfähig machen! Zu viel Verständnis, Kompromissbereitschaft und Diplomatie werden die Situation nicht entschärfen. Herr Steins Beispiel zeigt: Geringe sozialkommunikative Kompetenz ist in einer reibungslosen Unterrichtsituation völlig unproblematisch; in einer schwierigen Unterrichtssituation führt geringe sozialkommunikative Kompetenz allerdings zu großen Schwierigkeiten. Insofern erscheint sie als eine Variable, die je nach Anforderungen der Situation mal schwächer, mal stärker ausgeprägt sein muss. Und: Ob in unproblematischen oder in schwierigen Unterrichtssituationen – es kommuniziert sich am besten mit hoher personaler Kompetenz. Den professionellen Lehrer macht gerade dieser bewusste Einsatz seiner Kompetenzen aus!

Lehrertypen wie Herr Dr. Specht und Herr Stein gibt es an (fast) jeder Schule: Ihre sozialkommunikative Kompetenz ist statisch! Herr Stein kommt in unproblematischen Unterrichtssituationen gut zurecht. Doch wird er pädagogisch gefordert, verliert er den Draht zu den Schülern, agiert unsensibel, bisweilen autoritär. Herrn Dr. Specht ergeht es ähnlich: Laufen die Schüler in der Spur, hat er keine Probleme. Ergeben sich während oder nach dem Unterricht Schwierigkeiten: Dann reibt sich Herr Dr. Specht daran auf und versucht, es allen recht zu machen. Erfolglos! Solche Lehrer meinen oft, es liege ihnen einfach mehr oder weniger, mit Menschen zu kommunizieren. Sie verwechseln die Fähigkeit, sozialkommunikativ zu sein, mit einem kaum entwicklungsfähigen Persönlichkeitsmerkmal. Sie glauben: Einigen Menschen werde es in die Wiege gelegt, mühelos einen guten Draht zu ihren Mitmenschen aufbauen zu können. Andere Menschen vermögen dies einfach nicht. Inwieweit trifft diese Einschätzung zu? Ganzheitliche Kompetenzmodelle der Persönlichkeit sehen das so: Alle (!) Kompetenzbereiche sind trainierbar und entwicklungsfähig (siehe Heyse & Erpenbeck, 2007, 2009 und 2010), zum Beispiel durch Verfahren wie KODE® oder KODE-X® und bewährte Selbsttrainingsprogramme wie „Kompetenztrainer" (Heyse-Stiftung: www.kompetenztrainer.com) oder Modulare Informations- und Trainingsprogramme (MIT) von Heyse und Erpenbeck (2009).

In der Lehrerausbildung kommen solche ganzheitlichen Test- und Entwicklungsverfahren praktisch nicht vor; stattdessen bereitet die Ausbildung die jungen Kollegen fast nur auf Beratungssituationen vor, wenn es um das Entwickeln der sozialkommunikativen Kompetenz geht. Die Standards der KMK formulieren dazu diese Kompetenzerwartung: *Die Lehramtsanwärter kennen die Prinzipien und Ansätze der Beratung von Schülern, setzen unterschiedliche Beratungsformen situationsgerecht ein und unterscheiden Beratungsfunktion und Beurteilungsfunktion* (siehe KMK, 2004). In der Praxis bedeutet das: Jeder angehende Lehrer erwirbt Erfahrung mit (Lern-)Beratungsgesprächen, wie sie meist bei Elternsprechtagen stattfinden. Im Laufe der Ausbildung erweitern die Lehramtsanwärter ihr Repertoire an Gesprächstechniken, üben zum Beispiel diese Techniken ein (siehe Balliet, 2010):

- Türöffner und Rapport
- Pacen
- Aktives Zuhören
- Passives Zuhören
- Reframing
- Fragen, Bewerten und Raten
- Feedback geben

Lehrer sollten kompetente (Lern-)Berater sein – keine Frage. Und dazu müssen sie Gesprächstechniken bewusst und situationsgerecht einsetzen können. So weit, so gut. Herr Stein und Herr Dr. Specht haben jedoch gezeigt: Lehrer brauchen neben einem Fundus an Gesprächstechniken eine gut entwickelte und variabel anpassbare sozialkommunikative Kompetenz. Ihre sozialkommunikative Kompetenz ist durchgängig und während ihres gesamten Schultags gefragt, also vor, während und nach dem

Unterricht – schließlich kommunizieren und interagieren sie im Laufe eines einzigen Schultags mit vielen unterschiedlichen Partnern. Das wird der Lehrer der Zukunft sicherlich auch tun, allerdings unter veränderten Rahmenbedingungen. Welche zusätzlichen oder gar neuen Anforderungen werden diese veränderten Rahmenbedingungen an die sozialkommunikative Kompetenz der Lehrer stellen?

Die aktuellen Ausbildungsordnungen weisen auch heute schon den Weg zum sozialkommunikativ kompetenten Lehrer: Lehrer sollen nur dann in den Schuldienst kommen, wenn sie sich mit grundlegenden Beratungssituationen und -techniken beschäftigt haben. Wer sich auf diesem Gebiet weiterentwickeln möchte, kann Angebote der Bezirksregierungen nutzen und sich zum Beratungslehrer ausbilden lassen, um fit zu werden für Einzelfall-, Problem-, Schullaufbahn-, für Lernberatung und vieles mehr. Auch für zeitliche Entlastung ist gesorgt – Schulleitungen verfügen über Kontingente von Entlastungsstunden, um den Beratungslehrern zeitliche Ressourcen zu gewähren. Auf der Organisationsebene soll Schule zunehmend sozialkommunikativ kompetent werden: Ein schulinternes Beratungskonzept gehört fest zum Schulprogramm und dient als Wegweiser, ratsuchende Schüler und Eltern an die entsprechenden Beratungslehrkräfte zu vermitteln. Schulleiter werden immer mehr zu professionellen Kommunikatoren, die nicht nur Kenntnisse über Projekt- und Changemanagement besitzen, sondern auch professionelle Kommunikatoren in der Organisation Schule sein müssen. Assessment-Center bereiten angehende Schulleiter auf diese Aufgaben vor (siehe Buhren & Rolff & Neumann, 2013; Lungershausen, 2013).

Und was es noch geben sollte: die Vision

Stellen wir uns dazu einen Schüler vor: Er heißt Philipp, ist zwölf Jahre alt und besucht die siebte Klasse eines Gymnasiums. In der Erprobungsstufe hatte Philipp noch Spaß am Unterricht, doch nun, am Ende der siebten Klasse, ist von diesem Spaß kaum noch etwas geblieben: Philipp hat große Schwierigkeiten in den Kernfächern, vor allem in Deutsch und Englisch. Dabei sind seine mündlichen Leistungen besser als die schriftlichen Arbeiten, und zuletzt hat sich die Lage weiter zugespitzt: Philipps Versetzung ist gefährdet, da er für seine Defizite in Deutsch und Englisch vielleicht keinen Ausgleich schaffen wird. Philipp selbst beschreibt seine Situation so: *„Mit den Sprachen hab ich's einfach nicht, und wenn ich an die Klassenarbeiten denke, wird mir schon ganz anders ... Ich glaube, ich schaffe das alles einfach nicht, bin wohl nicht schlau genug dafür. Ich habe jetzt schon das Gefühl, dass ich super viel übe und sich bei mir alles nur noch um Schule dreht ...“* Im Folgenden werden wir Philipps schulische Situation aus zwei Blickwinkeln beleuchten und darstellen: (1) Wie wird das System Schule (1) *heute* und (2) wie wird es *im Jahre 2040* mit Schülern wie Philipp umgehen?

(1) Jeder Schüler hat heute ein Recht auf Bildung, Erziehung und individuelle Förderung. Die Schulgesetze der Bundesländer legen das fest (siehe zum Beispiel Ministerium für Schule und Weiterbildung in NRW 2005, §1). Philipp würde heute mit solchen Interventionen rechnen können:

- Zusatz- bzw. Förderunterricht
- Nachhilfestunden
- Lerntandems, z.B. „Schüler helfen Schülern"
- Hausaufgabenbetreuung

Allerdings: Solche zusätzlichen Übungs- und Wiederholungseinheiten können nur dann sinnvoll und hilfreich sein, wenn die Ursache für Philipps Schwierigkeiten tatsächlich mangelnde Fachkompetenz in Deutsch und Englisch ist. Eine viel zu eindimensionale Sicht. In Philipps Fall spielen einige weitere Faktoren eine Rolle.

Abb. 7: Gründe für Leistungsprobleme

Man kann vermuten: Die Fördermaßnahmen behandeln nur die Symptome, nicht aber die Ursachen für Philipps Situation. Frei nach dem naiven Motto „Viel hilft viel!" erlebt sich der ohnehin überlastete Philipp in einem Hamsterrad, das sich immer schneller dreht und ihm sämtliche Kräfte raubt. Erfolgserlebnisse und eine Besserung seiner Situation bleiben dadurch aus.

(2) Schulen im Jahre 2040 werden Schüler auch individuell fördern – allerdings: Das Verständnis von dem, was individuelles Fördern meint, hat sich bis dahin grundlegend gewandelt. Die Schule der Zukunft begleitet jeden einzelnen Schüler auf seinem ganz individuellen Lernweg, sie unterstützt nicht nur hinsichtlich fachspezifischer Unterrichtsinhalte, sondern berät und coacht auf Grundlage ganzheitlicher Kompetenzmodelle der Persönlichkeit (siehe Heyse, Erpenbeck & Ortmann, 2010). Aus heutiger Sicht klingt das nach einem enormen zeitlichen Aufwand, den die Lehrer zusätzlich zu ihren Unterrichtsverpflichtungen haben werden. Tatsächlich entsteht kein Zusatzaufwand, es ist mehr ein Tausch: Schüler arbeiten in langen Phasen des Wis-

senserwerbs selbstständig und zeitlich flexibel, müssen in dieser Zeit nicht mehr von einem Lehrer betreut werden. Fächerübergreifende Projekte zum Beispiel können diese Lernstruktur gut abbilden. So werden zeitliche Ressourcen frei, die die Lehrer für Beratungs- und Coachingprozesse nutzen können (siehe Kliebisch, 2013; Kliebisch & Meloefski, 2011). Eine solche Beratung ist mehr, als Tipps zu geben; sie setzt professionalisierte Kompetenz voraus, die nur durch zusätzliche Ausbildungsinhalte erworben werden kann (siehe Kliebisch, 2012). Bezogen auf Philipp bedeutet das: Der Lehrer der Zukunft wird gemeinsam mit Philipp zum Beispiel an diesen Fragen arbeiten:

- Auf welche Ziele könnte Philipp kurz- und mittelfristig hinarbeiten?
- Wie könnte sich Philipp dazu motivieren, seine Ziele engagiert anzugehen?
- Wie könnte Philipp seine Gefühle verändern, um die Freude am Lernen wiederzuerlangen?
- Welche Strategien könnte Philipp nutzen, den Teufelskreis der Angst vor Klassenarbeiten zu durchbrechen?
- Wie könnte Philipp seine irrationale Überzeugung „*Ich bin wohl nicht schlau genug.*" durch eine realistische ersetzen?
- Wie könnte Philipp sein Selbstvertrauen und seine Selbstverantwortung stärken?

Der Lehrer der Zukunft schaut damit auf mögliche Ursachen für Philipps Schwierigkeiten, und er berücksichtigt dabei sämtliche Kompetenzbereiche: Der Lehrer arbeitet mit Philipp an seiner …

- ***Personalen Kompetenz***: Er unterstützt Philipp dabei, seine Eigenverantwortung zu steigern, seine Lernbereitschaft zu entwickeln und sein Selbstmanagement zu verbessern.
- ***Fach- und Methodenkompetenz***: Der Lehrer unterstützt Philipp dabei, sein Fachwissen durch ein angemessenes systematisch-methodisches Vorgehen zu erweitern.
- ***Handlungs- und Aktivitätskompetenz***: Philipp arbeitet gemeinsam mit dem Lehrer daran, tatkräftig, beharrlich und zunehmend zielorientiert zu handeln.
- ***Sozialkommunikativen Kompetenz:*** Mit dem Lehrer der Zukunft trainiert Philipp seine Kommunikations- und Dialogfähigkeit und entwickelt seine Kooperationsfähigkeit.

Im Vergleich zu den heute üblichen Interventionen fördert der Lehrer der Zukunft Philipp ganzheitlich. Dabei geraten manchmal Philipps Überzeugungen ins Wanken, seine Gewohnheiten werden in Frage gestellt und seine Werthaltungen angezweifelt. Kurzum: Philipp wird eingangs verunsichert und emotional labilisiert – eine notwendige Voraussetzung für nachhaltige Kompetenzentwicklung, für eine sehr persönliche Hilfe zur Selbsthilfe. Eine solche Zusammenarbeit kann allerdings nur funktionieren, wenn Philipp und sein Lehrer ein vertrauensvolles Verhältnis aufgebaut haben; dies entsteht nur selten automatisch. Es liegt vielmehr in der Verantwortung des Lehrers, seine sozialkommunikative Kompetenz zu nutzen und dieses Vertrauensverhältnis gezielt aufzubauen. Wie das geht? Zum Beispiel ganz ohne Worte (siehe Kliebisch, 2012):

Abb. 8: Maßnahmen zur Vertrauensbildung

Der Kritiker könnte einwenden, diese Ebene der sozialkommunikativen Kompetenz sei wenig visionär: Schließlich ist es für den Lehrer auch heute schon bedeutsam, während des Unterrichtsgeschehens mit nonverbalen Signalen zu arbeiten. Die in der Abbildung dargestellten Verhaltensmuster, zum Beispiel seine Mimik, sollte ein Lehrer im Unterricht auch heute schon funktional einsetzen. Zugegeben: Das trifft durchaus zu, jedoch auf einer anderen Ebene. Im Folgenden zeigen wir, worin die Unterschiede zwischen vertrauensfördernden Verhaltensmustern der Zukunft und auch heute schon praktiziertem Verhalten bestehen:

- ***Blickkontakt***: Auch heute schon hält der Lehrer während des Unterrichts Blickkontakt zu seinen Schülern, um sie zu aktivieren, ihre Aufmerksamkeit aufrecht zu erhalten. Der Lehrer der Zukunft setzt den Blickkontakt ganz bewusst ein, wenn er mit einem Schüler in individuelle Beratungsprozesse einsteigt: Er positioniert sich nicht frontal gegenüber dem Schüler, sondern versetzt in einem Winkel von etwa 90 Grad. Der Lehrer hält den Blickkontakt während des Gesprächs, zeigt Interesse, Offenheit und Akzeptanz. Und: Er kann Körperhaltung und Mimik des Schülers gut beobachten und auf mögliche nonverbale Signale reagieren.
- ***Schweigen***: Vielen Lehrern fällt es heute schwer, während des Unterrichts zu schweigen. Sie meinen, sie müssten unentwegt neue Informationen liefern, Schülerbeiträge kommentieren, Impulse geben und Fragen formulieren. Schweigen assoziieren viele Lehrer mit Kontrollverlust. Der Lehrer der Zukunft hingegen schweigt in Phasen individueller Beratungsprozesse ganz bewusst, hält sich beim Sprechen zurück. In solchen Phasen ist der Kontakt zum Schüler besonders intensiv, spielt sich dann nonverbal ab (z.B. durch Blickkontakt). Vor allem in Phasen,

in denen Schüler sich öffnen, zum Beispiel über Belastendes sprechen, signalisiert Schweigen Akzeptanz und räumt dem Gesprächspartner genügend Zeit ein, ohne Lenkung von außen seine Gedanken zu sortieren und in Worte zu kleiden (siehe Bachmair u.a., 2011).

- ***Mimik***: Gegenwärtig setzen viele Lehrer im Unterricht ihre Mimik ein, um nonverbal das Unterrichtsgespräch voranzutreiben: Sie reagieren auf Schülerbeiträge mit einem Hochziehen der Augenbrauen oder Stirnrunzeln, um Skepsis zu signalisieren. Sie öffnen den Mund, um auf ihr Staunen, ihre Überraschung oder Überforderung hinzudeuten. Insofern ist Mimik ein Moderationswerkzeug. Der Lehrer der Zukunft setzt seine Mimik vor allem dazu ein, Schüler in Beratungsgesprächen zu bestärken: Ein freundliches Lächeln ist der beste Türöffner, macht das Angebot, in ein offenes, vertrauensvolles Gespräch einzusteigen. Im Gespräch zeigt sich der Lehrer durch seine Mimik empathisch und spiegelt dem Schüler visuell, dass er dessen Sicht der Dinge verstanden hat (siehe Kliebisch, 2012). Und: Wer sich im Gespräch der Mimik seines Gegenübers anpasst und sie spiegelt, fördert ein Gefühl der Verbundenheit und Gemeinschaft.
- ***Setting***: Unter einem geeigneten Unterrichtssetting versteht man heute eine günstige Lernumgebung. Das bedeutet zum Beispiel: Es besteht Zugang zu den sogenannten *Neuen Medien* (PC, Laptops, Internet etc.); das bedeutet auch: Tische und Stühle kann man flexibel umgestalten und so sozial-interaktive Arbeitsphasen ermöglichen. Ein geeignetes Setting für individuelle Beratungsprozesse der Zukunft meint allerdings etwas anderes. Für solche Gespräche wäre die Atmosphäre eines Klassenzimmers ungünstig: Schüler verbinden mit dem Klassenzimmer Lernsituationen, aber keine Beratungssituation. Günstig wäre ein Raum mit gemütlichen Sitzgelegenheiten (Stühle mit hoher Rückenlehne und Armlehne, Sessel, L-förmige Couch), einem niedrigen Tisch und ausreichend Gelegenheit zur Visualisierung (Flipchart, Magnettafel, Whiteboard). So reduziert man Kommunikationshürden von Anfang an.
- ***Körperhaltung***: Vor der Klasse ist eine geeignete Körperhaltung heute ein wichtiger Aspekt. Lehrer sollten aufrecht und locker stehen, das Kinn leicht heben, die Arme angewinkelt, die Beine hüftbreit auseinanderstellen, das Gewicht auf beiden Beinen. So erscheinen sie souverän, gelassen und selbstbewusst. Für individuelle Beratungsgespräche der Zukunft gilt: Die Körperhaltung des Lehrers zeigt weniger Souveränität und Selbstbewusstsein, sondern eher Zuwendung, Interesse und Aufmerksamkeit. Das geht so: Der Lehrer sitzt aufrecht, legt die Arme entspannt auf den Sitzlehnen ab, schlägt ein Bein locker über das andere. Dabei ist wichtig, dass das übergeschlagene Bein zum Gesprächspartner zeigt und der Lehrer ihm seinen Oberkörper zuwendet. Lehnt sich der Lehrer im Verlauf des Gesprächs ab und an vor, so macht er deutlich: Das interessiert mich und ich bin aufmerksam. Und: Der Fuß des frei hängenden Beines kann Indiz der inneren Haltung des Lehrers sein – zieht die Fußspitze nach oben, so deutet er eine innere Spannung an und neigt zum „Bremsen“, während ein lockeres Fußkreisen Entspannung und Mitdenken anzeigt.

3. Die Maßnahmen – oder: Wenn die Vision auf die Wirklichkeit trifft

„Zähle nicht die Dinge, die du tust, sondern tu das, was zählt!“
(Karl Pilsl)

Visionen zu haben ist das eine, sie zu verwirklichen das andere. Viele Visionen bleiben, was sie nicht sein sollen: Phantasiereisen. Wir unternehmen sie, obwohl wir wissen: Wir werden das Ziel nicht erreichen. Viele Visionen tragen daher mehr dazu bei, uns zu frustrieren, als uns zum Handeln zu bewegen. Visionen machen unsere Wirklichkeit dann noch trüber, als sie schon ist. Das Wissen darum, die Vision nie zu erreichen, wird so zum indirekten Beleg für eine unzulängliche Wirklichkeit. Und: Sie wird zu einer perfekten Immunisierungsstrategie! Wenn man schon die Vision nicht erreichen kann: Warum sollte man sich dann jetzt noch anstrengen? Falsche Visionen sind wie falsche Propheten: Man ist am Ende keineswegs klüger als vorher! Visionen allein reichen also nicht. Visionen müssen wir anpacken, immer in dem Glauben: Das kriegen wir hin! Was kann uns sicher machen, etwas zu schaffen, was wir doch bisher nicht geschafft haben? Warum sollte unser guter Lehrer in der Zukunft Wirklichkeit sein? Wir müssen auf den Weg schauen, auf den Weg zurück!

Unsere gute Fee hilft uns dabei: Zukunft ist niemals etwas ganz anderes als die Gegenwart, aus der heraus sie sich entwickelt. Zukunft ist immer auch eine Verlängerung von Gegenwart, aber mit neuen, manchmal auch mit unerwartet neuen Akzentuierungen. John Hatties umfangreiche Meta-Studie (2013 und 2014) zeigt die Bedeutung des Lehrers für das Gelingen guten Unterrichts. So neu ist diese Erkenntnis nicht, aber doch schon so neu, dass sich das Fragen nach der Art der Lehrerleistung lohnt, die hier gemeint ist. Transparenz und Schülerorientierung, ein funktionierendes Classroom Management (siehe Eichhorn, 2012) mit wenig Störfaktoren, immer wieder das Vernetzen des Gelernten und schließlich eine ausbalancierte Feedbackkultur (siehe Berger u.a., 2013; Steffens & Höfer, 2012; Hattie, 2013; Kliebisch, 2011 und 2013; Kliebisch & Meloefski, 2013a): Das sind die Bausteine für guten Unterricht. Die Revolution ist immer eine Evolution. Und was bringt sie? Den Schülern allemal ein Mehr an Kompetenz, vorausgesetzt, Lehrer haben sich die Kompetenzen angeeignet, die sie zu guten, zu professionellen Lehrkräften machen. Professionalisierung von Lehrern, zumal Selbst-Qualifizierung ist ein hohes Ziel; Professionalisierung ist nicht leicht zu erreichen und eine Lebensaufgabe. Professionalisierung heißt zu wissen, welche Ansprüche es gibt, wie ich ihnen gerecht werden kann und welche Wertmaßstäbe beim Handeln für mich gelten. In einer sich verändernden Welt ein hoher Anspruch an den Lehrer, aber ein berechtigter. Ein Anspruch, der die Achtsamkeit des Lehrers auf sich selbst, sein Streben nach eigener Gesundheit einschließt (siehe Lehr u.a., 2012). Lehrer zu sein war noch nie leicht, es war immer eine Herausforderung einer besonderen Art. In der pädagogischen Interaktion kommen historisch-gesellschaftliche Belange, die Erwartungen und Befürchtungen der Schüler und deren Eltern und die biographische Geschichte des Lehrers zusammen. Auf der Höhe zu sein, vor allem auf der Höhe der Zeit zu sein, erfordert Anstrengung – von allen Seiten! Die Zukunft haben wir nicht im Griff, manchmal auch uns selbst nicht. Doch wir haben nur diese eine Straße in die Zukunft! Also:

„Wo kämen wir hin, wenn jeder sagte, wo kämen wir hin und keiner ginge, um zu sehen, wohin wir kämen, wenn wir gingen."
(Kurt Marti)

Die Schule von morgen ist in Teilen immer auch ein Traum, eine Hoffnung, die uns anzieht und uns vorantreibt. Mehr Kompetenz auf allen Seiten, mehr selbstständige Schüler, die von Profis beraten werden, in einer Schule, die Lernen über Vernetzung zur Erkenntnis führt, bei jedem, ganz individuell und mit Fördermaßnahmen, die zielführend sind. Ein Traum? Nur ein Traum? Ganz sicher nicht, denn:

„If you can dream it, you can do it."
(Walt Disney)

Literatur

Bachmair, S. u.a. (2011): Beraten will gelernt sein. 4. Aufl. Weinheim.

Balliet, M. (2010): Lehrerfunktion Beraten – Was Referendarinnen und Referendare in ihrer Ausbildung darüber lernen sollten. In: SEMINAR 4/2010.

Balliet, M. / Kliebisch, U. (2013): Das Staatsexamen stressfrei bestehen – Wie gelingt die Quadratur des Kreises? In: SEMINAR 1/2013.

Bauer, J. (2013): Das Gedächtnis des Körpers. München.

Bauer, K.-O. (2012): Erlebte pädagogische Wirksamkeit – Wie Lehrkräfte ihre Effektivität wahrnehmen und überprüfen können. In: Balliet, M. / Kliebisch, U. (Hrsg.): Lehrer*Handeln*. Baltmannsweiler.

Baum, E. (2014): Kooperation und Schulentwicklung. Heidelberg.

Berger, R. u.a. (2013): Warum fragt ihr nicht einfach uns? Mit Schüler-Feedback lernwirksam unterrichten. Weinheim.

Brüning, L. / Saum, T. (2012a): Fördern durch Kooperatives Lernen. In: Balliet, M. / Kliebisch, U. (Hrsg.): Lehrer*Handeln*. Baltmannsweiler.

Brüning, L. / Saum, T. (2012b): Gruppen bilden – Teamgeist entwickeln – Kraft tanken. Essen.

Buhren, C. G / Rolff, H.-G. / Neumann, S. (Hrsg.) (2013): Das Handwerkszeug für die Schulleitung. Management – Moderation – Methoden. Weinheim.

Cohn, R. (2013): Von der Psychoanalyse zur themenzentrierten Interaktion. 15. Aufl. Stuttgart.

Csikszentmihalyi, M. (2010): Kreativität. Wie Sie das Unmögliche schaffen und Ihre Grenzen überwinden. 8. Aufl. Stuttgart.

Eichhorn, C. (2012): Classroom Management – Wie Lehrer, Eltern und Schüler guten Unterricht gestalten. 6. Aufl. Stuttgart.

Eikenbusch, G. / Heymann, H. W. (2010): Was wissen wir über guten Unterricht? Hamburg.

Fischer, H.-J. (2005): Wider die Diktatur des Relativismus. In: FAZ vom 19.04.2005.

Green, N. / Green, K. (2012): Kooperatives Lernen im Klassenraum und im Kollegium. Das Trainingsbuch. 7. Aufl. Seelze.

Hattie, J. A. C. (2013): Lernen sichtbar machen. Überarbeitete deutschsprachige Ausgabe von Visible Learning. Baltmannsweiler.

Hattie, J. A. C. (2014): Lernen sichtbar machen für Lehrpersonen. Baltmannsweiler.

Heckmair, B. / Michl, W. (2012): Von der Hand zum Hirn und zurück. Hergensweiler.

Hentig, H. v. (2012): Die Schule neu denken. Weinheim.

Herrmann, U. (Hrsg.) (2009): Neurodidaktik. 2. Aufl. Weinheim.

Heyse, V. / Erpenbeck, J. (2007): Kompetenzmanagement. Vorgehen, Methoden, KODE® und KODE®X im Praxistest. Münster.

Heyse, V. / Erpenbeck, J. (2009): Kompetenztraining. Informations- und Trainingsprogramme. 2. Aufl. Stuttgart.

Heyse, V. / Erpenbeck, J. / Ortmann, S. (2010): Grundstrukturen menschlicher Kompetenzen. Münster.

Hüther, G. (2013): Bedienungsanleitung für ein menschliches Gehirn. Stuttgart.

Hüther, G. / Hauser, U. (2012): Jedes Kind ist hochbegabt. München.

Keim, S. / Wittmann, P. (2009): Instrumente zur Kompetenzermittlung und -messung. In: Faix, W. G. / Auer, M. (Hrsg.): Talent. Kompetenz. Management. Stuttgart.

Klafki, W. (2007): Neue Studien zur Bildungstheorie und Didaktik. 6. Aufl. Weinheim.

Kliebisch, U. (2011): Lehrer*Ziele*. Kompetenzen haben – Kompetenzen vermitteln. Baltmannsweiler.

Kliebisch, U. (2012): Referendare erfolgreich coachen. Coaching-Werkzeuge speziell für die Lehrerausbildung. Buxtehude.

Kliebisch, U. (2013): Feedback – Motor der Selbstentwicklung. In: SEMINAR 2. Baltmannsweiler.

Kliebisch, U. (2013): Heikle Situationen im Schulalltag meistern. Hamburg.

Kliebisch, U. / Balliet, M. (Hrsg.) (2012): Lehrer*Handeln*. Kompetent, effizient, kongruent. Baltmannsweiler.

Kliebisch, U. / Meloefski, R. (2011): Beratungstrainer für junge Lehrer. Buxtehude.

Kliebisch, U. / Meloefski, R. (2012): Lehrer*Sein* Band 3. Baltmannsweiler.

Kliebisch, U. / Meloefski, R. (2013a): Auffordern und Herausfordern – Wie man Schülern im Unterricht konstruktiv Rückmeldungen geben kann. In: Kliebisch, U. / Meloefski, R.: Lehrer*Sein* Band 1 und 2. Erfolgreich handeln in der Praxis. 6. Aufl. Baltmannsweiler.

Kliebisch, U. / Meloefski, R. (2013b): Lehrer*Sein* Band 1 und 2. Erfolgreich handeln in der Praxis. 6. Aufl. Baltmannsweiler.

Klinger, U. (2013): Kooperative Unterrichtsentwicklung. Seelze.

Klippert, H. (2012a): Heterogene Lerngruppen unterrichten. In: Balliet, M. / Kliebisch, U. (Hrsg.): Lehrer*Handeln*. Baltmannsweiler.

Klippert, H. (2012b): Heterogenität im Klassenzimmer. 2. Aufl. Weinheim.

Klippert, H. (2012c): Methodentraining. 20. Aufl. Weinheim.

Koerrenz, K. (2012): Schulmodell: Jena-Plan. Paderborn.

Konrad, K. / Traub, S. (2010): Kooperatives Lernen. 5. Aufl. Baltmannsweiler.

Kunter, M. u.a. (Hrsg.) (2011): Professionelle Kompetenz von Lehrkräften. Ergebnisse des Forschungsprogramms COACTIV. Münster.

Lämmel, U. / Cleve, J. (2012): Künstliche Intelligenz. 4. Aufl. München.

Lehr, D. u.a. (2012): Lehrergesundheit. Stuttgart.

Lungershausen, H. (2013): Schule professionell leiten und entwickeln. Kronach.

Maier-Hauser, H. (2013): Lieben - ermutigen - loslassen. Erziehen nach Montessori. Weinheim.

Maturana, H. R. / Varela, F. J. (2012): Der Baum der Erkenntnis. 5. Aufl. Frankfurt.

Meyer, H. / Wendt, V. (2012): Was wissen wir über gute Lehrer? In: Balliet, M. / Kliebisch, U. (Hrsg.): Lehrer*Handeln*. Baltmannsweiler.

Miller, R. (2011): Als Lehrer souverän sein. Von der Hilflosigkeit zur Autonomie. Weinheim.

Ministerium für Schule und Weiterbildung in Nordrhein-Westfalen (2005): Schulgesetz für das Land Nordrhein-Westfalen (SchulG NRW). Online unter http://www.schulministerium.nrw.de/BP/Schulrecht/Gesetze/Schulgesetz.pdf. [Stand: 18.01.2013]

Ministerium für Schule und Weiterbildung in Nordrhein Westfalen (2011): OVP - Ordnung des Vorbereitungsdienstes und der Staatsprüfung für Lehrämter an Schulen in NRW. Online unter http://www.schulministerium.nrw.de/BP/Schulrecht/Lehrerausbildung/OVP_vom_10__April_2011.pdf.

Paechter, M. (Hrsg.) (2012): Handbuch Kompetenzorientierter Unterricht. Weinheim.

Rahm, S. (2005): Einführung in die Theorie der Schulentwicklung. Weinheim.

Reich, K. (2012): Konstruktivistische Didaktik. 5. Aufl. Weinheim.

Rogers, C. (2012): Entwicklung der Persönlichkeit. 18. Aufl. Stuttgart.

Rogers, B. (2013): Classroom Management. Das Praxisbuch. Weinheim.

Roth, G. (2013): Persönlichkeit, Entscheidung und Verhalten. 8. Aufl. Stuttgart.

Roth, T. (2011): Neurodidaktik. Saarbrücken.

Saldern, M. v. (2011): Schulleistung 2.0 - Von der Note zum Kompetenzraster. Norderstedt.

Schaarschmidt, U. (Hrsg.) (2005): Halbtagsjobber? Psychische Gesundheit im Lehrberuf. 2. Aufl. Weinheim.

Schaarschmidt, U. / Fischer, A. (2012): Denkanstöße! Ein Beratungsangebot für Lehrerinnen und Lehrer. In: Balliet, M. / Kliebisch, U. (Hrsg.): Lehrer*Handeln*. Baltmannsweiler.

Schratz, M. / Steiner-Löffler, U. (1999): Die lernende Schule - Arbeitsbuch pädagogische Schulentwicklung. 2. Aufl. Weinheim.

Schulz von Thun, F. (2011): Miteinander reden. Drei Bände. Reinbek.

Sekretariat der Ständigen Konferenz der Kultusminister der Länder in der Bundesrepublik Deutschland (KMK) (2004): Standards für die Lehrerbildung: Bildungswissenschaften. Online unter http://www.kmk.org/fileadmin/veroeffentlichungen_beschluesse/2004/2004_12_16-Standards-Lehrerbildung.pdf.

Spiewak, M. (2013): Die Hattie-Studie: *„Ich bin superwichtig!“* In: DIE ZEIT vom 03.01.2013.

Steffens, U. / Höfer, D. (2012): Was ist das Wichtigste beim Lernen? Die Forschungsbilanz von John Hattie. In: PÄDAGOGIK 12.

Watzlawick, P. / Beavin, J. H. / Jackson, D. D. (2011): Menschliche Kommunikation. 12. Aufl. Bern.

Wehrle, M. (2011): Die 100 besten Coaching-Übungen. 2. Aufl. Bonn.

Wehrle, M. (2012): Die 500 besten Coaching-Fragen. Bonn.

Winkel, R. (2011): Der gestörte Unterricht. 10. Aufl. Baltmannsweiler.

Winterhoff, M. / Tergast, C. (2009): Warum unsere Kinder Tyrannen werden. München.

Winterhoff, M. / Thielen, I. (2011): Persönlichkeiten statt Tyrannen. München.

Gerald Hüther

Die Bedeutung der Lern- und Beziehungskultur für den Erwerb von Schlüsselkompetenzen

Abstract

Aus neurobiologischer Sicht sind Schlüsselkompetenzen all jene inneren Einstellungen und Haltungen, die gelingende Lernprozesse ermöglichen. Hierzu zählt die Lust am Lernen und die Bereitschaft mit anderen Personen eine Beziehung einzugehen, die es ermöglicht, Wissen, Können und Erfahrungen auszutauschen. Voraussetzung dafür ist eine Beziehungskultur, die den Anderen nicht zum Objekt eigener Interessen und Maßnahmen macht. Nur so kann die angeborene Freude am gemeinsamen Entdecken und Gestalten erhalten und zu einer eigenen inneren Einstellung weiterentwickelt werden, die nicht auf den Erwerb von Abschlüssen, sondern auf den Erwerb und die Vervollkommnung von Wissen und Fähigkeiten ausgerichtet ist.

1. Einleitung

Jeder neue Wissensinhalt und jede neue Erkenntnis, zum Beispiel die, dass ein Apfel innen ein Gehäuse besitzt, in dem sich Kerne, also Samen befinden, kann nur im Gehirn verankert werden, indem dieses neue Wissen an bereits vorhandenem Wissen anknüpft. Oder, etwas neurobiologischer: indem ein neu entstandenes Erregungsmuster in assoziativen Bereichen des Kortex an bereits etablierte Netzwerkmuster angekoppelt, in sie eingebettet, integriert wird. Wenn das gelingt, hat die betreffende Person nicht nur etwas gelernt, sondern sie hat auch gleichzeitig noch eine Erfahrung gemacht, die mit einem positiven Gefühl gekoppelt ist: Dass es ihr gelungen ist, etwas Neues, anfangs noch Irritierendes in den Schatz des bereits Vorhandenen zu integrieren, also durch eine eigene Leistung eine aufgetretene Inkohärenz im Gehirn wieder in Kohärenz zu überführen. Dadurch kommt es dann automatisch zu einer Aktivierung älterer Netzwerke im Mittelhirn, dem sog. Belohnungszentrum. Die an den Enden der z. T. weitreichenden Fortsätze der dort liegenden Nervenzellen ausgeschütteten Botenstoffe, vor allem Dopamin und endogene Opiate, erzeugen über die von ihnen angeregten Netzwerke einen Zustand, der sich auch durch die Einnahme von Kokain und Heroin, die wie Dopamin oder endogene Opiate wirken, herstellen lässt. Noch interessanter aber ist die Wirkung dieser Transmitter als sog. neuroplastische Botenstoffe. Über einen rezeptorvermittelten Prozess der intrazellulären Signaltransduktion bewirken sie die Aktivierung der Expression von Gensequenzen und damit eine vermehrte Produktion von Eiweißen, die für neuroplastische Umbauprozesse gebraucht werden. Auf diese Weise wird nicht nur der neue Wissensinhalt, sondern auch die bei der Wissensaneignung gemachte positive Erfahrung strukturell in Form entsprechender neuronaler Verschaltungsmuster im Gehirn verankert. Je stärker der Lernprozess mit einer positiven emotionalen Aktivierung einhergeht, desto nachhaltiger werden sowohl das neue Wissen wie auch die bei dieser Aneignung gemachte Lernerfahrung strukturell im Gehirn verankert.

In die Praxis übersetzt bedeuten diese Erkenntnisse über die beim Lernen ablaufenden neurobiologischen Prozesse: Nachhaltig kann nur das gelernt und eine günstigere Lernerfahrung gemacht werden, wenn der Lernprozess mit einem positiven Gefühl einhergeht. Deshalb gibt es auch nur eine einzige Frage, die von jedem beantwortet werden muss, der sich darum bemüht, sein Wissen und seine Kompetenzen an andere Menschen weiterzugeben: Wie lässt es sich ermöglichen, dass der Lernende seinen eigenen Lernprozess mit einem möglichst guten Gefühl verknüpfen kann?

Die Antwort auf diese Frage ist beschämend einfach: Genau so lernt ja jedes Kind Laufen, Sprechen und alles andere – allerdings nur so lange, bis wir damit beginnen, ihm etwas beizubringen, es zu belehren versuchen, es erziehen und unterrichten wollen und seine Lernleistungen am Ende auch noch bewerten. Und weil es kein gutes Gefühl auslöst, wenn man auf diese Weise als Objekt behandelt, zum Objekt von Belehrungen und Bewertungen gemacht wird, wird das Lernen unter solchen Bedingungen zu einer an ein negatives Gefühl gekoppelten Erfahrung. Das Kind lernt fortan, weil es muss und nicht mehr, wie es zu Lernen begonnen hatte, weil es will.

Mehrfach in dieser Weise gemachte und im Frontalhirn verankerte Erfahrungen verdichten sich dort zu einer „Metaerfahrung", und die bezeichnen wir im Deutschen als eine innere Einstellung zum Lernen. Die ist dann an ein negatives Gefühl gekoppelt und lässt sich deshalb nicht mehr durch gutes Zureden, kluge Ratschläge, Druck oder die Androhung von Sanktionen verändern.

Auflösen lässt sich eine solche, einmal entstandene ungünstige innere Einstellung zum Lernen nur dann, wenn es gelingt, dem betreffenden Kind künftig eine andere, eine günstigere Erfahrung mit dem Lernen und bei der Aneignung von Wissen und Können zu ermöglichen. Aber dazu kann man kein Kind zwingen, dazu kann man es nur einladen, ermutigen und inspirieren. Nur dann würde das betreffende Kind sich wieder als Gestalter seiner eigenen Lernprozesse erfahren können. Möglich wird das nur, indem sich Lehrender und Lernender als Subjekte begegnen, wenn es also gelingt, eine für das Lernen günstigere Beziehungskultur aufzubauen.

2. Wer etwas lernt, lernt immer mehr als nur das, was er lernt

Hirntechnisch ist es unmöglich, sich einen neuen Wissensinhalt, also beispielsweise eine neue Vokabel oder eine physikalische Formel anzueignen, wenn dieses neue Wissen nicht an bereits vorhandene, durch vorangegangene Lernprozesse herausgeformte Netzwerke im Gehirn angeknüpft werden kann. Ein Schüler lernt also niemals etwas Neues, sondern immer nur noch etwas hinzu. Jeder Lernprozess führt also lediglich zu einer Erweiterung des bereits in Bezug auf einen bestimmten Kontext vorhandenen Wissens.

Die Einbettung oder Integration eines neuen Wissensinhaltes in die bereits etablierten neuronalen Netzwerke geht dabei zwangsläufig mit einer Aktivierung dieser älteren Verknüpfungen einher, die solange anhält, bis das neue Wissen in das bereits vorhandene integriert werden kann.

Da hierbei auch diese älteren Netzwerke zwangsläufig modifiziert und angepasst werden müssen, wird auch auf der Ebene des bereits vorhandenen Wissens zwangsläufig mit- oder umgelernt.

Und weil das nun entstandene erweiterte Wissen und die dabei reorganisierte Netzwerkstruktur komplexer geworden ist als sie vorher war, ist auch eine reichhaltigere Verknüpfungsgrundlage für die künftige Integration neuer Wissensinhalte entstanden. Das Verständnis für bestimmte Zusammenhänge ist gewachsen. Die auf diese Weise erweiterten Kompetenzen bilden die Grundlage für alle weiteren Lernprozesse.

Doch damit nicht genug. Der Lernende hat ja nicht nur sein Wissen erweitert, er hat dabei ja auch eine bestimmte Vorgehensweise eingesetzt, die sich für diesen Aneignungsprozess bewährt hat. Auch bezüglich dieser Vorgehensweise hat er auf bereits etablierte Muster zurückgegriffen, diese erweitert, modifiziert und verbessert. Auch dieses Wissen darüber, wie man etwas lernt, wird im Gehirn des Lernenden verankert. Es bildet fortan die Grundlage seiner Kompetenz, wie er sich neues Wissen erschließt und aneignet.

Da niemand etwas lernen kann, was ihn nicht interessiert, was aus seiner Perspektive bedeutungslos ist, ihm nicht unter die Haut geht und zu einer Aktivierung seiner emotionalen Zentren führt, macht jeder Lernende bei jedem Lernprozess auch zwangsläufig eine emotional gebundene Erfahrung. Auch diese Erfahrung wird ganz wesentlich durch die bereits vorangegangenen Lernerfahrungen bestimmt und in diesem neuen Lernprozess erweitert, modifiziert, überformt.

Sie bildet die Grundlage für die Herausbildung einer bestimmten, mit den eigenen Gefühlen verkoppelten und deshalb tief verankerten Haltung oder inneren Einstellung zum Lernen.

Weil diese innere Einstellung zum Lernen ein wichtiger Bestandteil des Selbstbildes der betreffenden Person ist, führt jeder Lernprozess auch zwangsläufig zu einer Verfestigung oder einer Modifikation der Vorstellungen des Lernenden von sich selbst in Bezug auf seine Möglichkeiten, sich Wissen anzueignen, Zusammenhänge zu erkennen und sich in der Welt zurechtzufinden. Dieses Selbstbild bildet wiederum die Grundlage dafür, ob und wie gut sich die betreffende Person in die Welt eingebettet, mit der Welt verbunden fühlt, und damit, welches Weltbild sich im Gehirn des Lernenden in Bezug auf seine Rolle in der Welt und die Sinnhaftigkeit seines Daseins herausbildet und verfestigt.

Schließlich findet jeder Lernprozess in einem sozialen Kontext statt und führt daher zwangsläufig dazu, dass die jeweilige Lernerfahrung auch mit einer bestimmten Beziehungserfahrung verkoppelt wird. Auch hier bilden vorangegangene, beim Lernen in der Beziehung zu anderen wichtigen Personen gemachte Erfahrungen die Grundlage eines eigenen Bildes von der Bedeutung sozialer Beziehungen für die eigene Weiterentwicklung und die Entfaltung eigener Talente und Begabungen. Deshalb kommt es bei jedem Prozess der Wissensaneignung auch immer zu einer Verstärkung oder Veränderung der eigenen Überzeugung über die Bedeutung der Beziehungen zu anderen Personen, also der eigenen Vorstellungen über eine, für das Lernen günstige oder ungünstige Beziehungskultur.

3. Nicht das Gelernte, sondern die beim Lernen gemachten Erfahrungen sind entscheidend dafür, ob und was ein Lernender zu Lernen bereit ist

Wir Menschen verdanken unser heutiges Wissen und Können nicht dem Umstand, dass wir ein zeitlebens plastisches, lernfähiges Gehirn besitzen, sondern unserer Fähigkeit individuell erworbenes Wissen und Können mit anderen Menschen teilen zu können, sowohl horizontal mit denjenigen, mit denen wir zusammenleben, wie auch vertikal über Generationen hinweg. Hierbei handelt es sich – wie immer wieder auftretende Störungen dieser sozialen Lernprozesse belegen – nicht um eine hirntechnisch, also biologisch begründete Fähigkeit, sondern um eine kulturelle Leistung, die wir mehr oder weniger günstig zu entwickeln imstande sind.

Ungünstig auf die Entfaltung dieses Potenzials wirken sich all jene Welt- und Menschenbilder aus, die die Möglichkeit zur Entfaltung der Talente und Begabungen einzelner Menschen oder einzelner menschlicher Gemeinschaften auf Kosten anderer in Betracht ziehen oder gar zur Grundlage des Zusammenlebens von Menschen erklären.

Vor allem den in solche Gemeinschaften hineinwachsenden Kindern und Jugendlichen fällt es dann immer schwerer, sich die für das eigene Lernen, für die Aneignung des zu einem bestimmten Zeitpunkt vorhandenen Wissens und den Erwerb der bereits entwickelten Fähigkeiten und Fertigkeiten wie auch der bis dahin von Menschen gemachten Erfahrungen entscheidende Kompetenz anzueignen: die Fähigkeit mit möglichst vielen und möglichst unterschiedlichen Menschen eine konstruktive Beziehung einzugehen und das in diesen Personen angelegte Wissen, deren Fähigkeiten und deren Erfahrungen zu übernehmen. Der Begriff „soziale Kompetenz" beschreibt diese Fähigkeit nur unzureichend, weil es in einer Gemeinschaft mit einer ungünstigen Beziehungskultur durchaus als Zeichen sozialer Kompetenz betrachtet werden kann, wenn es einer Person gelingt, sich selbst auf Kosten anderer aufzuwerten, sich zu stärken, sich Macht anzueignen und Einfluss zu gewinnen, also andere als Objekte zur Verfolgung eigener Ziele zu behandeln oder gar auszunutzen.

Alle weiteren Kompetenzen, auch wenn sie als Schlüsselkompetenzen bezeichnet werden, werden von Kindern und Jugendlichen zwangsläufig und in ähnlicher Weise wie das Laufen und Sprechen erworben, wenn sie in eine Gemeinschaft hineinwachsen, in der sie sich nicht als Objekte von Erziehungs- und Unterrichtsmaßnahmen erleben, sondern in der eine Kultur des voneinander Lernens, des miteinander Gestaltens und des gemeinsamen Erlebens herrscht.

Von diesem Zustand ist unsere gegenwärtig herrschende Beziehungskultur nicht nur in Schulen, auch in Hochschulen und in der Arbeitswelt, leider auch in vielen Familien leider noch sehr weit entfernt.

Was allerdings nicht bedeutet, dass es nicht möglich wäre, eine solche Lern- und Beziehungskultur zu entwickeln. Allerdings nicht durch die Einführung neuer Methoden, sondern durch eine andere Gesinnung, wie es Albert Schweitzer so schön altmodisch ausgedrückt hat. Gemeint ist damit eine für die Entfaltung der in jedem Menschen angelegten Talente und Begabungen und der in jeder menschlichen Gemeinschaft verborgenen, bisher noch nicht entdeckten Potenziale günstigere innere Einstellung aller Beteiligten, die den Geist einer jeden Bildungseinrichtung bestimmen sollte.

Literatur

Hüther, G. (2011): Was wir sind und was wir sein könnten, Fischer.

Hüther, G. & Hauser, U. (2012): Jedes Kind ist hochbegabt. Albrecht Knaus.

Renz-Polster, H & Hüther, G. (2013): Wie Kinder heute wachsen. Natur als Entwicklungsraum. Beltz.

Matthias Braunisch, Daniela Pilger, Michael Schwager

Kompetenzentwicklung durch Beziehungslernen – unterschiedliche Perspektiven und Aspekte des Gelingens an der Gesamtschule Köln-Holweide

Abstract

Ziel dieses Beitrags ist es, Diskussionszusammenhänge zum Thema Kompetenzorientierung aus unterschiedlichen schulischen Perspektiven nachzuverfolgen. Es wird deutlich, dass eine Schule, die die Themen Heterogenität und Inklusion zu pädagogischen Schwerpunkten der eigenen Schulentwicklung macht, sich der Entwicklung von Kompetenzen im Unterrichtsgeschehen wie auch im Schulleben zugrunde legen muss, um Schülerinnen und Schülern den Rahmen zu bieten, ihre je eigenen Fähigkeiten und Fertigkeiten zu entwickeln.

Widmung

Ulla Kreutz zum Abschied.

Sie hat die Gesamtschule Holweide in den vergangenen Jahren durch zahlreiche Vorhaben der Unterrichts- und Schulentwicklung maßgeblich geprägt und durch ihr Handeln unsere Schule stets lebendig gehalten.

Die Frage nach den Möglichkeiten kompetenzorientierten Lernens wird an der Gesamtschule Holweide seit geraumer Zeit in unterschiedlichen Zusammenhängen und aus unterschiedlichen Perspektiven, aber auch unter Verwendung einer keineswegs einheitlichen Terminologie diskutiert.

Ziel dieser Ausführungen ist es, einige dieser Diskussionszusammenhänge nachzuverfolgen, um zu verdeutlichen, dass eine Schule, die die Themen Heterogenität oder auch Inklusion bzw. Gemeinsamer Unterricht zu pädagogischen Schwerpunkten der eigenen Schulentwicklung macht, eine wie auch immer verstandene Kompetenzorientierung zugrunde legen muss, um Heterogenität denken zu können. Gleichzeitig wird aber auch der Frage nachgegangen werden müssen, warum schulintern immer wieder ein beträchtliches Misstrauen gegenüber einer derartigen Orientierung entwickelt wird. Es soll gezeigt werden, dass dieses Kontinuum in dem hohen Stellenwert liegt, der den zwischenmenschlichen Beziehungen zwischen Lehrkräften und Schülerinnen und Schülern, aber auch zwischen Schülerinnen und Schülern untereinander, zwischen den Lehrkräften und zwischen Lehrkräften und Eltern oder zwischen Lehrkräften und der Schulleitung beigemessen wird. Im Grunde sind es diese kommunikativen Kompetenzen beziehungsweise dieses Lernen in und an Beziehungen, an denen sich für das Kollegium der Wert von Schul- und von Unterrichtsentwicklung erweist.

Die Gesamtschule Holweide

Die Gesamtschule Holweide wurde 1975 als zwölfzügige Gesamtschule gegründet, indem sie ein bestehendes Gymnasium ersetzte. Mittlerweile ist die Schule im Bereich der Sekundarstufe I neun- und in der Sekundarstufe II sechszügig, wodurch sie immer noch eine der größten Schulen in Nordrhein-Westfalen ist. Von Anfang an zeichnete es die Schule aus, dass ein engagiertes Kollegium im Einvernehmen mit der Schulleitung und der Elternschaft pädagogische, gesellschaftspolitische oder gewerkschaftliche Initiativen startete und unterstützte und dass diese Initiativen immer auch in ihrer möglichen Bedeutsamkeit für die Pädagogik, die Organisation und die äußere Gestaltung der Schule diskutiert wurden. Konkret bedeutete dies, das neben verschiedenen Initiativen beispielsweise zur Reduzierung der Asbest- oder der Feinstaubbelastung und später zur ökologischen Umgestaltung des Schulgeländes insbesondere auch mit pädagogischen und mit schulorganisatorischen Konzepten experimentiert wurde, die ihren Niederschlag im ‚Team-Kleingruppen-Modell Köln Holweide' (kurz TKM) und seit den achtziger Jahren in einer immer stärkeren Ausweitung des Gemeinsamen Unterrichts fanden.

Das TKM ist zunächst einmal ein Organisationsmodell von Schule, welches mittlerweile in Teilen auch an vielen anderen Schulen Anwendung findet. In seiner in Holweide praktizierten Variante (dazu: Keim, 1996, bes. S. 23ff.; Schwager & Pilger, 2010) ist es dadurch gekennzeichnet, dass jeweils drei Parallelklassen ein Team bilden. Diesem Team werden am Anfang der fünften Klasse Lehrkräfte mit unterschiedlichen Fächern und aus verschiedenen Lehrämtern zugewiesen, die die Teamklassen im Regelfall bis zum Ende der zehnten Klasse begleiten und die einen Großteil des Unterrichts abdecken. Diese Lehrkräfte bringen wiederum einen Großteil ihrer Unterrichtsverpflichtung in *Ihr* Team ein und sie haben als Teamlehrer große Autonomie in Fragen der Unterrichtsverteilung, der Stundenplangestaltung und der pädagogischen Schwerpunkte. Insofern ist ein solches Team eine Art Schule in der Schule, wobei erwartet wird, dass die Lehrkräfte auch fachfremd unterrichten, dass sie trotz der unterschiedlichen Bezahlung der verschiedenen Lehrämter in den Teams konstruktiv und gleichberechtigt miteinander kooperieren, dass sie zumindest kurzfristige Vertretungssituationen teamintern regeln und dass sie sämtlich bereit sind, Klassenlehrer/innenaufgaben zu übernehmen. Diese Teamstruktur setzt sich in der Schule dadurch fort, dass jeweils drei Teams einen Jahrgang bilden, der von einer von der Lehrer/innenkonferenz gewählten Jahrgangsleitung in der erweiterten Schulleitung vertreten wird. Diese wiederum ist von ihrem Selbstverständnis ebenfalls kollegial strukturiert. Parallel dazu sind die Teams noch in der sogenannten Teamsprecher/innenkonferenz und die einzelnen Kolleg/inn/en im Lehrer/innenrat vertreten, deren Arbeit wiederum durch ein sehr weites Aufgabenverständnis charakterisiert ist und deren Vertreter/innen ebenfalls Teil der erweiterten Schulleitung sind.[1] Daneben gibt es eine Vielzahl von Ausschüssen und Arbeitskreisen, in denen sich Lehrkräfte zum Teil gemein-

1 Die Gründungsdirektorin der Gesamtschule Holweide charakterisiert die Schule insofern treffend als einen Ort „Wo Alles mit Allem vernetzt ist" (Ratzki 1996).

sam mit Eltern und mit Schüler/inne/n in sehr unterschiedlicher Intensität einzelnen Fragen des Unterrichts und des Schullebens widmen. Die Schüler/innen wiederum sind in ihren Klassen zunächst Mitglieder ihrer jeweiligen Tischgruppe. Diese Tischgruppen sind in Bezug auf das Geschlecht und die Leistungsfähigkeit der Schüler/innen heterogen zusammengesetzt und sie sind auf Stabilität hin angelegt. Die zentrale Aufgabe der Tischgruppe besteht darin, alltägliche Vollzüge und Anteile des Lernens und Arbeitens eigenverantwortlich zu übernehmen. Die Tischgruppenmitglieder sollen sich unabhängig von gegenseitiger Sympathie unterstützen und sie sind gemeinsam für Arbeitsergebnisse verantwortlich. Um dies zu erreichen, wurden und werden an der Schule die verschiedensten Formen der Gruppenpädagogik und des Tischgruppentrainings erarbeitet und überprüft.

Damit erfüllt das TKM vor allem zwei Funktionen. Zum einen wird der ernsthafte Versuch unternommen, das immer noch strikt hierarchische System der öffentlichen Schulen im Sinne flacherer Hierarchien und einer möglichst weitgehenden Verlagerung von Verantwortlichkeiten auf die unteren Ebenen der Hierarchie zu verändern. Es wird unterstellt, dass die unterrichtenden Lehrerkräfte am besten wissen, wie das Lernen der ihnen anvertrauten TeamschülerInnen zu organisieren ist und wer von diesen Schüler/inne/n welche Förderung wann benötigt. Es wird dabei nicht nur unterstellt, dass dies die Lehrer/innen des Teams am besten wissen, sondern ihnen wird auch vertraut, dass sie diese Aufgaben verantwortungsvoll bewältigen, wobei die Kontrollinstanz letztlich im jeweiligen Team liegt. Die andere Funktion des TKMs liegt darin, das sehr große System dieser Schule in überschaubare Subsysteme zu gliedern. Dies gilt vor allem für die Schüler/innen in den Tischgruppen. Hinzu kommt, dass der Unterricht – im Unterschied zu vielen anderen Gesamtschulen – nahezu ausschließlich innerhalb des Klassenverbandes erfolgt und sich nur in den Wahlbereichen auf das Team erweitert. Mit Ausnahme einiger Kurse im Freizeitbereich und des Unterrichts in der dritten Fremdsprache ab Klasse acht sowie parallel gebildeter Kurse findet der Unterricht also innerhalb des Klassen- bzw. des Teamverbandes statt und ein Schüler hat in der Sek I zunächst maximal 29 und später dann 81 Mitschüler/innen, mit denen er gemeinsam unterrichtet wird. Zugleich wird dieser Schüler in den gesamten sechs Jahren in aller Regel von einer sehr überschaubaren Zahl von (Team-) Lehrer/inne/n unterrichtet, die er in dieser Zeit gut kennenlernt und die ihn gut kennenlernen. Verbunden mit den verschiedenen Formen des Classroom-Managments entwickeln die Schüler/innen in diesem Rahmen zumeist recht schnell eine große Sicherheit, die es ihnen ermöglicht, sich in der sehr großen Schule unbefangen und in der eigenen Tischgruppe, der eigenen Klasse und des eigenen Teams sicher zu bewegen. Verstärkt wird dieses Gefühl der Überschaubarkeit und Sicherheit dadurch, dass es in gleichem Maße auch für die Lehrkräfte gilt, die sich entsprechend in aller Regel auch primär als Lehrkraft des jeweiligen Teams definieren und im Verlauf eines Durchgangs in der Sek I recht enge Beziehungen zu einer überschaubaren Zahl von Schüler/inne/n, zu deren Eltern und natürlich zu ihren Teamkolleg/inn/en entwickeln. Im Ergebnis führt dies dazu, dass die Teams häufig über sehr lange Zeiträume stabil sind und dass sich Lehrkräfte und Schüler/innen häufig zunächst als Mitglied *ih-*

res Teams und erst dann als Teil der Gesamtschule Holweide verstehen. Das pädagogisch-organisatorische Konzept der Gesamtschule Holweide ist also insbesondere auch dadurch charakterisiert, dass versucht wird, Überschaubarkeit und Nähe zu gewährleisten, um die Interessen und Bedürfnisse aller Mitglieder der Schulgemeinde gleichermaßen zu berücksichtigen.

Das Team-Kleingruppen-Modell der Gesamtschule Holweide lässt sich aber auch als ein Modell verstehen, welches in vielerlei Hinsicht den Idealen einer demokratischen Schule und Erziehung verbunden ist. Nicht zuletzt liegt diesem Modell aber auch eine pädagogische Idee zugrunde, die sich gleichermaßen als Grundlage und als Ergebnis des Team-Kleingruppen-Modells verstehen und die sich im Grunde als eine Verkehrung des traditionellen Verständnisses des Verhältnisses von fachlichen Zielen und Kommunikation beschreiben lässt. War dieses Verhältnis in der vorherrschenden Tradition pädagogischen Denkens dadurch charakterisiert, dass Schule vor allem dazu dient, möglichst viele Kenntnisse, Fähigkeiten oder auch Kompetenzen zu vermitteln und dass die Kommunikation in diesem Zusammenhang vor allem dazu dient, diese Zielsetzungen zu erreichen oder aber auch selbst zum Thema zu werden, so sollte dieses Verhältnis an der Gesamtschule Holweide verkehrt werden. In der Formulierung von Wolfgang Keim steht das Soziale Lernen im Mittelpunkt des Konzepts, bei dem es sich „– entgegen einer weitverbreiteten Annahme – nicht nur um einen *partiellen* Bereich von Erziehung neben anderen handelt, sondern um ein *umfassendes* Erziehungskonzept, das heute vielfach auch mit dem Begriff der Integrativen Pädagogik umschrieben wird“ (Keim, 1996, 18)[2]. Das soziale Lernen wird dabei im Unterschied zu der heutigen Verwendung dieses Terminus als das gemeinsame bzw. als das kooperierende Lernen verstanden, wobei Kooperation wiederum als naturgegeben und damit als nichthintergehbar verstanden wird.

Ähnlich wie der Hochschullehrer Keim argumentiert die Gründungsdirektorin der Schule, Anne Ratzki, wobei sie ein stärkeres Augenmerk auf die Kritik an den damals schon bestehenden Gesamtschulkonzeptionen legt. So konstatiert sie, dass „allen organisatorischen Überlegungen zur Individualisierung des Unterrichts [...] eines gemeinsam [war – AdV]: Sie trennte die SchülerInnen nach Leistung, versuchte über Differenzierung Chancengleichheit zu erreichen – doch es bestand die Gefahr, daß dies zugleich wieder eine Trennung nach sozialer Herkunft war“ (Ratzki, 1996, 65f.). Nach Auffassung Ratzkis besteht also die Gefahr, dass auch diejenigen Maßnahmen, mit de-

2 Keim begründet diese Annahme vor allem anthropologisch und politisch, indem er darauf verweist, dass das ‚Grundaxiom dieses Erziehungskonzeptes [...] die Annahme [ist – AdV], daß der Mensch von Natur aus ein soziales, auf Kooperation hin angelegtes Wesen ist‘ (ebd.). Er stellt dann beispielsweise auch fest, dass die Gesamtschule nur dann ihren ‚im Grundgesetzt verankerten Auftrag‘ erfüllt, wenn sie Soziales Lernen und nicht den Wettbewerb um begehrte schulische Abschlüsse und gesellschaftliche Positionen in den Mittelpunkt ihrer Arbeit stellt‘ (ebd., 20), so dass dann Josef Rattner (1972) zitierend gesagt wird, dass das TKM die von Alfred Adler „aufgestellte Forderung an eine ‚soziale Schule der Zukunft‘ in besonderem Maße [erfüllt – AdV], eine Schule nämlich ‚wo die Kinder zum Leben, Lernen und Mitmensch-Sein ermutigt werden‘, ‚Kooperation ... wichtiger ... als Wettbewerb‘ ist und ‚Leistung ... als soziale Beitragsleistung verstanden wird‘“ (Keim, 1996, S. 22 unter Verwendung von Rattner, 1972, S. 104).

nen Chancengleicheit erreicht werden soll, in ihr Gegenteil umschlagen. In ähnlicher Weise kritisiert sie auch die in den Gesamtschulen damals praktizierte äußere Fachleistungsdifferenzierung[3], die nach ihrer Auffassung zu „instabilen sozialen Gruppen [führte – AdV], in denen SchülerInnen je nach Leistungsstand unterschiedlichen Niveaus zugeordnet wurden" (Ratzki, 1996, 66). „Der Leistungsstatus war Grundlage der Selbst- und Fremdwahrnehmung der SchülerInnen. Dies widersprach der sozialen Integration als einem der zentralen Ziele der Gesamtschule" (ebd.). Als Konsequenz aus dieser Kritik entwickelten sich in Übereinstimmung mit den Konzeptionen der Gesamtschulen in Göttingen und Hannover-Linden Überlegungen, in deren Zentrum „in diesen Schulen nicht mehr die Fächer, sondern das Soziale Lernen" stehen (ebd., S. 67).

In dem zitierten Buch lassen sich sehr anschaulich die Überlegungen, aber auch die Erfahrungen aus den ersten 20 Jahren der Gesamtschule Holweide nachvollziehen. Wesentlich in diesem Zusammenhang ist, dass an dieser Schule der Versuch unternommen wurde, Schule nicht von fachlichen Ansprüchen, sondern vom Sozialen Lernen her zu denken und zu praktizieren, wobei dieses Soziale Lernen von heute aus am ehesten als ein kooperierendes Lernen oder auch als ein Beziehungslernen zu verstehen ist. Allerdings stellt das Buch in gewisser Weise auch den Abschluss einer Entwicklung dar, indem die entwickelten Modelle des TKM und einer demokratisierten Schulleitung nicht nur zu diversen Konflikten mit der Schulaufsicht führten (die Gesamtschule Holweide war trotz des sog. Holweide-Erlasses immer eine öffentliche Schule, die ausschließlich in Bezug auf den Gemeinsamen Unterricht Teil eines entsprechenden Schulversuchs war), sondern indem es auch intern zu strukturellen Konflikten kam, die insbesondere aus der stetigen Vergrößerung des Kollegiums resultierten, durch welche eine kontinuierliche Konsensbildung erschwert, wenn nicht gar verunmöglicht wurde.[4] Der in der Vergangenheit erzielte Konsens innerhalb des

---

3 Die Gesamtschulen in Nordrhein-Westfalen sind dazu verpflichtet, in den Fächern Deutsch, Mathematik, Englisch und in einer Naturwissenschaft Fachleistungsdifferenzierungen durchzuführen, indem sie den Schüler/inne/n zwei unterschiedlichen Leistungsniveaus zuweisen. Diese Fachleistungsdifferenzierungen mussten bis 2012 in aller Regel in Form äußerer Fachleistungsdifferenzierungen praktiziert werden. Die Gesamtschule Holweide nimmt insofern eine Sonderstellung ein, als sie aufgrund des ‚Holweide-Erlasses' die Fachleistungsdifferenzierung ausschließlich in den Fächern Englisch ab Klasse 7 und Mathematik ab Klasse 9 durchführen muss. 2012 wurden diese starren Regelungen durch eine neue Erlasslage liberalisiert und die Schulen haben bedeutend größere Mitsprache-Entscheidungsbefugnisse bei der Frage, ob die nach wie vor vorgeschriebene Zuweisung der Schüler/innen zu Leistungsniveaus in Formen einer äußeren Fachleistungsdifferenzierung oder in Formen der inneren Differenzierung mündet.

4 So hatte bei den Kolleg/inn/en „die Gründung eigener Familien [...] bereits Ende der siebziger, Anfang der achtziger Jahre [...] zu Schwierigkeiten geführt, die wachsenden Bedürfnisse ihres Privatlebens mit ihrem hohen Engagement für die Schule zu vereinbaren" (Neißer & Ratzki, 1996, S. 56). Im Zuge des mittlerweile vollständigen Ausbaus der Schule wurde das Kollegium außerdem so groß, dass einzelne Kolleg/inn/en „kritische Vorbehalte [...] gegenüber der Erweiterung des Konzeptes und der damit verbundenen Arbeitsbelastung geäußert" hatten (ebd.). Auch die im Zuge der Ausweitung des Gemeinsamen Unterrichts erfolgte Vergrößerung der Lehrer/innenteams (bei gleichzeitiger Reduzierung der Klassengrößen) wurde als krisenhaft empfunden (Neißer & Ratzki, 1996, 57ff.).

Kollegiums wurde dadurch zunehmend in Frage gestellt. Schwerwiegend dürfte allerdings auch eine andere Entwicklung gewesen sein: In zunehmendem Maße ließ sich die Unterordnung fachlicher Ansprüche des Unterrichtens unter die Ansprüche sozialen Lernens weder intern noch gegenüber den Eltern und der interessierten Öffentlichkeit rechtfertigen. Im Zuge dieser Entwicklung, für die später auch der Begriff ‚PISA-Schock' geprägt wurde, bekamen die fachlichen Ansprüche einen deutlich anderen Stellenwert, und an der Gesamtschule Holweide setzte auf maßgebliches Betreiben der damaligen didaktischen und späteren Schulleiterin Ulla Kreutz eine Diskussion ein, die unter verschiedenen Vorzeichen im Grunde bis heute geführt wird und die sich auch am Kompetenzbegriff festmachen lässt.

Von der Inputorientierung zur Outputorientierung

Internationale und nationale Leistungsvergleichsuntersuchungen (z.B. PISA, QuaSUM, IGLU u.a.) haben seit Mitte der 90er Jahre die Unterrichtswirksamkeit in den Schulen analysiert. Die Ergebnisse der ersten PISA-Studie im Jahr 2000 bescheinigten deutschen Schülerinnen und Schülern bekanntlich fehlende Kompetenzen in vielen Bereichen. Eine Konsequenz, die die Bildungsministerien der Länder aus diesen Untersuchungen zogen, lag in der Umstellung des Steuerungssystems der Schule von einer vorwiegend *inputorientierten* zu einer *outputorientierten Steuerung*, da die sog. inputorientierte Steuerung nicht in der Lage war, die den PISA-Studien zugrunde liegenden Kompetenzen zu bestimmten Zeitpunkten jahrgangs- und schulformbezogen abzubilden. In der Konsequenz bedeutete dies den Paradigmenwechsel *vom Lehren zum Lernen* und eine stärkere Kontrolle der Schulen durch die Schulaufsichtsbehörden. Im Verlaufe des letzten Jahrzehnts wurden die bisherigen Rahmenrichtlinien und Lehrpläne durch kompetenzorientierte (Kern-)Lehrpläne mit klar definierten Kompetenzbeschreibungen und -erwartungen sukzessive an den deutschen Schulen implementiert, die sich an den Bildungsstandards der KMK orientieren. Im Zentrum dieses Paradigmenwechsels steht die Qualitätssicherung. Im Zuge der Umstellung von der inputorientierten zu einer outputorientierten Steuerung wurden in Nordrhein-Westfalen wie in anderen Bundesländern auch unterschiedliche Verfahren der Qualitätssicherung und -Überprüfung entwickelt und eingesetzt. Ziel ist, nicht nur Leistungsergebnisse von Schülern bundesweit vergleichen zu können, sondern weitreichende Unterrichts- und Schulentwicklungsprozesse anzustoßen, die durch interne und externe Evaluationen überprüft werden (vgl. Sekretariat der Ständigen Konferenz der Kultusminister der Länder in der Bundesrepublik Deutschland, 2005, S. 13).

Für die Gesamtschule Holweide hatten diese Entwicklungen gravierende Folgen. Es war zwar so, dass sowohl bei den PISA-Studien als auch bei den Begleituntersuchungen zur selbstständigen Schule und bei den diversen später eingeführten zentralen Überprüfungen (Lernstandserhebungen in 8, Zentrale Prüfungen am Ende der 10, Zentralabitur) die Ergebnisse bezogen auf die Schüler/innenklientel relativ unauffällig bzw. gut waren. Zugleich setzte aber innerhalb des Kollegiums eine große Verunsiche-

A Städt. Gesamtschule Köln - Holweide

		++			−−	
QB 1	**Ergebnisse der Schule**	Stufe 4	Stufe 3	Stufe 2	Stufe 1	nicht bewertet
1.1	Abschlüsse					x
1.2	Fachkompetenzen					x
1.3	Personale Kompetenzen	X				
1.4	Schlüsselkompetenzen		X			
1.5	Zufriedenheit der Beteiligten	X				
QB 2	**Lernen und Lehren - Unterricht**	Stufe 4	Stufe 3	Stufe 2	Stufe 1	nicht bewertet
2.1	Schulinternes Curriculum		X			
2.2	Leistungskonzept - Leistungsanforderung und Leistungsbewertung			X		
2.3	Unterricht - fachliche und didaktische Gestaltung		X			
2.4	Unterricht - Unterstützung eines aktiven Lernprozesses			X		
2.5	Unterricht - Lernumgebung und Lernatmosphäre		X			
2.6	Individuelle Förderung und Unterstützung	X				
2.7	Schülerberatung / Schülerbetreuung	X				
QB 3	**Schulkultur**	Stufe 4	Stufe 3	Stufe 2	Stufe 1	nicht bewertet
3.1	Lebensraum Schule		X			
3.2	Soziales Klima	X				
3.3	Ausstattung und Gestaltung des Schulgebäudes und Schulgeländes		X			
3.4	Partizipation	X				
3.5	Außerschulische Kooperation	X				
QB 4	**Führung und Schulmanagement**	Stufe 4	Stufe 3	Stufe 2	Stufe 1	nicht bewertet
4.1	Führungsverantwortung der Schulleitung	X				
4.2	Unterrichtsorganisation	X				
4.3	Qualitätsentwicklung		X			
4.4	Ressourcenmanagement	X				
4.5	Arbeitsbedingungen					x
QB 5	**Professionalität der Lehrkräfte**	Stufe 4	Stufe 3	Stufe 2	Stufe 1	nicht bewertet
5.1	Personaleinsatz	X				
5.2	Weiterentwicklung beruflicher Kompetenzen		X			
5.3	Kooperation der Lehrkräfte	X				
QB 6	**Ziele und Strategien der Qualitätsentwicklung**	Stufe 4	Stufe 3	Stufe 2	Stufe 1	nicht bewertet
6.1	Schulprogramm		X			
6.2	Schulinterne Evaluation		X			
6.3	Umsetzungsplanung / Jahresarbeitsplan		X			

Abb. 1: Kurzfassung des QA-Berichtes

rung insbesondere in Hinsicht auf das fachfremde Unterrichten ein, welche durch die öffentlichen Debatten um Schüler/innenleistungen und um die Berufsreife der Absolvent/inn/en noch verstärkt wurde. Hinzu kam, dass die Schule genötigt war, das bisher vorwiegend schulintern gestaltete Curriculum in mehreren Revisionsschritten den Anforderungen der Kernlehrpläne anzupassen.

Im Rahmen dieser Entwicklungen kam hinzu, dass seit 2006 alle Schulen in Nordrhein-Westfalen zur externen Evaluation verpflichtet sind. Die sog. Qualitätsanalyse NRW (QA) evaluiert die einzelnen Schulen und gibt über Beobachtungen und Interviews in insgesamt 6 Qualitätsbereichen, die in 28 Aspekte und in insgesamt 153 Qualitätskriterien gegliedert sind, differenzierte Rückmeldungen an und über das einzelne System zum Zwecke der Selbstvergewisserung und Weiterentwicklung (vgl. Ministerium für Schule und Weiterbildung NRW, 2007). Die Gesamtschule Köln-Holweide stellte sich im Jahr 2010 dem externen Audit mit einem für die Schule positiven Ergebnis. Lediglich der Qualitätsbereich 2 wies unter den Punkten ‚2.2 Leistungskonzept – Leistungsanforderungen und -bewertungen' sowie ‚2.4 Unterricht – Unterstützung eines aktiven Lernprozesses' Abweichungen im negativen Bereich auf.

Die in der Bewertungsskala der QA unter Ziffer 2 der Bewertung mit „eher schwach als stark" (Qualitätsbericht für die Gesamtschule Holweide, Köln, 2009) gekennzeichneten Bereiche beziehen sich in erster Linie auf die Qualität des Unterrichts hinsichtlich der Stärkung des selbstorganisierten und individualisierten Lernens und die Verbindlichkeit sowie Vergleichbarkeit in den Aspekten der Leistungsbewertung. Im Zuge der Bekanntgabe der Ergebnisse der Qualitätsanalyse wurden in den Schulen in NRW die ersten Kernlehrpläne mit ihren Kompetenzbeschreibungen implementiert und entfachten eine leidenschaftliche und auch kontrovers geführte Diskussion über den Kompetenzbegriff an der Gesamtschule Köln-Holweide.

Zielvereinbarung mit der Schulaufsicht als Katalysator für Schulentwicklungsprozesse

Nach der Bekanntgabe des umfassenden Qualitätsberichts lag die Hauptaufgabe der Schule darin, die zentralen Aspekte in den Rückmeldungen – vor allem in den o. g. Qualitätsaspekten 2.2 und 2.4 – für die Initiierung von Schulentwicklungsprozessen zu nutzen. In den Verfahrenswegen nach der QA ist festgelegt, dass diese Schulentwicklungsvorhaben in Zielvereinbarungen mit der Schulaufsicht festgeschrieben werden. Da die Qualitätsberichte bezogen auf die entwicklungsbedürftigen Qualitätsbereiche der QA jedoch generell keinerlei Vorschläge und Anregungen für konkrete Schulentwicklungsvorhaben enthielten, wurde von Seiten der Schulaufsicht der Prozess an der Schule durch einen den Qualitätsbericht der QA ergänzenden Bericht durch einen Fachberater mit neutralem Blick im Sinne eines ‚critical friend' unterstützt. Dieser Bericht enthielt konkrete Vorschläge für Schulentwicklungsmaßnahmen und wurde auf der Grundlage des eigentlichen Qualitätsberichts und weiterer Daten sowie Gespräche mit der Schulleitung und der zuständigen Schulaufsicht erstellt und hatte eine große Bedeutung für die Entwicklung der Zielvereinbarung, weil er in seinen zentralen Aspekten und der wertschätzenden, neutralen Perspektive auf die Gesamtschule Holweide für die Initiierung von gezielten Schritten zur weiteren Schulentwicklung eine optionale Denk- und Handlungsgrundlage darstellte.

Durch eine externe Beratung unterstützt gründete sich an der Schule eine Arbeitsgruppe aus Schulleitung und interessierten Kolleginnen und Kollegen, die auf der Grundlage der Analyse des QA-Berichtes und des ergänzenden Berichtes, konkrete Vorschläge für die zu treffenden Zielvereinbarungen entwickelte. Oberstes Ziel dieser Überlegungen war es, die bisherigen Schulentwicklungsvorhaben, die sich primär auf die Unterrichtsentwicklung bezogen, als Ausgangspunkt für zukünftige Entwicklungsvorhaben im Sinne der zu schließenden Zielvereinbarung zu nutzen und auch in diese zu integrieren. Im Juni 2010 wurden folgende Vereinbarungen mit der Schulaufsicht getroffen:

„1. Die Gesamtschule Holweide setzt sich zum Ziel, zu untersuchen, in wie weit durch die Beschreibung von Kompetenzrastern das individualisierte und kooperative Lernen weiter entwickelt werden kann.

2. Die Gesamtschule Holweide setzt sich zum Ziel, zu überprüfen, ob Kompetenzraster geeignete Instrumente zur Unterrichtsentwicklung in allen fachlichen Bereichen sein können. Dazu werden zeitnah im Rahmen eines Fortbildungstages alle Kolle-

ginnen und Kollegen gemeinsam über den Einsatz diskutieren und reflektieren." (Bezirksregierung Köln, 2009)

Diese beiden großen Zielvorhaben der Gesamtschule Holweide wurden durch Teilprozesse präzisiert, die sich konkret auf die Entwicklungsbereiche des QA-Berichtes beziehen:

„Teilziel 1 Lehr- und Lernprozess
Entwicklung eines kompetenzorientierten Verständnisses von Lernprozessen mit dem Ziel, das Lernen zunehmend aus der Perspektive der Schülerinnen und Schüler zu gestalten.

Teilziel 2 Leistungskonzept
Entwicklung fachlicher und methodischer Anforderungsprofile für die Jahrgänge 7 bis 10 zur Sicherung zentraler Prüfungsanforderungen sowie zur Schaffung der Transparenz von Lern- und Bewertungsprozessen bei Schülerinnen und Schülern, die sich an der Systematik der bereits entwickelten Kompetenzbeschreibungen im Rahmen der Lernentwicklungsberichte der 5. und 6. Jahrgänge orientiert.

Teilziel 3 – Unterrichtsentwicklung
Entwicklung einer kollegialen Beratungskultur mit dem Ziel, das eigene (Lehrer-)Handeln unter dem Gesichtspunkt kompetenzorientierten Lernens zu reflektieren.

Der Prozess der Entwicklung und Implementierung der kollegialen Beratung findet auf Teamebene statt, wird auf Wunsch durch externe Moderation begleitet und in einem geschützten Rahmen unterstützt." (s. ebda.)

Die Zielvereinbarung mit der Schulaufsicht führt in der Folge zu weitreichenden Veränderungen in der Arbeit von Fachgruppen, aber auch in der Arbeit der erweiterten Schulleitung, die nachfolgend dargestellt wird.

Initiierung von Schulentwicklungsprozessen an der Gesamtschule Holweide auf den Ebenen der kompetenzorientierten Unterrichtsentwicklung und der erweiterten Schulleitung

Die Implementierung der Kernlehrpläne an Schulen stellte und stellt immer noch eine große Herausforderung in der Planung des Unterrichts und konkreten Umsetzung auf der Unterrichtsebene dar. Galt bisher die Maxime, die Inhalte der Fächer den Schülerinnen und Schülern didaktisch aufbereitet anzubieten, steht nun der Perspektivwechsel beim Lernen im Vordergrund der Unterrichtsgestaltung: Lernen aus der Perspektive der Schülerinnen und Schüler gestalten. Was sollen Schüler zu einem bestimmten Zeitpunkt wie gut können?

„Das Lehren und Lernen in den Fächern ist auf den Erwerb von Kompetenzen anzulegen und umgekehrt ist der Aufbau von Kompetenzen auf einen adäquaten Lehr-

Lernprozess angewiesen. Das Spezifikum eines kompetenzorientierten Lehr-Lernprozesses besteht darin, dass es durch ihn zu einer Verknüpfung von Wissen und Können kommt, dass also das angeeignete Wissen von vornherein auf Anwendungssituationen bezogen wird, in denen die Kompetenzen zugleich entwickelt, erprobt und nachgewiesen werden können" (Obst, 2010, S. 8).

Die große Herausforderung mit der Perspektive eines breit angelegten Schulentwicklungsprozesses bestand für die Schulleitung und die sich aus Kolleginnen und Kollegen zusammensetzenden Arbeitsgruppe nach der Bekanntgabe der Ergebnisse der QA darin, einen Prozess der kompetenzorientierten Unterrichtsentwicklung anzustoßen und prozessual zu begleiten (siehe Abb. 2).

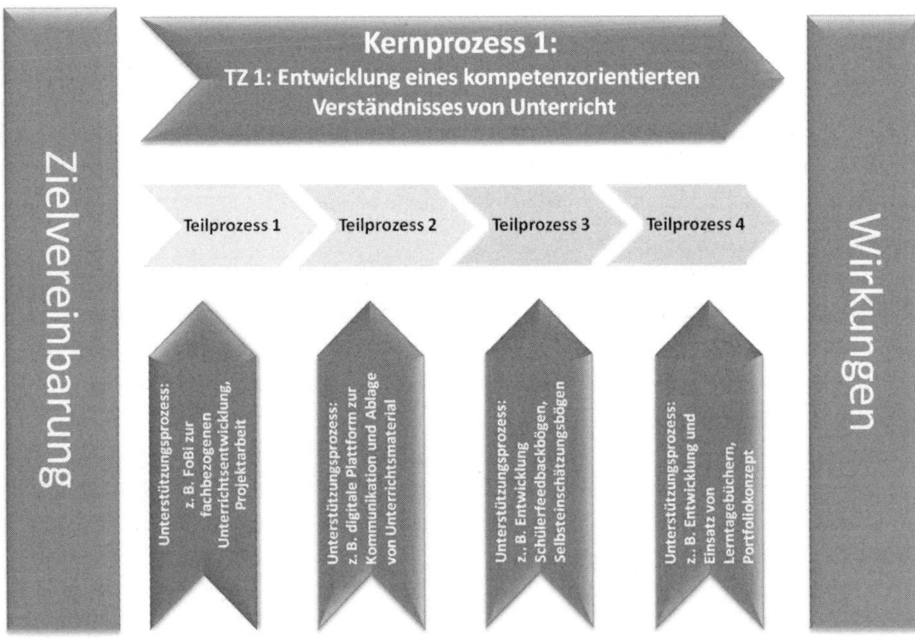

Abb. 2: Grafische Darstellung der Teilprozesse zu Teilziel 1 der Zielvereinbarung

Im Rahmen der Diskussionen über die Zielvereinbarung und die für die Umsetzung der Zielvereinbarung notwendigen Prozesse wurde deutlich, dass es eines Managements bedarf, das sowohl die Komplexität der unterschiedlichen Ziele im Blick behält als auch die Verantwortlichkeiten in Bezug auf zeitliche Ausdehnung und prozessuale Begleitung regelte. So entstand eine umfangreiche Prozesslandkarte, die es den Mitgliedern der erweiterten Schulleitung ermöglichte, die umfangreichen Prozesse in den unterschiedlichen Dimensionen und Ebenen der Zielvereinbarung zu managen (siehe Abb. 3).

Damit die entwickelten Strukturen im Hinblick auf die prozessuale Gestaltung auch in den inhaltlichen Dimensionen zielorientiert Wirkungen entfalten konnten, galt es zunächst für das gesamte Kollegium einen für alle gültigen Handlungsrahmen

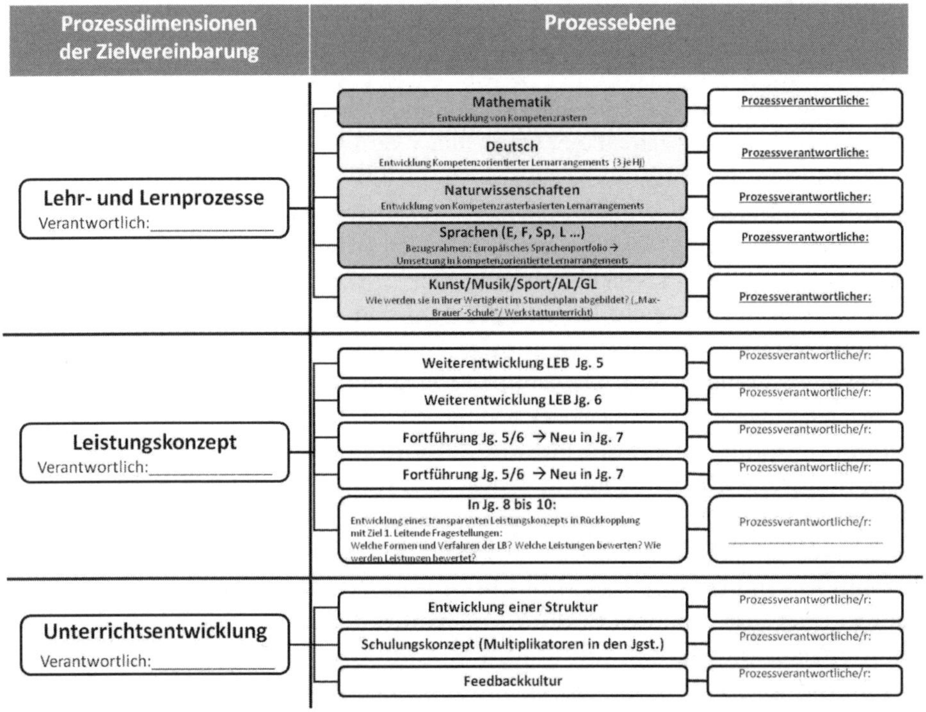

Abb. 3: Ausschnitt aus der Prozesslandkarte

im Sinne einer im Konsens gefundenen Definition kompetenzorientierten Lernens zu entwickeln. Wie es dazu kam, wird nachfolgend betrachtet.

Entwicklung eines Handlungsrahmens für die Schulentwicklung über eine schulspezifische Kompetenzdefinition an der Gesamtschule Köln-Holweide

Es gibt eine Vielzahl von Kompetenzdefinitionen, welche in unterschiedlichsten Bereichen des alltäglichen Lebens so auch in der Pädagogik und der Psychologie eine inflationäre Verwendung erfahren, die gelegentlich das Tor zur Beliebigkeit öffnen.[5] Die Problematik bei der Auswahl einer in sich schlüssigen Definition ergibt sich aus der

---

5 Der Kompetenzbegriff wird in der Psychologie und der Pädagogik unterschiedlich diskutiert und verwendet. In der Psychologie wird der Begriff Kompetenz im Zusammenhang mit einer zu bestimmenden Leistungsfähigkeit in Anwendungskontexten verwendet und ist somit ein eher in spezifischen Domänen auf Leistungsdispositionen ausgerichteter Kompetenzbegriff und damit sachverhaltsorientiert (vgl. Kaufhold, 2006, S. 63). In der Pädagogik werden ‚Kompetenzen als Persönlichkeitsdimension verstanden, die sich umfassend auf die fühlenden, denkenden, wollenden und handelnden Individuen' beziehen (Edelmann/Tippelt, 2004, S. 8).

Übertragbarkeit auf Situationen und Rahmenbedingungen in einem schulischen Kontext.

Die für den schulischen Kontext gebräuchlichste und immer wieder zitierte sowie in Bezug auf die PISA-Studie grundgelegte Kompetenzdefinition ist die von Weinert. Für ihn sind Kompetenzen „die bei Individuen verfügbaren oder durch sie erlernbaren kognitiven Fähigkeiten und Fertigkeiten, um bestimmte Probleme zu lösen, sowie die damit verbundenen motivationalen, volitionalen und sozialen Bereitschaften und Fähigkeiten, um die Problemlösungen in variablen Situationen erfolgreich und verantwortungsvoll nutzen zu können" (Weinert, 2001, S. 27f.).

In einer Schule mit einer langjährigen Tradition im projektorientierten Arbeiten und einer Schwerpunktsetzung im Sozialen Lernen schied beispielsweise die von vielen Bildungswissenschaftlern im Zusammenhang mit der Diskussion um Kompetenzen favorisierte Definition von Weinert aufgrund ihrer kognitiven Schwerpunksetzung aus.[6]

Ein weiterer wichtiger Aspekt in den lebhaften, an bildungs- und gesellschaftspolitisch ausgerichteten Diskussionen an der Schule war die Frage, wie ein ganzheitliches Bildungsverständnis in eine kompetenzorientierte Unterrichtsentwicklung eingebunden werden kann und wie man sich dabei gleichzeitig aus der Umklammerung eines stark an einer Verwertungsperspektive orientierten Bildungsverständnisses der Schuladministration lösen kann.

Ein Vortrag von Prof. Erpenbeck mit dem Titel „Kompetenz und Werte" am 10. Dezember 2010 an unserer Schule eröffnete dem Kollegium eine andere als die durch die Bildungsadministration in den Vordergrund gestellte Sichtweise auf Kompetenzen. Ziel dieses „Kick-off" war, eine inspirierende Auseinandersetzung und Diskussion über den Begriff ‚Kompetenz' zu ermöglichen und als Ausgangspunkt für die Weiterentwicklung der pädagogische Praxis zu setzen. Vor dem Hintergrund der fast vierzigjährigen Geschichte der Gesamtschule Holweide und den pädagogischen Schwerpunktsetzungen erschien der von Erpenbeck in seinem Vortrag beschriebene, offene, systemtheoretisch begründete Ansatz am schlüssigsten, der nicht reaktives, sondern lösungsorientiertes, situationsadäquates Handeln in komplexen Situationen in den Vordergrund stellt.

Erpenbeck versteht Kompetenzen dabei als Voraussetzungen, die ein Individuum im Rahmen selbstorganisierten Handelns dazu befähigen, in komplexen, von Unsicherheit geprägten und offenen Situationen nicht nur zu bestehen, sondern diese auch

---

6 Parchmann stellt in ihrem Beitrag in dem Buch ‚Kompetenzen, Kompetenzmodelle, Kompetenzentwicklung' die Frage, warum die in der Weinert'schen Kompetenzdefinition aufgeführten volitionalen und motivationalen Bestandteile keine Berücksichtigung bei der Überprüfung von erreichten Kompetenzen finden. Weiter führt sie aus: „Und ist es nach der Weinert'schen Definition überhaupt zulässig, das Kompetenzkonstrukt in Tests allein auf den Teil der messbaren kognitiven Voraussetzungen zu reduzieren und gleichzeitig aber aus den Testergebnissen Rückschlüsse auf eine Kompetenzausprägung zu ziehen, die anerkannterweise mehr Dimensionen erfasst und damit berücksichtigen muss?" (Parchmann, 2008, S. 8). Der Kompetenzerwerb und die individuellen Werthaltungen wie Motivation, Volition sowie soziale Dimensionen bleiben in den Kompetenzmodellen und -messverfahren unberücksichtigt (vgl. Martens, 2010, S. 49f.; Arnold, 2007, S. 38f.; Maag Merki, 2009, S. 495f.)

„produktiv und kreativ zu bewältigen" hat (Erpenbeck & Heyse, 2007, S. 29). In den Diskussionen wurde dann deutlich, dass Erpenbeck und Heyse mit diesem Kompetenzbegriff den Bedürfnissen des Kollegiums in vielen Punkten entgegenkam, da beide einen Kompetenzbegriff vertraten, der sich eben *nicht* ausschließlich auf Leistungsdispositionen in bestimmten Domänen – also auf Fächer – bezieht, sondern mehrdimensional die Aspekte personaler, methodischer, aktivitätsbezogener sowie sozialer Anforderungen berücksichtigt, somit einen ganzheitlichen Anspruch verfolgt und damit der lebhaften Diskussion im Ergebnis Rechnung trägt: „Kompetenzen sind Selbstorganisationsdispositionen des Individuums" (Erpenbeck & Heyse, 2007, S. 35).

In der Folge der Diskussionen wurde durch die Koordinierungskonferenz der Fachsprecherinnen und Fachsprecher[7] im Februar 2011 die folgende Kompetenzdefinition als Handlungsrahmen für die Gesamtschule Holweide definiert: *„Komptenzen sind Fähigkeiten einer Person zum selbstorganisierten, kreativen Handeln in für sie bisher neuen Situationen."*

Personale Kompetenz: Fähigkeit, sich selbst gegenüber klug und kritisch zu sein, produktive Einstellungen, Werthaltungen und Ideale zu entwickeln.

Aktivitätsbezogene Kompetenz: Fähigkeit, alles Wissen und Können, alle Ergebnisse sozialer Kommunikation, alle persönlichen Werte und Ideale willensstark und aktiv umzusetzen.

Fachlich-methodische Kompetenz: Fähigkeit, mit fachlichem und methodischem Wissen gut ausgerüstet, bislang unlösbare Probleme schöpferisch zu bewältigen.

Sozial-kommunikative Kompetenz: Fähigkeit, sich aus eigenem Antrieb mit anderen zusammen- und auseinanderzusetzen sowie kreativ zu kooperieren und kommunizieren.

Die Fachsprecher waren und sind sich einig darüber, dass die Gewichtung der Teilkompetenzen fachspezifisch unterschiedlich ist.

Heterogenität als Voraussetzung für Kompetenzorientierung an der Gesamtschule Holweide

Auf dem Hintergrund dieser Definitionen kann der Kompetenzbegriff unterschiedliche Funktionen erfüllen. So kann er dazu dienen, eine Diskussion über die Zielsetzungen des eigenen Handelns zu initiieren und die eigene Praxis theoriegeleitet zu interpretieren sowie die initiierten Prozesse auf Leitungsebene zielorientiert zu managen. Er kann also helfen, das eigene Tun anders und vielleicht besser zu verstehen und Brüche der Interpretation aufzuheben. Er kann natürlich auch dazu beitragen, Curricula neu zu formulieren und Unterricht – bestenfalls – zu ändern und zu entwickeln. Nicht zuletzt kann die Auseinandersetzung mit dem Kompetenzbegriff und eine Orientierung an Kompetenzen aber auch dazu dienen, die Heterogenitätsdimension von

7 Die Fachsprecherkoordinierungskonferenz (Fachsprecher KoKo) setzt sich aus den Fachkonferenzvorsitzenden aller Fächer zusammen. Sie dient der Kommunikation der Fächer untereinander und stimmt Schulentwicklungsprozesse mit ab.

Schule und Unterricht angemessener zu erfassen und dadurch eine vorgängige Unterrichtspraxis der Reflexion und der Weiterentwicklung zugänglich zu machen. Dieser letztgenannte Gesichtspunkt spielt für die Gesamtschule Holweide aufgrund ihrer eingangs dargestellten besonderen Tradition aufgrund der starken Bedeutung eine besondere Rolle, die der Gemeinsame Unterricht bzw. die Orientierung an den Zielsetzungen einer inklusiven Schule für das Selbstverständnis der Schulgemeinde hat.

Seit 1986 praktiziert die Gesamtschule Holweide den Gemeinsamen Unterricht von Schüler/inne/n mit und ohne sonderpädagogischem Förderbedarf. Im Laufe der Zeit wurde nicht nur die Zahl der behinderten Schüler/innen und damit die Zahl der Klassen mit Gemeinsamem Unterricht kontinuierlich ausgeweitet, sondern es wurden auch zielgerichtet Kinder mit immer vielfältigeren und schwereren Behinderungen aufgenommen, so dass derzeit der Gemeinsame Unterricht in 2/3 der Klassen in der Sekundarstufe I und zunehmend auch in der Sekundarstufe II praktiziert wird. Mittlerweile haben über 10 % der Schüler/innen der Schule einen anerkannten sonderpädagogischen Förderbedarf und es sieht danach aus, dass die Zahl dieser Schüler/innen noch weiter steigt und dass zukünftig alle Klassen inklusiv unterrichten werden.

Von Anfang an war der Gemeinsame Unterricht an der Gesamtschule Holweide durch Besonderheiten gekennzeichnet, die ursprünglich eher durch spezifische Gegebenheiten des TKMs und nicht durch die Besonderheiten des Gemeinsamen Unterrichts begründet waren. Diese Besonderheiten haben sich aber im Nachhinein unter dem Gesichtspunkt einer Orientierung an den Ansprüchen der inklusiven Schule als förderlich erwiesen. So waren die behinderten Kinder von Anfang an in erster Linie Teil ihrer jeweiligen Tischgruppe in den Klassen. Im Unterschied zu anderen Schulen wurden also keine gesonderten Tischgruppen gebildet, sondern durch diese Kinder wurde die Vielfalt in den bestehenden Tischgruppen erweitert und es wurde in vielen Fällen der Aufbau enger sozialer und emotionaler Bindungen nachhaltig gefördert. Zugleich ist es auch normal, dass in aller Regel alle Schüler/innen am gemeinsamen Unterricht der Lerngruppe teilnehmen,[8] und dass spezielle Förderkurse die Ausnahme darstellen. Derartige Kurse stoßen bei den Schüler/inne/n und bei ihren Eltern tendenziell auf Misstrauen und sie ließen sich nahezu ausschließlich im Rahmen der Berufsorientierung und in Form sogenannter Lebenspraktischer Übungen und einiger Betriebsprojekte vor allem für geistig behinderte und lernschwache Schüler/innen etablieren.

Eine derart enge Einbindung in den Unterricht und in das Schulleben erfolgte aber nicht nur für die Schüler/innen, sondern sie erfolgte gleichzeitig auch für die Lehr-

8 Im Anschluss an ein im Auftrag der damaligen Landesregierung verfasstes Gutachten von Lauth (2003), der den Schulen im Gemeinsamen Unterricht aufgrund einer allerdings mehr als fragwürdigen Quellenlage eine ausgesprochen hohe Quote an Maßnahmen der äußeren Differenzierung und kam – einschließlich der Maßnahmen zur Berufsorientierung und zu speziellen sonderpädagogischen Maßnahmen auf einen vergleichsweise moderaten Wert von ca. 12%. Mittlerweile dürfte dieser Wert aufgrund der zwischenzeitlich herbeigeführten Sparmaßnahmen eher gesunken sein. Allerdings schwankten die Werte in Bezug auf die verschiedenen Teams und auch in Bezug auf einzelne Lehrkräfte beträchtlich (Schwager, 2005, S. 265ff.).

kräfte des Lehramtes für Sonderpädagogik. Da die Gesamtschule Holweide traditionell von ihren Lehrkräften einen hohen pädagogischen Anspruch erwartete, wird das Erzieherische des Unterrichts nicht als spezielle Aufgabe der Sonderpädagogik verstanden. Vielmehr werden sie in starkem Maße auch als Fachlehrkräfte angesehen, wohingegen umgekehrt die sonderpädagogische Förderung immer auch Aufgabe aller unterrichtenden Lehrer ist. Da gleichzeitig nicht die Klasse, sondern das Team den organisatorischen Mittelpunkt darstellt, sind die Sonderpädagog/inn/en auch von wenigen Ausnahmen abgesehen nicht nur in einer Klasse aktiv, sondern sie agieren als Teamlehrkräfte. Auf diese Weise konnten Fehlentwicklungen vermieden werden, die von Hinz als ‚Zwei-Gruppen-Theorie' beschrieben wurden (Hinz, 2002, dazu: Schwager, 2005), und gleichzeitig werden grundlegende Anforderungen einer Orientierung an Inklusion erfüllt, indem Schüler und Lehrkräfte nicht integriert werden mussten, weil sie bereits von Anfang an Teil der jeweiligen Gruppen waren.

Aus dieser ausgesprochen engen Einbindung der Schüler/innen mit sonderpädagogischem Förderbedarf (und der Lehrkräfte für Sonderpädagogik) ergab sich allerdings auch das Problem, dass sich die Praxis der Schule nur sehr unvollkommen mit den als gültig angesehenen Grundannahmen des Gemeinsamen Unterrichts erfassen ließ. So stellte für lange Zeit im Bereich des Gemeinsamen Unterrichts die von Feuser (hier: 1994 bes. S. 219ff.; 1998) entwickelte Theorie des Lernens am gemeinsamen Gegenstand eine nahezu unhinterfragbare Grundlage gemeinsamen Unterrichtens dar. Diese Theorie, die von Harth (1996) auch für die Gesamtschule Holweide beschrieben wird, beruht stark verkürzt darauf, dass sich die Schüler/innen einer Lerngruppe auf je unterschiedlichen kognitiven Niveaus mit demselben Thema eines Unterrichtsprojekts auseinandersetzen. Da der Unterricht an öffentlichen Schulen im Bereich der Sekundarstufe I aber nicht – nur – projektorientiert ist, ergibt sich das Problem, dass dieser Unterricht gegenüber der Theorie als mehr oder weniger defizitär verstanden wird oder dass zentrale Aspekte des alltäglich praktizierten Unterrichts aus der Reflexion ausgeblendet werden. Ersteres bestimmte und bestimmt Teile der Fachdiskussion (z.B. Feuser, 1994, S. 220; 1998, S. 23f.). Letzteres kennzeichnet häufig die Diskussionen an den Schulen mit praktiziertem Gemeinsamen Unterricht.

Einen Ausweg aus diesem Dilemma kann die Orientierung auf einen nicht ausschließlich kognitiv verstandenen Kompetenzbegriff wie dem im Konsens der Schule entwickelten und auf dem von Erpenebeck und Heyse basierenden Kompetenzverständnisses bieten, weil er eine andere Perspektive auf die Unterrichtspraxis ermöglicht. So liegt das Problem des traditionellen Verständnisses vom Gemeinsamen Unterricht als einem Lernen am gemeinsamen Gegenstand darin, dass im Unterricht die unterschiedlichen Niveaus des Lernens nicht trennscharf unterschieden und schon gar nicht psychologisch definierten Entwicklungsstufen oder einzelnen Schüler/inne/n zugeordnet werden. Neben arbeitsökonomischen Gesichtspunkten ist dies auch darin begründet, dass die Unterrichtsinhalte häufig nicht als Projekte, sondern als Lehrgänge definiert werden. Hinzu kommt, dass die Zuweisung von Schüler/inne/n zu bestimmten Stufen der kognitiven Entwicklung eine mehr oder minder starke Idealisierung darstellt. Es ist eine Alltagserfahrung, dass das Niveau der Auseinandersetzung mit

Unterrichtsinhalten bei konkreten Schüler/inne/n nicht nur von Fach zu Fach variiert, sondern dass es vielfach auch von Unterrichtsreihe zu Unterrichtsreihe, von Tag zu Tag oder bei vielen Schüler/inne/n auch in Bezug auf die Lage der einzelnen Unterrichtsstunde innerhalb des langen Schultages variiert. Die Auseinandersetzung eines Schülers mit seinem Lernstoff ist also durch vielfältige Faktoren bestimmt, von denen die allgemeinen kognitiven Fähigkeiten nur einen Teilausschnitt darstellen. Dies bedeutet wiederum, dass ein Schüler in seiner Auseinandersetzung mit einem Lerngegenstand sehr unterschiedliche Dinge lernen und an sehr unterschiedlichen Aspekten scheitern kann. Dies sind natürlich zunächst die verschiedenen Aspekte des Unterrichtsgegenstandes im engeren Sinne wie Fachinhalte, Methoden usw. Dies bezieht sich für viele Schüler aber auch auf Aspekte wie zum Beispiel Ruhe und Ausdauer, Sicherheit und Selbstvertrauen, motorische Fähigkeiten und so weiter. Dies sind all diejenigen Bereiche des Lernens, die als zu berücksichtigende Förderbereiche über die Sonderpädagogik in den Gemeinsamen Unterricht eingebracht wurden, deren Berücksichtigung aber nicht nur bei Schüler/inne/n mit einem sonderpädagogischen Förderbedarf, sondern vielfach auch bei anderen Schüler/inne/n notwendig und sinnvoll ist. Bei diesen Fähigkeiten handelt es sich durchweg um Fähigkeiten – und auch dies wird im Gemeinsamen Unterricht besonders deutlich, ohne dass es ein Spezifikum des Gemeinsamen Unterrichts wäre –, die ein Handeln erst ermöglichen. Es handelt sich also um Kompetenzen, die allerdings aus Sicht kompetenter Aktoren häufig so basal sind, dass sie als zu erwerbende Kompetenzen gar nicht erst in den Blick geraten. Hinzu kommt, und auch dies ist ein Ergebnis der Auseinandersetzung mit dem Gemeinsamen Unterricht, dass sich ein Lernen unter Berücksichtigung dieser unterschiedlichen Kompetenzen nur noch schwerlich mit Ziffernnoten bewerten lässt. Aus gutem Grund ist in der Ausbildungsordnung der sonderpädagogischen Förderung für Schüler/innen in den Förderschwerpunkten und Bildungsgängen Lernen und Geistige Entwicklung die Erstellung kompetenzorientierter, beschreibender Lernentwicklungsberichte vorgeschrieben und alle Schüler/innen mit einem sonderpädagogischen Förderbedarf müssen zwingend einen – ebenfalls kompetenzorientierten – individuellen Förderplan erhalten.

Die Diskussion an der Gesamtschule Holweide war in den vergangenen Jahren tatsächlich dadurch gekennzeichnet, dass die Kompetenzorientierung aus unterschiedlichen Perspektiven erfolgte und vielfach unverbunden blieb. Sie erfolgte einerseits auf dem Hintergrund von PISA und evoziert durch die unterschiedlichen Vorgaben z.B. der Kernlehrpläne. Sie erfolgte andererseits aus dem Bemühen heraus, die spezifischen Holweider Traditionen mit den neueren pädagogischen Entwicklungen zu vereinen und sie an diesen Entwicklungen zu überprüfen. Nicht zuletzt erfolgte sie aber auch aus der Perspektive des Gemeinsamen Unterrichts und der sonderpädagogischen Förderung mit dem Ziel, die praktizierte ausgesprochen enge Einbindung der Schüler/innen mit sonderpädagogischem Förderbedarf in das Schulleben und den Unterricht einer allgemeinen staatlichen Schule auf den Begriff zu bringen. Wenn man so will, wird man feststellen können, dass durch die Kompetenzorientierung die Grundlage einer inklusiven Unterrichtsentwicklung erst geschaffen wurde. Es wird dann die Aufgabe der näheren Zukunft sein, diese unterschiedlichen Perspektiven noch stärker in Beziehung zueinander zu setzen.

Ausblick

Zusammenfassend muss zunächst festgehalten werden, dass die Diskussionen um eine wie auch immer verstandene Kompetenzorientierung mittlerweile seit annähernd zwanzig Jahren auch in Holweide sehr unterschiedliche Bereiche der Schul- und Unterrichtsentwicklung geprägt haben. Diese Bereiche sind hier zum großen Teil nur am Rande erwähnt worden, soweit sie die Curriculumentwicklung, aber auch die vielfältigen Versuche zur Unterrichtsentwicklung durch ‚Klippern', durch das kooperative Lernen oder auch durch Projekt- oder Handlungsorientierung betrafen. Ein wesentlicher Punkt ist allerdings, dass es durch die Kompetenzorientierung und hier vor allem durch den recht weiten Kompetenzbegriff Erpenbecks und Heyses möglich wurde, die eigene Praxis und die eigene Geschichte begrifflich zu erfassen und auf diese Weise einen schulinternen Konsens zu ermöglichen. Durch den Kompetenzbegriff und durch die Orientierung auf die verschiedenartigen Kompetenzen ist es möglich geworden, das als Beziehungslernen verstandene soziale Lernen mit anderen Formen der Kooperation, aber auch mit dem fachlichen Lernen und mit dem Lernen in heterogenen Lerngruppen so zu verknüpfen, dass wesentliche Aspekte der je eigenen Unterrichtspraxis nicht ausgeblendet werden müssen und ohne dass die Anerkennung von Heterogenität wiederum dem Ziel der Homogenität untergeordnet werden muss.

Literatur

Arnold, K.-H. (2007): Generalisierungsstrukturen kategorialer Bildung. Stellungnahmen aus der Perspektive der Bildungstheorie von Wolfgang Klafki. In: Koch-Priewe, B./Stübig, F./ Arnold, K.-H. (Hrsg.): Das Potential der Allgemeinen Didaktik. Weinheim/Basel: Beltz, S. 36-39.

Bezirksregierung Köln (2009): Qualitätsbericht für die Gesamtschule Holweide, Köln 2009. Unveröffentlichter Qualitätsbericht.

Bezirksregierung Köln (2009): Zielvereinbarungen zu den Ergebnissen der Qualitätsanalyse NRW. Köln 2009. Unveröffentlichte Zielvereinbarung.

Edelmann, D./Tippelt, R. (2004): Kompetenz – Kompetenzmessung: Ein (kritischer) Überblick. In: Durchblick 03/2004. Heidelberg: Heidelberger Institut Beruf Arbeit. Online im Internet: http://www.benachteiligtenfoerderung.de/download-center/fachbeitrag/durchblick3_2004/Seiten%20aus%20DB_3_04%20S.%207%20-%2010.pdf (Zugriff: 22.09.2013).

Erpenbeck, J./Heyse, V. (2007): Die Kompetenzbiografie – Wege der Kompetenzentwicklung. Münster: Waxmann (2. Aufl.).

Feuser, G. (1994): Aspekte einer integrativen Didaktik unter Berücksichtigung tätigkeitstheoretischer und entwicklungspsychologischer Erkenntnisse. In: Eberwein, H. (Hg.): Behinderte und Nichtbehinderte lernen gemeinsam – Handbuch der Integrationspädagogik. Weinheim: Beltz, 3. Aufl., S. 215-226.

Feuser, G. (1998): Gemeinsames Lernen am gemeinsamen Gegenstand. Didaktisches Fundamentum einer Allgemeinen (integrativen) Pädagogik. In: Hildeschmidt, A. & Schnell, I. (Hrsg.): Integrationspädagogik – Auf dem Weg zu einer Schule für alle. Weinheim: Beltz, S. 19–35.

Harth, U. (1996): Muß die Schildkröte fliegen lernen? Integration behinderter Kinder. In: Ratzki, A. et al., 1996, S. 265-281.

Heyse, V./Erpenbeck, J. (Hrsg.): Kompetenzmanagement. Münster: 2007.

Hinz, A. (2002): Von der Integration zur Inklusion – terminologisches Spiel oder konzeptionelle Weiterentwicklung? In: Zeitschrift für Heilpädagogik 53 (2002) 9, 354-361.

Kaufhold, M. (2006): Kompetenz und Kompetenzerfassung. Wiesbaden: VS Verlag für Sozialwissenschaften.

Keim, W. (1996): Außenansichten eines Insiders. Theoretische Grundlagen und pädagogische Praxis des TKM. In: Ratzki, A. et al., 1996, S. 13-41.

Lauth, G.W. (2003): Gutachten zur Auswertung des Schulversuchs ‚Gemeinsamer Unterricht behinderter und nicht behinderter Schülerinnen und Schüler in der Sekundarstufe I – zieldifferent' und der Erfahrungen mit Sonderpädagogischen Fördergruppen. Köln (unveröffentlicht).

Maag Merki, K. (2009): Kompetenz. In: Andresen, S. et al. (Hrsg.): Handwörterbuch Erziehungswissenschaft. Weinheim/Basel: Beltz, S. 492-500.

Martens, Matthias (2010): Implizites Wissen und kompetentes Handeln. Göttingen: Vandenhoek und Ruprecht.

Ministerium für Schule und Weiterbildung des Landes NRW (2007): Qualitätsanalyse Nordrhein-Westfalen. Impulse für die Weiterentwicklung von Schule. Online im Internet: http://www.tresselt.de/download/QA.pdf (Zugriff: 21.09.2013).

Neißer, B. & Ratzki, A. (1996): Holweide – Eine Schule macht Geschichte(n). In: Ratzki, A. et al., 1996, S. 42-64.

Obst, G. (2010): Kompetenzorientiertes Lehren und Lernen im Religionsunterricht. Göttingen: Vandenhoeck & Ruprecht.

Parchmann, I. (2008): Bildungsstandards und Kompetenzmodelle – Katalysatoren für fachdidaktische Forschung, Lehrerbildung und Unterrichtsentwicklung? In: Höttecke, D. (Hrsg.): Kompetenzen, Kompetenzmodelle, Kompetenzentwicklung: Gesellschaft für Didaktik der Chemie und Physik. Jahrestagung in Essen 2007. Berlin: Lit-Verlag, S. 5–13.

Rattner, J. (1972): Alfred Adler in Selbstzeugnissen und Bilddokumenten. Reinbek: Rowohlt.

Ratzki, A. (1996): Wo Alles mit Allem Vernetzt ist. Innere Struktur der Schule. In: Ratzki, A. et al., 1996, S. 65-81.

Ratzki, A., Keim, W., Mönkemeyer, M., Neißer, B., Schulz-Wensky, G. & Wübbels, H. (Hrsg.) (1996): Team-Kleingruppen-Modell Köln-Holweide – Theorie und Praxis. Frankfurt/M.; Berlin; Bern: Peter Lang.

Schwager, M. (2005): Eine Schule auf dem Weg zur Inklusion? – Entwicklungen des Gemeinsamen Unterrichts an der Gesamtschule Köln-Holweide. In: Zeitschrift für Heilpädagogik 56 (2005) 7, S. 261-268.

Schwager, M. (2013): Die Gesamtschule Köln-Holweide – Orientierung an den Ansprüchen einer inklusiven Schule. In: Seminar-Lehrerbildung und Schule. BAK-Vierteljahreszeitschrift 19 (2013) 1, S. 52-56.

Schwager, M. & Pilger, D. (2010): Die IGS Köln-Holweide – eine Schule in Teamstrukturen auf dem Weg zur inklusiven Schule. In: A. Hinz, I. Körner, U. Niehoff (Hrsg.): Auf dem Weg zur Schule für alle. Barrieren überwinden – inklusive Pädagogik entwickeln. Marburg: Lebenshilfe Verlag 2010, S. 267-280.

Sekretariat der Ständigen Konferenz der Kultusminister der Länder in der Bundesrepublik Deutschland (Hrsg.) (2005): Bildungsstandards der Kultusministerkonferenz. München/ Neuwied: Wolters-Kluwer.

Weinert, F. E. (2001): Vergleichende Leistungsmessung in Schulen – eine umstrittene Selbstverständlichkeit. In: Weinert, F. E. (Hrsg.), Leistungsmessungen in Schulen. Weinheim/ Basel: Beltz, S. 17.

Margret Rasfeld

Was heute zu lernen für morgen wichtig ist
Ein Paradigmenwechsel

Abstract
Wir leben in einer Zeit dramatischer Veränderungen unserer Lebensbedingungen. Große Herausforderungen prägen unser Zukunftsbild und keiner kann voraussagen, wie die Welt von morgen aussieht. Unsere Bildungssysteme müssen darauf reagieren. Komplexe und unsichere Situationen, die mittlerweile zu unserem Alltag gehören, fordern Bereitschaft für neue Erfahrungen und Veränderungen, Eigeninitiative, Verantwortung, Kreativität, Handlungsmut, Entscheidungsfreude, Beziehungskompetenz und Erfahrungen mit Diversity.

Eine wertschätzende Lern- und Beziehungskultur ist dafür ein maßgeblicher Schlüssel. Sie muss einhergehen mit Aufgaben, an denen junge Menschen und Erwachsene gleichermaßen wachsen können. Der Beitrag zeigt anhand erprobter Praxis der Evangelischen Schule Berlin Zentrum auf, wie eine inklusive Lernkultur der Potenzialentfaltung, Lernen im Leben, sich erproben in Herausforderungen, Erfahrungen von Sinnhaftigkeit und Selbstwirksamkeit Voraussetzungen schaffen, um in Zeiten wachsender Unsicherheiten souverän und verantwortungsvoll handeln zu können.

Einleitung

Die Zeit für einen grundlegenden Wandel in der schulischen Bildung ist reif – überreif. Wir gehen in eine gefährdete Welt vielfältiger Möglichkeiten, die sich von allem, was wir bisher kannten, radikal unterscheidet. Krisen überall offenbaren, dass unsere etablierten Denk-Annahmen, dass kurzfristige Gewinnmaximierung und neue Technologien unsere Probleme schon irgendwie lösen werden, nicht mehr greifen. Sie stehen im eklatanten Widerspruch zu der ökologischen, sozialen und ökonomischen Realität. Der bisher praktizierte Weg einer verschärften Konkurrenz gegeneinander auf allen Ebenen erweist sich zunehmend als nicht tragfähig. Unsere vorwiegend auf Wissensvermittlung ausgerichtete schulische Bildung stattet die heranwachsende Generation nicht genügend mit den Kompetenzen aus, die sie zur Bewältigung der großen Herausforderungen im 21. Jahrhundert brauchen. Wir arbeiten in Deutschland immer noch im selektiven Geist der Konkurrenzhaltung statt Wertschätzung und Potenzialentfaltung zu fördern. Unverzichtbar sind jedoch die Förderung von Kreativität, Verantwortung und Gemeinsinn, um die gemeinsamen Lebensgrundlagen und das friedliche Zusammenleben zu sichern.

Die Zukunft unserer Kinder wird turbulent. Sicherheiten in Form von bewährten Bildungskarrieren werden angesichts der Dynamiken des 21.Jahrhunderts relativ. Eine komplexe Zukunft verlangt radikales Umdenken, um Lösungen für die globalen Herausforderungen entwickeln zu können. Mit tradierten Mustern und Konformitätsdenken lassen sich die Herausforderungen nicht bewältigen. Visionsbewusstheit, Vorstellungskraft, vernetztes Denken, Innovationsgeist und Handlungsmut sind gefragt, um neue Modelle des Zukünftigen zu entwerfen.

Unser Bildungssystem steht zur Disposition. Bisher wird dort das Augenmerk kaum auf die Exzellenz jedes Menschen gerichtet – stattdessen herrschen Defizitgeist, Normierung und Standardisierung vor. Im Vordergrund der schulischen Ausbildung stehen kognitive Wissensvermittlung in homogenen Gruppen und die Förderung einseitig kognitiver Fähigkeiten. Unser Schulsystem ist ausgerichtet auf arbeitsteilige Effizienzstrukturen in Wirtschaft und Gesellschaft, die den Vorgaben einer Industriegesellschaft entsprechen, welche im Verschwinden begriffen ist. Unsere Schule ist nicht mehr anschlussfähig an die Herausforderungen des 21. Jahrhunderts.

Warum kleben wir an diesen alten Mustern, warum geben wir uns mit „mehr vom Gleichen“ zufrieden? Fehlt es an Vorstellungskraft, Visionen und Mut? Otto Scharmer, Bildungsinnovator und Gründer des visionären Presencing Institute, nennt es das Gefängnis unserer kollektiven institutionellen Verhaltensmuster. Wir brauchen Innovationen, um die Probleme zu lösen. Unsere Gesellschaft braucht unternehmerische Initiativen, die nicht neue Bedürfnisse herauskitzeln, sondern auf vorhandene Herausforderungen mit ökologischer, ökonomischer, künstlerischer Fantasie antworten. Doch woher sollen diese kommen? Innovationsgeist und Kreativität scheinen abhanden gekommen zu sein. Ich bin überzeugt, dass Innovationsgeist und Kreativität uns deshalb abhanden gekommen sind, weil die meisten Menschen die Schule mit ihrem heimlichen Lehrplan der Anpassung viele Jahre lang durchlaufen haben.

1. Der heimliche Lehrplan der Anpassung – und wie man ihn durchbricht

Kreativität lebt von Begeisterung und Begeisterung entsteht
in Frei-Räumen offenen Denkens, wenn nicht alles vorherbestimmt ist,
wenn man Träumen nachgehen darf.
Kreativität braucht Raum zum Scheitern ohne Beurteilung.

Im Schulsystem herrscht die Orientierung auf Leistung mit ständiger Bewertung. Doch selbst wer im bestehenden System der vorrangigen Wissensvermittlung vermeintlich erfolgreich ist, wird dadurch in der vollen Entfaltung der in ihm schlummernden Potenziale gedeckelt statt zur Exzellenz gebracht. Die Hierarchie von Fächern, Zerstückelung, Konformität, hat einen höheren Stellenwert als Heterogenität und Interdisziplinarität. Fehler machen und Scheitern ist mit Angst belegt. Was auf der Strecke bleibt, ist die Förderung von Querdenken, von Unternehmensgeist, von Risikobereitschaft, von Handlungskompetenz.

Die Förderung von Autonomie, Selbstdenken, Urteilskraft, Persönlichkeitsstärke und Mut wird vernachlässigt, unser Schulsystem erzeugt Pflichterfüller, Auswendiglerner und Einzelkämpfer. Schülerinnen und Schüler verlieren in einer so angelegten Schullaufbahn ihre angeborene Begeisterung am Lernen und so verwundert es nicht, dass viele Jugendliche mit Gleichgültigkeit, Widerstand oder gar Angst zur Schule gehen. Junge Menschen sollten mit Freude lernen, ihre vielfältigen Potenziale entdecken und entfalten können. Sie sollten in der Schule erfahren, dass jeder zählt und wie sie sich kreativ, mutig, selbstbewusst, gemeinsam und mit Zuversicht an der Gestaltung einer menschlichen Zukunft beteiligen können. Weitere Schulreformen, die Einführung neuer Bildungsstandards, zusätzlicher Lernstoff, noch mehr Druck und Wettbewerb helfen da nicht weiter. Die alten, in der Vergangenheit bewährten Strategien greifen nicht mehr. Wir brauchen keine neuen Maßnahmen, sondern einen grundlegenden Wandel, der in den Schulen selbst entsteht und nicht nur die äußere Form, sondern auch die inneren Haltungen, das „mindset" seiner Gestalter, bewegt.

Eine Gesellschaft hat so viele Talente, wie sie finden will. Das Potenzial einer Gesellschaft muss dafür bereit sein, Potentiale wahrzunehmen und ihnen Gelegenheiten zu geben, sich zu entfalten. Stattdessen impliziert und stabilisiert das derzeitige Bildungssystem den Defizitblick, auf den Lehrer/innen hin ausgebildet werden und ausgerichtet sind. Das Dilemma: Defizitorientierung und Potenzialentfaltungskultur sind zwei unvereinbare Haltungen. Dazu kommen geringe Durchlässigkeit und hohe Abbrecherquoten. Zudem hält sich das System nur aufrecht mit privatem Nachhilfeunterricht – bis zu 1,48 Milliarden geben Eltern in Deutschland jährlich dafür aus.[1] Diese eklatanten Summen stützen ein System, dass individuelle Förderung systematisch versäumt. Für ein Unternehmen wäre diese Bilanz der Bankrott. Schüler/innen und Lehrer/innen werden im System zu Leistungserfüllern von Stoff, und das im Gleichschritt, bezogen auf fremdbestimmte, vorwiegend kognitive Erwartungen, die in standardisierten Prüfungen und Tests sortiert werden. Das widerspricht nicht nur dem humanistischen Menschenbild, sondern auch der von den Kultusbehörden geforderten Individualisierung. Das widerspricht einer Pädagogik vom Kinde aus. Das widerspricht den neuen Erkenntnissen der Hirnforschung über Lernen. Das fördert nicht die Metakompetenzen, die für die Herausforderungen der Zukunft so grundlegend wichtig sind. An diesem selektiven Un-Geist leiden nicht nur viele Lehrerinnen und Lehrer, sondern auch Kinder und Eltern. Im internationalen Vergleich sind unsere Kinder weitaus unglücklicher, als unser materieller Wohlstand vermuten lässt.[2] Jeder dritte Schüler weist depressive Stimmungen auf.[3] 30-40 Prozent der Kinder gehen mit Angst in die Schule.[4] Angst beschädigt die Seele. Angst ist Lern- und Kreativitätskiller. Das dürfen wir nicht zulassen. Lernen braucht vertrauensvolle Beziehungen, die verbind-

1 Klemm & Klemm, 2010.
2 UNICEF-Bericht zur Lage der Kinder in Industrieländern, 2013.
3 DAK Leuphana Studie, 2011.
4 Siehe hierzu u.a. Studien des Kinderbarometers, LBS, aus den Jahren 2006 und 2008.

lich sind – für den Schüler wie für den Lehrer. Vertrauen, Ermutigung und Wertschätzung sind zentrale Elemente einer Lernkultur, in der sich Potenziale entfalten können. Wer Lernprozesse begleitet, ist Dialogpartner, ermutigender Unterstützer, herausfordernder Begleiter.

Viele Schulen sind jedoch aufgrund ihrer Struktur eher Beziehungsverhinderungsanstalten. Lehrerinnen und Lehrer hetzen täglich alle 45 Minuten von einer Klasse in die nächste und unterrichten in ständigem Wechsel täglich bis zu hundert Schülerinnen und Schüler, von denen sie jeden einzelnen kennen und individuell fördern sollen. Selbst hoch engagierte Kolleginnen und Kollegen kapitulieren irgendwann vor dieser unmöglichen Aufgabe. Die fatale Botschaft dieses Systems: Für das Wesentliche ist keine Zeit. Die Folgen sind katastrophal – und dabei längst bekannt: Unzufriedenheit im und Entfremdung vom Beruf, Erkrankung und Burn-out.

Es ist doch paradox: Wir vertrauen Lehrerinnen und Lehrern das Wichtigste an, das eine Gesellschaft hat – unsere Kinder. Und statt ihnen Anerkennung zu schenken und beste Arbeitsbedingungen, stecken wir Lehrerinnen und Lehrer wie Schülerinnen und Schüler in eine Box der beschränkten Möglichkeiten.

Dieses System ist nicht zu reparieren. Ohne radikales Neudenken wird es uns hier in Deutschland weiterhin an Visionen mangeln. Wir brauchen keine weiteren Reformen, sondern eine Transformation im Bildungssystem. Wir brauchen Mut zu Visionen. Wir müssen aus den Ketten tradierter Denkmuster und institutioneller Schranken ausbrechen. Wir brauchen die Zuversicht und den Willen, Dinge gemeinsam verändern zu können.

2. Inspirationsquelle „Evangelische Schule Berlin Zentrum" – Wie wir Schule neu erfinden

Lernen braucht Begeisterung.
Begeisterung braucht Bedeutsamkeit.
Bedeutsamkeit braucht SINN.

Wir möchten Sie mit unserer Praxis an der Evangelischen Schule Berlin Zentrum inspirieren und ermutigen, die Dinge anzupacken und unsere Kinder zu stärken in ihrem Weg in eine ungewisse Zukunft.

Wie können nun Elemente einer gelebten Innovations- und Potenzialentfaltungskultur aussehen? Was brauchen Schulen der Zukunft?

2.1 Die Schule der Zukunft ...

... bereitet auf ein gesellschaftliches und berufliches Leben vor, **das wir heute noch nicht kennen,** auf Technologien, die erst morgen erfunden werden, und hilft Herausforderungen zu bewältigen, von denen wir heute noch nicht wissen, dass es sie gibt[5] *(esbz[6]: Umgang mit Ungewissheit – Schulfach Herausforderung).*

Die Schule der Zukunft ist nicht mehr durch Standardisierung und Konformität geprägt, sondern durch **individualisiertes Lernen**, nicht mehr lehrplanzentriert, sondern lernerzentriert[7] *(esbz: Lernbüro, Projektlernen, individuelles Coaching, Frei-Räume für das Verfolgen von Interessen, Entscheidungsspielräume, wann wer was lernt, Werkstätten).*

Menschen können die in ihnen angelegten Potenziale nur durch ein möglichst reichhaltiges Spektrum eigener Erfahrungen entdecken und entfalten. Schulen der Zukunft sind daher **Werkstätten des gemeinsamen Gestaltens in realen Lebensbezügen** *(esbz: Projekte, Projekt Verantwortung, Herausforderung).*

Das 21. Jh. ist das Zeitalter des Globalen Lernens. In heterogenen Gruppen autonom und erfolgreich handeln zu können ist eine der drei PISA-Kernkompetenzen der OECD. Schulen der Zukunft ermöglichen **Lernen in heterogenen Arrangements und Welt-Erfahrungen** *(esbz: Inklusion, Jahrgangsmischung, Herausforderungen und „ALLE ins Ausland").*

Lernen läuft über die gute Beziehung! Schulen der Zukunft stärken **Beziehungsstrukturen** und rücken die Frage, welcher **„Geist" in ihrer Gemeinschaft** herausgebildet und genährt wird, in den Mittelpunkt ihrer Bemühungen *(esbz: Lehrer/innen in der Rolle als supportive leader mit Zeitkontingenten für Coaching, täglich eine Klassenstunde, Lehrerteams).*

Kern aller menschlichen Motivation sind Anerkennung, Wertschätzung und Zuwendung. Schulen der Zukunft entwickeln und leben eine **Wertschätzungskultur** *(esbz: Auszeichnungen, Loben bei der Versammlung, Tutorensystems, partizipative Strukturen)*

Die Gegenwart und die Zukunft brauchen unser aller Verantwortung. Metakompetenzen erwirbt man durch eigene Erfahrungen und Handeln. Die entscheidenden Erfahrungen machen Menschen dann, wenn sie sich gemeinsam mit anderen um etwas Wichtiges kümmern. Schulen der Zukunft trauen Schülerinnen und Schülern verantwortungsvolle Aufgaben zu und verankern **zivilgesellschaftliches Engagement als Kernelement in ihrer Lern- und Schulkultur** *(esbz Verantwortung als Schulfach, Peer Education, Sprachbotschafter, Klimabotschafter)*

Die Zukunft wird immer Herausforderung sein und bleiben. Schulen der Zukunft schaffen Gelegenheitsstrukturen, in denen sich Heranwachsende üben, kreativ zu sein,

---

5 Andreas Schleicher, Internationaler PISA Koordinator, 10.03.2011 beim Bildungskurs der Mercatorstiftung „Auf der Suche nach der Schule der Zukunft".

6 Evangelische Schule Berlin Zentrum.

7 Andreas Schleicher, ebd.

an ihre Grenzen zu gehen, Scheitern als produktives Übungsfeld zu erleben und in Herausforderungen über sich hinauszuwachsen *(esbz: Schulfach Herausforderung).*

Doch all diese Elemente reichen nicht aus, es braucht ein Ethos, das die Schulgemeinschaft zusammenhält. Schulen brauchen eine geistige Mitte. Denn Organisationsformen sind zwar wichtige Gelingensbedingungen, doch erst im Ethos wird eine Organisation lebendig. Das Ethos der esbz ist „Verantwortung für Kinder – Verantwortung für die Erde". Denn Zusammenleben zu lernen ist eine der wichtigsten Aufgaben der Zeit und wir alle müssen Verantwortung übernehmen: für uns selbst, für unsere Mitmenschen, für unsere Nachbarschaft, für unseren Planeten.

2.2 Die Kernkompetenz für das 21. Jahrhundert – Gestaltungskompetenz

Weltoffen und neue Perspektiven integrierend Wissen aufbauen
Vorausschauend Entwicklungen analysieren und beurteilen können
Interdisziplinär Erkenntnisse gewinnen und handeln
Gemeinsam mit anderen planen und handeln können
An kollektiven Entscheidungsprozessen teilhaben können
Sich und andere motivieren können, aktiv zu werden
Die eigenen Leitbilder und die anderer reflektieren können
Selbständig planen und handeln können
Empathie für andere zeigen können

„Es ist zwingend erforderlich, dass Jugendliche aus allen Teilen der Welt auf allen für sie relevanten Ebenen aktiv an den Entscheidungsprozessen beteiligt werden, weil dies ihr heutiges Leben beeinflusst und Auswirkungen auf ihre Zukunft hat. Zusätzlich zu ihrem intellektuellen Beitrag und ihrer Fähigkeit, unterstützende Kräfte zu mobilisieren, bringen sie einzigartige Ansichten ein, die in Betracht gezogen werden müssen" (Agenda 21, Kapitel 25).

„Bildung ist eine unerlässliche Voraussetzung für die Förderung einer nachhaltigen Entwicklung und die Verbesserung der Fähigkeit der Menschen, sich mit Umwelt- und Entwicklungsfragen auseinanderzusetzen. (...) Sowohl die formale als auch die nichtformale Bildung sind unabdingbare Voraussetzungen für die Herbeiführung eines Bewusstseinswandels bei den Menschen, damit sie in der Lage sind, ihre Anliegen in Bezug auf eine nachhaltige Entwicklung abzuschätzen und anzugehen. Sie sind auch von entscheidender Bedeutung für die Schaffung eines ökologischen und eines ethischen Bewusstseins sowie von Werten und Einstellungen (...) Lehrpläne sind gründlich zu überarbeiten, damit ein multidisziplinärer Ansatz gewährleistet ist (Agenda 21, Kapitel 36).

Die AGENDA 21, das internationale Handlungskonzept für das 21. Jahrhundert, ist unser Maßstab für das Lernen und Handeln. „Bildung für nachhaltige Entwicklung" wurde von den Staaten der Vereinten Nationen als UN-Dekade für die Jahre 2005-2014 ausgerufen. Die internationale Initiative will dazu beitragen, mit dem Konzept der Gestaltungskompetenz die Prinzipien nachhaltiger Entwicklung weltweit in den Bildungssystemen zu verankern. Das Leitbild der nachhaltigen Entwicklung – die AGENDA 21 – bezieht Sinn- und Wertefragen als Querschnittsaufgabe ein. Unser Haus der Lernens ist auf drei tragenden Säulen aufgebaut (siehe Abb. 1):

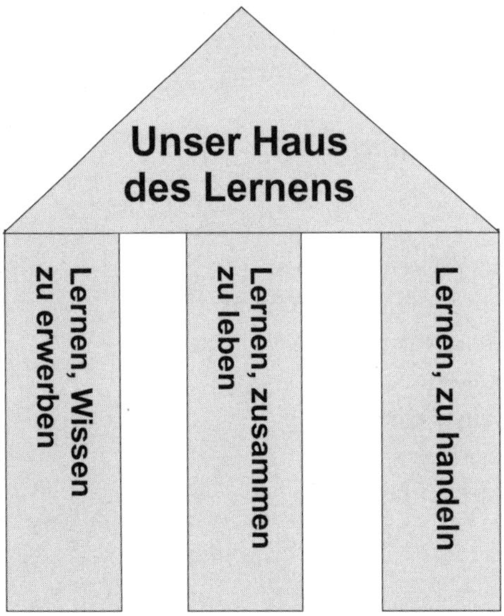

Abb. 1: Unser Haus des Lernens

2.3 Das *Zusammen Leben Lernen* ...

... wird an der esbz in vielen Zusammenhängen geübt. Es beginnt im Kleinkosmos Schule: in den jahrgangsgemischten inklusiven Klassen, in Klassenstunden wie Klassenrat und soziales Lernen, in vielen Lernarrangements, in denen sich Kinder unterschiedlicher Klassen und Jahrgänge mischen. Ein Herzstück unserer Schulkultur der Gemeinschaft ist die Schulversammlung, mit der für uns jeden Freitag die Schulwoche endet. Das *Zusammen Leben Lernen* erweitert sich von der Schule in die Kommune, wenn Jugendliche im Projekt Verantwortung ihr Gemeinwesen mitgestalten. Viele engagieren sich auch im Projekt Herausforderung deutschlandweit und im Ausland in sozialen und ökologischen Projekten.

Und gemäß unserem Motto „Protestantisch. Mutig. Weltoffen." geben wir im Jahrgang 11 allen Jugendlichen die Möglichkeit, eine sie prägende Zeit in einer ihnen bis dahin fremden Kultur zu verbringen. Kinder der heutigen Generation sind Weltbürger und nicht mehr nur Kinder der eigenen Nation. Die Aneignung interkultureller Kompetenz ist eine der wichtigsten Zukunftskompetenzen für jedes Individuum und für die Gestaltung einer friedlichen, humanen, solidarischen Welt. Die reale Begegnung mit einer anderen Kultur ist für das Be-Greifen, für das Sich-Befreunden, für ein Verstehen, für das Bemühen um Verständigung durch nichts zu ersetzen. Auch in diesem Sinne ist das *Zusammen Leben Lernen* eine tragende Säule im Schulprogramm der esbz.

2.4 Lernen zu handeln ...

... ereignet sich, wenn die Lebenswirklichkeit in die Schule hinein darf und die Heranwachsenden sich mit ihr in realen Projekten auseinandersetzen dürfen. Dabei lernen sie mit Fragehaltung sich selbst und ihre Fähigkeiten kennen, können sie erproben und erweitern und gewinnen so den Mut, sie auch einzusetzen. Mit dem wöchentlich 5-stündigen Projektunterricht – drei große interdisziplinäre Projekte im Jahr – verankert die esbz in jedem Jahrgang nachhaltig Gelegenheitsstrukturen für Engagement im schulinternen Curriculum und arbeitet mit vielen externen Projektpartnern zusammen. Aufgrund der proaktiven Offenheit der Schule, der Schulleitung, des Teams ergeben sich immer wieder neue Gelegenheiten und Partnerschaften.

Die entscheidenden Erfahrungen machen Menschen dann, wenn sie sich gemeinsam mit anderen um etwas Wichtiges kümmern. Deshalb ist zivilgesellschaftliches Engagement als Kernelement in der Schulkultur verankert. Im Schulfach VERANTWORTUNG übernehmen alle Schülerinnen und Schüler für zwei Jahre eine verantwortungsvolle Aufgabe im Gemeinwesen – Pflicht für alle mit hoher Wahlfreiheit in den Aufgaben.

Verantwortung lernt man mitten im Leben. Die Kinder engagieren sich zum Beispiel in ökologischen Projekten, Kindergärten, Flüchtlingsheimen oder als Museums- oder Kirchenführer, sie helfen in Seniorenheimen oder unterstützen als Sprachbotschafter Schulen in sozialen Brennpunkten. Was ist Verantwortung? Was interessiert mich? Die Kinder sind hier eigenständig ihren ganz individuellen Fähigkeiten auf der Spur und erfahren sich als selbstwirksam.

Im Schulfach HERAUSFORDERUNG meistern die Jugendlichen dreimal, nämlich im Jahrgang 8, 9 und 10, eine dreiwöchige selbst gewählte Herausforderung außerhalb von Berlin, allein oder in einer Gruppe. Sie müssen mit 150 € auskommen, was bedeutet, dass sie sich keine Jugendherberge leisten können, sondern sich Unterkünfte organisieren müssen, Menschen ansprechen, Dienste anbieten. Für die meisten Jugendlichen ist die Herausforderung das wichtigste Fach. Warum? „Weil ich dort am meisten lerne, für mein Leben" – die Antwort. Hier lernen sie, was ein starkes Team bedeutet, Impulskontrolle, Folgenabschätzung, Risikobereitschaft, Unternehmensgeist. Hier werden Jugendliche auf den Umgang mit Unsicherheit und Risiko vorbereitet. Hier ist die Möglichkeit, Scheitern als Entwicklungs- und Innovationschance zu erleben.

2.5 Lernen Wissen zu erwerben ...

... erfolgt selbstverantwortlich, selbstorganisiert, binnendifferenziert, in eigenen Zeitrhythmen, eingebettet in eine wertschätzende Beziehungskultur, die in der esbz der Kern der Schulkultur ist. Jedes Kind hat eine/n Tutor/in als Coach mit strukturell verankerten Zeiten für wöchentliche Gespräche. Die beiden Tutorstunden pro Lehrer/in sind feste Stunden im Lehrerkontingent in der Sek I und der Sek II. Tägliche „Klassenstunden“ mit den Klassenlehrer/inne/n wie Klassenrat, Soziales Lernen, Lesestunde stärken die vertrauensvolle Beziehung in den Klassen. Vertrauen und Wertschätzung entsteht durch Freiheit, nicht durch Zwang. Deshalb steht das Kind als Subjekt der eigenen Lernprozesse im Zentrum. Das Lernen beginnt mit einem offenen ‚Lernbüro‘ für die Fächer Deutsch, Englisch, Mathematik und Natur & Gesellschaft. Individualisierung ist möglich in Bezug auf Zeitintensität pro Fach, Komplexität, Sozialform. Die Schüler/innen bestimmen auch den Zeitpunkt für ihre Leistungsnachweise. Dass bedeutet den mentalen Wandel von „du sollst“ nach „ich kann“. Wer nicht weiter weiß, fragt zunächst einen anderen Mitschüler – so entsteht Solidarität. Auf diese „Lernbüro-Phase“ folgen praxisorientierte Werkstatt- oder Projektarbeit oder eine der vier Wahlpflichtstunden, in denen die Kinder zwischen Französisch, Spanisch, Naturwissenschaften, Darstellendes Spiel, Praktisches Lernen wählen können.

Aber die Struktur ist nicht das Ausschlaggebende, sondern der „Geist“. Jeder zählt, jeder ist einzigartig ist das Grundverständnis. Die Schülerinnen und Schüler arbeiten in einer Jahrgangsmischung der Stufen 7-9 und alle sind willkommen. Jeder entwickelt andere Stärken. Das Zusammenwirken von Unterschiedlichkeit ermöglicht Erfahrungen des Gelingens und des über sich Hinauswachsens. Individualität und Gemeinschaft sind kein Gegensatz – beides braucht beständige Pflege: In der wöchentlichen Schulversammlung wird die große Gemeinschaft erfahrbar. Hier ist auch der Ort für das öffentliche Lob. Auch in der gemeinsamen Klassenstunde sagen die Kinder, worauf sie stolz sind. Sie ermutigen sich gegenseitig, sich das auch zu trauen, und so erfahren sie Unterstützung für ihren ganz eigenen Weg in der Gemeinschaft.

3. Neue Lernkultur an Schulen – neue Ausbildungskultur an Hochschulen

> „Das wichtigste ist, dass man sich als Begleiter auf Herausforderung nicht immer fragt, was andere getan hätten, was Pädagogen getan hätten, was die Eltern und die Lehrer erwartet hätten, sondern dass man sich selbst kennenlernt und sich überlegt, was empfinde ich als richtig.“
> „Für mich zeigt Herausforderung: Das Leben ist der beste Lehrmeister für unsere Kinder.“ (Begleiter einer Schülergruppe im Fach Herausforderung)

Damit unsere Schulen sich transformieren können zu Biotopen von Wissens-Durst und Verstehens-Hunger, Spür-Sinn und Ehr-Furcht, Entdeckungs-Freude und Gestaltungs-Mut, Unternehmens-Geist und Selbst-Wirksamkeit, Visions-Wille und Verantwortungs-Bereitschaft, Einmischungs-Kompetenz und Zivil-Courage ist es dringend notwendig, die Lehreraus- und -weiterbildung radikal, also an die Wurzel gehend, zu verändern. Von der Wissensvermittlung zur Potenzialentfaltung ist das Gebot der Zeit. Die angehenden Lehrerinnen und Lehrer sind die Gestalter der Schule von morgen.

Die gute Nachricht: Es gibt Aufbruchstimmung. Die esbz hat so viele Nachfragen von Lehramtsstudierenden, Lehrer/inne/n, Schulleiter/inne/n, Weiterbildungsinstituten, Hochschulen, Menschen aus der Wirtschaft, dass wir systematisch Fortbildungen anbieten und so monatlich 150-200 Menschen erreichen. Das besondere: Die Fortbildungen werden maßgeblich oder sogar alleine von Schülerinnen und Schülern durchgeführt, schon 12-Jährige haben eine große Überzeugungskraft. Viele Schulen überall im Lande beginnen sich umzustellen. Doch nicht nur Schulen, auch Hochschulen sehen, dass die Lehramtsausbildung einen radikalen Wandel braucht. Viele Universitäten konnten wir bereits begeistern: Die Humboldt-Universität zu Berlin hat „Herausforderung“ in enger Zusammenarbeit mit der esbz als Modul in die Lehrerausbildung aufgenommen, ebenso kooperieren wir mit der Universität Potsdam und der TU Berlin. Doch nicht nur Lehramtsstudierende arbeiten bei uns an Haltung, an neuen Ideen, an sich selbst. Auch die Jane-Addams-Schule, Erzieherschule & Oberstufenzentrum, gibt ihren Schüler/inne/n die Möglichkeit, im letzten Ausbildungsjahr als Begleiter mitzuwirken.

Begleiter auf Herausforderung zu sein, verändert Haltung: Die intensive Erfahrungen, drei Wochen mit einer kleinen Schülergruppe unterwegs zu sein, lässt Studierende oftmals die erste wirklich prägende pädagogische Erfahrung erleben: Weg vom fachdidaktischen Denken, hin zum Aufbau von Beziehung und Entwicklung von Hatung, das Erleben von Selbststeuerung und Selbstorganisation, reale Verantwortungsübernahme. Wir trauen es unseren angehenden Lehrerinnen und Lehrern zu, genauso wie wir es unseren Schülerinnen und Schülern zutrauen: Eine Herausforderung ist es für alle.

Meine Erfahrung aus meinen zahlreichen Begegnungen, Fortbildungen und Veranstaltungen ist, dass sich die Menschen anstecken lassen durch drei Dinge: eine starke Vision, das gelebte Beispiel, Mut. Und es gibt sie bereits, hoffnungsvolle Anfänge, in Deutschland, in Österreich, überall, mit einer Lernkultur, die Menschen dazu befähigt, multiple Intelligenzen von Kopf, Herz und Hand zu entwickeln,

Verschiedenheit – Diversity – als Chance zu erleben,
Gemeinsinn zu praktizieren,
flexibel, innovativ und kreativ auf unbekannte Herausforderungen zu reagieren und dabei als handelnde Person Verantwortung für sich, andere und das Ganze zu übernehmen.

Dies gilt nicht nur für unsere Schülerinnen und Schüler, sondern im besondern Maße auch für das pädagogische Personal. Eine Schule der Zukunft gibt allen die Möglichkeit, die innewohnenden Energien und Potentiale zu erkennen und zu entfalten.

Haben wir den Mut, viele Schulen der Zukunft zu erfinden – Visionen Wirklichkeit werden zu lassen. Dazu ist es unerlässlich, auch die Lehrer/innenausbildung neu zu gestalten. Denn die angehenden Lehrerinnen und Lehrer legen die Maßstäbe für eine neue Schule und entwickeln sie jeden Tag weiter.

Literatur

DAK Leuphana Studie (2011): Depressive Stimmung bei Schülerinnen und Schüler, Download unter: http://www.schulen-entwickeln.de/tl_files/Dateien/Studien/DAK-Studie_Subjektive%20Gesundheitsbeschwerden%20von%20Schuelern.pdf.

Klemm, K. & Klemm, A. (2010): Ausgaben für Nachhilfe – teurer und unfairer Ausgleich für fehlende individuelle Förderung, Bertelsmann Stiftung Gütersloh. Download unter: http://www.bertelsmann-stiftung.de/bst/de/media/xcms_bst_dms_30786_30787_2.pdf.

UNICEF (2013): UNICEF-Bericht zur Lage der Kinder in Industrieländern. Download unter: http://www.unicef.de/blob/18782/7417138f1edd5058dce29dde29d01c8b/unicef-bericht-2013-zusammenfassung-data.pdf.

Eckehard Müller

Schule – auch ein Feld für Schlüsselkompetenzen

Abstract
Nach einer kurzen Erläuterung des Kompetenz- bzw. Schlüsselkompetenzbegriffes wird die Situation an Schulen mit G8-Abitur erläutert. Anschließend werden Best-Practice-Beispiele von drei Schulen in NRW geschildert, die allerdings noch auf dem 9-jährigen Abitur basieren. Eine dieser Schulen ist aufgrund dieser Initiative ausgezeichnet worden. Abschließend wird diskutiert, wo aus heutiger Sicht Hemmnisse bestehen, eine systematische nachhaltige Implementierung des Lehrens von Schlüsselkompetenzen zu beginnen.

1. Einleitung

Schlüsselkompetenzen sind heute ein fester Bestandteil der Lehre an Hochschulen in Deutschland. Insbesondere die Fachhochschulen haben recht früh mit der Implementierung in die Lehre angefangen. So wurde zum Beispiel vor mehr als 10 Jahren als Leuchtturmprojekt das Institut für Zukunftsorientierte Kompetenzentwicklung (heute Institut für Bildung, Kultur und Nachhaltige Entwicklung) an der (damaligen) Fachhochschule Bochum gegründet. Viele weitere Institute an anderen Hochschulen sind gefolgt. Die EU hat inzwischen einen Rahmen für Schlüsselkompetenzen festgelegt. Nur was passiert an Schulen? Es schien lange – jedenfalls auf den ersten Blick – so zu sein, dass der junge Erwachsene, sobald er in die Hochschule eintritt, ‚auf Knopfdruck' Schlüsselkompetenzen lernen muss. Doch auch Schulen, die vielleicht mehr im Hintergrund arbeiten, leisten ihren Beitrag. In dieser Abhandlung soll aufgezeigt werden, welche Möglichkeiten, aber auch Schwierigkeiten Schulen haben und wo die Arbeit steckt, die gar nicht so offensichtlich ist.

2. Die Begrifflichkeiten Wissen – Qualifikation – Kompetenz

2.1 Vorüberlegungen

Heute geht normalerweise jeder Bürger der EU in die Schule, da er sich mit angeborenen Verhaltensmustern und informell Gelerntem in der Gesellschaft nicht mehr zurechtfinden würde. Selbst die traditionelle Weitergabe des Wissens von den Eltern an die Kinder reicht nicht mehr aus. Die meisten Schulen des letzten Jahrtausends haben Wissen systematisiert und den Schülern näher gebracht. Dabei hat man sich am Humboldt'schen Bildungsideal orientiert. Oft wurde Schule als isolierter Ort der Wissensvermittlung gesehen, der als Vorbereitung auf ein späteres Leben diente, welches unter weitgehend vorgezeichneten Bahnen ablief. Dieses hat sich in den letzten 30 Jahren radikal geändert. Durch Globalisierung ist die Welt enger zusammengerückt und die Anforderungen an den Einzelnen sind komplexer geworden. Neben der Fachkompetenz spielen die sogenannten Schlüsselkompetenzen eine wesentliche Rolle. Im Folgenden werden die genannten Begriffe zunächst eindeutig zum Zwecke eines gemeinsamen Verständnisses umrissen.

2.2 Wissen – Qualifikation

Ausgangspunkt für die weiteren Überlegungen ist der Begriff des Wissens. Unter Wissen versteht man alle Kenntnisse im Rahmen von Handlungs- und Sachzusammenhängen (Zeitverlag, 2005). Von einer anderen Perspektive kann man Wissen auch als verfügbare Informationsdispositionen im Gehirn verstehen.

Ein Beispiel für Wissen ist das sogenannte „unnütze Wissen", wobei unnütz im persönlichen oder gesellschaftlichen Umfeld zu sehen ist. Folgende beiden Aussagen (Neon, 2008, S. 27) könnte man in diese Kategorie einsortieren:

- Kraken haben einen Lieblingsarm
- Neun von zehn Menschen heiraten jemanden, der nicht mehr als 30 km von Geburtsort entfernt lebt.

Dieses Wissen wird wahrscheinlich nie gebraucht und ist auch nie abgeprüft worden. Dient Wissen zur Verwendung im gesellschaftlichen Umfeld, so kommt der Qualifikationsbegriff ins Spiel. Eine beispielhafte, aber repräsentative Definition ist:

„Unter Qualifikationen werden Fertigkeiten, Kenntnisse, Fähigkeiten und Wissensbestände im Hinblick auf ihre Verwertbarkeit für bestimmte Tätigkeiten oder Berufe verstanden. Qualifikationen werden aus der Sicht der Nachfrage und nicht aus der Sicht des Subjekts bestimmt. Sie sind den beruflichen Kompetenzen und der beruflichen Handlungskompetenz untergeordnet bzw. sind als deren integrale Bestandteile zu sehen." (KOMNetz, 2001)

Unter Qualifikation versteht man also „verwertbares Erlerntes". Diese kann informell erworben worden sein und sich als brauchbar erwiesen haben oder auch durch eine Prüfung dokumentiert werden. In Abgrenzung zum Kompetenzbegriff wird eine formal erworbene Qualifikation in einer „sterilen" Prüfungsumgebung nachgewiesen und nicht in einem späteren Handlungszusammenhang. Teilweise können bei Qualifizierungsprogrammen, zum Beispiel für Arbeitssuchende, eben nur Qualifikationen erworben werden, da Wissen in einem ‚Schulungszentrum', welches keine realen Arbeitsbedingungen beinhaltet, abgeprüft wird und nicht im späteren Arbeitsumfeld.

2.3 Kompetenz

Wenn man sich die Definition des Begriffs Kompetenz vor ca. 90 Jahren verdeutlicht, so wurde diese im rechtsstaatlichen Kontext gebraucht: „Befugnis, Zuständigkeit, der bestimmte Wirkungskreis einer Behörde, auch das, was jemandem von Rechts wegen zukommt." (Brockhaus, 1924) Dieses wird heute ganz anders gesehen. Im Folgenden wird anhand von Definitionen beispielhaft das heutige Verständnis des Kompetenzbegriffs – in den vergangenen 30 Jahren unterlag er einem steten Wandel – aufgezeigt.

F. E. Weinert fasst den Begriff folgendermaßen: Kompetenzen sind „die bei Individuen verfügbaren oder durch sie erlernbaren kognitiven Fähigkeiten und Fertigkeiten, um bestimmte Probleme zu lösen sowie die damit verbundenen motivationalen, volitionalen und sozialen Bereitschaften und Fähigkeiten, um die Problemlösungen in variablen Situationen erfolgreich und verantwortungsvoll nutzen zu können." (Weinert, 2001, S. 27)

Die Kommission der Europäischen Gemeinschaften definiert Kompetenz folgendermaßen: „In Übereinstimmung mit internationalen Studien wird Kompetenz hier als eine Kombination aus Kenntnissen, Fähigkeiten und Einstellungen definiert, die einer bestimmten Situation angemessen sind." (Europäische Union, 2006)

Im Rahmen einer OECD-Studie legte man sich wie folgt fest: „Eine Kompetenz ist mehr als nur Wissen und kognitive Fähigkeiten. Es geht um die Fähigkeit der Bewältigung komplexer Anforderungen, indem in einem bestimmten Kontext psychosoziale Ressourcen (einschließlich kognitiver Fähigkeiten, Einstellungen und Verhaltensweisen) herangezogen und eingesetzt werden." (OECD, 2005)

Allen Definitionen gemeinsam ist der Zusammenhang von Wissen oder kognitiven Fähigkeiten, die in einem Handlungskontext stehen und in diesem richtig oder wirkungsvoll angewendet werden, um Situationen, Probleme etc. zu bewältigen. Daraus ergibt sich als Konsequenz, dass die Wirkung von Kompetenzen ausschließlich in sogenannten Performanzprüfungen nachgewiesen werden kann.

In der Abbildung 1 sind die Zusammenhänge der verschiedenen Begrifflichkeiten dargestellt:

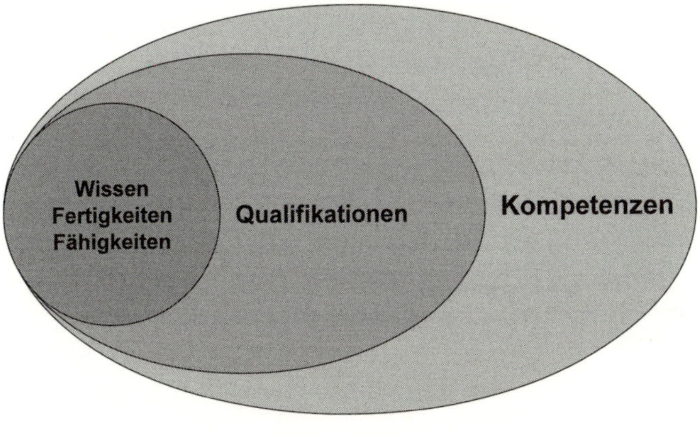

Abb. 1: Erläuterung des Kompetenzbegriffs (in Anlehnung an Erpenbeck & Rosenstiel, 2007)

Was macht einen kompetenten Mitarbeiter aus? Er muss sich nicht nur auf fachlicher Ebene sicher bewegen können, sondern auch im Unternehmen entsprechend agieren. So wird heute von Mitarbeitern u.a. Teamfähigkeit, weitsichtiges Handeln, Eloquenz und Empathie erwartet. Diese Faktoren werden unter dem Begriff Schlüsselkompetenzen zusammengefasst, der wie folgt definiert wird.

3. Schlüsselqualifikation – Schlüsselkompetenz

3.1 Allgemeines

Der Begriff Schlüsselqualifikation rückt 1974 durch Mertens in das Bewusstsein: Dieser versteht darunter „[...] Kenntnisse, Fähigkeiten und Fertigkeiten, welche nicht unmittelbaren und begrenzten Bezug zu bestimmten, disparaten praktischen Tätigkeiten erbringen, sondern vielmehr a) die Eignung für eine große Anzahl an Positionen und Funktionen als alternative Optionen zum gleichen Zeitpunkt und b) die Eignung für die Bewältigung einer Sequenz von (meist unvorhersehbaren) Änderungen von Anforderungen im Laufe des Lebens" sicherzustellen. (Mertens, 1974)

Es wird explizit zum Ausdruck gebracht, dass neben der Fachqualifikation noch übergreifende Qualifikationen zur umfassenden Ausübung einer Berufstätigkeit relevant sind.

In den 80er-Jahren erkannte man, dass der Begriff der Qualifikation nicht umfassend genug ist und prägte den Begriff der Schlüsselkompetenz. Die Anwendung des Fachwissens rückte in den Fokus und die Tauglichkeit klassischer Prüfungsformen, z.B. Klausuren, wurde in Frage gestellt.

3.2 Einteilung von Schlüsselkompetenzen

Eine Einteilung von Schlüsselkompetenzen, die auf Richter zurückgeht, sieht drei Bereiche vor:

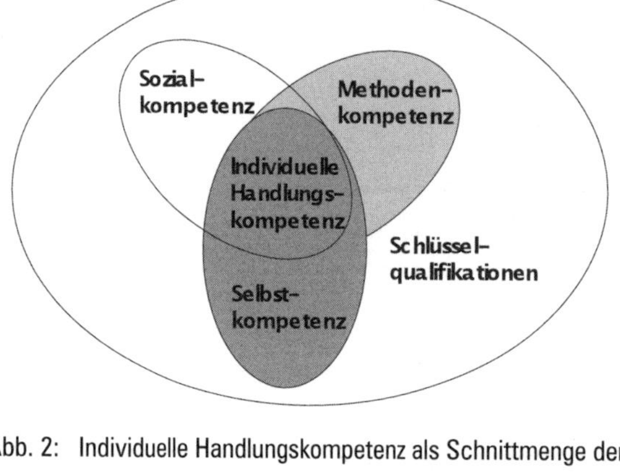

Abb. 2: Individuelle Handlungskompetenz als Schnittmenge der Kompetenzbereiche. (Richter, 1995, S. 38)

Während Richter von „Schlüsselqualifikationen" sprach, ist der Ausdruck „Schlüsselkompetenzen" heute gebräuchlicher. Zwar ist die in Abbildung 2 dargestellte Einteilung bereits mehrfach erweitert worden – wobei es sich jedoch meistens um Querschnittsmengen der Grundkompetenzen handelt (so z.B. interkulturelle Kompetenz) –, im Wesentlichen ist diese Dreiteilung allerdings erhalten geblieben.

Die EU hat einen Schlüsselkompetenzrahmen festgelegt, der für alle EU-Bürger gilt. Er umfasst die folgenden 10 Punkte (Europäische Union, 2006):

1. Muttersprachliche Kompetenz
2. Fremdsprachliche Kompetenz
3. Mathematische Kompetenz und grundlegende naturwissenschaftlich-technische Kompetenz
4. Computerkompetenz
5. Lernkompetenz
6. Interpersonelle, interkulturelle und soziale Kompetenz sowie Bürgerkompetenz
7. Unternehmerische Kompetenz
8. Kulturelle Kompetenz (im Sinne von künstlerischer Kompetenz)

Die EU fasst den Begriff der Schlüsselkompetenzen weiter. Es werden auch elementare Kompetenzen (wie z.B. Rechtschreibung) aufgenommen, die an Hochschulen vorausgesetzt werden.

4. Die Situation an den Schulen

Nach der Schulreform G8 sehen sich die Schülerinnen und Schüler mit einem teilweise enormen Arbeitspensum konfrontiert. Der Stundenplan lässt im Prinzip kaum noch Freiraum für die individuelle Entwicklung. Bei 36 Stunden Unterricht pro Woche und den üblichen Hausaufgaben bleibt nur noch eingeschränkte Zeit für Freizeitaktivitäten, was im Umkehrschluss bedeutet, dass Eltern und Schule gemeinsam das Defizit in der Vermittlung sozialer Kompetenzen kompensieren müssen. Dabei ist der Einfluss, den z.B. Sportvereine auf die Entwicklung der Sozialkompetenz ausüben, nicht zu unterschätzen: So erlernen und üben Kinder und Jugendliche dort regelmäßig in Kleingruppen im Training, Spiel oder Wettkampf praktisch ‚nebenbei' wesentliche Schlüsselkompetenzen.

Als Weiteres sei die Sporthelfer- oder Streitschlichtertätigkeit in der Schule genannt, die Schüler an manchen Schulen ausüben. Der Schüler wird zeitweise vom Unterricht befreit, sammelt Erfahrungen im Bereich sozialer Kompetenzen, wohingegen die Schule den Vorteil einer besseren Organisation von z.B. Sportfesten oder der geringeren Belastung von Konfliktsituationen im Alltag erfährt – eine klassische Win-win-Situation.

5. Beispiele aus den Schulen

Im Folgenden werden drei Beispiele für ein Engagement in der Vermittlung von Schlüsselkompetenzen an Schulen beschrieben. Sie sind allerdings alle in der Zeit vor der G8-Schulreform initiiert worden. Durch die Umstellung auf 8 Jahre Schulzeit ist nur schwerlich Kapazität vorhanden, die Projekte aufrecht zu erhalten. Teilweise ist es allerdings gelungen. (Es kann hier nur eine zusammenfassende Darstellung gegeben werden. Eine ausführliche Beschreibung ist in Brinker et al. (2010) zu finden. Auch die Abbildungen sind dieser Quelle entnommen.)

5.1 Märkisches Gymnasium Iserlohn

Das Märkische Gymnasium Iserlohn (MGI) ist eine Schule, die auf eine über 400-jährige Tradition zurückblickt. Heute besuchen ca. 1.100 Schüler das klassische Gymnasium. Die Schule war die erste, in der ein Methodenkonzept im Bereich der Schlüsselkompetenzen eingeführt wurde. Dies ergab sich aus der Problematik, dass es diesbezüglich keine einheitlichen und für alle verbindlichen Vorgaben gab. Eine gewisse Systematik des Erlernens, des weiteren Übens in verschiedenen Kontexten (Nachhaltigkeit) und der Vertiefungen in entsprechenden Jahrgangsstufen fehlte. Daher entschied man sich für die Entwicklung eines Methodenkonzeptes im Sinne von Schlüsselkompetenzen.

Eine Arbeitsgruppe entwickelte nach Absprache mit allen Fachgruppen zu jeder Methode Merkblätter. Parallel dazu wurde ein Ordner konzipiert, den jeder Schüler in Klasse 5 ausgehändigt bekommt. Eine Inhaltsübersicht und ein Register dienen zur Strukturierung des Ordners, in welchen im Laufe der Jahre die entwickelten Merkblätter und weitere Unterlagen nach erfolgreichem Erlernen im Unterricht eingeheftet werden. Dieses dient dem Schüler als Hilfe und dem Lehrer als Orientierung, ob auch die entsprechende Methode abgehandelt wurde.

Zur Verdeutlich folgt ein Auszug aus dem Methodenhandbuch:

- Mein Schreibtisch
- Mein Schultag beginnt
- Heftführung – Aufbewahren
- Hausaufgaben
- Texterarbeitung
- Tipps für das Vokabellernen
- Tipps und Tricks für Klassenarbeiten
- Wiederholen mit Hilfe von Mind-Maps
- Lernmethoden
- Tipps gegen die Angst
- Die Klassengemeinschaft
- Power für die grauen Zellen

- Bestimmung des Lerntyps
- Mein Zeitplan
- Mandalas

Das Programm setzt sich über die 6. Klasse bis in die Oberstufe mit weiteren Lern- und Präsentationstechniken, Rhetorik etc. fort.

Aus diesem Methodenkonzept ergibt sich als logische Konsequenz, ein entsprechendes Medienkonzept zu entwickeln. Viele Methoden sind heute an neue Medien (Computer, DVD, Internet etc.) gekoppelt. Ziel ist es, neue Medien kennenzulernen, sie zu beurteilen und auch adäquat einzusetzen. Bei der Entwicklung des Medienkonzepts wurde ähnlich vorgegangen wie beim Methodenkonzept (für eine Übersicht der Fertigkeiten siehe Tabelle 1).

Tab. 1: Fertigkeiten bzgl. Medien der Klasse 5

Projekt	**Medium**	**Fach**	**Erläuterungen**
Steckbrief Märchen	Computer; Word	Deutsch	Fertigkeiten – Schreiben – Einfaches Formatieren – Abspeichern – Wiederfinden – Ordner anlegen – Rechtschreibkorrektur
AG Tastaturschreiben	Computer	AG extern	Zehn-Finger-System
Zeichnen, Konstruieren	Computer; DynaGeo	Mathematik	– Programmbedienung: – Hauptleiste (Neu, Speichern, Laden, ...) – Konstruieren; Strecke, Strahl, Gerade, n-Eck, ... – Gestaltung der Zeichnungen in Form und Farbe – Zeichnen im Koordinatensystem – Vervollständigung von geom. Körpern – Zeichnen geom. Körper
Songs	Internet	Musik	Ziel: verantwortungsvolles Nutzen von Musik und Text
Gefahren des Internets	Internet	Religion	
Visualisierung und Hörbarmachen von Noten	Computer; z.B. Allegro	Musik	
Tabellen und Diagramme	Buch	Erdkunde	
Vorstellung von Lernprogrammen	Computer	Englisch	

Bei der Umsetzung des Medienkonzepts ergeben sich drei Problemfelder, die bewältigt werden müssen, aber auch bewältigbar sind. Das Konzept und die Schulausstattung müssen kontinuierlich der rasanten Entwicklung angepasst und die Lehrer müssen ggf. über Fortbildungen auf den neusten Stand gebracht werden.

Zusammenfassend kann gesagt werden, dass beide Konzepte eine gute Orientierungshilfe für Lehrer und Schüler sind, fächerübergreifende Kompetenzen zu entwickeln. Da so die Eltern konkret sehen, was in den einzelnen Stufen geplant ist, rücken auch – als positiver Nebeneffekt – Eltern, Schüler und Lehrer näher zusammen.

5.2 Graf-Adolf-Gymnasium in Tecklenburg

Nach der Erprobung eines fächerbegleitenden Trainingsprogramms mit dem Ziel, die Methoden-, Kommunikations- und die Teamfähigkeit zu erhöhen, entschied sich die Schule im Schuljahr 2005/06 dieses zu überarbeiten und fächerübergreifend zu gestalten. Hierbei flossen die Erfahrungen der letzten Jahre ein und Ziel war es, von der Praxis ausgehend sich auf das Wesentliche zu konzentrieren und dieses vertieft zu üben.

Da die Schüler bei der Lesekompetenz die größten Defizite aufweisen (Pisa-E-Studie), ist dieses Methodenkonzept an das Fach Deutsch angelehnt. Wo es sachlich sinnvoll ist, werden im Laufe der Zeit weitere Fächer eingebunden, vergleichbar mit konzentrischen Kreisen, bei welchen nach außen die Komplexität zunimmt.

Um das Methodenkonzept zu systematisieren und den einzelnen Lehrern die Durchführung zu erleichtern, wurden drei Methodenhefte konzipiert (aktuelle Anpassung auf G8 ab 2012 gültig):

Heft I (5./6. Jahrgangsstufe): Eigenverantwortlich lernen
Heft II (7./8. Jahrgangsstufe): Eigenverantwortlich lernen können
Heft III (9. bis 12. Jahrgangsstufe): Eigenverantwortlich lernen wollen

Das nachfolgende Inhaltsverzeichnis des ersten Heftes verdeutlicht das Konzept:

1. Vorwort: Entstehung und Ziele der Methodenhefte
2. Orientierungswissen: Allgemeine methodische Fertigkeiten
   - 2.1 Ein Hausaufgabenheft führen
   - 2.2 Hausaufgaben machen
   - 2.3 Haushefte und Mappen führen
   - 2.4 Klassenarbeiten vorbereiten und nutzen
   - 2.5 Mit der Lernbox arbeiten
   - 2.6 Mind-Maps erstellen und nutzen
   - 2.7 In einer Gruppe arbeiten
   - 2.8 Lernplakate entwerfen
   - 2.9 Mit dem Wochenplan arbeiten
3. Texte erfasssen, auswerten, schreiben
   - 3.1 Informationsbeschaffung (Arbeit mit Lexika / Bibliotheksprojekt)
   - 3.2 Texte erfassen und auswerten
   - 3.3 Argumentieren
   - 3.4 Beschreiben
   - 3.5 Berichten
   - 3.6 Kurzvortrag
4. Fachspezifische Fertigkeiten
   - 4.1 Englisch – Lernen mit Lernbox und Mind-Map
   - 4.2 Geschichte – Schaubilder und Strukturskizzen
Untersuchung von Quellen
   - 4.3 Erdkunde – Auswerten von Karten
Arbeiten mit Diagrammen

Das Heft umfasst 37 Seiten und ist im DINA5-Format gehalten. Die anderen beiden Hefte haben einen ähnlichen Umfang.

Das Konzept wurde 2006 von der Landeselternschaft NRW mit dem Schulpreis ausgezeichnet.

5.3 Geschwister-Scholl-Gymnasium in Pulheim

Das Geschwister-Scholl-Gymnasium hat ca. 1.300 Schüler. Bevor in der Schule die im Folgenden dargestellte Initiative implementiert wurde, war es ein ganz ‚normales' Halbtagsgymnasium. Idee war es, mit dem folgenden Konzept die Grenzen der Halbtagsschule in Richtung Ganztagsschule zu überwinden.

Dazu wurde im Schulentwicklungsplan die sogenannte Zukunftskompetenz definiert, die sich neben der Fachkompetenz an der klassischen Einteilung der Schlüsselkompetenzen orientiert. Im Überblick wird deutlich, welche Arbeit in dem Konzept mit dem Titel ‚grips – ich will es wissen' steckt:

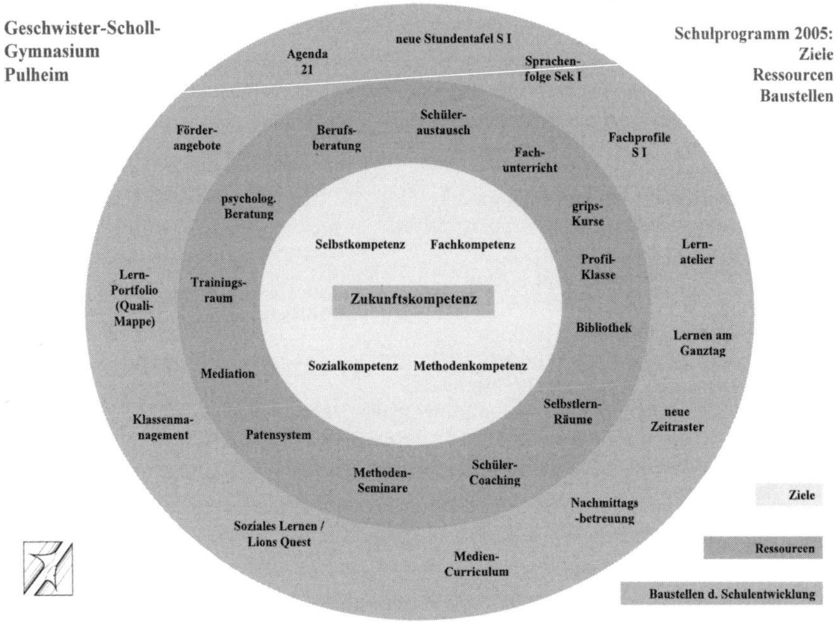

Abb. 3: Das Schulprogramm des Geschwister-Scholl-Gymnasiums

Die Nachmittagsaktivitäten sind eng mit dem Fachunterricht am Vormittag verknüpft. Es sollen im Wesentlichen folgende drei Punkte verknüpft werden:

- Unterricht (fachbezogen oder fächerverbindend) als Wechselspiel zwischen lehrergelenkter Instruktion und selbsttätiger Konstruktion
- Coaching als individuelle professionell angeleitete Lernberatung und gezielte Förderung
- Enrichment mit individuellen professionellen Zusatzangeboten

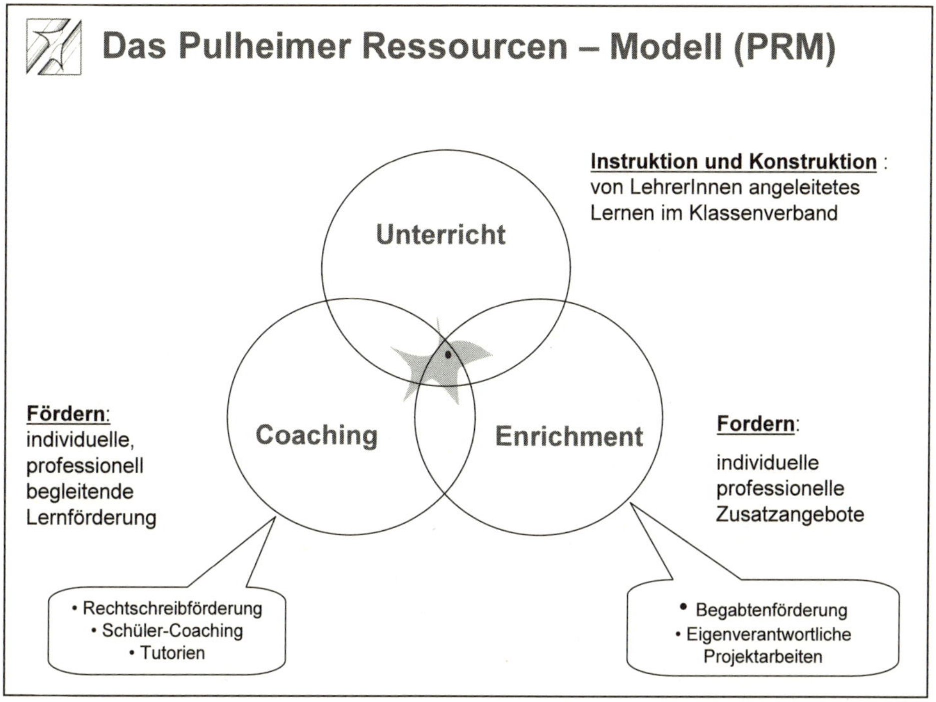

Abb. 4: Das Pullheimer Ressourcen-Modell – Verknüpfung von Unterricht, Coaching, und Enrichment (Brinker et al., 2010)

Eine zusätzliche Person, die keinen regulären Unterricht gibt, sondern speziell für das Projekt eingestellt wurde, hat die Aufgabe als Lernberater und Ressourcenmanager zu agieren. Nach einer Anlaufzeit wuchs das Programm auf über 70 Kurse mit mehr als 600 Teilnehmern an, wobei auch Kurse auf Anregung der Schülerschaft aufgenommen wurden. Hier zeigt sich das Wirken von Schlüsselkompetenzen: weg vom Rezipienten, hin zur aktiven Gestaltung. Die Fachlehrer stellten positive Auswirkungen auf ihren Unterricht fest.

Eine Teilnahme an den Kursen ist freiwillig. Die Schule entschied sich, die Kurse kostenpflichtig, aber kostengünstig anzubieten, um eine Verbindlichkeit der Teilnahme zu gewährleisten. Als weiterer „Nebeneffekt“ wird das soziale Miteinander gestärkt, da die Kurse im Hinblick auf Alter und Klassenverbände sehr durchmischt sind.

Das Angebot ist in drei Stufen gegliedert:

Erste Lernstufe („Schnupperangebot")	Hier wird auf Erfahrungen aufgebaut, die keine Berücksichtigung im Unterricht finden, um den Schülern unentdeckte Potenziale aufzuzeigen.
Zweite Lernstufe („Kochkurs")	In dieser Stufe werden die grundlegenden Schlüsselkompetenzen (Präsentieren etc.), die benötigt werden, angeboten. Viel Wert wird auf die soziale Kompetenz gelegt.
Dritte Lernstufe („Schlemmer-Menü")	Zu diesem Zeitpunkt geht es um Professionalität. Komplexere Themen wie z.B. Projektmanagement werden behandelt. Die Schüler sollen aktiv handeln wie auch reflektieren können.

Nach einigen Jahren werden die ersten besonders geeigneten Schüler zu Coaches ausgebildet, die wiederum Schüler der 5. und 6. Klassen anleiten. Im Programm dieser Lernhelfer stehen Themen wie Lerntechniken, Lernmethoden, Hausaufgabenbetreuung etc.

Als Ergebnis kann festgehalten werden, dass alle Beteiligten profitieren: Die Lernhelfer wenden die erlernten Schlüsselkompetenzen an, jüngere Schüler erhalten gute Startbedingungen und die Lehrer werden entlastet – wieder eine eindeutige Win-win-Situation.

Dieses Konzept ist ein sehr gelungenes Beispiel für das Zusammenspiel von Unterricht, Coaching und Enrichment, von welchem die Schüler in vielen Lebenslagen profitieren werden.

6. Die Schule und der EU-Rahmen

Die Schulen fangen im Hinblick auf die Entwicklung von Schlüsselkompetenzen nicht bei Null an. Betrachtet man den europäischen Referenzrahmen, so gibt es Kompetenzen, die schon traditionell an Schulen als Fächer gelehrt werden. Hierzu gehört zweifelsfrei die muttersprachliche und mathematische Kompetenz. Im Sinne der Kompetenzdefinition liegt die fremdsprachliche Kompetenz schon am Rande der Qualifizierung. Die Anwendung im alltäglichen Leben wäre dann in dem fremdsprachlichen Land durchzuführen, um die Performanz zu sehen und zu erhöhen. Die Schulen haben sich fächerübergreifend der Computerkompetenz genähert. Des Weiteren tragen die heutigen Kommunikationsmöglichkeiten durch Smartphones und soziale Netzwerke informell dazu bei.

Die Schule ist der geeignete Ort für den Beginn des Erwerbs der durch die EU geforderten Lernkompetenzen. Fortgesetzt werden muss dieser Prozess an jedem folgenden Lernort. Lernen an der Hochschule ist anders als in der Schule. Allerdings fördert die Umstellung im Zuge der G8-Schulreform nicht das durchaus erwünschte nachhaltige Lernen. Hier ist – nach meinen persönlichen Erfahrungen – eher der umgekehrte Trend zu beobachten (Stichwort „Bulimie-Lernen"), wie mir z.B. ein Schüler treffend berichtete: „In die Birne kloppen, in der Klausur auskotzen und dann die nächste Ladung von vorne".

Zwei klassische Schlüsselkompetenzbereiche, nämlich die personelle und soziale Kompetenz, werden in Punkt sieben der EU-Richtlinie (Europäische Union, 2006) angesprochen. Dazu kommt noch die Querschnittskompetenz interkulturelle Kompetenz. Hier ist die Schule teilweise überfordert. Sie kann nur Impulse geben, da nicht allein die Schule der Lernort ist, sondern auch das Elternhaus sowie die Gesellschaft. Eine individuelle Persönlichkeit zu „formen", die sich durch Erfahrungen im europäischen (internationalen) Kontext bildet, muss breit gefächert sein. Eine Möglichkeit zur Entwicklung interkultureller Kompetenz sind z.B. Schüleraustauschprogramme, initiiert durch die Schule.

Auf den ersten Blick scheint die von der EU geforderte unternehmerische Kompetenz weit vom Alltag in der Schule entfernt zu sein. Doch auch hier gibt es Möglichkeiten, erste Ansätze in der Schule zu realisieren. Das oben beschriebene Gymnasium in Iserlohn hat eine kleine Firma gegründet (MGI-Style), die sich z.B. um das Drucken von T-Shirts für Klassenfahrten kümmert oder einen speziellen Taschenkalender (MGI-Timer) für die Schüler druckt. Die Verantwortung trägt ein Lehrer, aber die Schüler sollen lernen, selbständig zu denken und unternehmerisch zu handeln.

Die kulturelle Kompetenz ist eine Art ‚Heimspiel', zumindestens für Gymnasien. Verstanden wird darunter: „Anerkennung der Bedeutung des künstlerischen Ausdrucks von Ideen, Erfahrungen und Gefühlen durch verschiedene Medien, wie Musik, darstellende Künste, Literatur und visuelle Künste" (Europäische Union, 2006).

7. Was ist zu tun?

Alle angeführten Beispiele zeigen, dass die Projekte nur durch persönliches Engagement und/oder zusätzlichen Personalaufwand aufrecht erhalten werden können. Bis jetzt werden die Schulen in vielen Belangen alleine gelassen und entwickeln eigene Modelle. Hier könnten sie durch die Erarbeitung grundlegender Konzepte unterstützt werden. Die Situation ist vergleichbar mit einem Kochrezept, wobei die Individualität der Speise durch die Würzung des Kochs stattfindet, also der Schule selbst, die die Initiativen auf die individuellen Gegebenheiten anpasst. So könnten Hemmschwellen bei der Initiierung verringert werden.

Die häufig gestellte Frage nach einem objektiv messbaren Nutzen ist nur ganz schwer zu beantworten. Hier müssten noch systematisch Diagnosetools implementiert werden. Ein sinnvolles Diagnosetool ist auf den Webseiten des Instituts für Zukunftsorientierte Kompetenzentwicklung (www.izk-kompetenzcheck.de) abrufbar. (Seit Mitte 2013 heißt die Einrichtung Institut für Bildung, Kultur und Nachhaltige Entwicklung.) Es ist einer der wenigen wissenschaftlich untermauerten Tests, die existieren. Er ist allerdings für Schüler der Mittel- und Unterstufe weniger geeignet, sondern setzt bei Studierenden des 1. Semesters einer Fachhochschule an. Hier besteht noch Handlungsbedarf.

8. Zusammenfassung

Der Weg, Schlüsselkompetenzen explizit in die Schule zu integrieren, ist schwer. Durch viele Reformen im Schulwesen sind die Schulen in erster Linie damit beschäftigt, der vorgegebenen Entwicklung zu folgen. Es existieren gute Beispiele für eine systematische Implementierung in den Unterricht, die aus eigener Initiative der Schulen entstanden sind. Allerdings finden die Projekte aus den oben dargelegten Gründen nicht flächendeckend statt. Einen guten Orientierungsrahmen bzw. Ansatz für die Schulen bietet die EU-Richtlinie; sie ist sehr weit gefasst und gibt der Schule die Möglichkeit durch Lehrpläne schon einzelne Bereiche abzudecken.

Literatur

Brinker T. et al. (Hrsg.) (2010): SQ-Forum 1/10, Bochum.

Brockhaus (1924): Handbuch des Wissens in vier Bänden, Leipzig.

Erpenbeck, J. & Rosenstiel, L. v. (Hrsg.) (2007): Handbuch Kompetenzmessung, Schäffer-Pöschel, Stuttgart.

Europäische Union (EU) (2006): Empfehlung des europäischen Parlaments und des Rates zu Schlüsselkompetenzen für lebenslanges Lernen, 18. Dez. 2006, 2006/962/EG.

KOMNetz (Hrsg) (2001): Theoretischer Referenzrahmen des Projektes: „Kompetenzentwicklung in vernetzten Lernstrukturen – Gestaltungsaufgabe für betriebliche und regionale Sozialpartner", Universität der Bundeswehr, Hamburg.

Mertens, D. (1974): Schlüsselqualifikationen. Thesen zur Schulung für die moderne Gesellschaft. In: Institut für Arbeitsmarkt- und Berufsforschung (Hrsg.): Mitteilungen aus der Arbeitsmarkt und Berufsforschung, Jhg. 7, H.1, Nürnberg.

NEON (Hrsg.) (2008): Unnützes Wissen, Heyne-Verlag.

OECD (2005): Definition und Auswahl von Schlüsselkompetenzen, www.oecd.org/dataoecd/36/56/35693281.pdf (Zugriff: 28.5.2010).

Richter, C. (1995): Schlüsselqualifikationen. Sandmann-Verlag, Alling.

Weinert, F.E. (Hrsg.) (2001): Leistungsmessung in Schulen, Beltz-Verlag, Weinheim, Basel.

Zeitverlag (Hrsg.) (2005): Das Lexikon in 20 Bänden, Hamburg.

Werner Esser

Pädagogik ‚ad personam'
Ein Paradigma schulischer Begabtenförderung

Abstract

Dreimal Reformpädagogik: drei Profile eines Gesichts; Stadien ihrer Entwicklung bei ganz unterschiedlicher Herkunft; drei „Ungleichzeitigkeiten"; drei Stationen einer Berufsbiographie. Trotz aller Gegenrede und trotz allen Missbrauchs – auch in der pädagogischen Theorie: Wer sich als Pädagoge und wenn sich ein Schulkonzept so versteht, nämlich mit Blick auf Verantwortung für die Gesellschaft und mit Blick auf die Talente des Einzelnen, dann geht es um viel mehr als um Schulkarrieren. Dann geht es auch um mehr als das gängige Lehrerbild.

Dass im Laufe der Zeit der reformpädagogischen Trias von Kopf, Herz und Hand der Kopf verloren gegangen war. Das bisschen Unterricht, der Rest geistigen Lebens in der Schule, schafft sich doch allein. *Hidden curriculum*: ein wie auch immer ‚verschwiemelter' Gutmensch. Natürlich sieht und sah die Wirklichkeit immer anders aus. Aber die Kopflosigkeit war Herausforderung genug, Begabtenförderung versuchsweise an reformpädagogischen Prämissen zu orientieren und ein neues, aufgeklärteres Internatsgymnasium aufzubauen. Und diese Erfahrungen waren wiederum übertragbar an und auf eine Schule, deren Konzept nolens volens in die Jahre gekommen war – jenseits der üblichen Stigmatisierung von ‚Hochbegabung', was auch zu lernen war. Es war deutlich, wie eine Pädagogik, die sich auf die Person des Gegenübers richten würde, die Haltung des Lehrers, aber auch die des Schülers verändern half. Der Paradigmenwechsel beginnt eben – mitten im Jetzt.

1. Lernen – die persönlichste Sache der Welt

Im Dezember 1995 begann die Gründungskommission für das *Landesgymnasium Sankt Afra zu Meißen*, gedacht als ‚Internatsgymnasium' mit ihrer Arbeit. Eine der zentralen Fragen war: Wird es möglich sein, aus bestehenden reformpädagogischen Konzepten, die für das Gymnasium wie für das Internat gelten sollen, eine Schule zu bilden – eine Schule, deren Komponenten zusammen auf die Förderung besonders begabter Schülerinnen und Schüler ausgerichtet ist? Am Tisch saß Franz E. E., der Nestor der deutschen Begabtenförderung, der wohl sehr früh und sehr zum Erstaunen des Verfassers großes Vertrauen in das Projekt gesetzt hatte. Ebenfalls am Tisch saßen der Generalsekretär der Studienstiftung, Hartmut Rahn, zu Zeiten Kurt Hahns Schüler in Salem, ein Naturwissenschaftler aus Chemnitz, ein Mathematiker aus Leipzig, eine Sprachwissenschaftlerin aus Dresden und Berlin und schließlich – federführend –

das sächsische Kultusministerium. Es war eine der seltenen Gelegenheiten, freilich begünstigt durch die Innovation, die die Zeit und diese Zeit ganz besonders in Sachsen mit sich brachte, dass eine Schule aus gesellschaftlichen, pädagogischen, akademischen und entwicklungspsychologischen Notwendigkeiten gedacht werden konnte.

Schon früh kristallisierte sich deren Ziel, der Begriff der ‚educated person' heraus: eine gebildete, ausgebildete und erzogene Persönlichkeit. Und es war deutlich, dass dieses Ziel nicht mit dem anti-akademischen Selbstverständnis der traditionellen Reformpädagogik verfolgt werden konnte, sondern sich deutlich ‚geistnäher' einer ‚personalen Pädagogik' oder – wenn dieser Begriff inzwischen auch wieder neu akzentuiert sein sollte (Weigand, 2004) – einer ‚Pädagogik ad personam' verpflichten musste.

Eine aufgeklärte Reformpädagogik also, wie sie zu Teilen in den United World Colleges[1] gelebt und gelehrt wurde, die sich zum einen zivilgesellschaftlich (‚Service-Learning') und zum andern als frühe Anleitung zur Selbständigkeit versteht. Zu beidem tritt dann in Sankt Afra eine radikale Individualisierung des Lernbegriffs hinzu, der in allen Bereichen – Internat wie Gymnasium – gilt und der ein ‚mentoring', später in der Oberstufe dann ein ‚coaching' als pädagogische Haltung zwingend voraussetzt. ‚Lernen ist die persönlichste Sache der Welt.' Das sagte der bekannte Kybernetiker Hans von Foerster; ‚Freiraum für Persönlichkeit' war der spätere ‚claim' des Landesgymansiums Sankt Afra, der diesen pädagogischen (Spiel-)Raum gleichermaßen als individuell ausgerichtet und global orientiert ansprach. Damit waren aber auch drei Aspekte über das Verhältnis Begabtenförderung und Reformpädagogik mitgesagt: Begabtenförderung ist viel mehr als Kadertraining und Karriereförderung; Begabtenförderung versteht sich in ethisch verpflichtenden Koordinaten; Reformpädagogik stellt die Person in den Mittelpunkt und erweitert in dieser Konstellation den ‚ausgelaugten' Ganzheitsbegriff um eine geistige Dimension; Reformpädagogik labilisert das Verhältnis von Experte und Novize und meint ein wechselseitiges Lernen. Damit ist ebenfalls eine andere Auffassung von Distanz und Nähe gemeint, die wechselseitige Akzeptanz zwingend voraussetzt.[2]

Des Verfassers Optimismus, dass dieses Experiment gelingen könnte, war wesentlich geringer ausgeprägt als der der Gründungskommission. Die Größe der Herausforderungen kann aus heutiger Sicht nur schematisch dargestellt werden. Die Bedeutung eines solchen Versuches allerdings ließ, je klarer die Umrisse und die genannten Stützkonstruktionen wurden, die Zweifel am Gelingen erheblich wachsen. Nicht erst seit Kierkegaard weiß man aber, dass das Leben bekanntlich nach vorne gelebt und nur im Rückblick verstanden werden kann. Dass unter dieser Skepsis die eigene, ganz anders erfahrene Schulzeit liegt, ist der biographische Impetus, der allerdings institutionell keine Bedeutung hat. Auch wenn die zurückliegende eigene Schulzeit in weiten Teilen ein ‚geistferner Raum' gewesen ist, der persönlicher Entwicklung nur wenig

1 Die Auswahl fand eine Zeit lang unter dem Dach der Studienstiftung des Deutschen Volkes statt.

2 Man ist geneigt nachzuschieben: ... und nicht einer wie auch immer ‚kumpelhafte', ‚kameradschaftliche' Distanzlosigkeit das Wort zu reden, die sich Familienersatz dünkt und gänzlich anderes meint. Wie falsch das alte, hieratische Expertenverhältnis in der Reformpädagogik gewirkt hat, das kann man Wort für Wort bei Christian Füller, *Der Sündenfall* nachlesen.

Platz ließ, musste diese Konstruktion weiter reichen. Sie musste den Gegenentwurf der Reformpädagogik, die freilich historisch verstehbar bleibt, überwinden und Elemente neu kombinieren und flexibilisieren – bis hin zu einem eigens zu konzipierenden neuen Bild vom Lehrer, das gelebte Spiritualität und Intellektualität mit reflektiertem Engagement in einem globalen Szenario zusammen zu denken in der Lage war.

Die Stationen des Prozesses[3], die hier vorgestellt werden sollen, sollen die These bebildern, dass Begabtenförderung in Deutschland sich aus einer nicht geringen Anzahl von pädagogischen ‚*good practices*' speisen kann. Dass sich dieser Prozess hier auf drei Stadien einer Reformpädagogik bezieht, die bei Kurt Hahn ihren Ursprung hat – dazu später mehr –, ist nicht nur biographisch begründet, sondern der Aufbau wird im Zuge der Darstellung hoffentlich auch systematisch deutlich. Die Stationen waren die Schulen Schloss Salem im Süden, das Landesgymnasium Sankt Afra zu Meißen im Osten und die Stiftung Louisenlund im Norden.

Diese drei Standorte könnte man auch – eine Reminiszenz an die Ungleichzeitigkeit des Gleichzeitigen in der Pädagogik – als drei Stadien einer ‚Pädagogik ad personam' charakterisieren: *Salem* hatte, als der Verfasser es genauer kennenlernte, eine übergewichtige, sehr traditionell ausgerichtete, zugleich traditionsreiche Vergangenheit innerhalb der Reformpädagogik, die sich von Anfang an aber politisch und nicht als Familienersatz, sondern als Ergänzung von Familie verstand. Das Ziel dieser reformpädagogischen Spielart ist die Übernahme gesellschaftlicher Verantwortung. Und sie spielte zumindest Anfang der achtziger Jahre einen emphatischen, politisch gemünzten Lebensbegriff gegen den akademischen Anspruch aus. Diesen emphatischen Lebensbegriff hatte Salem aus der Jugendbewegung, den politischen Anspruch aber aus dem Scheitern der Verantwortungseliten in zwei Weltkriegen gewonnen. Salems Gründer, Kurt Hahn, hat ungemein erfolgreich weitere Schulen dieses Formates ins Leben gerufen. Zuletzt die oben genannten United World Colleges, denen man wohl die am weitesten gedachte globale Pädagogik zusammen mit einer nachdrücklich gelebten Erziehung zum Frieden attestieren muss.

Dem *Landesgymnasium Sankt Afra* sollte eine – an Salem gemessen – aufgeklärte(re) Reformpädagogik als Basis dienen, die eben nicht den akademischen Anspruch und die zivilgesellschaftliche, also die politische, zu Teilen auch ‚internatliche' Qualität gegeneinander ausspielt. Leben und Lernen hatten aufeinander so Bezug zu nehmen wie Erlebnis und Reflexion, die nur zusammen zur Erfahrung werden können. Es ist schon mehr als eine ‚hidden agenda', dass bei der Gestaltung dieses pädagogischen Konzeptes und in der Entfaltung dieses Prozesses Renzullis Enrichmentvorstellungen[4] zum einen und das Service-Learning (Sliwka, 2013) zum anderen an dieser Schule in ihren organisierten und nichtorganisierten Teilen und Zeiten entdeckt und

---

3 Dass es sich hier auch um einen biographischen Prozess handelt, soll nicht unerwähnt bleiben.

4 Schoolwide Enrichment Model: „The Schoolwide Enrichment Model (SEM) (Renzulli, 1977; Renzulli & Reis, 1985, 1997) is widely implemented as an enrichment program used with academically gifted and talented students and a magnet theme/enrichment approach for all schools interested in high-end learning and developing the strengths and talents of all students." (http://www.gifted.uconn.edu/sem/ letzter Zugriff am 20.11.2013).

gelebt werden konnten. Beides übrigens lange, bevor die Begriffe in der Debatte innerhalb und außerhalb des Landesgymnasiums St. Afra angekommen waren. Verwundern muss dies nicht, denn die Nähe Renzullis zur amerikanischen Reformpädagogik und hier speziell zu John Dewey und William Kilpatrick sind in der letzten Zeit evidenter geworden. Service-Learning entwickelt sich nicht alleine aus reformpädagogischen Grundlagen Hahns, sondern trifft zusammen mit Joe Renzullis Anforderung an modernen Unterricht und einer pädagogisch notwendigen Öffnung von Schule: ‚*real problems to a real audience*'. In dieser Perspektive verschmelzen die Ansprüche einer aufgeklärten Reformpädagogik mit denen einer modernen Begabtenförderung.

Die *Stiftung Louisenlund*, eine in die Jahre gekommene ältere pädagogische Einrichtung aus der Salemer Verwandtschaft, wurde unter anderem auch angeregt durch den ‚Urahnen' Kurt Hahn. Diese durch ihr Alter vornehmlich würdevolle Institution sollte – und das ist die dritte Station – ‚zukunftsfähig' gemacht werden. Dass diese Innovation auf Vorstandsebene für notwendig erachtet wurde, besagt zum einen etwas über den Reflexionsstand der ‚Stakeholder', die außerhalb und unter anderen Horizonten tätig waren, zum anderen etwas über den Prozess, der bei dieser Reformierung ins Haus stand. Die Zukunftsfähigkeit konnte nur darin bestehen, dass die akademischen Belange nicht mehr als Anathema traktiert und möglichst aufwandslos erledigt wurden, sondern auch deutlich über den Unterricht hinaus ausgedehnt werden sollten. Gleichzeitig sollte mit den Pfründen gewuchert werden: Die außerunterrichtlichen Aktivitäten sollten Fortsetzung des Unterrichts in anderen Partituren werden, sollten zusammen mit dem Unterricht Profile ausbilden, so dass das Prinzip, das dem Service-Learning innewohnt, nämlich Unterricht und außerunterrichtliches Geschehen zu verzahnen, hier zur Gestaltungsnorm werden sollte. Zugleich galt es ein internationales Profil zu entwickeln, um so einen globale(re)n Horizont zu entwerfen. Samt und sonders also Unternehmungen gegen die ‚didaktische Reduktion'.

Einen Zeitraum von wenigen Jahrzehnten umspannen diese drei Stationen, eine Zeit allerdings, in der sich in der Institution Schule, insbesondere in den hier beschriebenen Schulen, Entscheidendes veränderte. Mir scheint vor allem die Dynamik charakteristisch zu sein, mit der die Komplexität dieser Institutionen zunahm, und die Offenheit, mit der diese Schulen den sie umgebenden komplexeren Geschehnisse begegneten. Das hat natürlich auch Ursachen, die außerhalb liegen, und ist freilich nicht auf die bloße Eigendynamik zurückzuführen: Auch wenn in der reformpädagogischen Tradition die öffentliche Schule immer im Verdacht stand zu simplifizieren, und wenn auch gegen den ‚kommishaften' Lernbegriff der öffentlichen Schule ein Lebensbegriff emphatisch ins Spiel gebracht wurde, der beinahe ungebrochen (Summerhill) auf der Adaption von Komplexität aus der Umgebung bestand und den Schutzraum dann aber auch unter dem Titel des ‚Lebenslabors' teilweise aufgab (Odenwaldschule), wurde allzu oft nur die Nomenklatur geändert: Vorbilder standen hoch im Kurs, Novizen wurden in die Gemeinde eingeführt, die hieratische Haltung der Patriarchen ließ wenig Spielraum außerhalb des Sanktionierten zu. Kurz, das Kollektiv, das dem Drill unterstellt war, wurde hier der säkularen Theologie eines Lebensbegriffs unterstellt und war dieser anderen Gewalt nicht weniger ausgeliefert.

In der Tat kommt inzwischen auch die öffentliche Schule dahin, dass sie die Komplexität in den Unterricht hineinnimmt, grundsätzlich jeden, Lehrer wie Schüler, anhält, Komplexität nach seiner Maßgabe zu bearbeiten. Das bedeutet aber auch, dass Komplexität zu bearbeiten jeweils eine Neukonstruktion zu entwerfen meint. Dass man sich damit Alternativen nähert, die zueinander in Konkurrenz geraten können, dass Antworten auf die Frage nach richtig oder falsch komplizierter, weil die konstruierten Sachverhalte komplexer werden, dass die schulischen Beurteilungsschemata genauso zu verlassen sind wie die schulischen Rollen, ohne sie aber aufzugeben, das ist in der Tat ein großes Erschwernis.

Leben lernen nach Vorbildern – so hat Salem damals Leben aufgefasst und nicht zuletzt deshalb wurde das ‚*Lob der Disziplin*(ierung)' dort angestimmt. Leben lernen als Konstruktionsentwürfe und Auseinandersetzungen mit Komplexität: Darauf müssen wir heute die ‚Pädagogik ad personam' ausrichten. Zwischen diesen beiden Begriffen spannt sich die Thematik dieser kleinen Darstellung auf, an deren Ende auch ein systematischer Begriff von Service-Learning steht. In diesem Zusammenhang scheint es von zentraler Bedeutung zu sein, dass Joe Renzullis Konzept vom ‚Schoolwide Enrichment Model' als ‚*missing link*' angesehen werden kann zwischen den reformpädagogischen *essentials* und einer modernen Begabtenförderung, so wie sie in Deutschland adaptiert wurde. Und dass schließlich Joe Renzulli auch derjenige ist, der hilfreich dabei war, die akademische Dimension in einzelnen Aspekten einer aufgeklärten Version von Reformpädagogik zu implementieren, die die ‚Persönlichkeit' in die eigene Mitte stellt, auch das gehört zu den Auswirkungen dieses Modells. Die hier gemeinte *Pädagogik ‚ad personam'* ist denn auch nichts anderes als ein Paradigmenwechsel vom Kollektiv hin zum Einzelnen, was wiederum den historischen Bogen zurückschlägt in die Zeit, in der man im Osten begann, über das Landesgymnasium Sankt Afra nachzudenken. Dass man dies bei der Förderung von besonders Begabten besonders gut studieren kann und konnte, liegt auf der Hand.

2. Lebensnähe, Bildungsziele, Schulkritik

Aus einem Gespräch zwischen Kurt Hahn und Max Markgraf von Baden, dem letzten Reichskanzler (3.10–9.11.1918), wird folgende Bemerkung Max von Badens kolportiert: „Sie wollen hier ein Internat aufbauen. Vergessen Sie nie, Sie sind hier auf heiligem Zisterzienserboden. Die Zisterzienser waren hier die Herren von 1134 bis 1803. Sie waren die Wegbauer, die Landwirte, die Förster, die Ärzte, die Tröster und die Lehrer dieser Gegend [...]. Mir liegt daran, dass die Kinder die Werkstätten der Handwerker in den Nachbardörfern aufsuchen. Sie werden die Erfahrung machen, dass der gute Handwerker dem Schulmeister überlegen ist in seinem Abscheu vor einem schludrigen Stück Arbeit." (Birnthaler, 2008)

Abschätzigkeit gegenüber den intellektuellen Bemühungen, so wie die Schule sie damals vorgab und abforderte, Wertschätzung der außerschulischen Erfahrungsbereiche und schließlich das große lebensphilosophische Pathos, das die Basis der Schulgründung Salems hergab, gingen in den Grundstein dieses reformpädagogischen Denkmals ein. Schließlich war das Zisterzienserkloster erst durch die Säkularisierung unter Napoleon an die Badener Markgrafen gefallen. Doch dieser Dreiklang war lange zu vernehmen in den *Schulen Schloss Salem*. Noch in einem Interview am Ende seiner Regentschaft hat der langjährige Leiter Bernhard Bueb dekretiert: „Die Schulgründer haben ganz eindeutig eine Eliteeinrichtung vorgehabt. Und zwar ging es ihnen vor allem darum, eine Führungselite, also nicht eine wissenschaftliche Elite oder eine akademische Elite [heranzubilden], das [andere] war Kurt Hahns Ziel, er wollte politisch wache Menschen erziehen."[5]

Mit diesem Pfund ließ sich lange Zeit wuchern. Mit diesem Pfund ließ sich vortrefflich in der Elitediskussion der achtziger Jahre argumentieren. Elite aber bedarf heute der demokratischen Legitimation, der Bildung und der gebildeten Verantwortungsübernahme. Heute dürfte unter dem reformpädagogischen Horizont wohl nicht so sehr Kurt Hahn und seine royalistischen Ambitionen, sondern John Dewey mit seiner Schrift ‚*Education and Democracy*' Pate stehen. Noch 1958 dekretierte aber Hahn: „Vom Standpunkt der Nation ist das wichtigste, dass die Landerziehungsheime leisten, die staatsbürgerliche Erziehung." Und dies im tatkräftigen Sinne; tatkräftig vor allem bezogen auf die Matrix, der die Pädagogik von Hahn zuzuordnen ist: „Der Ungerechte, der zum bundesgenössischen Handeln unfähige selbst denkt, der Mutlose, der Skeptiker, der Rascherlahmende, der Langsamreagierende, der Weichling, der den Wallungen des Augenblicks erliegt – es ist ihm natürlich außer Stande, die höchste Stufe zu erklimmen [...]", sie bleiben „schlechte Menschenware" (Hahn, 1958, S. 41). Auch das ist Kurt Hahn; hier spricht vermutlich auch jemand, der mit mehr oder weniger großem Erfolg seine eigene zweiflerische und melancholische Seite zu unterdrücken versucht hat, auch das mit Tatkraft, so dass zu den Sanktionen in den früheren Zeiten Salems zum Beispiel auch das Strafboxen gehörte, bei dem der beste Boxer als ‚prügelnder Knabe' dem ‚Prügelknaben', auch das ein aristokratischer Brauch, gegenübertrat. Nur zur Vorsicht sei darauf hingewiesen, dass die Zeiten, so brutal sie unter dem Männlichkeitswahn waren, doch ihren genauen Analytiker und Betrachter gefunden hatten: Robert Musil. Sein Zögling Törless erlitt schon 1906 solcherlei Selbstjustiz.

Was aber unterhalb dieser pädagogischen ‚Petitessen' und ganz im Gegensatz dazu von Bedeutung war und ist, ist ein Konzept, das wir heute zu Recht eine Vorstufe der Ausbildung zu einem theoretisch starken Selbstkonzept nennen können. Hahns Urbild, sein Erziehungsziel, war der barmherzige Samariter aus dem Neuen Testament, waren also Barmherzigkeit und Zivilcourage. Als Hahn vor den Nazis nach England floh und in Schottland das Internat Gordonstoun gründete, fixierte er einige Prinzipien, die er später die ‚*Sieben Salemer Gesetze*' nennen sollte:

1) Gebt den Kindern Gelegenheit, sich selbst zu entdecken.
2) Lasst die Kinder Triumph und Niederlage erleben.
3) Gebt den Kindern Gelegenheit zur Selbsthingabe an die gemeinsame Sache.
4) Sorgt für Zeiten der Stille.

5 www.dradio.de/dlf/sendungen/kalenderblatt/1472110/ (Zuletzt aufgerufen am 20.11.2013).

5) Übt die Phantasie.
6) Lasst Wettkämpfe eine wichtige, aber keine vorherrschende Rolle spielen.
7) Erlöst die Töchter und Söhne reicher und mächtiger Eltern von dem „nervenden Gefühl" der Privilegiertheit.

Man könnte mit einem mehrwertigen Verständnis von Selbstkonzept diese Gesetze folgendermaßen umformulieren: Dass nämlich Selbstkonzept und Selbstreflexion zusammengehören, dass Grenzerfahrungen zwingend notwendig sind, um Selbstkonzepte entstehen zu lassen, dass soziale Intelligenz gelernt sein will und zugleich Begabungen in der Stille wachsen. Dass Kreativität von zentraler Bedeutung ist und dass Performanzen, wenn man Wettbewerbe so verstehen möchte, wichtig sind, aber beileibe nicht ein ausschließliches Kriterium. Und noch die letzte Bemerkung über den Dünkel lässt sich in das so angelegte Selbstkonzept integrieren. Da Dünkel am Ende immer der Angst entsprungen sind, der Angst, Wert als Besitz auch an andere wieder verlieren zu können, und einen Begriff von Fremdheit verhindern, der wertschätzende Neugierde meint, ist der letzte Rat einer, der sich gegen die statusbedingte Verdummung richtet. Also gilt es anhand dieser Postulate in den Diskurs zu treten nach innen, in die Schule hinein, zwischen Lehrer und Schüler, und auch nach außen. „Brecht Fenster und Türen in die Klostermauern!", meinte der alte Hahn über sein Zisterzienserkloster und ist damit nahe bei ‚real problems' angelangt. Es wird ja auch kolportiert, dass er am Ende seines Lebens die Idee der Landerziehungsheime aufgegeben haben soll. Man solle stattdessen die Stadtränder als Standorte aufsuchen, weil hier die größeren Aufgaben warten als in der ‚pädagogischen Provinz'. Das ist ja nur konsequent für jemanden – es sei wiederholt –, der in einer solchen Schule keinen Familienersatz sah, sondern ein ‚politicum'.

Die Skizze (Moschner, 2001) eines generellen Selbstkonzeptes, das in seiner Vielschichtigkeit eine Matrix der ganzheitlichen Pädagogik (skizzenhaft) darstellt, kann in diesem Sinne auch den Graben schließen, der zwischen akademischem, sozialem, emotionalem und körperlichem Selbstkonzept immer wieder aufgerissen wird.

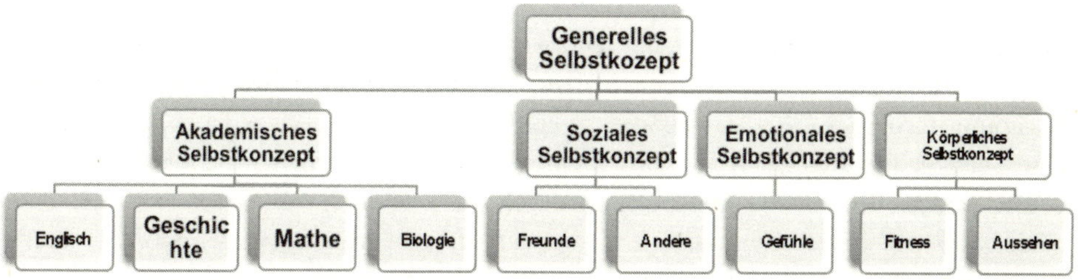

Abb. 1: Das ‚hierarchische' Selbstkonzept

Betrachtet man diese ‚Reformulierung' genauer, so kann man sich an die Ergebnisse von Anna Sliwka: *‚Service-Learning-Verantwortung lernen in Schule und Gemeinde'* (vgl. Edelstein & Fauser, 2004, S. 1ff.) erinnert fühlen. Im Gegensatz zum sozialen Lernen betont Sliwka am ‚Service-Learning' Folgendes:

> „Der Ansatz des Service Learning versteht demgegenüber soziales Lernen als eine Querschnittsaufgabe, die nicht nur im sozialen Sektor ‚erlernt' werden kann, sondern auch im kulturellen, ökologischen oder einem anderen Bereich. Dadurch, dass Schüler einen Dienst am Gemeinwohl leisten, auf konkrete Bedürfnisse ihrer Gemeinde reagieren und in Projektarbeit im Team zusammenarbeiten, lernen sie, Verantwortung zu übernehmen. So können sie vielfältige soziale und kognitive Fähigkeiten entwickeln." (ebd., S. 2)

Sie hält fest, dass in verschiedenen Studien positive Effekte auf die Charaktereigenschaften von Schülern beobachtet wurden und zählt dazu: Gesteigertes Verantwortungsbewusstsein, höheres Selbstwertgefühl, Selbstwirksamkeit, verbesserte soziale Kompetenzen und besserer Umgang mit Disziplinproblemen in der Schule, bessere Kommunikationsfähigkeit mit Lehrern und anderen Erwachsenen, ungezwungener Umgang mit Menschen anderer Herkunft. Dies entsteht, wenn man die Schule öffnet und die Schüler – *to a real audience* – mit der Komplexität ihrer – die der Schule und die der eigenen – Umwelt konfrontiert; wobei die Konfrontation nicht ungeschützt vonstatten geht, nicht ohne *mentoring* und *coaching*. Je weniger abschätzig also die *vita contemplativa* gegen die *vita activa* ausgespielt wird, umso mehr schließt sich der Graben zwischen akademischer und sozialer, und deshalb auch politischer Bildung. Erst wenn dieser Graben geschlossen ist, kann man eine Aufgabe der Schule formulieren, wie Hans-Georg Karg, der Begründer der gleichnamigen Stiftung für die Förderung von Hochbegabten, dies getan hat: „Es ist Aufgabe der Gesellschaft, die auf besondere Leistungen Hochbegabter angewiesen ist, dafür zu sorgen, dass sich die Begabungen zum Nutzen aller entfalten können."

3. Feedbackkultur, Exzellenz und aufgeklärte Reformpädagogik

In einem Fortbildungsvortrag stellte Andreas Schröer unter dem Titel „*Begabtenförderung als Paradigma täglichen Unterrichtens*" (Schröer, 2005) reformpädagogische und begabungsförderliche Ansätze einander gegenüber und kam, das wird in dem Kontext hier aber nicht weiter verwundern, zu einer überraschend großen Schnittmenge zwischen beiden. So wie die Begabungsförderung am *Landesgymnasium Sankt Afra zu Meißen* sowohl in das Gymnasium wie in das Internat hineingetragen wurde – beide waren von Beginn an gleichwertige Bestandteile einer einzigen Schule, keinesfalls ein Gymnasium mit Alumnat oder, schlimmer noch: ‚Heimunterbringung' –, entstand immer wieder die Frage, in welcher Vielfalt Selbstkonzept und die diversen Erfahrungsformen und die nicht minder divergenten Dimensionen aufeinander Bezug nehmen könnten. Das war gewiss für eine Reihe von Kollegen, die von der öffentlichen Schule zu uns durch ein Assessment-Center kamen, eine gänzlich neue Melodie; für andere, die sich schon vorher und intensiv mit solchen Fragen auseinandersetzt hatten, eben auch nicht.

Ihnen war es geläufig: Die Reformpädagogik hat den Einzelnen im Blick und dessen Potentialentwicklung als Ziel vor Augen genauso wie die Begabtenförderung; andere mussten von der ‚Kollektiv-Pädagogik' Abschied nehmen, wollten sie den Kontakt zu ihren Schülern nicht wieder verlieren, wenn sie ihn denn aufgebaut hatten. Denn diese stellten in einer Art ‚Vorschussverfahren' immer wieder neugierig die Fragen nach den Möglichkeiten, von den Erwachsenen zu lernen. Und dies mit der dann und wann selbstverständlichen Umkehr, dass man voneinander ja auch lernen könnte, die Älteren auch von den Jüngeren. Heißt es in der Reformpädagogik, dass hier Lernen in eigener Verantwortung stattfindet, so wird dies in der Begabtenförderung gesteigert: Früher als sonst findet ein selbsttätiges Lernen statt.

Hochbegabte: Sie verbindet ja keineswegs der sogenannte IQ >130, sondern ein überdurchschnittliches Begabungsprofil und eine leidenschaftliche Ausdauer, ‚task commitment', das motivierende Einflüsse auf andere eigene Fähigkeiten und Fähigkeiten der anderen ausübt. Interessenbezogene Selbstbestimmung in der Reformpädagogik korrespondiert mit Enrichment und Akzeleration, Lernverträge zur Unterstützung wie zur Erfahrungserweiterung kennen beide pädagogische Spielarten. Lernen für das eigene Leben, also Regisseur des eigenen Dramas im kleinen Alltag wie mit dem geweiteten Blick in die Zukunft zu sein, deckt sich mit den Vorgaben der Begabtenförderung, wo eigene Vorhaben, Ziele, Meilensteine und Präsentationen möglichst früh auf den Weg zu bringen und den Weg entlang aufzustellen sind. Wenn auch nicht ganz deckungsgleich, so scheinen doch die Projekte, so wie sie die Reformpädagogik bei Kilpatrick und John Dewey gefunden hat, auf ähnlich fruchtbaren Boden zu fallen wie in der Begabtenförderung das Arbeiten auf ‚schlecht definierten Feldern', „*illstructured problems*" (Simon, 1973, S. 7), auf denen mit unterschiedlichen Graden der Komplexität zu rechnen ist – ‚ganz wie im Leben': „Die Annahme, dass die völlige Hingabe an den Lerngegenstand eine besondere Lern- und zugleich Glückserfahrung sein kann, führt in der Didaktik des Landesgymnasiums zu einer klaren Bekenntnis zur Komplexität der Lerngegenstände und zu einem weitgehenden programmatischen Verzicht auf „didaktische Reduktion".

Grundlagen und Vertiefungsunterricht wird hier wie dort das Wort geredet, im Kerncurriculum mit seinen ‚Addita' wie in der Reformpädagogik. Soziales Lernen, ausgelagerter Unterricht, Verhältnisse von Experten und Novizen, Methodenvielfalt (Franz E. Weinert): Man braucht die Dinge nicht mehr auseinanderzunehmen, denn Begabtenförderung und Reformpädagogik laufen hier völlig konform. Um die konzeptionelle, vielleicht auch die philosophische und die zivilgesellschaftliche Perspektive solcher pädagogischer Unternehmungen zu markieren, sei noch einmal auf den vielzitierten Satz von John Dewey hingewiesen „Democracy is more than a form of government; it is primarily a mode of associated living, of conjoined communicated experience."[6]

Wo, wenn nicht in Internaten, die in einem hohen Maße das Konzept „Schüler-mit-Verantwortung" praktizieren, lässt sich dieser Satz buchstäblich leben. Genauso wie derjenige, den John Dewey über seine Tätigkeiten gestellt hat: „Wachstum hängt von der Präsenz von Schwierigkeiten ab, die durch die Ausübung der Intelligenz überwunden werden […]." (Oelkers, 2009, S. 164) Der Lehrer nimmt sich zurück und übernimmt bei den Älteren die Rolle eines Coachs und bei den Jüngeren die des Mentors. Sukzessive nehmen Ratschläge ab und die Selbststeuerung zu – beides im Konsens mit und im Engagement an den interessanten Dingen; der Schüler stärkt sich in diesen Schwierigkeitsgraden, er ‚wird' nicht stark gemacht. Und jedem Pädagogen, der heute über sein Geschäft kritisch nachdenkt, sei dieser Satz John Deweys ins Tagebuch zu schreiben: „Es gehört zu der Verantwortung des Erziehers, zwei Dinge gleichzeitig zu sehen: erstens, dass das Problem aus den Bedingungen der Erfahrung hervorgeht, die in der Gegenwart gesammelt wurden, und dass es im Bereich der Fähigkeiten des Schülers liegt; und zweitens, dass es so beschaffen ist, dass es im Lernenden ein aktives Bestreben auslöst, Informationen zu erhalten und neue Ideen hervorzubringen." (ebd.) Zielgenauer kann man den Zusammenhang von Förderung und Diagnostik, von einer personenorientierten und personenförderlichen Pädagogik wohl kaum formulieren. Und um dem Vorwurf eines platten Pragmatismus vorzubeugen, der befürchtet, dass dann alles in der Kinderwelt zurückbliebe (Kuschelpädagogik): Alles, was neue Ideen hervorbringt und die Suche nach Informationen herbeiführt, weil die neue Idee zunächst irritierend wirkt, ist anfangs fremd und ‚abgezogen' – eben abstrakt. Genau diese Abstraktion gilt es mit der erlebten Welt zu verschmelzen, so dass Erfahrungen entstehen, über die dann wieder unabhängig von der Situation, in der sie zustande kamen, verfügt werden kann. Das nennt ja auch anderswo: lernen.

Für das Landesgymnasium Sankt Afra ergaben sich auf dieser Basis vier Prinzipien einer aufgeklärten Reformpädagogik. Zentral war dieser Erfahrungsbegriff:

(1) In Weiterentwicklung von der Erlebnispädagogik werden Erlebnisse als notwendige Voraussetzungen angesehen, die erst *durch die Reflexion zu Erfahrungen reformuliert* und dadurch in die eigene Expertise integriert werden. Reflexivität dehnt sich weit über das Subjekt-Objekt-Verhältnis hinaus aus; Reflexivität ist eben zugleich die Teilnahme an einem Diskurs, *an dessen Ende* (allerdings erst) *Gemeinschaft* (als Glücksfall der Übereinstimmung) *steht*. Gemeinschaft ist keine Dimension hieratischer Prägung, die Ursprung ist und an deren Gegenwart man sich auf Festen erinnert, sondern Produkt auf der ‚Metaebene', auf der man sich der Heterogenität vergewissern muss, um diese als Bereicherung annehmen zu lernen: also keineswegs ein post-pastoraler oder gar sakraler Fluchtpunkt von Schulgemeinde, wie er ja so fatal ideologisiert in den Übergriffigkeiten der letzten Jahrzehnte zum Ausdruck kam.

(2) Wissensdurst – oder auch *–‚hunger'*, denn beides meint nur ein Innewerden, der oben genannte freundliche Umgang mit dem Fremden, ist der andere Prozess, der sich

6 Z.B. in: Sophie Haroutunian-Gordon: Listening — in a Democratic Society, Northwestern University, s.ed.uiuc.edu/index.php/pes/article/.../1705/422 (zuletzt aufgerufen am 18.11.2013).

auf die Entwicklung der Selbstständigkeit eines Subjekts bezieht. Integraler Bestandteil dieses Prozesses ist sicherlich Selbstzweifel, manchmal auch Mutlosigkeit, manchmal auch nur Zuschauen, vielleicht auch Hahns *Mutloser, Skeptiker, Rascherlahmender, der Langsamreagierende oder der Weichling*, kurz der, dessen Selbstbild ein wenig schiefhängt (A. Dahl), oder dessen Selbstkonzept sich in Bewegung befindet. Denn nur so wird das Subjekt ‚autopoetisch', nämlich seiner Selbst inne oder sich selbst ähnlicher und *gewinnt an Identität*.

Ziel einer solch reflektierten erfahrungsreichen und neugierigen Persönlichkeit ist das, was man als Dach über diese Prozesse spannen kann und oben bereits als *educated person* genannt wurde. Der Begriff *Educated person* nimmt die (aus-)gebildete und die erzogene Person in einem Wort zusammen. Auch wenn die Abschätzigkeit, mit der man (Schul-)Bildung betrachtet hat, heute noch verständlich war als Reaktion auf den Schuldrill der wilhelminischen Pädagogik; von dieser Abschätzigkeit kann in einem Konzept der *Educated person* keine Rede mehr sein. Bekanntlich war eine ihrer Ausdrucksformen der Anti-Intellektualismus, der bis in die Nazizeit und darüber hinaus in Deutschland anhielt. *Educated person* aber wird zum Herzstück der afranischen Neuformulierung der Reformpädagogik; denn zusammen mit Empathie und den oben genannten Prinzipien, die auf der Grundlage von Empathie entwickelt werden – Reflexion von Erlebnissen, die im Nachhinein Bildungserlebnisse sind, Gemeinschaft als immerzu zu erstellendes Konstrukt, Wissensdurst als Fremdenfreundlichkeit und schließlich Grenzerfahrungen in der Bildung von ‚Selbstähnlichkeit' –, entsteht jene zukunftshaltige Selbstständigkeit – so wie wir sie heute brauchen.

Das wesentlichste Charakteristikum von Gemeinschaft am Landesgymnasium Sankt Afra war nicht die „Exklusivität", auch wenn sie immer wieder von außen auf Schüler und Schule projiziert und mit einem kruden Elitebegriff durchmischt wurde, sondern der Versuch, als lernende Institution und damit auch als lernende Personen Schule lebendig und im wechselseitigen Lernen miteinander zu gestalten. Dabei spielte freilich das Service-Learning eine wesentliche Rolle. Gelang es doch mit ihm, in der städtischen Umgebung Wurzeln zu fassen.

Auch wenn immer wieder von der Egozentrik heutiger Jugendlicher die Rede sein sollte, im Service-Learning wurde ein Kontrastprogramm aufgelegt, das Gegenteiliges zutage förderte. Verantwortungsbewusstsein zu erlernen, indem man es praktiziert, ist Gegenstand und Ziel von Service-Learning.

Selbständigkeit, das andere Erziehungsziel, hat unmittelbare Konsequenzen für die Schulkultur und geht weit über die Proklamation eines Lernziels hinaus. Selbständigkeit wird an der sich lediglich dem Unterricht widmenden Schule stark restriktiv durch behördliche Vorschriften aufgefasst. Aus dem internatlichen Bereich strömt hier eine Selbständigkeitsvorstellung in das Gymnasium hinein, die solche Restriktionen aufweicht und tatsächlich auch im Unterricht ein neues Klima zum Tragen bringt.

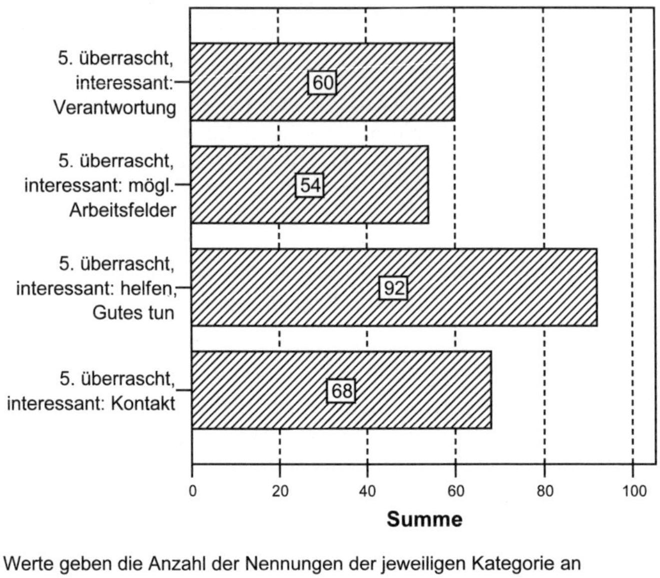

Abb. 1: 5. Set: Was hat dich überrascht/was war interessant? (Schröer, 2007, S. 33)

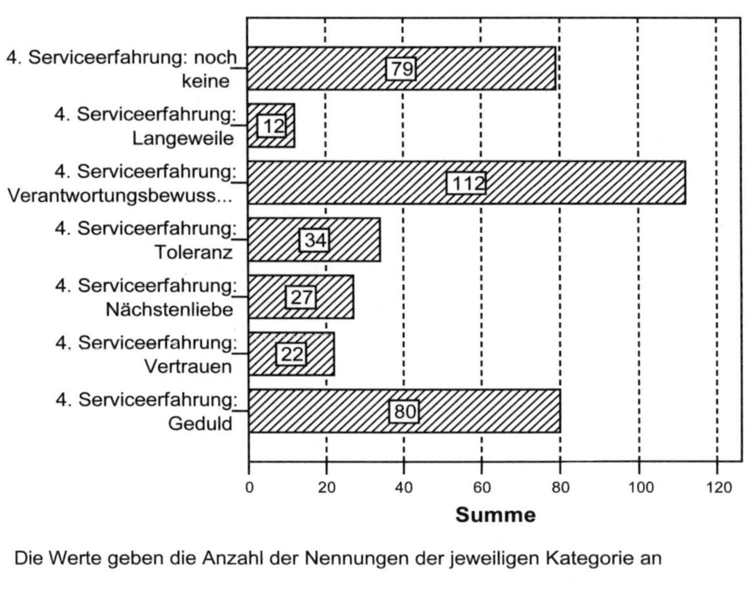

Abb. 2: 4. Set: Welche Erfahrungen hast du gemacht/was hast du dabei gelernt? (Schröer, 2007, S. 33)

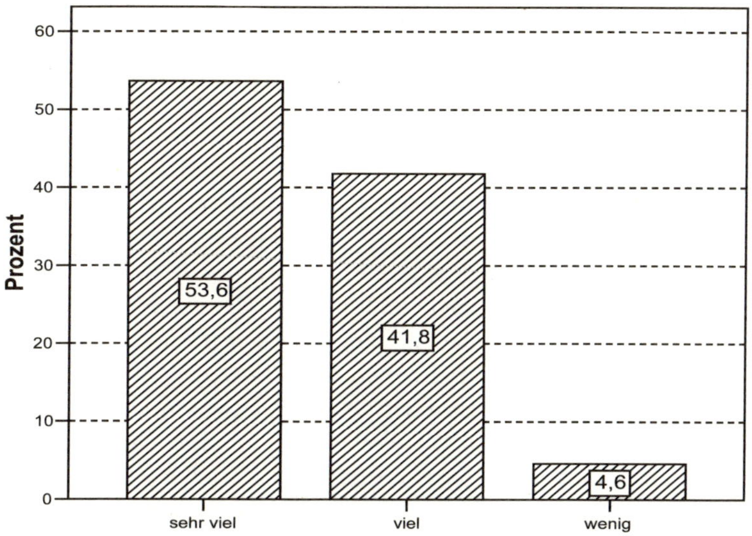

Abb. 3: Selbstständigkeit über den Unterricht hinaus (Schröer, 2007, S. 35)

In der Evaluation, die von Andreas Schröer durchgeführt wurde und der die Abbildungen 1–5 entnommen sind (vgl. Schröer, 2007), gab es eine Reihe offener Fragen, unter anderem diejenigen nach dem Lehrerbild. Was ein *guter Lehrer sei*, darüber waren sich die AFRANER sehr im Klaren:
„Er sollte kompetent und auch bereit sein, sich mit Neuem zu beschäftigen. Lernhungrig wie wir eben (hier ist ein ironischer Akzent bildlich eingefügt); zudem sollte er als Pädagoge auch auf die Schüler als Persönlichkeiten eingehen können."

Eine andere Akzentuierung geht noch radikaler an dieses Lehrerbild heran:
„Ein richtig guter Lehrer hat sowohl eine überdurchschnittliche Allgemeinbildung und ist Fachexperte, und hat auch eine Art mit den Schülern gut klar zu kommen."

„Er sollte nicht langweilig sein, Spaß verstehen (auf Fragen eingehen und den Kontakt zu Schülern nicht ausschließlich auf die 90 Minuten Unterricht beschränken)."

Dem wäre aus einer anderen Rückmeldung noch hinzuzufügen:
„Er sollte den Schülern Respekt entgegenbringen, aber auch darauf achten, dass er seinen Status als Respektperson nicht verliert."

Damit ist alles, auch über das manchmal verkantete Verhältnis in der Reformpädagogik von Distanz und Nähe, ins rechte Licht gerückt. Die Persönlichkeit der Schüler steht im Mittelpunkt; ein Recht, das für die eigene Persönlichkeitsbildung eingefordert wird; eine Persönlichkeit, deren Entwicklung die wesentliche Aufgabe des Lehrers darstellt. Das liest sich im pädagogischen Credo von John Dewey folgendermaßen:

> „I believe that the teacher's place and work in the school is to be interpreted from this same basis. The teacher is not in the school to impose certain ideas or to form certain habits in the child, but is there as a member of the community to select the influences which shall affect the child and to assist him in properly responding to these influences."[7]

Gibt man dem nun noch etwas mehr Selbstbewusstsein auf Seiten der Schülerschaft, also eine größere Verfügbarkeit über das eigene Selbstkonzept und die eigene Selbstwirksamkeit hinzu, dann ergeben sich die Umrisse des Lehrer-Schüler-Verhältnisses, das das Landesgymnasium prägte und prägen sollte, wenn es auch freilich nicht immer gelebt wurde, weil im Alltag an einigen Stellen Abstriche zu machen waren. Schließlich lernt die Institution und lernen ihre Mitglieder. Aber deutlich ist auch, dass die Klippe, an der viele Ansätze der Reformpädagogik in den letzten Jahren gescheitert sind, nämlich die von Distanz und Nähe, hier programmatisch thematisiert, damit erkannt und damit ausgeschlossen worden ist.

Was in den öffentlichen Schulen, die sich nur zu sehr auf den Unterricht selbst verkürzen (obwohl die Ganztagsschulen pädagogisch sinnvolle Spielräume anbieten), was also an diesen so verkürzt agierenden Schulen vom Selbstkonzept eines Schülers übrig bleibt, reicht oft für den hier verwendeten emphatischen Bildungsbegriff nicht aus, und war oft genug der Grund dafür, ans Landesgymnasium Sankt Afra zu wechseln. Denn es wurde in kürzester Zeit evident, dass hier wie an jedem guten Internatsgymnasium aus der Spannung zwischen Internat und eben auch Gymnasium eine ungemein kreative Resultierende entsteht. Das Ergebnis ist keineswegs ein permanenter Schuldrill, sondern die Möglichkeit, ganz unterschiedliche ‚Interessensgemeinschaften' – wie sehr passt dieser Begriff dorthin! – zu verwirklichen.

Man kann die Selbstbestimmung, die freilich hier wie anderswo mit zunehmendem Alter zunimmt, nicht auf den Nachmittag beschränken, während vormittags ‚der Oberlehrer herrscht'. Stattdessen ist zu beobachten gewesen, dass Selbstkonzept und Verantwortungsbereitschaft außerhalb des Unterrichtes sich zunehmend auf den Unterricht selber ausdehnten, und die Schüler zu lernen begannen, dass ihre früheren Schulerfahrungen vielleicht doch nicht die letzten waren, die sie machen mussten. Deutlich wird dies im Kontext des Voneinander- und Miteinander-Lernens:

---

7 John Dewey: My pedagogic creed. Article I. What education is, http://dewey.pragmatism.org/creed.htm. Vgl. Hierzu auch Knoll (2007) (http://mi-knoll.de/39994.html).

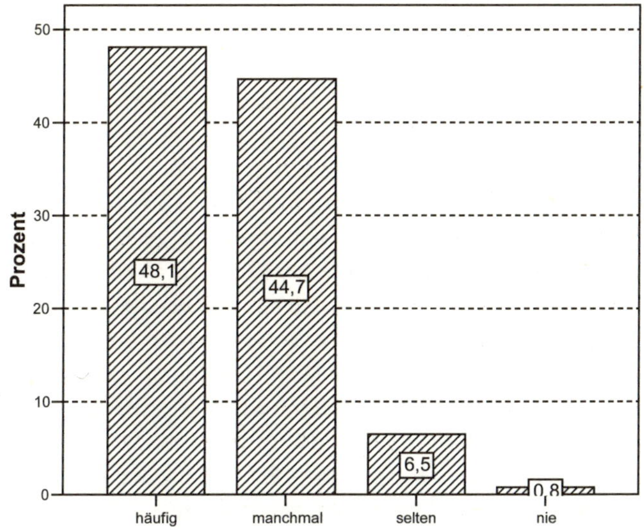

Abb. 4: Gegenseitiges Erklären (Schröer, 2007, S. 35)

Welche Unterrichtsmethoden am meisten von den Schülern favorisiert wurden, sind signifikanterweise die Kleingruppenarbeit gefolgt von der Projektarbeit, der eigenständigen Lernleistung, dem Experiment und nicht zuletzt - auch das passt zum wechselseitigen Lernen und in die Expertise-Forschung hinein - der Frontalunterricht. Misstraut wurde im übrigen dem Schülervortrag; man griff lieber auf die Expertise des Pädagogen zurück.

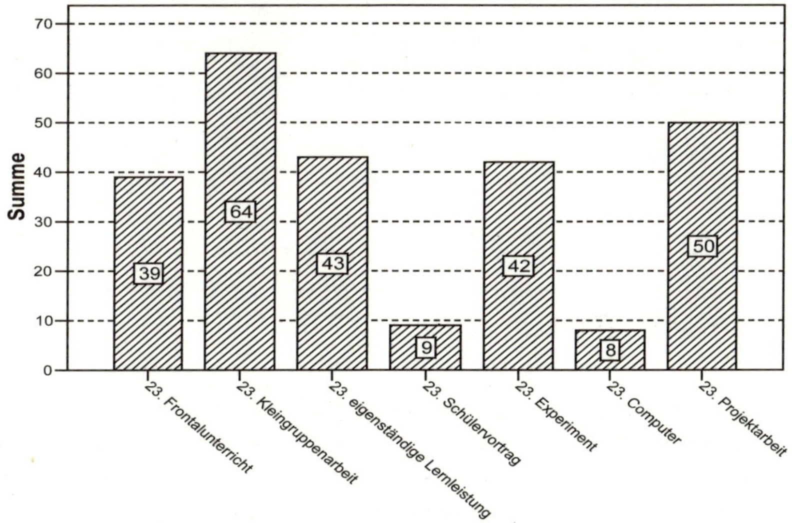

Abb. 5: Welche Unterrichtsmethoden findest du am besten? (Schröer, 2007, S. 35)

Die Selbständigkeit des Arbeitens während des Unterrichtes greift über den Unterricht hinaus und ergibt am Ende solch scheinbar kuriose Einsichten wie *„dass Lehrer auch einmal von uns lernen können"*.

Zur selben Zeit der externen Evaluation fand eine interessante ‚interne' statt, die den Titel *‚[Perspektive Afra]'* trug. Diese Evaluation wurde von Schülern erstellt und war ohne das Wissen der Schulleitung angefertigt worden. Mit ihr zusammen allerdings wurde über die Veröffentlichung beraten und gemeinsam beschlossen. Das Ziel dieser internen Evaluation, die eigentlich ein gründlich angelegtes Feedback darstellte, war, die Konzepttreue der Schulphilosophie im Alltag zu überprüfen. Es zeigten sich in (überraschend) vielen Teilen große Übereinstimmungen. Signifikanterweise gab es allerdings auch Ergebnisse, die extern nicht evaluiert werden konnten, so zum Beispiel zum Gruppensplitting oder zum Mobbing. Diese Ergebnisse wurden dann in Präsentationen und Reflexionen der Schule vorgestellt und so bearbeitbar gemacht. Aus der Frage, die sich die Schüler selbst vorgelegt hatten: „Hast du das Gefühl, im Unterricht nur mit Fachwissen bombardiert zu werden – auf Kosten der allgemeinen Verständlichkeit und anderer Dinge?" ergibt sich folgendes Schema:

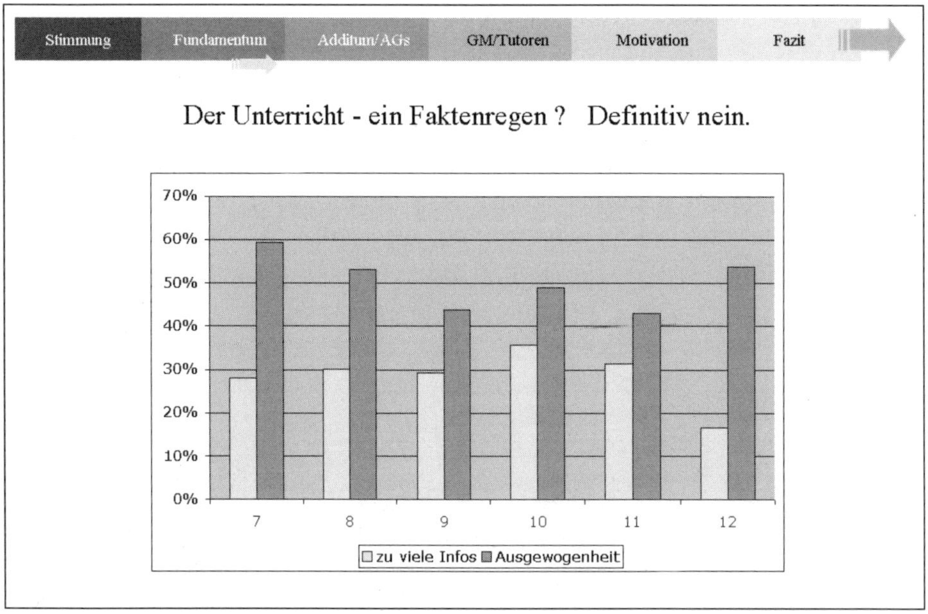

Abb. 6: Der Unterricht – ein Faktenregen?

In Bezug auf den Vertiefungsunterricht, in Sankt Afra *‚Additum'* genannt, entsteht zwar die zu erwartende Differenz zwischen Mittelstufe und Oberstufe. In der Oberstufe ist selbstverständlich der Abiturdruck deutlich gewachsen – ein Schwachpunkt des afranischen Konzeptes. Aber die Sachlage verlangt eine genauere Betrachtung.

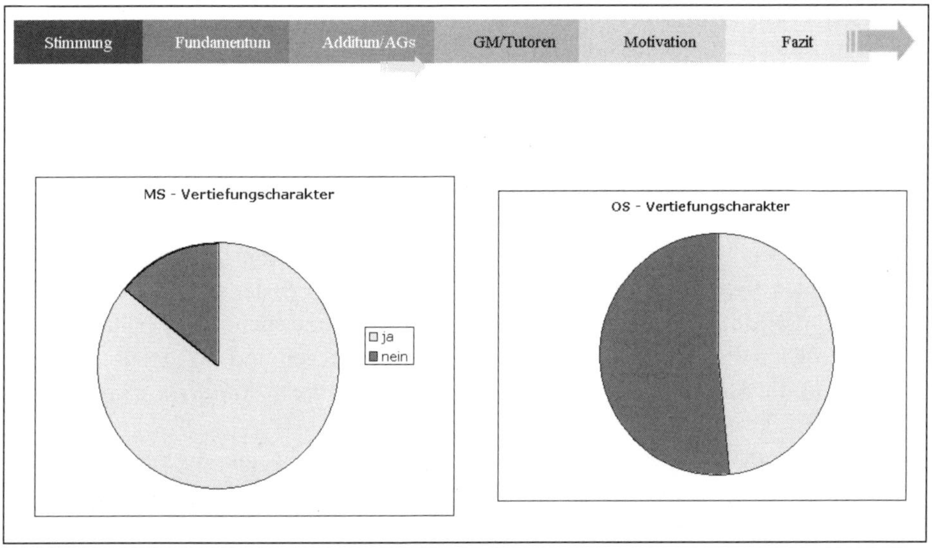

Abb. 7: Vertiefungscharakter

Die Frage lautete: „Findest du, dass das Additum seinen Zweck der zusätzlichen Vertiefung erfüllt und als auf den Unterricht aufbauende Erweiterung funktioniert?" Deutlich wird, dass – man kann sagen ‚immerhin' – in der Oberstufe noch etwa die Hälfte der Schüler mit dem Vertiefungskonzept konform ging und darin auch einige Früchte reifen lassen konnten, die am Ende als großartige Jahresarbeiten (in der Bildungsverwaltung als ‚Besondere Lernleistung' bezeichnet) als Früchte zu ernten waren, während es in der Mittelstufe der überwiegende Teil war, der sich in diesem Vertiefungskonzept wiederfinden konnte.

Dies alles könnte illustrieren, was Franz E. Weinert in die Formel gepackt hat, dass auch ein neuer Unterricht immer noch ein schülerzentrierter, gleichwohl lehrergesteuerter Unterricht sein muss. In Sankt Afra wurde je früher desto besser der oben schon mehrfach zitierten Komplexitätsformel von Joe Renzulli gefolgt: Es geht nicht um didaktische Reduktion, sondern in allen Bereichen um die eigenständige Arbeit in der ‚mir möglichen' Vielfalt – dies genauso in den Services wie in der besonderen Lernleistung, die jeder Afraner als wissenschaftspropädeutische, eigenständige Arbeit mit externen Partnern und internen Bewertern und abschließendem Kolloquium bis zum Abitur zu erstellen hatte. Hier sei noch einmal Schröer aus der o.g. Evaluation zitiert: „Aus hochbegabtendidaktischer Perspektive ist fächerverbindender und interdisziplinärer Unterricht mindestens in zweierlei Hinsicht von großer Bedeutung. Er hilft den Schüler ein Thema oder Problem in der notwendigen Komplexität zu erfassen und ist ein wesentliches Element zur Förderung metakognitiver Fähigkeiten." (Schröer, 2007, S. 108) Und an anderer Stelle heißt es – und hier muss der Fokus deutlich erweitert werden, weil dies nicht nur für die besonders begabten Schülerinnen und Schüler gilt: „Gerade leistungsstarke und begabte Schüler suchen eine intensive Auseinandersetzung mit dem Stoff, dem Inhalt selbst, sie suchen stärker die Komplexität als die didaktische Komplexitätsreduktion durch Unterrichtstechniken." (Ebd., S. 17)

4. ‚Offenes Ende': Transformationen einer persönlichkeitsfördernden Pädagogik

Was aus den vorherigen Stationen an das *Internatsgymnasium Stiftung Louisenlund* mitgenommen werden konnte, war ein *Gemeinschaftsbegriff*, der offen wird für Fremdes; ein *Unterricht*, der die personale Pädagogik mehr und mehr zum Prinzip macht; ein *Lehrerbild*, das sich erweitert hin zu selbstreflektorischen und diagnostischen Qualitäten; und die *Möglichkeit und Notwendigkeit von Feedback-Kulturen* – in der ohne Angst Feedbacks voneinander erbeten werden können.

Was war vorhanden? Eine in die Jahre gekommene Pädagogik, die allerdings größten Wert auf die persönliche Betreuung (*pastoral attitudes*) legte. In bester reformpädagogischer Tradition war ein großes extracurriculares Programm über Jahre hinweg entstanden, und wie oft bei lang andauernden Entwicklungen wurde mit einer gewissen Beliebigkeit Service-Learning eingedampft auf eine nur noch individuell reflektierte Arbeit für und mit anderen, soziales Lernen eigener Provenienz.

Zwischen Curriculum und extracurricularem Bereich hatten sich Gräben aufgetan und – umgekehrt – ließen sich große Transformationsmöglichkeiten denken, wenn man wieder hin zum Service-Learning wollte. Bis dahin waren beide Bereiche, der gymnasiale und der internatliche mehr oder minder getrennt voneinander gehalten und insgesamt in Freizeitbereich und Unterrichtsbereich unterteilt.

Der Leistungsbegriff – auch ein reformpädagogisches Erbe – war ganz auf den Unterricht reduziert, hier an Noten und schulischen Erfolg geknüpft und hatte mit einem aufgeklärten Reformverständnis nichts (mehr) zu tun. Auch hier waren Türen deutlich erkennbar, die aber lange nicht mehr geöffnet worden waren. Schließlich war der akademische Anspruch zurückgenommen, die zivilgesellschaftliche Aufgabe einer Schule bis auf wenige Services kaum noch vorhanden. Der Transformationsversuch, der 2008 unternommen werden sollte, bestand nicht mehr und nicht weniger also darin, dass die inhaltlichen Profile im curricularen wie im extracurricularen Bereich aufeinander Bezug nehmen sollten, dass Offenheit, Internationalität und auch Passgenauigkeit für die Weiterentwicklung der Schüler nach der Schule gewährleistet werden konnten. Mit anderen Worten sollte diese Schule zukunftsfähig gemacht werden, und ihr Programm, das der gegenwärtigen Praxis weit vorausging, sollte in aufgeklärter Fassung, eben mit einem individuell orientierten und keineswegs auf den Unterricht reduzierten Leistungsbegriff versöhnt werden. Leistung wiederum sollte sich sowohl an den äußeren Begebenheiten wie an den individuellen orientieren. Das alles war anfangs nicht leicht verständlich zu machen, weil sich ja auch der theoretische Hintergrund der alltäglichen Praxis vermittelte, wie umgekehrt diese aus ihm resultierte. Der zu initiierende Prozess orientierte sich an folgenden Prinzipien und Zielvorstellungen:

Eine Institution, die eine aufgeklärte Pädagogik vor dem traditionsreichen Hintergrund einer solchen Schulgeschichte realisieren möchte, ...

1) ... macht ihren Leistungsbegriff transparent und erweitert ihn deutlich über das Unterrichtsgeschehen hinaus, um so synergetische Effekte zu erheben.
2) ... schaut nach den Potentialen ihrer Schüler, die es zu generieren und die es zu fördern gilt, nach der Professionalität ihrer Kollegenschaft und schließlich nach der eigenen Kommunikationsfähigkeit.
3) ... führt eine Feedback-Kultur ein, pflegt diese und unterzieht sich in regelmäßigen Abständen Selbstreflexions- und Überprüfungsphasen. Dies betrifft auch die Lehrerrolle im Unterricht, wie auch das Wirken des Pädagogen über den Unterricht hinaus.
4) ... installiert Intervision, um die Haltung des einzelnen Lehrers als Mentor, später dann als Coach zu installieren bzw. zu erweitern.
5) ... realisiert Service-Learning als eine mögliche Klammer aus dem extracurricularen Bereich in den curricularen hinein.

Die Schule von heute ist das Projekt für morgen, eine lernende Institution, deren Lernprozesse von den Mitgliedern im Einzelnen getragen werden. Der Weg dorthin war nicht gradlinig, sondern orientierte sich wiederum an der Resultierenden, die sich aus den theoretischen Aufklärungen einerseits und den faktischen Nöten und Notwendigkeiten andererseits ergab. Anfangs dominierten beinahe ängstlich Rückstände einer Reformpädagogik, die sich vor der akademischen Herausforderung zu scheuen schien, bis in einem Open-space-Konvent, der den Leitbildprozess eröffnete, die Türen miteinander aufgestoßen wurden. Hier wurde der neue claim *Lernen.Leisten.Leben* in die Welt gesetzt, eine erste Spur zur Feedback-Kultur gelegt, das Fach kommunikative und soziale Kompetenz in der Unterstufe – inzwischen auch in der Oberstufe angekommen – installiert, schließlich ein Mentoren-Programm (wieder) aufgelegt, wobei der Mentor den ‚Hausvater' (Internatsbetreuer) um eine akademische Dimension und der ‚Hausvater' den Mentor um die internatliche Dimension bereichert. Schließlich wurde die Professionalität des Lehrers um ein breit angelegtes Angebot erweitert. Es wurden Grundlagen für den systemischen Schülercoach gelegt, ein Programm, das in Thüringen für die Referendariats-Ausbildung vorgesehen worden ist. Zur Veranschaulichung sei hier das ‚Rollenquadrat' dieses Gymnasiallehrers im Internat vorgestellt, eine Rollenvielfalt, die sich nicht ganz mit der Rollenrealität und der Nomenklatur zur Deckung bringen lässt.

Abb. 8: Rollenquadrat; eigene Darstellung

Die Opposition von ‚coaching' und ‚mentoring' erklärt sich entwicklungspsychologisch dadurch, dass der Mentor als Projektionsfläche kindlicher Erwartungshaltungen dient. Er hat seine Reaktionen bei jüngeren Schülern immer auch unter der Vorgabe zu reflektieren, als Folie für die unterschiedlichen Erwartungshaltungen zu dienen. Der Coach hat es demgegenüber immer auch mit der (scheiternden) Hypothese zu tun, einen Schüler als mündig anzusehen, damit er es werde. Auch diese Haltung ist nicht weniger paradox wie die des (systematischen) Mentors. Beide entwickeln Hypothesen, die nicht ganz mit der gegenüberstehenden Person des Schülers in Deckung zu bringen, sondern überschüssig sind.

Ziel bleibt hier und bei allen Schulen, die sich so verstehen, immer neben den fördernden Aufgaben, den Auseinandersetzungen in und um Inhalte, solche und ähnliche Professionalisierungsbemühungen fortzusetzen, um in naher Zukunft eine Schule nach den Prinzipien einer ‚Pädagogik ad personam' mit einer langen Tradition entwickelt zu haben.

Literatur

Birnthaler, M.: Erlebnispädagogik bei Kurt Hahn und Rudolf Steiner (Verfügbar unter: http://www.eos-ep.de/eos-erlebnispaedagogik/publikationen/erlebnispaedagogik-zeitschriften-artikel/erlebnispaedagogik-bei-kurt-hahn-und-rudolf-steiner.htm [20.11.2013]).

Edelstein, W. & Fauser, P. (2004): Beiträge zur Demokratiepädagogik. Eine Schriftenreihe des BLK-Programms „Demokratie lernen & leben“. Berlin.

Esser, W. (1986): Vom besseren Staat im schlechteren. Bemerkungen zu Kulturpessimismus und Kulturoptimismus bei KURT HAHN. Überlegungen anlässlich der 100. Wiederkehr seines Geburtstages. Zeitschrift für Pädagogik, 32 (6), 811–827.

Füller, C. (2011): Sündenfall. Wie der Reformschule ihre Ideale missbrauchte. Köln: Dumont.

Haroutunian-Gordon, S. (2004): Listening – in a Democratic Society. Schools: A Journal for Inquiry into the Subject Experience of School Life: Vol. 1, Issue 2. Verfügbar unter: s.ed.uiuc.edu/index.php/pes/article/.../1705/422.

Hüfken, F. et al. (2004): Abschlussbericht der Umfrage „Perspektive Afra“.

Knoll, M. (2007): Schule und gesellschaftlicher Fortschritt. John Deweys „pädagogisches Glaubensbekenntnis“. In: Torsten Fischer & Jens Lehmann (Hrsg.), Bewerten – Orientieren – Erleben. Festschrift für Jörg Ziegenspeck (S. 366–375). Aachen: Shaker.

Moschner, B. (2001): Das hierarchische Selbstkonzept in Anlehnung an Shavelson et al.: Self-concept Validation of construct interprations. Review of Educational Research, 46, 407–441.

Oelkers, J. (2009): John Dewey und die Pädagogik. Weinheim, Basel: Beltz.

Schröer, A. (2004): Evaluation Sankt Afra. Zusammenfassung der wesentlichen Ergebnisse der Schülerbefragung.

Schröer, A. (2005): Begabtenförderung als Paradigma des täglichen Unterrichtens? Quantitative und Qualitative Ergebnisse. Unveröffentlichtes Manuskript.

Schröer, A. (2007): Autonomie und Verantwortung. Bericht zur Evaluation des Landesgymnasiums Sankt Afra zu Meißen 2005/2006. Centrum für Soziale Investitionen und Innovationen Universität Heidelberg. Unveröffentlichtes Manuskript.

Sliwka, A. (2004): Service learning: Verantwortung lernen in Schule und Gemeinde. Berlin.

Sliwka, A. (2013): Lernen durch Engagement als Enrichment-Strategie in der Begabtenförderung. Karg Hefte 5, Beiträge zur Begabtenförderung und Begabtenforschung, 27–32.

Weigand, G. (2004): Schule der Person. Zur anthropologischen Grundlegung einer Theorie der Schule. Würzburg: Ergon.

Bert Xylander

Herausforderungen schaffen und Verantwortung übertragen

Streifzüge durch das Konzept der Persönlichkeitsentwicklung am Sächsischen Landesgymnasium Sankt Afra

Abstract

Die Entwicklung von Persönlichkeiten, die generalistisch gebildet sind, die ein demokratisches Werteverständnis aufweisen und sich ihrer Verpflichtung bewusst sind, sich als verantwortliches Mitglied der Gesellschaft zu begreifen und entsprechend zu handeln, ist eine unmittelbare Aufgabe des Sächsischen Landesgymnasiums Sankt Afra. Mit den Services und der Schülermitverantwortung werden zwei konzeptionelle Säulen am Landesgymnasium beschrieben und erläutert, die diesem Auftrag Rechnung tragen.

Am Landesgymnasium Sankt Afra zu Meißen leben und lernen 300 Schülerinnen und Schüler, die Afraner, in einer Internatsgemeinschaft. Der Freistaat Sachsen hat diese Schule im Jahr 2001 errichtet, um für mehrfach hochbegabte Kinder und Jugendliche einen Freiraum zu schaffen, in dem diese mit einem ganzheitlichen Konzept gemäß ihrer besonderen Anlagen und Potentiale gefördert werden.

Dabei geht es nicht allein um die Ausprägung einer akademischen Exzellenz, sondern ebenso oder gerade um die Entwicklung von Persönlichkeiten, die generalistisch gebildet sind, die ein demokratisches Werteverständnis aufweisen und sich ihrer Verpflichtung bewusst sind, sich als verantwortliches Mitglied der Gesellschaft zu begreifen und entsprechend zu handeln.

Nachfolgend soll der Fokus auf die Konzeption gerichtet werden, wie in dem besonderen Rahmen des Landesgymnasiums (wir sprechen von dem Freiraum für Persönlichkeit) die Persönlichkeitsentwicklung initiiert und begleitet wird. Wichtige Säulen dieser Konzeption sind u.a. Services und die Schülermitverantwortung. Diese Säulen wurzeln zum einen in den reformpädagogischen Impulsen der Landerziehungsheime und stellen gleichzeitig aber auch moderne Erziehungsformate dar, mit denen die Kinder und Jugendlichen angeregt und herausgefordert werden.

Alle Afraner der Klassenstufe 9 und 10 leisten einmal pro Woche einen *Service* außerhalb des Schulcampus. Es werden diese Services beschrieben sowie die damit verbundenen individuellen Herausforderungen und Wirkungen auf die Jugendlichen analysiert. Übergreifend wird betrachtet, inwieweit sich in diesem Prozess eine Persönlichkeitsentwicklung vollzieht.

Mit der Ausgestaltung der *Schülermitverantwortung* werden die Afraner zu handelnden Akteuren in allen Bereichen des schulischen Lebens, wobei Schule und Internat als systemische Einheit aufzufassen und zu verstehen sind. Diese Übertragung einer gelebten, demokratiegeleiteten Verantwortungsausübung in einem kooperativen Miteinander zwischen Afranern und Mentoren (die Lehrerinnen und Lehrer des Landesgymnasiums werden bewusst als „Mentoren" bezeichnet) ist eine ständige Herausforderung, eine Gratwanderung – insbesondere für die Ausübenden. Ein verantwortungsvoller Umgang mit eigenen Rechten und Pflichten muss – idealerweise im realen Erleben – erlernt werden. Auch hierzu sollen Ansätze und Erfahrungen zusammengetragen werden.

1. Persönlichkeitsentwicklung als individueller Prozess in einem pädagogischen Kontext

Persönlichkeitsentwicklung ist ein vielschichtiger Prozess, der aus individuellen Erfahrungen und intrapersonalen Reflexionen über diese Erfahrungen erwächst. Es handelt sich um einen individuellen Lernprozess, der sich aus eigenen Beobachtungen, eigenen Handlungen und der Rückwirkung der Handlungen sowie dem eigenen Erleben zusammensetzt. Persönliche Erfolge sind ebenso prägend wie persönliche Misserfolge oder Niederlagen. Letztlich geht mit der Persönlichkeitsentwicklung auch das Ausbilden eines eigenen subjektiven Wertekanons einher, der fortwährend an der umgebenden Wertestruktur verortet, geprüft und korrigiert wird.

Das Leben und Wirken in einer Gemeinschaft ist für die Persönlichkeitsentwicklung ebenso unerlässlich wie das Erkennen, Begegnen und Meistern von Herausforderungen oder gerade auch das Scheitern an ihnen. Dabei greifen externe und interne Faktoren ineinander. Der Umgang mit Herausforderungen ist individuell geprägt, insbesondere ist das Identifizieren einer Situation oder einer externen Anforderung als Herausforderung rein subjektiv. Die eigene Persönlichkeitsstruktur und das innere Befinden spielen eine entscheidende Rolle. Erschwerend kommt hinzu, dass die menschliche Persönlichkeit und die damit verbundenen individuellen Vorstellungs- und Handlungsmuster sowie das subjektive Wertegefüge im Zusammenhang mit der biologischen Entwicklung einem steten Wandel zu unterliegen scheinen.

Damit werden die Schwierigkeit und die Verantwortung deutlich, Persönlichkeitsentwicklung als einen pädagogischen Prozess zu begreifen, der – bei aller notwendigerweise auszulebenden Individualität eines Jugendlichen – von außen einfühlsam und verantwortungsvoll handelnd begleitet und gestaltet werden muss. Es muss ein geeignetes Wechselspiel zwischen dem Freiraum der Individualität und dem Rahmen des sozialen Umfeldes ermöglicht werden: Offenheit und die Freiheit, Erfahrungen selbst initiieren, erleben und reflektieren zu können, gepaart mit von außen auferlegten Anforderungen und Grenzen.

Es ist offenkundig, dass Persönlichkeit nicht von außen geformt werden kann, sie ist vielmehr das Ergebnis eines Wachsens in einem inneren und äußeren Bedingungsgefüge. Dennoch sind äußere Einflüsse auf die Entwicklung eines Jugendlichen nicht zu unterschätzen: Vorbilder können prägend sein (in positiver und negativer Hinsicht), von außen oktroyierte Handlungsimpulse und formulierte Herausforderungen können motivierend oder demotivierend wirken. Insofern ist das Betrachten der individuellen Persönlichkeitsentwicklung – unter Verneinung eines deterministischen Zugangs – in einem größeren, in einem pädagogischen Wirkungskontext durchaus zulässig.

2. Die Services am Landesgymnasium Sankt Afra

Im Leitbild des Landesgymnasiums Sankt Afra sind der Anspruch und die Vision verankert, einen [Freiraum für Persönlichkeit] zu schaffen, um eine generalistisch gebildete Persönlichkeit darin wachsen zu lassen, die sich ihrer Verantwortung für sich und die Gesellschaft bewusst ist und aus dieser Verantwortung heraus agiert und gestaltet.

> „Wir fordern Verantwortungsbewusstsein ein für unser Gegenüber wie für uns selbst und möchten somit das Gefühl für Gemeinschaft stärken." (Sankt Afra, 2007, S. 6)

Eine institutionalisierte Form einer solch bewussten Verantwortungsübernahme stellen die Services dar – Dienste im wortwörtlichen Sinne –, die die Schülerinnen und Schüler der Jahrgangsstufe 9 und 10 einmal pro Woche an einem Nachmittag ableisten. Mit den Services wird den Jugendlichen Verantwortung für andere Menschen übertragen. Sie sollen sich als Teil der Gesellschaft begreifen und Sichtweisen auf das Leben außerhalb des geschützten Freiraumes erschließen.

Die Idee und die Ausgestaltung von Diensten entstammen der Pädagogik Kurt Hahns, einem der wichtigsten reformpädagogischen Protagonisten des 20. Jahrhunderts. Das Besondere an der Einrichtung von Diensten für die Jugendlichen war die Erkenntnis, dass das Übertragen von Verantwortung auf die Jugendlichen und das gelebte Pflichtgefühl, tatsächlich Verantwortung ausüben zu müssen, erzieherisch wirkt.

> „Hahn war der erste, der die Schulung in einem lebensrettenden Dienst auf den Stundenplan einer allgemeinbildenden Schule setzte. […] die Küstenwache, die Feuerwehr, die Rettungsschwimmer, die Bergrettung, der Soziale Dienst und später das Technische Hilfswerk." (Thiesen, 2006, S. 281)

Letztlich legte Hahn mit seinen Erziehungsansätzen – unbedingt in diesem Kontext zu benennen ist die Gründung der Outward-Bound-Bewegung – den Grundstein der modernen Erlebnispädagogik (siehe auch Pielorz, 1991, S. 276).

Die Services am Landesgymnasium folgen zwar der ursprünglichen Hahn'schen Intention, sie sind aber auch dem Heute angepasst, d.h. sie sind von weniger existenzieller Natur. Die Services stellen gleichwohl eine Herausforderung dar, die es zu meistern gilt. Dafür werden die Schülerinnen und Schüler in reale Bewährungssituationen gebracht. Die Situation ist so beschaffen, dass die Jugendlichen tatsächlich gebraucht werden, sie Verantwortung tragen für das Gelingen der Situation, sie mit Menschen agieren und kommunizieren müssen und aus ihrem Tun und für ihr Tun Anerkennung und Wertschätzung erfahren.

Zu Beginn eines Schuljahres wählen sich die Schülerinnen und Schüler einen Dienst aus einer Angebotsliste von mehr als 20 Servicemöglichkeiten im regionalen Umkreis des Landesgymnasiums. Der Charakter der möglichen Dienste variiert dabei zwischen einer verstärkt sozialen Ausrichtung des Dienstes (Tab. 1), einer überwiegend tätigkeitsbezogenen Ausrichtung (Tab. 2) und letztlich der ureigenen Intention eines Rettungsdienstes (Tab. 3).

Tab. 1: Die sozialen Dienste am Landesgymnasium

Serviceeinrichtung / Kooperationspartner	**Tätigkeitsinhalte**
• Ökumenischer Kindergarten • DRK Kindertagesstätte • Franziskus Kinderhaus	Betreuung von Kindergartenkindern; Spielzeiten, Basteln, Vorlesen.
• Johannes Grundschule • Grundschule Afra	Hortbetreuung von Grundschülerinnen und Grundschülern und Hausaufgabenhilfe
• Förderschule für Lernbehinderte mit Hort	Spielerischer Umgang mit lernbehinderten Kinder, insbesondere Hausaufgaben- und Lernbetreuung
• Kinder- und Jugendhaus KAFF • Bürgertreff Triebischtal e.V. • Soziokulturelles Zentrum Hafenstraße e.V. • Kinder- und Jugendzentrum „Die Arche" • Kids-Treff	Umgang mit jüngeren Kindern und gleichaltrigen Jugendlichen, Hausaufgabenhilfe und Nachhilfe
• Altenpflegeheim Sankt Benno • Betreutes Wohnen „Im Wiesengrund" • Seniorenpark „Carpe Diem" • Altenindividualbetreuung im Diakonischen Werk im Kirchenbezirk Meißen e.V.	Seniorenbetreuung in Form von Gesprächen, gemeinsamen Spielen sowie Hilfe und Unterstützung bei Veranstaltungen (etwa Kochen, Ausflügen usw.)
• Elblandkliniken Meißen-Radebeul	Patientenbetreuung, insbesondere von Kindern und Senioren mit Vorlesen und Spielen.

Das wesentliche Merkmal der sozialen Dienste im Rahmen der Services ist der Umgang mit Menschen. Die afranischen Schülerinnen und Schüler übernehmen je nach Serviceeinrichtung verschiedene Betreuungsaufgaben. Das sind keine pflegerischen Tätigkeiten etwa in der Seniorenbetreuung – vielmehr geht es um die Kommunikation und die Zuwendung zu den Menschen. Die Jugendlichen nehmen sich Zeit für ihre Mitmenschen und gestalten diese sinnvoll mit ihnen. Im Ergebnis erleben die Afraner, wie sie als Person in Anspruch genommen werden, sie erfahren, dass ihr Wirken wichtig und bedeutsam ist für andere.

Die Einwahl in die Services ist eine individuelle Entscheidung. Dabei stellen die sozialen Dienste für die jeweiligen Afraner unterschiedliche Herausforderungen dar, sei es die Betreuung kleiner Kinder, die Tätigkeit in den Senioreneinrichtungen oder im Krankenhaus. Die Vermittlung der Einsicht in die Bedeutsamkeit des eigenen Handelns erfolgt durch die entstehenden sozialen Beziehungen.

Die Kinder in den Serviceeinrichtungen (Kindertagesstätten und Grundschulen) spiegeln ihre Freude über ihre „großen Spielfreunde" sehr offen. Es wirkt nahezu anrührend, wie viel kindliches Vertrauen den Afranern entgegengebracht wird und aus den Partnerinstitutionen wird immer wieder berichtet, wie groß die Enttäuschung der Kinder ist, wenn aus schulorganisatorischen Gründen der wöchentliche Service ausfallen muss.

Am Beispiel der Seniorenbetreuung wird besonders deutlich, welchen Stellenwert ein sozialer Dienst als Service bei der Entwicklung der Persönlichkeit einnehmen kann. Immer wieder berichten die Schülerinnen und Schüler von ihrer anfänglichen Unsicherheit und dem Respekt vor der Aufgabe, die bei diesen Services auf sie zukommt. Diese Unsicherheit weicht sehr schnell im Umgang mit den Senioren. Die Afraner sind nahezu überwältigt von der Wertschätzung und der Dankbarkeit, die ihnen entgegengebracht wird. Aus der Unsicherheit und dem Respekt entsteht eine enge Bindung, ein Miteinander, das nachhaltig eine generationenübergreifende Sichtweise prägt. Mithin entsteht Sicherheit und das Vertrauen in die eigene Persönlichkeit, auch in einer unbekannten und herausfordernden Situation erfolgreich bestehen zu können.

Der Fokus der sozialen Dienste im Rahmen der Services liegt auf dem Umgang mit anderen Menschen und dem Erkennen der eigenen Bedeutung in einem sozialen Kontext. Der Fokus der nachfolgend betrachteten Services liegt auf einer bewusst verantwortungsausübenden und gleichzeitig wertschöpfenden Tätigkeit (Tab. 2). Stellvertretend soll der Service des Afra-Weinberges erläutert werden.

Tab. 2: Services mit tätigkeitsbezogener Ausrichtung

Serviceeinrichtung / Kooperationspartner	**Tätigkeitsinhalte**
• Afra-Weinberg	Ganzjährige Pflege des afranischen Schulweinbergs unter Anleitung eines Winzers bis hin zur Weinlese.
• Tierheim Meißen-Winkwitz e.V.	Unterstützung bei der Tierpflege im Tierheim
• Neophytenprojekt	In Zusammenarbeit mit dem Umweltamt der Stadt Meißen wird am Elbufer das Indische Springkraut als Neophytenbefall kartiert und biologisch dokumentiert sowie fachgerecht beseitigt.

Der afranische Weinberg ist ein Schülerweinberg, der seit 2006 von Schülerinnen und Schülern des Landesgymnasiums Sankt Afra unter Anleitung eines Winzers betreut wird. Partner ist die Sächsische Landestiftung für Natur und Umwelt (LANU). Dabei üben die Afraner alle im Zusammenhang mit dem Weinanbau stehenden Tätigkeiten eigenhändig aus, beginnend mit der Pflanzung der Reben, dem Verschneiden, der überjährigen Grünpflege bis hin zur Weinlese. Der Wein selbst wird in Kooperation mit der Winzergenossenschaft Meißen e.G. gekeltert und abgefüllt und der Stiftung zugeführt.

Die besondere Herausforderung dieser Serviceeinrichtung liegt in der körperlich anstrengenden Tätigkeit, die bei jeder Witterung über das gesamte Jahr hindurch regelmäßig im Weinberg ausgeübt werden muss. Andererseits wird gerade in diesem Service deutlich, dass sich Anstrengung auszahlt. Die beteiligten Schülerinnen und Schüler erleben ihre unmittelbare Einflussmöglichkeit auf ihre natürliche Umgebung. Aus der investierten, mühevollen Arbeit entsteht mit den gelesenen Weintrauben und dem anschließend erzeugten Wein ein real fassbarer Ertrag. Damit stellt die Tätigkeit im Weinberg eine bewusst erlebte Wertschöpfungskette dar.

Einen weiteren Reiz übt dieses Serviceprojekt durch sein wissenschaftliches Potential aus. Neben ihrer Tätigkeit im Weinberg erschließen sich die beteiligten Schülerinnen und Schüler den Weinberg als ein Ökologieprojekt, in dem biologische Abläufe in ihrer realen Komplexität, Naturschutz und wirtschaftliche Nutzungsmöglichkeiten in einer Kulturlandschaft thematisiert und real nachvollziehbar gestaltet werden (siehe auch Schwarz, 2009).

Eine dritte Art der Services am Landesgymnasium Sankt Afra sind die bereits von Hahn originär begründeten Rettungsdienste (Tab. 3).

Tab. 3: Rettungsdienste als Services

Serviceeinrichtung / Kooperationspartner	**Tätigkeitsinhalte**
• Johanniter-Unfallhilfe e.V.	Ausbildung zum Johanniter und Tätigkeit als medizinische Ersthelfer in der afranischen Johannitergruppe.
• DLRG Meißen	Ausbildung zum Jugendrettungsschwimmer

Die Rettungsdienste unterscheiden sich von den anderen Services dadurch, dass die Schülerinnen und Schüler eine spezielle Ausbildung durchlaufen. Während die Ausbildung im Afra-Weinberg ein durch den Winzer angeleitetes Erfahrungslernen darstellt, führen Jugendausbilder des Kreisverbandes der Johanniter-Unfallhilfe e.V. bzw. Ausbilder der Deutschen Lebens-Rettungs-Gesellschaft e.V. (DLRG) im Rahmen der Servicezeiten Unterrichtseinheiten durch, die mit einer Abschlussprüfung enden. Derart geschult übernehmen etwa die Afraner des Johanniter-Services anschließend nicht nur einmal wöchentlich, sondern fortwährend Verantwortung für die Sicherstellung einer medizinischen Erstversorgung auf dem gesamten Schul- und Internatscampus.

Die Johannitergruppe begleitet den Schulalltag und spezielle Veranstaltungen durch einen selbst organisierten Bereitschaftsdienst, der ganztags telefonisch angefordert werden kann. Die Tätigkeit in der afranischen Johannitergruppe erstreckt sich dabei nicht nur über die beiden Schuljahre, in denen die Services institutionell abzuleisten sind, vielmehr wirken die Schülerinnen und Schüler auch während ihrer Oberstufenzeit (Jahrgänge 11 und 12) in diesem Bereitschaftsdienst mit. Dieses freiwillige

Übernehmen der Verantwortung für die afranischen Mitschülerinnen und Mitschüler illustriert sehr gut die tatsächlich gelebte Intention der Services – es geht nicht allein um das Absolvieren einer „Pflichtveranstaltung" in den Klassenstufen 9 und 10, es geht vielmehr um das Erwecken und Ausbilden einer individuellen Einstellung, sich für eine Gemeinschaft zu engagieren und diese mit der eigenen Handlung und Persönlichkeit zu bereichern und zu stärken.

Ein weiterer Aspekt des Johanniter-Services ist die Teilnahme der Johannitergruppe an regionalen und überregionalen Wettbewerben. Die erfolgreiche Teilnahme an Wettstreiten (in den vergangenen Jahren belegten die afranischen Johannitergruppen mehrmals dritte Plätze im Bundesfinale der deutschen Johannitergruppen) bestärkt sowohl die Gruppe durch die externe Anerkennung, bestärkt aber auch die einzelnen Schülerinnen und Schüler in dem Vertrauen auf ihre eigenen Fähigkeiten und das eigene Leistungsvermögen. Ein solches positives Erleben, gepaart mit dem befriedigenden Erlebnis, anderen helfen zu können und dafür Wertschätzung zu erfahren, führt zweifellos zu der angestrebten Persönlichkeitsentwicklung.

Die Rettungsdienste des Landesgymnasiums Sankt Afra lassen sich intentional mit den ursprünglichen Hahn'schen Rettungsdiensten vergleichen, die praktische Umsetzung weicht von der durch Hahn bewusst geformten Existenzialität jedoch nachvollziehbarerweise ab. Die von Hahn initiierte Küstenwache in Gordonstoun agierte als realer Bereitschaftsdienst zur Rettung in Seenot geratener Schiffe (Hahn, 1998, S. 234). Die afranischen Rettungsschwimmer des DLRG-Service werden kaum in entsprechende reale Bedrohungssituationen geraten. Dies schmälert jedoch die angestrebte Wirkung der afranischen Rettungsdienste auf die Entwicklung der Jugendlichen wenig, da es sich dennoch um Bewährungssituationen handelt, denen sie ausgesetzt sind und in denen sie zu bestehen haben.

Hahn beschreibt seine geschickte Vorgehensweise, mit der er den Dienst „Küstenwache" etablierte, er spricht von dem „Misstrauen", das ihm seine Schüler entgegenbringen, als er selbst diesen Dienst einrichten will (Hahn, 1998, S. 233), und von der Überzeugung der Schüler durch „die Notwendigkeit des Dienstes, der von ihnen gefordert wurde" (Hahn, 1998, S. 234), die von außen den Jugendlichen vor Augen geführt wurde und die eine große innere Bereitschaft nach sich zog.

Die afranischen Services sind im Unterschied zur geschilderten, freiwillig inneren Überzeugung institutionalisiert. Es besteht die Verpflichtung für jeden Afraner, im Verlauf der zwei Jahre wöchentlich Dienst zu leisten. Die damit verknüpften Absichten, einen Beitrag zur Persönlichkeitsentwicklung zu leisten, lassen sich natürlich angesichts der durch die Institution Schule auferlegten Pflicht kritisch hinterfragen, da somit die eigene Einsicht in die Diensttätigkeit als reglementiert und erzwungen angesehen werden kann. Diese Gedanken lassen sich insofern entkräften, da Erziehung immer auch das Vorgeben einer äußeren Wertestruktur und von Erwartungen sowie die Auseinandersetzung mit auferlegten Pflichten, mit diesen Werten und Erwartungen beinhaltet. Letztlich geht es für die Jugendlichen darum – selbst aus einer erst einmal nicht verinnerlichten Bestimmung heraus –, im Dienste einer Gemeinschaft tätig zu werden. Der damit verbundene Erkenntnisprozess bezüglich der eigenen Wirksamkeit auf Andere, bezüglich der eigenen Bedeutung für das Erstarken einer Gemeinschaft, rechtfertigt die von außen auferlegte Pflicht.

Mehr als 20 Service-Einrichtungen und etwa 100 Afraner, die jedes Schuljahr gleichzeitig einen Dienst leisten, stellen auch für das Landesgymnasium und die beteiligten Einrichtungen eine organisatorische Herausforderung dar. Maßgabe ist, dass die Services außerhalb des afranischen Campus geleistet werden. Die kooperierenden Einrichtungen müssen bereit sein, den Schülerinnen und Schülern jene Offenheit und jenen Raum zu bieten, in der/dem die angestrebte Persönlichkeitsentwicklung sich vollziehen kann. Es müssen die benannten Bewährungssituationen geschaffen werden, die den Jugendlichen Grenzen aufzeigen, deren Überschreiten sie stärkend voran bringt. Mit den Einrichtungen werden Kooperationsverträge geschlossen, in denen insbesondere versicherungsrechtliche Angelegenheiten geregelt sind, aber auch die Rechte und Pflichten der Afraner fixiert werden. Gemeinsame erfolgreiche Erfahrungen der Schülerinnen und Schüler, der Kooperationspartner und der Schule haben die Services zu einem wichtigen Bestandteil des ehrenamtlichen Wirkens und zu einer stabilen und etablierten Institution in der Region Meißen werden lassen.

Abschließend soll der Blick noch einmal auf die Services als ein wichtiges Instrument zur Persönlichkeitsentwicklung gerichtet werden. Es wurden obenstehend die inneren Prozesse beschrieben, die mit Hilfe der Dienste bei den Jugendlichen ausgelöst werden bzw. ausgelöst werden sollen. Das Ausbilden einer subjektiven Wertestruktur und innerer Einstellungen erfordert immer auch die kritische Reflexion des eigenen Handelns und der erworbenen Erfahrungen. Um diesen Lernprozess zu unterstützen, wird den Afranern zum Ende eines Schuljahres auferlegt, eine schriftliche Reflexion zu ihrer Servicetätigkeit zu erstellen, bestehend aus einer kurzen Tätigkeitsbeschreibung, einer kurzen Diskussion der Abläufe und Gegebenheiten und aus einer Auseinandersetzung mit dem Erlebten in Bezug auf sich selbst. Diese Form der Metakognition stellt eine Arbeitsgrundlage für die Mentoren der Schülerinnen und Schüler dar, anhand derer im Mentorengespräch die Services ausgewertet werden und insbesondere die Herausforderungen für die Afraner und der Umgang mit diesen thematisiert werden.

Dieser letztgenannte Aspekt verdeutlicht, dass die individuelle Förderung einer Persönlichkeit sich nicht allein auf das Schaffen von Herausforderungen beschränken kann. Es ist ebenso unerlässlich, dass die Jugendlichen die Herausforderungen annehmen und sie für sich nutzen. Es ist weiterhin unerlässlich, dass sie auf dem Weg ihrer Entwicklung aber auch begleitet werden und die Mentoren der Jugendlichen zumindest als Spiegel der Reflexionen zur Entwicklung beitragen.

3. Die Schülermitverantwortung am Landesgymnasium Sankt Afra

Die Identifikation der Schülerinnen und Schüler mit ihrer Schule ist ein bedeutender Qualitätsmaßstab für eine gelingende Schule. Diese allgemeine Wahrheit findet am Landesgymnasium Sankt Afra ebenfalls Niederschlag im Leitbild.

> „So wollen wir Menschen fördern, die sich generalistisch bilden und ausbilden möchten, unabhängig und frei denken, demokratische Grundwerte vertreten und bereit sind, Verantwortung für eine gemeinsame Zukunft zu übernehmen." (Sankt Afra, 2007, S. 9)

Nur mit der Einbeziehung aller am Schulleben Beteiligten kann das im Leitbild formulierte Zukunftsbild Wirklichkeit werden. Diese Vision ist zugleich Erziehungsziel und Handlungsanleitung, denn der Anspruch, diese Werte und Einstellungen auszubilden, erfordert zwangsläufig ein wertschätzendes Miteinander der Schülerinnen und Schüler und der Mentoren, in dem gleichberechtigt auf Augenhöhe das gemeinsame Leben und Lernen gestaltet wird. Die Realisierung der Vision stellt dabei einen Entwicklungsprozess dar, den die Afraner durchlaufen. Die Grundpfeiler dieses Prozesses bestehen aus der Übertragung von Verantwortung für die afranische Gemeinschaft und dem pädagogischen Vertrauen, dass diese Verantwortung bewusst wahrgenommen und verantwortungsvoll ausgeübt wird.

Die Formen der afranischen Schülermitverantwortung sind ebenfalls aus der Tradition der Landerziehungsheime erwachsen (siehe auch Schäfer, 1964). Es finden sich vielfältige Elemente wieder, die in die heutige Zeit übertragen und angepasst werden können. Zugleich sind aber auch neue Elemente etabliert, die den aktuellen Herausforderungen einer demokratiegeleiteten Gemeinschaft besser gerecht werden.

Nachfolgend werden verschiedene Elemente der afranischen Schülermitverantwortung umrissen. Allgemein lässt sich feststellen, dass als wesentlicher Aspekt in der Ausübung der Schülermitverantwortung unbedingt die Entwicklung des einzelnen Individuums, die Entwicklung einer gereiften und werteorientierten Persönlichkeit hervortritt. Diese Leitlinie zieht sich durch alle Formen des Handelns der Schülerinnen und Schüler, auch wenn sie nicht explizit benannt werden. Es geht immer um die Stellung und das Verhalten des Einzelnen im sozialen Kontext der Schul- und Internatsgemeinschaft, um das bewusste Handeln, das in seiner Wirkung und nachfolgenden Reflexion zu der angestrebten Persönlichkeitsentfaltung führt.

Die Schülermitverantwortung am Landesgymnasium Sankt Afra lässt sich aus verschiedenen Perspektiven wahrnehmen. Es gibt die institutionalisierte Schülermitverantwortung in Gremien, die in Sankt Afra aufgrund der besonderen Gegebenheiten der Internatsschule spezielle Ausprägungen erfahren hat. Eine zweite Sichtweise erschließt sich darüber hinaus durch die konzeptionell verankerte Einbeziehung der Afraner in alle schulrelevanten Abläufe und Entwicklungsprozesse. Die dritte Perspektive eröffnet einen Blick auf die individualisierte und gelebte Mitverantwortung des Einzelnen für die Gemeinschaft.

Die Organisationstruktur der institutionalisierten Schülermitverantwortung folgt der besonderen Situation des afranischen Schul- und Internatslebens. Entsprechend bilden sich demokratisch gewählte Vertretungen sowohl im Internats- als auch im Schulkontext ab. Verankert ist diese im Folgenden skizzierte Struktur in der afranischen Verfassung (Sankt Afra, 2011).

Jeweils 16 Schülerinnen bzw. Schüler der Mittelstufe und 24 Schülerinnen und Schüler der Oberstufe wohnen geschlechtshomogen in Internatshäusern, die von einer Mentorin bzw. einem Mentor betreut werden. Die Häuser gliedern sich in Etagen, die jeweils von 8 Schülerinnen bzw. 8 Schülern meist altershomogen bewohnt werden. Dabei sind in der Regel die beiden Etagen eines Hauses der Mittelstufe mit zwei unterschiedlichen Jahrgängen belegt. Die Vertretung der jeweiligen Hausgemeinschaft obliegt einem vom gesamten Haus gewählten Haussprecher, der traditionell als *Inspektor* bezeichnet wird. Alle siebzehn Haussprecher und der Internatskoordinator bilden die *Inspektorenkonferenz*, die somit die Vertretung der internatlichen Belange der Afraner wahrnimmt und sich darüber austauscht.

Ein schulisches Gegenstück zur Hausgemeinschaft – die in der Mittelstufe eben jahrgangsübergreifend strukturiert ist – bildet die Klassengemeinschaft. Das Landesgymnasium Sankt Afra sieht in der Mittelstufe pro Jahrgang zwei parallele Klassen, die jeweils einen Sprecher und einen stellvertretenden Sprecher wählen. Diese Sprecher vertreten gemeinsam alle schulischen Belange der Klassengemeinschaft, sowohl in organisatorischer als auch sozial-kommunikativer Hinsicht.

Das Landesgymnasium Sankt Afra hat zwei *Schulsprecher*. Dieses Amt weicht nicht nur in der Bezeichnung vom üblichen „Schülersprecher" ab, sondern auch in der Aufgabenzuschreibung und im Selbstverständnis, mit dem das Landesgymnasium die Bedeutung dieser beiden Personen versteht. Die Rechte und Aufgaben der Schulsprecher gehen über die im Schulgesetz niedergelegten Rechte und Aufgaben hinaus, da sie erklärtermaßen auch nach außen „für die Schule sprechen". Die Schulsprecher repräsentieren die Interessen der afranischen Gemeinschaft gegenüber allen Beteiligten nach innen, und sie vertreten die Institution Sankt Afra dezidiert in der Außenwirkung. Durch die bewusste Beteiligung der Schulsprecher an den wesentlichen Entscheidungsprozessen tragen sie ein hohes Maß an Verantwortung für die Schülerschaft und das Wohl der Schule. Die Schulsprecher werden in der Vollversammlung der Schülerinnen und Schüler in geheimer Wahl bestimmt. Der Wahl geht ein bemerkenswerter Prozess voraus, bestehend aus öffentlicher Bewerbung, persönlicher Vorstellung vor der Schulgemeinschaft und einer Disputation in der „Elefantenrunde", das ist eine Vollversammlung der Afraner ohne Mentoren, in der die Kandidaten ihre Ziele und Bestrebungen vorstellen und erläutern.

Eine besondere Einrichtung in der afranischen Schülermitverantwortung stellt das *Leitungsgremium* dar. Das Leitungsgremium besteht aus der Schulleitung (Schulleiterin und stellvertretender Schulleiter) und den beiden Schulsprechern. Das Leitungsgremium ist das höchste Vorschlags- und Beratungsgremium des Landesgymnasiums. In ihm werden in regelmäßigen Abständen alle Belange beraten, die von übergreifender Bedeutung für die afranische Gemeinschaft und der in ihr vertretenen Gruppen

(Afraner, Mentoren, Eltern, Schulleitung) sind. Die Beschlüsse des Leitungsgremiums sollen die Basis für die endgültigen Entscheidungen der Schulleiterin sein. Über diese Beratungsfunktion hinaus bildet das Leitungsgremium die Instanz, vor der disziplinarische Verstöße in Schule und Internat verhandelt werden. Kommt es aus einem solchen Anlass zu einer Aussprache im Leitungsgremium, sind neben dem betroffenen Afraner auch dessen Mentoren und – bei internatlichen Verstößen – der Internatskoordinator anwesend. Es ist leicht nachzuvollziehen, dass die Mitwirkung der Schulsprecher als gleichberechtigte Instanzen gerade in der Behandlung disziplinarischer Verstöße eine besondere Herausforderung darstellt – für die Schulsprecher gleichermaßen wie für den betroffenen Afraner. Dabei erweist sich in der Erfahrung die aktive Mitwirkung der Schülervertreter als ungemein bereichernd in dem mit der Verhandlung verbundenen Erziehungsprozess, da oftmals gerade die Afraner untereinander einen klaren Anspruch an sich selbst formulieren können und gegenseitige Verantwortung einfordern. Damit geht übrigens das Agieren der Schulsprecher deutlich über das im Schulgesetz als „Anhören der Schülervertreter" formulierte Handlungsmerkmal hinaus.

Zusammensetzung und Funktion des Leitungsgremiums dokumentieren nachdrücklich die konzeptionell verankerte Einbeziehung der Schülerinnen und Schüler – bzw. ihrer Vertreter – in alle bedeutenden Entscheidungsprozesse des Landesgymnasiums. Diese Einbeziehung impliziert das bereits ausgeführte Vertrauen in die Fähigkeit der Afraner, dieser Verantwortungsübertragung auch tatsächlich gerecht werden zu können.

Mit dem *Schulrat* wurde ein Gremium institutionalisiert, das dem intensiven Kommunikationsbedürfnis aller am Schulleben beteiligten Afraner und Mentoren Rechnung trägt. Der Schulrat zeigt im Vergleich zu den üblichen „Schülerräten" ein deutlich erweitertes Verständnis von Mitwirkung (der Afraner und Mentoren), da mit dem Schulrat ein Beratungsorgan der Afraner und Mentoren geschaffen wurde, in dem alle die Schule betreffenden Fragen und Prozesse besprochen werden können. Der Schulrat setzt sich zusammen aus sechs Mentoren (drei Internatsmentoren, drei Gymnasialmentoren), die als Vertreter der Lehrerkonferenz entsandt werden, sechs von der Schülervollversammlung gewählten Afranern, sechs Inspektoren, die von der Inspektorenkonferenz entsandt werden, und den beiden Schulsprechern. Der Schulrat wählt einen Präsidenten, im Regelfall eine Schülerin oder einen Schüler, der gemeinsam mit den beiden Schulsprechern eine Art Dreigestirn der Schülermitverantwortung bildet. Diese Drei repräsentieren in ihrer demokratischen Legitimation die gesamte Gemeinschaft und sind berufen und gefordert, das gemeinsame Leben und Lernen initiativ mitzugestalten.

Die Verfassung des Landesgymnasiums sieht ausdrücklich vor, dass Initiativgruppen innerhalb und außerhalb des Schulrates gebildet werden können (etwa der Projektwochen-Ausschuss oder das Green-Team), die sich in gesondertem Maße speziellen Inhalten zuwenden und hierbei vom Schulrat unterstützt und auch legitimiert werden können. Die aktive Mitwirkung und engagierte Beteiligung aller Afraner an der Gemeinschaft ist gewollt und notwendig. Mit dem Wirken für die Gemeinschaft ist aber immer auch die Entfaltung des Einzelnen verbunden, der mitgestaltet. Damit schließt sich der Kreis zur Persönlichkeitsentwicklung.

Es muss der Vollständigkeit halber betont werden, dass die vielfältig differenzierten demokratischen Institutionen des Landesgymnasiums natürlich nicht die rechtlichen Verpflichtungen der Schulleitung noch die gesetzlich bestimmten Befugnisse der Schulkonferenz beschränken.

Bei aller Ausdifferenzierung der afranischen Institutionen und des afranischen Demokratieverständnisses: Maßgeblich für das Gelingen des gemeinsamen Lebens und Lernens ist nicht die Existenz der Gremien. Auch darf die gelebte Demokratie nicht als Selbstzweck verstanden werden. Maßgeblich ist allein die bewusste Wahrnehmung der Verantwortung durch die Schülerinnen und Schüler, das Ausfüllen der Verantwortung und das kritische Begleiten der Verantwortungsausübung. Durch die Teilhabe und Mitbestimmung in der afranischen Gemeinschaft erfolgt die angestrebte Persönlichkeitsentwicklung. Bemerkenswert ist jedoch, dass dieser Anspruch formuliert und der Weg – in Form der Teilhabe und Mitbestimmung – offen gehalten wird.

In den folgenden Ausführungen soll die bereits benannte zweite Perspektive auf Schülermitverantwortung eingenommen werden. Hierbei liegt die Betonung auf weniger institutionalisierten Gremien als vielmehr auf einer real praktizierten und bewussten Einbeziehung der Afraner in die tatsächlich schulrelevanten Prozesse.

Mit der Einbeziehung der Schulsprecher in das Leitungsgremium wurde oben bereits ein erstes Beispiel für diese Blickrichtung diskutiert. Ein zweites Beispiel – die gleichberechtigte Mitwirkung der Afraner beim Schülerauswahlverfahren – illustriert ebenfalls prägnant die (für Außenstehende oft verblüffende) bewusste Beteiligung der Afraner bei entscheidenden schulischen Abläufen. Hier tritt in besonderem Maße das Konzept der Verantwortungsübertragung zum Zwecke der Persönlichkeitsentwicklung hervor.

Die Schülerauswahl für das Landesgymnasium Sankt Afra erfolgt im Rahmen eines Schüler-Assessment-Centers (SAC), das aus pädagogischer und psychologischer Diagnostik besteht. Die Bewerberinnen und Bewerber werden u.a. in pädagogisch relevanten Situationen beobachtet und diese Beobachtungen nach festgelegten Kriterien ausgewertet. Als gleichberechtigte Beobachter in diesem Schülerauswahlverfahren wirken sowohl Mentoren als auch afranische Schülerinnen und Schüler. Dabei sind die Beobachtungssituationen wenigstens paritätisch mit Mentoren und Afranern besetzt, in machen Beobachtungssituationen überwiegen Afraner die Mentoren als Beobachter. Natürlich erfordert die Mitwirkung am SAC eine intensive Schulung aller Beteiligten – sowohl der Mentoren als auch der Afraner. Die Beobachtungen werden in einer gemeinsamen Beobachterkonferenz zusammengetragen, um der Schulleitung eine Entscheidungsfindung zu ermöglichen. Dabei sind ausdrücklich alle Beobachtungen, ob von einem Mentor oder einem Afraner, gleichberechtigt.

Die Erfahrungen hinsichtlich der Verantwortungsausübung der Jugendlichen sind ausgesprochen beeindruckend. Die Afraner sind hochmotiviert in der Vorbereitung und Ausübung der verantwortungsvollen Aufgabe und die Qualität ihrer Beobachtungen ist bemerkenswert. Sie sind in der Lage, klar und reflektiert ihre Beobachtungen darzustellen. Sie unterscheiden sich in ihrer Funktion als Beobachter im SAC qualitativ in keiner Weise von den Mentoren. Dabei lässt sich insbesondere in der Beobachterkonferenz die Ernsthaftigkeit erfassen, mit der die beteiligten Schülerinnen und Schüler ihrer Aufgabe bei der Schülerauswahl nachkommen. An dieser Stelle zeigen sich tatsächlich gelebte Verantwortung und entwickelte Persönlichkeiten.

Die dritte Perspektive in der Betrachtung der Schülermitwirkung – die individuelle Mitverantwortung des Einzelnen für die Gemeinschaft – soll hier nur kurz angedeutet werden. Während die benannten Gremien der Schülermitverantwortung strukturellen und institutionalisierten Vorgaben folgen und die Einbeziehung der Afraner in schulrelevante Abläufe konzeptionelle Erwägungen und Abläufe zum Ausdruck bringt, muss die Frage nach einer intrinsisch gesteuerten, selbst bewusst wahrgenommenen Mitwirkung und Verantwortungsübernahme gestellt werden.

Eine solche Verantwortungsübernahme, die gerade auch eine Form der Schülermitverantwortung ist, findet tatsächlich statt, auch wenn sie aufgrund ihrer individualisierten Formen weniger strukturell erfassbar sein kann. Die Sorge um den Zimmernachbarn, die Kompromisssuche in einem Etagenkonflikt, das eigenverantwortliche Ausgestalten eines Hauswochenendes – all dies sind beispielhafte Formen der individuellen Verantwortungsübernahme füreinander, die beobachtbar sind.

Die Auswirkungen dieser individuellen Verantwortungsausübung lassen sich am deutlichsten in dem Zusammenhalt der afranischen Gemeinschaft ablesen. Die angesprochene Identifikation mit der Einrichtung ist zugleich eine Identifikation mit der gelebten Gemeinschaft, in der sich die Afraner behütet wissen. Ausdruck findet die Persönlichkeitsentwicklung genau dann, wenn die Schülerinnen und Schüler ihren eigenen Wert und ihre eigene Bedeutung für die Gemeinschaftsbildung erkennen und bewusst in ein Handeln übersetzen.

4. Abschließende Bemerkungen

Die Entwicklung von Persönlichkeiten ist eine unmittelbare Aufgabe des Landesgymnasiums Sankt Afra. Mit den Services und der Schülermitverantwortung sind zwei konzeptionelle Säulen am Landesgymnasium verankert, die diesem Auftrag Rechnung tragen.

Die Kurzform „Herausforderungen schaffen und Verantwortung übertragen" erfasst zwar die grundlegende Weggestaltung hin zu der Vision einer entwickelten Persönlichkeit, insgesamt muss aber ein ganzes Gefüge an Bedingungen geschaffen und ausgefüllt werden, um tatsächlich verantwortungsbewusst handelnde junge Menschen am Ende ihrer Afra-Zeit in das nachfolgende Leben mit allen dann aufwartenden Herausforderungen entlassen zu können.

Von immanenter Bedeutung für das Gelingen der Aufgabe ist, neben den dargestellten strukturell-konzeptionellen Gegebenheiten und pädagogischen Herangehensweisen, das Wirken der Mentoren, die die Afraner in ihrem Entwicklungsprozess begleiten und fördern. Von immanenter Bedeutung für das Gelingen dieser Aufgabe ist auch die prosperierende Wirkung der Gemeinschaft, die der Einzelne mit seinem Entwicklungsprozess stärkt, die andererseits aber auch erst dem Einzelnen ermöglicht, dass er sich entwickeln kann.

Literatur

Hahn, K. (1998). … die Public school als Zentrum sozialen Dienstes. Skizzen von Gordonstoun. In M. Knoll (Hrsg.), Kurt Hahn – Reform mit Augenmaß. Ausgewählte Schriften eines Politikers und Pädagogen (233–238). Stuttgart: Klett-Cotta.

Pielorz, A. (1991). Werte und Wege der Erlebnispädagogik Schule Schloß Salem. Neuwied, Kriftel, Berlin: Luchterhand.

Sankt Afra. (2007). Neue Wege gehen. Das Sankt-Afra-Leitbild und sein Entstehungsprozess. Meißen: Sächsisches Landesgymnasium Sankt Afra.

Sankt Afra. (2011). Verfassung des Sächsischen Landesgymnasiums Sankt Afra zu Meißen. Meißen: Sächsisches Landesgymnasium Sankt Afra.

Schäfer, W. (1964). Schülermitverantwortung in den deutschen Landerziehungsheimen. Stuttgart: Klett.

Schwarz, P. (2009). Schülerweinberg „Rosengründchen". Mathematischer und Naturwissenschaftlicher Unterricht, Heft 7/2009, 62. Jg., 419–423.

Thiesen, H. (2006). Kurt Hahn – Pädagogische Umwelten zwischen Konstruktion und Anknüpfung. Jena: IKS Garamond, Edition Paideia.

Olaf-Axel Burow

Positive Pädagogik

Durch „Wertschätzende Schulentwicklung" zu Spitzenleistungen und mehr Wohlbefinden

Abstract

Anknüpfend an eine kritische Bilanz des Standes der Schulentwicklung bezogen auf die Zieldimensionen Chancengerechtigkeit (equity), Spitzenleistungen (excellence) und Wohlbefinden (well being) konstatiert der Autor Stagnation bzw. geringe Fortschritte trotz großer Anstrengungen im Gefolge der internationalen Schulleistungsvergleichsstudien. Anstelle der Mehrdesselben-Strategie empirischer Bildungsforschung (mehr Daten und Fakten) beschreibt er mit der „Wertschätzenden Schulentwicklung" ein kompetenzorientiertes Handlungsforschungsverfahren, das auf die Freisetzung des bislang unterschätzten „pädagogischen Tiefenwissens" von Lehrern, Schülern, Eltern und sonstigen an Schule beteiligten Personen setzt. In Auswertung dieses Verfahrens, das der Autor an einer Vielzahl von Schulen und Bildungseinrichtungen durchgeführt und evaluiert hat, umreißt er die Konturen des dabei zutage tretenden Praxiswissens der Beteiligten. Anknüpfend an die Salutogenese Antonovkys, die Selbsbestimmungstheorie Decy & Ryans sowie der Wertschätzenden Befragung formulierte er 3x3 simplexe Prinzipien, deren Beachtung zu besseren Ergebnissen in den Bereichen equity, excellence und well being führen kann. Damit zeichnen sich nach Auffassung des Autors auch die Konturen einer veränderten Pädagogik ab, die er als Pädagogik 3.0 bezeichnet und die auf ein Lernen in Freiheit sowie die Rückkehr zur Kreativität setzt.

1. Equity, excellence & well being: große Anstrengungen – wenig Resultate

Wie Volker Heyse (2013) bei der Konzipierung dieses Buches ausgeführt hat, vollzieht der 2011 verabschiedete Deutsche Qualifikationsrahmen (DQR) einen entscheidenden Schritt weg von der überzogenen Fachorientierung (Wissen und Fertigkeiten) hin zu einer gleichwertigen Berücksichtigung der Personalen Kompetenz (Sozialkompetenz und Selbständigkeit). Diese Akzentverschiebung hat wichtige Konsequenzen für die Theorie und Praxis von Schulentwicklung und Lehrerbildung.

Wenn wir uns fragen, warum sich infolge der desillusionierenden Erkenntnisse der PISA- und IGLU-Studien über die Stärken und Schwächen unseres gegliederten Schulsystems bislang erstaunlich wenig zum Guten gewendet hat, so jedenfalls die Bilanz des führenden Bildungsforschers Wilfried Bos auf dem 11. Thüringer Bildungssymposium in Erfurt (Juni 2013), dann treten unweigerlich die Defizite derzeitiger

Lehrerbildung, aber auch vieler gut gemeinter Maßnahmen der Schulentwicklung ins Blickfeld, die allzu oft lediglich die Belastungen für Lehrer und Schüler erhöht haben, ohne zu signifikant besseren Ergebnissen beizutragen.

So kommen verschiedene Untersuchungen in weitgehender Übereinstimmung zu dem Schluss, dass wir in den drei entscheidenden Zieldimensionen von Schulentwicklung – trotz einer Vielzahl von Maßnahmen – nur wenig vorangekommen sind. Wie nachfolgendes Schaubild zeigt, zeichnen sich gute Schulen dadurch aus, dass sie zu Chancengerechtigkeit (equity) beitragen, möglichst viele Schüler/innen zu guten Leistungen führen (excellence) und ein Lehr-/Lern- und Schulklima schaffen, das Wohlbefinden (well-being) ermöglicht. Doch wie sieht die Realität aus?

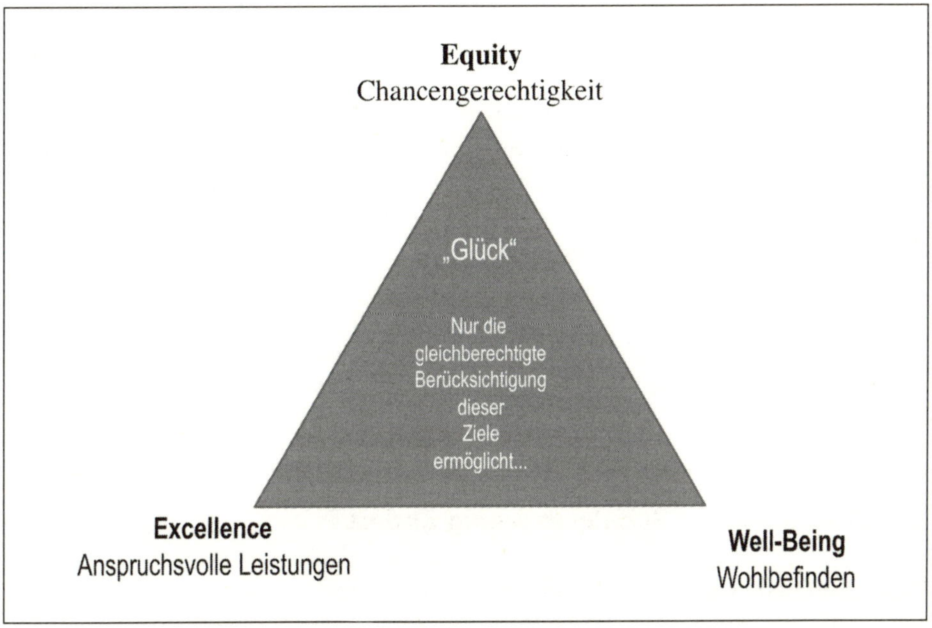

Abb. 1: Drei gleichwertige Ziele der Schulentwicklung

** Ziel 1: Chancengerechtigkeit (equity):*

Wenngleich es bei der Förderung von Migranten geringe Fortschritte gab, stabilisiert sich Chancenungerechtigkeit insgesamt auf hohem Niveau. So muss, um ein Beispiel zu geben, ein begabtes Kind mit Herkunft aus der untersten Dienstklasse noch immer erheblich mehr Leistungspunkte erbringen, um eine Gymnasialempfehlung zu erhalten, als Kinder aus der mittleren oder oberen Kategorie. Reinhard Pollak, Leiter des nationalen Bildungspanels am WZB, sieht denn auch unsere Gesellschaft auf dem Weg zu einer neuen Klassengesellschaft – ein Trend, den die Schule in ihrer gegenwärtigen Verfassung verstärkt, wie auch der neueste „Chancenspiegel" der Bertelsmannstiftung (2013) belegt.

* *Ziel 2: Gute Leistungen (excellence):*
Ein Problem des deutschen Schulsystems besteht nach wie vor darin, dass zu wenige Schüler/innen ihre Talente optimal entfalten können und zu viele nicht mal Mindeststandards erreichen: So befinden sich nur 8% aller Schüler/innen in der Spitzengruppe, während nach wie vor bis zu 20% der Schüler/innen in der untersten Kategorie verharren und damit nur über geringe Beschäftigungschancen verfügen. Länder wie Singapur zeigen, dass Fördermaßnahmen und Lehr-/Lern- sowie Organisationsdesigns möglich sind, die heute schon 26% aller Schüler/innen den Zugang zur Spitzengruppe eröffnen und die zudem weniger Bildungsverlierer produzieren.

* *Ziel 3: Wohlbefinden (well-being):*
Ein zu hoher Prozentsatz von Lehrer/inne/n und Schüler/inne/n leidet unter Überforderung bis hin zu gesundheitsschädigenden Erscheinungen. Die deutsche Schule ist nach wie vor durch eine zu starke Ausrichtung auf Selektion statt Förderung charakterisiert und erzeugt damit nicht nur bei zu vielen Schüler/inne/n unangemessene Belastungen, sondern auch bei nicht wenigen Eltern „Bildungspanik", so Bude (2011). Wie auch Lehrerbelastungsstudien und Schüleruntersuchungen von Krankenkassen zeigen, ist die deutsche Schule für zu Viele ein Ort der überhöhten Belastungen und für zu Wenige ein Ort des Wohlbefindens.

Die Bilanz zeigt, dass es uns – allen Anstrengungen zum Trotz – bislang nicht gelungen ist, die drei zentralen Ziele der Schulentwicklung angemessen zu berücksichtigen. Von daher ist es auch nicht verwunderlich, dass Lehrer, Schüler und Eltern über zu hohe Belastungen bei zu oft unbefriedigenden Ergebnissen klagen.

2. Warum sich in Schule so wenig ändert

Dieser Missstand hängt – wie ich in „Positive Pädagogik" (Burow, 2011) gezeigt habe, auch damit zusammen, dass wir im Zuge der neoliberalen Wende (vgl. Münch, 2009) Schule verstärkt an äußerlichen Leistungsanforderungen der Wirtschaft, aber auch an einer einseitigen akademischen, disziplinären Fachausrichtung orientiert haben und dabei das übergreifende Ziel von Bildung, nämlich die Ermöglichung von Lernfreude, Wohlbefinden und bisweilen sogar Glück aus den Augen verloren haben. Dieses Ziel ist nur zu erreichen, wenn Chancengerechtigkeit, Leistungsexzellenz und Wohlbefinden gleichermaßen berücksichtigt werden. Schule darf nicht – wie in der Feuerzangenbowle propagiert, bitter schmecken, sondern sie muss ganz im Gegenteil eine „Lustanstalt" sein, denn wie der Hirnforscher Gerald Hüther (2004, 2011) einprägsam formuliert, ist Begeisterung Dünger für unser Gehirn. Will sagen: Wenn wir ganz bei einer Sache sind, dann entstehen wie von selbst neue neuronale Verbindungen. Diese Erkenntnisse sind nicht neu. Aus Sicht der Humanistischen Psychologie und der Gestaltpädagogik, die schon vor über dreißig Jahren auf wertschätzende Beziehungen und die Förderung der Personalkompetenz setzten, hatten wir sie bereits 1981 in unserem Buch „Lernziel: Menschlichkeit" formuliert – 25 Jahre später kam der Freiburger Neurobiologe Joachim Bauer (2006) unter dem Titel „Prinzip Menschlichkeit" zu fast gleichen Einsichten – diesmal allerdings belegt durch Ergebnisse der Hirnforschung. Wie dem auch sei: Unterschiedliche Forschungsrichtungen kommen in beeindruckender Eindeutigkeit zu der Erkenntnis, dass Lernsituationen persönlich bedeutsam und lebensnah sein müssen, sollen sie wirksam sein. Fachkompetenz und Personalkompetenz bilden eine untrennbare Einheit und bedingen einander. „Bildung braucht Persönlichkeit" lautet denn auch nicht von ungefähr der Titel einer differenzierten Zusammenstellung neuester Ergebnisse aus Lehr-/Lern- und Hirnforschung, in der ein anderer Neurobiologe, Gerhard Roth, zeigt „Wie Lernen gelingt". Ich könnte hier eine Vielzahl weiterer Untersuchungen anführen, die – wie etwa die umfassenden Sekundäranalysen des neuseeländischen Bildungsforschers John Hattie (2009) – die zentrale Bedeutung der Lehrerpersönlichkeit sowie eine lernförderlichen Umgebung belegen. Doch kaum jemand stellt die entscheidende Frage: Wenn es beginnend mit den Erkenntnissen der Humanistischen Psychologie und Pädagogik, über die Einsichten der Neurobiologie, der Lehr-/Lernforschung bis hin zur empirischen Bildungsforschung eindeutig zu sein scheint, dass erfolgreiches Lernen im institutionellen Kontext der Schule, profilierte Lehrerpersönlichkeiten, wertschätzende Beziehungen und eine lust- bzw. wohlbefindensorientierte Umgebung erfordert, warum lässt dann die Umsetzung dieser immer wieder bestätigten Einsichten auf sich warten und warum haben wir nicht längst damit begonnen, einen grundlegenden Wandel unserer tradierten Art des Lehrens und Lernens einzuleiten?

3. Mehr Daten und Faktenwissen allein bringen Schule und Unterricht nicht voran

Der grundlegende Paradigmenwechsel von der Inhalts- zur Kompetenzorientierung, der durch einen Abschied von einem Kanon fester fachlicher Kenntnisse charakterisiert ist und der stattdessen auf die Entwicklung von anschlussfähigem Wissen für unterschiedliche, auch neuartige komplexe Situationen und Kontexte setzt, erfordert neue schulische und unterrichtliche Organisationsformen sowie Lehrkräfte, die in der Lage sind, kompetenzorientiert zu unterrichten. Beides ist nach den Untersuchungen von Wilfried Bos (2013) bislang so gut wir gar nicht oder nur rudimentär entwickelt. Er fordert deshalb eine veränderte, kompetenzorientierte Lehrerausbildung sowie den Aufbau differenzierter Unterstützungssysteme, die Schulen beim notwendigen Wandel wirkungsvoll unterstützen können. Doch angesichts knapper Staatsfinanzen, anderweitiger Prioritätensetzungen und eines mehr denn je in Traditionen verharrenden Bildungssystems stellt sich die Frage, woher die Ressourcen und Energien für die anstehende Neuerfindung von Schule und Lehrerbildung kommen sollen.

Auf jeden Fall hat sich gezeigt, dass mehr Daten und Faktenwissen allein Schule und Unterricht nicht voranbringen, zumal viele dieser mit großem Aufwand betriebenen Untersuchungen, wie etwa die bereits erwähnt Hattie-Studie (2009), für erfahrene

Praktiker kaum mehr Erkenntnisse erbringen, als was auch der durchschnittlich informierte Laie, der ja selbst Schulen und Hochschulen besucht hat, durch bloßes Nachdenken und den Austausch mit anderen über lernförderliche Situationen herausfinden kann.

Hinzu kommt das Problem, dass kontextunabhängig erhobenes Wissen, das zudem in Frontalvorträgen kognitiv vermittelt wird, kaum geeignet ist, die notwendigen Verhaltens- und Einstellungsveränderungen zu erzielen. So hat der bereits erwähnte Hirnforscher Gerhard Roth (2011) jüngst herausgearbeitet, dass die rein kognitive Vermittlung solcher Einsichten, mögen sie auch noch so differenziert sein – etwa in Form von Vorträgen –, nur geringe Verhaltensrelevanz besitzt. Dies liegt neben anderem daran, dass explizites Wissen ich-fern ist. Um wirksam zu werden bedarf es – worauf Ernst Pöppel (2006) hingewiesen hat – der komplementären Verknüpfung mit implizitem Wissen und Gefühlswissen sowie einer Anbindung an das Vorwissen und die mentalen Modelle der Beteiligten.

Aufgrund der Erfahrung einer mangelnden Wirksamkeit solcher einseitig akademisch-kognitiv ausgerichteten Belehrungskonzepte, die an Schulen und Hochschulen sowie in der Lehreraus- und Weiterbildung – insbesondere auch unter dem neuen Bachelor-/Mastersystem – dominieren, haben wir im Rahmen von Schulentwicklungswerkstätten nach Wegen gesucht, wie wir eine größere persönliche Beteiligung erreichen, das Vorwissen von Lehrern, Eltern und Schülern nutzen und die Umsetzungsfähigkeiten aller stärken können. Herausgekommen ist dabei das Verfahren der „Wertschätzenden Schul- und Organisationsentwicklung“, das auf der „Positiven Pädagogik“ (Burow, 2011) und der Theorie der „Weisheit der Vielen“ (Surowiecki, 2005) basiert. Grundlegend ist die Einsicht, dass wissenschaftliche Erkenntnisse im Rahmen von Schulentwicklung nur dann wirksam werden, wenn die Erfahrungen der Beteiligten angemessen einbezogen werden.

4. Wertschätzende Schul-/Organisationsentwicklung

An einem Pädagogischen Tag treffen sich das Kollegium bzw. die Organisationsmitglieder – oft auch zusammen mit Schüler- und Eltervertretern, anderen Dienstkräften etc., kurz die Schlüsselpersonen des Systems – und durchlaufen einen dreiphasigen Prozess. In *Phase I* werden alle Beteiligten aufgefordert, über eine Situation nachzudenken, in der Schule, Unterricht oder das jeweilige Angebot der Organisation so waren, wie sie es sich wünschen. Auf einem Arbeitsblatt, das drei Kästchen enthält, sollen sie zunächst im linken oberen Kästchen mit bunten Ölkreiden ein Symbol skizzieren, das den emotionalen Gehalt dieser Erfolgssituation veranschaulicht, in das danebenstehende Kästchen ein die Situation charakterisierendes Wort, einen Satz oder eine Parole schreiben, und schließlich in das darunter stehende Kästchen die Kernpunkte notieren, die diese erfolgreich gestaltete Arbeits- und/oder Unterrichtssituation auszeichnen. Auf diese Weise erhalten wir in nur fünfzehn Minuten – je nach Teilnehmergröße – zwischen 20 und 200 eindrucksvolle Erfolgsgeschichten, aus der Sicht von Lehrern, Eltern und Schülern.

Anschließend findet der „Marktplatz" statt. Alle Teilnehmer/innen begegnen sich mit ihren Gestaltungen im Raum und betrachten die Produkte. Der Raum ist jetzt erfüllt von einer bunten Vielfalt farbiger Symbole, die archetypische Grundbedürfnisse ausdrücken. Die Stimmung ist gelöst und erwartungsvoll. Dann bilden sich nach ähnlichen oder ansprechenden Symbolen Gruppen. Diese Gruppen haben drei Aufgaben:

- Jeder stellt seine eigene Erfolgsgeschichte vor.
- Die Gruppe wählt eine Geschichte für die Präsentation im Plenum aus.
- Die Gruppe einigt sich auf drei gemeinsam geteilte Erfolgsprinzipien, die sie auf grüne Metaplankarten schreibt sowie auf rote Karten die drei Haupthindernisse, die dafür sorgen, dass die Erfolgsprinzipien zu wenig Beachtung im Schulalltag finden.

Im Plenum hören wir im Anschluss an die Gruppenarbeit dann 8-12 „Erfolgsgeschichten". Dabei handelt es sich oft um berührende pädagogische Schlüsselsituationen, die eindrucksvoll zeigen, wie Lernen und Lehren gelungen ist. Entscheidend ist hier die Mischung: Lehrer, Eltern und Schüler berichten aus unterschiedlichen Perspektiven nicht nur, wie Lernen gelingt, sondern vermitteln damit auch ein hohes Maß an gegenseitiger Wertschätzung, das aus unserer Sicht eine entscheidende Grundlage für erfolgreiche Schulentwicklung bildet.

Anschließend werden die Erfolgsprinzipien der Gruppen geclustert und alle erkennen nicht nur erstaunlich viele Gemeinsamkeiten, sondern auch, dass es auf die Beachtung einiger weniger Prinzipien ankommt, die in verblüffender Eindeutigkeit von allen Beteiligten geteilt werden – unabhängig übrigens vom Schultyp. Es sind Prinzipien wie Wertschätzung, Vertrauen, Kooperation, individuelle Förderung, Lernfreude, Teamarbeit, Kreativität, Offenheit etc. In nachfolgendem Schaubild sehen Sie ein typisches Ergebnis, wobei die Größe der Worte die Häufigkeit der Nennungen ausdrückt:

Abb. 2: Erfolgsprinzipien bzw. Glücksfaktoren, die Gruppen nennen.

Da hinter diesen allgemeinen Prinzipien optimaler Lehr-/Lernsituationen konkrete Geschichten stehen, verbleiben sie nicht auf der kognitiven Ebene, sondern besitzen eine hohe emotionale Ladung, die auch in der Art der Vorträge deutlich wird. Oft handelt es sich um berührende Geschichten, in denen es Lehrkräften gelang, ihre Schüler für Aufgaben zu begeistern oder Lernblockaden bei „schwierigen“ Schülern zu überwinden. Ebenso freudig berührt berichten Schüler und Eltern von gelungenen Lehrsituationen, in denen es Lehrern gelang, ihre Schüler mitzunehmen. Auf diese Weise wird schon im Verlauf des Pädagogischen Tages eine Kultur offenen Erfahrungsaustausches und gegenseitiger Wertschätzung etabliert.

Darauf zielt der Ansatz der ‚positiven Pädagogik‘: Wir verzichten auf eine Analyse der Defizite, die oft nur zur Ausbildung von Abwehrroutinen beiträgt, und unterstützen die Schulgemeinde stattdessen darin, zu untersuchen, was sie gut macht. Dementsprechend ist die Stimmung entspannt und locker, denn jeder konnte über Gelungenes berichten und es herrscht eine große Offenheit für den Austausch der Erfahrungen. Am Ende dieser Phase haben wir erfahren, wie viel ausgezeichnete Arbeit das Kollegium leistet. Allen ist aber klar, dass es sich hier um „Highlights“ handelt. Die Frage ist also: Wie bekommen wir mehr von dem, was uns bereits gelingt, in unsere Alltagspraxis?

Unsere Schule 2020

In der nun folgenden *Phase II* begeben wir uns deshalb auf eine Zeitreise und stellen uns vor, im Jahr 2020 hätten wir unsere Schule bzw. Organisation so umgestaltet, dass unsere Erfolgsprinzipien flächendeckend umgesetzt sind. Zunächst skizziert jeder individuell seine Vision bzw. sein Zukunftsbild, um es anschließend auf dem „Marktplatz“ vorzustellen. Diese Visionen bzw. Wunschbilder, die auch wieder mit einem aussagekräftigen Symbol versehen werden, verbinden alle drei Wissensformen: Im Symbol scheinen grundlegende emotionale Bedürfnisse auf („Gefühlswissen“ bzw. „pictorial knowledge“); darunter werden in expliziter Form die Kernelemente der persönlichen Vision in Spiegelstrichen beschrieben („explizites Wissen“). Anschließend an die Begegnung auf dem Marktplatz bilden sich „Visionengruppen“, die sich über ihre Zukunftsbilder austauschen, ein gemeinsames Zukunftsbild entwerfen und dieses in einer kreativen Form (Modell, Sketch, Aktion etc.) dem Plenum präsentieren („implizites Wissen“). Jetzt ist die Zukunftswerkstatt an ihrem Höhepunkt angelangt. Alle Teilnehmer sind in hohem Maße engagiert, gestalten selbst kreativ und sind gespannt auf die Darstellungen der anderen Gruppen. Es ist mir unmöglich hier in Worten darzustellen, welche beeindruckenden und berührenden Gestaltungen innerhalb kurzer Zeit von den Organisationsmitgliedern entwickelt werden. Der entscheidende Punkt dieser Phase ist, dass hier Wünsche ausgedrückt und soziale Phantasie freigesetzt werden. Was kommt bei diesem Verfahren heraus?

5. Die Entdeckung des Gemeinsamen Grundes und Pädagogischen Tiefenwissens

Wie ich in Auswertung von über hundert solcher Wertschätzungswerkstätten an anderer Stelle (Burow, 2011) herausgearbeitet habe, weisen die Visionen zur Überraschung der Kolleg/inn/en oft ein hohes Maß an Gemeinsamkeiten auf. Die Entdeckung dieses verborgenen „Gemeinsamen Grundes" hat als erster der New Yorker Managementprofessor Marvin Weisbord (1992) in seinem Buch „Discovering the Common Ground" beschrieben. Bei der Fusion von Unternehmen, die in ca. 70% aller Fälle an der mangelnden Passung unterschiedlicher Kulturen scheitert, hat er mithilfe seiner „Future Search Conference" die zu fusionierenden Partner zur Entwicklung gemeinsamer Visionen befähigt. In Auswertung einer Vielzahl solcher beteiligungsorientierten Veranstaltungen und der dabei formulierten Visionen zeigte sich, dass unter der Oberfläche alltäglicher Organisationsroutinen ein Wissen über Erfolgsfaktoren für gemeinsames Lernen und Entwickeln verborgen ist. Diese Entdeckung entspricht unseren Erfahrungen aus der über zwanzigjährigen Arbeit mit Schulen, Bildungsinstitutionen und Organisationen aus dem Non-Profit- und Profitbereich. Wie ich in „Positive Pädagogik" beschrieben habe, handelt es sich bezogen auf Schulen und Bildungsinstitutionen um ein unterschätztes und bislang kaum erkanntes verborgenes „Pädagogisches Tiefenwissen": Wir alle – gleich ob Lehrer, Eltern oder Schüler – verfügen über eine Lern- bzw. Bildungsgeschichte, die zu großen Teilen nicht auf formalisierten Lehr-/Lerndesigns beruht, wie sie im Gefolge der industriellen Revolution und Preußens (Allgemeine Schulpflicht) eingeführt wurden, sondern überwiegend auf informellen Settings.

6. Pädagogik 3.0: Lernen in Freiheit und die Rückkehr zur Kreativität

In meinem neuen Buch „Digital Dividende – ein pädagogisches Update für mehr Lernfreude und Kreativität" (Burow, 2014) unterscheide ich drei Stufen der Entwicklung des Lernens. Pädagogik 1.0 beschreibt das freie, unverschulte Lernen vor Einführung systematischer Schulbildung. Dieses Lernen ist uns von Geburt an gegeben und äußerst wirksam. Fast alles, was Kinder können, haben sie, wenn sie in die Schule kommen, auf dieses Weise erlernt, etwa das Laufen. Doch mit dem Besuch der Schule endet das informelle Lernen nicht, auch wenn die Schule es nur selten beachtet. Manche Bildungsforscher, wie z.B. David Livingstone, meinen, dass zwischen 50 bis 70% unserer basalen Kompetenzen in nichtschulischen informellen Feldern erworben werden. Die Bedeutung von „Unterricht" wird aus dieser Perspektive überschätzt.

Mit der industriellen Revolution und der Einführung der Allgemeinen Schulpflicht durch Preußen setzte sich ein an der Logik von Militär, Fabrik und akademischer Fachwissenschaft orientiertes System schulischer Belehrung durch, dessen Grundzüge nach wie vor unser Bildungssystem prägen und das über viele Jahre zum erstaunlichen Erfolg unserer Gesellschaften beigetragen hat. Der englische Erziehungswissenschaftler Ken Robinson hat die Struktur dieses Systems in einem 18 minütigen, animierten Video in kaum zu übertreffender Weise auf den Begriff gebracht, weswegen es bislang auch über 14 Millionen mal abgerufen wurde.

Der springende Punkt ist nun, dass dieses formalisierte System – wie Robinson überzeugend ausführt – für die Industriegesellschaft des 19. Jahrhunderts konzipiert wurde. In einer globalisierten Wissensgesellschaft funktioniert es aber nur noch eingeschränkt, weil es hier weniger um die Vermittlung eines standardisierten Kanons von Wissen geht, sondern stärker um die Entwicklung von Kompetenzen zur Bewältigung komplexer, sich permanent wandelnder Herausforderungen. Gefragt sind weniger die Anpassung an vorgegebene Normen, als stärker umfassende Potenzialentfaltung. An die Stelle standardisierter schulischer Bildung nach Logik der industriellen Massenproduktion tritt immer häufiger die Anforderung, Umgebungen zu gestalten bzw. zu nutzen, die die Herausbildung profilierter Individuen unterstützen; selbstbewusste Individuen, die der Durchschnittsfalle entkommen sind, indem sie ihr „Element" (Robinson, 2010), also ihre besondere Befähigung erkannt und entwickelt haben und die darüber hinaus zu kreativer Kollaboration in der Lage sind. Pädagogik 3.0, die es jetzt zu entwickeln gilt, zielt daher auf ein stärkeres Lernen in Freiheit und die Rückkehr zu unserer natürlichen Kreativität, die in Pädagogik 1.0 angelegt ist. Die entscheidende Frage lautet, wie wir solche Umgebungen schaffen können.

7. Die magischen 3x3 individuellen und organisationellen Lernens und Lehrens

Im Verlauf meiner jahrelangen Auseinandersetzung mit gelingenden und scheiternden Lernprozessen in Schulen und sonstigen Organisationen bin ich zu der Überzeugung gelangt, dass wirkungsvolle Interventionen simplex sein müssen. Dies bestätigt übrigens auch die McKinsey-Studie (Barber u.a., 2010) „How the world's most improved school systems keep getting better". Demnach scheitern die meisten Schulentwicklungsvorhaben, weil es ihnen nicht gelingt, Fragmentierung zu überwinden und alle Beteiligten in einem langfristigen Prozess einzubinden. Erfolgreiche Entwicklungsprojekte zeichnen sich demnach durch eine Beschränkung auf zwei bis drei „big goals" aus.

Simplexity bedeutet, dass Komplexität in einigen wenigen, handlungsleitenden Prinzipien verdichtet werden kann. In diesem Sinne schlage ich die Fokussierung auf 3x3 einfache Prinzipien vor, die die komplexen Theorien von Salutogenese, Selbstwirksamkeitstheorie und Wertschätzender Schul- und Organisationsentwicklung so verdichten, dass Fragmentierung überwunden, die Konzentration auf wenige Ziele erreicht und Handlungsfähigkeit gefördert werden. Die Beachtung dieser 3x3-Prinzipien – so meine These – ist eine wichtige Voraussetzung, dass Lernen gelingt und eine lern- und gesundheitsförderliche Schule- bzw. Organisationskultur entsteht. Ich nenne sie die „magischen 3x3", was für einen Wissenschaftler merkwürdig klingen mag. An anderer Stelle (Burow, 2014) habe ich detaillierter ausgeführt, dass die Beachtung dieser 3x3-Prinzipien nicht allein additiv zu verstehen ist, sondern dass sie sich in ihrer Wirkung gegenseitig stützen, ja sogar potenzieren. In nachfolgendem Schaubild habe ich versucht, diesen Zusammenhang zu verdeutlichen.

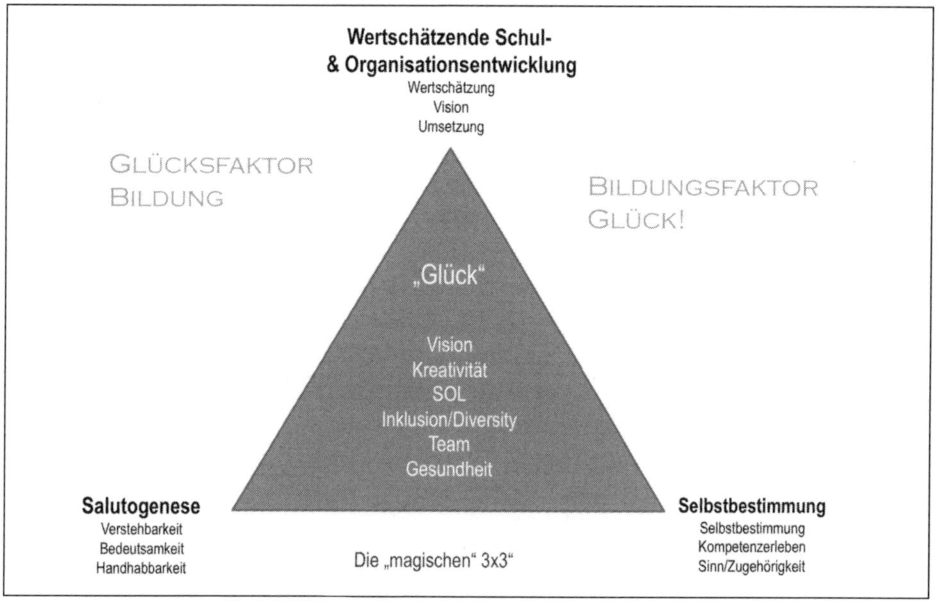

Abb. 3: Die „magischen 3x3".
Quelle: http://www.edugroup.at/bildung/news/detail/gluecksfaktor-bildung.html

Verstehbarkeit, Bedeutsamkeit, Handhabbarkeit

Der israelische Soziologe Antonovsky hat einen entscheidenden Perspektivenwechsel vorgenommen: Statt zu fragen was Personen krank macht („Pathogenese"), untersuchte er, was Personen gesund hält („Salutogenese"). Demnach zeichnet es Personen, die in der Lage sind, selbst extremste Stresssituationen zu bewältigen, aus, dass sie über ein „Kohärenzgefühl" verfügen, das aus den drei Prinzipien Verstehbarkeit, Bedeutsamkeit und Handhabbarkeit besteht, die die entsprechenden Kompetenzen beinhalten.

Was dieser Zusammenhang für eine Veränderung schulischen Lehrens und Lernens bedeutet, verdeutliche ich gern am nach wie vor oft katastrophal organisierten Mathematikunterricht: Meine Tochter Sarah macht Lernfortschritte und fühlt sich wohl, wenn dieser Unterricht verstehbar ist, wenn sie weiß, wozu sie die Aufgaben braucht, und wenn sie in der Lage ist, sie anzuwenden.

Die konsequente Beachtung dieser drei Prinzipien in allen schulischen Bereichen würde dafür sorgen, dass die übergreifenden Ziele von Chancengerechtigkeit, exzellenten Leistungen und Wohlbefinden besser erreicht werden können.

Selbstbestimmung, Kompetenzerleben, Sinn/Zugehörigkeit

Als guter Bildungsbürger habe ich meine Tochter natürlich schon früh zum Klavierunterricht gebracht – mit einem desaströsen Ergebnis: zwei Jahre Widerstand, Druck sowie sinnlose Zeit- und Geldverschwendung. Bis sie eines Tages sagt: „Papa, kaufst Du mir ein Einrad". Ich dachte, schon wieder so ein Flitz, ließ mich aber dann erweichen, mit dem von mir vermuteten Resultat: Das neue Gerät lag wie anderes Spielzeug nutzlos in der Ecke. Doch drei Monate später führte meine Tochter mir stolz eine perfekte Runde vor und bat, dass ich sie beim Circushaus Rambazotti anmelden sollte, wo sie inzwischen schon erste Auftritte hat. Was ist da geschehen?

Warum verweigert sie sich in einem traditionellem Lerndesign der Musikschule und warum bringt sie sich aus eigenem Antrieb weitgehend selbstgesteuert das Einradfahren bei? Hier hat Pädagogik 1.0, das freie unverschulte Lernen, zugeschlagen. Und nicht nur hier.

Wie Deci & Ryan in ihrer Selbstbestimmungstheorie gezeigt haben, gibt es drei grundlegende menschliche Bedürfnisse, deren Beachtung auch entscheidend für den Lernerfolg ist: In der Herausforderung, die wir selbst wählen, wollen wir unsere Kompetenz aus eigenem Antrieb erweitern, weil sie „autotelisch" ist, also ihre Belohnung in sich selbst trägt. Es handelt sich um eine Lernsituation, die der Kreativitätsforscher Csikszentmilhalyi (1992) als Lernen im „flow" bezeichnet hat.

Schulen, sonstige Bildungseinrichtungen, aber auch Firmen würden demnach erheblich bessere Leistungsergebnisse erzielen, wenn sie den Raum für Selbstbestimmung (altersgemäß und aufgabenbezogen) erweitern, Raum für Kompetenzerleben schaffen und Sinn bzw. Zughörigkeit erfahrbar machten. Die konsequente Beachtung dieser drei elementaren Bedürfnisse bzw. Prinzipien würde das Lernen und Lehren unserer Bildungseinrichtung sofort dramatisch verbessern und die Erreichbarkeit der drei oben benannten schulischen Kernziele wirkungsvoll steigern. Hier schließt die Frage an, auf welchem Wege man diese grundlegenden Prinzipien in der Organisationsstruktur verankern kann.

Wertschätzung, Vision, Umsetzung

Im Verlaufe der vielen Entwicklungswerkstätten, die ich im Laufe der Jahre mit Bildungseinrichtungen, aber auch anderen Organisationen aus dem Non-Profit- und Profitbereich durchgeführt habe, beeindruckt mich immer wieder eine Erfahrung:

Das Wissen, das wir brauchen, um ein Lernen in Freiheit und Kreativität zu befördern, das wir brauchen, um Chancengerechtigkeit, exzellente Leistungen und Wohlbefinden zu befördern, ist bei den Beteiligten vorhanden.

Wenn es uns gelingt, mit einem Verfahren wie der oben beschriebenen Wertschätzenden Entwicklung das verborgene Tiefenwissen von Lehrern, Eltern, Schülern sowie den sonstigen an Schule bzw. der jeweiligen Einrichtung beteiligten Personen freizusetzen und einen Raum zu schaffen, in dem Wünsche artikuliert und Visionen entwickelt werden, dann tauchen unweigerlich in den berichteten Erfolgsgeschichten und den entworfenen Zukunftsbildern die Prinzipien von Salutogenese und Selbstbestimmung auf. Hier stellt sich die Frage: Wenn dem so ist, warum werden dann diese Prinzipien so wenig umgesetzt?

Eine Antwort darauf ergibt eine Auswertung der roten Karten, auf denen die Teilnehmer/innen die Haupthindernisse notiert haben. Es handelt sich dabei vor allem um einen zu hohen Zeitdruck sowie eine zu starke Verregelung. Was ganz offensichtlich fehlt, ist die Bereitstellung eines freien Raums zur Selbstgestaltung und das Vertrauen in die Selbststeuerungsfähigkeit der Beteiligten. Management by Vertrauen und Wertschätzung scheinen unterschätzte Erfolgsfaktoren zu sein, die durch eine Misstrauenskultur und ein überzogenes bürokratisches Kontrollregime zerstört werden. Statt Lehrerinnen und Mitarbeiter mit immer mehr äußerlichen Vorgaben und Standards zu torpedieren und diese durch ein engmaschiges Kontrollsystem zu „evaluieren", sollten wir Räume für Lernen schaffen, in denen sich Pädagogik 1.0 und bewährte Elemente aus Pädagogik 2.0 zu einer neuen Pädagogik der Freiheit und Kreativität – Pädagogik 3.0 – vereinen.

Wem das naiv erscheint, der sei auf ein Erfolgsgeheimnis des PISA-Siegers Finnland hingewiesen. Rainer Domisch, einst führend an der finnischen Bildungsreform beteiligt, bilanziert in seiner ausgezeichneten Darstellung „Niemand wird zurückgelassen – Eine Schule für Alle" (Domisch & Klein, 2012), dass eine Kultur der Wertschätzung, die Gewährung von Selbstbestimmung und ein Verzicht auf misstrauensfixierte Kontrollen Finnland zum Erfolg geführt haben. In diese Richtung argumentiert auch der finnische Bildungsexperte Pasi Sahlberg, auf die Frage eines Zeit-Reporters (Otto & Sahlberg, 2013, S. 67), warum so viele Menschen in Finnland trotz vergleichsweise bescheidener Bezahlung Lehrer werden wollen und warum die Schulen so gute Erfolge erzielten. „Wir vertrauen Ihnen" lautet die Kernaussage Sahlbergs. Auf die Frage, warum finnische Lehrer so skeptisch gegenüber jeder Form standardisierter Leistungsvergleiche seien, gibt er eine Antwort, die meine Thesen, den Ansatz der Positiven Pädagogik und die Prinzipien von Salutogenese und Selbstbestimmungstheorie bestätigt:

„Standardisierung ist für uns der größte Feind von Kreativität und Innovation in der Schule. Wir haben den Schulen und ihren Lehrern sehr bewusst eine Menge Unabhängigkeit gegeben. Vor allem, um ein Signal zu setzen: Wir vertrauen euch, wir wissen, dass ihr euren Job gut macht, besser, als mancher Experte im Bildungsministerium es je könnte. Ihr werdet das Richtige tun. Das oberste Gebot für einen finnischen Lehrer ist es, jedes einzelne Talent zu entdecken und zu fördern. Beginnt man aber, die Schulen mit standardisierten Testverfahren zu konfrontieren, um die Ergebnisse des Lernens besser evaluieren zu können, wird das nicht passieren. Dann werden sich die Lehrer übergangen und in ihrer Freiheit eingeschränkt fühlen, weil sie plötzlich das Gefühl haben, sie müssen ihre Schüler auf Tests vorbereiten, können aber nicht mehr frei entscheiden, wie sie ihren Unterricht gestalten.

Es gibt zwar einen groben staatlichen Lehrplan, aber jede Schule erstellt ihr eigenes Curriculum, und jeder Lehrer entscheidet selbst, wann er was im Unterricht tut und was das Beste für seine Kinder ist. Sie haben die Kontrolle, sind frei in ihren Methoden und wissen, dass es nur eine minimale Überprüfung ihres Handelns gibt. „Dieses hohe Maß an Vertrauen führt dazu, dass sie ihre Rolle als Lehrer so ernst nehmen.“ (a.a.O.)

Das von uns entwickelte Verfahren der Wertschätzenden Schul- und Organisationsentwicklung verfährt nach dieser Philosophie: Mit der Wertschätzenden Befragung gehen wir von einem positiven Lehrerbild aus und stützen uns auf das Erfolgswissen der an Schule beteiligten Personen; mit der Visionenphase schaffen wir einen Raum, um Vorstellungen für ein Lernen und eine Schule der Zukunft zu entwickeln, die auf diesen erfahrungsbasierten und wissenschaftlich belegten Erfolgsprinzipien beruhen; damit schaffen wir einen Perspektivenwechsel, weg von der Mehr-desselben-Falle, die darauf setzt, ein überholtes System zu optimieren, hin zu einer Schul- bzw. Organisationsgestaltung, die in dem Wissen und den Bedürfnissen aller Beteiligten verankert ist.

8. Am Montagmorgen fängt es an

An den Austausch über gelingende Situationen und Erfolgprinzipien (Phase I) sowie die Entwicklung attraktiver Zukunftsbilder (Phase II) schließt sich *Phase III*, die Realisierungsphase an. In einem ersten Schritt rekapituliert jeder das Erlebte, um dann das Realisierungsziel oder Realisierungsprojekt zu benennen, für das er/sie Energie und Leidenschaft empfindet. Die Umsetzungsgruppen bilden sich dann entsprechend gemeinsam geteilter Interessen nach dem Open-Space-Prinzip.

Entscheidend ist hier der Perspektivenwechsel: Statt nach dem Mehr-desselben-Prinzip von der Vergangenheit in die Zukunft zu schauen, gehen wir von der erwünschten Zukunft (z.B. 2017) in Teilschritten zurück: Wie sieht unser Fernziel aus? Was möchten wir bis 2015 erreicht haben? Was bis 2013? Welchen Schritt machen wir Montag nächste Woche? Hierzu haben wir Realisierungsposter im Format Din A 0 entwickelt, die Platz für ein attraktives Logo, den Titel bzw. Slogan des jeweiligen Projektes, den Maßnahmenplan und die Angabe der Verantwortlichen enthalten. Auch in der Gestaltung der Ergebnisposter verknüpfen wir die drei Wissensformen (Symbol, Projektbeschreibung, Aktionsplan, Benennung verantwortlicher Personen) und erreichen damit in gelingenden Werkstätten emotionales Engagement, gemeinschaftliche Erkenntnis und die Mobilisierung von Umsetzungsenergie.

Dokumentation

Die Zukunftswerkstatt endet mit einer Ausstellung der Umsetzungsposter, abschließenden Vereinbarungen sowie einer mit Musik unterlegten Beamerpräsentation über die Höhepunkte der gemeinsamen Arbeit. Der gesamte Prozess wird fotografisch dokumentiert, was zwei Zwecken dient: der Dokumentation und der Wertschätzung. Denn wenn die Kollegen sehen, mit wie viel Engagement und Kreativität sie gearbeitet haben, kommt häufig eine freudige Stimmung auf, die als Energieschub für den anschließenden Umsetzungsprozess wirkt.

Und wie nachhaltig ist dieser Prozess?

Das Verfahren der Wertschätzenden Schul- bzw. Organisationsentwicklung ist mittlerweile an einer Vielzahl von Schulen, Bildungseinrichtungen und sonstigen Organisationen mit unterschiedlichen Zielrichtungen erprobt: Von der Leitbild- über die Teamentwicklung bis hin zur Gesundheitsförderung haben wir aufgaben- und zielgruppenspezifische Modifikationen erarbeitet und z.T. auch evaluiert. So findet mehrmals in Jahr an der Dortmunder Akademie für pädagogische Führung (DAPF) mit Unterstützung der Unfallkasse NRW und in Zusammenarbeit mit H.G. Rolff eine Zukunftswerkstatt zur Gesundheitsförderung statt, haben wir für die KARG-Stiftung mit 15 Impulsschulen in Wertschätzungsworkshops Konzepte der Begabtenförderung entwickelt und in Studienseminaren zur veränderten Lehr-/Lernkultur beigetragen. Ebenso fruchtbar ist das Verfahren bei der Entwicklung inklusiven Unterrichts und der Zusammenlegung von Schulen. Wir können durchweg eine hohe Teilnehmerzufriedenheit nachweisen.

Unsere Erfahrungen zeigen: Wertschätzende Zukunftswerkstätten, die das Wissen der Beteiligten freisetzen, treffen auf eine starke Resonanz und geben wirksame Impulse zur partizipativen Schul- und Organisationsentwicklung. Die Nachhaltigkeit hängt naturgemäß vom Engagement der Mitarbeiter und der Leitungen ab. Dieses vorausgesetzt sind in kurzer Zeit erstaunliche Entwicklungen möglich. Aber auch in Kollegien, die nicht so umsetzungsstark sind, bewirken die Werkstätten die Freisetzung verschütteter pädagogischer Visionen sowie die Erfahrung von Lernfreude und Gestaltungslust, so dass zumindest das Arbeitsklima davon profitiert. Die Sicherung und Steigerung des Wohlbefindens sind zentrale Voraussetzungen für die Schaffung guter Schulen und Organisationen, weswegen ich auch vom „Glücksfaktor Bildung“ bzw. „Bildungsfaktor Glück“ spreche.

Wir stehen erst am Anfang der Entwicklung von Verfahren, die das Gefühlswissen und die verschütteten Begabungen sowie Leidenschaften der an Schule Beteiligten nutzen. Die visionäre Gründerin der Evangelischen Schule Berlin Mitte zeigte jüngst unter dem Titel „EduAction“ (Rasfeld & Spiegel, 2012) was möglich ist, wenn man den Raum für Selbstbestimmung von Schülern erweitert und ihnen die Gelegenheit gibt, selbst zu Schul-, Unterrichts- und Projektentwicklern zu werden. Eines allerdings zeigen schon die bisherigen Werkstätten: In unseren Kollegien, Mitarbeitern, Schulen und sonstigen Organisationen steckt sehr viel mehr an kreativem Potenzial, als es auf Schwachstellen fixierte Untersuchungen und eine negative Presse erwarten lassen. Wir sollten dieses Potenzial nutzen!

Literatur

Barber, M., Chijioke, Ch. & Mourshed, M. (2010): How the world's most improved school systems keep getting better. Studie im Auftrag von Mc Kinsey & Company.

Bauer, J. (2004): Die Freiburger Schulstudie. SchulVerwaltung (Ausgabe BaWü) 13.Jg. Nr. 12.

Bauer, J. (2006): Prinzip Menschlichkeit. Warum wir von Natur aus kooperieren. Hoffman & Campe.

Bertelsmann Stiftung (Hrsg.) (2012/2013): Chancenspiegel. Zur Chancengerechtigkeit und Leistungsfähigkeit der deutschen Schulsysteme. Gütersloh: Verlag Bertelsmann Stiftung.

Bos, W. (2013): Zehn Jahre IGLU – Ergebnisse, Konsequenzen und Perspektiven. Vortrag auf dem 11. Thüringer Bildungssymposium. Erfurt 23.5.2013.

Bude, H. (2011): Bildungspanik. München: Hanser.

Burow, O.A. (2008): Bildwissen als Quelle wirksamer Personal- und Organisationsentwicklung. Wie die Organisation zum Kreativen Feld wird, in: Gruppendynamik und Organisationsentwicklung, Nr. 4, S. 391-408.

Burow, O.A. (2009): Wertschätzende Schulentwicklung: Wie Lehrer/innen, Schüler/innen und Eltern ihr verborgenes Wissen entdecken und es zur gemeinsamen Schulentwicklung nutzen können, in: Burow, O.A. & Schratz, M. (Hrsg.) Arbeit mit großen Gruppen. Journal für Schulentwicklung. Innsbruck: Studienverlag. S. 48-55.

Burow, O.A. (2011): Positive Pädagogik. Sieben Wege zu Lernfreude und Schulglück. Weinheim: Beltz.

Burow, O.A. (2014): Digitale Dividende – ein pädagogisches Update für mehr Lernfreude und Kreativität. Weinheim: Beltz.

Burow, O.A. & Neumann-Schönwetter, M. (Hrsg.) (1998): Zukunftswerkstatt in Schule und Unterricht. Hamburg: Bergmann & Helbig.

Burow, O.A. & Scherpp, K. (1981): Lernziel: Menschlichkeit. Gestaltpädagogik – eine Chance für Schule und Erziehung. München: Kösel.

Burow, O.A. & Schratz, M. (Hrsg.) (2009): Arbeit mit großen Gruppen. Journal für Schulentwicklung. Innsbruck: Studienverlag.

Burow, O.A. & Schratz, M. (2009): Die Weisheit der Vielen nutzen: Verfahren der Großgruppenmoderation als Instrumente effektiver Schulentwicklung, in: Burow, O.A. & Schratz, M. (Hrsg.): Arbeit mit großen Gruppen. Journal für Schulentwicklung. Innsbruck: Studienverlag. S. 4-15.

Csíkszentmihályi, M. (1992): Flow. Das Geheimnis des Glücks. Stuttgart: Klett-Cotta.

Damasio, A. (2010): Selbst ist der Mensch. München: Siedler.

Domisch, R. & Klein, A. (2012): Niemand wird zurückgelassen. Eine Schule für Alle. München: Hanser.

Hattie, J. (2009): Visible Learning. A synthesis of over 800 meta-analyses relating to achievement. London & New York: Routledge.

Heyse, V. (2013): Entwickeln deutsche Hochschulen wirklich kompetente Fachleute? Paper zur Konzipierung des vorliegenden Buches.

Hüther, G. (2004): Die Macht der inneren Bilder. Göttingen: Vandenhoek & Ruprecht.

Hüther, G. (2011): Was wir sind und was wir sein könnten. Frankfurt: S. Fischer.

Livingstone, David W. (2006). Informal Learning: Conceptual Distinctions and Preliminary Findings, in: Bekerman, Zvi, Burbules, Nicholas C. & Silberman-Keller, Diana (Hrsg.). Learning in Places. The Informal Education Reader. New York, 2006, S. 202-226.

Münch, R. (2009): Globale Eliten, lokale Autoritäten. Bildung und Wissenschaft unter dem Regime von Pisa, McKinsey & Co. Frankfurt/M.: Suhrkamp.

Otto, J. & Sahlberg, P. (2013): „Wir vertrauen ihnen". Gespräch mit dem finnischen Bildungsexperten Pasi Sahlberg, in: Die Zeit, Nr. 37, 5.9.2013, S. 67.

Pöppel, E. (2006): Der Rahmen. Ein Blick des Gehirns auf unser Ich. München: Hanser.

Rasfeld, M. & Spiegel, P. (2012): EduAction. Wir machen Schule. Hamburg: Murmann.

Robinson, K. (2010): In meinem Element. München: Goldmann.

Robinson, K. (o.J.): www.youtube.com/watch?v=zDZFcDGpL4U.

Rolff, H.G. (2007): Studien zu einer Theorie der Schulentwicklung. Weinheim: Beltz.

Roth, G. (2011): Bildung braucht Persönlichkeit. Wie Lernen gelingt. Stuttgart: Klett-Cotta.

Schaarschmidt, U. (2005): Halbtagsjobber? Psychische Gesundheit im Lehrerberuf – Analyse eines veränderungsbedürftigen Zustandes. Weinheim: Beltz.

Surowiecki, J. (2005): Die Weisheit der Vielen – Warum Gruppen klüger sind als Einzelne und wie wir das kollektive Wissen für unser wirtschaftliches, soziales und politisches Handeln nutzen können. München: C. Bertelsmann.

Weisbord M. (1992): Discovering Common Ground. San Francisco: Berrett-Koehler.

Regine Berger, Dietlinde Granzer

Onlinegestütztes Feedback als Ausgangspunkt für (berufsbezogene) Kompetenzentwicklung im Klassenzimmer

Abstract

Das Feedback kann einen wertvollen Beitrag zur Entwicklung von Kompetenzen und damit zur Unterrichtsentwicklung leisten, unabhängig davon, ob es sich um die nationalen Bildungsstandards oder um Soft skills handelt. Entscheidend im Sinne von Hattie ist, dass das Feedback aufgaben- und lernprozessbezogen von Lehrkräften an Schüler und umgekehrt geht und dass mit dem Ergebnis weitergearbeitet wird. Onlinegestützte Verfahren eignen sich im Besonderen, um komplexe Feedbackprozesse anzustoßen, zu organisieren und zu steuern. Im Beitrag werden die theoretischen Grundlagen dargestellt und deren Umsetzung an Hand unterschiedlicher praktischer Beispiele illustriert.

1. Vorbemerkungen

Als im Jahr 2009 die Metastudie Visible learning von John Hattie veröffentlicht wurde, stieß sie international auf großes Interesse. Es war die erste international vergleichende Studie, die eine Vielzahl von im pädagogischen Bereich relevanten Ansätzen und lernförderlichen Faktoren daraufhin untersuchte, welchen Beitrag sie zum kognitiven Lernen leisten. Kurz gefasst ging Hattie der Frage nachging: Was wirkt? Was wirkt am besten? Wichtigstes Ergebnis dieser Studie ist, dass die Lehrkraft den Unterschied ausmacht, es entscheidend von ihrem unterrichtlichen Handeln und ihrem Verhalten abhängt, ob die Lernenden schneller und besser lernen. Gelingt es der Lehrkraft, das Lernen mit den Augen der Schüler zu betrachten und entsprechend zu agieren, dann kann sie die eigene Wirkung auf das Lernen der Schülerinnen und Schüler deutlich erhöhen. Dabei kommt dem Feedback eine herausragende Rolle zu. Im Konzert der 138 von John Hattie identifizierten Wirkfaktoren rangiert dieser Faktor auf Platz 10.

Im Folgenden wird das Feedback nach John Hattie vorgestellt und anhand unterschiedlicher unterrichtlicher Beispiele kurz illustriert. Diese Form des Feedbacks ist anspruchsvoll, weshalb eine intensive Auseinandersetzung mit diesem Ansatz und ein Training unumgänglich sind. Will man aber Lehrkräfte einladen, sich Rückmeldungen von Schüler/inne/n zu deren eigenem Lernen oder zur Bedeutung berufsbezogener Kompetenzen zu holen, bieten sich als Einstieg auch partizipative Verfahren an, bei denen Schüler/innen befragt werden und an den Ergebnissen weitergearbeitet wird. Auch hier spielt der Perspektivwechsel auf Seiten der Lehrkraft eine entscheidende Rolle.

2. Feedback – alle profitieren

Der Begriff Feedback

Mit dem Begriff Feedback wird ganz unterschiedliches verbunden. Im Englischen ist mit Feedback „Rück-Einspeisung“ (überprüfen) gemeint. In der humanistischen Psychologie und in der Gruppendynamik wird damit eine Rückmeldung an eine Person über ihr Verhalten verstanden, das mehrstufig aufgebaut ist (vgl. z.B. Rogers, 1972). Auch im pädagogischen Bereich, sei es in der Hochschule oder Schule, hat der Begriff Einzug gehalten. Anleihen wurden z.B. aus dem Qualitätsmanagement genommen, in dem das Feedback eine Möglichkeit darstellt, sich intern und extern einen Eindruck über die Qualität des Systems zu verschaffen. Übertragen auf die Schule wird das Feedback vor allem im Rahmen der Fremdevaluation bedeutsam, bei dem von Einzelpersonen und Personengruppen eine systembezogene Rückmeldung eingeholt wird. In vielen Bundesländern findet sich auch das Feedback der Schüler/innen zum Unterricht im Rahmen der Fremdevaluation. Dieses Feedback dient dem System-Monitoring.

Davon zu unterscheiden ist das Feedback, das im Unterricht gegeben wird. Es kann sich z.B. auf eine gezeigte Leistung des Schülers / der Schülerin in einer konkreten (Lern-)Situation beziehen, ist aber auch die Grundlage für Lerngespräche, für die Arbeit mit Kompetenzrastern oder Portfolios. In diesen Fällen kann es sogar herangezogen werden, damit der Lernende eine Selbsteinschätzung zu unterschiedlichen Aspekten seines sozialen, emotionalen, kognitiven oder motivationalen Verhaltens geben kann.

Was versteht Hattie unter Feedback?

Bei Hattie bezieht sich das Feedback auf die Lernprozesse, die im Unterricht ablaufen, und fokussiert auf die Steigerung des Lernzuwachses. Hattie und Timperley definieren Feedback als Information zur Leistung und zum Verstehen eines Lernenden, die durch eine vermittelnde Sache oder Person (Lehrer, Mitschüler, Eltern, Bücher, Selbst, Erfahrungswissen) bereitgestellt wird (vgl. Hattie & Timperley, 2007). Dabei geht es primär um eine Rückmeldung zum kognitiven Lernen. Die Information hilft den Lernenden dabei, eigenes Wissen und Können zu bestätigen, zu korrigieren, aufzubauen, zu erweitern, zu verfeinern oder umzustrukturieren. Die Rückmeldung erfolgt nicht losgelöst vom unterrichtlichen Geschehen, sondern lernprozessbegleitend und hat zur Zielsetzung, dass die Lernenden im Lernprozess gehalten werden. Die Quelle der Rückmeldung kann ganz unterschiedlich sein: Ob Lehrkräfte also eine falsche Lösung korrigieren, einen Hinweis geben, wie es weitergehen kann, oder auf den Einsatz von Strategien aufmerksam machen, ob Mitschüler sich gegenseitig alternative Lösungswege zeigen, auf ein Buch oder andere Medien aufmerksam gemacht wird, um Zusatzinformationen für Lösung einer Aufgaben zu recherchieren, bei allen diesen Aktivitäten handelt es sich im Verständnis von Hattie um Feedback.

Im konkreten Unterricht gibt es zwei Gruppen, die am Feedback-Geben und Feedback-Nehmen beteiligt sind: Die Schülerinnen und Schüler sowie die Lehrkräfte. Das

Feedback, das gegeben wird, kann aktiv oder passiv, verbal oder nonverbal erfolgen. Wenn Lehrkräfte wahrnehmen, dass die Lernenden abschweifen, aus dem Fenster schauen, ist dies eine passive Form der Rückmeldung an die Lehrkraft, wenn eine Lehrkraft einem Lernenden aufmunternd zunickt, handelt es sich um eine nonverbale Rückmeldung, die aber zielgerichtet an den Lernenden erfolgt.

Rückmeldung wirkt dann lernförderlich, wenn sie von den beiden Personengruppen verbalisiert und damit für die Optimierung der weiteren Lernprozesse genutzt werden kann. Für Hattie ist entscheidend, dass durch die Rückmeldung neben dem Oberflächenverstehen vor allem das Tiefenverstehen und das Konzeptverständnis (vgl. Biggs & Collis, 1982; Collis & Biggs, 1986; Hattie & Brown, 2004) aktiviert werden. Unterschieden werden dabei drei für den Lernprozess förderliche Ebenen:

a) Aufgabenebene,
b) Lernprozessebene,
c) Ebene der Selbstregulation.

a) Aufgabenebene

Auf der Aufgabenebene geht es um konkretes Feedback zu den Inhalten des Lernens, ob eine Aufgabe richtig oder falsch bearbeitet wurde bzw. ob das Ergebnis korrekt ist. Der Lernende erhält zum Beispiel im Deutschunterricht die Rückmeldung, ob in einem Lesetext Informationen richtig lokalisiert oder Akteure korrekt benannt wurden, im Schreiben normgerecht geschrieben wurde, während er im Fach Mathematik typischerweise ein Feedback bezüglich der Anwendung von Grundfertigkeiten erhält.

Auch wenn bei dieser Form der Rückmeldung vor allem das Oberflächenverstehen im Fokus steht, können konkrete Hinweise dazu gemacht werden, welche anderen Informationen aus einem Text herangezogen werden können, um die Aufgabe zu lösen. Wenn in einem Lesetext die Handlungen eines Akteurs identifiziert werden sollen, die über den gesamten Text verstreut sind und bei denen der Akteur nicht immer mit Namen genannt wird, kann es hilfreich sein, z.B. auf die Personalpronomen zu achten, um Handlungen genau dieser Person zuordnen zu können.

Aufgabenbezogenes Feedback ist dann besonders wirkungsvoll, wenn es fehlerhafte Interpretationen der Lernenden korrigiert. Wenn ein Lernender z.B. der Auffassung ist, dass der Akteur in einem Lesetext nur über seinen Namen identifiziert werden kann, fehlen ihm wesentliche Informationen zum Lösen der Aufgaben. Durch einen entsprechenden Hinweis, wo bzw. beim wem sich der Lernende diese Information besorgen kann, kann diese Fehlinterpretation vom Lernenden selbst korrigiert werden.

b) Lernprozessebene

Bei komplexeren Aufgaben verläuft der Lernprozess in der Regel über mehrere Schritte. Im Rahmen dieses Prozesses kann es durchaus sein, dass unterschiedliche Kompetenzen in einer bestimmten Reihenfolge aktiviert werden müssen, damit die Aufgabe gelöst werden kann. Daher rücken bei dieser Form der Rückmeldung Strategien in den Fokus, welche die Bewältigung der Aufgabe erleichtern (vgl. Granzer, 2013).

Eine besonders erfolgreiche Form von Prozess-Feedback bezieht sich auf Fehlerstrategien, d.h. die Fähigkeit des Lernenden, Fehler selbst zu identifizieren. Wenn der Fehler erkannt ist, kann im Lernprozess weiter vorangeschritten werden. Fehler sind also eine wichtige Lernquelle und sie dienen zugleich dazu, ein tieferes Verständnis zu entwickeln. Die Voraussetzung dafür ist, dass ein fehlerfreundliches Klassenklima besteht. Schülerinnen und Schüler müssen also die Sicherheit haben, dass Fehler nicht als „Versagen" interpretiert werden, das die Person, die mit dem Fehler in Verbindung gebracht wird, beschämt, sondern als Anlass in den Verstehensprozess einzusteigen, in dem fast schon detektivisch mögliche Schwachstellen im Lernprozess aufgedeckt werden. Ist die angewandte Strategie möglicherweise falsch gewählt, wurde im Lernprozess die Reihenfolge der abzuarbeitenden Teilaufgaben nicht eingehalten, muss der eingeschlagene Weg stringenter verfolgt werden oder fehlen noch Informationen, die sich der Lernende beschaffen muss?

Der Feedback-Geber muss daher eine klare Vorstellung davon haben, welche Teilschritte die Lernenden bei der Bewältigung der Aufgaben absolvieren und welche Kompetenzen aktiviert werden müssen. Dann kann ein Stichwort als eine Rückmeldung dienen, das dem Lernenden einen Hinweis auf eine noch fehlende Information gibt und ihn dadurch im Lernprozess hält. Diese punktgenaue Intervention ermöglicht dem Lernenden im nächsten Schritt die bereits erlernten Lernstrategien effektiver anzuwenden, die Suchrichtung zu korrigieren, um die richtigen Informationen zu finden oder eine fehlerhafte Annahme zu korrigieren (vgl. Granzer, 2013).

Feedback zum Lernprozess funktioniert erfolgreich, wenn es alternative Lernwege aufzeigt oder wenn die kognitiven Anforderungen durch Zerlegung in kleinere Schritte reduziert werden. Bei letzterem erhält der Lernende einen Überblick über den bisherigen Lernweg und kann sich im weiteren Lernprozess verorten und an der richtigen Stelle wieder einfädeln. Prozess-Feedback befördert ein Tiefenverständnis, was das aufgabenbezogene Feedback nicht leisten kann. Es bietet sich aber an, aufgaben- und prozessbezogenes Feedback zu kombinieren: Wurden die Teilaufgaben richtig bearbeitet? Wenn ja, was war im Lernprozess gelingend? Wenn nein, wo könnte der Fehler liegen? Welche Strategie wäre weiterführend? Durch diese Selbstversicherung und den Ausblick auf die weiteren Lernschritte können insbesondere unsichere Schüler/innen gut im Lernprozess gehalten werden.

c) Feedback zur Selbstregulation

Wenn Lernende nach und nach mehr Sicherheit und Selbstvertrauen in den eigenen Lernprozess gewinnen, kann sich das Feedback Schritt für Schritt stärker auf die Selbststeuerung des Lernens richten, d.h. die Fähigkeit des Lernenden, den eigenen Lernprozess zu beobachten, einzuschätzen und zu verbessern.

Selbstregulation umfasst die bewussten und unbewussten psychischen Vorgänge, mit denen Menschen ihre Aufmerksamkeit, Emotionen, Impulse und Handlungen steuern. Beim Lernen geht es um das Zusammenspiel aus Einsatzbereitschaft, Selbstkontrolle, Selbstvertrauen, Selbstdisziplin und Selbststeuerung. Dabei setzt der Lernende Lernziele durch zielgerichtetes und realitätsgerechtes Handeln um und ordnet der Erreichung des Ziels die Befriedigung kurzfristiger Bedürfnisse unter. Die Selbstregulation im Sinne einer Überwachung des eigenen Lernprozesses schließt die Fähigkeit des Lernenden zur Selbstevaluation ein sowie die Ausdauer des Lernenden, weiter an einer schwierigen Aufgabe zu arbeiten.

Unterschieden werden können sechs Hauptaspekte des Feedbacks zur Selbstregulation (Hattie & Timperley, 2007; Timperley, 2013):

- inneres Feedback,
- Selbstbeurteilung,
- Umgang mit Feedbackinformationen,
- Vertrauen in die Richtigkeit der eigenen Lösung,
- Selbstzuschreibungen von Erfolg oder Scheitern,
- sich Hilfe holen.

Lernende, die ihr eigenes Lernen steuern können, geben sich bei der Auseinandersetzung mit Lerninhalten permanent eine Rückmeldung zu ihrem eigenen Lernen und überprüfen, an welcher Stelle im Lernprozess sie sich befinden usw. In dieser Feedbackschleife werden laufend das Ergebnis und die Qualität des Lernens thematisiert, Alternativen geprüft, Korrekturen vorgenommen und zugleich die Erreichung des Ziels überwacht.

Lernende, die sich nicht selbst regulieren können und nur wenige Selbstregulierungs-Strategien entwickelt haben, sind stärker von externen Rückmeldungen abhängig, um sich im Lernprozess zu halten.

Die Selbstbeurteilung ist eine selbstregulierende Fertigkeit von Lernenden, die es ermöglicht, ihre Fähigkeiten, ihr Vorwissen und ihre metakognitiven Strategien einzuschätzen und dadurch ihr Lernen selbst zu planen, zu überprüfen und zu korrigieren. Selbstbeurteilung hilft Schülerinnen und Schülern dabei, sich sowohl in Bezug auf ihre Klassenkameraden als auch im Hinblick auf den eigenen Lernfortschritt einzuschätzen. Darüber hinaus lernen sie, wann sie Feedback von anderen einholen sollten.

Die Rückmeldung zur Selbstregulation baut auf der Fähigkeit von Lernenden auf, ihren eigenen Lernprozess zu beobachten, einzuschätzen und zu verbessern. Da die Lernenden erst im Laufe ihrer schulischen Karriere lernen, ihr Lernen selbst zu überwachen und zu regulieren, kommt diese Form vor allem für Schüler/innen der Sekundarstufe I und II zum Tragen. Dennoch können auch in der Grundschule Vorformen dieses Feedbacks eingeführt werden, sei es über Checklisten oder über Lerngespräche über die zu erreichenden Kompetenzen.

3. Der Bezugsrahmen „Kompetenzen"

Damit adäquates Feedback gegeben werden kann – sei es von Seiten der Schüler/innen oder der Lehrkräfte – müssen die zu erreichenden Kompetenzen und die im Rahmen des Unterrichts zu verfolgenden Ziele für alle transparent sein. Kompetenzen eignen sich besonders gut, weil diese, sofern sie eindeutig formuliert sind, gut operationalisierbar sind.

Im deutschsprachigen Raum hat sich der Kompetenzbegriff von Weinert durchgesetzt, wonach unter Kompetenz „die bei Individuen verfügbaren oder von ihnen erlernbaren kognitiven Fähigkeiten und Fertigkeiten, bestimmte Probleme zu lösen, sowie die damit verbundenen motivationalen, volitionalen und sozialen Bereitschaften und Fähigkeiten, die Problemlösungen in variablen Situationen erfolgreich und verantwortungsvoll nutzen zu können" (Weinert, 2001, S. 27ff.) verstanden werden. Kompetenzen können grundsätzlich nur leistungsbezogen, d.h. bezogen auf die Bewältigung einer konkreten Aufgabenstellung, erfasst werden. Die Operationalisierung der Kompetenzen und Standards bezieht sich daher auf konkrete Anforderungssituationen.

Bildungsstandards der Kultusministerkonferenz

Unverkennbar ist im schulischen Bereich der Einfluss dieses Verständnisses bei den Bildungsstandards, die als Konkretisierungen von Kompetenzen zu verstehen sind. Im Rahmen der Umsteuerung des Bildungswesens wurden diese von der Kultusministerkonferenz schrittweise beginnend mit dem Schuljahr 2003/2004 zuerst in der Sekundarstufe 1 und anschließend im Primarbereich in ausgewählten Fächern bundesweit eingeführt.

Bildungsstandards definieren den Kernbereich eines jeden Faches und legen fest, welche Kompetenzen bis zu einem Abschluss erworben sein müssen. Sie beziehen sich also nicht auf den Kompetenzaufbau innerhalb eines Schuljahres und machen daher auch keine Aussage darüber, in welchen Schritten das Lernen erfolgen soll. Diese Stufungen der Kompetenzen werden auf Länderebene zum Teil über Bildungspläne bzw. -standards vorgenommen oder Lehrkräfte erstellen Jahres- bzw. Zweijahrespläne, in denen sie den vermuteten sukzessiven Kompetenzbau abbilden und mit Inhalten koppeln, anhand derer die Aktivierung der Kompetenzen erfolgen soll.

Eine weitere Möglichkeit zur Stufung von Kompetenzen und der Darstellung des Schwierigkeitsgrads einzelner Standards bieten Kompetenzstufenmodelle. Im Kontext von Bildungsstandards werden häufig Kompetenzmodelle diskutiert. Ihnen kommt vor allem eine vermittelnde Funktion zu (vgl. Klieme et al., 2003). Sie oszillieren zwischen abstrakten Bildungszielen und Aufgabensammlungen, mit denen die Ziele evaluiert werden. Kompetenzmodelle können dies deshalb leisten, weil sie z.B. konkrete Aussagen über den Erwerb und Aufbau und der Förderung von Kompetenzen machen, die bei der Testerstellung nützlich sind und empirisch gestützt oder verworfen werden können.

Für das Fach Mathematik ist die Erarbeitung eines Kompetenzmodells für den Primarbereich und Sekundarstufenbereich I am weitesten fortgeschritten sowie im Fach Deutsch für die Subdomäne Lesen. Diese vereinigen in sich fachdidaktische, pädagogische und psychologische Ansätze.

Kompetenzmodelle müssen insbesondere in Bezug auf Bildungsstandards folgende Funktionen erfüllen:

1. Sie beschreiben das Gefüge/den Komplex von Anforderungen, deren Bewältigung von den Schülerinnen und Schülern erwartet wird (Komponentenmodell).
2. Sie liefern wissenschaftlich fundierte Annahmen in Bezug auf die Abstufungen, die Kompetenzen annehmen können.

Bei den länderübergreifenden Bildungsstandards handelt es sich noch um vorläufige Kompetenzmodelle, die im Rahmen der Normierung der Bildungsstandards zu präzisieren sind bzw. wie oben beschrieben für einzelne Domänen bzw. Subdomänen bereits präzisiert wurden.

Der KompetenzAtlas von Heyse und Erpenbeck

Während sich die abschlussbezogenen Bildungsstandards auf die zu erwerbenden fachlichen Kompetenzen einschließlich der Methodenkompetenzen in unterschiedlichen Domänen beziehen, wird mit dem KompetenzAtlas für Jugendliche ein anderer Weg beschritten. Ziel des Atlas ist die Kompetenzermittlung und -entwicklung im Kontext der Personalentwicklung (vgl. Heyse & Erpenbeck, 2007). Dabei werden unter Kompetenzen Fähigkeiten einer Person zum selbstorganisierten, kreativen Handeln in für sie neuen Situationen verstanden (vgl. Erpenbeck, 2010).

Unterschieden werden im Kompetenzatlas vier Grundkompetenzen: fachlich-methodische, personale, sozial-kommunikative sowie aktivitäts- und umsetzungsbezogene Kompetenzen. Bei personalen Kompetenzen handelt es sich um Dispositionen reflexiv selbstorganisiert zu handeln, bei den Aktivitäts- und Handlungskompetenzen um Dispositionen gesamtheitlich selbstorganisiert zu handeln, bei den Fach- und Methodenkompetenzen um Dispositionen gedanklich-methodisch selbstorganisiert zu handeln und bei den sozial-kommunikativen Kompetenzen um Dispositionen kommunikativ und kooperativ selbstorganisiert zu handeln (vgl. Heyse, 2010). Die Grundkompetenzen sind in 64 Teilkompetenzen aufgefächert. Bei der Mehrzahl der Teilkompetenzen handelt es sich um Kombinationen aus den Grundkompetenzen. Im Bereich der „Personalen Kompetenz“ beispielsweise sind die vier Kompetenzen Loyalität, Glaubwürdigkeit, Eigenverantwortung und normativ-ethische Einstellung ausschließlich den personalen Kompetenzen zuzuordnen, während die anderen 12 Teilkompetenzen aus Überschneidungen mit der Aktivitäts- und Handlungskompetenz, der sozial-kommunikativen Kompetenz und der Fach- und Methodenkompetenz entstehen.

Der Kompetenzatlas mit seinen 64 Teilkompetenzen wurde in einem mehrstufigen Gruppenverfahren aus ursprünglich 120 Begriffen entwickelt und später um Synonyme erweitert. Es handelt sich um ein empirisch überprüftes Verfahren, das u.a. für Anforderungsanalysen, Potenzialanalysen, Qualifizierungsbedarfsanalysen, für Personalgewinnung, zur Erkennung von High Potentials, für Anregungen beim selbstorganisierten Lernen und als Teil von Organisationsentwicklung eingesetzt wird (vgl. Heyse, 2010).

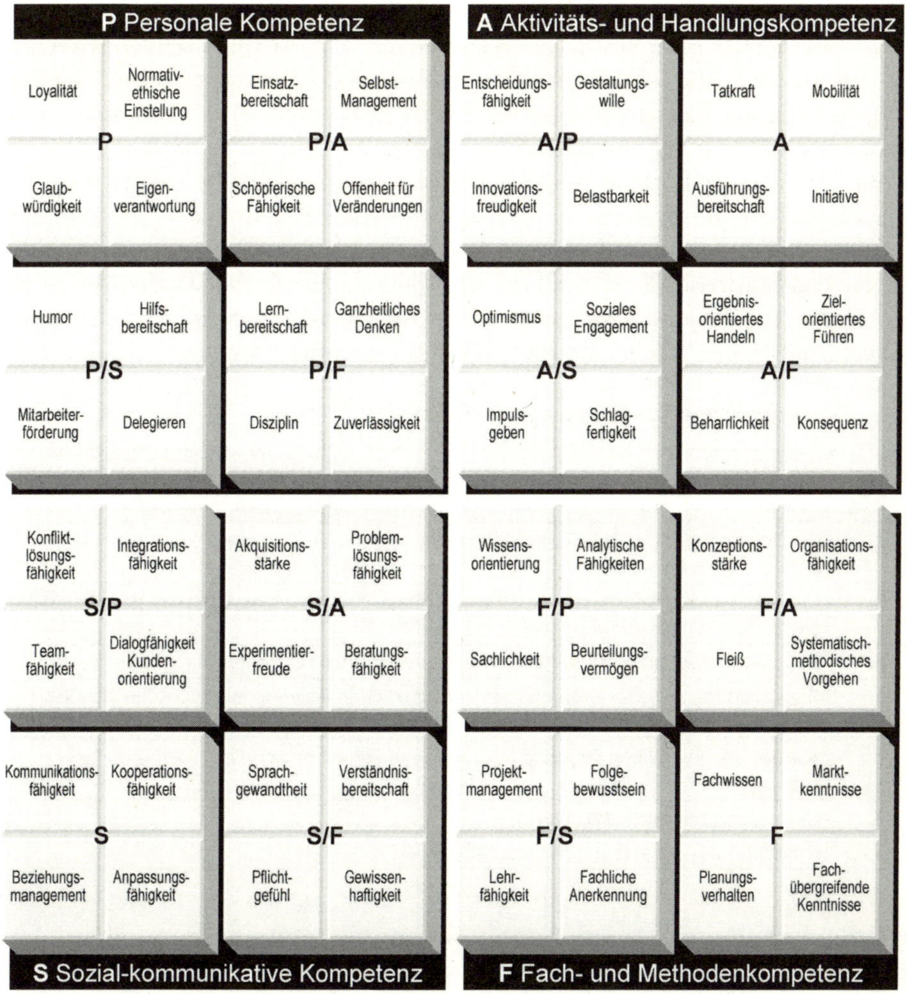

Abb. 1: KompetenzAtlas für Jügendliche (aus Heyse, Erpenbeck und Ortmann, 2010)

4. Warum fragt Ihr nicht einfach uns?

Schülerfeedback zum Lernen

Bei dem Ansatz von Hattie und Timperley (2007) handelt es sich um ein Feedback, das optimalerweise von Lehrkräften wie Schüler/inne/n gleichermaßen gegeben werden kann, um den Lernzuwachs der Schüler/innen zu optimieren. Der von uns favorisierte Ansatz ist auf die Entwicklung des Unterrichts ausgerichtet und hat Impulscharakter für dessen Optimierung. Dabei ist der Ausgangspunkt aller Bemühungen das Feedback, das von Schüler/inne/n an die Lehrkraft gegeben wird. Diese greift die Rückmeldung der Schüler/innen auf, spiegelt das Ergebnis an die Schüler/innen zurück und initiiert einen Entwicklungsprozess, der von Schüler/inne/n wie Lehrkraft gleichermaßen getragen wird. Das Feedback der Schüler zu ihrem eigenen Lernen fokussiert auf zentrale Erkenntnisse der Hattie-Studie, schließt aber auch lernwirksame Faktoren wie Feedback auf den drei oben genannten Ebenen sowie Aspekte wie den Lärmpegel und das Klassenklima mit ein. Dabei steht jeweils im Vordergrund, unter welchen Bedingungen der Einzelne am besten lernt.

Auf der Basis der Rückmeldung der Schüler/innen und Schüler werden Empfehlungen formuliert, die als Ausgangspunkt einer zwischen Schüler/innen und Lehrkraft abgestimmte Vorgehensweise dienen. Im Rahmen des Aushandlungsprozesses über die weitere Vorgehensweise klären Lehrkraft wie Schüler/innen ihr Verständnis des jeweiligen Feedbackpunkts und überlegen, welchen Beitrag sie zur Optimierung beitragen können. Die folgende Tabelle gibt einen Überblick über die einzelnen Prozessschritte.

Tab. 1: Prozessablauf: Implementation von Schülerfeedback

Prozess-schritte	Inhalt
1.	Die Schulleitung mit Abteilungsleitung entscheidet sich für ein online gestütztes, voll anonymisiertes Feedback der Schüler/innen zu ihrem eigenen Lernen
2.	Die Schulleitung informiert die Gesamtkonferenz und weitere Gremien einschließlich der Schülermitverwaltung
3.	Das Schülerfeedback zum eigenen Lernen wird online durchgeführt.
4.	Rückmeldung der drei wichtigsten lernförderlichen Aspekte aus Sicht der Schüler/innen an die Klasse
5.	Klärung der jeweiligen Aspekte aus der Perspektive der Schüler/innen und der Lehrkräfte
6.	Umsetzung der Empfehlungen
7.	Erhebung der Umsetzung der Empfehlungen

Erste Teilergebnisse aus dem Projekt „Feedback der Schüler/innen zu ihrem eigenen Lernen“

Die Auswertung der Einschätzungen von über 1657 Schüler/inne/n brachte interessante Ergebnisse. Auf einer vierstufigen Skala konnten Schülerinnen und Schüler angeben, unter welchen Bedingungen sie am besten lernen. Die beiden erstgenannten Punkte sind „Interessantheit des Unterrichts“ sowie „niedriger Lärmpegel“. Während der erste Punkt auf Motivation und kognitive Aktivierung der Lernenden verweist, die erheblich von der Lehrkraft beeinflusst werden können, ist der Lärmpegel vorwiegend das Resultat der von den Schülerinnen und Schülern der ganzen Klasse hervorgebrachten Geräusche. Es sind hier vor allem die Schüler/innen selbst, die durch Verhaltensänderung den Lärmpegel senken können. Die weiteren Aspekte Fehlerursachen, Lösungsweg und Transparenz der Anforderungen fokussieren dagegen auf den Lernprozess, der durch entsprechendes Feedback lernförderlich gestaltet werden kann. Wenn es der Lehrkraft gelingt, konsequent diese drei Aspekte in ihr direktes Feedback an die Schülerinnen und Schüler einzubringen, erleichtert sie diesen das Lernen erheblich.

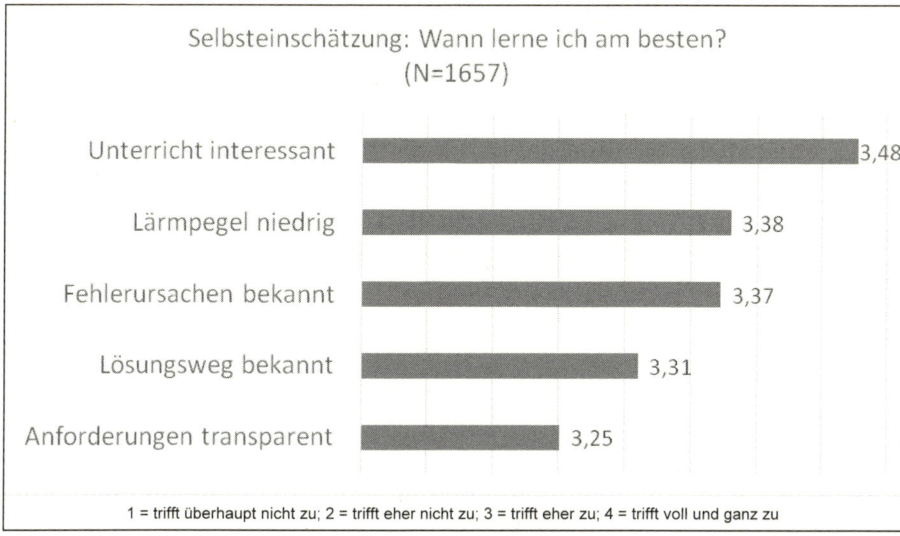

Abb. 2: Die Top-Five der Schülerrückmeldungen zum eigenen Lernen

Arbeit mit dem KompetenzAtlas – ein Projekt

Bei diesem Projekt werden unter Einbezug des KompetenzAtlas von Heyse und Erpenbeck (2007) Unterrichtsentwicklungsprozesse initiiert, die dem Aufbau von (berufsbezogenen) Schlüsselqualifikationen dienen und damit den Schüler/inne/n das erfolgreiche Durchlaufen z.B. eines Berufspraktikums ermöglichen sollen. Die Auswahl der Kompetenzen, an denen im Laufe von drei Monaten gearbeitet wird, erfolgt über ein kombiniertes partizipatives Verfahren, bei dem nach der Eingrenzung der zu bearbeitenden Kompetenzen durch die Lernenden auf der Basis des Sensitivitätsmodells von Vester das vernetzte Wirkungsgefüge zwischen diesen Kompetenzen von den Schüler/innen selbst bestimmt wird.

Das Sensitivitätsmodell nach Vester

Da sich die Kompetenzen eines Menschen immer in Abhängigkeit voneinander entwickeln, bietet es sich an, über die isolierte Betrachtung der Entwicklung einzelner Kompetenzen hinaus auch deren Wirkungsgefüge, d.h. die Vernetzung der inneren und äußeren Zusammenhänge des gesamten Entwicklungskontextes nach dem Vorbild des Sensitivitätsmodells (vgl. Vester, 2002) näher zu untersuchen. Auf Grund der Vielzahl erfolgreicher Einsätze des Sensitivitätsmodells in den unterschiedlichsten Bereichen kann man davon ausgehen, dass sich dadurch berufsbezogene systemrelevante Erkenntnisse offenbaren, die sich dazu eignen,

1. gewünschte Entwicklungsprozesse wirksamer zu steuern, zu regulieren, aufrecht zu erhalten oder überhaupt erst in Gang zu setzen,
2. Möglichkeiten der Selbstorganisation zu erkennen, die man nutzen kann, um den Arbeitsaufwand im geplanten Veränderungsprozess entscheidend zu verringern und damit gebundene Ressourcen freizumachen oder dafür, selbst-stabilisieren-

de Wirkungen im System zu unterstützen und zu nutzen, um eine Steigerung der Funktionalität zu bewirken,
3. Komplexität zu reduzieren und strategische Entscheidungen auf einer erweiterten Wissensbasis zu erleichtern,
4. unter Einbeziehung aller Beteiligten – in diesem Falle der Schüler/innen und in einem zweiten Schritt der Betriebe – breiten Konsens über Strategien und Entscheidungen zu erzielen und
5. geplante Entwicklungsziele effektiver und mit gesteigerter pragmatischer Wirksamkeit anzustreben und schneller zu erreichen.

Dieses Modell eignet sich gerade im Bereich der Kompetenzentwicklung im Bildungsbereich oder besser: an der Schnittstelle zwischen Schule und Beruf – besonders gut, um Schüler/innen partizipativ aber stringent an berufsbezogenen Kompetenzen arbeiten zu lassen.

Das Projekt gliedert sich in folgende Phasen:
a) Die Schüler/innen und Schüler machen sich mit den Kompetenzen des Kompetenzatlas vertraut.
b) Die Schüler/innen wählen in einer moderierten Einheit über ein mehrstufiges Verfahren drei bis fünf Kompetenzen aus diesem Atlas aus, die aus ihrer Sicht besonders bedeutsam für das erfolgreiche Absolvieren des Praktikums sind (vgl. Videoclips).
c) Da Kompetenzen mehr oder weniger immer aufeinander bezogen sind und sich gegenseitig beeinflussen, analysieren die Schüler/innen mittels eines PC-Tools die Beziehungen der von ihnen ausgewählten Kompetenzen untereinander und treffen auf dieser Basis die Entscheidung darüber, an welcher Kompetenz sie in den nächsten Wochen und Monaten in der Klasse arbeiten werden (Sensitivitätsmodell).
d) In der nächsten Phase wird eine Zielvereinbarung mit der Klasse getroffen, die die zu fokussierende(n) Kompetenz(en) und die Kriterien für die Erreichung dieser Kompetenz enthalten.
e) Parallel dazu werden die Betriebe, die im Rahmen dieser Berufsvorbereitungsphase den Schüler/inne/n einen Praktikumsplatz zur Verfügung stellen, über das Projekt informiert. Gegen Ende des Praktikums werden die Betriebe dazu befragt, wie sich aus ihrer Wahrnehmung die Arbeit der Schüler/innen an ihren „Softskills", an ihren selbstgewählten berufsbezogenen Kompetenzen ausgewirkt hat und ob die von den Schülern formulierten Ziele in der Vereinbarung erreicht worden sind.
f) Die Schüler/innen schätzen am Ende des Praktikums im Rahmen einer Online-Befragung den Erfolg ihres Praktikums ein und gewichten, welchen Beitrag dazu die Arbeit an den Kompetenzen im Rahmen des Unterrichts geleistet hat.
g) In der letzten Phase werden im Rahmen einer gemeinsamen Veranstaltung das Berufspraktikum reflektiert und Möglichkeiten der Weiterentwicklung des Projekts im Unterricht besprochen.

> Zu den Phasen a) – c) des Projekts gibt es Videoclips, die unter der folgenden Internetadresse abrufbar sind[1]:
> www.ifas-schulmanagement.de/stiftungmenschenbilder.html

Erste Ergebnisse aus dem Projekt

Bei dem an der Schule durchgeführten Projekt „Fit für das Betriebspraktikum“ wurden von den Schüler/inne/n in der moderierten Phase folgende fünf Kompetenzen als diejenigen identifiziert, die wesentlich zum Erfolg beim Betriebspraktikum beitragen und aus ihrer Sicht noch entwickelt bzw. vertieft werden sollen:

1. Teamfähigkeit,
2. Zuverlässigkeit,
3. Zusammenarbeit,
4. Disziplin,
5. soziales Engagement.

Die von den Schüler/inne/n vermuteten Zusammenhänge zwischen den gefundenen Kompetenzen ergab folgendes Bild: Für die Erreichung des Ziels „Erfolgreiches Absolvieren des Betriebspraktikums“ ist es sinnvoll, über bewusstes Arbeiten an der **Zusammenarbeit**, der **Zuverlässigkeit** und dem **sozialen Engagement** die **Teamfähigkeit** zu verbessern. Daran wird nun in den nächsten drei Monaten intensiv gearbeitet.

> **Informationen zur Wilhelmschule in Kehl**
> Im Fall der Werkrealschule in Kehl handelt es sich um eine Schule mit mehr als 160 Schülerinnen und Schülern aus insgesamt 26 Nationen, bei der aus bildungspolitischen Gründen die Auflösung immer wieder im Raum stand. Die unterschiedlichen Kulturen und Religionen sowie die differierenden Wertvorstellungen ernst zu nehmen und das gegenseitige Verständnis zu erhöhen, akzeptiert die Schule als eine ihrer Kernaufgaben. Die meisten der Schülerinnen und Schüler sprechen kein oder wenig Deutsch, wenn sie an die Schule kommen. Es wird viel über Projekte gearbeitet, da die Schulleitung und die Lehrer/innen die Auffassung vertreten und die Erfahrung gemacht haben, dass über diese Lernform die Schüler am meisten für ihren Lernprozess profitieren.
>
> Die Schulleitung und das Kollegium sind sich der Besonderheit ihrer Schule bewusst und handeln entsprechend. Oberstes Ziel ist es, alle Schüler/innen in den ersten Arbeitsmarkt zu bringen oder zu erreichen, dass sie eine weiterführende Schule besuchen. Die schwierige Ausgangslage an der Schule wird als Chance genutzt. Die Schule setzt konsequent partizipatives Feedback ein und gestaltet das Schulleben dadurch, dass die Schüler/innen über Online-Verfahren einbezogen werden. Diese Arbeit der letzten beiden Jahre hat dazu geführt, dass zum Schuljahr 13/14 stabile Anmeldezahlen vorliegen, was niemand erwartet hatte. Eltern und Schüler spüren dieses Engagement, identifizieren sich mit der Schule und artikulieren sich entsprechend nach außen.

Arbeit an Kompetenzen – ein Schulentwicklungsprozess

Die gezielte Arbeit an der Weiterentwicklung von Kompetenzen als Unterrichts- oder Schulentwicklungsprozess kann von unterschiedlichen Ausgangspunkten erfolgen.

1 Gefördert wurde die Erstellung der Videoclips durch die Stiftung Menschenbilder – Menschenbildung, bei der wir uns herzlich für die freundliche Unterstützung bedanken.

Zwei Beispiele wurden vorgestellt, bei denen die jeweils zu aktivierenden Kompetenzen partizipativ identifiziert und anschließend im Unterricht bzw. an der Schule aufgebaut und weiterentwickelt werden. Beim ersten Verfahren, dem Schülerfeedback zu lernförderlichen Aspekten, optimieren Schüler/innen und Lehrkraft gemeinsam den Unterricht auf der Basis der durch die Schüler/innen identifizierten lernförderlichen Aspekte. Beim zweiten Ansatz geht es um die Entwicklung und Aktivierung berufsförderlicher, von den Schüler/inne/n in einem mehrstufigen Verfahren bestimmten Kompetenzen, die in der Klasse auf der Basis von Zielsetzung und Vereinbarung systematisch optimiert werden. Beide Verfahren sind ziel- und schülerorientiert und stellen eine interessante Erweiterung der Arbeit in diesem Bereich dar.

Literatur

Berger, R. & Giesler, H.-M. (2008). Wie gelingt Partizipation im Kontext von Selbstevaluation? In: Granzer, D., Wendt, P. & Berger, R. (Hrsg.). Selbstevaluation in Schulen. Weinheim: Beltz.

Biggs, J. & Collis, K.F. (1982). Evaluating the Quality of Learning: The SOLO Taxonomy (Structure of the Observed Learning Outcome). New York: Academic Press.

Erpenbeck, J. (2010). Kompetenzen – eine begriffliche Klärung. In: Heyse, V., Erpenbeck, J. & Ortmann, S. (Hrsg.). Grundstrukturen menschlicher Kompetenzen. Praxiserprobte Konzepte und Instrumente. Münster: Waxmann, S. 13-20.

Granzer, D. (2013). Schüler-Feedback als Lernmotor – von Hattie lernen. In: Berger, R., Granzer, D. Loos, W. & Wack, S. (Hrsg.). „Warum fragt ihr nicht einfach uns?" Mit Schülerfeedback lernwirksam unterrichten. Weinheim und Basel: Beltz, 21-31.

Hattie, J.A.C. & Brown, G.T.L. (2004). Cognitive Processes in istle: The SOLO Taxonomy. Istle Technical Report (Nr.43). Auckland: University of Auckland and Ministry of Education.

Hattie, J. & Timperley, H. (2007). The Power of Feedback. Review of Educational Research, 77 (1), pp. 81-112.

Klieme, E., Avenarius, H., Blum, W., Dobrich, P., Gruber, H., Prenzel, M., Reiß, K., Groß-quarts, K., Rost, J., Tenor, H.-E. & Vollmer, H.J. (2003). Zur Entwicklung nationaler Bildungsstandards. Eine Expertise. Bonn: Bundesministerium für Bildung und Forschung. Online unter www.bmbf.de/pub/zur_entwicklung_nationaler_bildungsstandards.pdf (Download am 02.10.2013).

Heyse, V. (2010). Verfahren zur Kompetenzermittlung und Kompetenzentwicklung. KODE im Praxistest. In: Heyse, V., Erpenbeck, J. & Ortmann, S. (Hrsg.). Grundstrukturen menschlicher Kompetenzen. Praxiserprobte Konzepte und Instrumente. Münster: Waxmann, S. 55-166.

Heyse, V. & Erpenbeck, J. (Hrsg.) (2007). Kompetenzmanagement: Methoden, Vorgehen, KODE® und KODE®X im Praxistest. Münster: Widmann.

Rogers, C. R. (1972). Die nicht direktive Beratung. München: Kindler Studienausgabe.

Timperley, H. (2013). Feedback. Hattie, J.A.C.; Anderman, E. M. (Ed.). International Guide to Student Achievement, New York: Routledge, S. 402-405.

Vester, F. (2002). Die Kunst vernetzt du denken – Ideen und Werkzeuge für einen neuen Umgang mit Komplexität. München: Deutsche Verlags-Anstalt.

Weinert, F.E. (2001). Vergleichende Leistungsmessung in Schulen – eine umstrittene Selbstverständlichkeit. In: Weinert, F.E. (Hrsg.). Leistungsmessungen in Schulen. Weinheim: Beltz, S. 17–31.

Wolfgang Scharl

Kompetenzmodell, kompetenzorientierter Unterricht

Neue Paradigmen im österreichischen berufsbildenden Schulsystem. Wie können die Herzen und Hirne der Lehrer/innen erreicht werden?

Abstract

Im österreichischen Schulsystem wurden in den letzten Jahren umfangreiche Reformen eingeleitet. Für viele Lehrkräfte bedeutet das eine erhebliche Umstellung. Für die Aus- und Weiterbildung ist es nun eine Herausforderung, die rund 120.000 österreichischen Lehrerinnen und Lehrer mit der neuen Situation vertraut zu machen und nachhaltig für dieses Projekt zu gewinnen.

Der vorliegende Artikel behandelt die Anforderungen an eine wirksame und effiziente Lehrerfortbildung unter Berücksichtigung internationaler Forschungsergebnisse und zeigt auf, mit welchen Strategien versucht wird unter den gegebenen Rahmenbedingungen nachhaltige Lehrerfortbildung umzusetzen und ein Qualitätssicherungssystem im Schulsystem zu etablieren.

Das Bildungssystem

Das österreichische Bildungssystem stellt sich ab der Sekundarstufe II als breitgefächerte, hochgradig differenzierte Bildungslandschaft[1] dar. Neben allgemeinbildenden höheren Schulen, die mit unterschiedlichen Typen, Sonderformen und inhaltlichen Schwerpunktsetzungen zur Hochschulreife führen, wählt die überwiegende Mehrheit der Jugendlichen[2] aus dem breiten Angebot der berufsbildenden Schulen. Das berufsbildende Schulsystem gliedert sich im Wesentlichen in die Berufsschulen des dualen Bildungssystems, die berufsbildenden mittleren und die berufsbildenden höheren Schulen, die neben einer fundierten beruflichen Ausbildung auch Allgemeinbildung bis zur Hochschulreife vermitteln. Auf allen Ebenen des beruflichen Bildungssystems werden Ausbildungsrichtungen für das gesamte Berufsspektrum von der Landwirtschaft über Sozialberufe, Tourismus, Mode, Kunstgewerbe und Technik angeboten, um hier nur einige zu nennen.[3]

Das allgemein bildende Schulsystem sieht sich in seinen Grundsätzen dem Humboldt'schen Bildungsideal verpflichtet. Die Lehrpläne sind zwar grundsätzlich kompetenzorientiert formuliert, doch finden sich in den Bildungs- und Lehraufgaben

---

1 Siehe http://bmukk.gv.at/schulen/bw/index.xml
2 STATISTIK-AUSTRIA, Schulstatistik, 2012
3 Siehe http://www.abc.berufsbildendeschulen.at

Formulierungen wie „Der Mathematikunterricht soll beitragen, dass Schülerinnen und Schüler ihrer Verantwortung für lebensbegleitendes Lernen besser nachkommen können". Solche Bildungsziele können sich natürlich in unterschiedlicher Form manifestieren, und normierende Ansätze wie einheitlichen Bildungsstandards und Kompetenzmodelle werden als Fremdkörper wahrgenommen und erwecken Misstrauen und Abwehr.

Anders die Situation in den berufsbildenden Schulen: Hier sah man immer schon die berufliche Ausbildung als primäres Ziel und damit verbunden waren Handlungsorientierung, Problemlösekompetenz, Teamfähigkeit etc. Übergreifende Kompetenzen zu vermitteln war systemimmanent, lange bevor der Begriff „Kompetenz" in der Bildungsdiskussion Einzug gehalten hat. Der Allgemeinbildung wird der lehrplanmäßig gebotene Raum eingeräumt, allerdings gab und gibt es auch immer wieder die Tendenz über vorgegebene Textsorten und Themenstellungen die allgemeinbildenden Fächer für die berufliche Bildung „einzuspannen".

Im Spannungsfeld dieser beiden sehr unterschiedlichen Paradigmen entstand eine Vielzahl an Schulversuchen und Sonderformen mit teilweise unklaren Bildungszielen und unterschiedlichen Ausbildungsniveaus.

1. Die Reform der Oberstufe[4]

Im Rahmen einer umfangreichen Reform wurde 2005 begonnen, für alle Bildungsabschlüsse in Österreich Bildungsstandards zu definieren. In Arbeitsgruppen aus Expertinnen und Experten des jeweiligen Fachgebietes und erfahrenen Lehrpersonen wurden unter wissenschaftlicher Leitung Kompetenzmodelle für jedes Fachgebiet und jeden Bildungsabschluss ausgearbeitet und mit konkreten Bildungszielen (Deskriptoren) gefüllt. Dabei wird auf den Kompetenzbegriff von Weinert (2001) Bezug genommen, wonach Kompetenzen „die bei Individuen verfügbaren oder durch sie erlernbaren kognitiven Fähigkeiten und Fertigkeiten, um bestimmte Probleme zu lösen, sowie die damit verbundenen motivationalen und sozialen Bereitschaften und Fähigkeiten, um die Problemlösung in variablen Situationen erfolgreich und verantwortungsvoll nutzen zu können" (Weinert, 2001, S. 17-32) sind.

Die Modelle haben unterschiedliche Strukturen (BIFIE, Kompetenzen und Modelle, 2011-2013). Zur Erläuterung sei hier ein Modell dargestellt, welches in den fachtheoretischen Gegenständen des berufsbildenden Schulsystems vorzugsweise verwendet wird (siehe Abb. 1).

Als Handlungsdimensionen werden die Lernzielniveaus nach Anderson und Krathwohl (Anderson, 2001) herangezogen und die zu vermittelnden Teilbereiche des betreffenden Unterrichtsgegenstandes bilden die Inhaltsdimension. An den Schnittpunkten von Handlungs- und Inhaltsdimension definieren Deskriptoren (Ich kann ...) die

4 Sekundarstufe II, 9. bis 12. bzw. 13. Schulstufe.

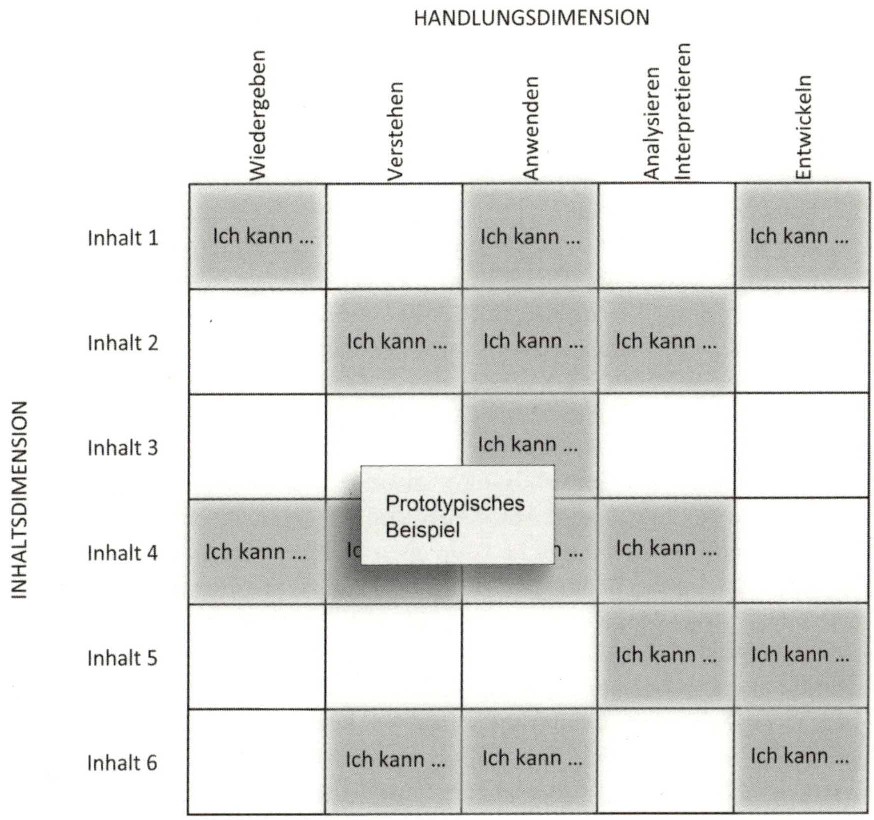

Abb. 1: Kompetenzmodell für fachtheoretische Gegenstände. Quelle: eigene Darstellung

dem Fachbereich entsprechenden Kompetenzen. Diese Kompetenzen stellen die Bildungsziele am Ende der Ausbildung dar.

Um die teilweise doch etwas abstrakt und allgemein formulierten Deskriptoren anschaulich zu machen, wurden für jedes Kompetenzmodell prototypische Beispiele entwickelt. Das sind ganz konkrete, kompetenzorientierte Test- oder Übungsbeispiele, die die Deskriptoren veranschaulichen und den anzustrebenden Schwierigkeitsgrad sichtbar machen. Diese Bildungsstandards sind als Regelstandards konzipiert und beschreiben die grundlegenden Erwartungen schulischer Lehr- und Lernprozesse.

Ergänzt werden die Bildungsstandards durch weitere Kompetenzmodelle für die sozialen und personalen Kompetenzen sowie gegenstands- und fachrichtungsübergreifende Kompetenzen. Das sind dann gegenstandsübergreifende Bildungsprinzipien, deren Vermittlung allen Lehrkräften im Rahmen ihres Unterrichts obliegt.

Die Kompetenzmodelle sind in Broschüren und im Internet veröffentlicht und werden auch auf Informations- und Fortbildungsveranstaltungen kommuniziert. Verbindlichkeit bekommen sie dadurch, dass sie die Grundlage der entsprechenden Lehrpläne bilden.

Um die Kompetenzorientierung der Lehrpläne im Unterricht auch umzusetzen, sind geeignete Methoden und Lernszenarien erforderlich und in letzter Konsequenz auch eine entsprechende kompetenzorientierte Beurteilung der Lernergebnisse, z.B. mittels Kompetenzraster (Dorninger, Scharl, Schrack & Weger, 2012). Das bedeutet für die meisten Lehrpersonen eine ganz und gar nicht triviale Umstellung des Unterrichtskonzeptes und des Beurteilungsschemas.

Den berufsbildenden Schulen, allen voran den höheren technischen Lehranstalten wird in den neuen Lehrplänen aufgetragen einen Teil des Unterrichtes mit Englisch als Arbeitssprache abzuhalten. Dieses Prinzip ist bekannt unter dem Begriff „Content and Language Integrated Learning“ (CLIL). Es wird damit der Bedeutung der englischen Sprache für die Kommunikation im internationalen Umfeld der heutigen Berufswelt Rechnung getragen.

Beginnend mit dem Schuljahr 2013/14 werden schrittweise bundesweit einheitliche Prüfungsfragen in einigen Gegenständen im Rahmen einer „teilstandardisierten, kompetenzbasierten Reife- und Diplomprüfung“ als Abschluss der Sekundarstufe II eingeführt. Mit diesen beschriebenen Maßnahmen wird sichergestellt, dass an allen Schulen Österreichs grundsätzlich einheitliche Bildungsziele auf einem klar definierten Niveau anzustreben sind. Da die Bildungsstandards als Regelstandard definiert sind und die teilzentralisierte Reife- und Diplomprüfung nur den schriftlichen Teil in den Fächern Deutsch, Mathematik und lebende Fremdsprache betrifft, sollte ausreichend Raum für individuelle Bildungsziele und schulspezifische Ausbildungsprofile bleiben.

Auch in der Schulorganisation sind erhebliche Reformen vorgesehen. So wird der Lernerfolg der Schülerinnen und Schüler in Zukunft nicht mehr über ein Schuljahr kalkuliert, sondern über ein Semester. Ein Aufsteigen in das nächste Semester oder Schuljahr wird auch dann möglich sein, wenn einzelne Fächer nicht positiv abgeschlossen sind. Diese Abschlüsse sind von den Schülerinnen und Schülern innerhalb definierter Fristen, spätestens bis zur Reifeprüfung nachzuholen, wobei sie von individuellen Lernbegleitern betreut und unterstützt werden sollen. Mit dieser Maßnahme sollen die allgemein als kontraproduktiv erkannten Klassenwiederholungen auf ein notwendiges Minimum reduziert werden. Für die Lehrpersonen ergeben sich damit neue Herausforderungen und neue Aufgaben.

Insgesamt also ein großes Reformpaket mit vielen Änderungen und Neuerungen. Was davon bei den Schülerinnen und Schülern ankommt und wie es sich auf deren Lernergebnisse auswirkt, hängt davon ab, ob und wie es die Lehrerinnen und Lehrer umsetzen werden.

2. Der Alltag in den Klassen

Für Lehrpersonen gibt es unterschiedliche Zugänge zum Lehrerberuf, abhängig vom Fachgebiet und der Schulart. Lehrkräfte der Allgemeinbildung werden an Universitäten und pädagogischen Hochschulen ausgebildet und landen nach Abschluss des Studiums ohne Umwege als Lehrkraft in den Klassen. In den allgemeinbildenden Schulen und in den allgemeinbildenden Gegenständen der berufsbildenden Schulen unterrichten also Lehrpersonen, die das System „Schule" seit ihrem 6. Lebensjahr nie verlassen haben.

Dazu kommt, dass die Lehrerausbildung an den Universitäten einen relativ hohen akademisch-wissenschaftlichen Anspruch hat. Entsprechend akademisch verläuft dann auch die Wissensvermittlung dieser Lehrkräfte, sobald sie selbst vor ihren Klassen stehen. Sie haben diesen Unterricht ja schließlich selbst als Schüler so erlebt und an der Universität auch so vermittelt bekommen. So wird z.B. gerne Mathematik als reine Wissenschaft unterrichtet. Kompetenzorientierung wird damit fragwürdig und die Verbindung zur Lebenswelt der Jugendlichen kann leicht verlorengehen. Auf die Idee Mathematik, Naturwissenschaften oder Informatik in „kindgerechter Weise" zu vermitteln, kommt selten jemand und wenn doch, so bleibt er oder sie als bestaunter oder belächelter Alien allein am pädagogischen Feld. Es erscheint daher nicht verwunderlich, dass genau diese Fächer von den Schülerinnen und Schülern häufig als abstrakte und schwer zu verstehende „Kotzbrocken" empfunden werden. Der Bedarf an Nachhilfestunden und die hohen Ausfallsraten in genau diesen Gegenständen sowie das mangelnde Interesse an MINT-Studien bei den Schulabgängern dürfen als Beleg dafür gewertet werden.

Um in fachtheoretischen Gegenständen der berufsbildenden Schulen zu unterrichten, ist ein facheinschlägiges Studium an einer Universität oder Fachhochschule auf Masterniveau sowie eine zumindest 4-jährige facheinschlägige Berufspraxis erforderlich. Die nötigen Kenntnisse in Pädagogik, Didaktik, Schulorganisation und Schulrecht werden berufsbegleitend neben dem Lehrberuf an pädagogischen Hochschulen erworben. In diesem Bereich unterrichten also Menschen nebenberuflich neben ihrem Hauptberuf in der Wirtschaft, manche unterrichten hauptberuflich und betreiben nebenbei ein kleines Büro oder sie entscheiden sich nach Jahren in der Wirtschaft für eine ausgeglichenere Work-Life-Balance als Lehrerin oder Lehrer.

Ähnlich sieht es bei den Lehrerinnen und Lehrern des fachpraktischen Bereiches in den berufsbildenden Schulen aus: das sind Meister oder Werkmeister mit mehrjähriger Berufspraxis meist aus dem dualen Bildungssystem. Die Zusatzqualifikationen für den Lehrberuf werden wieder in einem mehrjährigen, berufsbegleitenden Studium neben dem Lehrerberuf erworben.

Diesen Quereinsteigern gemeinsam ist eine bewusste Entscheidung für den Lehrerberuf aus einer beruflichen Alternative heraus, meist verbunden mit deutlichen Einkommenseinbußen. Sie bringen aktuelle Technologien und das authentische Wissen über die Anforderungen in ihrem Beruf in die Schulen. Ihr Zugang zu Lehre und Unterricht ist naturgemäß praxisorientiert, zum Teil radikal berufsorientiert. Allerdings fehlen häufig das Bewusstsein, wie wichtig eine Auseinandersetzung mit pädagogisch-didaktischen Konzepten für den Lehrberuf ist, und oft auch grundlegende Kenntnisse der Entwicklungspsychologie und damit das Verständnis für die entwicklungsbedingten Probleme der Jugendlichen.

Dieses doch recht bunte Biotop an sehr unterschiedlichen Typen von Lehrpersonen birgt natürlich einiges Konfliktpotential, hat aber in den berufsbildenden Schulen insgesamt eine ausgewogene Mischung von Allgemeinbildung und Fachausbildung zur Folge. Wenn an dieser Stelle vor allem die Problembereiche angesprochen werden, so soll doch nicht verschwiegen werden, dass gerade das österreichische berufsbildende Schulsystem insgesamt eine Erfolgsstory ist. Die hervorragende Ausbildung und die damit verbundene hohe Employability der Jugendlichen werden allgemein als wichtige Faktoren für die niedrige Jugendarbeitslosigkeit in Österreich und als Standortvorteil für die österreichische Wirtschaft gesehen.

Dennoch bilden die beschriebenen Problembereiche Grund zum Handeln und mit den eingangs dargestellten Reformen soll den Problemen entgegen gewirkt werden, ohne die erfolgreiche Grundstruktur zu zerstören. Alle Reformen bleiben aber totes Papier, solange sie nur in Gesetzestexten und Lehrplänen existieren und nicht über die Hirne und Herzen der Lehrerinnen und Lehrer Eingang in den Alltag der Klassen finden.

3. Die Ansprüche an wirksame Lehrerfortbildung

Es bedurfte nicht erst der derzeit breit diskutierten Hattie-Studie (2009, S. 119ff.), um zu erkennen, dass die Lehrkraft und ihre Interaktion mit den Schülerinnen und Schülern die wesentlichen Schlüssel zum Lernerfolg sind. Damit die angestrebten Reformen zu verbesserten Lernergebnissen bei den Schülerinnen und Schüler führen – und das ist ja letztlich die Intention aller Schulreformen –, geht der Weg über die Lehrerfortbildung. Auch Hattie (Wade, 1985 in Hattie, 2009) findet in den untersuchten Metastudien eine hohe Korrelation zwischen Lehrerfortbildung und Lernergebnissen bei den Schülerinnen und Schülern und nennt auch die Kriterien für wirksame Lehrerfortbildung. Die besten Effekte für Fortbildungsmaßnahmen wurden in den analysierten Studien gefunden, die

- gemeinsam von Lehrpersonen unterschiedlicher Schultypen besucht wurden,
- von Schulbehörden oder Universitäten initiiert wurden,
- neben Theorie auch praktische Übungen angeboten haben (Timperley, Wilson, Barrar & Fung, 2007).

Eine detailliertere Analyse bieten Timperley und Kollegen (Timperley, Wilson, Barrar & Fung, 2007) in ihrer Best-Evidence-Synthese „Teacher Professional Learning and Developement". Darin analysierten sie 72 Studien, die die Effekte von Lehrerfortbildung in Hinblick auf die Lernergebnisse der Schülerinnen und Schüler untersuchten, und haben daraus sieben Kriterien für Lehrerfortbildungsmaßnahmen gefunden, die zu nachweislichen Effekten im Lernerfolg der Schülerinnen und Schüler führten:

- **Die Fortbildungsmaßnahme erstreckt sich über einen längeren Zeitraum mit regelmäßigen und häufigen Kontakten.**
  Begründet wird dies damit, dass Lernprozesse, in dem Fall jene der Lehrpersonen, eher iterativ als linear ablaufen. Voraussetzung ist aber ein entsprechendes Design der Fortbildungsveranstaltung mit motivierenden und herausfordernden Inhalten.

- **Externe Expertinnen und Experten sind in die Fortbildung eingebunden.** Der Einsatz externer Expertinnen und Experten ist aber nur dann wirksam, wenn diese nicht nur Inhalte und didaktische Konzepte vermitteln, sondern beides für die Unterrichtspraxis der Lehrkräfte aufbereiten und vermitteln können.
- **Ein hohes Engagement der Lehrpersonen in ihrem eigenen Lernprozess.** Dabei hat es sich in den untersuchten Studien als unerheblich erwiesen, ob die Fortbildung freiwillig oder auf Anordnung erfolgte.
- **Vorgegebene Denkmuster der Lehrpersonen bezüglich des Lernverhaltens der Schülerinnen und Schüler werden kritisch hinterfragt.** In den analysierten Studien hat sich gezeigt, dass die Art der Lehrerinteraktion messbaren Einfluss auf das Lernverhalten der Schülerinnen und Schüler hat, ebenso wie ein verstärktes Augenmerk auf mentale Modellbildung anstatt Faktenlernen.
- **Die Möglichkeit in Lern-Communities voneinander und miteinander von externen Expertinnen und Experten zu lernen** und zwar unabhängig davon, ob die Fortbildung in der Schule oder extern stattfindet. Das deckt sich auch mit den Aussagen von Salmon (2002), die selbst beim Lernen in Onlinekursen der Lern-Community eine Schlüsselrolle zuordnet.
- **Die Fortbildungsmaßnahme entspricht einem allgemeinen Trend, einer Reform oder Entwicklungsmaßnahme der Schulbehörde.**
- **Unterstützung durch die Schulleitung.** Diese Unterstützung bezieht sich auf organisatorische Maßnahmen, die Etablierung einer entsprechenden Schulkultur und die Entwicklung von klaren Konzepten für die Ergebnisse der Fortbildungsmaßnahmen.

Die zentrale Aussage dieser Best-Evidence-Synthese ist, dass vor allem jene Fortbildungsmaßnahmen zu einer Änderung in den Lernergebnissen der Schülerinnen und Schüler führen, die bei den Lehrpersonen ein vertieftes Verständnis von Fachwissen, Pädagogik, Schülerverhalten und deren Entwicklungsprozessen sowie den theoretischen Hintergründen bewirken. Als inhaltliche Kernpunkte, die im Rahmen einer wirksamen Lehrerfortbildung vermittelt werden sollten, extrahierten Timperley und Kollegen aus den analysierten Studien:

- **die Integration von Theorie und Praxis sowie von Fachwissen und pädagogischen Konzepten**
- **das Bewusstmachen, wie sich Unterrichtsmaßnahmen auf die Lehrer-Schüler-Beziehung und diese auf das Lernverhalten der Schülerinnen und Schüler auswirken.**
- **die Bedeutung von Leistungsüberprüfungen zur Steuerung der Lernprozesse sowie zur Lernmotivation.**
- **das ausreichende Verständnis für (Lern-)Theorien, um sie als Entscheidungsgrundlage für die Unterrichtspraxis anwenden zu können.**
- **die Vermittlung der nötigen Kompetenzen, um die angewandten Lehrmethoden anhand der Lernprozesse der Schülerinnen und Schüler zu reflektieren und daraus die weiteren Schritte ableiten zu können.**

Das Ziel jeder Lehrerfortbildung sollten Lehrpersonen sein, die sich in ihrem Unterricht gewissermaßen als selbstbestimmte Lernende sehen. Steffens (Steffens & Hofer, 2012) nennt als evaluationsorientiertes Handeln:

> „Ein solches Handeln ist darauf ausgerichtet, alle verfügbaren Informationen, die Auskunft über Lernmöglichkeiten, Lernstand, Lernprozesse und Lernerträge der Schülerinnen und Schüler liefern, in diagnostizierender Absicht im Hinblick auf ein förderliches Lehrerverhalten zu nutzen." (Steffens & Hofer, 2012, S. 7)

Lehrpersonen, die nachhaltige Lernergebnisse bewirken, orientieren sich nach Timperley (Timperley, Wilson, Barrar & Fung, 2007) an drei Fragen: „Where are you going?", „How are you going?", „Where to next?". In jedem Fall müssen die Antworten und damit die Unterrichtsgestaltung „mit den Augen der Lernenden" erfolgen.

4. Lehrerfortbildung in der Praxis

Die Fortbildung der Lehrpersonen wird in Österreich von den pädagogischen Hochschulen organisiert. Grundsätzlich wird dabei auf Freiwilligkeit gesetzt, in der Annahme, dass Nachhaltigkeit in der Fort- und Weiterbildung der Lehrerinnen und Lehrer dann erreicht werden kann, wenn sie einem Bildungsbedürfnis der Betroffenen entspricht. Ist der Lernprozess intrinsisch motiviert, könne auch mit einem entsprechenden Engagement gerechnet werden.

Auch der Onlinecampus „Virtuelle PH", ein Service aller pädagogischen Hochschulen Österreichs im Auftrag des Bundeministeriums für Unterricht und Kunst und Kultur, baut auf dem Prinzip der Freiwilligkeit auf und bietet dabei einen besonders niederschwelligen Zugang zur Fortbildung. Dieser Onlinecampus unterstützt die individuelle Fort- und Weiterbildung von Lehrpersonen mit Selbstlernmaterialien und kooperativen Online-Lernangeboten und ermöglicht ihnen den Austausch mit Kolleginnen und Kollegen in gemeinsamen virtuellen Lernräumen quer über alle Schularten.

Das Format der Präsenzveranstaltungen der pädagogischen Hochschulen hat üblicherweise Seminar- oder bestenfalls Workshop-Charakter in einem Ausmaß von 1-6 Halbtagen ohne weitere Verpflichtungen oder Verbindlichkeiten. Ein Informationsaustausch zwischen Pädagogischer Hochschule und den Schulen läuft – wenn überhaupt – ausschließlich auf informeller Ebene, jeden formalen Informationsaustausch unterbinden Datenschutzrichtlinien. Damit befinden sich diese Fortbildungsangebote weitgehend im Bereich der Beliebigkeit und alle diesbezüglichen Analysen[5,6] bescheinigen diesem System entsprechend wenig bis keine Nachhaltigkeit. Liest man die einschlägigen Studien, die im vorigen Kapitel zusammengefasst sind, so erscheint das auch nicht weiter verwunderlich. Diesem Fortbildungsformat fehlen nahezu alle Vorausset-

5 Rechnungshof, Der Rechnungshof: Lehrerfortbildung, 2006
6 Rechnungshof, Der Rechnungshof: Lehrerfortbildung; Follow-up-Überprüfung, 2008

zungen, die in den analysierten Studien für notwendig oder förderlich für nachweisliche Effekte gefunden wurden.

Nun lässt sich ein System, in dem jährlich fast 15.000 Lehrpersonen (Hochschulstatistik 2012/13, 2013) weitergebildet werden, nicht von heute auf morgen umstellen, zumal dazu ja nicht nur 17 öffentliche und private pädagogische Hochschulen, sondern auch 9 Landesschulbehörden und mehrere Abteilungen im Bundesministerium für Unterricht und Kunst einzubinden wären.

4.1 Ein erfolgreiches Modell für nachhaltige Lehrerfortbildung

Für Fortbildungsangebote für die Lehrerinnen und Lehrer der höheren technischen Lehranstalten in Österreich gelten seit dem Schuljahr 2010/11 Richtlinien mit dem Ziel nachhaltige Fortbildungsformate zu entwickeln. Dabei dient die Freigabe für die Finanzierung des Angebotes aus Bundesmitteln gewissermaßen als Hebel zur Durchsetzung.

Um aus Bundesmitteln finanziert zu werden, muss jedes Fortbildungsangebot fünf Punkte erfüllen:

- **Fortbildung ist wie jede Form des Lernens als Prozess zu sehen und muss auch als solcher organisiert und begleitet werden.**
- **Die vermittelten Inhalte müssen in jedem Fall relevant für den Unterricht sein.**
  Das bedeutet, die Inhalte müssen sowohl auf die geltenden Lehrpläne als auch auf das Fassungsvermögen der Jugendlichen in der entsprechenden Schulstufe Bezug nehmen. Reine Informationsveranstaltungen ohne Bezug auf konkrete Lehrziele oder Lehrinhalte sind als Fortbildungsangebote für Lehrerinnen und Lehrer in dieser Form nicht wünschenswert.
- **Die didaktische Umsetzung der vermittelten Inhalte ist Teil jeder fachlichen Fortbildung.**
  Mit den fachlichen Inhalten muss auch ein für die jeweilige Schulform und Schulstufe geeignetes Unterrichtskonzept angeboten oder im Rahmen der Lehrveranstaltung erarbeitet werden. Zu bevorzugen sind dabei möglichst schülerzentrierte Unterrichtsmethoden, die die traditionelle „Monokultur“ an Unterrichtsmethoden erweitern. Dabei ist eine lerntheoretische Untermauerung der angebotenen Unterrichtsmethode hilfreich und wünschenswert. Die angebotene Unterrichtsmethode sollte mit dem gegenständlichen Lehrinhalt zumindest einmal im Unterricht eingesetzt und evaluiert worden sein.
  Im Idealfall sollten die Lehrpersonen die vermittelten Fachinhalte, Unterrichtsmethoden und Lehrmaterialen unmittelbar im eigenen Unterricht einsetzen können.
- **Der Transfer der Fortbildungsziele in das Unterrichtsgeschehen der Teilnehmerinnen und Teilnehmer muss sichergestellt werden.**
  Von einer Lehrkraft, die eine Weiterbildungsveranstaltung besucht, muss erwartet werden, dass sie das Gelernte auch im eigenen Unterricht einsetzt. Ein Kursbesuch kann nur dann als erfolgreich gewertet werden, wenn das Bildungsziel – neue In-

halte oder Unterrichtsformen in den Schulalltag zu bringen – auch erreicht wurde. Die Leitung eines Fortbildungsangebotes muss sich daher in geeigneter Weise überzeugen, dass dieser Transfer stattgefunden hat, bevor eine Bestätigung über den erfolgreichen Kursbesuch ausgestellt werden kann. Das kann durch Abschlusspräsentationen, Abschlussberichte, Reflexionen, Kursportfolios oder ähnliche Konzepte erreicht werden. Der Einsatz von virtuellen Lernräumen reduziert den dazu nötigen Aufwand und macht auch eine Begleitung und Betreuung während des Transfers durch die Kursreferentinnen und -referenten möglich. Virtuelle Lernräume fördern auch den Kontakt mit der Lern-Community während der Umsetzungsphase und damit das Lernen miteinander und voneinander. Außerdem bleiben damit Reiseaufwand und Absenzzeiten in erträglichem Rahmen.

- **Evaluation des Fortbildungsangebotes.**
  Im Sinne einer internen Qualitätssicherung muss jede Fortbildungsmaßnahme den Nachweis ihrer Wirksamkeit erbringen. Dazu ist vor einer Wiederholung eine Auswertung der Rückmeldungen und Abschlussberichte vorzunehmen. Wenn diese Auswertung auf einen Verbesserungsbedarf in der Weiterbildungsmaßnahme hinweist, so sind entsprechende Adaptierungen vorzunehmen. Kann die Wirksamkeit einer Weiterbildungsmaßnahme nicht nachgewiesen werden, so ist sie aus dem Programm zu nehmen. Auch für Veranstaltungen ohne direkten Unterrichtsbezug (z.B. für Führungskräfte) ist der nachhaltige Nutzen der Veranstaltung zu evaluieren.

Das bedeutet, dass bei Fortbildungsveranstaltungen für Lehrpersonen jedem Präsenzseminar eine Umsetzungsphase, idealerweise mit Begleitung in einem virtuellen Lernraum und eine Abschluss-/Reflexionsveranstaltung folgen muss, bei der von den Teilnehmerinnen und Teilnehmern in geeigneter Form eine Rückmeldung bzw. Reflexion über den Einsatz des Seminarinhaltes im Unterricht gegeben wird.

In der Praxis wird das unterschiedlich umgesetzt:

PRÄSENZVERANSTALTUNG	UMSETZUNGSPHASE	ABSCHLUSS/REFLEXION
Seminar oder Workshop	Betreut über Mailingliste oder virtuellem Lernraum, in Präsenz bei schulinternen Veranstaltungen	In Präsenz oder online in einem virtuellen Lernraum
1-6 Halbtage	3 Wochen bis 1 Semester	

Tab. 1: Umsetzungsformate für Fortbildungsveranstaltungen

Da es sich dabei um einen ziemlichen Paradigmenwechsel für alle Beteiligten handelt, sind die Reaktionen erwartungsgemäß zweigeteilt. Vorweg einmal ungeteilte Ablehnung bei allen Beteiligten:

- Die teilnehmenden Lehrpersonen beklagen den ungewohnten zusätzlichen Aufwand für die Umsetzung der Lehrinhalte. Daraus könnte man bereits ableiten, dass die Lehrinhalte von Fortbildungsveranstaltungen in der Vergangenheit offenbar nicht umgesetzt wurden.
- Die Lehrenden wehren sich gegen den Zusatzaufwand für Onlinebetreuung und Auswertung der Abschlussberichte.
- Die veranstaltenden Organisationen reklamieren höhere Kosten und organisatorischen Mehraufwand.

Nach erfolgreichem Abschluss einer Veranstaltung allerdings wendet sich die Stimmung regelmäßig:
- Die Lehrpersonen sind begeistert, weil sie – möglicherweise erstmals – direkt im Unterricht umsetzbare Ergebnisse von einer Fortbildung mitnehmen, ihr Wissen gemeinsam mit einer motivierenden Community erarbeiten und von den Erfahrungen der Anderen profitieren konnten.
- Die Lehrenden erleben ein unerwartet positives Feedback und sehen – vielleicht auch erstmals – unmittelbar die Ergebnisse ihrer Fortbildungsarbeit.

Der kritische Punkt, von dem der Erfolg einer solchen Veranstaltung abhängt, ist die professionelle Umsetzung der Onlinebetreuung während der Umsetzungsphase. Wie G. Salmon (2002) zeigte, ist die Führung einer Online-Community durch einen Lernprozess keinesfalls trivial und erfordert entsprechende Kompetenzen bei den Betreuenden der Onlinephase. Das diesbezügliche Know-how sowie das Bewusstsein für die Wichtigkeit einer Professionalisierung der Lehrenden sind allerdings derzeit bei den Pädagogischen Hochschulen noch sehr unterschiedlich ausgeprägt.

Nach den Erfahrungen der ersten drei Jahre sowie zahlreichen Pilotseminaren im Vorfeld kann gesagt werden, dass nach diesen Richtlinien abgehaltene Fortbildungsveranstaltungen in der Lage sind, den Unterricht der beteiligten Lehrpersonen tatsächlich zu verändern. Eine Lehrperson wird eine Unterrichtssequenz, die sie einmal entwickelt und im Unterricht eingesetzt hat, sicher wieder einsetzen, schon allein um den Aufwand zur Unterrichtsvorbereitung zu minimieren. Ob und in welchem Ausmaß die Lehrpersonen die neuen Unterrichtsinhalte und Methoden weiterentwickeln und inwieweit sich das auf deren generellen Unterrichtsstil auswirkt, wäre allerdings Gegenstand weiterer Untersuchungen.

4.2 Entwicklung der Lehrinhalte von Fortbildungsveranstaltungen

Vom Format und dem Setting einer Fortbildungsveranstaltung kann grundsätzlich nicht mehr erwartet werden, als dass sie nachhaltig verändernd auf den Unterricht der Lehrerinnen und Lehrer wirkt. Um Änderungen bei den Lernergebnissen der Schülerinnen und Schüler zu bewirken, kommt es in weiterer Folge auf die Wirksamkeit der vermittelten Inhalte der Fortbildung an.

Den Empfehlungen der erwähnten Metastudie von Timperley und Kollegen (2007) folgend, werden für die eingangs erwähnten bildungspolitischen Reformvorhaben eigene Entwicklungsteams für die Lehrerfortbildung zusammengestellt. Diese bestehen regelmäßig aus meist externen Expertinnen oder Experten einer Universität oder aus der Wirtschaft, einer repräsentativen Person einer Pädagogischen Hochschule sowie aus erfahrenen Pädagoginnen oder Pädagogen mit einer Affinität zum jeweiligen fachlichen Thema sowie zur Lehrerfortbildung. Dabei wird darauf geachtet, dass sowohl Fachkompetenzen sowie theoretische und praktische pädagogische Kompetenzen im Team repräsentiert sind. Vorgegeben werden neben den bildungspolitischen Zielen die im vorigen Absatz erläuterten Richtlinien für Lehrerfortbildungsangebote. Das Entwicklungsteam formuliert dazu unter der Leitung von Fortbildungsexperten des Unterrichtsministeriums konkrete Lehrziele und entwickelt Lehrinhalte, Lernmaterialien und Methoden für die Fortbildungsveranstaltung. Einmal jährlich werden in einer Reflexionsrunde die Rückmeldungen und Seminarergebnisse evaluiert und bei Bedarf wird am Seminar entsprechend nachgebessert.

4.3 Die Lehrenden

Idealerweise rekrutieren sich die Referentinnen und Referenten der Seminare aus dem Entwicklungsteam. Bewährt haben sich dabei kleine Teams, meist zwei Personen, aus dem jeweiligen Entwicklungsteam gemeinsam mit Lehrerinnen und Lehrern, die als Vortragende und Coaches gemeinsam und authentisch ihre Erfahrungen und Best-Practice-Konzepte in die Fortbildung einbringen. Besonders im Zusammenspiel von Vertretern aus Theorie und Praxis sollte zumindest ein Teil des Seminares in Form von Teamteaching abgehalten werden. Damit wird sichergestellt, dass sowohl die lern- oder fachtheoretischen Hintergründe als auch die Unterrichtspraxis kompetent vermittelt werden, aber dennoch das Seminargeschehen als Ganzes konsistent und abgestimmt abläuft.

Bei Themen, für die in kurzer Zeit eine große Zahl an Lehrkräften erreicht werden muss, kann das Roll out natürlich nicht von dem Entwicklungsteam alleine bewältigt werden. Dazu werden erfahrene Lehrpersonen aus dem jeweiligen Fachgebiet als Referentinnen und Referenten eingeladen. In einer Multiplikatorenveranstaltung wird mit diesem erweiterten Team das gesamte Seminarkonzept einmal durchgespielt, hinterfragt und diskutiert. Diese Multiplikatorenschulung dient damit gleichzeitig als Pilotveranstaltung mit dem Zusatznutzen einer ersten Evaluierung und Nachschärfung des Seminarkonzeptes.

Mit dieser Roll-out-Methode können für wichtige bildungspolitische Reformvorhaben, wie der Einführung der teilzentralisierten Reife- und Diplomprüfung, in kurzer Zeit hunderte Lehrpersonen erreicht und geschult werden.

Bei Reformprojekten, die mehr die Schulkultur als die formale Unterrichtsführung betreffen, wie beispielsweise die Förderung der personalen und sozialen Kompetenzen der Schülerinnen und Schüler, wird hingegen die Multiplikatorenfunktion den Seminarteilnehmerinnen und -teilnehmern selbst übertragen. Sie werden gebeten, während der Umsetzungsphase auch eine schulinterne Fortbildung für die Kolleginnen und Kollegen an ihrer Schule zu organisieren. Diese Seminare starten unmittelbar nach Schulbeginn und enden mit einer Reflexionsveranstaltung im Mai. Damit werden die Teilnehmerinnen und Teilnehmer praktisch während des ganzen ersten Schuljahres, in dem sie die neuen Inhalte umsetzen und an die Kolleginnen und Kollegen weitergeben, über den virtuellen Lernraum begleitet und strukturiert betreut.

Mit dieser Methode wird nicht so stringent in die jeweilige Schulkultur eingegriffen. Man lässt zu, dass an jedem Standort individuelle Interpretationen und Umsetzungsformen entwickelt werden, abhängig von den lokalen Voraussetzungen und den persönlichen Zugängen der handelnden Personen. Über den Dialog mit der Lern-Community führt das zu einem befruchtenden, standortübergreifenden Austausch von Ideen und Konzepten.

4.4 Vernetzung der Fachgruppen

Um die Eingangsforderung „die Hirne und Herzen der Lehrerinnen und Lehrer zu erreichen“ umzusetzen, ist es notwendig, dass die entsprechende Information die Lehrpersonen überhaupt einmal erreicht. Der offizielle Dienstweg: Unterrichtministerium - Landesschulbehörde - Direktion - Abteilungsvorstand - Lehrperson ist dafür ungeeignet. Die Information geht entweder in der heute üblichen Informationsflut unter oder sie „versickert“ unterwegs.

Es müssen aber nicht nur die Lehrpersonen erreicht werden, eine wichtige Rolle kommt auch der Schulleitung zu. Unter anderem haben das auch Timperley und Kollegen (2007, S. xxvii) in ihren sieben Punkten aufgezeigt. Die Schulleitungen müssen also nicht nur von den Reformvorhaben und den Fortbildungsangeboten informiert werden, sondern sollen diese auch durch organisatorische Maßnahmen und geeignete Konzepte zur Schulentwicklung unterstützen.

Um in diesem Sinne flexibel und zielgruppenorientiert informieren und agieren zu können, wurden und werden für jeden Fachbereich Bundesarbeitsgruppen eingerichtet. An jeder Schule wird dazu je eine Lehrperson gebeten, sich um die Belange ihres Fachgebietes zu kümmern und mit der entsprechenden Bundesarbeitsgruppe in Kontakt zu bleiben. Je Bundesland wird eine dieser Personen in die Arbeitsgruppe delegiert. Diese Arbeitsgruppen tagen ein oder zwei Mal pro Jahr zum regelmäßigen Informationsaustausch innerhalb der Fachgruppe und mit einer Ansprechperson der Schulverwaltung. Manche Gruppen veranstalten auch regelmäßige, kongressartige Fachtagungen als Vernetzungstreffen für alle interessierten Lehrpersonen des Fachgebietes.

Über dieses Instrument ist es möglich, sehr effizient Informationen an eine bestimmte Zielgruppe heranzutragen und damit auf informellem Weg die Entwicklung eines Fachbereiches zu steuern. Ebenso wichtig ist aber der Informationsfluss in die umgekehrte Richtung: An die Schulbehörde können über diesen Kanal Bedürfnisse und Informationen aus den Fachbereichen direkt und ungefiltert herangetragen werden, wodurch diese in die Lage versetzt wird, relativ kurzfristig und flexibel auf die Bedürfnisse der Kolleginnen und Kollegen zu reagieren.

An dieser Stelle sei auch angemerkt, dass die meisten dieser Agenden von den Lehrpersonen unentgeltlich erbracht werden. Von einer Abgeltung des tatsächlichen Aufwandes kann grundsätzlich keine Rede sein, wenn überhaupt sind es Anerkennungsbeiträge oder temporäre Dienstfreistellungen für die Vernetzungstreffen. In diesem Lichte wird nachvollziehbar, welch schlechten Dienst das derzeit übliche „Lehrerbashing" und Krankreden des Schulsystems all jenen erweist, die sich mit viel Engagement um eine hohe Qualität des Unterrichts bemühen.

Die Qualität des Schulsystems steht und fällt in letzter Konsequenz mit dem Engagement der Lehrerinnen und Lehrer und dazu ist es notwendig, nicht nur die Mängel, sondern auch die Leistungen und Stärken des Systems sowie das hohe Engagement der überwiegenden Mehrheit der Lehrerinnen und Lehrer herauszuheben.

5. Qualitätssicherung

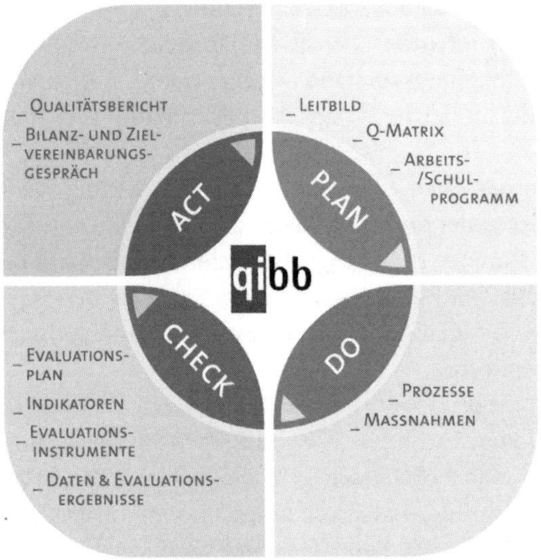

Abb. 2: QIBB-Qualitätsregelkreis. Quelle: Bundesministerium für Unterricht, K. u. (kein Datum). Qualitätsregelkreis. Abgerufen am 22. September 2013 von QIBB: https://www.qibb.at/fileadmin/content/qibb/Bilder/QIBB_Qualitaetsregelkreis_gross_DE.jpg

Im österreichischen Schulsystem sind mehrere Qualitätsregelkreise vorgesehen. Das im österreichischen berufsbildenden Schulwesens elaborierteste und schon am längsten etablierteste Qualitätsmanagementsystem ist die Qualitätsinitiative Berufsbildung (QIBB) (BIFIE, Bildungsstandards, 2011-2013). Ein ähnliches System für das allgemeinbildende Schulsystem ist im Aufbau.

QIBB umfasst die Schulen, die Schulaufsicht (Landesebene) und die Sektion Berufsbildung im Unterrichtsministerium BMUKK (Bundesebene) und sieht vor, dass die zentralen Aktivitäten einer regelmäßigen Evaluierung und kontinuierlichen Verbesserung unterzogen werden.

Ausgehend von einem Leitbild wurde für jede Systemebene eine Qualitätsmatrix mit Zielen, Maßnahmen und Indikatoren zur Messung der Zielerreichung erstellt. Als Evaluationsinstrumente kommen in erster Linie Individual- und Systemfeedback zum Einsatz. Dazu stellt die QIBB-Evaluationsplattform eine Vielzahl von Erhebungsinstrumenten zur Verfügung. Die erhobenen Daten und Auswertungen stehen nur dem jeweiligen Feedbacknehmer und auch dem nur anonymisiert zur Verfügung. Sie werden aber in aggregierter Form an die nächste Systemebene weitergegeben und münden letztlich in einem jährlichen Bundes-Qualitätsbericht.

Für den Bereich Schulentwicklung werden zusätzlich Peer Reviews mit externen Expertinnen und Experten angeboten.

Die Nutzung der Erhebungsinstrumente beruht grundsätzlich auf Freiwilligkeit, der Nutzungsgrad ist aber auf allen Systemebenen hoch genug, um aussagekräftige Ergebnisse zu liefern. Obligat sind hingegen jährliche Bilanz- und Zielvereinbarungsgespräche auf allen Ebenen, die den Qualitätskreis schließen. Lehrpersonen sind von diesen Gesprächen ausgenommen, für diese Ebene wurde ein auf die spezielle Situation von Lehrpersonen angepasstes Format von Mitarbeitergesprächen mit Fremdbild-Selbstbild-Abgleich entwickelt.

QIBB umfasst die zentralen Prozesse des Schulsystems auf allen Ebenen. Nicht erfasst werden die Lernprozesse und Lernergebnisse der Schülerinnen und Schüler. Dazu ist derzeit ein umfangreiches System im Aufbau, das auf Basis der Bildungsstandards einen Soll-Ist-Vergleich der Lernergebnisse der Schülerinnen und Schüler für die 4. und 8. Schulstufe sowie bei der Reife- und Diplomprüfung ermöglicht. Mit diesen Standardüberprüfungen sowie der Entwicklung der entsprechenden Diagnoseinstrumente wurde das Bundesinstitut für Bildungsforschung, Innovation & Entwicklung des österreichischen Schulwesens (BIFIE) vom Bundesministerium für Unterricht, Kunst und Kultur (BMUKK) beauftragt.

Den Lehrkräften steht dazu ein Diagnoseinstrument zur informellen Kompetenzmessung (IKM) zur Verfügung. Dabei handelt es sich um ein Tool, das den Lernstand der Lernenden ermittelt und Lehrende somit bei der Erhebung des Förderbedarfs unterstützt. Der Einsatz der IKM gibt Auskunft über den Lernstand der ganzen Gruppe in Bezug auf die in den Bildungsstandards formulierten Lernergebnisse und bietet damit Hinweise auf etwaige noch nicht ausreichend beachtete Kompetenzen. Auch der Einsatz dieser Instrumente beruht auf Freiwilligkeit und die anonymisierten Daten und Auswertungen stehen hier ausschließlich der Lehrkraft zur Verfügung, die das Instrument eingesetzt hat.

Unabhängig davon werden vom BIFIE in regelmäßigen Abstanden bundesweite Standarderhebungen durchgeführt, die den Lehrenden Vergleichsmöglichkeiten mit anderen Lerngruppen der eigenen Schule bieten. Die aggregierten und anonymisierten Ergebnisse und Auswertung werden an die jeweils nächste Schulverwaltungsebene weitergegeben. Sie dienen damit den Schulen als Basis zur Qualitätsentwicklung am Standort und den Schulbehörden in Form von Landes- und Bundesergebnisberichten für ein kontinuierliches nationales Bildungsmonitoring als Basis für Steuerungsentscheidungen im Bildungswesen.

6. Resümee

Auch im österreichischen Bildungssystem gibt es zweifellos Verbesserungspotential, in manchen Teilbereichen auch dringenden Handlungsbedarf. Gewarnt sei allerdings in diesem Zusammenhang vor meist selbsternannten „Bildungsexperten“, die ohne wissenschaftliche Evidenz einen „Bildungsnotstand“ proklamieren und mit unreflektierten Bildungsutopien auch gleich die Lösung kennen. Große Reformen des Schulsystems scheitern in Österreich wie in anderen Ländern an ideologischen Pattstellungen und Interessenskonflikten der verschiedenen Shareholder. Das ist unter anderem aber auch darin begründet, dass viele Bereiche des Schulsystems erwiesenermaßen eben sehr gut funktionieren und hervorragend ausgebildete junge Menschen hervorbringen.

Die Alternative kann durchaus ein schrittweises Weiterentwickeln des Systems sein, wenn mit gezielten Reformen bei den erwiesenen Problemstellen angesetzt wird. Ideologische Barrieren lassen sich damit ebenso umgehen wie das Risiko funktionierende Strukturen unwiederbringlich zu zerstören.

Für alle Reformen im Schulsystem muss aber unabdingbar gefordert werden, dass einerseits die zu setzenden Maßnahmen wissenschaftlich belegt und abgesichert sind und andererseits deren Auswirkungen durch ein Qualitätssicherungssystem laufend evaluiert und danach die Maßnahmen weiterentwickelt werden. Bildung ist zweifellos zu wichtig, um sie dem Abenteuer ungesicherter Experimente auszusetzen.

Literatur

Anderson, L. W. (2001). A Taxonomy for Learning, Teaching, and Assessing. NY: Addison Wesley Longman, Inc.

BIFIE. (2011-2013). Bildungsstandards. Abgerufen am 22. September 2013 von https://www.bifie.at/bildungsstandards.

BIFIE. (2011-2013). Kompetenzen und Modelle. Abgerufen am 22. September 2013 von https://www.bifie.at/node/49.

Bundesministerium für Unterricht, K. u. (kein Datum). Kompetenzmodelle. Abgerufen am 22. September 2013 von BBS-Bildungsstandards: http://www.bildungsstandards.berufsbildendeschulen.at/de/kompetenzmodelle.html.

Bundesministerium für Unterricht, K. u. (kein Datum). Qualitätsregelkreis. Abgerufen am 22. September 2013 von QIBB: https://www.qibb.at/de/qualitaetsregelkreis.html.

Dorninger, C., Scharl, W., Schrack, C. & Weger, I. (2012). Kompetenz in der beruflichen Bildung. Wien: Jugend & Volk.

Hattie, J. A. (2009). Visible Learning. A synthesis of over 800 meta-analyses relating to achievement. London & New York: Routledge.

Hochschulstatistik2012/13. (03. September 2013). Studierende in Österreich im Wintersemester 2012/13. Abgerufen am 21. September 2013 von STATISTIK AUSTRIA-Unversitäten, Studium: http://www.statistik.at/web_de/statistiken/bildung_und_kultur/formales_bildungswesen/universitaeten_studium/021634.html.

Rechnungshof. (01. März 2006). Der Rechnungshof: Lehrerfortbildung. Abgerufen am 22. September 2013 von http://www.rechnungshof.gv.at/fileadmin/downloads/2006/berichte/teilberichte/bund/Bund_2006_03/Bund_2006_03_1.pdf.

Rechnungshof. (05. November 2008). Der Rechnungshof: Lehrerfortbildung; Follow-up-Überprüfung. Abgerufen am 22. September 2013 von http://www.rechnungshof.gv.at/berichte/ansicht/detail/lehrerfortbildung-followupueberpruefung.html.

Salmon, G. (2002). E-tivities-the Key to Activ Online Learning. London: Kogan Page Ltd.

STATISTIK-AUSTRIA. (20. November 2012). Schulstatistik. Abgerufen am 22. September 2013 von http://www.statistik.at/web_de/static/uebertritte_in_die_sekundarstufe_ii_im_schuljahr_201112_029958.pdf.

STATISTIK-AUSTRIA. (29. August 2013). Hochschulstatistik. Abgerufen am 22. September 2013 von http://www.statistik.at/web_de/statistiken/bildung_und_kultur/formales_bildungswesen/universitaeten_studium/021634.html.

Steffens, U. & Hofer, D. (27. August 2012). Die Hattie-Studie: Forschungsbilanz & Handlungsperspektiven. Abgerufen am 22. September 2013 von http://www.sqa.at/pluginfile.php/813/course/section/373/hattie_studie.pdf.

Timperley, H., Wilson, A., Barrar, H. & Fung, I. (2007). Teacher professional learning and development: Best evidence synthesis iteration. Wellington, New Zealand: Ministry of Education.

Weinert, F. (2001). Vergleichende Leistungsmessung in Schulen – eine umstrittene Selbstverständlichkeit. In: Weinert, F.E. (Hrsg.): Leistungsmessung in Schulen. Weinheim und Basel.

Kapitel II

Entwicklung von Schlüsselkompetenzen in Hochschulen und Weiterbildungseinrichtungen

Volker Heyse

Einleitung

Entwicklung von Schlüsselkompetenzen in Hochschulen – Und sie muss noch breiter gelingen

In diesem Kapitel soll den Fragen nachgegangen werden, was im hochschulischen Alltag die Entwicklung von Schlüsselkompetenzen erschwert und welche positiven Beispiele existieren und verallgemeinert oder an anderer Stelle variiert werden können.

Fragen, denen in den folgenden Abschnitten nachgegangen wird:

- Wie verhalten sich das schnell wechselnde Wissen und die sich nur relativ langsam ausbildenden und erweiternden Kompetenzen zueinander? Welche Konsequenzen hat dieser scheinbare Widerspruch auf die Studienplanung?
- Wie können neben der Wissensentwicklung gleichzeitig Handlungsfähigkeiten (Schlüsselkompetenzen) und Fertigkeiten bewusst angeregt und gestärkt werden? Welche Konsequenzen hat das auf das Studium? Welche Konsequenzen hat das für die Aus- und Weiterbildung von Professor/inn/en sowie für die weiteren internen und externen Lehrkräfte? *Welche Best-Practice-Beispiele oder strategischen Überlegungen gibt es?*
- Ist Bildung Kompetenz, ist Kompetenz Bildung, ist Wissen Bildung, ist Bildung Wissen? Wie müssen die Verhältnisse neu gesehen und in der Hochschullehre praktisch berücksichtigt werden? *Welche Best-Practice-Beispiele oder strategischen Überlegungen gibt es?*
- Wie werden an den Hochschulen die Offenheit für Veränderungen, die Kreativität, die Innovationsfähigkeit der Student/inn/en gewünscht, gefördert, genutzt und bestätigt? *Welche Best-Practice-Beispiele oder strategischen Überlegungen gibt es?*
- Wie können die mit dem Europäischen Qualifikationsrahmen (EQF) und dem Deutschen Qualifikationsrahmen (GQF) verbundenen Schlüsselkompetenzen im Studium gefördert? Welche Möglichkeiten gibt es schon? (<u>Angesprochene Schlüsselkompetenzen</u>: *Beurteilungsvermögen / Wertebewusstsein / Eigenverantwortung / Gestaltungsfähigkeit / Lernbereitschaft und Lernfähigkeit / Offenheit für Veränderungen / Problemlösungsfähigkeit / Innovationsfähigkeit und kreative Fähigkeiten / Selbstmanagement / Beratungsfähigkeit / Ergebnisorientiertes Handeln / Fachübergreifende Kenntnisse / Folgebewusstsein / Initiative / Kommunikationsfähigkeit und Dialogfähigkeit / Kooperationsfähigkeit und Teamfähigkeit / Verständnisbereitschaft / Planungsfähigkeit / Wissensorientierung / Ganzheitliches Denken.*) *Welche Best-Practice-Beispiele oder strategischen Überlegungen gibt es?*

- Inwiefern werden die seit 1996 von der EU erhobenen Forderungen nach einer vernetzten Wissensvermittlung im Einklang mit einer breiten Entwicklung von Schlüsselkompetenzen (zumindest ansatzweise) umgesetzt? *Learning to know* (Kenntnisse, Fach- und Methodenkompetenz) / *Learning to be* (Personale Kompetenz) / *Learning to do* (Aktivitäts- und Handlungskompetenz) und *Learning to live together* (Sozial-kommunikative Kompetenz)? *Welche Best-Practice-Beispiele oder strategischen Überlegungen gibt es?*
- Inwieweit sollen / können Schlüsselkompetenzen der Student/inn/en validiert und zertifiziert und damit das klassische Prüfungs- und Zertifizierungssystem reformiert (oder zumindest erweitert) werden? *Welche Best-Practice-Beispiele oder strategischen Überlegungen gibt es?*
- Inwieweit werden solche (wirksamen) Formen der Anregung von Schlüsselkompetenzentwicklung im Hochschulalltag bewusst und umfassend genutzt wie:
  - Möglichkeiten eines „learning by doing" unter Supervision geschulter Lehrerinnen und Lehrer mit nachfolgendem individuellen Feedback,
  - das Gewähren und Inanspruchnehmen diverser (Selbst-)Reflexionsmöglichkeiten und das bewusste Lernen aus Fehlern,
  - Erfahrungsaustausch mit anderen Akteuren und Institutionen im Bildungsverlauf einerseits und mit anderen Studentinnen und Studenten andererseits,
  - Lernen über starke Identifikation mit starken Lehr-Persönlichkeiten? *Welche Best-Practice-Beispiele oder strategischen Überlegungen gibt es?*
- Wo und in welcher Weise wird spätere Handlungspraxis in den Studienprozess – dual oder auf andere Weise, etwa in Form studentischer Unternehmen oder praxisrelevanter Projekte – mit einbezogen? Wo und in welcher Weise werden Coaching und Trainingsprozesse verwendet? *Welche Best-Practice-Beispiele oder strategischen Überlegungen gibt es?*
- Welche Rolle spielt die Persönlichkeit der Professorinnen und Professoren und des Lehrbeauftragten? Die Wissenschaftsgeschichte verweist eindrücklich auf Schulen-Bildungen, die teilweise Jahrzehnte Paradigmen für Forschung und Lehre setzten. Sind das kompetenzfördernde oder gar kompetenzhemmende Einflüsse? Fördern oder hemmen sie die Fähigkeit der Lernenden, angesichts einer offenen Zukunft selbst organisiert und kreativ zu handeln? *Welche Best-Practice-Beispiele oder strategischen Überlegungen gibt es?*

Wissen, Bildung, Kompetenz, Kompetenzerhalt und Wissensveraltung, Kompetenzbildung und emotional-motivationale Einflüsse, Kompetenzaufbau und kompetente Vorbildpersönlichkeit: Das sind nur ein paar Themen aus der Fülle der möglichen, die Sie anregen sollen, den ganzen Problemkreis – Kompetenzbildung und Bildungskompetenz – auf eigene, interessante, weiterwirkende Art zu durchdenken und *Ihnen bekannte bzw. von Ihnen gestaltete Best-Practice-Beispiele und interessante strategische Überlegungen* darzustellen.

Volker Heyse

Entwicklung von Schlüsselkompetenzen in deutschen Hochschulen

Bilden deutsche Hochschulen wirklich *kompetente* Fachleute aus?

Abstract

Es werden Antworten zu folgenden Fragen angeboten:

- Bringen deutsche Hochschulen wirklich kompetente Fachleute zum Abschluss?
- Warum sollen Schlüsselkompetenzen während des Studiums entwickelt und verstärkt werden?
- Warum ist die Umsetzung in der hochschulischen Praxis so schwer?
- Wird tatsächlich zu wenig für die Entwicklung von Schlüsselkompetenzen getan?
- Worauf sollten dringend notwendige Reformbemühungen vor allem fokussiert werden?

Den steigenden Erwartungen der Öffentlichkeit nach Kompetenzentwicklung folgend versprechen die Hochschulen die Ausbildung *kompetenter Fachleute*. Allerdings besteht ein gravierender Widerspruch zwischen den Kompetenzentwicklungs-Zusagen deutscher Hochschulen und dem tatsächlich Geleisteten (oder klarer formuliert: nur zum „Teil Geleisteten"). „Angeblich werden millionenfach Prüfungen durchgeführt, in denen neben Fachwissen auch der Erwerb von Sozialkompetenzen und personalen Kompetenzen bescheinigt wird ... Dahinter steht mechanisches Selbstlob der Universitäten und ihrer Reformer" (Wex, 2012). Über Kompetenzen wird mehrdeutig, verschwommen und unverbindlich gesprochen. Bis auf Ausnahmen[1] werden sie weder in den Modulhandbüchern beschrieben, methodisch abgesichert und *obligatorisch* entwickelt noch werden sie validiert und zertifiziert.

Es wird von den deutschen Hochschulen auch selbsttäuschend, unwissenschaftlich gefolgert: Haben die Studierenden das geforderte Fachwissen nachgewiesen, dann verfügen sie offenbar *automatisch* über alle anderen Kompetenzen. Und da die Akteure des Bologna-Prozesses zwar die Entwicklung erweiterter Kompetenzen fordern, jedoch nicht aufzeigen können, *wie* sie erfasst und geprüft werden können, versteckt man sich in delegierter Verantwortungslosigkeit in diesem „Bologna-Loch".

Der nachfolgende Beitrag sucht nach Ursachen für die Widersprüche und stellt Reformmöglichkeiten zur Diskussion.

---

1 z.B. Universität Heidelberg, Medizinische Fakultät; School of International Business and Entrepeneurship Steinbeis, Berlin; FHW Wien, Institut für Touristikmanagement; Fachhochschule des Mittelstands (FHM), Bielefeld.

1. Warum sollen Schlüsselkompetenzen während des Studiums entwickelt und verstärkt werden?

Wissen und formale Qualifikationen sind bei weitem keine Gewähr für eine erfolgreiche Arbeits- respektive Lebensbewältigung. Am Ende des Studiums haben die Absolventen alle Prüfungen bestanden; Wissen und in einem geringeren Ausmaß fachliche Fähigkeiten wurden nachgewiesen. Werden sie auch gute Fachleute sein? Können sie komplexe und problematische offene Situationen des Berufsalltags selbständig und kreativ lösen? Verfügen sie über die notwendigen Schlüsselkompetenzen?

Zwischen Qualifikationen und Kompetenzen gibt es grundsätzliche Unterschiede. Qualifikationen reichen in der Regel für Handlungssituationen mit annähernd klaren Zielstellungen und vorbestimmtem Weg aus. *Kompetenzen als Handlungsfähigkeiten sind insbesondere für erfolgreiches Handeln in offenen, unscharfen, komplexen Situationen, die kreative Zukunftsgestaltung erfordern, unumgänglich.* Und: Kompetenzen fundieren auf Werten, werden durch Erfahrungen konsolidiert und über Emotionen und (Selbst-)Motivationen verinnerlicht. Wenn Kompetenzen so verstanden und als Persönlichkeits-Entwicklungsziel angeregt bzw. verstärkt werden sollen, dann muss auch die Frage nach der Art ihres Erwerbes anders gestellt werden als die nach der Vermittlung von Kenntnissen und Fertigkeiten. Letztlich muss es im Studium um die Einheit von Fachwissen *und* Kompetenzen gehen.

Kompetenzen entwickeln sich nicht durch reine Informationsvermittlung und klausurorientiertes Auswendiglernen bzw. durch Appelle an den Verstand. Notwendig sind hingegen vor allem *Chancen und Möglichkeiten eines „learning by doing" unter Supervision geschulter Lehrpersonen mit nachfolgendem individuellen Feedback.* Es handelt sich um die Lösung den erworbenen Fähigkeiten der Studierenden angepasster offener Situationen unter Supervision erfahrener Lehrer/innen, Professoren/innen, ferner das Gewähren und Inanspruchnehmen diverser (Selbst-)Reflexionsmöglichkeiten, das Lernen aus Fehlern, Erfahrungsaustausch mit erfahreneren Personen einerseits und mit Studierenden (Peers) andererseits, das Lernen über starke Identifikation mit starken Professoren-Persönlichkeiten. Wissen ist das eine. Offenheit für Veränderungen, Problemlösungsfähigkeit, Gestaltungsfähigkeit, Kommunikations- und Kooperationsfähigkeiten – diese *Schlüsselkompetenzen sind zunehmend wichtiger als das Lernen formalen Wissens und dessen vorwiegende bis ausschließliche Bestätigung durch Zensuren.* Die Studierenden müssen lernen, über ihre Stärken und Schwächen nachzudenken, an ihnen zu arbeiten und ihre Stärken zu erweitern. Sie sollten unter guter Betreuung lernen, aktiv zu gestalten und mit anderen zusammen zu arbeiten. Die Studierenden sollten ermutigt werden, ihre Kompetenzen auch bewusst suchend in nonformalen und informellen Handlungssituationen zu erweitern, zum Beispiel in Praktika im In- und Ausland, in Nebenjobs, ehrenamtlicher Tätigkeit, Projektarbeiten, Trainings, Arbeit mit Randgruppen … Und die Hochschulen sollten Kriterien und Messmethoden entwickeln, die den jeweiligen Kompetenzgewinn sichtbar machen: validierbar und zertifizierbar. Das gibt es ansatzweise in Projekten, jedoch nicht als Curricula immanente „Lehr- und Entwicklungseinheiten" in der Mehrzahl der Universitäten und Fakultäten. Es sollten nach so langen Probierphasen und gebetsmühlenartigen rhetorischen Wiederholungen klare Anforderungen und Ziele zur Kompetenzentwicklung erarbeitet, in die Curricula-Planung konsequent integriert, evaluiert und objektivierend zertifiziert werden.

2. Sind die Kompetenzorientierungen nicht übertrieben, unrealistisch?

Nein, ganz und gar nicht. Sie folgen den fast zwei Jahrzehnte währenden EU-Orientierungen auf Beachtung und Herausbildung von Schlüsselkompetenzen als „Handlungsfähigkeiten" in allen Bildungs- und Erziehungsbereichen.

Mit dem Memorandum 2000 zum lebenslangen Lernen vertritt die EU unbeirrt den Standpunkt, dass Fachwissen, Fertigkeiten *und* Schlüsselkompetenzen eine Einheit bilden, die angemessen durchgesetzt werden muss. Seitdem wurden neue Memoranden und Grundsatzorientierungen beschlossen – bis hin zum Europäischen Qualifikationsrahmen (2008) und zu multinationalen EU-Projekten zur Validierung und Zertifizierung non-formal und informell erworbener Kompetenzen.

In Deutschland wurden übrigens über Projektaufträge des BMBF/ESF allein im Zeitraum 1995-2007 ca. 140 Mio. Euro in die Kompetenzforschung investiert; es ist viel publiziert worden, und einige Verlage haben sich gewinnbringend auf dieses Thema spezialisiert. Obwohl vorwiegend Hochschulprofessoren Grundlagenforschung und angewandte Forschungsarbeiten durchführten, ist davon in die Hochschulen noch viel zu wenig durchgedrungen. Das erinnert einerseits an den Regenwald: Von oben kommt Regen, auf dem Boden kommt jedoch kein Tropfen an. Andererseits wurden – von der Lehre aus betrachtet – ungeheure Summen für solche (grundsätzlich richtigen) Fragestellungen eingesetzt, viele Promotionen ermöglicht, aber an der *Hochschulpraxis* vorbei investiert. Hochspezialisiert, aber die Hochschulen selbst wurden bei ihrer Planung, Durchführung und Prüfung kompetenzorientierter Curricula im Wesentlichen nicht erreicht.

Seit 2007 gibt es die *Gesellschaft für Schlüsselkompetenzen in Lehre, Forschung und Praxis e.V*, die sich mit konkreten Praxiserfahrungen zur Entwicklung und Messung von Schlüsselkompetenzen an deutschen Hochschulen befasst. Sie wird bislang vom Wissenschaftsrat und den Rektoren kaum wahrgenommen. Ein Schwerpunkt ihrer Arbeit ist die Thematik „Hochschule als Trainingsbereich".

Im Sinne der Entwicklung „langer Wellen" setzen sich die EU-Orientierungen nun endlich über den seit 2011 geltenden *Deutschen Qualifikationsrahmen* (DQR) durch. Dieser führt neben einem achtstufigen Qualifikationsmodell und entsprechenden Wissens- und Fertigkeitszuordnungen auch Kompetenzen grob unter „Selbstkompetenz" und „Sozialkompetenz" auf.

Über ein Expertenrating wurden die vielfältigen Deskriptoren, die der Beschreibung von Fertigkeiten und Kompetenzen im Deutschen Qualifikationsrahmen zugrunde liegen, sprachlich-inhaltlich analysiert. Sie führten zu erstaunlichen Ergebnissen.[2] Die seitens der Experten mehrheitlich herausgefilterten Schlüsselkompetenzen sind:

Beurteilungsvermögen / Wertebewusstsein / Eigenverantwortung / Gestaltungsfähigkeit / Lernbereitschaft und Lernfähigkeit / Offenheit für Veränderungen / Problemlösungsfähigkeit / Innovationsfähigkeit und kreative Fähigkeiten / Selbstmanagement / Beratungsfähigkeit / Ergebnisorientiertes Handeln / Fachübergreifende Kenntnisse / Folgebewusstsein / Initiative / Kommunikationsfähigkeit und Dialogfähigkeit / Kooperationsfähigkeit und Teamfähigkeit / Verständnisbereitschaft / Planungsfähigkeit / Wissensorientierung / Ganzheitliches Denken.

So differenziert betrachtet überwindet der Deutsche Qualifikationsrahmen einerseits die bisherige ausschließliche Dominanz des Fachwissens und andererseits die Reduzierung der EU-Schlüsselkompetenzen auf Selbstkompetenz und Sozialkompetenz. Die über das Expertenrating herausgefilterten Kompetenzen folgen der EU-Orientierung auf Lebenslanges Lernen, Bewältigung neuer Anforderungen, selbstorganisiertes Lernen und Handeln. Spätestens jetzt müssten die Akkreditierungseinrichtungen und die Hochschulen mutig die Curricula unter dem Gesichtspunkt des Aufbaus von Fachwissen *und* der damit zu verbindenden Entwicklung von Schlüsselkompetenzen grundsätzlich überdenken und gestalten, Prüfungsordnungen auf überprüfbare, von der Gesellschaft geforderte Lernziele ausrichten, sich nach international bewährten Konzepten und Methoden umsehen und die Professoren und Lehrer in der Entwicklung von Schlüsselkompetenzen schulen und erweiternd bewerten.

3. Warum ist die Umsetzung so schwer?

Von der formalen Einsicht und dem Wollen zum Können und TUN benötigt es oft größter Anstrengungen. Aus welchen Umständen heraus, aus welchen konkreten Erwägungen und Befindlichkeiten schaffen es Wissenschaftler nicht, bindende Kompetenzanforderungen in der Lehre umzusetzen?

(1) Nach wie vor dominiert die einseitige Vermittlungssicht auf Fachkenntnisse und Fachfertigkeiten, auf das relativ einfach Mess- und Nachweisbare. Dabei wird häufig der gravierende Unterschied zwischen dem formalen Vermitteln von Fachwissen und Fachkenntnissen einerseits und von der Entwicklung von Fach**kompetenz** verkannt oder verwischt (vgl. Erpenbeck, 2013). Lernziele werden fast ausschließlich darauf bezogen, und das ist auch einfacher für den Vermittelnden. Dem Formulieren von Lernzielen ist keine Grenze gesetzt. So weisen beispielsweise Lernzielkataloge für das Studium der Humanmedizin zwar oft im vierstelligen Bereich differenzierte Lern-

2 „Schlüsselkompetenzen im Deutschen Qualifikationsrahmen (DQR)" Forschungsteilbericht der Heyse Stiftung im EU-Projekt „KODE-NQF. Transfer of Innovation Leonardo da Vinci:" Regensburg 2012.

ziele auf, jedoch noch keine prüfbaren Kompetenzentwicklungsziele – im eigentlich erforderlichen Einklang und in Verbindung mit den rein fachlichen. Der Stellenwert der Kompetenzentwicklung tendiert somit gegen null. Ausnahmen bilden fakultative Veranstaltungen, insbesondere zu „Kommunikation" und „Teamwork". Diese werden jedoch nicht zwingend besucht. Sie liegen letztlich außerhalb der Benotung. Der Erwerb umfassenden Fachwissens und diverse Klausurvorbereitungen stehen eher gegen eine Teilnahme.

(2) Die Akkreditierungsagenturen unterstützen diesen Sachverhalt. Als ein österreichischer Fachhochschulstudiengang sein Bachelor-Curriculum in zweifacher Darstellung einer deutschen Akkreditierungsagentur zur Bestätigung vorlegte a) traditionell Fachwissen betont, b) in Einheit von Fachwissen *und* Schlüsselkompetenzen, weigerte sich die deutsche Akkreditierungsagentur, letztere Darstellung anzuerkennen – und riskierte sogar das (zeitweilige) „Aus" für Nachfolgeaufträge österreichischer Fachhochschulen. Steckte dahinter tatsächlich nur eine besondere Art von Borniertheit? Das Wissen über Schlüsselkompetenzen ist nach wie vor verschwommen. Ja, Kompetenzen sind in etlichen Hochschulbereichen Feindbilder, die missbraucht werden, um notwendige Veränderungen, beginnend bei sich selbst, nicht durchführen zu müssen.

(3) Die Lehrkräfte selbst wurden mehrheitlich nicht nach der erweiterten Anforderung „Fachwissen/Fertigkeiten *und* Schlüsselkompetenzen vermitteln und vorleben" berufen und auch nicht entsprechend weitergebildet. Ein nicht gerade geringer Teil von ihnen verfügt nicht über die geforderten Schlüsselkompetenzen, wird nach ihnen nicht bewertet und nicht zur Selbstreflexion aufgefordert. Sie reproduzieren die bisherigen erfolgreichen Verhaltens- und Vermittlungsmuster und bevorzugen besonders lernwillige, angepasste Studierende, die dem Notenspiegel bei der Bewerbung alle Ehre machen. Die Folge sind dann häufig akademisch gut ausgebildete Fachleute mit großen Problemen beim Übergang in den Berufsalltag, Absolventen mit Fluchtbewegungen vor der praktisch fordernden Praxis. Ein deutsches Großunternehmen bemängelte schon vor fünf Jahren das Niveau der Absolventen des Ingenieurstudiums und stellte fest, dass ca. ein Jahr geistiger „Umlenkung" und sozial-kommunikativer Entwicklung im Unternehmen notwendig sei, um für die Praxis brauchbare Ingenieure zu erzeugen. Die Studierenden werden häufig nicht zeitgemäß auf den Einstieg in die Praxis vorbereitet. Das erinnert an Musterschüler, die nicht in der Lage sind, eine Frau ihres Herzens beim jährlichen Schulball zum Tanzen aufzufordern, obwohl sie alles über die verschiedensten Tänze gelernt haben. Das Unternehmen als Korrekturbetrieb für die Hochschulen?

(4) Die Professoren werden in vielen Fachdisziplinen mehr nach ihren Forschungsergebnissen und Veröffentlichungen bewertet denn nach ihrer Lehre und ihrer *persönlichen Vorbildwirkung* für das Leben der ihnen Anvertrauten. Wir fragten an verschiedenen Fakultäten nach dem Verhältnis zwischen der Anzahl der dort vertretenen internen und externen Lehrenden und denjenigen Lehrenden, von denen quasi „ein Sog ausgeht", die sich über die Vorlesung oder das Seminar hinaus für Studierende offen halten (können) und die einen verantwortungsvollen und bewussten Einfluss auf

Wissen und Können, auf Fachwissen *und* Schlüsselkompetenzen. Der durchschnittliche Prozentsatz solcher vorbildlich Lehrenden von rund 2,5 Prozent ist erschreckend klein.

(5) Die Einsicht, in der studentischen Ausbildung Schlüsselkompetenzen entwickeln zu müssen, ist sicher zwischenzeitlich vielerorts bei den Lehrenden angekommen. Solche Argumente wie *fehlende Ressourcen* (Personal, Zeit, Geld, Räumlichkeiten) und *rigide Lehrplanung* (mangelnde Lehrplananpassung an veränderte Anforderungen, zu wenig Flexibilität zu kumulativen Veranstaltungen und formativen Prüfungen, zu wenig Einbeziehung von Praktikern, die künftige Absolventen einstellen und hinsichtlich des Studiums bewerten) werden teils ernsthaft als „unüberwindbar" vorgetragen, teils als schiere Ausrede benutzt, um sich nicht ändern zu müssen. Der Hinweis auf die Doppeljahrgänge und explosionsartige Zunahme von Studierenden in bestimmten Studiengängen mit den damit verbundenen zusätzlichen Belastungen des Lehrkörpers ist einerseits sehr ernst zu nehmen, ist andererseits jedoch auch als Ausrede zu sehen.

In wenigen Fakultäten ist mit der Bologna-Reform ernsthaft „entkrautet" worden, sind unwichtige bzw. zeitlich überzogene Fachwissenseinheiten eliminiert und Platz für neue Lehr-/Entwicklungsinhalte und -formen geschaffen worden. Was gehört weiterhin zum unbedingt notwendigen Kern- und was zum Mantelstudium? Was kann möglicherweise in spätere obligatorische Weiterbildung verlagert werden? Wie ist die Durchlässigkeit von Ausbildung und Weiterbildung zu gewährleisten? Und das betrifft alle Fakultäten: VWL und BWL, Ingenieurwissenschaften, Jura, Medizin, Architektur …

Besonders krass werden die Argumente „Fehlende Ressourcen" von Pädagogen und Kunstwissenschaftlern vorgebracht, denn solche Fachrichtungen werden von vielen Rektoren „als lästige Pflichterfüllung für den Staat" empfunden. „Sie kosten Geld, bringen jedoch der Hochschule nichts ein …, nichts womit man sich als Universität schmücken kann. Und so behandeln Hochschulen ihre Lehramtsstudenten zuweilen, als handele es sich um einen Nischenberuf, als gelte es eine Handvoll Altägyptologen irgendwie durchs Studium zu schleusen. Dass bessere Lehrer morgen die besseren Studenten bescheren, wird selten erkannt" (Osel, 2012). Das Zentrum für schulpraktische Lehrerausbildung Dortmund entwickelt seit Jahren kompetenzbasierte Instrumente für die Lehreraus- und Weiterbildung. In der Lehre werden diese vor allem aus „Ressourcengründen" und der von den Ländern nicht kritisch hinterfragten Schülerferne der Lehrerausbildung immer noch nicht angewendet. Und so widmet man sich wieder – wahrscheinlich weitgehend vergeblich – Korrektur- und Reparaturarbeiten (Kliebisch, 2012) auf dem Wege zu dringend erforderlichen *Lehrerpersönlichkeiten*, indem die Angebote jetzt auf die Referendarzeit ausgelegt werden. Viel zu spät!

(6) Die Studierenden lernen viel zu wenig „für das Leben", sondern vorwiegend von Klausur zu Klausur und meiden – bedingt durch ein immenses Auswendig-Lern-Soll – zusätzliche Angebote, die nicht immanente Bestandteile des Curriculums sind und nicht geprüft und zertifiziert werden. Sie sammeln fleißig Kreditpunkte. Veranstaltungen zur Entwicklung von Schlüsselkompetenzen sind überwiegend fakultativ,

tragen keine oder nur wenige Kreditpunkte ein und werden zu Gunsten des Lernens für anstehende Prüfungen wenig beachtet. Das ist in der Bachelor-Ausbildung besonders deutlich.

(7) Auf Grund der fehlenden individuellen Voraussetzungen seitens der Lehrenden, der fehlenden klaren Orientierung sowie fehlender Best Practice gibt es einen Wildwuchs an Einzelversuchen im Nebel der Forderungen nach Kompetenzentwicklung. So sonnt sich eine Universität beim Nachweis von fakultativen Kochkursen internationaler Küchen in der Vorstellung, damit *intercultural competencies* zu vermitteln und die Teilnehmer/innen erhalten einen entsprechenden – nach außen verwertbaren – Nachweis.

(8) Kompetenzdiskussionen werden häufig von Pädagogen und Psychologen geführt und von Vertretern anderer Disziplinen als „Soft Skills", als „hinzu" bezeichnet. Unterschiedliche – und nicht selten widersprechende – Modelle der Pädagogen und Psychologen verwirren mehr als sie überzeugen. Und die Hochschulleitungen nehmen kaum Einfluss auf die Diskussionen und Schlussfolgerungen für die Aus- und Weiterbildung in den Studiengängen vor Ort.

Resümierend muss die eingangs wiedergegebene kritische Analyse von Peter Wex in einem größeren Zusammenhang gesehen werden. So bemängelte der Wissenschaftsrat, dass im Jahre 2011 rund 80 Prozent der Studierenden mit den Noten „gut" oder gar „sehr gut" abgeschlossen haben – deutlich mehr als noch vor zehn Jahren (Preuss, 2012). Und gleichzeitig hört man die seit Jahren zunehmenden Klagen von Professoren über mangelnde Selbstlernmotivation, Belastbarkeit und Neugier der Studierenden, bedauernswerte Mängel im Umgang mit der deutschen Sprache u.v.a.m. Zum Studienabschluss wird jedoch letzteres ins Gegenteil umgekehrt, und den Studierenden werden durch das Studium umfassende Kompetenzen unterstellt und zertifiziert. Und dies in unseren der Wahrheit verpflichteten wissenschaftlichen Einrichtungen.

4. Wird tatsächlich zu wenig für die Entwicklung von Schlüsselkompetenzen getan?

Ja und *Nein*. Überall wird etwas unternommen, in etwa einem Drittel der Studiengänge sogar relativ viel und beständig. Dennoch wird mehrheitlich sporadisch, unsystematisch, fakultativ (nur „teilverbindlich"), förderprojektbezogen, prüfungsseitig inkonsequent agiert. Dort, wo mehr in Richtung Entwicklung von Schlüsselkompetenzen unternommen wird, hängt dieses häufig an der Einsicht und der Initiative einzelner Professoren und Lehrbeauftragten – unter dem skeptisch bis ablehnenden Blick der Fakultätsleitungen und sogar auch gleichgestellter Hochschullehrer.

Und: Nachweise von vollzogenen Schlüsselkompetenz-Entwicklungen bzw. deutlichen -Verstärkungen zeigen sich nicht in Creditpoints. Und Nachweise mangelnder

Schlüsselkompetenzen führen in der Regel nicht zu Wiederholungen von Entwicklungsmaßnahmen oder gar zu Prüfungsausschlüssen.

Natürlich: Mehrmonatige Praktika mit einer fordernden Betreuung vor Ort und durch die Hochschule sowie ein umfassendes Feedback zur Leistung *und* zum Verhalten bewirken in der Regel viel für die Persönlichkeitsentwicklung der Studierenden. Anspruchsvolle, selbstständige Projektarbeiten von Ingenieurstudierenden mit Begleitung und differenzierter Auswertung unterstützen wahrscheinlich die Entwicklung solcher Schlüsselkompetenzen wie *Beurteilungsvermögen, Eigenverantwortung, Ergebnisorientiertes Handeln, Problemlösefähigkeit.* In der Medizin nimmt die Anzahl wie Qualität von tätigkeitsnahen Kommunikationstrainings, die Ausbildung am Krankenbett mit Patienten – Schauspielern – verbunden mit Feedback und Coaching zu.

Insofern geschieht natürlich „etwas“ bis „viel“. Solange jedoch nicht klar anerkannt und formuliert ist, was *konkret* entwickelt werden soll, solange Entwicklungsfortschritte oder Stillstände nicht geprüft, validiert und zertifiziert werden und in die Endbenotung eingehen, bleiben diverse Interaktionen und Entwicklungsimpulse im teilverbindlichen, „geschätzten“, unpräzisen Raum –, und andere (gemäß EQR und DQR) wichtige Schlüsselkompetenzen bleiben zudem unberücksichtigt: zum Beispiel *Innovationsfähigkeit, Wertebewußtsein, Selbstmanagement, Dialogfähigkeit/Kundenorientierung, Beziehungsmanagement, Teamfähigkeit.*

5. Worauf sollten dringend notwendige Reformbemühungen vor allem fokussiert werden?

1. Eine notwendige Verknüpfung von (Fachwissen/Fertigkeits-)Lernzielen mit Kompetenzentwicklungszielen setzt voraus, dass für die einzelnen Studiengänge entsprechende Kompetenzmodelle erarbeitet und mit *relevanten Lehr-/Lerndesigns* systematisch verknüpft werden. Für die Herleitung der jeweiligen Soll-Profile sollten interne wie auch externe Lehrverantwortliche, ausgewählte Praxisvertreter aus den Berufsfeldern sowie ausgewählte Studierende einbezogen werden. Hierzu gibt es seit Jahren sehr gute Beispiele an der FH Wien/Studiengang Tourismusmanagement seit 1995 und an der Steinbeis-Hochschule Berlin seit 2008.

2. Angesichts der drohenden fachlich-inhaltlichen Überfrachtung der Ausbildung darf es nicht darum gehen, sämtliche Schlüsselkompetenz-Anforderungen dadurch zu berücksichtigen, dass die unabhängig voneinander entwickelten Programme, Trainingsdesigns … additiv zusammengeführt werden. Stattdessen sollte die grundsätzliche Strategie so ausgerichtet werden, dass einerseits im Mittelpunkt der Ausbildung der Studierenden – unabhängig von ihrer späteren Spezialisierung und den beruflichen Einsatzfeldern – die hervorgehobenen Schlüsselkompetenzen formativ, evtl. summativ geprüft und bestätigt werden. Andererseits sollten solche Lehr-/Lerndesigns identifiziert und gegebenenfalls neu entwickelt werden, die eine möglichst große Anzahl von beruflichen Kompetenzanforderungen abdecken und die miteinander verknüpft werden. So können beispielsweise im Studium der Humanmedizin ethische

Fallbesprechungen sowie der Erfahrungsaustausch mit erfahrenen Ärztinnen und Ärzten zu ethischen Alltagsfragen nicht nur die (sehr wichtige) Schlüsselkompetenz „Normativ-ethische Einstellung/Werthaltung“ fördern, sondern im Verbund auch solche Schlüsselkompetenzen wie Glaubwürdigkeit, Verständnisbereitschaft, Problemlösefähigkeit, Beurteilungsvermögen und Beratungsfähigkeit.

Es gilt also, Schlüsselkompetenzen *in systematischer Weise* zu fördern, ohne dass ein unrealistischer Aufwand betrieben werden muss. Eine Studie internationaler Best-Practice-Beispiele für die Entwicklung und Messung von 17 Schlüsselkompetenzen für die humanmedizinische Ausbildung beweist eindeutig, dass beides möglich ist und im Ausland auch schon erfolgreich praktiziert wird (Jünger & Kadmon, 2012).

Neu ausgerichtete kompetenzorientierte Curricula beinhalten eine frühzeitige, durchgängige und konsequente Kompetenzentwicklung mit realen Entwicklungsnachweisen. Sie schränken die Orientierung der Lehre an einzelnen Fächern zu Gunsten einer Ordnung des Lern- und Lehrstoffes an übergreifenden Themen ein.

Von den Bildungsverantwortlichen muss für jedes Modul ausgewiesen werden, welche Kompetenzen mit welchen Lern- und Entwicklungszielen erreicht und wie sie geprüft werden sollen.

Auch dafür gibt es bereits sehr konkrete Vorstellungen und internationale Beispiele.

3. Grundsätzlich muss der *Status der Lehre* in der studentischen Ausbildung öffentlich angehoben und durch materielle und ideelle Anreize bekräftigt werden. Die Lehre darf nicht weiter zur persönlichen „Ablenkung von Wichtigerem, Belastung“ oder „Nebenbei-Tätigkeit“ degradiert werden. Eine vorbildhafte Wissens-, Erfahrungs- und Kompetenzweitergabe muss einen völlig veränderten, neuen Stellenwert in der Gesellschaft erhalten und damit verbundene zusätzliche Ausgaben als *sinnvolle gesellschaftliche Innovationen* und nicht als (einsparbare) Kosten vertreten.

Zur weiteren Qualitätserhöhung der Lehre und Verbesserung der Überzeugung und Nachhaltigkeit der Lehrenden ist deren Lehrfähigkeit und Kompetenzentwicklung auszubilden bzw. zu stärken. Sehr gute und gute Ergebnisse in der kompetenzorientierten Lehre müssen öffentlich bekannt gemacht und verallgemeinert werden; sie müssen eine wichtige Voraussetzung für weitere Graduierungen sein. Es gibt im deutschsprachigen Raum etliche verallgemeinerungswürdige Beispiele, die jedoch in der Öffentlichkeit weitgehend unbekannt sind und somit auch „nicht inspirierend“ wirken.

4. Seitens der Lehrenden gilt es, sich innovativen Lehr- und Lernformen breiter zu öffnen. Da gibt es sogenannte Skills Labs, Problemorientiertes Lernen (POL), moderne Medientechnologien in Verbindung mit Kompetenzentwicklungen (TED, Blended Learning, Kompetenztraining via Internet wie das Programm „Kompetenztrainer“ / 2012 …), Apprenticeship, Teamlernen, formative Assessments mit Feedback, überhaupt: Kompetenz-Selfassessments während der gesamten Ausbildung und individuelle Auswertung mit frühzeitiger Berufswegberatung, Führen von Lern- und Kompetenzentwicklungs-Tagebüchern auf der Grundlage konkreter Kompetenzanregungen und Zeitorientierungen, Führen von Portfolios und Logbüchern, Videoübertragungen

mit anschließender Reflexion der Agierenden. Hier können die Hochschulen auch aus vielfältigen methodischen Erfahrungen der Wirtschaft lernen. Sie müssten sich einzig und allein für einen Erfahrungsaustausch freiwillig öffnen.

5. Die geforderten Abschlusskompetenzen zum Ausbildungsende (mit Vergleichen an Kompetenz-Sollprofilen) der unterschiedlichen Berufe im Bereich der verschiedenen Fachrichtungen müssen aufeinander abgestimmt werden. Dies ermögliche die Erhöhung der Durchlässigkeit in andere Studiengänge – auch außerhalb der Hochschule sowie zwischen den EU-Ländern. Und es erweitere auch die Möglichkeiten des frühzeitigen Lernens interprofessioneller (und gar internationaler) Zusammenarbeit in verschiedenen Ausbildungsrichtungen mittels gemeinsamer Module.

6. Die engen nationalen Selbstbestätigungen müssen überwunden werden und eine spürbare Öffnung gegenüber internationalen Erfahrungen zu modernen Ablauforganisationen und kompetenzorientierten Erfahrungen in anderen Ländern, insbesondere gegenüber den USA, Großbritannien und den skandinavischen Ländern, ist notwendig. Für neue *Fachkenntnisse* sind die Universitäten und Hochschulen weitgehend offen, jedoch …

So verweist der Wissenschaftsrat 2012 beispielsweise auf die 1975 gegründete Universität Linköping als Vorreiter für ein ganzheitliches Ausbildungskonzept mit einer *Fakultät für Gesundheitswissenschaften* (*Faculty of Health Sciences*), einschließlich Humanmedizin, und einem auf der Orientierung der WHO „learning together to work together" lebendigen Leitbild für die Lehre. Neben etlichen neuen Lehr- und Lernformen besticht die Ausbildung *aller gesundheitswissenschaftlicher Studiengänge* zusammen in der bereits im ersten Semester beginnenden, mehrwöchigen, praktisch angelegten Veranstaltung „Health, Ethics and Learning". Dabei soll ein *gemeinsames* Verständnis zu Gesundheit und Ethik hergestellt, das Problemorientierte Lernen (POL) eingeführt und frühzeitig auf die interprofessionelle Kommunikation und Kooperation vorbereitet werden. Während der gesamten Ausbildung nutzen die Studierenden aller gesundheitswissenschaftlichen Studiengänge gemeinsam die Skills Labs und entwickeln auch über diesen Weg Fähigkeiten zur interprofessionellen Kommunikation und Zusammenarbeit. Das setzt sich fort in Form mehrwöchiger Praktika auf „interprofessionell training wards". Die Studierenden bilden unter Aufsicht und unter differenzierten Feedbacks erfahrener Fachleute sowie von Patient/inn/en multiprofessionelle Teams. Sie arbeiten in ihren künftigen Berufsrollen und trainieren an konkreten Anforderungen die berufsübergreifende Zusammenarbeit zum Wohle der Patienten.

7. Seit Jahren werden erfolgreich solche Verfahren wie KODE® und KODE®X in deutschen, österreichischen und Schweizer Hochschulen in der Aus- und Weiterbildung eingesetzt. Es sind in Deutschland entwickelte Verfahren zur Feststellung *und Entwicklung* von Schlüsselkompetenzen (Erpenbeck & von Rosenstiel, 2002). Die Kompetenzdiagnostik basiert auf zuvor erstellten Kompetenz-Sollprofilen für die unterschiedlichen Studiengänge und ermöglicht quantitative und qualitative Aussagen zum individuellen Kompetenzpotenzial im Rahmen der Auswahl von Studienbewerber/inne/n, zur Evaluation von Kompetenzentwicklungsverläufen und im Rahmen des

Careere-Service zur Vorbereitung kompetenzbasierter Bewerbungen der Absolvent/inn/en. Über das Eidgenössische Bundesamt für Gesundheit (BAG) Bern werden ab Frühjahr 2014 freiwillige, anonyme KODE®-SelbstAssessments für die Studierenden der Humanmedizin angeboten (Menzi & Weber, 2012). Die Studierenden erfahren über Soll-Ist-Vergleiche, für welche späteren humanmedizinischen beruflichen Einsatzfelder sie besonders kompetent zu sein scheinen bzw. welche Schlüsselkompetenzen weiter zu entwickeln sind.

Wohlgemerkt: Hier wird nicht mehr von Persönlichkeits- und Wissenstests gesprochen, sondern von Kompetenzfeststellungsverfahren. Letztere unterscheiden sich im Ansatz grundsätzlich und sind auf *Kompetenzentwicklung* angelegt. Noch stößt dieser Denkwandel auf viele mentale Schranken und Verwechslungen innerhalb der Hochschulen.

8. Ein international beispielgebendes Konzept eines kompetenzbasierten Studiums vertritt seit Jahren erfolgreich die School of International Business and Entrepeneurship (SIBE)[3] in Herrenberg. Die Masterstudiengänge sind nach dem Projekt-Kompetenz-Prinzip organisiert. Die zweijährige Ausbildung beruht auf einer besonderen Ausgestaltung eines wissenschaftlichen dualen berufsintegrierten Studiums. „Während des Studiums realisieren die Studierenden in einem Unternehmen ein Projekt (im Sinne Schumpeters). Durch die intensive Beschäftigung mit diesem herausfordernden, da innovativen und ergebnisoffenen Projekt schaffen die Studierenden (verwertbares) Wissen und Kompetenzen. Die Projektumsetzung, die Wissensgenerierung wie auch die Kompetenzentwicklung sind dabei aufs engste sowohl formal als auch inhaltlich in das Studium der SIBE integriert“ (Faix & Mergenthaler, 2012).

Der Dreiklang des SIBE-Studiums lautet „Bildung-Innovation-Schöpferische Persönlichkeit“. Es werden neben Trainings und Coachings konsequent und systematisch Kompetenzmessverfahren vor, mehrfach während des Studiums und optional auch nach dem Studium angeboten. Die Kompetenzmessung und die darauf folgenden vielfältigen Anregungen zur gezielten Kompetenzentwicklung sind Bestandteile des Studiums und führen zu (Entwicklungs-)Zertifikaten.

6. Resümee

Warum auf scheinbar unlösbare Probleme und Hindernisse verweisen und Schönfärberei betreiben? Die Universitäten verweilen großenteils in einem Tunnel auf dem Wege von der Vision „wissenschaftliches Zentrum“ eines Wilhelm von Humboldt mit allen damit verbundenen Problemen der Verschulung hin zu einer zeitgemäßen Hochschule mit lebensnaher, guter Lehre (übrigens *auch* im Sinne von Wilhelm von Humboldt). Der Weg dahin ist eigentlich klar, ihn zu begehen erfordert aber noch Überwindungen aller Art. Ein Paradigmenwechsel würde ermöglichen, die Gesellschaft künftig tatsächlich mit *hochkompetenten Fachleuten* zu versorgen. Der Weg ist stellen-

---

3 Verbund von Steinbeis-Transfer-Instituten und der Steinbeis University Berlin

weise schon eingeschlagen und erfolgreich begangen. Es gilt ihn nun zu verallgemeinern und zu einer befahrbaren Straße auszubauen.

Literatur

Erpenbeck, J. & von Rosenstiel, L. (Hrsg.) (2002): Handbuch Kompetenzmessung. Erkennen, verstehen und bewerten von Kompetenzen in der betrieblichen, pädagogischen und psychologischen Praxis. Schäffer-Pöschel Verlag, Stuttgart (2. Auflage).

Faix, W.G., Mergenthaler, J. (2012): Das Studium (zu) einer schöpferischen Persönlichkeit. In: Werner G. Faix: Kompetenz. Steinbein-Edition, Stuttgart.

Heyse, V. & Erpenbeck, J. (Hrsg.) (2007): Kompetenzmanagement. Methoden, Vorgehen, KODE® und KODE®X im Praxistest. Waxmann, Münster.

Heyse, V. & Erpenbeck, J. (2009): Kompetenztraining. 80 Informations- und Trainingsprogramme. Schäffer-Poeschel, Stuttgart (2. erw. Auflage).

Heyse, V. & Erpenbeck, J.; Ortmann, S. (Hrsg.) (2010): Grundstrukturen menschlicher Kompetenzen. Waxmann, Münster.

Jünger, J. & Kadmon, M. (2012): Humanmedizin: Schlüsselkompetenzen heute und morgen. In. Volker Heyse & Arnulf D. Schircks (Hrsg.): Kompetenzprofile in der Humanmedizin. Waxmann, Münster.

Kliebisch, U. (2012): Referendare erfolgreich coachen. Coaching-Werkzeuge speziell für die Lehrerausbildung. AOL-Verlag, Buxtehude.

Menzi, B. & Weber, N. (2012): In der Humanmedizin sind künftig neue Kompetenzen gefragt. Schweizerische Ärztezeitung. 12-08-22.

Osel, J. (2012): Warme Worte, faule Säcke. SZ vom 17./18.11.2012.

Preuss, R. (2012): Zu gute Noten an deutschen Hochschulen. SZ vom 11./12.11.2012.

Wex, P. (2012): Selbsttäuschung der Universitäten. In: FAZ vom 02.10.2012.

Wissenschaftsrat (WR) (2012): Empfehlungen zu hochschulischen Qualifikationen für das Gesundheitswesen. Berlin, 13.07.2012.

Tobina Brinker

Qualitätskriterien für den Erwerb und die Förderung von Schlüsselkompetenzen an Hochschulen

Abstract

Die Förderung der Kompetenzentwicklung kann nur durch eine erfolgreiche Gestaltung des Lernraums Hochschule gelingen. Dazu sind folgende Aspekte notwendig: keine reine Fach- und Methodenvermittlung, juristisch abgesicherte kompetenzorientierte Prüfungsformate, hochschuldidaktisch geschulte Lehrende und schlüsselkompetente Studierende. Die Gesellschaft für Schlüsselkompetenzen in Lehre, Forschung und Praxis e.V. hat für diese Anforderungen Qualitätskriterien zur Förderung von Schlüsselkompetenzen an Hochschulen formuliert.

1. Kompetenzentwicklung anstatt reiner Fach- und Methodenwissensvermittlung

„Humboldt versus Studienreform: die Ausrichtung der Studiengänge an Kompetenzen statt Faktenwissen, eine der zentralen Forderungen im Bologna-Prozess", markiert eine tiefgreifende Rückkehr zum Humboldtschen Bildungsideal (Zervakis, 2013, S. 1). „Humboldt verstand unter Bildung die Anregung aller Kräfte des Menschen, die sich über die Aneignung der Welt entfalten und zu einer sich selbst bestimmten Individualität und Persönlichkeit führen." (Erpenbeck, 2013, S. 2). So geht es bei der Kompetenzentwicklung nicht nur um die Vermittlung von Wissen, sondern um die lernförderliche Gestaltung von Lernräumen innerhalb der Hochschule, damit die Studierenden ihre individuellen Kompetenzen entwickeln und weiterentwickeln können.

Für die erfolgreiche Verankerung der Kompetenzorientierung in Hochschulen nennt Erpenbeck (2013, S. 2) die Förderung der Kompetenzentwicklung durch eine Ermöglichungsdidaktik, die Verbindung zwischen Fach- und Methodenwissen mit emotionalem Lernen, damit sich Kompetenzen überhaupt entwickeln können, und juristisch abgesicherte Kompetenzbeurteilungen im Universitätsbetrieb. Diese Anforderungen werden sowohl an den einzelnen Lehrenden bei der Gestaltung des Lernraums an der Hochschule als auch an die Hochschule insgesamt bezüglich der Studiengangentwicklung gestellt, nicht zuletzt aber an die Studierenden selbst, die die kompetenzfördernden Angebote im Studium auch selbstständig und eigenverantwortlich – im Sinne der Selbstkompetenz – erkennen, wahrnehmen und nutzen sollen.

2. Fach- und Schlüsselkompetenzen an Hochschulen

Mit Mertens (1974) kam der Begriff der Schlüsselqualifikationen in die Diskussion – zunächst als reine Passung auf die Situation am Arbeitsplatz (Mertens, 1974, S. 111 zit. n. Roth, 1998, S. 5; vgl. auch Richter, 1995, S. 15). Mertens nannte diese übergeordneten Bildungsziele und Bildungselemente auch deshalb Schlüsselqualifikationen, weil sie bildhaft dargestellt ein Schlüssel für die rasche und reibungslose Erschließung von wechselndem Spezialwissen sind. Zahlreiche Modelle beschäftigten sich mit dem Erwerb von Schlüsselqualifikationen in der Lehrlingsausbildung (Keil, 2000). Diese Ansätze konnten aber deshalb nicht auf den Bereich der Hochschule übertragen werden, weil Auszubildende die Schlüsselqualifikationen meistens neu erlernen – und nicht weiterentwickeln mussten. Aus diesem Grund fanden Überlegungen zum Umlernen und zur Weiterentwicklung von Schlüsselqualifikationen dort keinen Platz (Richter, 1995). Richter versuchte, sein Verständnis von Schlüsselqualifikationen an einem sehr bekannten Beispiel darzustellen: In der Fabel vom Hasen und Igel geht es um die geistige Überlegenheit des Igels gegenüber dem körperlich starken Hasen. „Technik und Geschwindigkeit haben dem Hasen nicht geholfen, sein Ziel – den Gewinn des Wettkampfes – zu erreichen.“ Der Igel hat durch kreative Problemlösung seine körperliche Unterlegenheit ausgeglichen (Richter, 1995, S. 13).

Um die Jahrtausendwende wurde zwischen Fachkompetenzen und Schlüsselkompetenzen oder Schlüsselqualifikationen unterschieden, wobei Schlüsselqualifikationen meistens als überfachliche oder Zusatzqualifikationen bezeichnet wurden. Sie umfassen die Kompetenzen, die zusätzlich zum Fachwissen erworben bzw. weiterentwickelt werden (Brinker & Schumacher, 2002, S. 66):

- methodische Kompetenz,
- soziale bzw. sozial-kommunikative Kompetenz und
- personale Kompetenz bzw. Selbstkompetenz.

Die Begriffe Schlüsselkompetenzen und Schlüsselqualifikationen wurden zunächst noch synonym verwendet. Erst 2003 bis 2004 kam die Unterscheidung zwischen Qualifikationen als (in einer Prüfungssituation) nachgewiesene Fähigkeiten und Kompetenzen als lebenslange Persönlichkeitsentwicklung, die nicht in einer einmaligen Prüfungssituation nachgewiesen werden können, auf. Ab 2004 nimmt der Gebrauch des Begriffes Schlüsselqualifikationen zugunsten des Begriffes Schlüsselkompetenzen ab; in der heutigen Zeit ist fast nur noch von Schlüsselkompetenzen die Rede. In der Folgezeit sind viele verschiedene Definitionen und Listen relevanter Schlüsselkompetenzen formuliert und veröffentlicht worden. Stellvertretend dafür sollen hier die Schlüsselkompetenzempfehlungen für lebenslanges Lernen der EU (2005) und der OECD (2005) erwähnt werden.

Kompetenzen sind hier definiert als eine Kombination aus Wissen, Fähigkeiten und kontextabhängigen Einstellungen. Schlüsselkompetenzen sind diejenigen Kompetenzen, die alle Menschen für ihre persönliche Entfaltung, soziale Integration, aktive Bürgerschaft und Beschäftigung benötigen. Am Ende ihrer Grund(aus)bildung sollten junge Menschen ihre Schlüsselkompetenzen so weit entwickelt haben, dass sie für ihr Erwachsenenleben gerüstet sind, und die Schlüsselkompetenzen sollten im Rahmen des lebenslangen Lernens weiterentwickelt, aufrechterhalten und aktualisiert werden. (Europäische Gemeinschaft, 2005)

Die OECD definiert 2005 Schlüsselkompetenzen in drei Kompetenzkategorien für ein erfolgreiches Leben und eine gut funktionierende Gesellschaft. Das Konzept des lebenslangen Lernens geht von der zentralen Annahme aus, dass nicht alle lebensrelevanten Kompetenzen einzig in der Grundbildung erworben werden können. Kompetenzen entwickeln sich im Laufe des Lebens weiter, sie können sich ändern und verändern. Weiterhin können sich die Anforderungen an die Menschen während ihres Erwachsenenlebens aufgrund des technologischen und strukturellen Wandels verändern. Zudem hat die Entwicklungspsychologie nachgewiesen, dass die Kompetenzentwicklung nicht mit dem Erwachsenenalter aufhört, sondern während des Erwachsenenlebens andauert. Insbesondere Reflexivität, die Fähigkeit, reflexiv zu denken und zu handeln, setzt eine gewisse Reife und Erfahrung voraus. (OECD, 2005)

Selbst für den Begriff Kompetenzen gibt es verschiedene Definitionen und Sichtweisen – je nach Disziplin und Perspektive. Im Qualifikationsrahmen für Deutsche Hochschulabschlüsse (HRK, 2005, S. 5) werden Wissen und Verstehen als Kategorie für den fachspezifischen Wissenserwerb (Fachkompetenz) aufgeführt und können mit dem Blick auf die Kompetenzen, die Absolventen dazu befähigen, Wissen anzuwenden (Methodenkompetenz), um den Wissenstransfer zu leisten, bezeichnet. Darüber hinaus sind soziale und kommunikative Kompetenzen zu finden.

Der Kompetenzbegriff aus der europäischen Perspektive auf der Grundlage des Tuningprojektes für den Europäischen Qualifikationsrahmen für lebenslanges Lernen (EQR, 2008) wird definiert als Übernahme von Verantwortung und Selbstständigkeit. Der Vorschlag für einen Deutschen Qualifikationsrahmen für lebenslanges Lernen sieht eine Vier-Säulen-Struktur vor: Fachkompetenz unterteilt in Wissen und Fertigkeiten und Personale Kompetenz unterteilt in Sozialkompetenz und Selbstständigkeit. Methodenkompetenz wird als Querschnittskompetenz verstanden und findet deshalb in der DQR-Matrix keine eigene Erwähnung. Entscheidend ist, was jemand kann, und nicht, wo es gelernt wurde (Arbeitskreis Deutscher Qualifikationsrahmen, 2010, S. 4ff.).

Eine der Hauptanforderungen an Hochschulabsolventen ist das theoretische Wissen aus dem Studium mit dem Anwendungswissen aus der Praxis zu verknüpfen. So entsteht eine zentrale Schlüsselkompetenz: die Handlungskompetenz. (Orth, 1999) In Anlehnung an die Bildungskommission NRW definiert Orth (1999, S. 107) Schlüsselqualifikationen wie folgt: „Schlüsselqualifikationen sind erwerbbare allgemeine Fähigkeiten, Einstellungen, Strategien und Wissenselemente, die bei der Lösung von Problemen und beim Erwerb neuer Kompetenzen in möglichst vielen Inhaltsbereichen von Nutzen sind, so dass eine Handlungsfähigkeit entsteht, die es ermöglicht, sowohl individuellen Bedürfnissen als auch gesellschaftlichen Anforderungen gerecht zu werden."

Für die Gestaltung der Lehre in der Hochschule bedeutet diese Forderung einen Wechsel in der Rolle des Studierenden weg vom eher passiven Lernenden hin zum aktiven und selbstständigen Lerngestaltenden und für die Lehrenden weg vom Wissensvermittelnden hin zum Lernberatenden und Coach des Lernenden. Schlüsselkompetenzen können nicht einfach vermittelt werden, sie können erfahren und erlebt werden und müssen unbedingt reflektiert werden – in einem entsprechend gestalteten Lernraum. Die Förderung von Schlüsselkompetenzen geschieht nicht in Vorlesungen, sondern kann nur durch vielfältige Lernumgebungen mit Reflexionselementen erfolgen (Brinker & Schumacher, 2002). Das bedeutet sowohl für die Lehrenden an Hochschulen als auch für die Studierenden einen gravierenden Rollenwechsel, auf den beide Akteure vorbereitet und zur Reflexion über ihre Rollen angeleitet werden müssen.

3. Schlüsselkompetente Professorinnen und Professoren

An den Hochschulen für angewandte Wissenschaften bzw. Fachhochschulen wird im Gegensatz zu den Universitäten die Lehre überwiegend von hauptamtlichen Professorinnen und Professoren geleistet. Deshalb fordert der Wissenschaftsrat (2010) in seinen Empfehlungen für die Entwicklung der Hochschulen eine obligatorische hochschuldidaktische Fortbildung mit gleichzeitiger Reduzierung des Lehrdeputats, um diese Fortbildung zu gewährleisten. Besonders das Coaching und die Begleitung der neuberufenen Lehrenden, der regelmäßige Austausch untereinander und die gemeinsame Verantwortung für das Lehrangebot sollen gefördert werden.

Schon 2002 weist der Wissenschaftsrat beispielhaft auf die hochschuldidaktischen Einrichtungen hin, die speziell auf die Bedürfnisse der Fachhochschulen ausgerichtet sind:

- die Geschäftsstelle der Studienkommission für Hochschuldidaktik an Fachhochschulen in Baden-Württemberg (www.ghd.de),
- das Didaktik-Zentrum der bayerischen Fachhochschulen (www.diz-bayern.de),
- die hochschuldidaktische Weiterbildung der Fachhochschulen des Landes Nordrhein-Westfalen (www.hdw-nrw.de).

Eine wesentliche Voraussetzung für die Berufung an eine Fachhochschule ist die fünfjährige Praxiserfahrung. Die neuberufenen Lehrenden haben in den meisten Fällen fünf Jahre in Unternehmen und Einrichtungen gearbeitet, sie bringen eine gewisse Führungserfahrung mit und sie haben die Förderung von Schlüsselkompetenzen in zahlreichen Führungsnachwuchstrainings bzw. Führungstrainings selbst erlebt.

Anders als bei Professorinnen und Professoren an Universitäten werden die Professorinnen und Professoren an Fachhochschulen aus der Praxis an die Hochschule berufen. Daher ist die berufliche Laufbahn sehr verschieden und das Ziel FH-Professur entwickelt sich oft erst später. Die wissenschaftliche Karriere wird nicht von vorn herein geplant, d.h. die Lehrenden haben zwar zum Zeitpunkt ihrer Berufung wenig Lehrerfahrung – höchstens durch einen Lehrauftrag oder durch die Zeit während ihrer Promotion, aber sie bringen im Gegensatz zu den wissenschaftlichen Mitarbeiterinnen und Mitarbeitern an Universitäten durch ihre oft mehr als fünfjährige Berufstätigkeit als Führungskraft vielfältige Erfahrungen im Umgang mit Mitarbeiterinnen und Mitarbeitern, Kolleginnen und Kollegen und Vorgesetzten mit. Sie haben an einer Vielzahl von Führungsnachwuchs- bzw. Führungskräfte-Seminaren teilgenommen und wissen um die Bedeutung der Schlüsselkompetenzen (Kommunikation, Präsentation, Gesprächsführung, Moderation, Visualisierung, Teamarbeit, Konfliktmanagement und vieles mehr). Deshalb muss die hochschuldidaktische Weiterbildung an Fachhochschulen nicht komplett neu beginnen, sondern auf diesen bereits vorhandenen (Schlüssel-)Kompetenzen aufsetzen und transparent machen, wo und wie die bereits vorhandenen Kompetenzen auf die Hochschulsituation übertragen und in der Lehre sinnvoll angewendet werden können.

Die Fachhochschule Bielefeld beispielsweise hat 2001 als eine der ersten Hochschulen ein komplettes Einarbeitungsprogramm für neuberufene Professorinnen und Professoren eingeführt, das mit einem Beratungsgespräch inklusive Kompetenzanalyse gleich zu Beginn der Tätigkeit an der Hochschule startet. Dabei wird ein individuelles Weiterbildungskonzept für jede/n Lehrende/n erarbeitet. Die verschiedenen Workshop-, Beratungs- und Coachingangebote des Netzwerks hdw nrw (www.hdw-nrw.de) werden individuell kombiniert. Nach dem ersten Jahr an der Hochschule erfolgt ein zweites Beratungsgespräch (Brinker, 2006). Das Einarbeitungsprogramm hat im ersten Jahr den Schwerpunkt Hochschuldidaktik, es wird im zweiten Jahr mit dem Schwerpunkt Forschung und im dritten Jahr mit dem Schwerpunkt Hochschulselbstverwaltung weitergeführt. Unterstützt wird die Teilnahme durch eine Vereinbarung über die Lehrdeputatsreduktion gleich im ersten Jahr (Brinker & Rennen-Allhoff, 2005). Dieses Programm läuft bereits zehn Jahre an der Fachhochschule Bielefeld und ist 2005 mit dem Arbeitgeberpreis für Bildung ausgezeichnet worden. Inzwischen haben zahlreiche Hochschulen ähnliche Einarbeitungsprogramme für Neuberufene eingeführt.

Gute Lehre laut HRK vom 22.04.2008 (HRK, 2008) ist die studierendenzentrierte Lehre. Sie ist Kern eines geänderten Grundverständnisses von Lehre in Hochschulen und der Gestaltung von Lernumgebungen. Gute Lehre unterstützt und ermöglicht das eigenständige Lernen der Studierenden.

Das bedeutet für die Hochschuldidaktik, den Lehrenden zu vermitteln,

- dass die Studierenden als selbstständige, eigenverantwortliche Lerner anzusprechen sind,
- dass auch in schwierigen Lernsituationen der Dialog mit den Studierenden gepflegt werden soll,
- dass die Studierenden im Studium Orientierungshilfen und Entfaltungsmöglichkeiten erhalten sollen,
- dass die Studierenden regelmäßiges Feedback erhalten können und
- dass das Prüfungswesen entsprechend umgestaltet werden muss.

Die Entwicklung der individuellen Lehrkompetenz

- des wissenschaftlichen Nachwuchses,
- der Professorinnen und Professoren und
- insbesondere der neuberufenen Professorinnen und Professoren durch besondere Einarbeitungsprogramme

sind vor allem durch regelmäßige Weiterbildungs- und Coaching-Angebote zu erreichen (Brinker & Schumacher, 2011).

Die Hochschuldidaktische Weiterbildung muss eine systematische und praxisnahe didaktische Qualifizierung der Lehrenden ermöglichen und die Lehrenden befähigen, aus der Vielfalt der Lehr- und Lernformen diejenigen auszuwählen und einzusetzen, die den Lernzielen der Curricula auf der einen Seite und den Kenntnissen und Entwicklungsmöglichkeiten der jeweiligen studentischen Lerngruppe auf der anderen Seite gerecht werden. Dazu gehören auch Informationen und Einsatzmöglichkeiten über Methoden, die Studierenden in ihrem Lernen über die Lehrveranstaltungen hinaus zu unterstützen und zu beraten. (HRK, 2008)

Was ist Lehrkompetenz und wie wird sie erworben und gefördert? Nach Webler (2003, S. 69) ist Lehrkompetenz eine komplexe Kombination aus Wissen, Ethik, Handlungsfähigkeit und Praxisentwicklung, denn sie ist mit der Fähigkeit verbunden, Wissen und Können verantwortungsbewusst und situationsangemessen in Übereinstimmung mit gesellschaftlichen und berufsethischen Grundsätzen einzusetzen.

Als Dimensionen professioneller Lehrkompetenz – in Anlehnung an den Deutschen Qualifikationsrahmen für Hochschulabschlüsse – wurden fünf Kompetenzen beschrieben, die hochschuldidaktische Expertinnen und Experten aus Universitäten und Fachhochschulen der früheren Weiterbildungskommission der Deutschen Gesellschaft für Hochschuldidaktik (dghd) erarbeitet und von Stahr (2009, S. 80) weitergeführt wurden: Methodenkompetenz, Sozialkompetenz, Selbstkompetenz, Systemische Kompetenz und Hochschuldidaktische Fachkompetenz.

Zur Erlangung der hochschuldidaktischen Fachkompetenz muss ein Lehrender folgenden Anforderungssituationen gerecht werden: Lehren und Lernen, Beraten und Betreuen von Studierenden, Prüfen, Evaluieren und das Umsetzen innovativer Lehrkonzepte. Die Deutsche Gesellschaft für Hochschuldidaktik (dghd) hat dazu ein Kerncurriculum entwickelt und bundesweite gemeinsame Standards formuliert. Weiterhin bietet die dghd eine Akkreditierungsmöglichkeit für einzelne Workshops und ganze Programme an. Das Netzwerk hdw nrw (nicht zu verwechseln mit dem Netzwerk Hochschuldidaktik NRW, dem Netzwerk der Universitäten des Landes NRW) hat sein komplettes hochschuldidaktisches Weiterbildungsprogramm 2008 von der dghd akkreditieren lassen (dghd, 2011).

Stahr beklagt u.a., dass es den Hochschullehrenden an Kenntnissen und Erfahrungen in der Curriculumentwicklung und der Vermittlung fachübergreifender und fachbezogener Kompetenzen mangele. Zur Vermittlung von Schlüsselqualifikationen und Beschäftigungsfähigkeit („Employability“) werden häufig EDV-, Sprach- und Rhetorikkurse oder Praktika sowie Studium-generale-Veranstaltungen angeboten (Stahr, 2009, S. 71).

Gerade an Fachhochschulen hat die Förderung von Schlüsselkompetenzen bei Studierenden von der Studierfähigkeit zu Beginn des Studiums bis zur Berufsfähigkeit am Studienende einen hohen Stellenwert. Deshalb ist schon bei der Personalauswahl wie auch bei der systematischen Fort- und Weiterbildung der Lehrenden das Thema Erwerb und Förderung von Schlüsselkompetenzen für sich selbst und für die Gestaltung der Lehre, d.h. letztendlich für die Studierenden bedeutend. Schon in den mehrtägigen obligatorischen Einstiegskursen für neuberufene Professorinnen und Professoren in Bayern, Baden-Württemberg, Hessen und Nordrhein-Westfalen ist die Gestaltung eines aktiven und kompetenzorientierten Lernraums Hochschule – von aktivierenden Methoden bis zu ganzen semesterbegleitenden Projekten – ein fester Bestandteil.

Eine konsequente Weiterentwicklung im Sinne der kollegialen Beratung nach der Einführung der Zertifikate Professionelle Hochschullehre I und II an den Fachhochschulen des Landes Nordrhein-Westfalen ist die Weiterbildung zur/m hochschuldidaktischen Workshopleiter/in, in der Lehrende selbst für die Workshopleitung qualifiziert werden. Ziel der ersten Weiterbildung ist die Leitung eines ein- oder zweitägigen hochschuldidaktischen Workshops, Ziel der zweiten Weiterbildung ist die Leitung eines mehrtägigen Einstiegskurses für Neuberufene. Die beiden Weiterbildungen schließen jeweils mit der Leitung eines Workshops unter Supervision ab (http://www.hdw-nrw.de/zertifikate).

4. Schlüsselkompetente Studierende

Im Hinblick auf das eigentliche Ziel der Hochschulen, die individuellen Kompetenzen ihrer Studierenden (weiter) zu entwickeln, sind u.a. drei Aspekte entscheidend: eine kompetenzorientierte Studiengangentwicklung, die Möglichkeiten für Studierende, ihre Kompetenzen in Projekten zu erproben, zu entwickeln und zu reflektieren und drittens die Einführung kompetenzorientierter Prüfungsformate.

4.1 Studiengangentwicklung

Schlüsselkompetenzen sollen in den Bachelor- und Masterstudiengängen gefördert werden, darauf achten die Akkreditierungsagenturen, doch wie sieht eine kontinuierliche Förderung aus? Welche Schlüsselkompetenzen sollen zu welchen Zeitpunkten im Studium entwickelt, wann wieder aufgegriffen und mit Fachinhalten sinnvoll verknüpft trainiert werden – und das ohne dass die Fachkompetenz darunter leidet? Mit hochschuldidaktischer Begleitung, fachbereichsinternen Klausurtagungen usw. können Wege aufgezeigt und erarbeitet werden, die kontinuierliche Förderung gleich zu Beginn der Studiengangplanung zu berücksichtigen und zu integrieren.

Im Hinblick auf die Förderung von überfachlichen Kompetenzen, wie sie auch in den Prüfungsordnungen für die Bachelor-Studiengänge an vielen Hochschulen festgeschrieben sind, wird in der Fachwelt zwischen additiver und integrativer Vermittlung unterschieden. Additive Vermittlung bedeutet, dass zusätzliche Angebote eingerichtet werden, bei denen allerdings der Bezug zum Fachinhalt fehlt, während bei der integrativen Vermittlung überfachliche Kompetenzen im Rahmen der Studienfachausbildung mitvermittelt werden (Brinker, 2004, S. 213ff.). Aus fachlicher und hochschuldidaktischer Sicht ist der integrative Ansatz vorzuziehen, allerdings sind nur wenige Lehrende ausreichend darauf vorbereitet, überfachliche Kompetenzen, wie z. B. Vortragen und Präsentieren, Arbeiten im Team und Moderation, direkt in ihren Lehrveranstaltungen zu vermitteln und zu beurteilen.

Bei der Studiengangentwicklung bietet sich die einmalige Chance, die Förderung der Schlüsselkompetenzen gleich zu Beginn mit zu berücksichtigen und kontinuierlich in den Studienverlauf miteinzuplanen. Dieses Vorgehen mindert auch die Gefahr, alles, was mit Schlüsselkompetenzen zu tun hat, an externe Anbieter und/oder additive Lehrangebote bzw. außerfachliche Lehrveranstaltungen auszulagern, damit sie das eigentliche fachliche Studium nicht stören.

Beispiele für eine gelungene und kompetenzorientierte Studiengangentwicklung in verschiedenen Fachdisziplinen finden sich in der Reihe Blickpunkt Hochschuldidaktik: Band 122 – Studiengangentwicklung (Brinker & Tremp, 2012).

4.2 Interdisziplinäre Schlüsselkompetenz-Tutorien

Die Förderung und Weiterentwicklung der Schlüsselkompetenzen durch Tutorien ist ein weiterer Ansatz zur Förderung und Weiterentwicklung der individuellen Kompetenzen: In Tutorien können dic Grundlagen einzelner Kompetenzen trainiert werden. Das hat den Vorteil, dass die Lehrenden von der Grundlagenförderung der Schlüsselkompetenzen entlastet werden und sich schwerpunktmäßig mit der Integration in die Fachinhalte befassen können. Schlüsselkompetenz-Tutorien sind aber nur sinnvoll, wenn die Verankerung der geschulten Kompetenzen auf höherer Ebene, d.h. in den Fachlehrveranstaltungen gewährleistet ist. Ein Projekt, das beide Seiten berücksichtigt und an der Fachhochschule Bielefeld seit zehn Jahren erfolgreich läuft, wird im Folgenden als Beispiel dargestellt.

Das Projekt „Interdisziplinäre Schlüsselkompetenz-Tutorien" fördert die Grundlagen von Schlüsselkompetenzen in Tutorien, deren Tutorinnen und Tutoren aus verschiedenen Fachbereichen und Studiengängen kommen (Brinker, 2007). Jeder Studiengang in der Hochschule benötigt ein anderes Konzept, da für unterschiedliche Fachrichtungen andere Kompetenzen wichtig sind: Beispielsweise ist kommunikative Kompetenz für Studierende des Fachbereichs Sozialwesen und Pflege und Gesundheit eine fachliche Kompetenz, während es für Studierende der anderen Fachbereiche eher als Schlüsselkompetenz eingestuft werden kann.

Ziele des Projektes sind:

- Förderung von Grundlagen in Schlüsselkompetenzen (Vortragen, Präsentieren, Moderieren, Teamarbeit, Projektmanagement usw.)
- Erfahrung der interdisziplinären Arbeit, so wie es später auch im Berufsalltag aussieht
- Entwicklung von individuellen Konzepten zur Vertiefung und Verknüpfung mit Fachkompetenzen für die beteiligten Studiengänge
- Entlastung der Lehrenden bei den Grundlagen von Schlüsselkompetenzen
- Ausbildung der Tutorinnen und Tutoren im Bereich Didaktik und Methodik, Anleitung und Schulung
- Anleitung und eigene Erfahrungen in Projektmanagement, Führen von Teams usw.

Zudem bieten die Tutorien den Vorteil, dass Studierende von Studierenden die Kompetenzen erfahrungsgemäß viel leichter annehmen und das Feedback leichter fällt. Voraussetzung für das Gelingen der Tutorien sind von der Hochschuldidaktik ausgewählte und zuvor geschulte Tutorinnen und Tutoren, die bei der Planung, Durchführung und Nachbereitung der Tutorien von der hdw-Geschäftsstelle Bielefeld weiterhin begleitet werden. Ein Anreiz für die Tutorinnen und Tutoren ist ein Zertifikat über eine einfache Trainertätigkeit und bei weiterer Mitwirkung im Projekt die Projekt- und Teamleitung, was bei einer späteren Bewerbung Vorteile bringen kann.

Entscheidend für die Fortführung und den Erfolg des Projekts ist neben einer guten Projektorganisation eine fortlaufende Multiplikatorenschulung, die Auswahl und Motivation geeigneter Tutorinnen und Tutoren und die Bereitschaft der beteiligten Fachbereiche. Mehr Informationen über das Projekt IST (Interdisziplinäre Schlüsselkompetenzen) unter http://www.fh-bielefeld.de/ist. Ähnlich aufgebaute Tutorenprojekte laufen beispielweise an der FH Dortmund http://www.fh-dortmund.de/de/studi/schluesselkompetenzen/veranstaltungen/tutorenschulung.php und der Westfälischen Hochschule http://www.w-hs.de/index.php?id=3736. Weitere interessante Tutorenprojekte an Hochschulen sind zu finden unter http://www.tutorienarbeit.de/.

4.3 Kompetenzorientierte Prüfungen

Auf das leere Versprechen der Kompetenzorientierung weist Wex (2012) in seinem Artikel in der „Zeit“ hin. Was bringt eine kompetenzorientierte Lehre, wenn die Prüfungen noch in der eher traditionellen Form durchgeführt werden, weil nur das juristisch haltbar ist? Eine kompetenzorientierte Prüfung (Brinker, 2011) bedarf einer genauen Vorbereitung, die gleichzeitig mit der Planung der Lehrveranstaltung beginnt. Schon bei der Formulierung der Ziele für die Veranstaltung beziehungsweise für das Modul müssen die Prüfungsart, die Anforderungen an die Prüfung, der Prüfungszeitraum und vor allem die Prüfungskriterien mitentwickelt werden. Konstruktives Abgleichen von Lehre und Prüfung, ein wesentliches Merkmal kompetenzorientierter Prüfungen, bedeutet vom Planungsbeginn an, Ziele der Lehrveranstaltung und Ziele der Prüfung wie auch Methoden der Lehrveranstaltung und Prüfungsformen aufeinander zu beziehen und abzustimmen.

Kompetenz selbst ist schwer zu prüfen, denn jede/r Studierende kann entscheiden, ob sie/er die Kompetenz in der Prüfungssituation zeigt oder nicht. Deshalb muss eine kompetenzorientierte Prüfung eine Situation anbieten, in der die Prüfungskandidat/inn/en ihre Kompetenz situationsangemessen zeigen können, das heißt die so genannte Performanz, das Handeln in der Prüfungssituation. Die Performanz wird anhand von Kriterien beurteilt, die vor der Lehrveranstaltung festliegen oder idealerweise gemeinsam mit den Studierenden in der Lehrveranstaltung erarbeitet beziehungsweise verfeinert werden.

Kompetenzorientierte Prüfungen bieten Gelegenheit, die entwickelte Handlungskompetenz auf den höheren Lernzielebenen zu zeigen. Sie ergänzen den Lernprozess sinnvoll, sind anwendungs- und problemorientiert. Selbstorientiertes und kreatives Handeln lässt sich nur in Prüfungsarrangements bewerten, in denen ein solches Handeln möglich ist. Berufs- und praxisnahe Situationen, Gespräche und besonders Projekte bieten gute Ansatzpunkte für die Entwicklung von kompetenzorientierten Prüfungssituationen (Brinker, 2011).

Kompetenzorientierte Prüfungen bedürfen einer wesentlich umfangreicheren Vorbereitung und aufwendigeren Durchführung, kommen aber im Sinne des eigenverantwortlichen, lebenslangen Lernens der Entwicklung von Berufsfähigkeit und Persönlichkeitsentwicklung im Studium wesentlich näher als traditionelle Prüfungsformen.

5. Gesellschaft für Schlüsselkompetenzen in Lehre, Forschung und Praxis

Aus einem Workshop im Rahmen der hochschuldidaktischen Weiterbildung hdw nrw mit dem Titel „Integration von Schlüsselkompetenzen in die Lehre“ 2002 in Bielefeld entstand die Idee, dieses aktuelle Thema in einem landesweiten hochschulübergreifenden Arbeitskreis weiterzuentwickeln. Der Arbeitskreis Schlüsselkompetenzen NRW trifft sich seit 2003 regelmäßig ein- bis zweimal im Semester an verschiedenen Hochschulen und ist inzwischen eine feste Einrichtung geworden.

In den ersten Sitzungen des Arbeitskreises ging die Diskussion darum, was gehört zu den Schlüsselkompetenzen und was nicht. Der Arbeitskreis einigte sich auf folgende Grundlage: Für das Erarbeiten und Erhalten der Berufsfähigkeit sowie für die Entwicklung der Persönlichkeit, das heißt das Lernen lernen, um lebenslanges Lernen selbst organisieren zu können, sind folgende Kompetenzen notwendig: die Fachkompetenz jeder einzelnen Disziplin (Kenntnisse, Fertigkeiten und Fähigkeiten) sowie die Schlüsselkompetenzen, zu denen die Methodenkompetenz (die Methoden im Fach, die Methoden des wissenschaftlichen Arbeitens, die Methoden sich selbst auf dem aktuellen Stand der Forschung zu halten etc.), die soziale oder auch sozialkommunikative Kompetenz (zum Beispiel Gesprächsführung, Teamarbeit) und die personale oder auch Selbstkompetenz (Ziel-, Zeit- und Selbstmanagement) gehören (Brinker & Müller, 2003). Die Diskussion darüber, was der Begriff „Schlüsselkompetenzen" umfasst und was nicht, wurde im Arbeitskreis nicht weitergeführt, denn es gibt nicht die allgemein gültigen Schlüsselkompetenzen für alle Disziplinen.

Im Januar 2004 fand die erste Tagung zu Schlüsselkompetenzen und Beschäftigungsfähigkeit in Heidelberg statt. 150 Vertreter/innen aus Hochschulen, Akkreditierungs- und Evaluationsagenturen und einzelne Repräsentanten aus Unternehmen diskutierten „existierende Konzepte zur Vermittlung von Schlüsselkompetenzen, Anforderungen der Wirtschaft, der Hochschule und Wissenschaft sowie Fragen der Qualitätssicherung im Zusammenhang mit der Vermittlung von Schlüsselkompetenzen. In einigen Evaluationsverfahren wird die Vermittlung von Schlüsselqualifikationen bereits geprüft und später durch Absolventenbefragungen weiterverfolgt" (HRK, 2004a). Auf dem abschließenden Workshop der Universität Heidelberg für die „eigentlichen Macher" von Schlüsselkompetenzen ist der Wunsch entstanden, ein Netzwerk bzw. eine Arbeitsgruppe für Schlüsselkompetenzen einzurichten, um die Ideen und den Austausch weiterführen zu können. Der damals schon bestehende Arbeitskreis Schlüsselkompetenzen der Fachhochschulen des Landes NRW hat diese Aufgabe übernommen und daraus später die bundesweite Arbeitsgruppe Schlüsselkompetenzen gegründet (Brinker, 2005).

Eine Forderung aus dem Bologna-Prozess ist die Berufsfähigkeit der Studierenden nach Abschluss des Studiums. „Was bedeutet Bologna für Fachhochschulen?" war 2004 der Titel einer Tagung, auf der die Einführung der Bachelor- und Masterstudiengänge und u.a. die Förderung von Schlüsselkompetenzen als integraler Bestandteil der gestuften Studienstruktur diskutiert wurde (HRK, 2004b).

2007 fordert die Hochschulrektorenkonferenz die Ausgestaltung der „Studiengänge mit jeweils sinnvollem Arbeitsmarktbezug und einschließlich der Schlüsselkompetenzen im Dialog mit Arbeitgebern und Absolventen". Von den Hochschulen erwartet die HRK den Paradigmenwechsel vom Lehren zum Lernen und die konsequente Kompetenzorientierung bei der Studiengangentwicklung. „Die Studienreform muss einhergehen mit einer Erneuerung der Lehr- und Lernformen in der fachwissenschaftlichen Lehre und in der Vermittlung von Schlüsselkompetenzen". (HRK, 2007b)

Nicht nur die HRK, sondern auch das Bundesministerium für Bildung und Forschung (BMBF), die Bundesvereinigung der Deutschen Arbeitgeberverbände (BDA), der Bundesverband der Deutschen Industrie (BDI) und die Kultusministerkonferenz (KMK) fordern von allen Hochschulen, die Studierenden fit zu machen für den Job, die „Arbeitsmarktkompetenzen" zu stärken und Persönlichkeiten auszubilden. Dazu gehören fachliche und methodische Kompetenzen ebenso wie personale und soziale. Zentrales Ziel des Bologna-Prozesses ist die Beschäftigungsfähigkeit zu stärken. (HRK, 2007a)

Hochschulabsolventinnen und -absolventen müssen schon in der Bachelorstufe, dem ersten berufsqualifizierenden Hochschulabschluss, die notwendigen Methoden- und Schlüsselkompetenzen integrativ vermittelt bekommen, aber immer als Ergänzung zur fachwissenschaftlichen Qualifikation. Eine „hohe Qualitätskultur in Studium und Lehre, die sich auch um die grundsätzliche Beschäftigungs- und Arbeitsmarktfähigkeit („employability") der Hochschulabsolventen kümmert", ist auch ein wichtiges Thema für Unternehmen, da diese auf die solide Hochschulausbildung ihrer späteren Fach- und Führungskräfte achten. „Marktwert und Karrierechancen hängen im späteren Beruf von eben diesen Schlüsselkompetenzen mit" ab (Zervakis, 2010, S. 18). Der Kompetenzerwerb zeichnet sich durch eine breite wissenschaftlich fundierte Grundausbildung, die Sensibilisierung für Arbeitsmarkt- und Praxisanforderungen sowie durch außerfachliche bzw. fächerübergreifende Schlüsselqualifikationen (lange Praktika und Projekte ...), so genannte Soft Skills (Kommunikation, Teamfähigkeit ...) und akademische Persönlichkeitsbildung (Authentizität, Auftreten ...) aus (Zervakis, 2010, S. 18).

Die Verbände wie VDI, VDMA, VDE u.a. fordern von den Hochschulen möglichst viele Schlüsselkompetenzen im Studium zu fördern. Sowohl auf der Tagung „Schlüsselkomplikationen plus" (in Anlehnung an die Ausschreibung des Stifterverbandes Schlüsselqualifikationen plus) des Netzwerks hdw nrw im November 2007 in Dortmund (Brinker & Müller, 2008, S. 14f.) als auch auf dem Fachbereichstag Maschinenbau 2009 in Bochum wurden folgende Anforderungen an die Absolventinnen und Absolventen von Fachhochschulen formuliert (Brinker & Willems, 2009):

- Kenntnisse zu Techniken, Technologien, Methoden, Fachkenntnisse, Geschäftsprozesse, Märkte
- Fähigkeiten – Initiative ergreifen: Initiative, Ergebnisorientierung, Kreativität, Veränderungsfähigkeit, Entscheidungsfähigkeit
- Fähigkeiten – Team führen: Motivationsfähigkeit, Coaching und Mentoring, Teamfähigkeit, Einfühlungsvermögen, Konfliktfähigkeit
- Fähigkeiten – Partner gewinnen: Durchsetzungsfähigkeit, Kommunikationsfähigkeit, Networking Skills, Kundenorientierung
- Fähigkeiten – Erfolgsstrategien entwickeln: Lernfähigkeit, Analysefähigkeit, Strategisches Denken, Planungs- und Organisationsfähigkeit
- Erfahrungen – Partner gewinnen: Berufs-/Praxiserfahrung, Projekterfahrung, Führungserfahrung, Interkulturelle Erfahrung

Die Verbände fordern bei zu viel Komplexität die „eierlegende Wollmilchsau". Dazu kommt das Problem, dass die Studierenden im Bachelor-Studium meistens nur drei Jahre an einer Fachhochschule verweilen, d.h. die Hochschule kann nicht mehr als ein „Durchlauferhitzer" sein, denn Kompetenzerwerb erfolgt lebenslänglich und nicht nur in einem bestimmten Entwicklungsstadium der Person.

Der Spagat zwischen den Anforderungen der Konferenzen und Verbände an die Hochschulabsolventinnen und -absolventen und den Vorkenntnissen, Lerngewohnheiten und vorhandenen Kompetenzen der Zielgruppe Studierende ist immer wieder Diskussionsstoff im Arbeitskreis Schlüsselkompetenzen NRW, der längst nicht mehr nur aus Mitgliedern der Fachhochschulen besteht. Inzwischen haben sich ähnliche Arbeitskreise in Niedersachen, Hessen, Bayern und Thüringen gebildet, auch dort arbeiten Fachhochschulen und Universitäten gemeinsam an der Frage des Erwerbs von Schlüsselkompetenzen im Studium.

Als Dachverband hat sich aus der bundesweiten Arbeitsgruppe Schlüsselkompetenzen 2007 die Gesellschaft für Schlüsselkompetenzen in Lehre, Forschung und Praxis e.V. gegründet (www.gesellschaft-fuer-schluesselkompetenzen.de). Sie hat sich folgendes Leitbild gegeben:

Die Gesellschaft verwirklicht sich durch die Förderung der Schlüsselkompetenzen in Lehre, Forschung und Praxis. Unter Schlüsselkompetenzen fallen alle überfachlichen Kompetenzen und Zusatzqualifikationen wie Präsentieren, Moderieren, Kommunizieren, Vortragen, Ziel-, Zeit- und Stressmanagement, Lern- und Arbeitstechniken, Arbeiten im Team, Konfliktmanagement sowie Projektmanagement einschließlich Führungs- und Leitungsfähigkeiten, die vor, während und nach dem Studium in Lehre, Forschung und Praxis integriert vermittelt und gefördert werden sollen. Der Verein hat folgende Aufgaben:

- Schlüsselkompetenzen als Grundelemente des menschlichen Verhaltens zu erforschen,
- die besondere Bedeutung von Schlüsselkompetenzen für Beruf und Lebensqualität hervorzuheben,
- Schlüsselkompetenzen als festen Bestandteil in den Bildungsauftrag zu integrieren,
- Schlüsselkompetenzen im täglichen Umgang anzuwenden und zu reflektieren,
- Personen und hochschulnahe wissenschaftliche Institutionen auf dem Gebiet der Schlüsselkompetenzen zu beraten und zu unterstützen.

Die Gesellschaft veranstaltet in jedem Jahr eine Tagung zum Schlüsselkompetenzerwerb im Lernraum Hochschule an verschiedenen Fachhochschulen und Universitäten, unterhält eine Schriftenreihe und arbeitet seit 2010 an Qualitätsstandards zur Förderung von Schlüsselkompetenzen im Studium, die Ende 2011 verabschiedet und veröffentlicht werden sollen.

Innerhalb der Gesellschaft für Schlüsselkompetenzen ist unumstritten, dass eine ganzheitliche Handlungskompetenz, bestehend aus Fachkompetenz und den Schlüsselkompetenzen Methoden-, Sozial- und Personalkompetenz, zur Erarbeitung und zum Erhalt von Berufsfähigkeit und Lebensqualität notwendig ist, um lebenslanges Lernen selbst zu organisieren.

6. Einrichtungen zur Förderung von Schlüsselkompetenzen an deutschen Hochschulen

Die Vielfalt der Förderung von Schlüsselkompetenzen an Hochschulen reicht von zentralen Einrichtungen, die additive Angebote bereitstellen, bis zu integrativen Modellen in den einzelnen Studiengängen und Fachbereichen. Eine erste umfassende Recherche zur Förderung von Schlüsselkompetenzen an Hochschulen führte die Gesellschaft für Schlüsselkompetenzen 2008 durch: „Wer, wo, wie und wie viele Schlüsselkompetenzen? Wege und Erfahrungen aus der Praxis der Hochschulen“ (Brinker & Müller, 2008).

Eine zweite zunächst nur per Internet durchgeführte Recherche vom Juli 2011 zeigt die Vielfalt der Förderung von Schlüsselkompetenzen an Fachhochschulen und Universitäten auf. Grundlage der Internetrecherche sind die von der HRK im Hochschulkompass (2011) veröffentlichten Hochschulen getrennt nach Universitäten und Fachhochschulen sowie nach Trägerschaft. Danach gibt es in Deutschland 109 Universitäten, davon 11 in kirchlicher und 10 in privater Trägerschaft, die staatlich anerkannt sind. 216 Fachhochschulen sind im Hochschulkompass aufgelistet, davon 21 in kirchlicher und 89 in privater Trägerschaft mit staatlicher Anerkennung. Die Anzahl der Musik- und Kunsthochschulen in Deutschland beträgt 55, davon gibt es eine in privater und 8 in kirchlicher Trägerschaft.

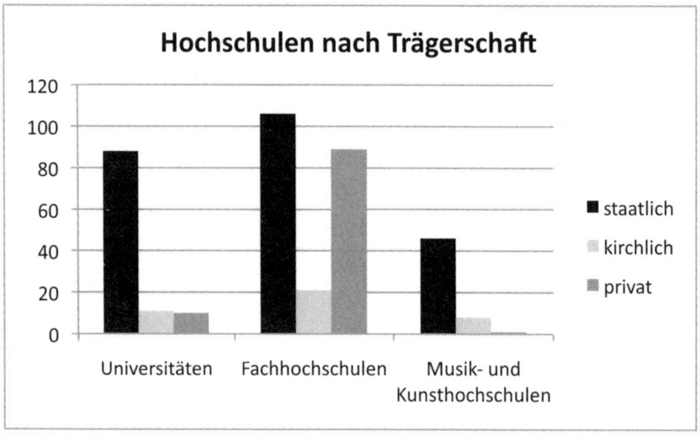

Abb. 1: Hochschulen in Deutschland 2011 nach Trägerschaft

Für die Internetrecherche zur Förderung der Schlüsselkompetenzen an deutschen Hochschulen wurden drei Fragen formuliert:

- Gibt es an der Hochschule eine zentrale Einrichtung für die Förderung von Schlüsselkompetenzen, d.h. ein zentrales Kompetenzzentrum oder ein Karrierezentrum mit Angeboten zur Förderung von Schlüsselkompetenzen?
- Gibt es an der Hochschule einen Service, zumeist der Career Service oder Studium generale, der/die die Angebote sammelt, bündelt und konzentriert anbietet?
- Gibt es Ansätze und Hinweise auf die integrative Förderung von Schlüsselkompetenzen in den Lehrveranstaltungen?

Die Ergebnisse der Internetrecherche sind auf den Diagrammen im Punkt drei dargestellt, wobei die dritte Frage allein durch eine Internetrecherche nicht beantwortet werden kann.

Ob die Schlüsselkompetenzen nur pflichtgemäß in den Modulhandbüchern aufgeführt sind oder auch tatsächlich in der Lehre gefördert werden, kann nur durch eine detailliertere Befragung erhoben werden. Deshalb ist die Frage der fachbereichs-/studienganginternen Förderung der Schlüsselkompetenzen mit der Anzahl der Hochschulen gleichgesetzt, d.h. immer 100%.

Der Gesamtüberblick über die Ergebnisse der Internetrecherche zeigt, dass in allen Hochschularten zentrale Einrichtungen oder Career Center aufgebaut sind bzw. eingerichtet wurden. Allerdings ist die Anzahl der Hochschulen, die solche Einrichtungen zur Förderung von Schlüsselkompetenzen haben, sehr unterschiedlich.

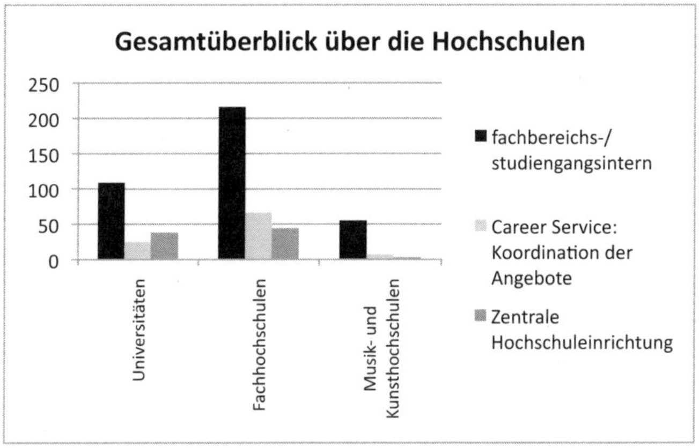

Abb. 2: Gesamtüberblick über die Hochschulen

Die Fachhochschulen stellen zahlenmäßig den größten Anteil dar, zeigen die meisten zentralen Einrichtungen und Career Center auf, aber es gilt auch, diese Zahlen im Verhältnis zu den Studierendenzahlen der Hochschulen zu betrachten.

Die Entwicklung und Förderung von Schlüsselkompetenzen an Fachhochschulen ist gegenüber den anderen Hochschultypen auffällig hoch. Zum einen liegt das sicher daran, dass die Fachhochschulen gemäß ihrem Bildungsauftrag schon immer stärker praxisorientiert und berufsbezogen ausgerichtet sind und waren (s. Brinker & Müller, 2008). Zum anderen kommen die Lehrenden aus der Berufspraxis und wissen um die Bedeutung der Schlüsselkompetenzen (Brinker, 2011).

Besonders die staatlichen und die privaten Fachhochschulen bzw. Hochschulen für angewandte Wissenschaften, wie sie in manchen Bundesländern durchgehend bezeichnet werden, weisen einen hohen Anteil an zentralen Einrichtungen und Career Center auf. Aber auch die Hochschulen in kirchlicher Trägerschaft haben Career Center eingerichtet.

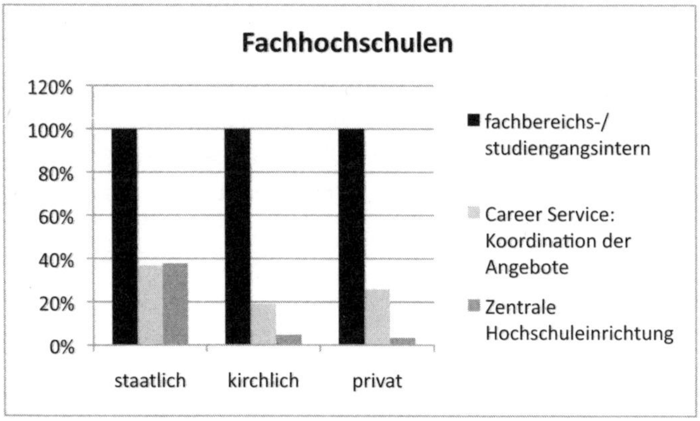

Abb. 3: Förderung von Schlüsselkompetenzen in deutschen Fachhochschulen

Die Universitäten in Deutschland haben ebenfalls zahlreiche Career Center und zentrale Einrichtungen für Schlüsselkompetenzen aufzuweisen. Grundsätzlich haben Universitäten erheblich höhere Studierendenzahlen als Fachhochschulen. Bei dieser Recherche können nur die Zahlen analysiert werden. Eine genauere Befragung muss folgen, um das Verhältnis zwischen Anzahl der Studierenden und Größe der Einrichtung sowie Zusammenarbeit der Einrichtung mit den einzelnen Studiengängen und Fachbereichen aufzuzeigen.

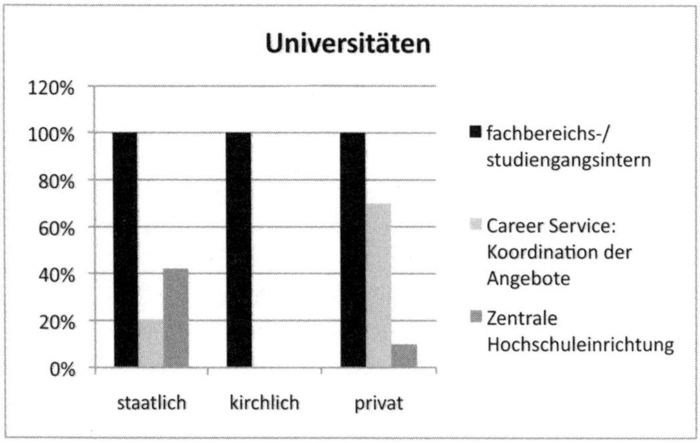

Abb. 4: Förderung von Schlüsselkompetenzen an Universitäten

Werden die Universitäten nach Trägerschaft betrachtet, so haben auffallend viele private Universitäten Career Center eingerichtet, während bei staatlichen Universitäten die zentralen Einrichtungen überwiegen. Bei kirchlichen Hochschulen ist zu vermuten, dass die Vorbereitung auf den Berufsalltag eher integriert erfolgt.

Wie oben erwähnt kann hier eine integrierte Förderung der Schlüsselkompetenzen in Studiengängen nur vermutet, aber nicht nachgewiesen werden, dafür ist eine Recherche nur per Internet ungeeignet.

Die Entwicklung und Förderung von Schlüsselkompetenzen in Musik- und Kunsthochschulen durch ein Career Center bzw. eine zentrale Einrichtung ist nur bei wenigen und nur bei Hochschulen in staatlicher Trägerschaft nachweisbar.

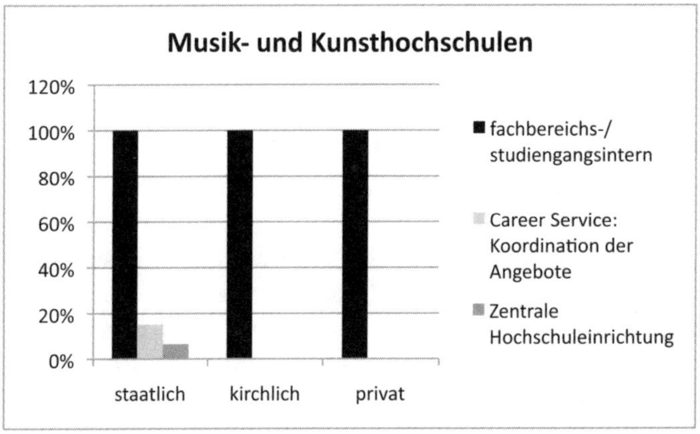

Abb. 5: Schlüsselkompetenzförderung in Musik- und Kunsthochschulen

Aus den Ergebnissen ist zu vermuten, dass besonders im musischen und künstlerischen Bereich eine eigene Fachkultur herrscht, die die Schlüsselkompetenzen speziell für diese Fächer eher integrierend in den Studiengängen entwickelt und fördert.

Der Vergleich zwischen staatlichen Universitäten und Fachhochschulen zeigt, dass es in beiden Hochschultypen zentrale Einrichtungen gibt, betrachtet man aber dabei die Höhe der Studierendenzahlen (bei Universitäten wesentlich mehr), so wird deutlich, dass Fachhochschulen auf dem Gebiet der Schlüsselkompetenzen wesentlich aktiver sind.

Private Universitäten und Fachhochschulen haben besonders viele Einrichtungen zur Förderung der Schlüsselkompetenzen und Vorbereitung auf das Berufsleben. Auffallend ist auch der Vergleich von Hochschulen in kirchlicher Trägerschaft, während bei den privaten Hochschulen Schlüsselkompetenzangebote bei jedem Hochschultyp zu finden sind.

Auf dem Gebiet der Entwicklung und Förderung von Schlüsselkompetenzen steigt die Anzahl der zentralen Einrichtungen, Career Center und Angebote für das Studium generale. Ein weiterer Anstieg dieser Einrichtungen wie beispielsweise Lehr- und Lernzentren ist durch das Förderprogramm zur Steigerung der Qualität der Lehre zu erwarten, das von der Bundesregierung (Bundesministerium für Bildung und Forschung – BMBF) 2011 aufgelegt wurde.

Entscheidend für die Qualität der Förderung der Schlüsselkompetenzen und der Vorbereitung auf das Berufsleben ist nicht die Anzahl und Größe der Einrichtungen an einer Hochschule, sondern die Art und Weise der Zusammenarbeit der Lehrenden und Studiengänge mit den zentralen Einrichtungen. Die Angebote müssen in jedem Fall verzahnt sein, ineinander greifen und sinnvoll aufeinander aufbauen, und nicht, wie in manchen Situationen gegenüber Studierenden zu hören, als Alibi genommen werden, damit die Lehrenden ihren Lehrstoff durchnehmen können und dabei nicht durch Schlüsselkompetenzförderung Zeit verlieren und/oder kostbare Zeit dafür abgeben müssen.

Daher ist die ergänzende Recherche, in wie weit die Entwicklung und Förderung der Schlüsselkompetenzen integrierend in den Studiengängen erfolgt, wichtig.

7. Entwicklung von Qualitätskriterien zum Schlüsselkompetenzerwerb

Zwei Fragekataloge sind das Ergebnis eines zweijährigen Entwicklungsprozesses innerhalb der Gesellschaft für Schlüsselkompetenzen in Zusammenarbeit mit den landesweiten Arbeitskreisen Schlüsselkompetenzen Niedersachsen und Nordrhein-Westfalen. Sie sollen sowohl als Instrument zur Selbstbeschreibung und Qualitätssicherung als auch zur Neu- und Weiterentwicklung dienen. Sie sind ebenfalls geeignet zur Vorbereitung und Begleitung von externen Prozessen wie Akkreditierungen und Evaluationen. Beide Fragenkataloge sind nutzbar und können je nach Anlass eingesetzt werden, z.B. der kompakte Fragenkatalog eher für die Selbstreflexion und der ausführliche Fragenkatalog eher bei Akkreditierungen.

Anstoß zur Entwicklung der beiden Fragenkataloge war eine Sitzung des Arbeitskreises Schlüsselkompetenzen Nordrhein-Westfalen am 24. März 2010 in Mönchengladbach, zu der eine Referentin der Akkreditierungsagentur AQAS eingeladen war. Im Verlauf der Diskussion stellte sich heraus, dass die Akkreditierungsagenturen selbst keine Kriterien entwickeln, es aber für die Einrichtung von Schlüsselkompetenzen an Hochschulen und für die Akkreditierungsagenturen eine große Hilfe wäre, wenn ein Kriterienkatalog entwickelt werden könnte.

Als Folge wurde auf der nächsten Jahrestagung der Gesellschaft im August 2010 an der Hochschule RheinMain in Wiesbaden ein Worldcafé unter diesem Thema eingeplant und mit 70 Teilnehmerinnen und Teilnehmern durchgeführt, um erste Ideen zu sammeln. Auf den nächsten Sitzungen der Arbeitskreise Schlüsselkompetenzen in Nordrhein-Westfalen und Niedersachsen wurden aus den Ideen des Worldcafés eine Stichwortliste und eine Matrix erarbeitet. Nach einer anschließenden Überarbeitung und Formulierung eines ersten Fragenkataloges im Vorstand der Gesellschaft wurde dieser Fragenkatalog bei der Evaluation des Programms Schlüsselkompetenzen der Universität Koblenz-Landau im März 2011 getestet. Aus diesen Erfahrungen wurde der Fragenkatalog bei einer gemeinsamen Sitzung der beiden Arbeitskreise an der Universität Osnabrück erneut diskutiert und überarbeitet. Auf den weiteren Sitzungen der beiden Arbeitskreise wurden die Fragen nochmals ausführlich diskutiert. In Niedersachsen entstand ein kompakter Fragenkatalog mit der Zielrichtung der eigenen

Reflexion und Evaluation (Selbstcheck), in Nordrhein-Westfalen ein ausführlicher Fragenkatalog als Vorbereitung auf eine Akkreditierung oder als Hilfestellung bei der Akkreditierung.

Der ausführliche Fragenkatalog wurde auf der 8. Jahrestagung der Gesellschaft für Schlüsselkompetenzen im September 2011 in Leer/Ostfriesland vorgestellt und durch die 60 Teilnehmerinnen und Teilnehmer in einem Brainwriting-Verfahren ergänzt, überarbeitet und verbessert. Sowohl der ausführliche Fragenkatalog als auch der kompakte Fragenkatalog wurden in der Folgezeit in beiden Arbeitskreisen abgeglichen und überarbeitet und den Mitgliedern und Interessenten der Gesellschaft über die Homepage als Entwürfe zur Verfügung und Diskussion gestellt. Auf der gemeinsamen Sitzung der Arbeitskreise Niedersachsen und Nordrhein-Westfalen im Juni 2012 in Bochum wurde beschlossen, beide Fragenkataloge je nach Zielrichtung anzubieten und zu veröffentlichen.

Die Fragenkataloge versuchen alle Ebenen der Hochschulen und hochschulnahen Einrichtungen zu berücksichtigen, von der strukturellen Ebene über die inhaltlichen Konzeptionen bis hin zur konkreten Organisation und den didaktisch-methodischen Qualifikationen der im Bereich Schlüsselkompetenzen tätigen Trainerinnen und Trainer sowie zum Qualitätsmanagement.

Beide Fragenkataloge sind nicht dazu gedacht, von einer Person allein beantwortet zu werden, sondern dienen dazu, viele – und auch nach Möglichkeit alle Beteiligten – in die Diskussion bzw. den Entwicklungsprozess an der eigenen Einrichtung einzubeziehen. Es können auch durch die Weiterleitung der Fragen, das Gespräch und der Austausch untereinander neue Beteiligte identifiziert und in den Prozess der Schlüsselkompetenzförderung einbezogen werden.

Teilweise sind die einzelnen Fragen oder auch ganze Fragenbereiche eng miteinander verknüpft, so dass es zu Doppelungen und Redundanzen kommen kann. Es kann auch Fragen geben, die im konkreten Anwendungsfall nicht genau zutreffen, weil beide Fragenkataloge auf möglichst viele Situationen zutreffen sollen und deshalb allgemein gehalten sind. Eine Anpassung an die jeweiligen Gegebenheiten ist deshalb ausdrücklich erwünscht.

Die Qualitätskriterien sind auf der 9. Jahrestagung der Gesellschaft für Schlüsselkompetenzen an der Universität Passau im August 2012 vorgestellt und nach einem Mitgliederbeschluss zur Veröffentlichung freigegeben. Alle Mitglieder und Interessenten der Gesellschaft und der landesweiten Arbeitskreise wurden bis zur 10. Jahrestagung Anfang September 2013 an der Hochschule Wismar gebeten, beide Fragenkataloge in der eigenen Einrichtung einzusetzen und die Erfahrungen damit an den Vorstand der Gesellschaft für Schlüsselkompetenzen zurückzumelden.

Der kompakte Fragenkatalog zu Qualitätskriterien beim Erwerb und bei der Förderung von Schlüsselkompetenzen an Hochschulen umfasst folgende Themenbereiche:

1. Strukturelle Rahmenbedingungen
2. Inhaltliche Konzeption und Umsetzung
3. Qualifikation der Dozentinnen/Dozenten /Trainerinnen/Trainer

4. Didaktisch-methodisches Vorgehen
5. Qualitätsmanagement

Der ausführliche Fragenkatalog zur Qualität der Schlüsselkompetenzförderung und -entwicklung an Hochschulen enthält Fragen zu folgenden Themenbereichen:

1. Hochschulentwicklungsplan
2. Konzeption
3. Ressourcen/Budget
4. Ressourcen/Ausstattung
5. Ressourcen/Personal
6. Zentrale Einrichtungen für Schlüsselkompetenzen an der Hochschule
7. Fakultät/Fachbereich/Studiengang
8. Modulhandbuch/Prüfungsordnung
9. Lehrveranstaltung/Lehrende
10. Qualitätssicherung/-entwicklung

Beide Fragenkataloge sind online abrufbar auf der Seite der Gesellschaft für Schlüsselkompetenzen: http://www.gesellschaft-fuer-schluesselkompetenzen.de/.

Bisher gibt es viele positive Rückmeldungen darüber, dass die Qualitätskriterien erarbeitet wurden. Sie dienen oft als Grundlage für die Einrichtung, den Erhalt und die Weiterentwicklung der Einrichtungen zur Förderung von Schlüsselkompetenzen an Hochschulen. Die Rückmeldephase sowie die angeforderten Praxisberichte zur Erprobung der Kriterienkataloge laufen derzeit noch.

Literatur

Arbeitskreis Deutscher Qualifikationsrahmen (2010). http://www.deutscherqualifikationsrahmen.de/SITEFORUM?t=/contentManager/selectCatalog&e=UTF-8&i=1215181395066&l=1&active=homeLink (abgerufen am: 12.08.2011).

Brinker, T. (2004). Angemessene Verfahren zur Vermittlung von Schlüsselqualifikationen. In Brinker, T. & Rössler, U. Hochschuldidaktik an Fachhochschulen. Blickpunkt Hochschuldidaktik. Band 113. Bielefeld: Wilhelm-Bertelsmann. S. 213-218.

Brinker, T. (2005). Die bundesweite Arbeitsgruppe Schlüsselkompetenzen der Universitäten und Fachhochschulen. In Sohr, S. & Bonse-Rohmann, M. Schlüsselkompetenzen für Gesundheitsberufe (S. 202-205). Gamburg: Verlag für Gesundheitsförderung.

Brinker, T. (2006). Einarbeitung neuberufener Prosessor/innen: Das Bielefelder Modell. In Behrend, B., Voss, H.-P. & Wildt, J. (Hrsg.). Neues Handbuch Hochschullehre, L 1.4. Bonn: Raabe.

Brinker, T. (2007). Schlüsselkompetenzen als Chance zur Personal- und Organisationsentwicklung. Personal- und Organisationsentwicklung in Einrichtungen der Lehre und Forschung, 3, 66-71.

Brinker, T. (2008). Schlüsselkompetenzen und Berufsfähigkeit. In HRK, Projekt Qualitätsmanagement. Aktuelle Themen der Qualitätssicherung und Qualitätsentwicklung: Systemakkreditierung - Rankings - Learning Outcomes. (S. 246-254). Bonn: HRK.

Brinker, T. (2009). 10 Jahre Netzwerk hdw nrw. Hochschuldidaktische Weiterbildung - Nordrhein-Westfalen - ein Erfolgsmodell? In B. Berendt, H.-P. Voss & J. Wildt, Neues Handbuch Hochschullehre, Bereich L 2.5, Berlin: Raabe.

Brinker, T. (2011). Kompetent prüfen - Performanz bewerten. In Dorfer, A., Lind, G. & Salmhofer, G. Prüfen auf dem Prüfstand. S. 37-53. Graz: Universitätsverlag.

Brinker, T. (2012a). Schlüsselkompetenzen aus der Perspektive der Fachhochschulen. In: Egger, R. & Merkt, M. (Hrsg.). Lernwelt Universität. Die Entwicklung von Lehrkompetenzen in der Hochschule. Wiesbaden: VS Verlag.

Brinker, T. (2012b). Einrichtungen zur Förderung von Schlüsselkompetenzen an deutschen Hochschulen. Bochum: SQ-Forum, 1, 2012.

Brinker, T. & Müller, E. (2003). Schlüsselqualifikationen - und was darunter verstanden werden kann ... SQ-Forum, Schlüsselqualifikationen in Lehre, Forschung und Praxis, 1, 5-16.

Brinker, T. & Müller, E. (Hrsg.) (2008). Wer, wo, wie und wie viele Schlüsselkompetenzen? Wege und Erfahrungen aus der Praxis an Hochschulen. Bochum: HS Bochum, IZK.

Brinker, T. & Rennen-Allhoff, B. (2005). Zielvereinbarung mit Deputatsreduzierung. Das „Bielefelder Modell" zur Einarbeitung neuberufener Professor/innen. Das Hochschulwesen, 6, S. 239-241.

Brinker, T. & Schumacher, E.-M. (2002). Vermittlung von Schlüsselqualifikationen in Theorie und Praxis. In Technische Universität Berlin. Soziale Kompetenz im Ingenieurberuf. Netzwerk-Report Nr. 2 (S. 66-72). Berlin: TU.

Brinker, T. & Schumacher, E.-M. (2011). Fachhochschullehrende coachen und beraten. In B. Berendt, H.-P. Voss & J. Wildt, Neues Handbuch Hochschullehre, Bereich J 1.10, Berlin: Raabe.

Brinker, T. & Tremp, P. (Hrsg.) (2012). Einführung in die Studiengangentwicklung. Blickpunkt Hochschuldidaktik, Band 122. Bielefeld: W.-Bertelsmann.

Brinker, T. & Willems, C. (2009). Wie lehrt man Berufsfähigkeit? Vortrag auf dem Fachbereichstag Maschinenbau am 6. und 7. November 2009 in Bochum.

Brinker, T. et al. (2007). Hochschulbildung im Kontext lebenslangen Lernens. Neue Rollenbestimmung für Lehrende und Lernende. Dokumentation der 4. Jahrestagung an der TU Dresden. SQ-Forum, Schlüsselqualifikationen in Lehre, Forschung und Praxis, 1+2, 41-131.

dghd (2011). http://www.dghd.de/index.php?akkreditierungskommission (12.08.2011).

Erpenbeck, J. (2013). HRK-Nexus-Newsletter, 3/2013 (19.09.2013).

EQR (2008). http://ec.europa.eu/education/pub/pdf/general/eqf/leaflet_de.pdf (1.11.2010).

Europäische Gemeinschaft (2005). http://ec.europa.eu/education/policies/2010/doc/keyrec_de.pdf (12.8.2011).

Heyse, V., Erpenbeck, J. & Ortmann, S. (2010). Grundstrukturen menschlicher Kompetenzen. Münster: Waxmann.

Hochschulrektorenkonferenz (2004a). http://www.hrk.de/de/berichte_und_publikationen/121_2480.php (12.08.2011)

Hochschulrektorenkonferenz (2004b). http://www.hrk.de/de/presse/95_1788.php (12.08.2011).

Hochschulrektorenkonferenz (2005). http://www.hrk.de/de/download/dateien/QRfinal2005.pdf (12.08.2011).

Hochschulrektorenkonferenz (2007a). http://www.hrk.de/de/presse/95_3839.php (12.08.2011).

Hochschulrektorenkonferenz (2007b). http://www.hrk.de/109_3705.php?datum=103.%20 Senat%20am%2013.%20Februar%202007 (12.08.2011).

Hochschulrektorenkonferenz (2008). http://www.hrk.de/bologna/de/download/dateien/rlehre beschluss2008.pdf (12.08.2011).

Hochschulrektorenkonferenz (2011). http://www.hochschulkompass.de/hochschulen.html (12.08.2011).

Keil, M. (2000). Die Veranstaltung „Schlüsselqualifikationen – Theorie, Praxis, Training". Eine Studie zur Evaluierung und Optimierung. TU Braunschweig: Unveröffentlichte Diplomarbeit.

Knauf, H. & Knauf, M. (2003). Schlüsselqualifikationen praktisch. Bielefeld: Wilhelm-Bertelsmann.

Mertens, D. (1974). Schlüsselqualifikationen – Thesen zur Schulung für eine moderne Gesellschaft. In: Mitteilungen aus der Arbeitsmarkt- und Berufsforschung, 7. Jahrgang. Nürnberg.

OECD (2005). http://www.oecd.org/dataoecd/36/56/35693281.pdf (12.08.2011).

Orth, H. (1999). Schlüsselqualifikationen an deutschen Hochschulen. Konzepte, Standpunkte und Perspektiven. Neuwied: Luchterhand.

Richter, C. (1995). Schlüsselqualifikationen. Alling: Sandmann.

Roth, T (1998). Handlungskompetenz durch Schlüsselqualifikationen. Erster Arbeitsbericht über ein Konzept zur Förderung von Schlüsselqualifikationen im Studiengang Volkswirtschaftslehre an der Fachhochschule Nürtingen. FH Nürtingen.

Stahr, I. (2009). Academic Staff Development: Entwicklung von Lehrkompetenz. In Schneider, R., Szczyrba, B., Welbers, U. & Wildt, J. (2009). Wandel der Lehr- und Lernkulturen (S. 70-87). Bielefeld: Wilhem-Bertelsmann.

Webler, W.-D. (2003). Lehrkompetenz – über eine komplexe Kombination aus Wissen, Ethik, Handlungsfähigkeit und Praxisentwicklung. In: Welbers, U. (Hrsg.): Hochschuldidaktische Aus- und Weiterbildung. Bielefeld: Wilhelm-Bertelsmann.

Wex, P. (2012). Das leere Versprechen der Kompetenzprüfung. http://www.faz.net/-gsn-73ac4 (18.10.2013).

Wissenschaftsrat (2002). http://www.wissenschaftsrat.de/download/archiv/5102-02.pdf (12.08.2011).

Wissenschaftsrat (2010). http://www.wissenschaftsrat.de/download/archiv/10031-10.pdf (12.08.2011).

Zervakis, P. A. (2010). „Aufbrechen liebgewonnener Gewohnheiten." ACADEMIA, 1, 17-19.

Zervakis, P. A. (2013). HRK. Nexus-Newsletter 3/2013. (19.09.2013).

Peter Wex

Was können wir mit einer Prüfung von Schlüsselkompetenzen in Hochschulen feststellen?

Abstract

Eine der größten Herausforderung bei der Gestaltung der Bachelor/Masterstudiengänge stellt die Anforderung dar, kompetenzorientiert zu lehren und zu prüfen. Für die Schlüsselkompetenzen muss die Bewältigung dieser Aufgabe in den meisten Fällen als misslungen bezeichnet werden. Nur in wenigen Studiengängen gelingt es, die (überfachlichen) Lernergebnisse in den Modulen so zu beschreiben, dass deren Elemente sichtbar werden und überzeugen. Die anschließende Vergewisserung im Prüfungsgeschehen offenbart erhebliche Schwächen. Einzelnen gelungenen Modulstrukturen steht die Mehrzahl derjenigen Formen gegenüber, mit denen nur unvollkommen erfasst werden kann, ob die Studierenden die Fähigkeit erworben haben, komplexe Anforderungen in spezifischen Situationen bewältigen zu können.

Anhand von sieben Beispielen soll demonstriert werden, ob und wie die Aneignung von Kompetenzen gelingt – additiv oder integrativ – und wie sich das feststellen lässt.

Im Realitätscheck: gute und schlechte Beispiele

Die Aufgabe der Hochschule besteht traditionell in der Pflege und Entwicklung der Wissenschaften durch Forschung, Lehre, Studium und Weiterbildung. Es lohnt sich, diese unverändert geltende Fundamentalaussage des Hochschulrahmengesetzes aus § 2 Abs.1 S. 1 in Erinnerung zu rufen, denn wer heute durch die Kompetenz- und Modullandschaft in den Hörsälen wandert, könnte leicht auf die Idee kommen, er sei in einem neuen „Kompetenzzentrum" Hochschule angekommen. Keine Studien- und Prüfungsordnung in Deutschland, in der nicht die Darstellung von Fach- und überfachlichen Kompetenzen im Mittelpunkt steht, keine Strukturdebatte, in der nicht jahrelang darum gerungen worden ist, was denn nun ein Lernerfolg in Modulen sei und wie die zu erwerbenden Kompetenzen beschrieben und geprüft werden müssten. Humboldt am Ende und die new economy am Anfang?

Unzweifelhaft erleben die Hochschulen einen Strukturwandel, wie er vergleichbar in den letzten 200 Jahren nicht vollzogen worden ist. Die Strukturelemente des Bolognaprozesses und die Beschlüsse der Kultusministerkonferenz (KMK) sind in länderspezifische Gesetze umgesetzt worden, man kann wehklagen oder versuchen, den Wandel zu gestalten – die gesetzlichen Grundlagen gelten.

1. Die Herleitung der Verknüpfung von Kompetenz zu Modul

Bevor man sich ein Bild davon machen kann, wie dieser Strukturwandel in den verschiedenen Studienprogrammen als mehr oder weniger gelungen vollzogen betrachtet werden kann, ist es hilfreich, nochmals kurz die Ausgangslage für die Änderungen in den Studien- und Prüfungsordnungen herauszustellen. Manche Beschreibungen der Kompetenzen erscheinen dann gar nicht so bolognafremd, während andere als ausgesprochen misslungen eingestuft werden müssen.

Warum spielt die Kompetenzfrage heute eine solch überragende Bedeutung und wie stellt man Kompetenzen fest? Die Antwort ist in den Strukturen der Studien- und Prüfungsordnungen und hier konkret im Prüfungsgeschehen zu finden. Während im Diplom die Kompetenzfrage nur allgemein und mit Blick auf die Berufsbefähigung angesprochen war – regelmäßig wurde in § 1 der Prüfungsordnung als Zweck der Prüfung festgelegt: In der Diplomprüfung soll festgestellt werden, ob der Kandidat die für den Übergang in die Berufspraxis notwendigen gründlichen Fachkenntnisse erworben hat und die Fähigkeit besitzt, mit wissenschaftlichen Methoden selbständig zu arbeiten[1] –, sehen die Vorgaben im Bachelor/Master-Konstrukt gänzlich anders aus. In dem neuen Studiensystem steht die Orientierung an Lernergebnissen, die für jedes Modul geprüft werden, im Vordergrund. Anstelle einer Abschlussprüfung ist der Lernerfolg nach Semestern nachzuweisen. Da in jedem Modul die zu erwerbenden Kompetenzen benannt sind, wird mit dem Bestehen der Prüfung des Moduls (Abschluss!) zugleich zwingend bestätigt, der Absolvent habe auch die beschriebenen Kompetenzen erworben – eine Konsequenz mit höchster Tragweite. Ob die Realität dieser Vorstellung entspricht, wird darzulegen sein.

Woher stammt die Verknüpfung von Kompetenzen/Prüfung/Modulen? Im Text der Bologna-Erklärung von 1999 findet sich nur eine spezielle Stelle:

> „The degree awarded after the first cycle shall also be relevant to the European labor market as an appropiate level of qualification", verbunden mit dem zuvor allgemein benannten Ziel, ein System einzuführen: „ ... in order to promote European citizens employability ...".

Erreicht werden soll also eine für den europäischen Arbeitsmarkt relevante Qualifikationsebene, mithin die Art von Förderung des Studiums, die den Studierenden in die Lage versetzt, später im Beruf kompetent handeln zu können. Die KMK hat, ausführend in ihren Beschlüssen, festgelegt, dass die Modularisierung von Studiengängen und die Einführung von Leistungspunkten konstitutiv sind. In den Erläuterungen zu den entsprechenden Rahmenvorgaben (2000 und 2010) wird der Standard für die Be-

1 Weiterer Vorläufer: § 7 HRG in der Fassung von 1976. Danach sollen den Studenten die für das berufliche Tätigkeitsfeld erforderlichen „fachlichen Kenntnisse, Fähigkeiten und Methoden" vermittelt werden.

schreibung von Modulen festgelegt, nämlich die Vermittlung von fachlichen, methodischen, fachpraktischen und fächerübergreifenden Inhalten. Darzulegen sei, welche Lernziele erreicht werden sollen. Die Kompetenzen, eingeschlossen ausdrücklich die Schlüsselkompetenzen, müssten beschrieben und einzufordern sein.

Wie kommen die Hochschulen diesem Gestaltungsauftrag nach? Welche Kompetenzen werden beispielhaft beschrieben und erfasst, welche Kompetenzfelder werden im Prüfungsgeschehen ausgespart?

2. Die Definition der Kompetenz

Mit der Frage der Definition und Feststellbarkeit von Kompetenzen haben sich Generationen von Bildungsforschern befasst, deren „Ergebnisse" füllen kleine Bibliotheken. Überfachliche Kompetenzen, Schlüsselkompetenzen, Schlüsselqualifikationen, soft skills, Lernergebnisse, Qualifikationsziele, erst recht die jeweiligen Untergliederungen – alle diese Abgrenzungen und Deutungen tragen nicht selten mehr zur Verwirrung bei als zur Klärung, was den Studierenden denn nun beigebracht werden soll. Die Spannbreite allein der Sinnhaftigkeit der Einführung einer Kategorie „Kompetenz" reicht von völliger Ablehnung etwa durch den Hochschulverband (Grigat, 2010, S. 250) bis zur jüngsten Einschätzung von Erpenbeck, die Kompetenzorientierung sei die Rückkehr zum Humbold'tschen Bildungsideal und deshalb sei der Siegeszug des Kompetenzdenkens unaufhaltsam (Erpenbeck, 2013). Für die folgenden Abschätzungen muss aber wenigstens in knappster Form festgehalten werden, welche Definition zugrunde gelegt wird. Bei allen Differenzierungen kann diese Umschreibung vielleicht noch auf breiteste Zustimmung stoßen:[2]

> „Kompetenz ist die Fähigkeit zur Bewältigung komplexer Anforderungen in spezifischen Situationen. Kompetenzen können nicht absolut einer Person zugeordnet werden, sie entwickeln sich situativ, ihre Feststellung und Messung ist in ganz bestimmendem Maße situationsabhängig. Vier Arten können unterschieden werden: Fachkompetenz, Methodenkompetenz, Selbstkompetenz und Sozialkompetenz."

In den wesentlichen Elementen gleich gewichtet, aber etwas weiter gefasst und die beruflichen Qualifikationen einbeziehend lautet die Festlegung auf europäischer Ebene:

---

2 Diese Umschreibung enthält im Wesentlichen die Merkmale der Definitionen von Weinert (2001, S. 27) und Klieme & Leutner (2006, S. 4). Die Literatur ist fast unüberschaubar. Einige Übersichten vermitteln Erpenbeck & Rosenstiel (2003), Handbuch der Kompetenzmessung; Gnahs (2010), Kompetenzen; Schaper (2012), Fachgutachten zur Kompetenzorientierung sowie laufende Publikationen wie FIS Bildung, Literaturdatenbank, zum Stichwort Kompetenzen.

> „Kompetenz ist die nachgewiesene Fähigkeit, Kenntnisse, Fertigkeiten sowie persönliche, soziale und/oder methodische Fähigkeiten in Arbeits- oder Lernsituationen und für die berufliche und/oder persönliche Entwicklung zu nutzen."[3]

Eher verwirrend ist auch nach heutiger Sicht die Verwendung des Begriffs „Schlüsselqualifikationen" (Mertens, 1974). Eine Qualifikation ist das Ergebnis eines Beurteilungsprozesses, bei dem eine zuständige Stelle festgestellt hat, dass die Lernergebnisse vorgegebenen Standards entsprechen, d.h. es ist nur der prüfungsrelevante Standard aktuell nachzuweisen (Gnahs, 2010, S. 21). Und schließlich: Während die begriffliche Einordnung in „überfachliche Kompetenzen" durchaus geeignet erscheint (Universität Zürich, Dossier Überfachliche Kompetenzen, 2008), aber weit angelegt ist, soll für die folgende Betrachtung dem Begriff „Schlüsselkompetenzen" Vorrang eingeräumt werden, weil er die Aspekte von Wissen und Können ergebnisorientiert und damit spezifischer aufnimmt.

Unter praktischen Gesichtspunkten wäre es ohnehin ratsamer, die zu betrachtende Kompetenz präzise zu beschreiben und dann darüber einzelne Folgerungen für die Feststellung und Messung vorzunehmen, ein Verfahren, das dem bekannten KODE-Verfahren zugrunde liegt.

3. Die Beschreibung und Feststellbarkeit von Kompetenzen

Schaut man sich die Umsetzung der Anforderungen in den Modulhandbüchern der Hochschulen an, ist die Überraschung groß. In einer der wenigen Untersuchungen über Modulbeschreibungen stellen Kerres und Schmidt (2011) fest, dass fachübergreifende Lernziele und Kompetenzen in 87,2 % aller untersuchten Modulbeschreibungen zwar benannt werden, diese sich aber überwiegend auf die fachlichen Kompetenzen beziehen.[4] Selten würden sowohl fachliche als auch überfachliche Kompetenzen beschrieben. Problematisiert wird der hohe Anteil von Vorlesungen (nahezu 50%) sowie die einseitige Ausrichtung auf die schriftliche Klausur am Ende des Semesters (63 % aller Prüfungsarten). Eine weitere inhaltliche Auswertung der Angaben über die Modulbeschreibungen könne nicht durchgeführt werden.

Mit diesem Beitrag soll eine stichprobenartige Fortsetzung in Angriff genommen werden, ohne jeden Anspruch auf verlässliche Typisierung oder auf flächendeckende Übersicht. Einige Beispiele über gute oder schlechte Kompetenzbeschreibungen und deren in Aussicht genommene Prüfung (!) mögen gleichwohl dargestellt und zur Diskussion gestellt werden.

---

3 So beispielweise der Europäische Qualifikationsrahmen für lebenslanges Lernen (2008) und ihm folgend der Deutsche Qualifikationsrahmen für lebenslanges Lernen (2013).

4 Die beiden Autoren Kerres und Schmidt haben die Modulhandbücher von 125 Studiengängen mit 3889 Modulen aus 39 Universitäten ausgewertet (Bachelorstudiengänge in den Ingenieur-, Wirtschafts- und Sozialwissenschaften).

3.1 Additive Aneignung von Kompetenzen

Schlüsselkompetenzen im Studienbereich „Allgemeine Berufsvorbereitung", FU Berlin

Betrachtet werden soll als erstes eine Modulstruktur, mit der die Schlüsselkompetenzen neben dem speziellen Fachmodul zu erwerben sind, also zusätzlich zu dem konkreten Erwerb von Wissen und Fertigkeiten und Fähigkeiten im Modul (additive Aneignung). Die FU Berlin hat verpflichtend für alle Bachelorstudiengänge den Studienbereich Allgemeine Berufsvorbereitung (ABV) konzipiert. Es sind insgesamt 30 Leistungspunkte zu erbringen („zu absolvieren"), und der Studienbereich muss während des Studiums abgeschlossen werden. Ziel des Studienbereichs ist die Vermittlung von überfachlichen Schlüsselqualifikationen und ein obligatorisches Berufspraktikum. Die sechs Kompetenzbereiche sind: kommunikative Kompetenz, Organisation und Management, Gender- und Diversitykompetenz, Informations- und Medienkompetenz, Fremdsprachen und fachnahe Zusatzqualifikationen. Damit sind alle überfachlichen Kompetenzfelder abgedeckt, denn wie ein Blick beispielsweise in die Bereiche der kommunikativen Kompetenz ergibt, werden darunter weit gefächert erfasst: die Entwicklung von Problemlösungsstrategien, konzeptionelles Denken und Transferfähigkeit, Team- und Konfliktfähigkeit, Durchsetzungsvermögen und Führungsqualitäten, Präsentations- und Moderationskompetenz, Selbstmanagement, Urteilsvermögen, selbstgesteuertes Lernen und zielbewusstes Handeln, kurzum, alle typischen Schlüsselkompetenzen. Zu diesem Modulangebot kommunikative Kompetenzen treten sogar noch drei weitere Module hinzu: Präsentieren, Diskutieren, Moderieren, Gesprächsführung und Verhandlung sowie Optimierung des persönlichen Arbeitsprozesses. Ein anspruchsvolles und überzeugendes Programm, bei dem die Probe auf das Exempel zu folgen hat: Wie werden diese Inhalte vermittelt und vor allem: Wie wird der Erwerb festgestellt (=geprüft)?

Der Befund ist ernüchternd. Wie sich aus der Anlage zur Studienordnung - ABV - ergibt, wird als Prüfungsform für alle Module im Kompetenzbereich kommunikative Kompetenzen eine Hausarbeit oder eine schriftliche Ausarbeitung einer Präsentation festgelegt. Das ist grenzwertig, härter formuliert: unehrlich und wird den eigenen, ausführlich formulierten Qualifikationszielen nicht gerecht. Wenn beispielsweise als Ziel für das Modul Gesprächsführung (theoretisch gut) formuliert wird, die Studierenden seien in der Lage, Strategien zur effektiven Gestaltung von Gesprächen und Verhandlungen zu entwickeln und eigenes Kommunikationsverhalten zu reflektieren (!), verschiedene Argumentationstechniken einzusetzen und sich auf verbaler (!) Ebene klar auszudrücken, die Signale ihres Gegenübers zu interpretieren und adäquat zu reagieren bis hin zu dem Ziel, mit Konflikten situationsangemessen umzugehen, so kommt man doch ins Grübeln, wie diese Ziele mit einer Hausarbeit erbracht und nachgewiesen werden können. Der Befund lautet: nur eingeschränkt, an den wesentlichen Stellen gar nicht. Mit der gewählten Prüfungsform „Hausarbeit" verzichtet die Hochschule im Klartext auf den Nachweis des Erwerbs von kommunikativen Kompetenzen. Wie oben dargestellt, sind Schlüsselkompetenzen nur situativ zu erfassen, dementsprechend muss die Bewertung und Feststellung auch durch Beobachtung, Vergleiche, Simulationen, Beteiligungen, kurzum, durch Feststellung von Formen der Handlungsfähigkeit (sozial-kommunikativ und aktivitätsbezogen) erfolgen. Konsequent (negativ) wird in dem Modul eine regelmäßige Teilnahme auch nur dringend empfohlen (was geschieht bei Fehlzeiten?) und die erbrachte „Leistung" auch nicht benotet. Die Leistung wird bei der Gesamtnote auch nicht berücksichtigt – ein sehr überraschendes Konzept, weil es den Nachweis von überfachlichen Schlüsselkompetenzen als bloße Teilnahmeveranstaltung mit begleitendem Aufsatz herabstuft. Die Unvereinbarkeit mit den KMK-Anforderungen liegt damit auf der Hand. Schließlich enthalten die Module auch keine Regelung über die Wiederholungsmöglichkeiten, das Angebot erfolgt jedes Semester, der Studierende kann also beliebig wiederholen.

Will man die Ausgestaltung des ABV-Bereichs der Bachelorstudiengänge an der FU Berlin bewerten, so kann man konstatieren, dass die Vermittlung der Schlüsselkompetenzen theoretisch gut und breit angelegt ist, die Feststellung und Prüfung des Erwerbs durch den Modulverantwortlichen aber an den entscheidenden Stellen nicht erfolgt. Die Vermittlung von Schlüsselkompetenzen wird in dieser Konstruktion, kritisch formuliert, als aktivitätsbezogene Weiterbildung angeboten – ohne Präsenzpflicht, ohne Benotungen und ohne adäquate Prüfungsform. Mit der „Prüfung" wird eigentlich nur das Gelernte über die Inhalte des Seminars getestet, wiedergegeben in einer Hausarbeit.

Fachübergreifende Kompetenzen im Komplementärstudium der Leuphana Universität Lüneburg

Eine noch stärkere Hervorhebung von Schlüsselkompetenzen ist in den Bemühungen zu finden, ein Studium Generale zu verankern oder, wie bei der Leuphana Universität Lüneburg, ein gemeinsames Curriculum für alle Studierenden an den Anfang zu stellen. Im Leuphana College (Teilnahme verpflichtend) sollen den Studierenden im 1. Semester einerseits wissenschaftliche Methoden ihres eigenen Faches, aber auch die Methoden anderer Disziplinen vermittelt werden. Methodisches Denken werde intensiv und an konkreten Fällen eingeübt. So lautet etwa ein Modul: „Wissenschaft macht Geschichte", ein anderes: „Wissenschaft trägt Verantwortung". In diesem 1. Semester werden jedoch (schwergewichtig) nur Methodenkompetenzen vermittelt. Im anschließenden Komplementärstudium („Problemlösungskompetenz") werden 6 Bereiche („Perspektiven") angeboten, wie z.B. Projekte & Praxis, Verstehen & Verändern oder Kunst & Ästhetik. In den Perspektiven werden ausführlich auch die Sozial- und Selbstkompetenzen beschrieben, so dass eine Umsetzung/Anwendung in den einzelnen Modulen erfolgversprechend angelegt zu sein scheint.

Die Ergebnisse sind allerdings enttäuschend, Anspruch und Verwirklichung klaffen nicht unerheblich auseinander. Während in der Prüfungsordnung noch formuliert wird, durch die Bachelorprüfungen solle festgestellt werden, ob die Kandidaten die notwendigen Schlüsselkompetenzen und fachlichen Kompetenzen erworben haben,[5] finden diese Ziele keinen oder nur geringen Widerhall in den konkreten Mo-

5 Vgl. RahmenPO für den Leuphana Bachelor, i.d.F. vom 31.8.2011, hier: § 2 Abs. 3 S. 2.

dulbeschreibungen, noch weniger in den Prüfungsformen. Die Schlüsselkompetenzen werden, wenn überhaupt, nur benannt, nicht beschrieben. Häufig werden gar keine Angaben zur Prüfungsleistung gemacht. Obwohl sich die Lehrenden die geeigneten Prüfungsformen heraussuchen können, werden nur Hausarbeiten (überwiegend), Essays und Referate genannt. Mit einer schriftlichen Leistung wie einer Hausarbeit kann aber unbestritten der Erwerb einer sozialen oder Selbstkompetenz nicht festgestellt werden. So begegnet es großen Zweifeln, ob in einem Seminar des Komplementärstudiums („Moment mal …") die Sozial- und Selbstkompetenzen, erlernt in Diskussionen (?) durch eine Hausarbeit nachgewiesen werden können. In einem anderen Seminar („Nachhaltigkeit, Macht, Gender"), das auch auf die Entwicklung von Handlungs- und Problemlösungskompetenz zielt sowie auf Sozial- und Selbstkompetenzen ausgerichtet ist, soll ein (schriftliches) Referat und nur dieses (?) den Erwerb der überfachlichen Kompetenzen erweisen. Von den etwa 45 Lehrveranstaltungen, die zu dem Bereich „Verstehen & Verändern" gehören, enthält etwa ein Drittel überhaupt keine Angaben zu den Prüfungsanforderungen.

Gemessen an dem hohen Anspruch der Leuphana Universität, die Lehre neu zu definieren, „inspiriert" und angestiftet von den klassischen Idealen der Humboldt'schen Bildungsidee sowie der Mitteilung, dass sämtliche reformierte Studienangebote wieder abgeschafft wurden, um etwas „ganz Neuem" Platz zu machen,[6] fallen die Ergebnisse hinsichtlich der Prüfungsgestaltung doch sehr ernüchternd aus. Das Thema: „Kompetenzorientiertes Prüfen" wird in weiten Teilen nicht ausgeschöpft.[7] Entwicklungen, die seit Jahren Allgemeingut sind, werden nur rudimentär berücksichtigt.[8]

Schlüsselkompetenzen aus dem Kompetenzzentrum Schlüsselqualifikationen, Universität Konstanz

Ein auf den ersten Blick ähnlicher Studienaufbau wie an der Leuphana Universität Lüneburg wird an der Universität Konstanz gewählt. Auch hier müssen die Studierenden eine erfolgreiche Orientierungsphase zu Beginn des Studiums durchlaufen, andernfalls können sie nicht weiter studieren. Die Schlüsselkompetenzen werden in fachfremden Modulen vermittelt, wofür mindestens 3 credits zu erwerben sind.[9] Innerhalb

---

6 Lehre neu denken, Dokumentation Stifterverband (2010), S. 70.

7 Das an dieser Stelle immer wieder vorgetragene Argument, das System sei akkreditiert, verfängt auch hier nicht. Die Akkreditierungsagenturen zeigen grundsätzlich wenig Interesse am Prüfungsverfahren, schon gar nicht an der Frage, ob und wie Kompetenzen in Modulen zu prüfen sind – das Gegenteil wird allerdings mit den KMK-Beschlüssen eingefordert, vgl. zuletzt Beschl. vom 4.2.2010 (Ländergemeinsame Strukturvorgaben, hier: Modularisierung).

8 Es kann an dieser Stelle nur auf wenige Fundstellen und Autoren hingewiesen werden, die die Notwendigkeit der Erfassung von situativen Handlungssituationen herausstellen, z.B.: Arbeitsstelle für Hochschuldidaktik der Universität Zürich, Dossier „Leistungsnachweise in modularisierten Studiengängen", 2007 und Dossier „Überfachliche Kompetenzen", 2008; „Erfahrungen aus den Hochschulen", 2008; Dany, Szczyrba, Wildt, 2008; Strauch et al., 2009; Exzellenzwettbewerb des Stifterverbandes für die Deutsche Wissenschaft und dessen Ergebnisse: Charta der guten Lehre, 2013; aktuell und mit Literaturangaben versorgt das (laufende) Projekt nexus, Konzepte und gute Praxis für Studium und Lehre, HRK.

9 Das gilt durchweg für alle Studiengänge, vgl. beispielsweise § 3 Abs. 3 und 4 Studien- und PO für den BA-Studiengang Physik i.d.F. vom 18. März 2011.

der Module selbst werden keine sozialen und Selbstkompetenzen vermittelt. Dafür ist ein eigenes Kompetenzzentrum „Schlüsselqualifikationen“ eingerichtet worden, das die Lehrveranstaltungen für „überfachliche berufsfeldorientierte Qualifikationen“ koordiniert. Die Qualifikationen können in 6 Kompetenzfeldern erworben werden, u.a. in dem hier interessierenden Feld der kommunikativen, sozialen und persönlichen Kompetenzen. Der Erwerb diene der „Reflexion und Weiterentwicklung der Persönlichkeit“, er soll auf die unterschiedlichen Anforderungen im Berufsleben vorbereiten (Arbeit im Team, Konfliktlösung, Umgang mit Vielfalt und Belastungen usw.). Das Lehrangebot wird überwiegend von externen Experten erbracht, in Blockveranstaltungen und zum Wochenende. Angeboten werden Seminare und Workshops. Über den Prüfungsmodus werden keine expliziten Angaben gemacht, es sind unbenotete Studienleistungen zu erbringen, vereinzelt zusätzliche schriftliche Arbeiten. Die Leistungen gehen nicht in die Note ein.

Mit den Lehrveranstaltungen (z.B. soziales Kompetenztraining, Experiment Führung, Indien) soll interaktiv und erlebnisorientiert gelernt werden, praktische Übungen und Teamprojekte mit Feedback werden durchgeführt und in Rollenspielen, Simulationen und Selbstreflexionen und Gruppenübungen sollen Handlungskompetenzen entwickelt werden. Ein theoretisch anspruchsvolles und überzeugendes Konzept – in dem (leider) nicht überprüft wird (?), ob die Studierenden auch erfolgreich teilgenommen haben, im Klartext: Die Kompetenzen auch geprüft und erworben worden sind. Den „Leistungsnachweis“ (Qualifikationsnachweis) von 3 Credits erhalten die Studierenden im Ergebnis auch hier für die bloße Teilnahme und eine eventuelle schriftliche Arbeit – so dürftig diese auch sein mag. Mit dieser Ausgestaltung kann der Nachweis des Erwerbs von Schlüsselkompetenzen, der auf die Feststellung von Fähigkeiten in Handlungssituationen angelegt ist, nur unvollkommen abgebildet werden. Ist jemals einem Teilnehmer an den Lehrveranstaltungen das Zertifikat aus Leistungsgründen verweigert worden? Eine wohl eher rhetorische Frage.

Mit dem Konstanzer Modell – und das gilt für etliche weitere „Kompetenzzentren“ ebenfalls –, ist eine grundsätzliche Problematik verbunden. Wenn durchweg Fachfremde die Schlüsselkompetenzen vermitteln,[10] legt dies den Schluss nahe, dass das eigene Hochschulpersonal diese Qualifizierung nicht erbringen kann oder will. Outsourcing für überfachliche Kompetenzen? Steht es wirklich im Belieben einer Hochschule, Grundpositionen aus dem Bolognaprozess zur Ausbildung von Studierenden nach außen zu verlagern? Oder ist etwa doch die Annahme gerechtfertigt, selbst der umfangreiche und hochqualifizierte Lehrkörper in den Fächern Psychologie, Wirtschaftswissenschaft und Erziehungswissenschaft sei nicht in der Lage, genauer: nicht so kompetent wie externe Experten, Schlüsselkompetenzen zu vermitteln und zu prüfen? Das hiermit angesprochene komplexe Thema des Lernortes der Ausbildung,[11]

---

10 Die Dozenten derartiger Zentren sind überwiegend freiberufliche Trainer oder Mediatoren, so beispielsweise im Studienbereich Allgemeine Berufsvorbereitung in BA-Studiengängen (FU Berlin) oder im Kompetenzzentrum Schlüsselqualifikationen (Universität Konstanz).

11 Dies betont z.B. Zimmerli, Vortrag: „Wissen und Können“, Tagungsdokumentation Schlüsselqualifikationen, ZAK Karlsruhe (2006).

die Frage, an welcher Stelle und durch wen der Studierende gebildet wird, die für die Hochschulen im Kontext der Bolognakonkurrenzen eine immer wichtigere Rolle spielt (Stichworte: Fernstudium, E-Learning, Repetitor, Selbststudium) kann an dieser Stelle nicht vertieft werden.

Es liegt nahe, auf andere Module in den naturwissenschaftlichen Fächern zu schauen, um zu erfahren, ob und wie dort die Schlüsselkompetenzen durch Externe vermittelt und geprüft werden.

Schlüsselkompetenzen, Modul PREPARE, TU Berlin

An der TU Berlin besteht für die Studierenden die Möglichkeit, Schlüsselkompetenzen mit dem Modul „PREPARE – Berufsqualifizierende Schlüsselqualifikationen" zu erwerben. Dieses Modul kann im Wahlbereich aller Studiengänge belegt werden (6 Credits), also auch im Fach Physik. Das Ergebnis geht in die Gesamtnote ein.[12] Es wird vom Career Service der TU Berlin organisiert. Die Belegung der Wahlbereiche macht dort (Physik) immerhin einen Anteil von 13,0 bis 16,5% an der Gesamtnote aus.[13] Das Modul PREPARE hat das Ziel, Studierende aller Studienrichtungen auf ihre Berufstätigkeit vorzubereiten. Die Studierenden sollen in IT-Schlüssel- und Managementkompetenzen geschult werden. Es werden Praxisprojekte durchgeführt, in denen zusätzlich Sozial- und Managementkompetenzen erworben werden sollen. Bemerkenswert ist die Aufteilung: Mit dem Modul erwerben die Studierenden 30% Fachkompetenz (aus dem Themenblock), 30% Methodenkompetenz, 5% Systemkompetenz und 35% Sozialkompetenz. Frage: Warum nicht 34% Sozialkompetenz oder 40%? Der Ansatz einer derart starren Aufteilung müsste begründet sein, will er sich nicht dem Vorwurf aussetzen, das Ergebnis eines rein rechnerischen Vorgangs zu sein.

Der große Nachteil dieses Moduls liegt in dem nur wie nebensächlich hingeworfenen Hinweis aus der Modulbeschreibung, durch die Modulbeschreibung im Team eigneten sich die Studierenden „zusätzliche Sozialkompetenzen" an. Wenn die Sozialkompetenzen einen größeren Anteil (35%) als die Fachkompetenz ausmachen: Wie wird die Sozialkompetenz beschrieben, wie geprüft?

Für das Modul sind nur prüfungsäquivalente Studienleistungen (schriftliche Analysen, mündliche Gruppenpräsentationen) zu erbringen. Was kann mit einer derartigen „Prüfung" festgestellt werden? Da in kleinen Teams gearbeitet wird, bei weitgehend freier Zeiteinteilung, belegt eine schriftliche Ausarbeitung (lediglich) das vorhandene oder fehlende Verständnis für den Ablauf und die Durchführung des Projekts. Der Eigenanteil wird (wohl) kaum signifikant in Erscheinung treten. Wenn das Praxisprojekt gelingt (ist jemals eines gescheitert?), haben alle die Schlüsselkompetenzen erworben. Für die vorgesehene „mündliche Gruppenpräsentation" könnte eine Einzelleistung eher erkennbar sein – wenn der Lehrende das feststellen will. Werden aus guten oder schlechten Einzelleistungen Prüfungskonsequenzen gezogen? Wenn nicht, dann läuft

12 So z.B. im BA-Studiengang Physik, hier: § 17 PO, § 9 lit.i; StO Physik i.d.F. vom 1.5.2006 i.V.m. der Modulbeschreibung im Modulkatalog und dem Modul PREPARE.

13 Siehe Fußnote 14.

der Erwerb dieser Schlüsselkompetenzen mehr in die Richtung einer gemeinschaftlich erworbenen *Qualifikation*. Dies wirft prüfungsrechtliche Fragen auf, denn eine Leistung kann nur anerkannt werden, wenn sie als Einzelleistung unterscheidbar ist (Wex (2005, S. 233, 234 mit weiteren Verweisen). Es sind keine Argumente ersichtlich, warum dieser anerkannte Prüfungsgrundsatz gerade für den wichtigen Nachweis des Erwerbs von Schlüsselkompetenzen nicht gelten soll.

Die Einbettung der Vermittlung von berufsqualifizierenden Schlüsselkompetenzen durch PREPARE wirft zusätzliche Fragen auf. In den meisten Modulbeschreibungen des BA-Studiengangs Physik an der TU Berlin werden die vier Kompetenzen als Qualifikationsziele nur benannt, die man dann formularmäßig ankreuzen muss, also auch die Sozialkompetenz. Nähere Angaben fehlen, auch über die prüfungsmäßige Ausgestaltung. Im Rahmen der mündlichen Prüfung werde „mitgeprüft". Dies entspricht einer typischen Konstellation in den naturwissenschaftlichen Studiengängen, ausgehend von der Vorstellung, dass in Projekten und bei Laborarbeiten die Schlüsselkompetenzen sämtlichst mitgelehrt und auch geprüft werden. Eine Vorstellung, die den Stellenwert etwa der Sozialkompetenzen marginalisiert und obendrein das Verhältnis zu den anderen Wahlbereichen nicht klärt.

3.2 Erstes Resümee

Es erscheint angebracht, an dieser Stelle ein kleines Resümee über den Erwerb von Schlüsselkompetenzen außerhalb der Fachmodule zu ziehen. Für die vorgestellten Module aus dem Kompetenzzentrum/Allgemeine Berufsvorbereitung/Komplementärstudium ist es typisch, dass keine echten Prüfungsleistungen nachzuweisen sind, sondern (nur) Studienleistungen, die auch nicht benotet werden. Regelungen über den genauen Umfang der Studienleistungen fehlen häufig, die Wiederholbarkeit wird ebenfalls nicht benannt. Die Studienleistungen werden regelmäßig nicht von Hochschulangehörigen entgegengenommen. Unbenotete Aktivitätsnachweise anstelle von tatsächlichen Prüfungen – diese Ausgestaltung scheint die bevorzugte Wahl für viele Studienanfangsphasen zu sein, namentlich für naturwissenschaftliche Studiengänge, um Schlüsselkompetenzen vermittelt zu bekommen. Die additive Aneignung tendiert stark in Richtung einer konzentrierten Weiterbildung (Coaching, Training), ohne dass deren Ergebnisse durch die übliche Prüfungspraxis der Hochschulen gewährleistet sind.

Dieser Eindruck wird abgesichert durch Ergebnisse des Aktionsprogramms „Schlüsselqualifikationen plus", das der Stifterverband für die Deutsche Wissenschaft und die Stiftung Mercator unter besonderer Berücksichtigung der Technischen Universitäten im Jahr 2005 durchgeführt haben. Als Gesamteindruck aus den Konzepten und Strategien zur Förderung der Schlüsselkompetenzen (54 Universitäten, 38 Fachhochschulen) wurde übermittelt, dass eine systematische Konkretisierung bei der Curriculumsentwicklung und entsprechender Abbildung in den jeweiligen Studieninhalten nur selten erfolge.[14] Besonders die Auseinandersetzung mit der komplementären Fachkultur fehle häufig, dies gelte namentlich für die Technischen Universitäten. Die Prüfungsrelevanz und die Verbindlichkeit der Lehrorganisation sei ein Schwachpunkt der meisten Konzepte. Wirklich überzeugende und übertragbare Modelle habe der Wettbewerb – mit immerhin 92 Anträgen – nicht identifizieren können. Diesen Einschätzungen ist nichts hinzuzufügen.

Bei diesem Sachstand sollte zumindest überlegenswert sein, ob die Vorstellung aus den KMK- und Bolognakreisen nicht revisionsbedürftig erscheint, Schlüsselkompetenzen seien im universitären Modulsystem zu erwerben. Die Fragestellung ist grundsätzlicher Art, sie geht über den Klärungsprozess hinaus, ob Schlüsselkompetenzen additiv oder integrativ zu erwerben sind.

4.1 Integrative Aneignung von Kompetenzen

Vor dem Inkrafttreten des Leistungspunktsystems aus dem Bolognaprozess war es üblich, dass die Schlüsselkompetenzen im Fach mitgelernt, vermittelt und – in sehr begrenztem Umfang – auch mitgeprüft wurden. Als Zweck der Prüfung wurde die Feststellung formuliert, ob der Kandidat die Zusammenhänge seines Fachs überblickt, die Fähigkeit besitze, wissenschaftliche Methoden anzuwenden und die für den Übergang in die Berufspraxis notwendigen gründlichen Fachkenntnisse erworben habe.[15] Mit der Einführung von Leistungspunkten und der Modularisierung des gesamten Fachs sind konstitutiv die Vorgaben verbunden, auch die fächerübergreifenden Inhalte zu beschreiben und zu bestimmen, welche Lernziele erreicht werden sollen.[16] Die eingeforderten Schlüsselkompetenzen sind, teleologisch ausgelegt, grundsätzlich innerhalb des Moduls zu erwerben.[17]

Schlüsselkompetenzen in den Modulen des Studiengangs Elektrotechnik, Beuth Hochschule für Technik, Berlin

Das auf der HRK-Konferenz am 29.3.2011 in Bremen (Thema: Kompetenzorientiertes Prüfen) als „beispielhaft" vorgestellte Modul aus dem Studiengang Elektrotechnik der Beuth Hochschule für Technik, Berlin, enthält einen derartigen integrativen Ansatz zur Aneignung von Schlüsselkompetenzen. Im Bachelor-Studiengang Elektrotechnik[18] werden Schlüsselkompetenzen („fachunabhängig") an drei Stellen vermittelt: häufig in den Fach-Modulen (Anlageelektronik, 3 Module Elektrotechnik, Entwurf digitaler

14 Tagungsdokumentation Schlüsselqualifikationen an Techn. Universitäten, ZAK Karlsruhe (2006), S. 13, 14.

15 § 18 Muster-RahmenO für Diplomprüfungsordnungen, Beschl. von HRK und KMK i.d.F. vom 13.10.2000.

16 KMK, Gemeinsame Strukturvorgaben, Beschl. vom 4.2.2010, Erläuterungen 2.a.

17 Über die gegenteilige Auffassung kann gestritten werden, gleichwohl bliebe sie historisch fragwürdig und wenig universitätsfreundlich.

18 Die neueste Fassung vom 17.1.2012 enthält keine wesentlichen Änderungen, vgl. die Anlage zur (neuen) StO BA Elektrotechnik, Beuth Hochschul für Technik, Berlin.

Systeme mit VHDL usw.), im Modul „Betreute Praxisphase" (Vermittlung auch von sozialen Kompetenzen) und im Studium Generale (2 Module im Allgemeinen Teil). Im Modul „Entwurf digitaler Systeme mit VHDL" werden fachspezifische Grundlagen vermittelt sowie, fachunabhängig: Teamarbeit, Kommunikationsfähigkeit, Projektmanagement, Präsentation. Zu den Kompetenzen der Teamarbeit und der Kommunikationsfähigkeit werden keine Angaben gemacht. Die Bekanntgabe der Prüfungsform erfolge innerhalb der Belegzeit, Formen wie Klausur und Referate werden „beispielhaft" genannt. Zwei Aspekte sind erwähnenswert. Während die fachlichen Inhalte genau beschrieben werden („Studierende können mit einer EDA-Software ein digitales System in einem FPGA simulieren, synthetisieren und implementieren"), unterbleibt jede Umschreibung der überfachlichen Kompetenzen. Zweitens: Die Prüfungsformen bleiben lange ungewiss – warum? Aus der Modulnote (Seminaristischer Unterricht und Übung) muss man folgern, dass nur mit diesen Formen bewertet wird – wenig nachvollziehbar, denkt man etwa an die Kompetenz Kommunikationsfähigkeit.

Die Abbildung und Benennung von überfachlichen Kompetenzen innerhalb dieser Modulstruktur erscheint im Ansatz tragfähig, in der Durchführung bleiben Fragen offen. Der Stellenwert von Schlüsselkompetenzen wird dadurch marginalisiert.

Schlüsselkompetenzen in den Modulen des Studienganges Soziale Arbeit, Hochschule Esslingen

In den sozialwissenschaftlichen Studiengängen fällt es offenbar leichter, Kompetenzen prüfungssicher zu beschreiben. In den Modulen „Kommunikation" oder „Sozialpolitik, soziale Ungleichheit und Soziale Arbeit" beispielsweise im BA-Studiengang Soziale Arbeit der Hochschule Esslingen erfolgen für nahezu alle Kompetenzen ausführliche Beschreibungen und, besonders hilfreich, die dazu gehörenden Lernformen.[19] Als Prüfungsform für das Modul Kommunikation wird eine praktische Arbeit gefordert, deren Anforderungen präzisiert werden: 3 bis 4 Thesen zur eigenen und fremden Biografie, zur Biografieforschung, eine Präsentation und die Erstellung eines ästhetischen Produkts mit Erläuterungen zu den eigenen Ideen. Das ist erheblich konkreter als viele Angaben in anderen Studiengängen, die lediglich auf eine schriftliche Ausarbeitung hinweisen.

Konsequent durchgehalten werden die eigenen Anforderungen aber auch nicht. So bleibt in dem Modul Kommunikation offen, wie die formulierten Sozialkompetenzen (Grundformen der Teamarbeit, Offenheit und Toleranz für die Perspektiven der Sozialen Anderen) durch die praktische Arbeit und das Thesenpapier in die Bewertung einfließen können. Bei aller Anerkennung der ordentlichen Beschreibungen in den Modulen steigt zudem ab und zu leiser Zweifel auf, ob das Modulhandbuch nicht etwas zu gleichförmig (und mit vielen Wiederholungen) die Module strukturiert. Eine Kritik, die aber angesichts der Defizite in vergleichbaren anderen Modulgestaltungen verstummen muss.

19 Ba-Studiengang Soziale Arbeit, Stand 1/2011, Hochschule Esslingen.

Überfachliche und interdisziplinäre Perspektiven und Projekte an der Fachhochschule Coburg

In dem von BMBF geförderten Projekt: „Der Coburger Weg“ hat die Fachhochschule Coburg einen interdisziplinären Ansatz gewählt, um Schlüsselkompetenzen zu fördern und kompetenzorientierte Lehrveranstaltungen im Curriculum von Studiengängen aus drei Fakultäten zu verankern. Vier interdisziplinäre Module sind in insgesamt vier Semestern im Curriculum integriert („Interdisziplinäre Perspektiven“, „Interdisziplinäres Projekt“, 2 Module, „Interdisziplinäre Profilierung“). Die fachübergreifenden Module sollen Studierende befähigen, Situationen und Themenstellungen zu reflektieren und differenziert zu bewerten. Problemlösekompetenzen, Entwicklung von sozialen und kulturellen Fähigkeiten, eigenständige Arbeit und Teamarbeit stehen im Vordergrund.

Als Lehrformen für das Modul „Interdisziplinäre Perspektiven“ werden Ringvorlesung, Seminar und Übung eingesetzt. Ausführlich und vorbildhaft werden die zu erwerbenden Kompetenzen und das jeweilige Kompetenzniveau beschrieben (Methodenkompetenz, Reflexionsfähigkeit, Interdisziplinäre Kompetenz und Ambiguitätstoleranz). Prüfungsform ist die studienbegleitende schriftliche Prüfung in Gestalt eines Portfolios. Diese Prüfungsform erscheint in hohem Maße geeignet, das Studium mit den angegebenen Lernzielen zu planen, zu steuern und zu koordinieren. Von Woche zu Woche kann das angestrebte Lernziel bearbeitet und geprüft werden. Selbststudium und Präsenzstudium bilden ein didaktisch Ganzes (vgl. Wildt & Wildt, 2012).

In den beiden Modulen „Interdisziplinäres Projekt“ arbeiten Studierende unterschiedlicher Fachsemester über zwei Semester gemeinsam an einer praxisbezogenen Aufgabenstellung. Mit der Arbeit in Teams soll praktisches und theoretisches Wissen angeeignet werden. Als Lernziele/Kompetenzen werden angegeben: Methodenkompetenz, fachliche und interdisziplinäre Kompetenz und Personalkompetenz. Die Beschreibung dieser Kompetenzen gelingt wiederum vorbildlich gut; das sei am Beispiel der Personalkompetenz wiedergegeben:

- andere Fachperspektiven bewusst einnehmen
- im interdisziplinären Kontext adressatenbezogen kommunizieren
- verbindliche Standards professioneller mündlicher und schriftlicher Kommunikation kennen, verstehen und anwenden
- wissenschaftliche Erkenntnisse angemessen in projektbezogene Situationen und Kontexte übertragen und einbringen
- Fach- und Wissenschaftssprache verwenden und den Einsatz kritisch abschätzen
- eigenes Problemlöseverhalten und Handeln reflektieren und selbst regulieren.

Die Prüfungsformen sind in hohem Maße adäquat: studienbegleitende schriftliche Projektberichte, Umsetzungsdokumentationen und Projektpräsentationen.

Noch überzeugender wäre diese Prüfungsgestaltung, wenn auch noch die Kriterien – und seien sie noch so rudimentär – für die Bewertung/Einschätzung der Güte des Portfolio, des Projektberichts und der schriftlichen Dokumentation und Präsentation festgelegt wäre.[20] Es wirft Fragen auf, wenn an derselben Hochschule für dieselbe Prüfungsform gänzlich abweichende/individuelle Maßstäbe angelegt werden. Die Problematik wird auch für Skeptiker offenkundig, wenn z.B. ein originärer Prüfer ausfällt und der Vertreter bewertet: nach welchen Kriterien?

Die Prüfungsgestaltung der Module des „Coburger Wegs" verdient Anerkennung. Sie kann als beispielhaft eingeordnet werden. Der gute Eindruck wird (leider) etwas getrübt, denn abgesehen von den vier Modulen des BMBF-Projekts werden die übrigen Module beispielsweise des Studiengangs Soziale Arbeit durchweg nur schriftlich geprüft. Warum diese Beschränkung? Module wie „Gruppentraining sozialer Kompetenzen" oder „Praxis der Gesprächsführung, Konflikte, Ressourcen" eignen sich bestens für beobachtende Feststellungsformate, schriftliche Ausarbeitungen, wie vorgesehen, eher nicht.

4.2 Zweites Resümee

Der Eindruck verfestigt sich: Schlüsselkompetenzen werden überwiegend nicht beschrieben. Gelungene Module wie der Coburger Weg bestätigen die Ausnahme. Folgerichtig werden die Kompetenzprüfungen auch mehr oder weniger ins Ungewisse und Unverbindliche hinein durchgeführt. Die Richtigkeit dieser Annahme wäre leicht zu führen, wenn man die Modulverantwortlichen bäte darzulegen, an Hand welcher Kriterien sie etwa die Sozialkompetenz geprüft haben. Abgesehen von der Schwierigkeit, hier eine ehrliche Antwort zu erhalten, wird (mündlich) häufig angeführt: Die Schlüsselkompetenzen prüfe man nebenbei und im Zusammenhang mit der Veranstaltung, etwa in einer Übung, in der Gruppe, im Labor usw. Gibt es auch Misserfolge bei dem Erwerb dieser Kompetenzen, mit der Folge der Wiederholung? Diese Frage wird unisono verneint. Ein Ergebnis, das widersprüchlicher nicht sein kann. Im Fach Physik an der TU Berlin beispielsweise haben die Modulverantwortlichen immer nur anzukreuzen, welche Schlüsselkompetenzen in der Veranstaltung überwiegend vermittelt werden. Die Überprüfung aller (?) Kompetenzen erfolgt in einer mündlichen (Gruppen-)Prüfung.

Wer sich ein wenig näher mit dem Thema „Kompetenzorientiertes Prüfen" im Hochschulbereich beschäftigt hat, kommt um den Befund nicht herum: Beschrieben und adäquat geprüft werden Schlüsselkompetenzen regelmäßig nicht.[21] Den KMK-Anforderungen wird häufig nicht einmal im Ansatz genügt. Weder für die Hochschulen

20 Die Forderung nach einem Kriterienkatalog für die Bewertung von Leistungsnachweisen erhebt die Arbeitsstelle Hochschuldidaktik, Universität Zürich (2013), Dossier Leistungsnachweise, Randnr. 42.

21 So ebenfalls überzeugend begründet: Tagungsdokumentation Schlüsselqualifikationen an Techn. Universitäten, ZAK Karlsruhe (2006), S. 13, 14; Lehre neu denken, Dokumentation Stifterverband (2010), S. 70; AHELO goes Germany? Dokumentation HIS-Workshop, HIS: Forum Hochschule 2/2013, S. 23; Wex (2012), Das Leere Versprechen der universitären Kompetenzprüfung, in: Frankfurter Allgemeine Zeitung, 2.10.2012, S. N 5.

noch für die Akkreditierungsagenturen stellt dies ein Problem dar: das leere Versprechen der universitären Kompetenzprüfung.

Literatur

AHELO goes Germany? (2013). Dokumentation HIS-Workshop, HIS:Forum Hochschule 2/2013. Hannover.

Arbeitsstelle Hochschuldidaktik, Universität Zürich
- Dossier: Leistungsnachweise in modularisierten Studiengängen (2013)
- Dossier: Überfachliche Kompetenzen (2008).

Bologna-Zentrum der HRK (Hrsg.) (2008). Erfahrungen aus den Hochschulen. Forum der Hochschulpolitik. Bielefeld.

Dany, S., Szczyrba, B. & Wildt, J. (Hrsg.) (2008). Prüfungen auf die Agenda. Bielefeld.

Erpenbeck, J. & Rosenstiel, L. von (2007). Handbuch Kompetenzmessung. Stuttgart (2. Aufl.).

FIS Bildung, Literaturdatenbank, Deutscher Bildungsserver.

Gnahs, D. (2010). Kompetenzen - Erwerb, Erfassung, Instrumente. Bielefeld.

Grigat, F. (2010). Die Nacht, in der alle Kühe schwarz sind. Zur Kritik des Kompetenz-Begriffs und des Deutschen Qualifikationsrahmens, in: Forschung & Lehre 4/2010, S. 250.

Heyse, V. & Erpenbeck, J. (2009). Kompetenztraining. 80 Informations- und Trainingsprogramme. Stuttgart (2. Aufl.).

Heyse, V., Erpenbeck, J. & Ortmann, S. (Hrsg.) (2010). Grundstrukturen menschlicher Kompetenzen. Münster.

Jorzig, B. (Hrsg.) (2013). Charta guter Lehre, Positionen, Stifterverband für die Deutsche Wissenschaft. Essen.

Kerres, M. & Schmidt, A. (2011). Zur Anatomie von Bologna-Studiengängen, in: Die Hochschule 2/2011, S. 173.

Klieme, E. & Leutner, D. (2006). Kompetenzmodelle zur Erfassung individueller Lernergebnisse und zur Bilanzierung von Bildungsprozessen. Frankfurt a.M./Essen.

Krull, W., Lorentz, B. & Schlüter, A (Hrsg.) (2010). Lehre neu denken. Dokumentation Edition Stifterverband. Essen.

Schaper, N. (2012). Fachgutachten zur Kompetenzorientierung in Studium und Lehre, ausgearbeitet für die HRK, August 2012, unter http://www.hrk-nexus.de/fachgutachten_kompetenzorientierung.pdf.

Schlüsselqualifikationen an Technischen Universitäten, Tagung am 28.11.2006, Karlsruhe. Dokumentation unter www.zak.kit.edu/img/DokumentationderKonferenz.pdf (19.10.2013).

Strauch, A., Jütten, S. & Mania, E. (2009). Kompetenzerfassung in der Weiterbildung. Bielefeld.

Weinert, F. (Hrsg.) (2001). Leistungsmessungen in Schulen, S. 17-31. Weinheim.

Wex, P. (2005). Bachelor und Master. Die Grundlagen des neuen Studiensystems in Deutschland. Berlin.

Wex. P. (2012). Das leere Versprechen der universitären Kompetenzprüfung, in: Frankfurter Allgemeine Zeitung, S. N 5.

Wildt, J. & Wildt, B. (2012). Kompetenzorientiertes Prüfen im ‚Constructive Aligment', Vortrag Juli 2012, Coburg, unter http:// www.hs-coburg.de/uploads/media/Kompetenzorientierte sPrue (26.10.2013).

Zimmerli, W. (2006). Vortrag: „Wissen und Können", Tagungsdokumentation Schlüsselqualifikationen, ZAK Karlsruhe.

Lothar Schäffner

Ansätze einer kompetenzorientierten Medizinerausbildung – persönliche Betrachtung meiner Suche nach Beispielen aus der Praxis

Abstract

Die Suche nach geeigneten Beispielen für eine kompetenzorientierte Medizinerausbildung traf auf Widerstände, die zum einen in der strategischen Ausrichtung der allgemeinen Hochschulpolitik in Richtung „Bologna" und vor allem in deren praktischer Umsetzung begründet sind und zum anderen verstärkend in dem besonderen Selbstverständnis, das die Mediziner ihrer universitären Ausbildung zuschreiben. Erst der Blick auf die hochschuldidaktische Feinplanung, also die Meso-und Mikrodidaktik, lässt gute Ansätze zu einem kompetenzorientiertem Studium entdecken und durch Beispiele belegen. Dabei wird wieder einmal deutlich, dass die Lehrenden wichtiger sind als alle politischen Erklärungen und alle Ergebnisse, die in langwierigen Abstimmungen von Gremien dem Ziel einer kompetenzorientierten Ausbildung zum Erfolg verhelfen wollen.

1. Ein thematischer Perspektivenwechsel

Wer den Auftrag annimmt, einen Artikel, einen Buchbeitrag oder gar ein ganzes Buch zu schreiben, wird immer wieder auf ein Phänomen treffen, das alle Autoren mehr oder minder leidvoll erfahren. Bei der Arbeit an einem Manuskript ändert sich häufig die Zielsetzung oder die Perspektive, unter der man den Auftrag angenommen hat. Die Gründe hierfür sind mannigfaltig. Sie können entweder in der Person des Autors selbst liegen, der im Verlaufe der thematischen Auseinandersetzung einen neuen, vielleicht für sich selbst überraschenden Erkenntnisprozess durchmacht; der Perspektivwechsel kann aber auch in den äußeren Bedingungen begründet sein, z.B., inwieweit das Umfeld ihm die Informationen liefert, die er braucht, um seine Erkenntnis überhaupt bilden und formulieren zu können. Dass es zwischen diesen beiden Polen, also zwischen der von innen sich entwickelnden Perspektiväanderung und der von außen auferlegten modifizierten Blickrichtung, eine Vielzahl von Varianten gibt, liegt nahe. Entscheidend ist dabei, dass der Autor tatsächlich etwas zu sagen hat und vor allem seine Grundbotschaft nicht aufgeben muss. Anlass für einen solchen Perspektivwechsel in dem vorliegenden Beitrag war die Schwierigkeit, überhaupt Beispiele für eine Medizinerausbildung zu finden, die die Entwicklung von Kompetenzen im Sinne der Definition fördern, die KODE® zugrunde liegt. Heyse und Erpenbeck (2004, S. 8) verstehen Kompetenz als die

Fähigkeiten (aber auch die Bereitschaft) von Menschen, in offenen und unüberschaubaren, komplexen und dynamischen Situationen selbstorganisiert handeln zu können.

Dieses Verständnis von Kompetenz soll der Maßstab sein, den wir an die Bemühungen zu einer kompetenzorientierten Medizinerausbildung anlegen sollen.

2. Der Bologna-Prozess als ein potenzielles Hindernis für ein kompetenzorientiertes Studium

Zu dem oben zitierten Verständnis von Kompetenz steht m. E. das, was gegenwärtig an den deutschen Hochschulen geschieht, in einem grundlegenden Widerspruch. Dieser Widerspruch zeigt sich in der einerseits proklamierten Forderung nach einer kompetenzorientierten Ausbildung von Studierenden, andererseits durch die Art und Weise, wie an deutschen Hochschulen z.T. die hochschulpolitische Entscheidung für die Bachelor- und Masterstudiengänge umgesetzt wird. Genährt wird dieser Widerspruch durch die mit dem Bologna-Prozess verbundene Intention, in möglichst kurzer Zeit jungen Menschen einen Studienabschluss zu ermöglichen. Vor allem in der Bachelor-Phase sind eher kurz getaktete Studieneinheiten die Folge, wobei die vorgeschriebenen Prüfungen den Takt vorzugeben scheinen. Dies wirkt sich auf die Kompetenzorientierung dann negativ aus, wenn, wie häufig zu beobachten, die Curricula der traditionellen Diplomstudiengänge in die Struktur der konsekutiven Studienstruktur transponiert, also der Bachelor mit der Vordiplom- und der Master mit der Hauptdiplomphase gleichgesetzt werden. Erschwerend kommt schließlich noch das Fehlen von Freiräumen in einigen Studiengängen hinzu, die der Hochschullehrer im Diplom je nach Verbindungen zur Praxis nutzen konnte, um seine Studierenden auf eben diese vorzubereiten. Damit scheint ein Potenzial verloren zu gehen, außerhalb der prüfungsrelevanten Studienpläne Kompetenzen entwickeln zu können. Workload und Creditpoints, zentrale Elemente zur Messung von Arbeitspensum und Studienleistungen, sind schon begrifflich mit einer solchen Kultur nicht vereinbar. Das heißt nicht, dass in den Geistes- und Sozialwissenschaften nicht gearbeitet oder keine Leistungen erbracht werden; die Crux oder vielleicht auch das Glück ist, dass sie nicht so einfach messbar sind. Dass etwas nicht messbar ist, kann aber nicht im Interesse der Politik oder der öffentlichen Verwaltung sein und schon gar nicht im Interesse der Controller, die in diesen Feldern zunehmend an Einfluss zu gewinnen scheinen. Sie lieben es, wenn sie von denen, die öffentliche Mittel fordern, verlässliche Pflichtprogramme, z.B. in Form von (meistens dann für lange Dauer) festgeschriebenen Studien- und Prüfungsordnungen, vorgelegt bekommen, deren Erfüllung sie dann Punkt für Punkt abstreichen können. Dass dadurch keine Kompetenzen im Sinne unserer Definition entwickelt werden können, liegt auf der Hand und ist häufig auch beklagt worden.[1]

---

1 So u.a. auch vom Autor selbst, Lothar Schäffner (2011).

3. Vorsichtige, aber noch nicht ausreichende Reformen in der Medizinerausbildung – oder die Diskrepanz zwischen Proklamation und Realisierung

Dass gerade für die Medizinerausbildung, die man in der vorklinischen Phase mit dem Lernen vor allem naturwissenschaftlicher Inhalte verbunden hatte (einschließlich der berüchtigten Selektionsinstrumente der Multiple-Choice-Fragen), nun eine bessere berufsvorbereitende medizinische Ausbildung gefordert und durch entsprechende Modell-Studiengänge institutionalisiert wird, ist bezeichnend für die generelle Einsicht in die Notwendigkeit einer Umorientierung vom reinen Wissenserwerb zur Entwicklung von Kompetenzen. So definiert z.B. die Medizinische Hochschule Hannover (MHH) als ein Ziel des Studiums, Ärztinnen und Ärzte auszubilden, „die fähig sind, mit kranken Menschen umzugehen". Deshalb stehen unter dem Postulat einer patientenorientierten Ausbildung „der Umgang mit Patienten und die praktische ärztliche Tätigkeit im Studium im Vordergrund."[2] Erreicht werden soll dies durch eine doppelte Ausrichtung des Studiums, die sich einmal an den Sorgen des Patienten mit seiner Problematik orientiert, zum anderen an den klinischen Krankheitsbildern.

Wenn der Trend – was die Dominanz der Controller-Kultur betrifft – aus meiner Sicht eher pessimistisch einzuschätzen ist, so bleibt die Hoffnung, dass sich in der Praxis diejenigen behaupten, die ihren Studierenden Handlungsfähigkeit vermitteln wollen. Den Unterschied zwischen Konzeption und Praxis kann man aus unterschiedlichen Perspektiven betrachten. Für die Geistes- und Sozialwissenschaften lautet dabei die Frage, wie viel Widerstand leisten die Pädagogen in der Praxis gegenüber der Verregelung der Studiengänge und für die Medizin; wie gelingt es, die gut gemeinten konzeptionellen Vorstellungen hinsichtlich einer kompetenzorientierten Medizinerausbildung tatsächlich in die tagtägliche Arbeit mit den Studierenden zu transportieren.

Dieser Aspekt soll nachfolgend im Vordergrund stehen. Es geht also um die Didaktik, so wie sie in der Lehr- und Lernpraxis konkret erfahrbar wird.

Grundsätzlich kann man davon ausgehen, dass der Kompetenzerwerb, also die Entwicklung von Fähigkeiten der Selbstorganisation, geradezu selbstverständlich Freiräume braucht. Unter pädagogischen Gesichtspunkten dienen diese Freiräume nicht dem Laisser-faire, sondern ermöglichen dem Lernenden, sich eigene Wege anzueignen, die geeignet sind, offene Situationen einer Lösung zuzuführen. Damit diese sachlich angezeigt und zugleich den Lernmöglichkeiten des Studierenden angemessen sind, bedarf es eines Regulierungskonzeptes, das beide Anforderungen miteinander vereint. In der Management-Theorie wird dieses Konzept-Element als *Steuerung* bezeichnet. Steuerung ist das Moment, das zwischen der Zielsetzung und der Zielerfüllung im Sinne eines Soll-Ist-Vergleichs steht. Eine gute Führungskraft ist nicht die, die Ziele setzt und dann abwartet, ob der Mitarbeiter oder die Mitarbeiterin diese erreicht oder nicht. Sie handelt aber auch nicht nach dem Prinzip: „Wenn ich es nicht selbst mache, wird es ja doch nichts". Dies würde zweifellos in der Zusammenarbeit mit An-

2 Medizinstudium an der MHH. Der Studienführer 2012/2013 für den Modellstudiengang HannibaL. Hrsg. Studiendekan der Medizinischen Hochschule Hannover. S. 12

fängern ein Ergebnis beschleunigen und sicherer machen, aber auf die Dauer wäre es fatal, weil die Aufgabe nicht auf andere übertragbar wäre, und dies ist ja der eigentliche Sinn der Lehre, ob es sich um eine Berufsausbildung oder ein Studium handelt.

Zur Verdeutlichung der Bandbreite, innerhalb derer die Steuerung als Führungsaufgabe gestaltet werden kann, ein bildhaftes Beispiel: Ein Kapitän, der einen Seemann zum Steuermann ausbilden möchte, könnte zwischen folgenden zwei Extremen wählen. Er teilt demjenigen, der das Steuer übernehmen soll, mit, wo das Ziel liegt, und geht dann mit einer Flasche Whiskey in seine Kajüte zum Schlafen, um dann am nächsten Morgen festzustellen, ob der zukünftige Steuermann das Ziel erreicht hat oder nicht. Er kann aber auch auf der Brücke dicht hinter dem Auszubildenden bleiben und ständig vorsorglich eingreifen. Da man Schiffe für gewöhnlich nie auf einer geraden Linie bewegen kann, sind immer wieder Kursanpassungen nötig. Die eigentliche Führungskunst – und es scheint wirklich eine Kunst zu sein – ist, zu erkennen, wann und wo der Anzulernende wie viel Hilfe braucht. Dazu ist es unabdingbar, dass der Kapitän die Fähigkeiten seines Mitarbeiters einschätzen kann, und dies kann er nicht durch einen ausgefüllten Testbogen, sondern nur durch die Beobachtung des Lernenden und die Rückmeldung seiner Beobachtung. Dies deckt sich im Wesentlichen mit dem, was John Hattie (2013) in seiner international vielbeachteten Studie schon im Titel verdeutlicht: *Lernen sichtbar machen.* Es genügt nicht, Lernerfolge und den Weg dorthin nur für den Lehrer nachvollziehbar zu machen, sondern vor allem für den Schüler bzw. Studenten selbst.

Dies gilt selbstverständlich und darüber hinaus in besonderem Maße auch für meinen Versuch herauszufinden, welche Elemente in der Ausbildung von Medizinern das Gütesiegel „kompetenzorientiert" verdienen. Das bedeutet, Anstrengungen zu unternehmen, detailliert in die einzelnen Studieneinheiten hineinzuschauen. Ein auf die Konzeptpapiere reduzierter Blick genügt dabei nicht. Solche Konzeptionsbeschreibungen tragen nicht selten den Charakter von Werbeflyern, die das Produkt eines bestimmten Studiengangs zu verkaufen versuchen. Adressaten sind dabei Bildungspolitiker bzw. die öffentliche Hand, die überzeugt werden soll, öffentliche Mittel bereitzustellen, oder auch Studierende, die für ihr Studium bezahlen oder zumindest als quantitative Größe für die Bemessung der staatlichen Finanzen dienen.

Wer, wie der Autor, als Hochschullehrer, als aktives Mitglied in der Selbstverwaltung einer Universität in unterschiedlichen akademischen Funktionen und auch als Gutachter in Akkreditierungsverfahren Erfahrung gesammelt hat, weiß, wie solche Papiere – meist mit Hilfe eines erfahrenen akademischen Rates – verfasst werden. Dasselbe gilt für Verfahren zur Akkreditierung von Studiengängen. Zwischen dem, was da versprochen wird, und der späteren alltäglichen Praxis liegen oft Welten.

4. Die Schwierigkeit, aus den Hochschulen pädagogisch verwertbare Informationen zu erhalten

Wenn nun mal politisch in Richtung Bologna entschieden worden ist und das Rad der Geschichte nicht mehr zurückgedreht werden kann und soll, bleibt dennoch oder gerade deshalb die Notwendigkeit bestehen, den Ausbildungsprozess zu prüfen und darauf zu achten, mit welchen Mitteln versucht wird, dem Ziel einer kompetenzorientierten Ausbildung gerecht zu werden. Hier knüpft dieser Beitrag durch die Beschreibung von geeigneten Beispielen an. Ursprünglich war eine Eingrenzung auf die Auswahl von Beispielen aus Niedersachsen angedacht. Von den angeschriebenen drei niedersächsischen medizinischen Studieneinrichtungen kam jedoch auf meine Anfrage nach Informationen über eine kompetenzorientierte Medizinausbildung in deren Häusern keine Reaktion, obwohl ich in den einzelnen Anschreiben auf die Besonderheiten der einzelnen Fakultäten bzw. Hochschulen eingegangen bin und zudem durch meine jahrzehntelange Arbeit als Professor an der Uni Hannover und als mehrjähriger Dekan und Senator in der niedersächsischen Hochschullandschaft kein Unbekannter bin. Allerdings beschränkt sich mein Bekanntheitsgrad auf Disziplinen, die kaum etwas mit der Medizin zu tun haben.[3]

Für die Zurückhaltung der medizinischen Hochschuleinrichtungen können mehrere Gründe vermutet werden. Zum einen die Tatsache, dass Hochschulen ihre eigene Welt häufig gegen Einflüsse von außen abschotten, zum anderen aber auch, dass deren Leitungen nur sehr wenig über das wissen, was in der Lehre geschieht, also auf der Ebene, auf der überwiegend Kompetenz vermittelt wird. Dies kann durch aufwändige Recherchen ausgeglichen werden, die wiederum den guten Willen derer voraussetzen, die die Lehrveranstaltungen tatsächlich durchführen. Dies wiederum ist nur möglich, wenn der Forscher über ein Netzwerk von persönlichen Beziehungen zu denen verfügt, die die Lehre durchführen.

Ein anderer Grund liegt wohl darin, dass in Studiengängen die Vermittlung von Fachwissen schon aufgrund einer besseren Überprüf- und damit auch Bewertbarkeit im Vordergrund steht. Kompetenzen im Sinne einer Handlungsfähigkeit in offenen Situationen lassen sich dagegen nur schwer in Noten fassen. Zudem herrscht in den wissenschaftlichen Einrichtungen der Glaube vor, die Studierenden müssten so etwas als Persönlichkeitsmerkmal mitbringen, zumal ihnen die Hochschul*reife* attestiert wurde. Insofern erscheinen Kompetenzen im Sinne unserer Definition nicht als ein Feld, das gepflegt und zielgerichtet weiterentwickelt werden muss. Es festigt sich ein Defizit, das unglücklicherweise auch in einer späteren Rückschau nicht nach einer Korrektur verlangt. Das rührt daher, dass z.B. keiner der fertigen und im Beruf stehenden Ärzte das

3 Eine ähnliche Beobachtung konnte ich auch in einem anderen Zusammenhang anlässlich meines 2012 erschienenen Buches „Das Patientengespräch. Wege zur besseren Kommunikation zwischen Arzt und Patient" machen. Mein Versuch alle Dekane bzw. Studiendekane der medizinischen Fakultäten bzw. Hochschulen in Deutschland auf dieses Buch aufmerksam zu machen und Interesse für die Bedeutung der sozialkommunikativen Kompetenz von Ärzten zu wecken und zugleich meine Gesprächs- bzw. Kooperationsbereitschaft zu signalisieren, erzielte nicht die geringste Resonanz.

Gefühl hat, etwas, das außerhalb der fachlichen Kenntnisse liegt, nicht zu können.[4] Im Gegenteil: Die gesellschaftliche Anerkennung, die ihr Beruf mit sich bringt, nährt das Selbstbewusstsein. Wenn Defizite eingeräumt werden, dann hinsichtlich ihres Fachwissens, das ja ohnehin immer nach einer Auffrischung ruft, und das man durch ein entsprechendes Fachseminar auf den neuesten Stand bringen kann. Die Arbeit an der eigenen Person, die Quelle der Selbstorganisation als zentrales Element der Kompetenzentfaltung und -entwicklung ist, wird eher als unnötig betrachtet.

Darüber hinaus kann man sich des Eindrucks nicht erwehren, dass unter den universitären Disziplinen die Mediziner für sich einen Sonderstatus beanspruchen. Dies wird überwiegend von Absolventen anderer Studiengänge, wie z.B. Psychologen und Sozialwissenschaftlern, geäußert, die in medizindominierenden Institutionen arbeiten. Sie klagen häufig darüber, dass ihnen als Nichtmediziner die nötige kollegiale Anerkennung versagt wird. Dazu kommt noch die starke Hierarchie unter den Medizinern selbst, die häufig mit der Funktion innerhalb der Klinik-Kultur verknüpft ist. Die Distanz zwischen einem Professor und Klinikchef zu seinen Assistenten ist spürbar größer als die zwischen dem Leiter eines Soziologischen Instituts und seinen Mitarbeitern unter dem Dach einer Philosophischen Fakultät. Die besondere Kultur, die in Einrichtungen der wissenschaftlichen Medizin herrscht, wurde nicht zuletzt auch bei den Recherchen zu diesem Beitrag deutlich. So verhielten sich wissenschaftliche Mitarbeiter einem Interviewwunsch über die Gestaltung ihrer Studiengänge gegenüber zum Teil eher ablehnend, weil sie – das wurde erst später deutlich – die Genehmigung für solch einen Kontakt hätten einholen müssen.

5. Der Hoffnungsträger: Nationaler Kompetenzorientierter Lernzielkatalog Medizin (NKLM)

Vor dem zuvor beschriebenen Hintergrund blieben als verlässliche Informationsquellen vor allem die offiziellen Verlautbarungen von Institutionen und Organisationen, die sich gegenwärtig in einem hochschulpolitisch geregelten Verfahren um eine bundesweite Reform der Medizinstudiengänge kümmern. Für diesen Beitrag ist in erster Linie das Bemühen um den Nationalen kompetenzorientierten Lernzielkatalog Medizin von Belang, dessen Erarbeitungsprozess und vor allem die dabei erzielten Ergebnisse ins Netz gestellt und somit offiziell zugänglich sind. Die Arbeit an diesem bundeseinheitlichen Instrument dient zugleich den kontaktierten Institutionen als Begründung, über die eigenen gegenwärtigen Bemühungen um eine stärkere kompetenzorientierte Ausbildung selbst keine Auskunft zu geben. Die Zwischenergebnisse wurden auf einer Informationsveranstaltung der Gesellschaft für Medizinische Ausbildung (GMA), dem Medizinischen Fakultäten Tag (MFT) und der Arbeitsgemeinschaft der Wissenschaftlichen Medizinischen Fachgesellschaften (AWMF) am 19. April 2013 in

4 Dies trifft auch auf andere hochprofessionelle Berufsgruppen zu, wie z.B. Anwälte.

Berlin vorgestellt und per Internet der Öffentlichkeit zugänglich gemacht. Diese Präsentation dient als Quelle für die nachfolgende Zusammenfassung.

Als bildungspolitischer Hintergrund werden u.a. die Vorgaben des Wissenschaftsrates zur Qualitätssicherung von Lehre und Studium (2008) und des Hochschulausschusses der KMK (2009) benannt und es wird zugleich auf rechtliche und inhaltliche Referenzrahmen der EU zur europaweiten Anerkennung von Berufsabschlüssen verwiesen.

Vor diesem Hintergrund haben MFT und GMA die Entwicklung eines Kerncurriculums bis zur Approbation beschlossen, für die eine Lenkungsgruppe eingerichtet wurde, deren Aufgabe es ist, einen solchen Lernzielkatalog als Entwurf zu erarbeiten. Über diesen soll dann das MFT-Präsidium abschließend entscheiden. Dieser Lernzielkatalog soll nicht statisch sein, sondern Freiheiten für eine individuelle Schwerpunktsetzung ermöglichen. Bis Sommer 2014 soll der gesamte Prozess der Erstellung und Legitimierung des Katalogs abgeschlossen sein.

6. Zum grundlegenden Kompetenz-Verständnis im NKLM

Kompetenzen werden verstanden als „verfügbare kognitive und praktische Fähigkeiten zur Problemlösung sowie damit verbundenen Einstellungen, um diese erfolgreich einzusetzen."[5] Dabei wird differenziert in verschiedene Kompetenzrollen und Teilkompetenzen, die den 7 CanMEDS-Rollen der WBO entsprechen,[6] und zwar in:

- Medizinischer Experte
- Gelehrter
- Kommunikator
- Mitglied eines Teams
- Gesundheitsberater und und -fürsprecher
- Verantwortungsträger und Manager
- Professionell Handelnder[7]

Eine weitere Strukturierungshilfe erfolgt durch die Benennung unterschiedlicher Kompetenzebenen. Diese lauten skizzenhaft:

- selbständig situationsadäquat und in Kenntnis der Konsequenzen durchführen
- unter Anleitung durchführen und demonstrieren
- Handlungs- und Begründungswissen
- Faktenwissen

Hier wird ein umfassenderes Verständnis von Kompetenz erkennbar, das, wenn wir von einem Taxonomie-Modell ausgehen, schon Stufen mit umfasst, die als Vorstufen bzw. Voraussetzungen für das Zeigen von Kompetenz gelten können. Zur Präzisierung

5 Präsentation vom 19.04.2013.
6 Deren Übersetzung ist nachzulesen in: Heyse und Schircks (2012), S. 81.
7 Präsentation vom 19.04.2013.

dieser Feststellung erscheint ein Rückgriff auf die Bloom'sche Lernziel-Taxonomie aus der pädagogischen Lernzieldiskussion der 70er Jahre hilfreich.

7. Der Versuch, zwischen Lernzieldefinition und Kompetenzorientierung eine grundsätzliche Sprachverständigung herbeizuführen.

Für die kognitiven Lernziele[8] unterscheidet Bloom von unten nach oben aufsteigende Stufen, die wie folgt gekennzeichnet werden können:

- 6. *Bewerten*: Beurteilen, Werten, Abschätzen
- 5. *Synthese*: Planen, Folgerungen ziehen, Entscheiden, Ableiten, Neues erdenken
- 4. *Analyse*: Ermitteln, Herausstellen, Unterscheiden,
- 3. *Anwendung*: Berechnen, Aufstellen, Ordnen, Abläufe abarbeiten, Regeln befolgen
- 2. *Verstehen*: Übersetzen, Interpretieren, Erklären,
- 1. *Wissen*: Wiedergeben, Aufsagen, Nennen

Die Komplexität der kognitiven Leistung nimmt dabei von Stufe zu Stufe immer weiter zu. Dabei sind für die kognitiven Leistungen jeweils die darunter liegenden die Voraussetzung. Eine Syntheseleistung setzt also jeweils Fähigkeiten der Analyse, der Anwendung, des Verstehens und auch des Wissens voraus. Allerdings kann man erst ab der zweiten Stufe von intellektueller Fähigkeit sprechen. Das reine Wiederholen von Gelesenem oder Gehörtem gehört noch nicht dazu. Ein „papageienhaftes Nachplappern" ist noch keine Leistung, in die der Intellekt einbezogen ist.

Erst ab der zweiten Stufe, also der des *Verstehens,* werden Ergebnisse von intellektuellen Prozessen erkennbar. Sie kommen z.B. zum Ausdruck, indem jemand das Gehörte mit eigenen Worten wiedergibt.

Auf der Stufe der *Anwendung* wird das Verstehen dann mit bestehenden Algorithmen verknüpft. Die intellektuelle Leistung besteht darin, bei einem Problem z.B. zu eruieren, welcher standardisierte Weg zur Lösung dieses Problems passt. Insofern ist diese Leistung noch als Routinehandeln zu verorten.

Auf der Stufe der *Analyse* ist wohl die Ebene erreicht, die nach diesem Ordnungssystem Kompetenzen abzurufen beginnt. Wo genau, wird besser eingrenzbar sein, wenn wir uns vergegenwärtigen, welche Gedankenoperationen wir bei einer Analyse unternehmen. „Analyse bezeichnet das Zergliedern eines Ganzen in einzelne Bestandteile, das Aufzeigen der Beziehungen unter diesen einzelnen Bestandteilen und das Erfassen der Bedeutung der einzelnen Bestandteile und der Beziehung unter diesen für das Ganze." (Dahms & Schäffner, 1981, S. 122)

Dort, wo also die Analyse über das reine Zergliedern hinausgeht und die Bedeutung der Einzelteile untereinander und für das Ganze zum Thema wird, ist die Grund-

8 Die psychomotorischen und affektiven werden im Zusammenhang der Auseinandersetzung mit der intellektuellen Durchdringung hier zunächst außer Acht gelassen.

lage dafür gelegt, in einem nächsten Schritt auf der Ebene der *Synthese* neue Gestaltungsformen zu kreieren, indem man die einzelnen Elemente verändert oder sie neu zueinander ordnet. Genau auf dieser Ebene vollziehen sich Prozesse, die schwerpunktmäßig Kompetenzhandeln erfordern. Wenn es dabei um die Bewältigung von Aufgaben geht, handelt es sich um offene, weil neue bzw. neu zu schaffende Situationen, in denen man sich zurechtfinden und lösungsorientiert handeln muss. Und genau dort sind entsprechend der anfänglich entfalteten Definition Kompetenzen gefragt.

Die Stufe der *Bewertung* stellt die höchste Ausprägung der kognitiven Komplexität in diesem Modell dar. Hier wird das Ergebnis der Syntheseleistung nochmals einer Analyse vor dem Hintergrund eines Maßstabes unterzogen. Maßstäbe könnten im ärztlichen Bereich z.B. sein: die kurzfristige Wirkung, die Nachhaltigkeit, der Aufwand oder das Verhältnis dieser Kriterien zueinander.

Deutlich wird, dass Wissen selbst noch keine Kompetenz ist. Aber auch die schriftliche oder mündliche Wiedergabe eines erworbenen Wissensbestandes, so umfangreich dieser auch sein mag, ist noch kein Nachweis für eine Kompetenz im Sinne unserer Definition. Wohl aber ein Nachweis dafür, dass die faktenbasierten Grundlagen dafür gegeben sind, also dass die Voraussetzungen dafür zur Verfügung stehen, dass das Handeln selbst auf einer fachlich gesicherten Grundlage erfolgen **kann.** Diese Einschränkung, dass das Wissen die Möglichkeit eröffnet, fachlich richtig zu handeln, es aber noch nicht zwangsläufig garantiert, wird auch durch Erfahrungen gedeckt. In der Arbeitswelt und darüber hinaus in einer Vielfalt anderer Lebensbereiche können wir beobachten, wie Menschen von einem vorgeschriebenen auf Wissen aufbauendem Weg abweichen, um das eigentliche Ziel ihres Handelns in gutem Sinne zu erreichen. Wissen und Handeln sind also nur begrenzt deckungsgleich. Dies liegt wohl in erster Linie darin, dass Handeln sich in komplexeren Situationen und Zusammenhängen vollzieht, als in vermittelbaren „Wissens-Portionen“ abgebildet und damit gelehrt und gelernt werden kann. Insofern sind Lernziele, wenn sie ihr Eigenleben innerhalb einer Bildungsinstitution führen und innerhalb der Mauern solcher Institutionen auf ihre Erreichung überprüft werden, durch den Nachweis von Kompetenzen zu unterscheiden, die erst in konkreten Handlungssituationen gezeigt werden können. Dies lässt erahnen, wie begrenzt die Aussagekraft von Lernkontrollen ist, die z.B. auf einem Multiple-Choice-Verfahren aufbauen. Insofern ist die Art und Weise, wie die Lern- und auch Prüfungssettings gestaltet sind, für den Erwerb und auch den Nachweis von Kompetenzen von großer Bedeutung. Allerdings muss warnend hinzugefügt werden, dass dadurch die Möglichkeit, etwas eindeutig richtig oder falsch bewerten zu können, erheblich eingeschränkt wird. Das Urteil richtig oder falsch wird abgelöst werden müssen durch ein „passend“ oder „weniger passend“ sowohl für den Handelnden, also den Arzt, als auch für das Zielobjekts des Handelns, also den Patienten. Dabei ist dieses „passend“ oder „weniger passend“ kein justiziables Urteil, das in einer Zensur festgeschrieben werden kann. Im Grunde genommen ist dies nur in einer späteren langjährigen Berufspraxis durch die Akteure Arzt und Patient feststellbar. Einer Bildungsinstitution, wie die einer medizinischen Fakultät, sind solche Möglichkeiten verwehrt, wenn sie Menschen mit der akademisch zertifizierten Prognose entlässt, deren Erfüllung sie selbst nicht mehr fundiert überprüfen kann. Insofern ist es wichtig, den angehenden Ärzten die Chance zu eröffnen, ein breites Repertoire an Handlungsmöglichkeiten zu entwickeln und dies einer Beobachtung durch Dritte, d.h. ihren Kommilitonen und auch ihren Lehrenden, zur Beobachtung zu öffnen. Wenn die universitären Einrichtungen andererseits der ihnen von der Gesellschaft zugewiesenen Selektionsaufgabe gerecht werden wollen, müssen sie dieses Urteil durch eindeutig überprüfbare Lernziele absichern, zumal die von ihnen getroffene Selektion über die Vergabe von Berufs- und damit Lebenschancen entscheidet. Dafür gilt unter Gerechtigkeitskriterien nicht die Differenzierung in „mehr oder weniger passend", sondern eher in richtig oder falsch. Insofern scheint es angebracht zu sein, innerhalb eines Curriculums für die Ausbildung von Ärzten sowohl Lernziele als auch zu erwerbende Kompetenzen zu definieren.

Deshalb ist es nachvollziehbar, dass in dem Zwischenbericht zur Erstellung eines Nationalen Kompetenzorientierten Lernzielkatalogs Beispiele dokumentiert werden, in denen Kompetenzen und Lernziele in einer Rubrik zusammengefasst sind bzw. werden sollten.

8. Lernzielbeispiele aus dem NKLM

Zur Verdeutlichung, was dieser Lernzielkatalog der Mediziner leisten kann, soll nachfolgend eine Auswahl von Beispielen skizziert werden:

Lernziel

10.7 Die Absolventin und der Absolvent nutzen die rationale Entscheidungsfindung.

10.7.1 Sie nutzen die Informationstechnologie (IT) zur Beschaffung und Transferierung von Informationen sowie zur Dokumentation von Behandlungsprozessen.

10.7.1.1 Sie können für einen individuellen Patienten umfängliche Recherchen über Probleme seines Krankheitsbildes – auch unter Nutzung der Prinzipien der evidenzbasierten Medizin (EBM) beispielhaft durchführen und präsentieren.

14c.6 Die Absolventin und der Absolvent reflektieren die spezifischen Anforderungen der mündlichen, schriftlichen und elektronischen sowie der öffentlichen Kommunikation und interagieren kontextspezifisch.

14c.6.3. Sie beherrschen und reflektieren den Umgang mit medizinischen Informationstechnologien.

14c.6.3.1 Sie können patientenspezifische Informationen aus der klinischen Datenbank abrufen.

146.6.3.2 Sie können elektronische Patientenakten führen sowie Systeme zur Medikamentenverordnung und zur Überweisung anwenden.

14b.5 Die Absolventin und der Absolvent wenden patientennahe therapeutische Kompetenzen situativ adäquat und in einer für die Patienten respektvollen Weise an.

14b.5.2 Sie wenden patientennahe therapeutische Kompetenzen in Bezug auf das Herz-/Kreislaufsystem situativ adäquat und in einer für die Patienten respektvollen Weise an.

14b.5.2.1 Ein 12-Kanal-EKG ableiten.

Im Wesentlichen bleibt der Lernzielkatalog wenigstens in den hier zitierten Auszügen auf der Ebene der Anwendung stehen, wenn wir die Bloom'sche Begrifflichkeit zu Hilfe ziehen. Die Begriffe „nutzen", „durchführen", „abrufen" und „anwenden" machen dies unmissverständlich deutlich. Damit signalisieren die formulierten Lernziele aber noch nicht den Anspruch auf kompetentes Handeln im Sinne unserer Definition. Dort, wo ein *kontextspezifisches Interagieren* als Ziel benannt oder auf den *individuellen Patienten mit seinem Krankheitsbild* verwiesen wird, wird kompetentes Handeln allerdings angedeutet, genauso wie bei der *situativ adäquaten und respektvollen Weise*, in der eine *patientennahe* Therapie durchgeführt werden soll.

In einer ersten Beurteilung dessen, was uns gegenwärtig an Informationen vorliegt, kann man festhalten, dass der NKLM in der bisherigen Fassung einen kleinen Schritt in die richtige Richtung geht. Dem Katalog das pädagogische Qualitätssiegel „kompetenzorientiert" zu verleihen, wäre allerding nicht gerechtfertigt. Kompetenzorientiert wäre er erst, wenn es unter hochschuldidaktischen Gesichtspunkten nicht primär um die Vermittlung eines Sachverhaltes ginge, den man als richtig oder falsch bewerten kann, sondern darum, es den späteren Ärztinnen und Ärzten während ihrer Ausbildung schon zu ermöglichen, ein Spektrum an Handlungsmöglichkeiten kennen und anwenden zu lernen. Diese Handlungsmöglichkeiten sollten der jeweils besonderen Situation und den besonderen Patientenindividuen gerecht werden und dabei den individuellen Möglichkeiten der zukünftigen Ärzte angemessen sein. Insofern ist es wichtig, dass den Studierenden die Möglichkeit gegeben wird, auszuprobieren, welche Handlungsweisen zu ihnen persönlich passen.

9. Ein gutes Beispiel

Bildungspolitische Deklarationen, die eine kompetenzorientierte Ausbildung verheißen, sind wichtig. Auch die Abstimmungsprozesse, die zu einem nationalen kompetenzorientierten Lernzielkatalog führen, haben ihren Wert, da sie eine Legitimationsbasis für ein reformorientiertes Handeln darstellen. Wichtiger allerdings als öffentliche Erklärungen und die Produktion von Katalogen ist die Umsetzung vor Ort, dort wo Lehrende und Studierende aufeinandertreffen. Und hier sind vor allem die Lehrenden in der Pflicht. Ihre didaktische Kompetenz entscheidet, ob eine kompetenzorientierte Ausbildung ihrem selbstgewählten Anspruch genügt. Ein entsprechendes Urteil kann man sich nur bilden, wenn man die meso- und mikrodidaktischen Aktivitäten der Lehrenden betrachtet und dabei vor allem die Wirkung auf die Studierenden nicht vergisst.

Als Beispiel wird die Lehrveranstaltung eines Lehrbeauftragten der MHH herangezogen. Dieser mittlerweile siebzigjährige Allgemeinmediziner, der seit vielen Jahren in Hannover eine Praxis hat, führt im Rahmen der interdisziplinären „Brustkrebswoche" eine Lehrveranstaltung mit zwei Sitzungen durch, in denen es um die Kommunikation des Arztes mit seinen Patienten geht. Im Zentrum steht die Frage, wie eine schlechte Nachricht zu überbringen ist. Der Lehrbeauftragte bedient sich dabei nicht der anscheinend öffentlichkeitswirksamen Methode, dies mit Schauspiel-Patienten zu simulieren. Er wendet vielmehr ein Methodenset an, in dem kognitive Prozesse und beobachtbare Praxis miteinander verknüpft werden.

Die Studierenden beginnen mit einer kurzen Einzelarbeit, bei der sie Situationen einfangen und dabei schriftlich festhalten, wie es ihnen oder einem ihnen Nahestehenden ergangen ist, als sie/er vom Arzt mit einer schlechten Nachricht konfrontiert wurde/n. Nach einem kurzen Austausch erstellen sie in Gruppen je ein Plakat, auf dem sie zusammenfassen, wie ein guter Arzt eine solche Nachricht vermitteln sollte. Eine Gruppe beginnt mit der Vorstellung ihres Plakates. Die anderen Gruppen können Ergänzungen anbringen, auf eine Vorstellung jedes einzelnen Plakates wird bewusst verzichtet. Erstens, um keine Langweile durch Redundanz aufkommen zu lassen, zweitens um die Aufmerksamkeit der nicht präsentierenden Gruppen auf die Inhalte des Vorgestellten zu konzentrieren; es handelt sich also um eine Übung zum aktiven Zuhören. In einem nächsten Schritt bereiten die Gruppen vor dem Hintergrund eines skizzierten Falles ein Gespräch mit verteilten Rollen (Arzt und Patient) vor, das innerhalb der Kleingruppe kurz „angespielt" wird. Es wird hier bewusst auf eine Rollenspiel-Präsentation vor dem Plenum verzichtet,[9] um dem theatralischen Auftritt vor Publikum nicht den Vorrang vor der konzentrierten inhaltlichen Diskussion zu geben. Man bleibt in seiner Kleingruppe und tauscht sich neben den anderen Kleingruppen in moderater Form aus.

In einer zweiten Sitzung wird ein Patient oder eine betroffene Patientin eingeladen und befragt, wie er oder sie mit der Diagnose Krebs umgegangen ist. Dem Argument, das für die Einbeziehung von Schauspiel-Patienten angeführt wird, hier keine Intimsphäre zu verletzen bzw. die Betroffenheit der Patienten wieder aufleben zu lassen, wird die Intention entgegengesetzt, gerade diese Betroffenheit zu berücksichtigen, denn sie bestimmt den späteren Berufsalltag in vergleichbaren Situationen. Hier

9 Ein Verzicht ist sinnvoll, wie die Erfahrungen des Autors bei einer Vielzahl von Managementseminaren nahelegen, denn das Rollenspiel gewinnt als Spiel und nicht als Simulation von Wirklichkeit an Bedeutung und verselbständigt sich damit. Es gewinnt die Bedeutung einer legitimen Auszeit von einem möglicherweise langweiligen Frontalunterricht und wird eher unter schauspielerischen Kriterien und denen eines kreativen und damit überraschenden Agierens gewertet als unter dem Kriterium der Umsetzung zuvor gelernter Regeln und Abläufe. Gerade ein solch falsches Verständnis von der Funktion von Rollenspielen weist deren Handhabung eine Spaßfunktion zu, die nach meinen eigenen Erfahrungen überraschenderweise gerade von Technikern und Naturwissenschaftlern unter den Führungskräften geliebt werden.

bedarf es des Fingerspitzengefühls des Lehrenden bei der Auswahl der „richtigen" Patientinnen und Patienten. Einen Aspekt sollte man jedoch bei der personellen Auswahl unbedingt berücksichtigen. Unter den Betroffenen bildet sich häufig eine Gruppe von „Kranken-Profis" heraus, die sich von Veranstaltung zu Veranstaltung, von Podiumsdiskussion zu Podiumsdiskussion herumreichen lassen und z.T. eine Art Funktionärshaltung eingenommen haben und das Gefühl der eigenen Betroffenheit nicht mehr authentisch zu vermitteln vermögen. Also auch solch eine möglicherweise für marginal gehaltene Auswahl der richtigen Gäste ist eine didaktische Entscheidung im Kleinen, die nicht ohne Auswirkung bleibt.

Hat man den geeigneten Patienten gefunden, stellt sich die Frage, wie die Studierenden an dessen Erfahrungen partizipieren können. Der Lehrbeauftragte wählte in der vom Autor beobachteten Lehrveranstaltung dafür folgenden Weg.

Der Patient wurde kurz vorgestellt und seine Erkrankung skizziert. Die Studierenden erhielten den Auftrag, drei Fragen aufzuschreiben, die sie an den Patienten richten mochten. Anschließend wurden Dreier-Gruppen gebildet, die aus den gesammelten neun Fragen sechs auswählen sollten, die von allen als wichtig erachtet wurden. Gerade die Reduktion der Fragen auf die, die vordringlich von den Gruppenmitgliedern gestellt werden, ist eine Herausforderung, die einen Anstoß zu einer inhaltlichen Diskussion darstellt und dabei noch das kommunikative Postulat „sei Hebamme und nicht Missionar" zur Geltung bringen soll. Konkret bedeutet dies, sich auf das Fragen als zentrales Moment der Kommunikation mit dem Patienten einzustellen. Was hier also zunächst als ein schlichter Arbeitsauftrag erscheint, entpuppt sich in der präzisen Analyse seiner Formulierung als ein mikrodidaktisches Moment mit einer nicht zu unterschätzenden Wirkung, zumal es sowohl die generelle Bedeutung einer gezielten Vorbereitung hervorhebt als auch die Sensibilität für die richtige Formulierung der Fragen trainiert.

In einem nächsten Schritt sollte pro Gruppe je ein Vertreter benannt werden, um zusammen mit den anderen die ausgewählten Fragen auf einer Pinnwand zu strukturieren. Die restlichen Mitglieder des Plenums blieben während dieser Phase weitgehend „arbeitslos". Was unter Gesichtspunkten einer stringenten Lernzielorientierung als Sündenfall erscheinen mag, entfaltet sich, wie ich selbst beobachten konnte, als ein Glücksfall.

Die „arbeitslosen" Teilnehmer entdeckten für sich umgehend die Chance zu einer Selbstorganisation, indem sie, die als Erstsemester bislang kaum Kontakt zueinander hatten, sich untereinander bekannt machten. Unterstützt wurde dieser Prozess durch die Vorgabe des Dozenten, der die Studierenden aufforderte, sich ein gut lesbares Namensschild zu fertigen, also keines der üblichen, die an das Revers geheftet und nur schwer zu entziffern sind. Allein durch eine so simple organisatorische Anleitung, die das namentliche Ansprechen erleichterte, wurde der persönliche Austausch untereinander gefördert. Als die Strukturierung an der Pinnwand durch die Vertreter der Gruppen abgeschlossen war, konnte jeder eine Frage auswählen, mit der man sich im Plenum intensiver auseinandersetzte. Ein weiterer diskussionsfördernder Zwischenschritt könnte zusätzlich darin bestehen, dass man die aufgelisteten Fragen gemeinsam einem Ranking unterzieht.

Deutlich wird, dass kompetenzfördernde Maßnahmen ihre Wirkung nicht aus Konferenzen, politischen Abstimmungsprozessen, ministeriellen Vorgaben oder Stellungnahmen von irgendwelchen Berufsverbänden oder vergleichbaren Standesorganisationen entfalten, sondern durch konkrete Impulse in den Lehrsequenzen selbst. Politische Vorgaben sind hilfreich, weil sie Handlungsanstöße geben oder Mut machen, etwas zu tun. Doch auch die Einrichtungen von Lehrkliniken oder „Skills Labs", wie z.B. an der Medizinischen Hochschule Hannover,[10] schaffen lediglich Voraussetzungen für eine gute Ausbildung. Dass dieses Potenzial dann genutzt wird, liegt in der Hand der Lehrenden. Ihre pädagogische Kunst ist es, die gefordert wird. Dieses Geschick lässt sich dabei nicht auf spezifische Techniken reduzieren, die erlernbar sind, es muss in einem Grundverständnis begründet sein, das auf die Förderung von Kompetenzen abzielt. Lehre darf dabei nicht als ein Nebenprodukt einer fachlichen Auseinandersetzung verstanden werden und die Arbeit des Lehrers oder Professors nicht als primäre Stoffvermittlung, bei der Fragen als Störungen betrachtet werden, die einen daran hindern, *mit dem vorgeschriebenen Stoff durchzukommen* – allein diese Formulierung ist ein deutliches Indiz für ein falsches Verständnis von Lehre, weil es nicht darauf abzielt, Kompetenzen zu fördern, sondern sich auf die bloße Weitergabe eines Stoffkanons beschränkt.

In der Diskussion über die schulische Ausbildung wird in regelmäßigen Abständen (vor allem in populärwissenschaftlichen Organen) immer wieder und völlig zu Recht auf die Bedeutung des Lehrers auch in seiner Wirkung als Persönlichkeit verwiesen. So wird in der GEO vom Februar 2011 die Bedeutung des Lehrers folgendermaßen auf den Punkt gebracht. „Die Bildungschancen unserer Kinder hängen nicht von der nächsten Schulreform ab. Nicht von der Klassenstärke, nicht von der Ausstattung des Chemielabors, nicht vom gestrichenen 13. Schuljahr. Was wirklich zählt, sind die Menschen, die vor der Tafel stehen. Warum reden wir viel zu wenig darüber, wie entscheidend jeder Lehrer ist? Und dass dieser Beruf die Besten der Besten anlocken sollte."

Als Beweis und Vorbild zugleich wird ein Versuch aus Schweden angeführt, in dem eine der am schlechtesten bewerteten Klassen (in einem schwedischen Ranking) durch ein Team von acht „Superlehrern" innerhalb von fünf Monaten unter die drei am besten bewerteten Klassen geführt wurde. Und als Quintessenz wurde hervorgehoben, dass ein guter Lehrer nicht nur durch ein gutes Fachwissen überzeugt, sondern vor al-

---

10 Es handelt sich um spezielle Räumlichkeiten, in denen labormäßig gelernt werden kann, wie man EKGs macht oder sonographische Untersuchungen durchführt. Auch für die Simulation von Gesprächen im Arztzimmer oder am Krankenbett wird eine entsprechende „Labor"-Ausstattung vorgehalten und durch eine Einwegscheibe für die Studierenden und Lehrende beobachtbar gemacht.

lem auch durch seine Persönlichkeit und schließlich auch durch die Fähigkeit, seine Schüler zu begeistern.

Man könnte meinen, dass Medizinstudenten weniger Motivationsschübe brauchen als ein pubertierender 14-Jähriger. Aber hinsichtlich der Priorität, die eher rationales Denken beinhaltet, muss die Bedeutung der pädagogischen Bemühungen immer wieder betont werden, zumal dies im medizinischen Curriculum anscheinend keine besondere Rolle spielt. Wenn möglicherweise die Begeisterung bei Studierenden nicht mehr die gleiche Rolle spielt wie bei Schülern, bleibt doch die Notwendigkeit, die Schutzbefohlenen in die Selbstständigkeit zu führen. Dies heißt loslassen, und loslassen *können* fordert eine erhebliche Persönlichkeitsleistung. Eingeschlossen in die Persönlichkeitsleistung ist die Auseinandersetzung mit Feedback. Für den von mir beobachteten Lehrbeauftragten ist es eine Selbstverständlichkeit, von seinen Studierenden Feedback einzuholen, und zwar zeitnah, d.h. unmittelbar am Seminarende. Nur so ist seiner Meinung nach eine rechtzeitige Korrektur seiner didaktischen Maßnahmen möglich. Nun, eine Rückmeldung von den Teilnehmern einer Bildungsmaßnahme einzuholen, gehört mittlerweile durchaus zum Standard, so auch im Feld der betrieblichen Weiterbildung. Die Ergebnisse werden dann auch in Zahlen ausgedrückt und z.T. öffentlich gemacht. Was fehlt, ist die Rückmeldung von Kollegen. Die Türe zum Klassen- bzw. Seminarraum zuzumachen, gehört immer noch zu einer Selbstverständlichkeit im pädagogischen Tun. Gute Lehrende vermissen dies ausdrücklich, zumal sie durch solch einen kollegialen Austausch versprechen, ihr Repertoire an didaktischen Einfällen erhöhen zu können. Zu diesen gehört der von mir beobachtete Lehrbeauftragte, der seine Lehrveranstaltungen trotz seines Berufes als Hausarztes sehr ernst nimmt. Wie sehr, zeigt die Tatsache, dass er schon seit einigen Jahren ein regelmäßiges Coaching durch eine Expertin für Erwachsenenbildung aus dem ehemals gleichnamigen Institut der Universität Hannover in Anspruch nimmt. Dass er im Oktober 2013, also dem Monat, in dem das Manuskript für diesen Buchbeitrag fertiggestellt wurde, von der Gesellschaft der Hochschullehrer für Allgemeinmedizin mit dem „Preis für vorbildliche Lehre in der Allgemeinmedizin" ausgezeichnet wurde, ist eine berechtigte Würdigung seiner Arbeit, eine Bestätigung für die Bedeutung einer kompetenzorientierten Ausbildung und letztendlich eine Hoffnung, dass solches auch bemerkt wird und damit auch gesellschaftliche Wirkung entfalten kann.

10. Auch so kann man es machen: ein weiteres Beispiel

Das hier beschriebene Beispiel ist stimmig, wenn es darum geht, zu verdeutlichen, was man unter Kompetenz versteht und wie man Prozesse unterstützen kann, diese zu entwickeln. Es birgt allerdings die Gefahr, den Bemühungen Vorschub zu leisten, das Thema Kompetenz in die „Soft-Ecke" zu drängen. Kaum jemand wird der Behauptung widersprechen, dass soziale Situationen offen und komplex sind und von daher kompetentes Handeln erfordern. Auch ein Arzt wird dies seinen Helferinnen oder dem Pflegepersonal zugestehen und lobend darauf hinweisen, was sie auf diesem Felde alles leisten würden. Für den Berufsalltag der Ärzte wird die Notwendigkeit, über solche Kompetenzen zu verfügen, für einzelne Situationen, wie die des Überbringens einer schlechten Botschaft eingeräumt. Im Grund genommen stehen jedoch solche Themen im Schatten des sonstigen fachlichen Tuns und nehmen auch in der Medizinerausbildung nur einen Nischenraum ein. Üblicherweise wird die Gesprächsführung in die Institute für Medizinische Psychologie verlagert oder, wie das obige Beispiel zeigt, innerhalb eines thematisch definierten Krankheitsbildes, wie z.B. Brustkrebs, verborgen. In die KODE®-Begrifflichkeit übersetzt bedeutet das, eine Verortung in den Feldern S und P[11] innerhalb des Kompetenzatlas. Insofern ist es, um der Bedeutung einer kompetenzorientierten Ausbildung gerecht zu werden, unbedingt wichtig, Kompetenzanforderungen auf den Feldern F und A[12] zu identifizieren und möglichst auch mit den Kompetenzfeldern S und P zu verknüpfen. Also aufzuzeigen, wo kompetentes fachlich fundiertes Agieren geradezu existenziell notwendig ist, um überhaupt sozial- und personalkompetent handeln zu können.

Als besonders geeignet scheint dafür ein Fall in einer zunächst eher belletristisch erscheinenden Darstellung von Krankengeschichten von Reinhard Brunkhorst, in denen der Arzt als ein wesentlicher Protagonist erscheint. Es handelt sich dabei um das Kapitel „Sprossen" (Brunkhorst, 2013) und damit um einen Fall, der sich durch seine hohe Komplexität genauso auszeichnet wie durch seine enorme Dramatik, die es den Akteuren nicht erlaubt, sich auf der gelungenen Analyse einer Krankheit und deren Entstehung auszuruhen, sondern sie vor dem Hintergrund der offenen und von Unsicherheit geprägten Situation geradezu zum Handeln zwingt. Dieses Handeln findet zugleich unter Rahmenbedingungen statt, die formal durch eine Hierarchie sowohl in der Entscheidungsbefugnis als auch in der damit verbundenen Übernahme von Verantwortung durch den Chef gekennzeichnet ist, aber auch durch das Angewiesen-Sein, diese Verantwortung mit den Mitarbeitern zu teilen oder zeitweilig sogar abzugeben.

Es geht dabei um die EHEC-Katastrophe, in der Brunkhorst eine zentrale Rolle eingenommen hat und die seinem Team eine außergewöhnliche öffentliche Aufmerksamkeit hat zukommen lassen. Er thematisiert zunächst die Fähigkeit, umfassend managen zu können, d.h. Sachen und Personen zur Lösung eines Problems zusammenzubringen – also im KODE®-Sinne Fach- und Handlungskompetenz miteinander zu vereinen. Dort, wo es um das Schicksal der einzelnen Kranken selbst ging, die nach der Identifizierung der Ursachen der EHEC-Erkrankung und nach dem ersten Aufatmen in seine Klinik aufgenommen wurden, war wiederum seine Personalkompetenz gefragt, zum einen seinen Mitarbeiterinnen und Mitarbeitern, d.h. seinen Oberärzten und Assistenten gegenüber, denen er sein Vertrauen in ihre Leistung durch zeitweiliges Delegieren ausdrücken musste, als auch den Patienten und deren Angehörigen gegenüber, denen er sich als vertrauenswürdige Person in einer besonderen sozialen Situation durch angemessenes Verhalten erweisen musste.

11 S heißt sozialkommunikative Kompetenz, P heißt Personalkompetenz.
12 F heißt Fachkompetenz, A heißt Aktivitäts- und Handlungskompetenz.

Zum besseren Verständnis des Falles und der von mir vorgenommenen Einordnung in die Kompetenzbegrifflichkeit soll der Fall und die Rolle, die Reinhard Brunkhorst darin einnahm, kurz skizziert werden.

Das Kapitel „Sprossen" beginnt mit der eher harmlos erscheinenden Erzählung einer Alltagssituation. Zwei Paare essen unabhängig voneinander Salate mit Sprossen, das eine Paar auf dem Campingplatz, das andere in einem Lokal nördlich von Hannover. Sie geraten in ein Katastrophenszenario, das 2011 Norddeutschland heimsuchte, und wurden Betroffene der sich abzeichnenden EHEC-Epidemie (mit knapp 4000 Erkrankten, davon über 800 schwer und insgesamt 53 Toten), als deren wahrscheinliche Auslöser aus Ägypten importierte Bockshornkleesamen identifiziert wurden. Dabei wurde deutlich, wie wichtig es ist – und Brunkhorst hat dies an anderer Stelle wieder aufgegriffen –, dass Patienten in der Lage sind, die Rahmenbedingungen, unter denen sie sich infiziert haben, auch wenn sie zunächst noch belanglos erscheinen, erinnernd zu rekonstruieren.

Brunkhorst stellt die Maßnahmen dar, mit deren Hilfe man die zur Verfügung stehenden oder noch gezielt einzuholenden Informationen über die konkreten in seiner Klinik liegenden Fälle hinaus zusammentragen konnte. Hierzu richtete er mit seinem Team u.a. eine Telefon-Hotline ein, die Tag und Nacht betreut und zu großen Telefonkonferenzen genutzt wurde, auf der Therapiehinweise immer wieder neu erarbeitet und anschließend online gestellt wurden. Es wurde ein Online-Register für Therapieversuche eingerichtet, ein völliges Novum im Zusammenhang mit einer derartigen Krisensituationen. Hier ist der Arzt als Manager gefragt, der den Willen hat, über seinen Job als Chefarzt seiner Klinik hinaus aktiv zu werden. Damit ist ein wichtiger Aspekt unseres Verständnisses von Kompetenz abgedeckt, die neben den Fähigkeiten zu handeln auch durch die Bereitschaft, dies zu tun, definiert wird. Dass Brunkhorst neben seiner Funktion als Chefarzt zweier Kliniken auch Vorsitzender der deutschen Nephrologen ist, ist ein weiteres Indiz dafür, Bereitschaft zum Handeln zu zeigen und damit auch Verantwortung zu übernehmen. Insofern sind solche Verbands-Funktionen nicht als leidige Abwesenheit vom Krankenbett zu diskreditieren. Sie sind vielmehr Bestandteile von Strategien, um das, was man im Gesundheitsbereich tun sollte, durch entsprechende Strukturen abzusichern.

Während im ersten Teil des Falles „Sprossen" der Krisenmanager mitsamt der Kompetenzen, die dafür erforderlich sind, thematisiert wird, rückt im zweiten, umfangreicheren Teil das ärztliche Handeln am Krankbett und in den ärztlichen Besprechungsräumen in den Blickpunkt. Hier wird deutlich, wie vielfältig die Kompetenzen sind, die im Kontakt zu den Schwerkranken gefordert werden, als auch die fachlichen Entscheidungen, die bei den Therapieversuchen anstehen, zumal es hier nicht um ein Routinehandeln geht, sondern um die Frage, welcher Weg mit welchen Therapieschritten in welcher Reihenfolge gegangen wird, und wie diese Entscheidungen innerhalb des Kollegenkreises und auch nach außen hin dem Patienten und seinen Angehörigen gegenüber kommuniziert werden. Wenn man die anstehenden Entscheidungen, die von Brunkhorst geschildert werden, als Fachfremder auch nur einigermaßen nachvollziehen kann, drängt sich einem die Komplexität der Kompetenzanforderungen auf, die in komplexen Situationen erforderlich sind, zumal, wenn diese von existenzieller Bedeutung sind und zudem unter einem enormen Zeitdruck getroffen werden müssen. Sie erfordern darüber hinaus ein hohes Maß an personaler Kompetenz, als der Fähigkeit Verantwortung zu übernehmen und auch abzugeben und einer Werteorientierung, die sich nicht nur auf verbale Erklärungen beschränkt, sondern im konkreten Handeln spürbar wird. Im gleichen Maße sind enorme sozialkommunikative Fähigkeiten gefragt, vor allem dann, wenn eine der Erkrankten, wie im beschriebenen Fall, nicht überlebt hat.

Gerade dieser Fall zeigt die Komplexität der Anforderungen an einen Arzt, vielleicht sind sie von einem jungen Assistenzarzt noch nicht im gleichen Maße zu erbringen wie von einem älteren und erfahreneren Chefarzt, aber der Arzt muss wissen, was auf ihn zukommen kann.

Hochschuldidaktisch gesehen handelt es sich bei dem Fall „Sprossen" um einen Rohstoff, der gerade wegen seiner Komplexität umfassend genutzt und feingeschliffen werden kann. Je nach didaktischem Ansatz kann er als zusammenhängender Fall reflektiert werden, aber auch einzelne Passagen auszuwählen, ist ebenso sinnvoll. Neben einer rückschauenden Reflexion können auch einzelne Teile und hier insbesondere die auftauchenden Problemstellungen als Rahmenkonstruktionen für lösungsorientierte Fallbearbeitungen dienen. Ebenso kann die Teilung in Entscheidungs- und Verantwortungsstufen zum Thema gemacht werden. Dies sind nur einige angedeutete Möglichkeiten. Welche konkret ausgearbeitet werden, ist der pädagogischen Kunst der Lehrenden überlassen. Künstler leben davon, dass sie ihre Kunst der Öffentlichkeit präsentieren. Ich kann den Lehrenden in der Medizin nur raten, dies auch zu tun. Es muss nun nicht in Form einer Vernissage sein, in der Champagner gereicht wird. Man braucht auch nicht unbedingt eine Fülle von pädagogischen Workshops, es genügt, die Tür zu seinem Seminarraum nicht zu verriegeln, sondern durchaus „zwischen Tür und Angel" einen kurzen Erfahrungsaustausch zwischen lehrenden Kollegen nach dem Motto „Wie machen Sie dies denn, Herr Kollege" herzustellen. Man kann sicher sein, dass ein späterer Autor nicht die gleichen Schwierigkeiten haben wird wie ich, geeignete Beispiele aus der Praxis zu finden.

Literatur

Brunkhorst, Reinhard (2013): Überleben ist nicht genug. Köln: atp Verlag.

Brunkhorst, Reinhard & Schäffner, Lothar (2013): Welcher Arzt passt zu mir? Wege zu einem mündigen Patienten, BOD, S. 66.

Dahms, Wilhelm & Schäffner, Lothar (1981): Ausbildung von Mädchen in gewerblich-technischen Berufen. Hannover. In: Schriftenreihe des Instituts für Erwachsenenbildung der Universität. Hannover.

Hattie, John (2013): Lernen sichtbar machen. Hohengehren: Schneider Verlag.

Heyse, Volker, Erpenbeck, John & Max, Horst (Hrsg.) (2004): Kompetenzen erkennen, bilanzieren und entwickeln. Münster u.a.: Waxmann.

Heyse, Volker & Schircks, Arnulf D. (Hrsg.) (2012): Kompetenzprofile in der Humanmedizin. Münster u.a.: Waxmann.

Schäffner, Lothar (2011): Wie die Lemminge nach Bologna. In: F.A.S. vom 17.07.2011, S. 11.

„Was ist ein guter Lehrer?" In: GEO. Heft 02, Februar 2011, S. 25.

Walter Niemeier, Stefanie Lebsack

Kompetenzen für die Zukunft werden heute entwickelt

Abstract

Die Veränderungen der Arbeitswelt erfordern die Entwicklung von Kompetenzen, insbesondere von Schlüsselkompetenzen. Die Fachhochschule des Mittelstands (FHM) entwickelt Studiengänge anhand von Anforderungsprofilen und konzipiert die Studiengänge mittels der Kompetenzdimensionen „Allgemeine Wirtschaftskompetenz", „Studiengangspezifische Kompetenz", „Personale und soziale Kompetenz" sowie „Aktivitäts- und Handlungskompetenz". Schlüsselkompetenzen werden handlungsorientiert in Praxismodulen und projektorientiertem Studium erworben. Die Verbindung von Theorie und Praxis ist hierbei entscheidend. Die eigenen Kompetenzen zu erkennen, zu reflektieren und zu entwickeln gelingt auf der Basis des Instruments KODE®, das mehrfach im Laufe des Studiums durchlaufen werden kann. Eine starke Beziehungsorientierung in kleinen Lerngruppen und ansprechende Lernorte fördern die Kompetenzentwicklung. Die Verbindung von Kompetenzentwicklung im Studium und Kompetenzentwicklung durch externe Unternehmensberatung in mittelständischen Unternehmen und Forschungsprojekte gewährleisten die Aktualität und Praxisorientierung.

1. Veränderungen in der Arbeitswelt als Anforderungsprofil der Hochschulbildung

Die Berufsbefähigung ist neben der wissenschaftlichen Bildung und der Allgemeinbildung Bildungsauftrag von Hochschulen (Teichler, 2011). Das bedeutet, dass die Hochschulbildung auch auf die veränderten und sich noch verändernden Arbeitsbedingungen (Bauman, 2003, Beck, 1986, Schritt, 2013) aufgrund des Wandels gesellschaftlicher Rahmenbedingungen wie der Flexibilisierung (Bauman, 2009) und Individualisierung (Beck, 1986, Sennett, 2008) Bezug nehmen muss, indem sie Absolventen und Studierende befähigt, hierauf angemessen reagieren zu können (Pasternack & Kreckel, 2011).

Sich selbst steuern und organisieren zu können, ist eine der wichtigsten Schlüsselkompetenzen, wenn es um die Studierfähigkeit, die Berufs- und Beschäftigungsfähigkeit geht. Sie wird weiter an Bedeutung gewinnen. Wesentliche Treiber hierfür sind die Veränderungen der externen Rahmenbedingungen. Die Faktoren liegen insbesondere in den großen gesellschaftlichen Entwicklungen, in den Megatrends, wie demografischer Wandel, Globalisierung, Internationalisierung, Entwicklung zur Wissensgesellschaft, Gesundheit, Ökologie etc. „In der fortgeschrittenen Moderne ist – so paradox es klingen mag – der Wechsel das einzige Beständige" (Wittwer, 1999).

Der gesellschaftliche Wandel hat erhebliche Auswirkungen auf die Arbeitswelt. „Die Arbeitswelt der Zukunft wird noch flexibler werden und durch flache Hierarchien, größere Selbstbestimmung der Arbeitnehmer, Individualisierung, neue Chancen für Ältere, Ressourcenknappheit sowie technologische Innovationen geprägt sein" (Schritt, 2013). Diese Veränderungen in der Arbeitswelt betreffen nach Bullinger (Abb. 1) Neugestaltungen in Raum, Zeit und Struktur der Arbeit:

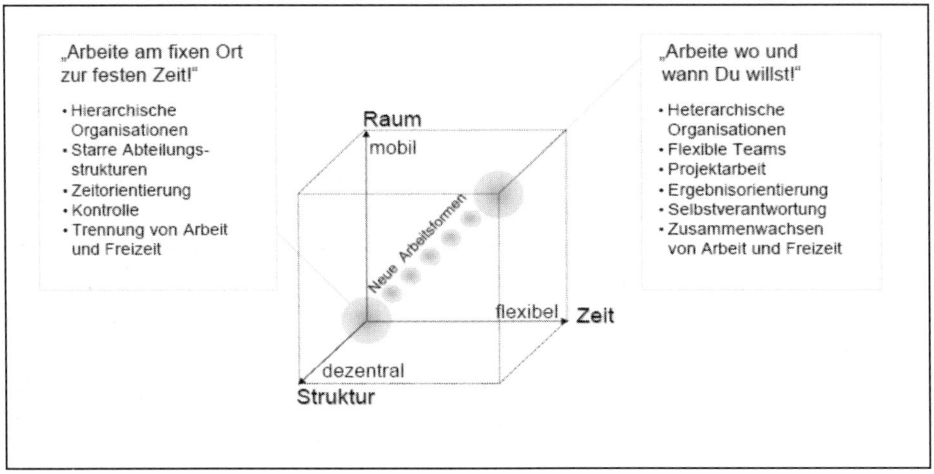

Abb. 1: Paradigmenwechsel zur flexiblen Arbeit (Bullinger o.J.)

Nicht mehr der über Jahre fest bestimmte Arbeitsplatz mit vorgegebenen Arbeitsabläufen bis hin zu den fest eingetreten Karrierewegen erwartet die Beschäftigten der Postmoderne nach langjähriger Ausbildung, sondern wechselnde Anforderungen und Tätigkeiten in veränderlichen Arbeitsteams an unterschiedlichen Arbeitsorten bei zumeist befristeten Arbeitsverhältnissen. Dies stellt neuartige Anforderungen an Beschäftigte von heute. „Es ist nicht länger möglich, als (weiterbildungsbereiter) Arbeitnehmer zu fungieren, sondern es ist zunehmend notwendig, als Unternehmer der eigenen Arbeitskraft zu agieren" (Kirchhof & Kreimeier, 2003). Nach Wittwer (2003) ist dabei das Subjekt der Bezugspunkt der Kompetenzentwicklung mit seinen Besonderheiten bzw. Stärken.

Bereits 1998 entwickelten Voß und Pongratz das Modell des Arbeitskraftunternehmers. Die von Voß benannten drei Kernaspekte des Arbeitskraftunternehmers, des Unternehmers der eigenen Arbeitskraft sind Selbststeuerung und Selbstorganisation, Selbst-Ökonomisierung und Selbst-Rationalisierung (Voß & Ebringhorf, 2004). Diese an Bedeutung gewinnenden Aspekte bedingen die Fähigkeit zur Selbstorganisation, machen also den Kompetenzerwerb zum entscheidenden Faktor der Arbeitswelt der Zukunft. „Die Vermittlung von fachsystematischem Wissen und Können muss ergänzt werden um die Entdeckung und Weiterentwicklung der individuellen Kompetenzen. Nur dann ist das Individuum gewappnet für das Leben" (Wittwer, 2003).

Kompetenzen sind nach Erpenbeck (2013) „Fähigkeiten, in (zukunfts-)offenen, zuweilen chaotischen Situationen kreativ und selbstorganisiert zu handeln" und unterscheiden sich vom reinen Fachwissen.

Insbesondere für Führungskräfte sind Fähigkeiten der „Selbstführung" (Bensmann, 2011) wie Selbstwahrnehmung, Selbstmanagement, Selbstdisziplin und Eigensteuerung, Lernen als Lebenseinstellung und soziale Interaktionsfähigkeiten, Veränderungsfähigkeit, Selbstbewertungsfähigkeit wichtige Parameter für Erfolg (Bensmann, 2011), darüber hinaus gehören Offenheit für Veränderungen, Problemlösungsfähigkeit, Gestaltungsfähigkeit, Kommunikations- und Kooperationsfähigkeit, ganzheitliches unternehmerisches Denken dazu (Konegen-Grenier, Placke & Stettes, 2011). Malik (2006) sieht als weiteres Erfolgsparameter die eigene Arbeitsmethodik.

Die Top-Kompetenzen, die vom Deutschen Industrie- und Handelskammertag befragte Unternehmen von Hochschulabsolventen erwarten, sind Einsatzbereitschaft, Verantwortungsbewusstsein, selbständiges Arbeiten, Kommunikationsfähigkeit und Teamfähigkeit. Das Fachwissen ist zwar ebenfalls sehr wichtig, es wird aber nach Abschluss eines Fachstudiums als selbstverständlich vorausgesetzt. Die Unternehmen erwarten insbesondere eine stärkere Praxisorientierung und den Transfer im Rahmen von Praktika. Ein ebenfalls wichtiger Aspekt, der im Vergleich zur Studie 2007 zugenommen hat, ist eine stärkere Vermittlung von sozialen und persönlichen Kompetenzen (DIHK, 2011).

Auch im internationalen Vergleich schneiden Absolventen deutscher Hochschulen in ausgewählten sozialen Kompetenzbereichen wie Teamarbeit, Verhandeln, Führung als auch in der Arbeitsorganisation im europäischen Vergleich unterdurchschnittlich ab (vgl. CHEERS-Studie nach Teichler, 2009). Für MBA-Absolventen werden diese Schlüsselkompetenzen international insgesamt als unterdurchschnittlich nach Studienabschluss von Arbeitgebern wahrgenommen (Personalwirtschaft, 04/2012).

Von den Hochschulen wird erwartet, ihre Studierenden neben dem reinen Fachwissen, „kompetenzorientiert" auszubilden und Schlüsselkompetenzen zu vermitteln. „Wir akzeptieren nicht mehr, dass sich die Wissenschaftlerinnen und Wissenschaftler sowie die Studierenden allein ‚auf die Sache' konzentrieren. […] Wir erwarten heute darüber hinaus zunehmend, dass alle Beteiligten sich der Wirkungen von der Befassung mit der Sache bewusst sind und die Reflexion dazu strategisch in ihr Handeln einbringen. Deshalb reden wir auch von ‚kompetenz-orientiertem' Lehren und Lernen, von ‚Learning outcomes' und von ‚Professional relevance'" (Teichler, 2009).

Die kompetenzorientierte Wissensvermittlung in Anlehnung an Erpenbeck (a.a.O.) bedeutet die Befähigung der Studierenden, „in (zukunfts-)offenen Problemsituationen theoretischer und/oder praktischer Natur kreativ und selbstorganisiert zu handeln", was meint, über den Wissenserwerb hinaus zu qualifizieren: Transfer-Qualifikation, Handlungskompetenz zu fördern, die explizite Ausbildung von Schlüsselkompetenzen.

Der Begriff der **Schlüsselkompetenzen** hat sich in diesem Zusammenhang etabliert, zu dem über das fachliche Wissen hinausgehende Fähigkeiten gerechnet werden, um den flexiblen Anforderungen der modernen Arbeitswelt gerecht zu werden. Schlüsselkompetenzen sind nach Definition der EU diejenigen Kompetenzen, die alle

Menschen für ihre persönliche Entfaltung, soziale Integration, Bürgersinn und Beschäftigung benötigen (EU, 2006). Im Bereich Hochschulbildung sollten entsprechend Embloyability, Internationalisierung, lebenslanges Lernen, Selbstorganisation, Training von Transferleistungen gefördert werden (Pasternak & Kreckel, 2011, Teichler, 2009).

2. Kompetenzorientiertes Lernen und Erwerb von Schlüsselkompetenzen an der FHM

Die Fachhochschule des Mittelstandes (FHM) hat sich von Beginn an den geforderten Lehranforderungen angenommen. Bereits im Gründungskonzept der FHM (2000) wurde dem kompetenzorientierten Lernen und dem Erwerb von Schlüsselkompetenzen hohe Relevanz eingeräumt.

Ziel der Lehre an der Fachhochschule des Mittelstandes ist es, Kompetenzentwicklungen auf verschiedenen Ebenen implizit und explizit zu ermöglichen, also Studierende unter unsicheren Bedingungen handlungsfähig zu machen, auf eine Welt im permanenten Wandel besser vorzubereiten.

Dies wird durch drei verschiedene Ansätze erreicht:

1. durch ein kompetenzorientiertes Studienmodell
2. durch die explizite Ausbildung von Schlüsselkompetenzen
3. durch implizite Ausbildung von Schlüsselkompetenzen in informellen oder nonformalen Lern-Settings.

a. Das kompetenzorientierte Studienmodell und die Entwicklung kompetenzorientierter Studiengänge an der FHM

Strukturell wird den Anforderungen durch ein kompetenzorientiertes Studienmodell an der FHM Rechnung getragen, das sich an dem KODE®-Kompetenzmodell und dem Vier-Säulen-Modell des UNESCO-Berichts zur Bildung des 21. Jahrhunderts orientiert.

Mit KODE® werden die vier folgenden Kompetenzdimensionen betrachtet: personale Kompetenz, Aktivitäts- und Handlungskompetenz, Fach- und Methodenkompetenz und sozial-kommunikative Kompetenz.

Die vier Säulen der Bildung beschreibt Delors in seinem Bericht an die UNESCO: „Education throughout life is based on four pillars: learning to know, learning to do, learning to live together and learning to be" (Delors, 1996).

Basierend auf diesem Vier-Säulen-Modell und dem KODE®-Kompetenzmodell hat die FHM ein für alle Bachelorstudiengänge verbindliches kompetenzorientiertes Studienmodell entwickelt und dieses in ihrem Leitbild verankert. Das Studienmodell der FHM umfasst vier Kompentenzfelder, die mit dem Vier-Stufen-Modell korrespondieren:

1. Learning to know entspricht der fachspezifischen Kompetenz, methodischen Kompetenzen und Wissen
2. Learning to be entspricht der personalen Kompetenz
3. Learning to do korreliert mit der Aktivitäts- und Handlungskompetenz,
4. Learning to live together entspricht der sozial-kommunikativen Kompetenz.

In der Umsetzung ergeben sich für die am Mittelstand orientierte Fachhochschule folgende obligatorische vier Kompetenzfelder in jedem Bachelor-Studiengang:
1. Allgemeine Wirtschaftskompetenz
2. Studiengangspezifische Kompetenz
3. Personale und soziale Kompetenz
4. Aktivitäts- und Handlungskompetenz

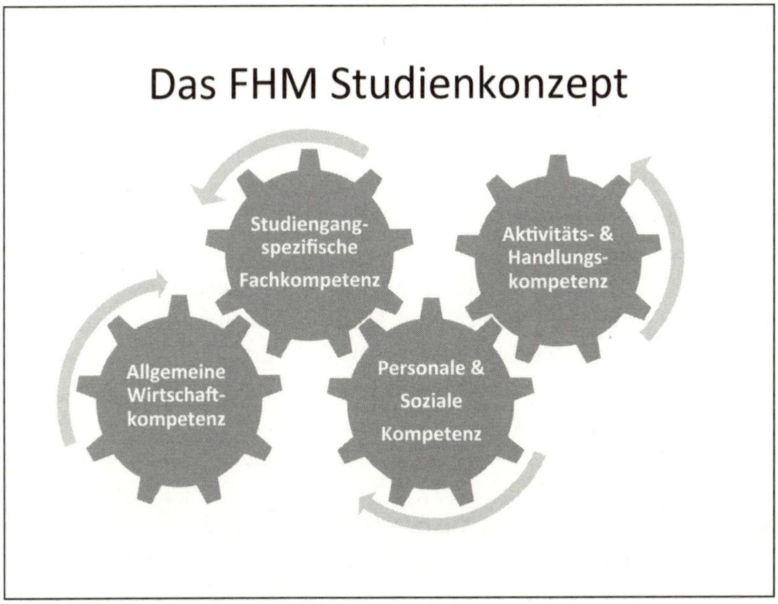

Abb. 2: Kompetenzmodell der FHM

Bereits bei der Konzeption der Studiengänge werden diese vier Kompetenzdimensionen berücksichtigt. So werden vor der Entwicklung von Studiengängen Kompetenz-Anforderungsprofile für Studierende und Absolventen entwickelt. Dies geschieht zum einen in der scientific community innerhalb und außerhalb der FHM, zum anderen mit externen Praxisvertretern sowie Berufsverbänden oder Experten der Branche. Die Inhalte und Module werden anhand o.g. Systematik entwickelt und den Kompetenzfeldern zugeordnet.

Die Fachkompetenzen werden in den jeweiligen fachspezifischen Modulen vermittelt, also in den studiengangsspezifischen Inhalten. Das sind z.B. Inhalte wie Betriebswirtschaftslehre (Studiengänge B.A. Betriebswirtschaft und B.A. International Business Administration), Medienkenntnisse (in den Studiengängen B.A. Medienwirtschaft und B.A. Medienkommunikation & Journalismus), pädagogische Inhalte (in den Studiengängen B.A. Kindheitspädagogik und B.A. Heil- und Inklusionspädagogik) etc.

b. Explizite Ausbildung von Schlüsselkompetenzen an der FHM

Die FHM bildet die Schlüsselkompetenzen explizit aus: insbesondere in den Modulen Selbstmanagement & Selbstmarketing, Moderation, Präsentation & Teammanagement, strategische Karriereplanung, wissenschaftliches Arbeiten, in den Sprachmodulen, Studium Generale sowie Unternehmensgründung. Ziel in diesen Modulen ist es unter anderem, die Lerntechniken, das Selbstmanagement, das eigene Tun zu reflektieren, Gruppen moderieren und Teams führen und entwickeln zu können. Im Rahmen der Module werden Hinweise gegeben, um sich selbst besser einzuschätzen, zu verstehen und die eigenen Kompetenzen zu entwickeln.

Am Beispiel des Moduls Selbstmanagement und Selbstmarketing soll der Kompetenzansatz verdeutlicht werden. Inhaltlich werden zunächst die wirtschaftlichen und gesellschaftlichen Rahmenbedingungen dargestellt. Das geschieht anhand von Modellen (Kondratieff-Zyklen, Szenario-Technik, Megatrends etc.). Diese Modelle werden auf das jeweilige Berufsfeld projiziert und wesentliche fachliche und überfachliche Anforderungen für das Individuum im Arbeitsfeld abgeleitet.

Nach der Anforderungsanalyse werden die individuellen Stärken sowie die eigenen Treiber analysiert. Die eigenen Ziele zu setzen und sie mittels angemessener Instrumente zu verfolgen, ist wesentlicher Inhalt dieses Moduls. Anhand einer differenzierten Vision des Lebens mit einem Rückblick, einer aktuellen Situationsanalyse und dem Blick in die Zukunft mit Hilfe der Szenario-Technik werden die Ziele fokussiert, Meilensteine entwickelt und gesetzt sowie Wege zur Zielerreichung entwickelt. Darüber hinaus werden Instrumente zur Reflexion und Kontrolle des Zielerreichungsgrades behandelt.

Weiterhin werden Studier- und Lerntechniken erarbeitet, mit deren Hilfe das Studium effektiver gestaltet und das Studienziel verfolgt werden kann. Die Analyse des eigenen Lerntyps findet mit Würdigung der angebrachten Kritik statt.

Darüber hinaus werden Ansätze zum Selbstmarketing erarbeitet. Auf den Grundlagen des Arbeitskraftunternehmers (Voß, 1998), insbesondere dem Ansatz der Selbstökonomisierung Rechnung tragend werden Instrumente und Wege aufgezeigt, sich in einem zunehmend flexiblen Arbeitsmarkt zu vermarkten, dabei aber die eigenen Bedürfnisse und Ziele nicht aus den Augen zu verlieren.

Nach dem Modul sind die Studierenden in der Lage, aus den externen Bedingungen und Einflüssen Schlussfolgerungen auf die Kompetenz- und Selbstmanagementanforderungen zu ziehen. Die Studierenden kennen notwendige Kompetenzen zur Berufs- und Beschäftigungsfähigkeit, können Strategien zur Zielplanung und Zielerreichung entwickeln, können Instrumente zum Selbstmanagement beurteilen und anwenden. Die Studierenden sind weiterhin in der Lage, Strategien und Zielerreichung einzuschätzen und zu überprüfen.

Bestandteil von Kompetenzen sind neben Fachwissen auch Werte, die als Ordner dienen, insbesondere in Situationen, in denen nicht das zur fundierten Entscheidung notwendige Wissen zur Verfügung steht.

c. Förderung von Werten

Die Förderung von Werten findet im Modul Studium Generale statt sowie spezifisch z.B. im Modul Wertemanagement im B.A. Personalmanagement. Im Fernstudium wird die Werteanalyse und Werteentwicklung im Modul Selbstmanagement und Selbstmarketing aufgegriffen. Der Bereich Sinnorientierung wird wesentlich bestimmt durch die eigenen Werte. Welche Werte besonders wichtig sind, wie sich diese im Tun und Leben wiederfinden, wird in diesem Modul bearbeitet.

d. KODE® an der FHM

Im B.A. Personalmanagement findet eine Verzahnung von Fachwissen und Schlüsselkompetenzen statt. Die Studierenden werden im Modul Kompetenzmanagement in die Grundlagen des Kompetenzmanagements und der Personalentwicklung eingeführt und entwickeln ein Verständnis für dessen strategische Bedeutung im Unternehmenskontext. Die Studierenden erhalten eine theoretische Einführung im Rahmen des Seminars, lernen verschiedene Kompetenzmodelle kennen und einzuschätzen. Sie erhalten im Rahmen des Moduls eine Ausbildung zum KODE®-Instruktor, d.h. sie können das Instrument KODE® anwenden, benötigen jedoch noch weitergehende praktische Erfahrungen. Diese erwerben sie im Rahmen des Seminars, indem sie Fremdeinschätzungen durchführen und lernen, in Gruppenauswertungen die Moderation zu übernehmen. Darüber hinaus reflektieren sie im Vergleich der Selbst- und Fremdeinschätzung zum einen ihre eigenen Kompetenzen, zum anderen auf der Meta-Ebene den Einsatz des KODE®-Instrumentariums in der Gruppe als KODE®-Instruktor.

Die Kompetenzdiagnostik und -entwicklung mit KODE® wird seit Beginn in der Fachhochschule des Mittelstands im Rahmen des Auswahlverfahrens eingesetzt. Alle Studierenden durchlaufen die KODE®-Kompetenzdiagnostik und erhalten im ersten Trimester ihres Studiums ihr **persönliches Kompetenzprofil** sowie eine Beratung zu ihrem Gutachten. Der Einsatz der Kompetenzdiagnostik erfolgt hauptsächlich aus zwei Gründen: Zum einen werden im Rahmen des Auswahlverfahrens Hinweise auf vorhandene Stärken gewonnen, die im Studium und nachfolgenden Beruf wichtig sind und mit dem Anforderungsprofil des Studiengangs verglichen werden können. Zum anderen erhalten die Studierenden gleich zu Beginn ihres Studiums Hinweise auf ihre Stärken, die sie im Studium weiterentwickeln können, aber auch Hinweise auf Defizite, die zu verringern sind. Grundsätzlich verfolgt die FHM den Ansatz, Stärken zu stärken. Trotz dieses Ansatzes darf nicht außer Acht gelassen werden, dass auch Defizite minimiert werden müssen, um die Berufs- und Beschäftigungsfähigkeit herzustellen oder zu erhöhen, das gilt z.B. in Bezug auf die Kommunikationsfähigkeit im fremdsprachlichen Bereich. So sollte ein Tourismusmangement-Absolvent neben der englischen Sprache mindestens eine weitere Fremdsprache beherrschen.

Während des Studiums erhalten die Studierenden weiterhin Hinweise zur Kompetenzentwicklung, insbesondere in den Modulen zu den Schlüsselkompetenzen.

Zum Ende des Studiums können die Studierenden eine weitere KODE®-Diagnostik durchführen. Ziel dieser Kompetenzdiagnostik ist einerseits, dass die Studierenden ihre Entwicklung insbesondere der Schlüsselkompetenzen analysieren und kennen. Andererseits ist die Kenntnis und Entwicklung der eigenen Schlüsselkompetenzen im Übergangsprozess von der Hochschule in den Beruf von erheblicher Bedeutung, sowohl für die Studierenden als auch für die aufnehmenden Unternehmen und Institutionen.

Im Studiengang Master of Business Administration „Entrepreneurship & Management" wird das KODE®-Instrumentarium als Selbst- und Fremdeinschätzung sowie über individuelles Feedback vertieft eingesetzt: Die MBA-Studierenden schätzen sich im Rahmen des Auswahlverfahrens mit der KODE®-Kompetenzdiagnostik selbst ein. Die Auswertung mit Hinweisen zur individuellen Stärkenentwicklung wird in das Modul „Coaching Oneself" eingebunden. Innerhalb dieses Moduls werden sie durch mindestens zwei ihrer Kommilitonen mit KODE® fremdeingeschätzt. Dadurch kann das Selbst- und Fremdbild des jeweiligen Studierenden verglichen werden. Im nächsten Schritt erfolgt die Rückmeldung in einem gemeinsamen Kleingruppengespräch, in dem die Auswertungen visualisiert werden und das vom Dozenten sowie von Mitarbeiterinnen des FHM-Kompetenzzentrums moderiert wird. Die Einschätzungen der Kommilitonen werden anhand von „critical incidents" operationalisiert, so dass konkrete Handlungsansätze die Fremdeinschätzung fundieren. Aus dem moderierten Gespräch werden Unterstützungs- und Entwicklungsmöglichkeiten der Studierenden im Hinblick auf aktuelle oder angestrebte Tätigkeiten entwickelt. Aufbauend auf der KODE®-Analyse werden Inhalte zur „Selbstkompetenz" für Führungskräfte vermittelt und erarbeitet. Die eigenen Werte und die des Unternehmens werden analysiert und verglichen, Führungsbilder und -modelle sowie Veränderungsprozesse, Rollenmodelle behandelt und immer mit den eigenen Kompetenzen und Werten abgeglichen.

e. Förderung der Handlungskompetenz

Die Aktivitäts- und Handlungskompetenzen werden im Modul „Studium in der Praxis (SIP) vermittelt sowie in handlungsfördernden Lernsettings und studentischen Projekten. Dabei werden Kompetenzen in besonderer Weise in non-formalen und informellen Handlungssituationen erweitert. Das geschieht durch die im Studiengangskonzept fest verankerten Praktika im In- und Ausland, die alle Studierenden im Rahmen des Moduls „Studium in der Praxis" (SIP) verbindlich absolvieren. „Ziel jeder Kompetenzentwicklung ist letztlich die Entwicklung von Handlungs- und Veränderungskompetenz" (Heyse & Erpenbeck, 1997).

In Bachelor-Studiengängen erfolgt das „Studium in der Praxis" nach dem ersten Studienjahr (drei Trimester) für die Dauer von sechs Monaten in Unternehmen oder Institutionen. Die Notwendigkeit der Umsetzung konstatieren Erpenbeck und Heyse: „Lernen und der Erwerb von Wissen kann daher als ein konstruktivistischer Prozess verstanden werden, wonach Wissen erst dann wirksam wird, wenn es aktiv konstruiert und nicht passiv konsumiert wird“ (Erpenbeck & Heyse, 2007).

Das Studium in der Praxis kann national oder international absolviert werden. Die Kompetenzentwicklung wird seitens der FHM gefördert durch entsprechende Vorbereitung auf die SIP-Phase, durch die Betreuung der Studierenden durch Professoren, durch Reflexionsphasen während des SIP sowie durch eine SIP-Abschlussarbeit und ein Kolloquium. Die Abschlussarbeit befasst sich mit einem Praxisthema aus dem „Studium in der Praxis“, das erarbeitet und kritisch reflektiert wird sowie Lösungsmöglichkeiten der jeweiligen Problematik enthält. „Es geht also nicht um Kompetenz schlechthin, sondern immer um den Zusammenhang von Können, Wollen und Handeln, von Kompetenz und Performanz“ (Heyse, Erpenbeck & Michel, 2002). Strukturell bietet das Career service center der FHM neben den Netzwerken der Lehrenden und der Fachbereiche eine Schnittstelle zur Praxis.

An der FHM wird durch die Einbeziehung der Alltagserfahrungen von Lernenden in problemorientierten Aufgabenstellungen die Anschlussfähigkeit an Erfahrungen hergestellt. Ergänzt wird die Lehre durch Lernarrangements, die auf Lerngemeinschaften setzen. Das wird z.B. durch Teamaufgaben im Seminar erreicht. In diesem Zusammenhang werden soziale und kommunikative Kompetenzen gefördert. In vielen Modulen werden projektartige Lernsituationen eingesetzt, die überfachliche, arbeitsteilige und kooperative Lernprozesse ermöglichen.

f. Kompetenzentwicklung durch Projektlernen

In der FHM stehen kompetenzorientierte Lernformen im Vordergrund. So wird dem Projektlernen ein großer Raum gegeben, werden studentische Projekte mit Praxispartnern durchgeführt. Für die Entwicklung von Wissen ist die Anschlussfähigkeit an die Erfahrungen wichtig, „um eine – vom Individuum selbst gesteuerte – veränderte neue Deutung der Wirklichkeit zu erlauben. Wissen lässt sich aus konstruktivistischer Sicht nicht „vermitteln“, sondern ist in konkreten Situationen aus der eigenen Erfahrung heraus aufzubauen (zu konstruieren), denn nur selbst aufgebautes und in die eigenen Strukturen integriertes Wissen ist richtig verstandenes Wissen (Borutta, Münchhausen & Wittwer, 2003).

Ein Beispiel hierfür ist im B.A. Personalmanagement das Projekt „Werteanalyse eines mittelständischen Unternehmens“ in Bezug auf die Unternehmenswerte, die Werte der Mitarbeiter (durch eine qualitative und quantitative Mitarbeiterbefragung) und der Werte der Zielgruppen auf dem Arbeitsmarkt. Durch dieses Projekt wurde nicht nur eine Werteanalyse für das Unternehmen erreicht, sondern gleichzeitig fand eine Reflexion der Werte der Studierenden statt. In einem anderen Projekt entwickelten Studierende aus dem Fachbereich Medien ein internes/externes Kommunikationskonzept für ein gemeinnütziges Unternehmen für Menschen mit Behinderungen. Auch hier steht neben der expliziten fachlichen Kompetenzentwicklung die Anwendungsorientierung und die implizite Entwicklung sozial-kommunikativer Kompetenzen im Vordergrund.

Wenn nach der vorgenommenen Definition Kompetenzen Dispositionen selbst organisierten Handelns sind, dann müssen daraus folgend auch Lernprozesse zur Kompetenzentwicklung selbstorganisiert sein. „Selbstorganisiert ist Lernen dann, wenn wechselnd Lernziele, Operatoren, Strategien, Kontrollprozesse und ihre Offenheit vom lernenden System selbst so angegangen und bewältigt werden, dass sich dabei die Systemdispositionen erweitern und vertiefen (…)“ (Erpenbeck & Heyse, 2007).

So werden Lern- und Projektteams gebildet, die eigenständige Projekte entwickeln und umsetzen. In jedem Fachbereich der FHM werden Symposien und Tagungen veranstaltet, die eigenverantwortlich von den Studierenden entwickelt und umgesetzt werden. Zu nennen sind hier insbesondere der MediaTalk im Fachbereich Medien, der BizTalk im Fachbereich Wirtschaft sowie das Gesundheitssymposium im Fachbereich Personal, Gesundheit, Soziales. Studiengruppen lernen hier übergreifend und zusammen.

Der Erfahrungsaustausch mit erfahrenen Personen aus Theorie und Praxis erfolgt anhand von Expert Circles, zu dem Vertreter der Praxis eingeladen werden und mit Studierenden über die eigenen Erfahrungen, Entwicklungen sowie über Branche und Unternehmen diskutiert wird. Neben dem fachübergreifenden Lernen steht hier auch die Anschlussfähigkeit des Lernens im Vordergrund.

g. Kompetenzorientierte Prüfungen

Eine besondere Herausforderung stellen kompetenzorientierte Prüfungen dar. Zu unterscheiden sind zum einen die Statusdiagnose (erfolgt zu einem festgelegten Prüfungsdatum, in einem definierten Umfang und mit Rückmeldung zum aktuellen Lernstand), zum anderen die Prozessdiagnose (erfolgt während des Lernprozesses und über einen längeren Zeitraum und bezieht sich auf Entwicklungen). Ziel ist es, Wissen nicht nur einmalig in Prüfungen ableisten, sondern in der Praxis anwenden zu können, komplexe, problematische, offene Situationen und Aufgaben zu bewältigen. Das gelingt durch Leistungsnachweise in Form von Studienarbeiten und berufspraktischen Übung, in Form von Transferaufgaben in Prüfungen. Im Modul Unternehmensgründung gelingt das in besonderer Weise, die Studierenden entwickeln einen Businessplan, in dem sie ihr bis dahin erlerntes Wissen aus allen Modulen zusammenführen und sich (zumindest virtuell) selbstständig machen. „Operating in a competitive and increasingly complex environment arguably demands entrepreneurial behavior and, of course, people who have the competencies to work within such a context“ (Faltin, 1999). Unternehmerisches Handeln gewinnt zunehmend auch im Angestelltenbereich an Bedeutung. Selbstständiges, eigenverantwortliches Entscheiden, Führungsfähigkeiten, Kreativität und Problemlösungskompetenzen sind Kenntnisse, die auch innerhalb eines Unternehmens notwendig sind (Schmitt-Rodermund & Schröder, 2004). „Unabhängig von der Frage, ob der Einzelne eine selbständige Tätigkeit ausüben will oder wird, ist unternehmensbezogenes Denken wesentliche Voraussetzung für die erfolgreiche Arbeit in einem Unternehmen. Dies bedeutet in erster Linie marktorientiertes Denken und Handeln für jeden Einzelnen“ (Arbeitsgemeinschaft Qualifikations-Entwicklungs-Management Berlin, 2000).

h. Medienkompetenz

Durch die Nutzung moderner Techniken wird die Medienkompetenz der Studierenden gefördert: E-Learning-Anteile finden seit 2006 in der FHM in den berufsbegleitenden Studiengängen statt, in ausgewählten Modulen werden Hybrid-Veranstaltungen durchgeführt, also Präsenzlernen und E-Learning zeitsynchron kombiniert. In den Fernstudiengängen werden Präsenzveranstaltungen mit Studienbriefen und E-Learning verknüpft. Die Skripte und wesentliche Lehrmaterialien werden auf der elektronischen Kommunikationsplattform der FHM im Studiengangs-Archiv hinterlegt. Damit können die Studierenden unabhängig von Raum und Zeit die Studieninhalte vor- und nachbereiten.

3. Räume kompetenzorientierten Lernens schaffen

„Kompetenzentwicklung erfordert eine emotionale ‚Imprägnierung' des Wissens durch Bewunderung (des Lehrenden, des Gelehrten, der Schönheit des Stoffes ...), Begeisterung, Leidenschaft, Engagement, Willen, Interesse, Neugier, Teilnahme, Wissbegier, aber auch Vorsicht, Bedachtsamkeit, Angst" (Erpenbeck, 2013). Hieraus ergibt sich ein wichtiger Moderator der Kompetenzentwicklung: das **Lehr- und Lernsetting**.

a. Beziehungsorientierung

Beziehungsorientierung ist ein entscheidender Faktor um Lernen zu ermöglichen (Precht, 2013). Die FHM unterstützt die Beziehungsorientierung durch **kleine Lerngruppen** sowie ein differenziertes System der dauerhaften Begleitung durch Lehrende. Jede Studiengruppe wird durch hauptamtliche Lehrende, die Studiengruppenbetreuer, über das gesamte Studium begleitet, es finden unabhängig von der Lehre regelmäßige Studiengruppensitzungen. Regelmäßig finden Studiengruppensitzungen und fachbereichsübergreifend Studiengruppensprechersitzungen statt.

Lehre stellt zudem eine komplexe Situation dar, in der bereits kleinste Veränderungen große Wirkungen zur Folge haben können. Die Begrenzung auf kleine Studiengruppen mit individueller Betreuung und die Anpassung der Lehre auf die jeweilige Studiengruppe hat einen weiteren Grund. Der individuelle Lernerfolg ist in Abhängigkeit vielzähliger Determinanten zu sehen und fordert die individuelle Wahrnehmung jedes Lernenden durch die Lehrenden heraus (Malik, 2002).

b. Ansprechende Lernorte

Ansprechende Lernorte unterstützen dabei ebenfalls die Kompetenzentwicklung (Precht, 2013). Dem versucht die FHM Rechnung zu tragen, indem sie Rückzugs- und Begegnungsräume außerhalb der Seminarräume schafft. So bestehen Rückzugsorte, Nischen und externe Lerninseln. Zum anderen werden durch die Gestaltung der FHM anregende Umgebungen geschaffen. Durch eine Galerie mit wechselnden Ausstellungen durch die Studierenden aller Studiengänge, durch Exponate in den Fachbereichen und auf den Fluren werden die Studierenden angeregt, andere Standpunkte und Sichtweisen zu reflektieren, diese mit in die Lehre zu nehmen und kritisch aufzugreifen.

Neben der Lehre in den Bachelor- und Master-Studiengängen findet sich die kompetenzbasierte Lehre auch in den Zertifikatsstudiengängen des Instituts für wissenschaftliche Weiterbildung wieder. Im Studiengang „Führungskräfte-Intensivprogramm", das berufsbegleitend stattfindet, findet die kompetenzbasierte Führungskräfteentwicklung statt. Neben der Lehre werden Kleingruppencoachings durchgeführt, in denen das vermittelte Wissen an der Praxis reflektiert wird. Darüber hinaus findet ein Individualcoaching statt.

4. Kompetenzentwicklung durch das Kompetenzzentrum der FHM

In der FHM werden die Ansätze der Kompetenzdiagnostik und- entwicklung im **FHM-Kompetenzzentrum** gebündelt. Neben der internen Kompetenzentwicklung bietet es Dienstleistungen für externe Partner an. Dadurch wird u.a. gewährleistet, dass die Kompetenzentwicklung in der FHM strukturell verknüpft ist mit der Entwicklung auf dem Arbeitsmarkt und die Anforderungen der Wirtschaft in die FHM transferiert werden.

Die Aktivitäten des FHM-Kompetenzzentrums umfassen im Wesentlichen die Unterstützung der Personalauswahl, Unterstützung bei der Personalentwicklung, Führungskräfte-Coaching, Konflikt-Coaching, kompetenzbasierte Führungskräfteentwicklung sowie kompetenzorientierte Personalentwicklung im Reha-Bereich.

Im Rahmen der Personalauswahl wurden Anforderungsprofile gemeinsam mit dem Unternehmen erarbeitet. Es wurde z.B. ein modellhaftes „optimales" Anforderungsprofil erstellt, indem die Kompetenzprofile der erfolgreichen Mitarbeiter (Filialleitungen) mit denen der weniger erfolgreichen Mitarbeiter vergleichen wurden. Hierauf basierend wurde eine qualitative Befragung durchgeführt, um das Anforderungsprofil weiter zu differenzieren und mit „critical incidents" zu unterlegen. Diese bilden die Leitfragen im Rahmen des Auswahlgesprächs der Filialleitungen dieses Unternehmens.

Im gleichen Unternehmen werden KODE®-Auswertungen durchgeführt, die als Basis von Führungskräfte-Entwicklungsprogrammen dienen.

In der Rehabilitation wird das KODE®-Instrument eingesetzt, um die Möglichkeiten der Berufsbildung in diesem Feld auszuloten. Die Personen mit gesundheitlichen Einschränkungen, seien diese physischer oder psychischer Natur, füllen den KODE®-Fragebogen aus. Personen mit psychischer oder geistiger Beeinträchtigung erhalten dabei Unterstützung von ausgebildeten Bildungsbegleitern. Die Auswertung findet in der Rehabilitationseinrichtung gemeinsam mit den Rehabilitanden statt, gegebenenfalls unterstützt von den Bildungsbegleitern. Die KODE®-Auswertung bildet die Basis für die Entscheidung des weiteren Bildungswegs in der Einrichtung, gleichzeitig bildet sie im Rahmen des HEGA-Konzepts die Basis für die weitere Förderung der jeweiligen Kostenträger.

5. Forschungs- und Entwicklungsprojekte

In **Forschungs- und Entwicklungsprojekten** werden Elemente der Kompetenzentwicklung integriert oder zum Kerninhalt gemacht. So wurde im Projekt „IT-preneurship" mit der Universität Paderborn ein Kompetenz-Anforderungsprofil für Existenzgründer im IT-Sektor entwickelt, basierend auf einer qualitativen und quantitativen Befragung von erfolgreichen Gründern und Führungskräften der IT-Branche. In einem weiteren Gründungsprojekt wurde eine Kompetenzdiagnostik mit KODE® den Gründungswilligen angeboten, um Hinweise auf die weitere Entwicklung von Schlüsselkompetenzen im Rahmen der Unternehmensgründung zu geben. Kombiniert wurde das KODE®-Instrument mit Schulungs- und Coaching-Angeboten im Bereich der wirtschaftlichen Betrachtung der Existenzgründung.

In einem weiteren Projekt stand die unternehmerische Kompetenz im Fokus. Ausgehend von der Studie zu unternehmerischen Kompetenzen (Niemeier, 2008) wurde ein internationales Projekt mit Partnern aus Bulgarien, Lettland, Litauen und Slowenien durchgeführt. Ziel war es, die unternehmerische Kompetenzanforderungen in den jeweiligen Ländern zu analysieren und hierauf aufbauend Module zur Entwicklung unternehmerischer Kompetenzen, insbesondere unternehmerischer Schlüsselkompetenzen, zu entwickeln. Zielgruppen waren hier Personen in der beruflichen Ausbildung und in der beruflichen Weiterbildung.

In weiteren Projekten wurden die Kompetenzausprägungen von deutschen und polnischen Unternehmern und deren Unternehmerbilder im nationalen Vergleich erarbeitet.

Durch diese externen Beratungs- und Entwicklungsdienstleistungen findet der Transfer von Kompetenzanforderungen und -entwicklungen aus der Wissenschaft in die Praxis und gleichzeitig von der Praxis in die Wissenschaft statt.

Literatur

Bauman, Z. (2003): Flüchtige Moderne.

Bauman, Z. (2009): Gemeinschaften. Auf der Suche nach Sicherheit in einer bedrohlichen Welt.

Beck, U. (1986): Risikogesellschaft. Auf dem Weg in eine andere Moderne. Frankfurt am Main: Suhrkamp.

Bensmann, B. (2011): Die Kunst der Selbstführung. Erkenntnisse aus Interviews mit Führungskräften und führenden Kräften.

Borutta, A., Münchhausen, G., Wittwer, W. (2003): Individuelle Kompetenz als Stabilisierungsfaktor bei Veränderungsprozessen – neue Lernkonzepte in KMUs.

Bullinger, H-J., (o.J): http://www.gfsdortmund.de/Beitraege/dd48/HAB_Arbeitsforschung_als_Innomotor_Dortmund.ppt (Stand 09.10.2013).

Delors, J. (1996): Learning, The Treasure within, Report to UNESCO of the International Commission on Education für the Twenty-first Century, Online: http://www.unesco.org/delors/delors_e.pdf (Stand 2.11.2013).

DIHK – Deutscher Industrie-und Handelskammertag (2011): Erwartungen der Wirtschaft an Hochschulabsolventen, URL: http://www.hannover.ihk.de/fileadmin/data/Dokumente/Themen/Aus-_und_Weiterbildung/Ausbildung/hochschulumfrage-2011.pdf (Stand: 27.09.2013).

Erpenbeck, J. (2013): Vortrag „Ist Fachwissen Fachkompetenz?“, Steinbeis University Berlin, 19.10.2013.

Erpenbeck, J., Heyse V. (2007): Die Kompetenzbiografie – Wege der Kompetenzentwicklung.

EU – Europäische Union (2006): Empfehlung des Europäischen Parlaments und des Rates vom 18. Dezember 2006 zu Schlüsselkompetenzen für lebensbegleitendes Lernen, Amtsblatt der Europäischen Union L394 http://eur-lex.europa.eu/LexUriServ/site/ de/oj/2006/l_394/l_39420061230de00100018.pdf (Stand 27.10.2013).

Heyse, V., Erpenbeck, J. (1997): Der Sprung über die Kompetenzbarriere.

Heyse, V., Erpenbeck, J. (2007): KompetenzManagement. Methoden, Vorgehen, KODE® und KODE®X im Praxistest.

Heyse, V., Erpenbeck, J., Michel, L. (2002): Kompetenz-Profiling.

Heyse, V.; Erpenbeck, J.; Ortmann, S. (2010): Grundstrukturen menschlicher Kompetenzen.

Kirchhof, S. & Kreimeier, J. (2003). Informelles lernen im sozialen Umfeld – Lernen im Spannungsfeld zwischen individueller Kompetenzentwicklung und gesellschaftlicher Vereinnahmung. In: Wittwer, W. & Kirchhof, S. (Hrsg.). Informelles Lernen und Weiterbildung, Neue Wege zur Kompetenzentwicklung.

Konegen-Grenier, Chr., Placke, B, Stettes, O. (2011): Bewertung der Kompetenzen von Bachelorabsolventen und personalwirtschaftliche Konsequenzen der Unternehmen, iw-Trends 3/2011.

Malik, F. (2002): Komplexität – was ist das?, CwarelIsaf Institut, http://www.kybernetik.ch/dwn/Komplexitaet.pdf (Stand 15.08.2013).

Malik, F. (2006): Führen, Leisten, Leben. Wirksames Management für eine neue Zeit.

Niemeier, W. (2008): Kompetenzprofile erfolgreicher selbstständiger mittelständischer Unternehmer.

Pasternak, P., Kreckel, R. (2011): Trends der Hochschulbildung: Gegenwartsdiagnose, Zukunftsprognose, Handlungserfordernisse. In: B. Hölscher & J. Suchanek (Hrsg.), Wissenschaft und Hochschulbildung im Kontext von Wirtschaft und Medien. Personalwirtschaft 4/12.

Precht, R.D. (2013): Schule kann mehr, in: DIE ZEIT, 11.4.2013 Nr. 16.

Schmitt-Rodermund, E. & Schröder, E. (2004): Wer hat das Zeug zum Unternehmer? Training zur Förderung unternehmerischer Potenziale.

Schritt, S. (2013): Arbeitswelt der Zukunft: Noch flexibler, noch stressiger?, in: DGPF: Personalführung 11/2013.

Sennett, R. (2008): Verfall und Ende des öffentlichen Lebens. Die Tyrannei der Intimität.

Teichler, U. (2009): Wissenschaftlich kompetent für den Beruf qualifizieren, in: Hochschulrektorenkonferenz (Hrsg.), Neue Anforderungen an die Lehre in Bachelor- und Master-Studiengängen. Jahrestagung der HRK Bologna-Zentrum. Beiträge zur Hochschulkonferenz 1/2009.

Teichler, U. (2011): Der Jargon der Nützlichkeit. Zur Embloyability-Diskussion im Bologna-Prozess, in: B. Hölscher & J. Suchanek (Hrsg.), Wissenschaft und Hochschulbildung im Kontext von Wirtschaft und Medien.

Voß, G.G. (1998): Die Entgrenzung von Arbeit und Arbeitskraft. Eine subjektorientierte Interpretation des Wandels der Arbeit, in: Mitteilungen aus der Arbeitsmarkt- und Berufsforschung, 31.

Voß, G., Egbringhoff, J (2004): Der Arbeitskraftunternehmer. Ein neuer Basistypus von Arbeitskraft stellt neue Anforderungen an die Betriebe und an die Beratung, in: Zeitschrift Supervision 3/2004.

Wittwer, W. (1999): Entwicklung von Kern- und Veränderungskompetenzen als Leitidee beruflicher Bildung. In: Quem-Bulletin, Jg. 1999, Heft 3.

Wittwer, W. (2003): „Lern für die Zeit, werd tüchtig fürs Haus. Gewappnet ins Leben trittst du hinaus" – Förderung der Nachhaltigkeit informellen Lernens durch individuelle Kompetenzentwicklung, in: Wittwer, W./Kirchhof, S. (Hrsg.): Informelles Lernen und Weiterbildung, Neue Wege zur Kompetenzentwicklung.

Christian Willems

Modelle, Beispiele und Voraussetzungen zur studiengangintegrierten Entwicklung von Schlüsselkompetenzen

Abstract

Der Beitrag beschreibt *Modelle und Vorgehensweisen* zur fach- und studiengangintegrierten (gekoppelten) Entwicklung von fachbezogener und personaler Kompetenz, *Voraussetzungen*, die für diesen Kompetenzerwerbs notwendig sind bzw. geschaffen werden müssen, sowie *curriculare Schritte* zur Integration von Schlüsselkompetenz-Angeboten in das Studiengangs- und Lehrveranstaltungsdesign inkl. kompetenzorientierter Lehr- und Prüfungsformen. *Erkenntnisse* aus diesem Handlungsfeld („Studium als Trainingsbereich zur Persönlichkeitsentwicklung") fließen in die hochschuldidaktische Weiterbildung ein und generieren *Fragestellungen und Antworten*, was Hochschulen in Bachelorstudiengängen leisten können und was nicht.

1. Einführung

Neben der Vermittlung und dem Erwerb berufsbezogener *Fachkompetenz (Wissen und Fertigkeiten)* wird in Studiengängen zunehmend im Hinblick auf nachhaltige Berufsfähigkeit sowie gesellschaftliche Teilhabe (Handlungskompetenz) besonderer Wert auf die Ausgestaltung der Lehre zur Entwicklung *personaler Kompetenz (soziale Kompetenzen und Selbstständigkeit)* gefordert. Dieser Beitrag beschreibt dazu am Beispiel des Bachelorstudiengangs Chemie der Westfälischen Hochschule (WHS) *Modelle und Vorgehensweisen* zur fach- und studiengangintegrierten (gekoppelten) Entwicklung von personaler Kompetenz (bzw. Schlüsselkompetenzen) und Fachkompetenz. Dabei wird auf *personelle, fachliche, sächliche und strukturelle Voraussetzungen* eingegangen, die zur Umsetzung und Dokumentation des Kompetenzerwerbs notwendig sind bzw. geschaffen werden müssen. Es werden die *curricularen Schritte* zur Integration von Schlüsselkompetenz-Angeboten in das Studiengangs- und Lehrveranstaltungsdesign bis hin zu neueren Entwicklungen bezüglich kompetenzorientierter Lehr- und Prüfungsformen (Bewertungskriterien für Individualleistung, Gruppen-/Teamleistung), gesellschaftlicher Teilhabe, Interkulturalität und dem weltweiten „war for talents" durch die Globalisierung beschrieben. Die *Erkenntnisse* aus dem Handlungsfeld „Studium als Trainingsbereich zur Persönlichkeitsentwicklung" fließen in die hochschuldidaktische Weiterbildung zur Entwicklung von Lehrkompetenz und zur Professionalisierung von Lehre ein und generieren *Fragestellungen und Antworten*, was Hochschulen in Bachelorstudiengängen leisten können und was nicht.

1.1 Kompetenzorientierung für Studium und Lehre

Die OECD geht in ihrem Konzept des lebenslangen Lernens (OECD, 2005) von der zentralen Annahme aus, dass nicht alle lebensrelevanten Kompetenzen einzig in der Grundbildung entwickelt werden können, und zwar, weil

- die Anforderungen an die Menschen sich während ihres Erwachsenenlebens aufgrund des technologischen und strukturellen Wandels verändern,
- Kompetenzen sich im Laufe eines Lebens weiterentwickeln oder ändern und damit die Möglichkeit besteht, mit der Zeit Kompetenzen zu erarbeiten oder zu verlieren,
- die Entwicklungspsychologie nachgewiesen hat, dass die Kompetenzentwicklung nicht mit dem Erwachsenenalter aufhört, sondern während des Erwachsenenlebens andauert.

Die OECD beschreibt drei Kompetenzkategorien mit jeweils drei Kompetenzen, wobei reflexives Denken und Handeln ein grundlegender Bestandteil des Kompetenzrahmens ist und eine entwicklungspsychologisch begründete Reife und Erfahrung voraussetzt. Reflexivität beschreibt relativ komplexe Denk- und Handlungsprozesse und verlangt, dass das Subjekt zum Objekt des Denkens wird, und setzt damit die Anwendung metakognitiver Fähigkeiten (Denken über das Denken), Kreativität, eine kritische Haltung und die Auseinandersetzung mit Erfahrungen einschließlich Gedanken, Gefühlen und sozialen Bindungen voraus. Dies fordert von Individuen ein Niveau an sozialer Reife zu erlangen, das ihnen ermöglicht, sich von sozialem Druck zu distanzieren, verschiedene Sichtweisen einzunehmen, eigenständige Urteile zu fällen und Verantwortung für ihre Handlungen zu übernehmen. Dabei gilt, dass in jedem gegebenen Kontext nicht nur eine Kompetenz, sondern vielmehr die Vernetzung von verschiedenen Schlüsselkompetenzen Handlungsfähigkeit sichert.

Die Europäische Union (2007) definiert in ihrem Referenzrahmen acht Schlüsselkompetenzen, jeweils als Kombination aus Wissen, Fähigkeiten und Einstellungen, die an den jeweiligen Kontext angepasst sind. Schlüsselkompetenzen sind die Kompetenzen, die alle Menschen für ihre persönliche Entfaltung, soziale Integration, Bürgersinn und Beschäftigung benötigen, wobei die EU auf vier Lern-/Kompetenzentwicklungsforderungen sowie auf vernetzte Wissensvermittlung und Kompetenzentwicklung in allen Bildungsbereichen fokussiert:

- Learning to know (Kenntnisse, Fach- und Methodenkompetenz)
- Learning to be (personale Kompetenz)
- Learning to do (Aktivitäts- und Handlungskompetenz)
- Learning to live together (sozial-kommunikative Kompetenz)

Der aus dem europäischen Qualifikationsrahmen (EQF) abgeleitete deutsche Qualifikationsrahmen für lebenslanges Lernen (DQR) (BMBF, 2012, verabschiedet am 22. März 2011, eingeführt im Mai 2013) unterscheidet acht Niveaus, von denen das Niveau 6 der Stufe 1 (Bachelor-Ebene) und das Niveau 7 der Stufe 2 (Master-Ebene) des

Qualifikationsrahmens für deutsche Hochschulabschlüsse (HRK, KMK, BMBF, 2005) entspricht. Zu jedem Niveauindikator wird die Anforderungsstruktur für jedes Niveau beschrieben. Weiterhin enthält jedes Niveau Beschreibungen zur *Fachkompetenz*, aufgeteilt in *Wissen* (Tiefe und Breite) und *Fertigkeiten* (instrumentale und systemische Fertigkeiten, Beurteilungsfähigkeit) sowie Beschreibungen zur *personalen Kompetenz*, aufgeteilt in *Sozialkompetenz* (Team-/Führungsfähigkeit, Mitgestaltung und Kommunikation) und *Selbständigkeit* (Eigenständigkeit/Verantwortung, Reflexivität und Lernkompetenz). Die *Methodenkompetenz* wird als Querschnittskompetenz verstanden und deshalb nicht eigens erwähnt.

Das Fachgutachten für die HRK zur Kompetenzorientierung in Studium und Lehre (Schaper et al., 2012) beschreibt, dass mit der Forderung nach Kompetenzorientierung in Studium und Lehre sowie deren kompetenzorientierter Gestaltung konkrete Ziele der Hochschulen verfolgt werden:

- Befähigung der Absolventinnen und Absolventen, wissenschaftlich denken und arbeiten zu können, um sie auf Tätigkeiten vorzubereiten, die die Anwendung wissenschaftlicher Erkenntnisse und wissenschaftlicher Methoden erfordern. Studierende sollen lernen, sich mit der Haltung eines Forschers bzw. Wissenschaftlers das im Studium vermittelte Wissen anzueignen, zu reflektieren, zu prüfen und weiterzuentwickeln,
- Vorbereitung auf berufliche Tätigkeitsfelder, die durch offene Gestaltung sowie breite Aufgabenspektren gekennzeichnet sind,
- Persönlichkeitsbildung von Studierenden und deren Befähigung zur Teilhabe am gesellschaftlichen Leben durch Ausbildung und Weiterentwicklung sozialer und personaler Schlüsselkompetenzen, um sie zu (selbst-)verantwortlichem und reflektiertem Handeln und Entscheiden in komplexen beruflichen und lebensweltlichen Kontexten zu befähigen, mit anderen (auch kulturell unterschiedlichen Personengruppen) effektiv zu kommunizieren, zusammenzuarbeiten und Konflikte zu bewältigen,
- curricular angemessen Kenntnisse zu diesen Bereichen und Befähigungen zum Handeln zu vermitteln bzw. zu entwickeln,
- durch ein verändertes Verständnis der Lehr-/Lernprozesse im Studium die inhaltliche und didaktisch-methodische Ausrichtung des Studiums von den zu erreichenden Bildungs- bzw. Entwicklungszielen (learning outcome) sowie vom Lern- bzw. Entwicklungsprozess der Studierenden her zu denken und zu konzipieren, Lernziele klar und nachvollziehbar offen zu legen, Studierende zu aktiven Lernenden/(Mit-)Gestaltern des eigenen Lernprozesses in den Veranstaltungen werden zu lassen, Zusammenhänge zwischen einzelnen Lehrveranstaltungen in Form von Modulzielen zu verdeutlichen und neben der Auseinandersetzung mit Wissensinhalten auch Kompetenzen erwerben zu lassen,
- Förderung der Beschäftigungsfähigkeit der Studierenden durch Vorbereitung auf breite berufliche Tätigkeitsfelder, ausgestattet mit fachlich-wissenschaftlichen Kompetenzen und Fähigkeiten, mit denen sie ihr in der Hochschule erworbenes Wissen

in praktischen Einsatzfeldern anwenden und anpassen sowie das vorhandene Wissen reflektieren und weiterentwickeln,

- Förderung fachübergreifender, multifunktionaler Qualifikationen und beruflich verwertbarer Schlüsselkompetenzen inkl. Entwicklung von Metafähigkeiten zur Bewältigung vielfältiger, komplexer und konkreter Anforderungen,
- kompetenzorientierte Formen der Lehr-/Lerngestaltung, des Prüfens, der Unterstützung und Begleitung des Kompetenzerwerbs im Studium, Veränderung der Lehrhaltungen und -praktiken der Lehrenden und Gestaltung der Evaluations- und Qualitätssicherungsverfahren.

Ein aktueller Überblick zur Entwicklung der Schlüsselkompetenz-Thematik an (Fach-) Hochschulen in Nordrhein-Westfalen (NRW) findet sich in einer Veröffentlichung zur Entwicklung von Lehrkompetenz in der Hochschule (Brinker, 2012a).

1.2 Bisherige Erfahrungen mit der Kompetenz-Thematik in der Lehreinheit Chemie der WHS

Neben der Vermittlung und dem Erwerb berufsbezogener *Fachkompetenz* (Wissen und Fertigkeiten) wird in der Lehreinheit Chemie seit Beginn des Wintersemesters 2000/2001 speziell im Hinblick auf nachhaltige Berufsfähigkeit sowie gesellschaftliche Teilhabe (Handlungskompetenz) insbesondere Wert auf die Ausgestaltung der Lehre im Sinne eines „learning by doing“ zur Entwicklung *personaler Kompetenz* (soziale Kompetenzen und Selbstständigkeit) gelegt (Studium als Trainingsbereich zur Persönlichkeitsentwicklung). Die curricularen Schritte verliefen in den letzten 13 Jahren zunächst durch die Etablierung von Schlüsselkompetenz-Angeboten im freiwilligen Wahlbereich (add on) über die Integration in das Studiengangs- und Lehrveranstaltungsdesign bis hin zu neueren Entwicklungen bezüglich kompetenzorientierter Lehr- und Prüfungsformen.

Dieses im Handlungsfeld „Studium als Trainingsbereich zur Persönlichkeitsentwicklung“ erworbene „Know how“ ist bzw. wird regelmäßig im Rahmen von Fachtagungen, Kongressen, Messen, Fachbereichstagen, Treffen des Arbeitskreises „Schlüsselkompetenzen“ der landesweiten hochschuldidaktischen Weiterbildung an Fachhochschulen in NRW sowie Jahrestagungen der deutschen Gesellschaft für Hochschuldidaktik und der Gesellschaft für Schlüsselkompetenzen in Lehre, Forschung und Praxis e.V., Bielefeld, veröffentlicht/diskutiert (siehe hierzu Willems et al., 2004 bis 2013) und fließt in Workshop- und Seminarangebote der Hochschuldidaktischen Weiterbildung NRW (www.hdw-nrw.de) zur Entwicklung von Lehrkompetenz und Professionalisierung der Lehre ein.

1.3 Vorgehensweise zu Entwicklung, Angebot und Erwerb von Fachkompetenz und personaler Kompetenz in der Lehreinheit Chemie der WHS

Die Vorgehensweise zur Entwicklung von *Fachkompetenz* und *personaler Kompetenz* folgt in Anlehnung an das *VQTS (Vocational Qualifikation Transfer System)-Modell* (Luomi-Messerer & Markowitsch, 2006) und den *Qualitätskriterien zur Entwicklung und Förderung von Schlüsselkompetenzen an Hochschulen* (Gesellschaft für Schlüsselkompetenzen, 2012) prinzipiell nach folgendem Ablauf (vgl. Abb. 1):

- Kontiniuerliche Recherche, Sammlung und Beobachtung der Entwicklungen zu (geforderter) Fachkompetenz und personaler Kompetenz von Absolventen, speziell des Studiengangs in der Lehreinheit Chemie sowie vergleichbarer MINT-Studiengänge.
- Zusammenstellung (allgemein geforderter) studiengangspezifischer Fachkompetenz und personaler Kompetenz in einer Kompetenzmatrix.
- Analyse der Kompetenzmatrix und Auswahl (vermittlungs- und erwerbs- sowie transfer- und kreditierfähiger) *studiengangspezifischer Fachkompetenz* und *personaler Kompetenz*, die in der Lehreinheit Chemie und ihrem Studiengang erworben werden können (und sollen).
- Erstellung *studiengangspezifischer Kompetenzprofile* zu Vermittlung und Entwicklung von *Fachkompetenz* und *personaler Kompetenz* mit prozessbezogener Verteilung auf die verschiedenen Semester der Studiengänge (im Sinne eines roten Fadens im Studium).
- Definition/Beschreibungen von Lernzielen für die Vermittlung und Entwicklung von *Fachkompetenz* und *personaler Kompetenz*, z.B. im Modulhandbuch auf der Basis von Lernzieltaxonomien (Reinmann, 2013).
- Entwicklung von Lehrveranstaltungen und Lehr-/Lernarrangements für die Lernzielerreichung (im Sinne von kompetenz- und lernerorientierten Lehrformen) mit Festlegung von *Rollen* (z.B. Vermittler, Lerncoach, passive Zuhörer, Gesprächspartner, aktive (Selbst-)Lerner) und *Aufgaben* (z.B. Gestaltung und aktive Nutzung von Lehr-/Lernarrangements, Begleitung, Rückmeldung, Bewertung und Evaluation) der beteiligten *Akteure im Lernprozess* (Lehrende, wissenschaftliche Mitarbeiter, Tutoren, Studierende und Gesellschaft).
- Kontinuierliche Dokumentation des Kompetenzerwerbs z.B. durch *Lerntagebücher* (Ebene des Einzelnen) sowie *Projekttagebücher* (Ebene des Einzelnen bei Einzelprojekten sowie Ebene der Projektarbeit in Gruppen/Teams). Diese Dokumentation unterstützt auch die Begleitung und Beratung der Studierenden durch Lehrende, Mitarbeiter und Tutoren.
- Erfassung und Dokumentation der Kompetenzentwicklung vor dem Studium im Lerntagebuch (Lernbiographie/Kompetenzpass, inkl. non-formale und informell entwickelter Kompetenzen, auf freiwilliger Basis; dies führt einerseits Erstsemester-Studierende in die Thematik „Lerntagebuch" ein und dient andererseits der Teil-

nehmer- bzw. Zielgruppenorientierung zu Beginn des Studiums durch Informationen zur Heterogenität der Kohorte des jeweiligen Erstsemesters).

- Fortführung der Erfassung und Dokumentation der Kompetenzentwicklung während der einzelnen Semester des Studiums/der Studienzeit in Lern- und Projekttagebüchern. Hierzu zählen der Erwerb von Fachkompetenz, die Entwicklung fachspezifischer personaler Kompetenz sowie außerfachlicher Kompetenzen, die Entwicklung von Kompetenzen zur Berufsorientierung, Bewerbung und Berufseinstieg sowie die Entwicklung von Kompetenzen für lebenslanges Lernen, Berufsfähigkeit und gesellschaftlicher Teilhabe.
- Entwicklung und Anwendung geeigneter kompetenzorientierter Prüfungsformen (z.B. Formen der Performanzprüfung, Protokolle, Projektberichte, Dokumentationsformen und -medien, Nutzung von Lern- und Projekttagebüchern in einzelnen Studienphasen mit Begleitung und Rückmeldung an die Studierenden) inkl. transparenter, operationalisierter, beobachtbarer Bewertungskriterien zur Überprüfung und Bewertung der Lernzielerreichung (auch zur Evaluation der Lehrveranstaltungen).
- Erfassung, Übertragung/Dokumentation der erreichten Lernziele/Kompetenzen (auch im Sinne des studentischen Ziel-, Zeit- und Selbstmanagements im Studium) in das aus dem Studiengangprofil ausgekoppelte Kompetenzprofil der Studierenden (Kompetenzzertifikat) pro Lehrveranstaltung/Semester/Studienphase.
- Qualitäts- und Kompetenzmanagement in den Studiengängen erfolgt im engeren Zusammenhang durch Reflexion der Kompetenzentwicklung und die Pflege der Kompetenzprofile (Kompetenzzertifikat) der Studierenden in Lern- und Projekttagebüchern, Lehrveranstaltungen und Tutorien sowie Nutzung der Informationen aus Erstsemesterbefragungen, Lehrveranstaltungs- und Studiengangevaluationen zur Entwicklung der Studiengänge.
- Qualitäts- und Kompetenzmanagement in der Lehreinheit Chemie erfolgt im erweiterten Zusammenhang durch die Überprüfung, Sicherstellung und Entwicklung der strukturellen Rahmenbedingungen, wie z.B. den vorhandenen Ressourcen (Personal, Räume, Medien und Materialien), der Qualifikation der Dozenten auf Basis berufsbiografischer Kontexte sowie hochschuldidaktischer und außerhochschulischer Weiterbildung, der Konzeption, Durchführung, Vernetzung und Nachhaltigkeit des Angebots, dem Verhältnis von Angeboten zum Erwerb von Fachkompetenz und personaler Kompetenz im Studienprogramm sowie dem Verhältnis von integrativen und additiven Angeboten und der Einbindung unterschiedlicher Akteure.

Abbildung 1 verdeutlicht den Zusammenhang zwischen Qualifikationsrahmen, Kompetenzmatrix, Kompetenzprofil und Kompetenzzertifikat.

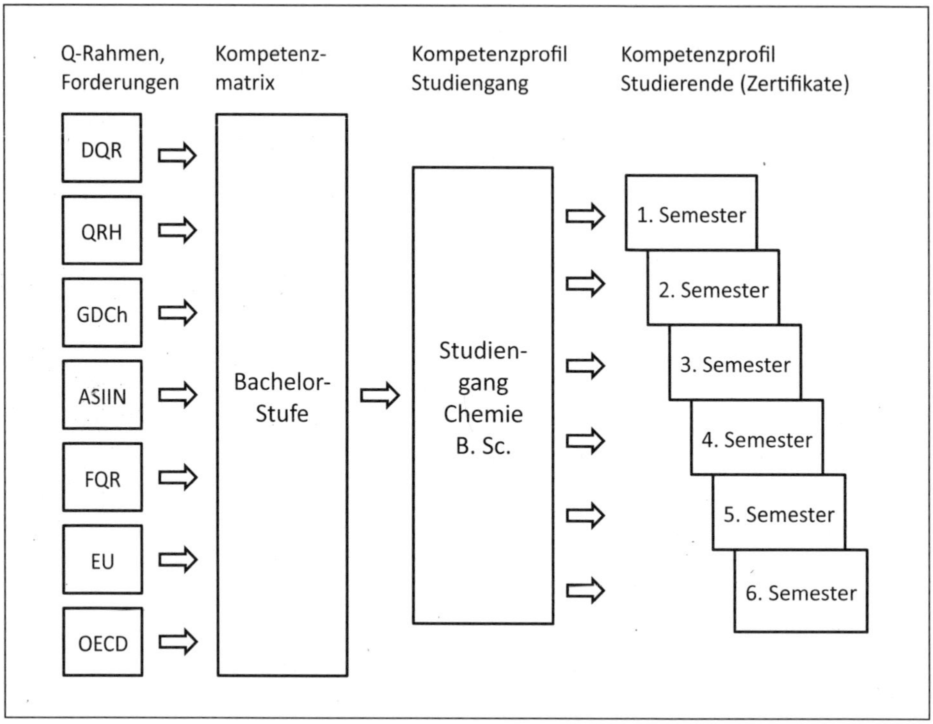

Abb. 1: Zusammenhang zwischen Qualifikationsrahmen, Kompetenzmatrix, Kompetenzprofil und Kompetenzzertifikat (in Anlehnung an das VQTS-Modell)

1.4 Kompetenzorientierte Lehr- und Prüfungsformen

Die Entwicklung und Anwendung kompetenzorientierter Lehr- und Prüfungsformen leitet sich als zwingende Aufgabe aus dem Bolognaprozess (employability inkl. Kompetenzdiskussion) ab und ist Gegenstand derzeitiger hochschuldidaktischer Angebote und deren Entwicklung. Da der Fokus auf der Erarbeitung von *Handlungskompetenz* und nicht nur auf der Vermittlung von Fach- und der Entwicklung von personaler Kompetenz (Schlüsselkompetenzen) liegt, konzentriert sich die derzeitige hochschuldidaktische Forschung einerseits auf die Entwicklung kompetenzorientierter Lehr-/ Lernarrangements (inkl. problemorientiertem bzw. -basiertem Lernen) und andererseits auf die Entwicklung kompetenzorientierter Prüfungsformen (Brinker, 2012b). Heutige Lehr-/Lernarrangements reichen von den darbietenden Lehrverfahren (z.B. Vortrag, Referat, Videofilm, Demonstration, Erklärung), bei denen Studierende als Zuhörende weitgehend passiv sind, über Gesprächsverfahren (z.B. Lehrgespräche, Studierendengespräche, Gruppengespräche, Diskussion, Kolloquium) mit Studierenden als aktiven Gesprächspartnern, bis zu aktivierenden Lehrverfahren inkl. Lernortverknüpfung oder -kooperation (z.B. selbstorganisiertes Lernen, Partnerarbeit, Gruppenarbeit, entdeckendes Lernen, Exkursion, Rollenspiel, Planspiel, Fallbeispiel, Experimentiergruppe, Laborarbeit, Projektarbeit, Stationenlernen, Zukunftswerkstatt, Moderation, Tutorium, Lernen durch Lehren) mit Studierenden als aktive Lerngestalter (Brinker & Willems, 2005). Problematisch bei der Entwicklung kompetenzorientierter Prüfungsformen ist, dass sich Kompetenz nicht direkt prüfen lässt, sondern nur indirekt über die Beobachtung des aktuellen Handelns – die Performanz. Mögliche Formen für die lernzielbezogene Performanzprüfung sind neben der klassischen Prüfungsform Klausur (schriftliche Prüfung, meist wird gelerntes Fachwissen wiedergeben) z.B. Protokolle, Rechercheaufgaben, Projektarbeiten und -berichte, Lernposter, Präsentationen, Vorträge, Referate, Tutorien, Lern- und Projekttagebücher, modifizierte Assessment-Center-Elemente, Testate, Fachgespräche und Diskussionen (mündliche Prüfung), aber auch die Verhaltensbeobachtung im Studienalltag. Hierfür sind transparente, operationalisierte, beobachtbare Bewertungskriterien zur Überprüfung und Bewertung der Lernzielerreichung (auch zur Evaluation der Lehrveranstaltungen und Rückmeldung an die Studierenden) zu entwickeln (Willems & Lubkowitz, 2010).

2. Kompetenzmatrix für den Studiengang Chemie B.Sc. der WHS

Zur Erstellung einer lehreinheitsspezifischen Kompetenzmatrix wurden folgende Qualifikationsrahmen bzw. Empfehlungen herangezogen:

- Deutscher Qualifikationsrahmen für lebenslanges Lernen (DQR) (BMBF, 2012)
- Qualifikationsrahmen für deutsche Hochschulabschlüsse (QRH) (HRK, KMK, BMBF, 2005)
- Empfehlungen der Chemieorganisationen und -verbände für chemieorientierte Bachelor- und Masterstudiengänge (Gesellschaft Deutscher Chemiker (GDCH), 2004, 2009, 2011)
- Fachqualifikationsrahmen (Tuning Project, 2008, Gehmlich, 2009, ASIIN, 2011)
- Schlüsselkompetenzen für lebenslanges Lernen – ein Europäischer Referenzrahmen (EU, 2007)
- Definition und Auswahl von Schlüsselkompetenzen (OECD, 2005)

Die Analyse der verschiedenen Referenzrahmen und Empfehlungen verdeutlicht, dass die Referenzrahmen zu Schlüsselkompetenzen der EU und der OECD Kompetenzen beinhalten, die sowohl in die fachlichen als auch in die personalen Kompetenzbereiche des Deutschen Qualifikationsrahmens für lebenslanges Lernen (DQR), Niveau 6 und 7 hineinreichen bzw. diesen ergänzen. Der Qualifikationsrahmen für deutsche Hochschulabschlüsse (QRH), Stufe 1 (Bachelorebene) und 2 (Masterebene) ist im DQR enthalten und konkretisiert diesen punktuell aus hochschulischer Perspektive. Die Fachqualifikationsrahmen (ASIIN) sowie die Empfehlungen der Chemieverbände (GDCh) ergänzen den DQR. Bei der Zusammenfassung von Referenz-, Qualifikations- und Fachqualifikationsrahmen sowie den Empfehlungen der Chemieverbände wurde deshalb von der Struktur des Deutschen Qualifikationsrahmens für lebenslanges Lernen (DQR), Niveau 6, ausgegangen, alle Angaben miteinander verglichen und nur die fach- bzw. studiengangspezifischen Kompetenzen in der Matrix ergänzt, die der DQR nicht erwähnt bzw. die den DQR für die Kompetenzmatrix der Chemiestudiengänge konkretisieren. Die Kompetenzmatrix beinhaltet somit alle geforderten Kompetenzen und dient dem Vergleich mit dem Kompetenzprofil des angebotenen Studiengangs Chemie B.Sc. (siehe Abb. 1).

3. Studiengangprofil, Lern- und Projekttagebücher, Kompetenzzertifikate

3.1 Profil des Studiengangs Chemie B.Sc. der WHS

Das Profil des Studiengangs Chemie B.Sc. wird aus den personellen, fachlichen, sächlichen und strukturellen Voraussetzungen der Lehreinheit Chemie abgeleitet. Die Beschreibung der einzelnen Module sind dem Modulhandbuch zu entnehmen. Der daraus ableitbare Anteil des modulbezogenen Angebots zum Erwerb von *Fachkompetenz* und zur Entwicklung *personaler Kompetenz* erfolgt formal durch die Beschreibung von z.B. Inhalten und Qualifikationszielen (Lernergebnissen) der Module, Lehr- und Prüfungsformen, Voraussetzungen für die Teilnahme, Verwendbarkeit des Moduls (im Kontext zu anderen Lehrveranstaltungen und Studienangeboten), Voraussetzungen für die Vergabe von Leistungspunkten, Abschlussnotenanteil bezogen auf die Leistungspunkte, Häufigkeit des Angebots, Arbeitsaufwand (workload) und Dauer der Module.

3.2 Lern- und Projekttagebücher

Lerntagebücher (Hübner et al., o.J., Stangl, o.J.) werden bereits zu Beginn des ersten Semesters eingeführt und zum aktiven, selbstgesteuerten Lernen (auch im Sinne eines permanenten Self-Assessments) und zur Beratung und Begleitung der Kompetenzentwicklung genutzt. Das Lerntagebuch fördert ein vertieftes Verständnis der behandelten Inhalte durch regelmäßige Nachbearbeitung und Reflexion subjektiv bedeutsamer, interessanter oder neuartiger Aspekte des Lernstoffs. Weiterhin wird durch die kontinuierliche Dokumentation und Reflexion der Lernerfahrungen das Bewusstsein für den eigenen Lernprozess sowie das Verständnis für das eigene Arbeitsverhalten gefördert, wodurch individuelle Lern- und Arbeitsstrategien sowie eigene Ideen generiert und entwickelt werden, d.h. die Dokumentation dieser Lernbiographie erfolgt auf Basis einer permanenten Auseinandersetzung des Autors/der Autorin mit sich selbst. Das Erstellen und Führen des Lerntagebuchs liegt in der Verantwortung der/des einzelnen Studierenden. Es wird am Ende des 1. und 2. Semesters abgegeben und hinsichtlich der Erfüllung der „Kriterien zum Erstellen und Führen eines Lerntagebuchs“ bewertet und kreditiert. Mögliche Vorgaben sind der Umfang der Ausarbeitung pro Lerneinheit bei üblicher Formatierung und wissenschaftlicher Schreibweise (z.B. Struktur, Ausarbeitung bedeutsamer, interessanter oder neuartiger Aspekte der Lehrinhalte, Reflexion über das eigene Lernen, persönlicher, kritisch abwägender Darstellungsstil) ohne formale Mängel hinsichtlich Rechtschreibung, Zeichensetzung, Satzbau etc. sowie eine nachvollziehbare Auseinandersetzung mit den Themen. Zur Orientierung wird den Studierenden ein Leitfaden ausgehändigt, der alle formalen Kriterien sowie Leitfragen zum Erstellen und Führen des Lerntagebuchs enthält. Es ist beabsichtigt, dass Studierende im Sinne ihres eigenen Kompetenzmanagements auch in Modulen höherer Semester, bei denen Lerntagebücher nicht zum Lehr-/Lernarrangement gehören, eigenständig Lerntagebücher führen. *Projekttagebücher* (Willems, 2011) haben sich in der Lehreinheit Chemie bereits bewährt und werden seit Jahren in den höheren Semestern der Studiengänge im Zusammenhang mit Projekt-, Gruppen- und Teamarbeit erstellt und geführt. Hier werden alle Vorgänge und der entsprechende Zeitaufwand der Projekte dokumentiert, so dass sie auch im Nachhinein nachvollziehbar sind. Sie dienen in Verbindung mit Projektauftrag, Projektstrukturplan, Terminplan, Besprechungsprotokollen, Projektstatusberichten, Stundennachweisen und dem Projektbericht inkl. Präsentation der Bewertung der Gruppen- bzw. Team- sowie der Individualleistung der Studierenden und zur Evaluation des Moduls.

3.3 Vermittlung und Erwerb von Fachkompetenz und Entwicklung personaler Kompetenz

Das Angebot zur integrierten Vermittlung und der Entwicklung von *Fachkompetenz* und *personaler Kompetenz* erfolgt studiengangs- und lehrveranstaltungsbezogen. Grundlage hierzu bildet die ständig fortzuschreibende Kompetenzmatrix und die daraus zu generierenden Kompetenzprofile sowohl für die Studiengänge als auch für die Studierenden und Absolventen. Die Vermittlung und der Erwerb von *Fachkompetenz* (Wissen und Fertigkeiten) erfolgt in fachbezogenen Lehr-/Lernarragements wie Vorlesungen/seminaristischem Unterricht (bis 70 Studierende), Übungen und Seminaren (bis 35 Studierende) sowie Praktika, Workshops und Projekten in Gruppen (2 bis 12 Studierende) sowohl im Selbststudium als auch in Gruppen- und Teamarbeit direkt an Aufgabenstellungen des Fachstudiums. Ziele dieser unterschiedlichen Lehr-/Lernarrangements, z.T. begleitet durch Phasen des Lerncoachings, sind zeitgleich zum Fachkompetenzerwerb auch *fachspezifische personale Kompetenzen* und – wenn möglich – auch *außerfachliche Kompetenzen* zu „trainieren". Begleitend zur Vermittlung und zum Erwerb von Fachkompetenz erfolgt die Erarbeitung und Entwicklung *personaler Kompetenz* (Soziale Kompetenz und Selbstständigkeit) in den Lehrveranstaltungen (Lehr-/Lernarrangements). Tabelle 1 gibt einen groben Überblick zu den Lehreinheiten der einzelnen Themenfelder mit Bezug zum Startsemester, in dem das erste Angebot erfolgt, und der Vertiefung bzw. Anwendung in einzelnen laufenden und höheren Semestern des Studiengangs Chemie B.Sc. Nicht nur unterschiedliche Lehr-/Lernarrangements, sondern auch die im Modulhandbuch aufgeführten Prüfungsformen inkl. Feedback gewährleisten den Erwerb von *Fachkompetenz* und die Entwicklung *personaler Kompetenz*, da Studierende in vielfältiger Form gefordert sind, kompetenzbezogen zu agieren und zu reflektieren.

Tab. 1: Semesterbezogener Erwerb personaler Kompetenz im Studiengang Chemie B.Sc.

SW	Studieren und wissenschaftliches Arbeiten	Start in	Verwendung in
SW 1	Einführung in das Studium	1	1,2,3,4,5,6
SW 2	Studieren lernen – Lernen lernen	1	1,2,3,4,5,6
SW 3	Kompetenzerwerb und -management, Lerntagebuch	1, 2	1,2,3,4,5,6
SW 4	Wissenschaftliches Arbeiten	1, 2	1,2,3,4,5,6
SW 5	Projektarbeiten, Projekttagebuch	1, 2	1,2,3,4,5,6
KM	Kommunikation und Moderation		1,2,3,4,5,6
KM 1	Grundlagen der Kommunikation	1, 2	1,2,3,4,5,6
KM 2	Vortrag, Präsentation und Medien	1, 2	1,2,3,4,5,6
KM 3	Gespräche, Besprechungen und Verhandlungen	1, 2	1,2,3,4,5,6
KM 4	Grundlagen der Moderation	1, 2	1,2,3,4,5,6
KM 5	Problemlösung und Entscheidungsfindung	1, 2	1,2,3,4,5,6
KM 6	Prozessmoderation	4, 5	4,5,6
PM	Grdl. der Psychologie und (Selbst-)Management		
PM 1	Selbstmanagement, Berufsfeldorientierung und -wahl	4, 5	4,5,6
PM 2	Konflikte, Konfliktbewältigung, Mobbing, Mediation	4, 5	4,5,6
PM 3	Psychologische Grundlagen des Managements, PE/OE	4, 5	4,5,6
FM	Führung und Management		
FM 1	Führungsbegriff, Führungsstile, Führungsrollen	4, 5	4,5,6
FM 2	Gruppen- und Teamarbeit, Teamführung	4, 5	4,5,6
FM 3	Managementmodelle und -werkzeuge	4, 5	4,5,6
FM 4	Systemisches (Change-)Management	4, 5	4,5,6
FM 5	Interkulturelle Kompetenz	4, 5	4,5,6

Die Studierenden werden bereits zu Beginn des Studiums dazu aufgefordert, schon während des Studiums in gesellschaftlichen, sozialen und politischen Zusammenhängen, z.B. durch Mitwirkung in den Gremien der studentischen und/oder akademischen Selbstverwaltung oder außerhalb durch ehrenamtliches Engagement, tätig zu werden und ihre im Studium erworbene bzw. ergänzte Handlungs- und Urteilsfähigkeit in Bezug auf interdisziplinäre Fragestellungen und Interkulturalität nicht nur auf das Handlungsfeld Chemie zu begrenzen, sondern auch darüber hinaus gesellschaftlich einzusetzen. Die Lehreinheit Chemie eröffnet Studierenden die Möglichkeit, interkulturelle Kompetenz sowie Wissen über Kulturdimensionen, soziale Milieus verschiedener Kulturkreise und die Dynamik interkultureller Kommunikation in Theorie und Praxis in praxisorientierten Seminaren/Workshops sowie ihre Fähigkeit zur Aufnahme und konstruktiven Gestaltung interkultureller Kontakte zu entwickeln. Ergänzend besteht immer die Möglichkeit, sich ehrenamtlich, z.B. im Rahmen der Betreuung internationaler Studierender, zu engagieren. Die internationale Mobilität der Studierenden wird durch Kooperationen mit ausländischen Hochschulen, insbesondere im Rahmen des Erasmus-Programms, gefördert. Stellenbewerbungen für die Praxisphase und die Bachelor-Arbeit werden durch intensives Bewerbungstraining und Assessment-Center begleitet. Die Praxisphasen werden ergänzt durch begleitende Seminare, in denen die Studierenden ihre Erfahrungen aus der Praxis mit theoretischem Wissen verknüpfen, ihr Handeln bzw. ihre eigene Rolle reflektieren und in den Kontext ihrer erworbenen Kenntnisse setzen.

3.4 Kompetenzprofile der Studierenden (Kompetenzzertifikat)

Das Studiengangprofil, die curriculare Struktur und das Modulhandbuch sind Grundlage für die individuellen studiengangs- und semesterbezogenen Kompetenzprofile (Zertifikate) der Studierenden, in denen die *individuelle Entwicklung von Fachkompetenz und personaler Kompetenz* auf die Struktur der Studiengangprofile abgebildet wird (siehe Abb. 1). Diese Kompetenzzertifikate dienen einerseits begleitend zu den Lern- und Projekttagebüchern als Dokumentations- und Übersichtssystem – ähnlich einem Gantt'schen Diagramm beim Projektmanagement – und andererseits als Planungs- und Steuerungssystem für das kompetenzorientierte Ziel-, Ressourcen- und Selbstmanagement der Studierenden, zur Begleitung, Rückmeldung und Evaluation durch Lehrende und Tutoren sowie zur Erhöhung der Durchlässigkeit in andere Studiengänge.

4. Zusammenfassung und Fazit

Im Fokus dieses Beitrages liegen Modelle, Beispiele und Voraussetzungen zur studiengangintegrierten Entwicklung von Schlüsselkompetenzen. Es wird aufgezeigt, dass es durch fachliche, personelle, sächliche und strukturelle Voraussetzungen sowie durch konsequente Recherche, Analyse, Entwicklung, Organisation und Qualitätsmanagement möglich ist, Schlüsselkompetenz-Angebote in das Studiengang- und Lehrveranstaltungsdesign im Sinne eines Handlungsfeldes „Studium als Trainingsbereich zur Persönlichkeitsentwicklung“ zu integrieren sowie die Selbstreflexion von Studierenden bezüglich ihres Lernverhalten durch Lern- und Projekttagebücher zu begleiten. Mit Blick auf den Aspekt der Persönlichkeitsentwicklung von Studierenden zu berufsfähigen, handlungskompetenten Absolventen wird die kurze Studiendauer von „nur“ sechs Semestern vom Autor als nach wie vor problematisch gesehen. Diese lässt ein Bachelorstudium wie eine Art „Durchlauferhitzer“ erscheinen – in drei Jahren von der Schulbank zur Berufsfähigkeit – d.h., kaum gestalten Studierende ihr Studium eigenständig, ist es auch schon zu Ende. Es bleibt die Frage: Wie soll sich in einer solchen (Zeit-)Struktur eine persönlichkeitsgebildete, kommunikations- und führungsstarke, verantwortungsbewusste, zu fachlichen Spitzenleistungen fähige „eierlegende Wollmilchsau“ entwickeln, wie sie immer wieder von Wirtschaftsverbänden gefordert wird?

5. Literatur

ASIIN (2011). Fachspezifisch ergänzende Hinweise zur Akkreditierung von Bachelor- und Masterstudiengängen der Chemie, ASIIN e.V., Fachausschuss Chemie/Technische Chemie. Verfügbar unter: http://www.asiin-ev.de/media/feh/ASIIN_FEH_09_Chemie_2011-12-09.pdf [12.03.2013].

BMBF (2012). Deutscher Qualifikationsrahmen für lebenslanges Lernen 2012. Verfügbar unter: http://www.deutscherqualifikationsrahmen.de/de/der_dqr/stand-der-umsetzung_fkntsaw6.html [10.03.2013].

Brinker, T. (2012a). Schlüsselkompetenzen aus Perspektive der Fachhochschulen. In R. Egger & M. Merkt (Hrsg.), Lernwelt Universität: Entwicklung von Lehrkompetenz in der Hochschullehre, (S. 243-262). Berlin: Springer.

Brinker, T. (2012b). Verschiedene Prüfungsformen – Kompetent prüfen – Performanz bewerten. Verfügbar unter: http://www.lehridee.de/data/doc/id_415/Kompetentes-Pruefen.pdf [12.03.2013].

Brinker, T. & Willems, C. (2005). HDW-Basiskurs. Verfügbar unter: http://www.lehridee.de/data/doc/id_238/Basiskurs.pdf [12.03.2013].

EU (2007). Schlüsselkompetenzen für lebenslanges Lernen – ein Europäischer Referenzrahmen. Verfügbar unter: http://ec.europa.eu/dgs/education_culture/publ/pdf/ll-learning/keycomp_de.pdf [12.3.2013].

Gehmlich, V. (2009). Die Einführung eines Nationalen Qualifikationsrahmens in Deutschland (DQR) – Untersuchung der Möglichkeiten für den Bereich des formalen Lernen. Band 2 der Reihe Berufsbildungsforschung, BMBF. Verfügbar unter: http://www.bmbf.de/pub/band_zwei_berufsbildungsforschung.pdf [14.03.2013].

Gesellschaft Deutscher Chemiker (2009). Empfehlung der Gesellschaft Deutscher Chemiker zur Fortsetzung des Bologna-Prozesses.

Gesellschaft Deutscher Chemiker (2011). Chemie studieren.

Gesellschaft Deutscher Chemiker und Verband der Chemischen Industrie (2004). Einführung von Bachelor- und Master-Studiengängen in der Chemie – Eine gemeinsame Empfehlung von GDCh und VCI, S. 8

Gesellschaft für Schlüsselkompetenzen (2012). Qualitätskriterien zur Entwicklung und Förderung von Schlüsselkompetenzen an Hochschulen. Verfügbar unter: http://www.gesellschaft-fuer-schluesselkompetenzen.de/tl_files/PDF-Downloads/QM-SK.pdf [12.03.2013].

HRK, KMK, BMBF (2005). Qualifikationsrahmen für deutsche Hochschulabschlüsse. Verfügbar unter: http://www.hrk.de/?id=462 [12.03.2013].

Hübner, S., Nückles, M. & Renkl, A. (o. J.). Lerntagebücher als Medium des selbstgesteuerten Lernens – Wie viel instruktionale Unterstützung ist sinnvoll. Verfügbar unter: http://www4.psychologie.uni-freiburg.de/einrichtungen/Paedagogische/Projekte/LS_Lerntagebuch/ls_lerntagebuch-Dateien/Huebner_Nueckles_Renkl_Lerntagebuecher_als_Medium_selbstgesteuerten_Lernens.pdf [16.03.2013].

Luomi-Messerer, K. & Markowitsch, J. (Eds.) (2006). VQTS-Modell. Verfügbar unter: http://www.vocationalqualification.net/mmedia/2008.05.07/1210162936.pdf, S. 35-62 [17.3.2013].

OECD (2005). Definition und Auswahl von Schlüsselkompetenzen, Zusammenfassung. Verfügbar unter: http://www.oecd.org/pisa/35693281.pdf [12.3.2013].

Reinmann, G. (2013). Studientext Didaktisches Design. Verfügbar unter: http://lernen-unibw.de/sites/default/files/studientext_dd_april13.pdf, S. 19-25 [18.10.2013].

Schaper, N. et al. (2012). Kompetenzorientierung in Studium und Lehre. HRK, August 2012. Verfügbar unter: http://www.hrk-nexus.de/fileadmin/redaktion/hrk-nexus/07-Downloads/07-02-Publikationen/fachgutachten_kompetenz-orientierung.pdf [12.3.2013].

Stangl, W. (o. J.). Lerntagebücher als Werkzeug für selbstorganisiertes Lernen. Verfügbar unter: http://arbeitsblaetter.stangl-taller.at/LERNTECHNIK/Lerntagebuch.shtml [12.3.2013].

Tuning Project (2008). Reference Points for the Design and Delivery of Degree Programmes in Chemistry. Universidad de Deustro, Bilbao. Verfügbar unter: http://www.unideusto.org/tuningeu/images/stories/Publications/CHEMISTRY_FOR_WEBSITE.pdf [12.03.2013].

Willems, C. (2004a). Studienbegleitende Entwicklung von Schlüsselqualifikationen. In T. Brinker & U. Rössler Hrsg.), Hochschuldidaktik an Fachhochschulen (S. 33–39). W. Bertelsmann Verlag: Bielefeld.

Willems, C. (2004b). Schritte ins Studium – die Orientierungseinheit. SQ-Forum – Schlüsselqualifikationen in Lehre, Forschung und Praxis, 1/2004, 31–40.

Willems, C. (2004c). Multiplikatoren-Schulung. SQ-Forum – Schlüsselqualifikationen in Lehre, Forschung und Praxis, 2/2004, 48–53.

Willems, C. (2005a). Grundlagen des Konfliktmanagements in der Hochschullehre. In T. Stelzer-Rothe (Hrsg.), Kompetenzen in der Hochschullehre (S. 140–167). Merkur Verlag: Rinteln.

Willems, C. (2005b). Karriereplanung und Berufsorientierung. SQ-Forum – Schlüsselqualifikationen in Lehre, Forschung und Praxis, 2/2005, 54–57.

Willems, C. (2005c). Berufsfähigkeit – wie lehrt man das? 2. Forum Hochschullehre, Hagen.

Willems, C. (2006). Entwicklung mobiler Labore – wie früh bzw. ab welchem Alter können Schlüsselkompetenzen entwickelt/gefördert werden? SQ-Forum – Schlüsselqualifikationen in Lehre, Forschung und Praxis, 2/2006, 58–73.

Willems, C. (2007). „school meets university" – fit furs Studium?! SQ-Forum – Schlüsselqualifikationen in Lehre, Forschung und Praxis, Fachhochschule Bochum, IZK, 1+2/2007, 118–122.

Willems, C. (2009a). Integration von Schlüsselkompetenzen in Lehrveranstaltungen. SQ-Forum – Schlüsselqualifikationen in Lehre, Forschung und Praxis, Hochschule Bochum, IZK, 1/2009, 125–130.

Willems, C. (2009b). Aspekte zum Erwerb sozialer Kompetenzen. SQ-Forum – Schlüsselqualifikationen in Lehre, Forschung und Praxis, Hochschule Bochum, IZK, 2/2009, 21–42.

Willems, C. (2011). Projektarbeit im Studium. SQ-Forum – Schlüsselqualifikationen in Lehre, Forschung und Praxis, Hochschule Bochum, IZK, 2/2011, 8–19.

Willems, C. (2012). Nano- und Materialwissenschaften B. Sc. – Entwicklung eines Studiengangs. In T. Brinker & P. Tremp (Hrsg.), Einführung in die Studiengangentwicklung, (S. 139–145). W. Bertelsmann Verlag: Bielefeld.

Willems, C. (2013). Vorbereitung auf das Studium. In T. Brinker (Hrsg.), Gestaltung der Studieneingangsphase: Ideenwerkstatt mit Studierenden und Lehrenden, (S. 21–23) UniversitätsVerlag Webler: Bielefeld.

Willems, C. (in Vorbereitung): Schlüsselkompetenzerwerb während des Studiums – curriculare Modelle und Entwicklungen zur Teilhabe an der europäischen Bürgergesellschaft.

Willems, C., Becker, L., Mucks, L., Pfisterer, U. & Stückenschneider, K. (2008). Projekt – Entwicklung eines „Career Center & Service", 3. Forum Hochschullehre, Krefeld, 2008.

Willems, C., Brinker, T. & Schaefer, M. (2006). Der Arbeitskreis Schlüsselqualifikationen NRW auf der didacta 2006 in Hannover: Impuls 21 – ein Studentenprojekt der FH Gelsenkirchen, Abteilung Recklinghausen. SQ-Forum – Schlüsselqualifikationen in Lehre, Forschung und Praxis, 2/2006, 79–83.

Willems, C. & Lubkowitz, A. (2010). Kompetenzen messen mit Methoden des Assessments. SQ-Forum – Schlüsselqualifikationen in Lehre, Forschung und Praxis, Hochschule Bochum, IZK, 2/2011, 9–40.

Cornelia Oertle, Monika Beck

Kompetenzförderndes Lehren und Lernen in den Gesundheitsberufen der Schweiz – Rückblick und Ausblick

Abstract

Die Kompetenzförderung in den Ausbildungen der Gesundheitsberufe in der Schweiz hat eine längere Tradition. Bereits in den Neunzigerjahren wurden in der grossen Bildungsreform der Pflegeberufe mit dem Konzept der sogenannten Schlüsselqualifikationen und der Abkehr von einem Fächerkatalog hin zu Zielvorgaben pädagogisch-didaktisch wegweisende Neuerungen eingeführt. Durch die konsequente Umsetzung dieser Konzepte in den Pflegeschulen wurden diese zu Vorreitern in der schweizerischen Berufsbildungslandschaft. Die Kompetenzorientierung wurde bei der Konzipierung der Fachhochschulcurricula der Gesundheitsberufe in den Nullerjahren stetig weiterentwickelt, so dass sich diese durch moderne Elemente auszeichnen, die auch in interdisziplinären Ansätzen ihren Ausdruck finden.

1. Die Gesundheitsberufe der Schweiz

Die sogenannten Gesundheitsberufe nahmen in der Schweiz während langer Zeit eine Sonderstellung ein. Sie waren den kantonalen Gesundheitsbehörden unterstellt und nicht ins offizielle Bildungssystem der Schweiz integriert. Erst die revidierte Bundesverfassung von 1999 schaffte die Grundlagen, dass der Bund auch für die bis dahin kantonal geregelten Berufsbildungen zuständig wurde. In nachgelagerten Gesetzesrevisionen wurden die entsprechenden gesetzlichen Grundlagen für die Integration der Gesundheitsberufe in Bundeshoheit geschaffen. Mit dem Inkrafttreten des Berufsbildungsgesetzes (BBG) Anfang 2004 wurden die im Berufsbildungsgesetz geregelten Berufe (Sekundarstufe II, Tertiärstufe B) zum Bund überführt, eineinhalb Jahre später per Oktober 2005 mit dem revidierten Fachhochschulgesetz ebenfalls die Fachhochschulberufe, d.h. die Tertiärstufe A. Damit ging eine lange Ära zu Ende, während derer die Kantone und ihr Koordinationsorgan, die Schweizerische Konferenz der kantonalen Gesundheitsdirektorinnen und -direktoren GDK eine führende Rolle für die Gesundheitsberufe in der Schweiz gespielt hatten. Die GDK fällte die strategisch wichtigen Entscheide und erliess verbindliche Rechtsnormen. Den Vollzug der bildungspolitischen Entscheide und die Überwachung der Schulen der Gesundheitsberufe hatte die GDK dem Schweizerischen Roten Kreuz als Mandatnehmerin übertragen. Diese einmalige Situation einer nationalen Rotkreuzgesellschaft hatte ihren Anfang im ausgehenden 19. Jahrhundert genommen, als das Schweizerische Rote Kreuz SRK sich in der Kriegskrankenpflege engagierte und bereits 1903 die erste Krankenpflegeschule anerkannte. Während mehrerer Jahrzehnte waren ausschliesslich Pflegeberufe unter der Obhut des SRK, ab den sechziger Jahren wurden weitere Berufe zur Überwachung an das SRK delegiert, für die das SRK entsprechende Ausbildungsbestimmungen erliess und die Schulen akkreditierte. Diese Berufe lassen sich zur Gruppe der sogenannten „SRK-Berufe" zusammenfassen und zählen in der Schweiz traditionellerweise als Gesundheitsberufe. Es sind dies: die diversen Pflegeberufe, Hebammen, Physiotherapie, Ergotherapie, Ernährungsberatung, Rettungssanität, Technische Operationsassistenz, Biomedizinische Analytik, Medizinisch-technische Radiologie, Orthoptik, Dentalhygiene, Podologie und medizinische Massage. Dieser Liste ist durchaus ein gewisser Exklusivitätswert zuzugestehen, war sie doch das Resultat intensiver Beratungen darüber, ob ein Beruf als Gesundheitsberuf einzustufen sei oder nicht. Die von Berufsverbänden oder Institutionen eingereichten Anträge auf Regelung durch die GDK, resp. das SRK, wurden von der GDK und teilweise auch mit den für die Berufsbildung zuständigen Bundesbehörden eingehend diskutiert und bei positivem Entscheid wurde die Ausbildung unter die Obhut des SRK gestellt. Es wurden auch Berufe abgelehnt, die trotz ihres offensichtlichen Bezugs zum Gesundheitswesen nicht als „klassischer" Gesundheitsberuf eingestuft wurden, so etwa die Dentalassistentin, die Pharmaassistentin oder die medizinische Praxisassistentin, die in der Folge weiterhin von den entsprechenden Berufsverbänden geregelt wurden und zu einem späteren Zeitpunkt direkt in Bundeshoheit gelangten (Oertle Bürki, 2008, S. 165).

Die Gesundheitsberufe unter damaliger kantonaler Hoheit können als ein in sich geregeltes System qualifiziert werden, befanden sich jedoch ausserhalb der offiziellen Bildungssystematik der Schweiz. Das SRK nahm keine bildungssystematischen Zuordnungen der von ihm geregelten Berufe vor, sondern regelte nur die Zulassungsbedingungen im Sinne von Minimalanforderungen. Das hatte bildungspolitische Gründe, denn man wollte den Nachwuchs durch eine klare Zuordnung der Bildungsstufe nicht einschränken (Schweizerisches Rotes Kreuz, 1991b, S. 7). Die Ausbildungen waren jedoch in einem Übergangsbereich zwischen Sekundarstufe II und Tertiärstufe angesiedelt, weil gemäss SRK-Ausbildungsbestimmungen kein regulärer Abschluss der Sekundarstufe II, jedoch je nach Beruf gemäss den jeweiligen EU-Spezialrichtlinien mehr Vorbildung als die obligatorische Schulzeit und dazu ein Mindestalter von 18 Jahren bei Eintritt in eine Ausbildung verlangt wurde. De facto wurden einige Berufe vom Bundesamt für Statistik bereits damals der Tertiärstufe zugeordnet, da ihre Absolventinnen und Absolventen mehrheitlich bereits eine abgeschlossene allgemeinbildende Sekundarstufe-II-Ausbildung vorwiesen (gymnasiale Matura, Fachmittelschule), so etwa die Physiotherapie und die Ergotherapie (Oertle Bürki, 2008).

Nebst diesen bildungssystematischen Besonderheiten, die den Weg für die spätere Fachhochschulentwicklung ebneten, war mit der Regelung durch das SRK auch auf der inhaltlich-didaktischen Ebene eine „Sonderregelung" möglich. Innerhalb des SRK war eine eigene Abteilung Berufsbildung als Zentralstelle mit der Regelung *und* Überwachung der Gesundheitsberufe betraut. Im dezentralen Berufsbildungssystem der Schweiz war dies eine Ausnahme, indem die Verantwortlichkeiten zwischen Bund und Kantonen üblicherweise geteilt waren, d.h. die Regelung fiel dem Bund zu, die

Überwachung jedoch dezentral den Kantonen. Dieses Zusammenfallen von Überwachung und Regelung, gepaart mit einem Beratungsangebot des SRK für die von ihm überwachten Schulen, machte gewisse pädagogisch-didaktische Entwicklungen wohl erst möglich. Es ist denkbar, dass diese Sonderstellung der Gesundheitsberufe beim SRK auch Entwicklungen ermöglichte, die bei einer dezentralen Anlage nicht denkbar gewesen wären.

Wie bereits erwähnt, war der Pflegeberuf in allgemeiner Krankenpflege während vieler Jahre der einzige, vom SRK geregelte Gesundheitsberuf; das SRK unterhielt sogar zwei eigene Pflegeschulen. Andere Berufe, auch Pflegeberufe wie Psychiatrische Krankenpflege oder Kinder-, Wochenbett- und Säuglingskrankenpflege, stiessen erst im Laufe der Zeit zum SRK. Damit nahm der Pflegeberuf eine eigentliche Sonderstellung ein, was noch verstärkt wurde durch die zahlenmässigen Verhältnisse, bildete der Pflegeberuf damals wie heute doch die bei weitem grösste Berufsgruppe. Ganz allgemein ist die Pflege als sogenannte „Leitprofession" der Gesundheitsberufe zu betrachten. Leitprofessionen dominieren die „Kommunikations- und Handlungsstruktur eines Funktionssystems" (Kurtz, 2003, S. 107) und kontrollieren die Arbeit der anderen Berufe im Funktionssystem. Letzteres trifft zwar nicht vollumfänglich auf den Pflegeberuf zu, jedoch wird er im „Funktionssystem des Gesundheitswesens gerne als „Prototyp" der nichtärztlichen Gesundheitsberufe wahrgenommen" (Oertle Bürki, 2008, S. 34). Auch heutzutage ist in den Diskussionen über die Gesundheitsberufe immer wieder festzustellen, dass unter das Stichwort Pflegeberuf beispielsweise auch die therapeutischen Berufe subsummiert werden oder umgekehrt von Gesundheitsberufen gesprochen wird, konkret aber der Pflegeberuf gemeint ist.

Weil der Pflegeberuf sowohl beim SRK als auch im Gesundheitswesen eine Sonderstellung einnahm, waren auch die Reformen der Ausbildungsbestimmungen für die Pflege ein besonderes Projekt. Mit dieser Reform wurde einer der wohl gewichtigsten Meilensteine in der Ausbildungskonzeption der Gesundheitsberufe im 20. Jahrhundert verabschiedet. Dieser hatte für alle anderen Gesundheitsberufe wegweisenden Charakter und machte die schweizerischen Ausbildungen in den Gesundheitsberufen zu modernen, kompetenzorientierten Lehrgängen. Es handelte sich um eine riesige Reform für die Gesundheitsberufe und das schweizerische Bildungswesen, die nachhaltig prägend war und auch 20 Jahre später in den Köpfen vieler Akteure des schweizerischen Gesundheitswesens immer noch präsent ist. Leider war mit dieser umfassenden Reform jedoch keine Integration ins schweizerische Bildungssystem verbunden, so dass schon wenige Jahre später erneut Reformen anstanden, die gut 10 Jahre später in der Fachhochschulreform für die Gesundheitsberufe gipfelten.

2. Die Neuen Ausbildungsbestimmungen für Pflegeberufe NAB von 1992

2.1 Entwicklung der NAB

Die Entstehungsgeschichte der NAB von 1992 reicht bis in die Anfänge der siebziger Jahre zurück, als der Wunsch nach neuen Ausbildungsformen und Ausbildungsstrukturen für den Pflegeberuf an das SRK herangetragen wurde. Es gab mehrere Anläufe für eine Gesamtrevision mit dem Ziel, ein umfassendes, durchlässiges Modell für die verschiedenen, existierenden Pflegeniveaus und –ausbildungen zu konzipieren bis hin zu einem Universitätsniveau. Sie waren jedoch allesamt nicht von Erfolg gekrönt. Erst das Einsetzen einer mit externen Fachpersonen besetzten Expertengruppe Mitte der achtziger Jahre führte zu allseits anerkannten Resultaten und gipfelte in der Verabschiedung der sogenannten „Neuen Ausbildungsbestimmungen für Gesundheits- und Krankenpflege" von 1992 (Schweizerisches Rotes Kreuz, 1992a). Die bisherigen dreijährigen Ausbildungsgänge in Allgemeiner Krankenpflege AKP, in Psychiatrischer Krankenpflege PsyKP, in Kinder-, Wochen- und Säuglingspflege KWS und die zweijährige praktische Krankenpflege PKP wurden zugunsten einer generalistischen Ausbildung aufgehoben. Diese wurde in zwei Diplomniveaus angeboten, das Diplomniveau I mit einer Dauer von drei und das Diplomniveau II von vier Jahren. Das ursprünglich auch geplante Assistenzniveau wurde ein Jahr später nach demselben Modus konzipiert.

Die NAB waren nicht nur eine strukturelle Reform, sie läuteten weiter auch eine inhaltliche und eine methodisch-didaktische Reform ein, die alle Ausbildungen der Gesundheitsberufe nachhaltig prägen sollte.

Die Veränderungen wurden im Handbuch des SRK, das begleitend zu den Reformen herausgegeben wurde – durchaus etwas pathetisch – wie folgt beschrieben: „Die Veränderung der gesetzlichen Ausbildungsgrundlagen ist das Produkt einer geistigen Neuorientierung. Die entsprechende Arbeitsgruppe hat Jahre gebraucht, um diese neue Denkweise in konkrete Ausbildungsbestimmungen einfliessen zu lassen. Nun befinden sich die Ausbildungsorte in diesem Umdenk-Prozess" (Künzel, Brühlmann & Schwarz-Govaers, 1994, S. 204). Die Neuerungen betrafen drei Ebenen: die inhaltliche Ebene, die pädagogische Ebene und die institutionelle Ebene.

2.1.1 Die inhaltliche Ebene

Inhaltlich wurden die neuesten Tendenzen der WHO aufgenommen, indem der Fokus nicht mehr länger nur auf die Krankenpflege gerichtet war, sondern mit der Erweiterung auf die *Gesundheits-* und Krankenpflege die Tendenzen der Ottawa-Charta der WHO von 1986 aufgenommen wurden (Weltgesundheitsorganisation, 1986). Die Ottawa-Charta war der Anfang eines Paradigmenwechsels und eines erweiterten

Gesundheitsbegriffs, von einer krankheitsbezogenen Sichtweise hin zu einer Public-Health-Sicht mit einer grossen Bedeutung für Prävention und Gesundheitsförderung.

Nebst dieser Neuausrichtung auf die Gesundheit wurde auch ein Wechsel vom Medizinmodell hin zum Pflegemodell gemacht und die pflegerische Arbeit vollkommen neu in fünf Funktionen gegliedert, mit graduellen Unterschieden zwischen den beiden Niveaustufen. Die fünf Funktionen waren folgende:

- Funktion 1: Unterstützung in und stellvertretende Übernahme von Aktivitäten des täglichen Lebens
- Funktion 2: Begleitung in Krisensituationen und während des Sterbens
- Funktion 3: Mitwirkung bei präventiven, diagnostischen und therapeutischen Massnahmen
- Funktion 4: Mitwirkung an Aktionen zur Verhütung von Krankheiten und Unfällen einerseits sowie zur Erhaltung und Förderung der Gesundheit andererseits; Beteiligung an Eingliederungs- und Wiedereingliederungsprogrammen
- Funktion 5: Mitwirkung bei der Verbesserung der Qualität und Wirksamkeit der Pflege und bei der Entwicklung des Berufes; Mitarbeit an Forschungsprojekten im Gesundheitswesen (Schweizerisches Rotes Kreuz, 1992a, S. 4).

Diese fünf Funktionen ersetzten die herkömmliche Ausrichtung auf medizinische Fachgebiete und die damals übliche Einteilung der Pflegetätigkeit in abhängige, unabhängige und interdisziplinäre Bereiche, wobei der abhängige Bereich die vom Arzt delegierten Tätigkeiten umfasste und entsprechend wichtig war. Die fünf Funktionen waren eine moderne Strukturierung der Pflegetätigkeit und beschrieben „die eigenständigen Handlungsfelder der Pflegenden als Dienstleistungen für die Empfänger der Pflege und gegenüber anderen an der Pflege Beteiligten“ (Schweizerisches Rotes Kreuz, 1991a). Die pflegespezifischen Tätigkeiten wurden in einen eigenen theoretischen Rahmen eingebettet und die herrschende Hierarchie zwischen Ärzteschaft und Pflegepersonal ebenso in Frage gestellt wie die Vorherrschaft des medizinischen und arztorientierten Paradigmas. Denn alle fünf Funktionen waren gleich bedeutsam, d.h. dass dadurch die pflegerischen Tätigkeiten auf dieselbe Ebene wie die vom Arzt delegierten Tätigkeiten gehoben wurden. „Es ist deshalb nicht übertrieben, die NAB als wichtigen Meilenstein im Professionalisierungsprozess der Pflege in der Schweiz zu werten“ (Oertle Bürki, 2008, S. 156).

2.1.2 Die pädagogische Ebene

Auf der pädagogisch-didaktischen Ebene wurde einerseits abgerückt von einem detaillierten Fächerkatalog hin zu Zielformulierungen gemäss dem damals verbreiteten Schlagwort „Zielvorgaben statt Wegvorgaben“. Andererseits sollten eine systemische Sichtweise gefördert und neue Lehr- und Lernformen angewendet werden. Dies gemäss dem neuen Ausbildungsverständnis, in welchem eine gezielte Schulung von Transferkompetenzen eine wichtige Rolle spielte, denn die Ausbildung war neu generalistisch ausgerichtet, damit ein Wechsel innerhalb verschiedenster Pflegebereiche nach kurzer Einarbeitungszeit leicht möglich sein konnte. Ebenso waren neue Formen der Lernkontrollen wie formatives Beurteilen, die Entwicklung von Kompetenzen und Fähigkeiten und das Handlungsmodell des „reflektierten Praktikers" nach Schoen wichtige Elemente des veränderten Ausbildungsverständnisses (Künzel et al., 1994, S. 401). Dabei spielte auch die Einführung des Konzepts der Schlüsselqualifikationen eine wichtige Rolle. Sie werden in den NAB wie folgt definiert: „Unter Schlüsselqualifikationen werden Fähigkeiten und Einstellungen verstanden, die sowohl in der Berufsbildung allgemein als auch für die Persönlichkeitsentwicklung notwendig sind. Sie sind für die Ausübung der Pflege wichtig, aber nicht vom Fachgebiet abhängig. Sie verhelfen der Schülerin dazu, den sich rasch wechselnden Anforderungen im Beruf zu begegnen" (Künzel et al., 1994, S. 5). Ausserdem sollten sie dazu beitragen, die Denk- und Lernfähigkeit zu fördern und damit den Absolventinnen zu ermöglichen, eine hohe berufliche und persönliche Kompetenz zu erreichen.

2.1.3 Die institutionelle Ebene

Auf der institutionellen Ebene wurde für die Schulen die Pflicht zur Selbstevaluation eingeführt, ein damals völlig neues Element des Qualitätsmanagements. Die Tatsache, dass nur noch Zielvorgaben, aber kein detaillierter Fächerkatalog mehr existierten, und dass neue methodisch-didaktische Modelle gefordert waren, löste eine riesige Bewegung von Schulentwicklungsprojekten an sämtlichen Pflegeschulen in der Schweiz aus, die ihresgleichen suchte und die wegen der dadurch ausgelösten Kosten auch nicht unumstritten war (Oertle Bürki, 2008, S. 159). Ebenso bildeten die NAB aber auch den Auftakt zu einer umfassenden Umstrukturierung der schweizerischen Landschaft der Pflegeberufe. Einige Schulen wurden fusioniert oder geschlossen, mit der Anpassung ihrer Lehrpläne hatten die verbleibenden Schulen sich auch pädagogisch und methodisch-didaktisch völlig neu zu orientieren. Ebenso musste auch der Lehrkörper entsprechend nachqualifiziert werden.

Insgesamt handelte es sich um eine riesige Reform, die offenbar auch vom SRK als das eingeschätzt wurde, denn es bot den Schulen umfassende Begleitmassnahmen für den Umsetzungsprozess an. Es gab begleitete Pilotprojekte an ausgewählten Schulen, das SRK organisierte Seminarien und Kolloquien, publizierte ein Handbuch und sogar ein Video, das den Unterschied zwischen den alten und den neuen Ausbildungen aufzeigte (Schweizerisches Rotes Kreuz, 1992b). Die NAB wurden damit zum Modellfall neuer Ausbildungsbestimmungen und das SRK beabsichtigte, in den folgenden Jahren die bestehenden Ausbildungsrichtlinien der übrigen Gesundheitsberufe nach diesem Modell zu revidieren.

2.2 Würdigung der NAB bezüglich Kompetenzförderung und Umsetzung an den Schulen

Die Forderungen der NAB passten 1992 genau in das sich verändernde Berufsverständnis der Pflege. Bis dahin waren die Lehrpläne der Pflegeausbildungen nach Organsystemen strukturiert gewesen. Zunächst wurde jeweils die Anatomie und Physiologie vermittelt, danach die Krankheitsbilder (Pathophysiologie), je verbunden mit medizinischer Diagnostik und Therapie. Zum Schluss eines besprochenen Organsystems folgte, von den Schülerinnen und Schülern oft als langweiliges Anhängsel erlebt, die Pflege, beispielsweise „Pflege bei Krankheiten des Magens". Themen wie Ethik oder soziales Umfeld waren im Lehrplan nicht dominant, Kommunikation wurde in der Regel von Psychologen ohne Bezug zur Krankenpflege unterrichtet. Wieweit der ganzheitliche Blick auf den kranken Menschen in die Ausbildung einbezogen wurde, war der jeweiligen Lehrperson überlassen, aber unter den gegebenen Rahmenbedingungen schwierig umzusetzen.

Eine Untersuchung zum Erleben der Pflegeausbildung, ergab, dass die Auszubildenden unter der Unvereinbarkeit zwischen dem in der Schule vermittelten Ideal und der erlebten Realität litten (Fuhrmann-Mayr & Goulon, 1995). Die Autorinnen hatten die Befragung bei Krankenpflegeschülerinnen in der deutschsprachigen Schweiz in Jahr 1992 durchgeführt und stellten in der damaligen Ausbildung einen Graben zwischen Theorie und Praxis fest.

Im Pflegeberuf entwickelte sich in den Achtzigerjahren ein neues Berufs- und Selbstverständnis, Pflegetheorien und -konzepte wurden entwickelt, der Problemlösungsprozess (Pflegeprozess) wurde integriert. Dieser Umbruch zeigte sich deutlich auch in der 4. Auflage des damals im deutschsprachigen Raum einzigen umfassenden Lehrbuches für Krankenpflege (Juchli, 1983). Juchli verstärkte oder initiierte die Entwicklung der Pflege und beschrieb ein Pflegeverständnis auf der Basis des vernetzten Denkens, ein Menschenbild, das die Ganzheitlichkeit des Menschen betonte und sie präsentierte eine Strukturierung des Pflegewissens in Aktivitäten des täglichen Lebens (ATL). Zum ersten Mal wurde damit ein Pflegemodell in der gesamten deutschsprachigen Schweiz verbreitet und verwendet.

Die Lehrpläne für die Ausbildung in Pflege, die auf Grund der NAB entstanden, stellten neu die Pflege in den Mittelpunkt der schulischen Ausbildung. Sie integrierten den Pflegeprozess ebenso wie beispielsweise die Gesundheitsförderung und bewirkte unter anderem, dass die Thematik der Forschung, ein damals noch sehr junges Pflänzchen in der schweizerischen Pflegelandschaft, in die Curricula aufgenommen wurde. Im „*Aarauer-Modell*" (Schule für Gesundheits- und Krankenpflege Aarau, 1993, S. 8) zeigt sich die neue Haltung zum Beispiel in folgendem Textausschnitt „Um der Individualität und Persönlichkeit des Menschen, bzw. Patienten und seiner Angehörigen gerecht zu werden, wurde für den Bereich des Pflegeprozesses der phänomenologische Ansatz gewählt, d.h. es wurde von direkt beobachtbaren Erscheinungen „Phänomenen" im körperlichen, psychischen und soziokulturellen Bereich ausgegangen".

„Umsetzung und Anwendung dieses Ansatzes erfolgen über die Pflegeanamnese und die daraus abgeleiteten Pflegediagnosen und interdisziplinären Probleme sowie die entsprechenden Interventionen". Die erste Übersetzung des Pflegediagnosebuchs durch die beiden Pflegelehrerinnen Annina Hänni und Mirjam Geiger (Doenges & Moorhouse, 1993) wurde Bestandteil des Lehrplanes.

Die NAB verlangten von den Pflegeschulen ein pädagogisches Konzept. Jede Schule sah sich nun gezwungen, sich mit ihrer Vorstellung von Pädagogik auseinanderzusetzen und die bisherigen Lehrformen zu hinterfragen. Dies führte dazu, dass unter den Lehrpersonen heftig über verschiedene pädagogische Ansätze diskutiert und gestritten wurde, bis als Konsens das je eigene Konzept niedergeschrieben werden konnte. Das SRK überprüfte dessen Umsetzung regelmässig.

Die Zusammenarbeit mit der pflegerischen Praxis wurde durch die Schulen gezielt verstärkt. Der Praxis-Theorie-Transfer wurde mit Fallbesprechungen und vor allem mit Fallstudien im Unterricht institutionalisiert (Kaiser & Künzel, 1996). Diese Form von schriftlichen Arbeiten wurde von den Lernenden auf Grund der NAB verlangt. Unterrichtsformen wie Projektarbeit und leittextgesteuertes Lernen fanden Einzug in die Schulzimmer. Das vernetzte Denken und die Lernfähigkeit wurden gefördert, bedingt durch die in den NAB eingeforderten Schlüsselqualifikationen, die zum Beispiel lauteten „Ressourcen bei sich und anderen wahrnehmen, erhalten und entwickeln"; „Die Wirkung des eigenen Handelns beurteilen und daraus lernen"; „Für Veränderungen und Neuerungen offen sein".

Die Selbstwahrnehmung der angehenden diplomierten Krankenschwestern und Krankenpfleger wurde zum Thema, im Unterricht wurde nun auch über persönlichen Grenzen gesprochen. Symptomatisch für diese Zeit ist das Buch „Eva und Judith: zwei kranke Schwestern" (Zollinger & Lienert, 1986) in dem zwei Krankenschwestern offen über ihre Grenzen und ihre Überforderung in der Ausbildung schreiben. Im erwähnten Aarauer Modell steht unter anderem „(…) soll die Schule ein Ort sein, wo über Unsicherheiten (…) gesprochen werden darf und soll, wo diese auf- und ernstgenommen werden (…)." (Schule für Gesundheits- und Krankenpflege Aarau, 1993, S. 16).

Zu dieser Zeit kamen bisher weitgehend unbekannte Begriffe auf, wie die Unterscheidung zwischen summativen und formativen Lernerfolgskontrollen. In die Evaluation von Unterricht und Ausbildung wurden Lernende erstmals gezielt einbezogen. Die Lehrpersonen lernten Begriffe wie deklaratives Wissen, prozedurales Wissen, konditionales Wissen und reflexives Wissen (Stamm, 1998, S. 97) und ihre Bedeutung für die Unterrichtspraxis kennen.

1994, also kurz nach Inkrafttreten der NAB, erschien das für die Pflegeausbildung wegweisende Buch „Stufen zur Pflegekompetenz" von Patricia Benner in der deutschen Übersetzung. Benner beschreibt darin, dass das Erlernen von Strategien zum Erwerb klinischer Kompetenzen wichtiger ist als immer breitere und tiefergehende Lerninhalte (Benner, 1994, S. 182). Zur gleichen Zeit postulierte Landwehr (Landwehr, 1994) die erkenntnisorientierte Wissensvermittlung anstelle von Kenntnisvermittlung. Krapf (Krapf, 1994, S. 252) wies darauf hin, dass es nicht angehe „dass wir uns für eine veränderte Welt mit Lerngewohnheiten von gestern vorbereiten".

Alle drei Autoren wurden damals von vielen Lehrpersonen rege gelesen und konsultiert. Sie haben mit dazu beigetragen, dass der Weg, den die NAB aufzeigte, gegangen werden konnte. Das Aarauer Modell beschreibt seinen pädagogischen Kerngedanken als *„Lehren heisst Lernen verstehen, erleichtern, unterstützen und fördern“* (Schule für Gesundheits- und Krankenpflege Aarau, 1993, S. 15). Es wurde variantenreiche, lernpsychologisch sinnvolle Unterrichtsgestaltung empfohlen:

- „Projekt- und Epochenunterricht
- Einzel- Paar- und Gruppenarbeiten
- Patientenvorstellungen
- Fakultative Lern- und Übungsangebote
- Beobachtungs- und Übungsaufträge für die Praktika

usw.“ (Schule für Gesundheits- und Krankenpflege Aarau, 1993, S. 17).

Der Erfolg der NAB ist darauf zurückzuführen, dass ein zunehmend ganzheitliches Menschenbild in der Pflege durch die Vorgaben in den neuen Ausbildungsbestimmungen auch im Unterricht gelebt werden konnte.

2.3 Einbettung der NAB und der Kompetenzförderung im schweizerischen Bildungssystem

Der pädagogische Zeitgeist in den Achtziger- und Neunzigerjahren in der Schweiz war geprägt von einer Abkehr vom reinen Faktenwissen und einer Hinwendung zu Unterrichtsformen, die die Schülerinnen und Schüler befähigen sollten, „lernen zu lernen“. Neue Lehr- und Lernformen anstelle von „Frontalunterricht“, Interdisziplinarität und kompetenzorientiertes Lernen waren Schlagworte, die den bildungspolitischen Kontext, durchaus in Anlehnungen an reformpädagogische Ansätze wie beispielsweise Montessori oder Freinet, prägten, als die NAB entstanden. Das Fazit im Handbuch zu den NAB steht paradigmatisch für die Bestrebungen jener Zeit, innovative Modelle und gute Schulen zu konzipieren:

„Alle Versuche, Schülerinnen und Schülern all das zu unterrichten, was sie für die (berufliche) Zukunft wissen müssen (…), sind nutzlos. Die Herausforderung besteht darin, sorgfältig diejenigen Erfahrungen für die Ausbildung auszuwählen (…), die den Schülerinnen und Schülern helfen, Probleme lösen zu lernen, und die nur solche Fakten und Prinzipien betonen, die höchst grundlegend (…) und sehr wichtig (…) sind. Nur auf diese Weise kann ein Ausbildungsprogramm Krankenschwestern und Krankenpfleger dazu befähigen, künftigen Anforderungen nachzukommen (…)“ (Künzel et al., 1994).

Diese neuen Tendenzen als Antwort auf die Herausforderungen des gesellschaftlichen Wandels (Forneck, 1994), beschränkten sich in der Bildungsdebatte der Schweiz allerdings überwiegend auf die obligatorische Schule und die allgemeinbildenden Schulen der Sekundarstufe II (Gymnasien, Mittelschulen), wie die folgenden, exemplarischen Beispiele zeigen.

Eines der grossen Projekte war das 1989 in den sieben Kantonen der Nordwestschweiz initiierte Projekt „Erweiterte Lernformen ELF". Es zielte darauf ab, die Schülerinnen und Schüler zu fördern und zu fordern, sie zu autonomem Handeln zu befähigen und gleichzeitig Teamfähigkeit und Gemeinschaftsbildung zu unterstützen. „Die Schülerinnen und Schüler sollen sich vermehrt als Subjekte ihres Lernens und nicht als Objekte der Belehrung verstehen" (Riesen, 1995, S. 60). Das Projekt war auf fünf Jahre angelegt und es wurden beträchtliche personelle und finanzielle Ressourcen zur Verfügung gestellt mit dem Ziel, „Lernformen zu entwickeln und zu erproben, welche unterschiedliche Schülerinnen und Schüler je spezifisch fordern und fördern, Selbsttätigkeit und Selbständigkeit besser ermöglichen, gleichzeitig aber auf Teamfähigkeit hin angelegt sind" (Croci, Imgrüth, Landwehr & Spring, 1995, S. 3). Jeder Kanton trug mit mehreren eigenen Teilprojekten zu den insgesamt 80 Teilprojekten auf verschiedenen Schulstufen bei. Das Projekt wurde erfolgreich abgeschlossen und hatte weitreichende Auswirkungen auch über die Nordwestschweizer Kantone hinaus.

Die schweizerische Maturitätsreform war ein weiteres Grossprojekt, das ab 1995 gesamtschweizerisch wichtige Neuerungen einführte. Insbesondere interessieren im Kontext des vorliegenden Artikels die Einführung eines fächerübergreifenden Unterrichts und die starke Gewichtung fächerübergreifender Kompetenzen. Diese schliessen nebst Fähigkeiten auch „Einstellungen, Bereitschaften, Motivationen oder Wertvorstellungen" ein und sind für die „Bewältigung komplexer Anforderungen in verschiedenen Disziplinen" bedeutsam (Maag Merki & Schuler, 2003, S. 208). Die fächerübergreifenden Bildungsziele waren in fünf verschiedenen Kompetenzfeldern zusammengefasst und reichten vom sozialen, ethischen und politischen Kompetenzfeld, dem Kompetenzfeld der Informations-, Lern- und Arbeitstechniken bis hin zum Kompetenzfeld der eigenen Person inklusive Gesundheit und eigener Körper.

Die Maturitätsreform wurde 2001 einer breit angelegten Evaluation unterzogen, die insgesamt positiv ausfiel, jedoch insbesondere in den Bildungszielen des interdisziplinären Unterrichts und der Förderung der fächerübergreifenden Kompetenzen weiteres Entwicklungspotenzial ortete (Ramseier, Allraum & Stalder, 2004).

Auch in der Berufsbildung wurde zwar bereits zu damaliger Zeit der Ruf nach der Förderung von Schlüsselqualifikationen laut, um flexible und mobile Berufsleute zu formen (Goetze, 1996). Die Resonanz jedoch war sehr gering, was eine Studie von 1998 bestätigte: „Eine Analyse der eidgenössisch gültigen Berufsbildungs- und Lehrabschlussreglemente zeigt jedoch, dass das Konzept der Schlüsselqualifikationen hauptsächlich in den Ordnungsmitteln der Berufe des Gesundheitswesens ihren Niederschlag gefunden hat. (…) Zusammenfassend kann festgestellt werden, dass in der Schweiz das Konzept der Schüsselqualifikationen trotz unbestrittener Relevanz nur begrenzt Eingang in die Berufsbildung gefunden hat" (Euler, 2002, S. 15; Maag Merki & Schuler, 2003, S. 4). Erst im Zuge des neuen Berufsbildungsgesetzes von 2004 hielten moderne pädagogische Konzepte auf breiterer Ebene Einzug in die Berufsbildung, deren Realisierung jedoch durchaus kritisch bewertet wird (Plüss & Caduff, 2013).

Es ist deshalb als einzigartig und zukunftsweisend zu werten, dass das SRK bereits 1992 moderne, an die damals aktuellen bildungspolitischen Debatten anknüpfende Modelle in die Ausbildungsbestimmungen für die Pflegeberufe integrierte und auf gesamtschweizerischer Ebene implementierte. Die Gesundheitsberufe und allen voran die Pflegeberufe können daher mit Fug und Recht als Vorreiter für eine moderne berufliche Ausbildung gelten.

3. Die Wirkung der NAB

3.1 Auswirkungen auf die übrigen Gesundheitsberufe

Es folgte eine grössere Revisionswelle der Ausbildungsbestimmungen der meisten übrigen Gesundheitsberufe nach dem Muster der NAB, d.h. als Grundtenor die Abkehr von einem Fächerkatalog hin zu Zielorientierung mit Fokus auf der Kompetenzentwicklung[1]. Die bis Ende der Neunzigerjahre revidierten Ausbildungsbestimmungen[2] nahmen durchwegs dieselben Kernelemente auf: „Funktionen", „Ausbildungsziele", „Schlüsselqualifikationen", „Organisation der Schule" mit der Forderung nach Selbstevaluation und Schulentwicklung, sowie „Kohärenz der Lehrgänge", jedoch waren sie in ihrer Struktur bereits weitergehend systematisiert als die NAB. Ein neues Element gegenüber den NAB war insbesondere, dass die Schulen bezüglich ihrer Rolle bei den Schlüsselqualifikationen explizit in die Pflicht genommen wurden: „Die Schlüsselqualifikationen sind von den Schulen in ihrem pädagogischen Konzept aufzugreifen. Ihre Förderung muss aus den Schuldokumenten hervorgehen" (Schweizerisches Rotes Kreuz, 1998a, S. 6).

Die allgemeinen Ausführungen wurden ergänzt durch je berufsspezifische Ausführungen zu den einzelnen Elementen, so wurden insbesondere die Funktionen und die Schlüsselqualifikationen im Hinblick auf die jeweiligen Berufserfordernisse konkretisiert und näher erläutert. Alles in allem wurde so ein modernes, den neuen pädagogischen Strömungen entsprechendes Regelwerk für die Ausbildung in den Gesundheitsberufen geschaffen.

3.2 Die Entwicklung der Kompetenzförderung in der späteren Pflegeausbildung

Die NAB von 1992 haben den Weg geebnet und das Terrain vorbereitet für die nächste Revision der Ausbildung in den Gesundheitsberufen 2002. Ohne die grosse Arbeit, die die Schulen und ihre Lehrpersonen in diesen zehn Jahren leisteten, ohne die Unterstützung durch das SRK und ohne vertiefte Auseinandersetzung mit Pflege und Pä-

1 Schweizerisches Rotes Kreuz, 1996, 1998a, 1998b, 1998c, 1998d

2 Die nach 2000 verabschiedeten Ausbildungsbestimmungen nahmen die Elemente der NAB auf, folgten jedoch einer anderen Strukturierung (Schweizerisches Rotes Kreuz, 2003) resp. folgten im Fall der Physiotherapie einer völlig eigenen Logik mit Fächerkatalog und Stoffplan ohne jeglichen Hinweis Schlüsselqualifikationen (Schweizerisches Rotes Kreuz, 2001). Die Gründe dafür sind nicht bekannt.

dagogik wäre die Einbettung in die schweizerische Bildungssystematik für alle Beteiligten ungleich schwieriger gewesen.

Als klar war, dass der Pflegeberuf aus der bildungssystematischen Grauzone heraus und auf die Tertiärstufe gehoben wird, veränderten sich die didaktischen Vorgaben nochmals. Mehr noch als 1992 musste der Bedarf der pflegerischen Praxis in den Ausbildungsplänen berücksichtigt werden. Erneut kam es zu Fusionen von Schulen. Grössere Ausbildungszentren entstanden, die von den zuständigen Kantonsregierungen den Auftrag erhielten, Bildungsgänge Pflege auf Stufe Höhere Fachschule (HF) oder Fachhochschule (FH) zu entwickeln.

Die mittlerweile mit Weiterentwicklung und Veränderungen vertrauten Pflegeschulen waren gut vorbereitet.

Die Ausbildung zur diplomierten Pflegefachperson dauerte nun nicht mehr vier Jahre, sondern nur noch drei. Das bedeutete, dass die Lehrpläne zum Teil akribisch auf „alte Zöpfe" untersucht wurden, denn keine Ausbildung in Pflege konnte es sich leisten, Inhalte zu unterrichten, die in der Praxis nicht mehr benötigt oder nicht mehr von diplomierten Pflegefachkräften geleistet wurden. Damit erfolgte erneut eine engere Orientierung am Bedarf der Pflegepraxis.

Die meisten Schulen bekannten sich zu einem konstruktivistischen Verständnis von Wissenserwerb, im Bewusstsein, dass Wissen eine Bedeutung für die jeweilige Lebenswelt hat, in diese passen, zielgerichtet, praxisorientiert und interprofessionell ausgerichtet sein muss. Krapf sagt dazu: *„Die Schülerinnen und Schüler lernen nur das, was für sie von Bedeutung ist, auch wenn wir noch so ausgefeilte Lernziele haben"* (Krapf, 1996).

Ein bedeutender Diskussionspunkt wurde die Frage nach der „richtigen" Definition von Kompetenzen und der „richtigen" Form von Kompetenzerwerb.

Das Kompetenzen-Ressourcen-Modell (KoRe) wurde entwickelt (Kaiser, 2005) und in mehreren Bildungsgängen HF umgesetzt. Es geht von einem handlungsorientierten Kompetenzbegriff aus. „Die ausdrückliche Orientierung an Kompetenzen im Sinne einer Outcome-Orientierung bedeutet, dass Ausbildung dazu dient, Studierende zu befähigen, konkrete Situationen in ihrem Arbeitsfeld bewältigen zu können. Diese Ausrichtung basiert auf dem Kompetenzen-Ressourcen-Modell. Das bedeutet, dass – den Gedanken von Le Boterf (1998) und anderen folgend – die Kompetenz als Grundvoraussetzung für die Lösung von Problemen in spezifischen Situationen definiert werden. Ressourcen (Wissen, Fähigkeiten und Fertigkeiten sowie Einstellungen) tragen dazu bei, Kompetenzen zu erwerben. Kompetenzen sind immer situations- bzw. kontextgebunden. Sie sind abhängig von der richtigen Einschätzung und Beurteilung einer bestimmten Situation, um die richtigen Ressourcen im richtigen Moment und auf die richtige Art und Weise einzusetzen" (Van Londen & Grotendorst, 1996).

„Ressourcen können in allen drei Lernbereichen geprüft werden, Kompetenzen hingegen sind ausschliesslich in der realen Situation überprüfbar." (Schweizerisches Rotes Kreuz, 2005b). Diese Aussage wurde gemacht von der Kooperation Ausbildung Pflege HF (KAP-HF) der Kantone Baselstadt, Thurgau, Solothurn und der Zentralschweiz. Später hat sich dieses Gruppe auch die Schule des Kantons Glarus angeschlossen.

Auch im Curriculumsverbund der Kantone Aargau, Bern und Zürich müssen die Studierenden „viel Wissen im Selbststudium und in Lerngruppen erarbeiten, und vertiefen. Sie können/müssen ihren Erwerb von Kompetenzen in Wissen, Können und Haltung selber steuern, wobei sie punktuell durch das Mentorensystem unterstützt werden." (Schweizerisches Rotes Kreuz, 2005a).

4. Die Weiterentwicklung kompetenzorientierter Ansätze in den Gesundheitsberufen

4.1 Kompetenzentwicklung in der Fachhochschulausbildung seit 2006

In den bildungspolitischen Entscheiden für die Gesundheitsberufe von 2004 und 2005 wurde festgelegt, welche Berufe gesamtschweizerisch künftig ausschliesslich an Fachhochschulen angeboten werden. Es sind dies die Geburtshilfe, die Ernährungsberatung, die Physiotherapie und die Ergotherapie. Für die Pflege wurde ein zweigeteiltes System beschlossen, gemäss welchem in der französischsprachigen Westschweiz die gesamte Pflegeausbildung nur noch an Fachhochschulen angeboten wird, in der Deutschschweiz hingegen wird der Grossteil der Pflege weiterhin an Höheren Fachschulen angeboten und nur ca. 10 Prozent der Diplompflege auf Fachhochschulniveau (Schweizerische Konferenz der Kantonalen Gesundheitsdirektorinnen und -direktoren, 2011)[3]. Als Richtschnur für ein gesamtschweizerisch vergleichbares Ausbildungsniveau dienen die in Zusammenarbeit mit der Berufspraxis erarbeiteten Abschlusskompetenzen, die an allen Fachhochschulen Gesundheit der Schweiz umgesetzt werden (Ledergerber, Mondoux & Sottas, 2009).

Die Umsetzung der bildungspolitischen Entscheide in der Deutschschweiz begann ab 2006. Dabei waren die curricularen Entwicklungen im Zuge der Umsetzung der NAB der Pflegeberufe und bei weiteren Gesundheitsberufen sehr wertvolle Vorarbeiten für die Konzipierung moderner, kompetenzorientierter Curricula an den Fachhochschulen. An der Berner Fachhochschule Gesundheit beispielsweise sind sie charakterisiert durch folgende Elemente, die je nach Curriculum in verschiedener Kombination und in unterschiedlicher Ausprägung zur Anwendung kommen, und die allesamt der Kompetenzentwicklung dienen.

3 Die Begründung dieser Unterschiede zwischen der Westschweiz und der Deutschschweiz ist vielschichtig und hängt mit den unterschiedlichen Kulturen zusammen. Ein wichtiges Element ist beispielsweise eine seit Jahren signifikant höhere Maturitätsquote in der Westschweiz und der Stellenwert als „höhere Ausbildung", den die Gesundheitsberufe in der Westschweiz schon zu einer Zeit genossen, als sie in der Deutschschweiz noch eher als Berufslehre eingestuft wurden, detailliert aufgearbeitet (vgl. Oertle Bürki, 2008).

4.1.1 Problembasiertes Lernen PBL

Unter den vielen neuen Unterrichtssettings sei besonders eines hervorgehoben, denn es verändert die Rolle der Lehrperson wesentlich und wird nicht nur an Fachhochschulen, sondern auch in den Höheren Fachschulen Pflege gelebt. Das Problembasierte Lernen (PBL) ermöglicht, selbstgesteuert, nachhaltig, transfer- und problemorientiert zu lernen (Weber, 2007). PBL gibt den Lehrpersonen eine gänzlich neue Rolle, weg von der Wissensvermittlerin und hin zur Tutorin, die vernetztes und analytisches Denken der Studierenden fördert. PBL orientiert sich am Forschungsprozess und *„fördert systematisch, die eigene Person als Beobachter, bzw. Interpret fremder Wirklichkeiten kritisch zu reflektieren"* (Köhle, Obliers, Koerfer, Antepohl & Thomas, 1999, S. 172). Dies entspricht der Strategie der Problemlösung von erfahrenen Klinikern, dem Clinical Reasoning Prozess (Niemann, Bussche H. vanden, Dunkelberger & Becker-Phillips, 2000, S. 145), der auch von Pflegenden und anderen Gesundheitsfachpersonen übernommen wird. Das Konzept leitet sich aus dem Hauptziel der Studienprogramme, der Berufsbefähigung, ab. Eine Wissensvermittlung und Wissensaneignung, die auf den Prinzipien des PBL aufgebaut ist, fördert explizit den Praxisbezug. Der PBL-spezifische Wissenserwerb erfolgt in Kleingruppen von 10 bis 12 Studierenden. Seine Methodologie (7-Sprung) steuert dabei gezielt die folgenden berufsrelevanten Kompetenzen wie Priorisieren, Strukturieren, Analysieren, Verbalisieren, Argumentieren, vor allem: die Internalisierung des Problemlöseprozesses. Zu erwähnen bleibt, dass auch Curricula, deren pädagogisch didaktisches Konzept von der Philosophie des PBL geprägt ist, durchaus über traditionelle Lehr- und Lernformen verfügen, wie Vorlesungen, Skillstrainings und Seminare etc.

4.1.2 Strukturierte klinische Prüfungen

Im Wissen darum, dass mit der Abfrage von reinem Faktenwissen Handlungskompetenzen nicht überprüft werden können und dass die früher üblichen, Handlungswissen überprüfenden, „praktischen Prüfungen" im Berufsalltag in der heutigen Zeit schwierig umsetzbar sind und eine ganze Reihe von Nachteilen, insbesondere der Vergleichbarkeit haben, werden heutzutage neue Prüfungsformen mit Erfolg eingesetzt.

Je nach den Anforderungen der Disziplinen legen die Studierenden sogenannte OSCE-Prüfungen ab (Objective Structured Clinical Examination). Diese Prüfungsform, die in den Medical Schools des angelsächsischen Raums heute Standard ist, prüft die Kompetenz der Studierenden in möglichst realitätsnahen Simulationen. Ähnlich einem Postenlauf absolvieren die Studierenden mehrere kurze Situationen nacheinander, wobei die Patientinnen und Patienten in der Regel durch professionelle Schauspielerinnen und Schauspieler dargestellt werden. Die Studierenden erhalten jeweils einzeln und je Posten eine Situationsbeschreibung und eine Aufgabe, für deren Lösung ihnen einige Minuten zur Verfügung stehen. Die Studierenden werden an jedem Posten global in drei Kompetenzbereichen beurteilt: Nebst der Kommunikation werden die technisch-praktische Fertigkeit und das klinische Entscheiden bzw. das klinisch-situative Wissen beurteilt.

4.1.3 Kommunikationstraining mit standardisierten Patientinnen und Patienten

Fachkompetenz allein genügt nicht, ein grosser Teil der Situationen im Alltag von Gesundheitsfachpersonen spielt sich in einem interaktiven Kontext ab. Deshalb gehören Kommunikationsfähigkeiten zu den zentralen Kompetenzen für alle Fachpersonen im Gesundheitswesen, und speziell für diejenigen, die im direkten Kontakt mit Patientinnen und Patienten stehen. Um das theoretische Wissen über Kommunikationsmodelle und -formen im konkreten Alltag der Berufspraxis anwenden zu können, sind Transfermodelle gefragt, die möglichst praxisnah konzipiert sind. Am Fachbereich Gesundheit der BFH beispielsweise wurde deshalb ein Konzept für ein Kommunikationstraining erarbeitet. Professionelle Schauspielerinnen und Schauspieler mit entsprechender Zusatzausbildung nehmen zum einen die Rolle „echter" Patientinnen und Patienten ein, so dass die Studierenden in standardisierten Situationen kommunikativ herausfordernde Situationen üben können. Zum anderen arbeiten sie gleichzeitig als Kommunikationstrainer, d.h. dass sie nach der Interaktion mit den Studierenden professionelles, fachbezogenes Feedback geben. Dieses Konzept bewährt sich sehr und wird laufend weiterentwickelt.

4.1.4 Strukturierte Praxismodule

Praxismodule in ausgewählten Praktikumsinstitutionen, mit denen die Fachhochschulen Gesundheit je einzeln einen Vertrag abschliessen, sind integraler Bestandteil des Studiums. Die Praxismodule sind in den jeweiligen curricularen Strukturen eingebettet und notwendig zur Erlangung spezifischer Handlungskompetenzen und damit zur Erreichung der Studienziele und der Abschlusskompetenzen der Fachhochschul-Gesundheitsberufe. Sie werden durch geschulte Praxisausbildner und Praxisausbildnerinnen begleitet. Als Vorbereitung für den Einsatz in der Praxis finden Skillstrainings statt, in denen der Transfer von der Theorie in die Praxis systematisch geübt wird. Die Fachhochschulen verfügen über gut ausgestattete Skills-Centers. Wegen der hohen Bedeutung des praxisbezogenen Wissenserwerbs wurde auch das PBL-Konzept mit dem damit verbundenen Skillstraining als curriculare Grundlage gewählt.

4.1.5 Interprofessionelle Elemente in den Curricula

Ab dem ersten Studienjahr werden die Studierenden in gemeinsamen Veranstaltungen und Modulen auf die künftige Zusammenarbeit mit anderen Gesundheitsberufen in der Berufspraxis vorbereitet. Neue Projekte erweitern diese Bestrebungen auf Medizinstudierende. Ein innovatives Modell ist das an der BFH seit kurzem für Hebammenstudentinnen des dritten Studienjahrs und Anästhesieärztinnen und -ärzten in Ausbildung gemeinsam durchgeführtes Simulationstraining für Notfallsituationen auf der Gebärstation. Diese ersten Anfänge gemeinsamen Trainings könnten zukunftsweisend für einen gemeinsamen Erwerb von Kompetenzen zwischen den verschiedenen Gesundheitsberufen sein, wie er künftig noch verstärkt wahrgenommen werden sollte.

4.2 Aktuelle Herausforderungen im Gesundheitswesen und mögliche curriculare Antworten in der Ausbildung der Gesundheitsberufe

Die aktuellen und zukünftigen gesellschaftlichen Veränderungen machen auch vor der Gesundheitsversorgung nicht Halt. Die Ausbildungen in Gesundheitsberufen müssen rechtzeitig auf den Wandel reagieren. Die Herausforderungen, vor denen das Gesundheitswesen steht, stellen sich im Wesentlichen durch die demografischen Veränderung – hin zu einem immer höheren prozentualen Anteil an älteren Menschen in der Bevölkerung – und durch die Entwicklung in der Technologie.

Das bedeutet, dass der überwiegende Teil der Mitarbeitenden in Gesundheitsberufen mit älteren Menschen arbeiten wird und selbst auch älter wird. Es bedeutet weiter, dass die Mitarbeitenden mit den technologischen Anforderungen vertraut werden und bleiben müssen.

Eine grossangelegte Studie in der Schweiz (Hahn, Richter, Beck & Thilo, 2013) zeigt deutlich, dass die Relevanz der folgenden Themen für die Ausbildung in allen Gesundheitsberufen zunehmen wird: Gesundheitsförderung und Prävention, gerontologische und geriatrische Kompetenzen, interkulturelle Kompetenz sowie Begleitung von Freiwilligen und Angehörigen.

Die Versorgung chronisch kranker Menschen wird immer wichtiger, bei gleichzeitiger grosser Relevanz der Akutversorgung.

Ausbildungen müssen sich daher in nahezu allen Gesundheitsberufen auf die gesamte Versorgungskette ausrichten. Damit sind ambulante und stationäre Bereiche gemeint. Besonders wichtig in zukünftigen Ausbildungen wird der häusliche Bereich werden, zunehmend werden Menschen mit Pflege- Behandlungs- und Betreuungsbedarf bei sich zuhause Gesundheitsdienstleistungen beziehen. Social Media, Informationstechnologie und Robotik werden diesen Trend unterstützen.

Diese Veränderungen werden erneut neue Lernkonzeptionen benötigen, damit die notwendigen Kompetenzen erworben werden können. Eines dieser Konzepte ist das transformative Lernen. Dabei handelt es sich um einen bewussten Prozess, der mit einem Dilemma beginnt und durch kritische Reflexion weiterentwickelt wird. Transformatives Lernen soll Studierende mittels Erfahrung, kritischer Reflexion und rationalem Diskurs dazu befähigen, im Team und in der Gesellschaft eine führende Rolle zur Bewältigung des Wandels in der Gesundheitsversorgung zu übernehmen.

Hahn et al. (2013) schreiben: „Der ‚Lancet'-Kommissionsbericht zum weltweiten Stand der Ausbildung hat sogenanntes transformatives Lernen gefordert[4]. Nach dem Problembasierten Lernen der letzten Jahrzehnte soll künftig ein systembasiertes Lernen stattfinden, das die Notwendigkeiten der Gesundheitsversorgung ausserhalb der eigenen Institution mit einbezieht. Dieses soll sich auch in didaktischen Modellen niederschlagen, welche Nicht-Gesundheitsberufe (z.B. aus dem Sozialbereich) in das gemeinsame Lernen integrieren. Dieses Konzept ist auch in der Schweiz schon positiv rezipiert worden[5]." (Hahn et al., 2013)

Es ist im Weiteren denkbar, dass die heutige Berufsorientierung abgelöst wird durch eine Settingorientierung. Dann würden die angestammten beruflichen Kompetenzen weniger wichtig, da der Versorgungsbedarf im jeweiligen Setting unabhängig von der beruflichen Ausbildung erfüllt werden müsste. Dann müssten professionelle Mauern beseitigt und Teamarbeit gefördert werden, Ausbildungen müssten berufsübergreifend gestaltet werden. Die dafür benötigten didaktischen Konzepte sind transformatives und kompetenzbasiertes Lernen, verbunden mit der Nutzung von Informationstechnologie (Hahn et al., 2013).

Literatur

Benner, P. (1994). Stufen zur Pflegekompetenz: From Novice to Expert. Bern: Hans Huber.

Croci, A., Imgrüth, P., Landwehr, N. & Spring, K. (1995). ELF: ein Projekt macht Schule. Aarau: Nordwestschweizerische Erziehungsdirektorenkonferenz.

Doenges, M. E. & Moorhouse, M. F. (1993). Pflegediagnosen und Maßnahmen. Unter Mitarbeit einer Expertengruppe von Annina Hänny aus dem Amerikanischen übersetzt. Bern: Hans Huber.

Euler, D. (2002). Schlüsselqualifikationen zwischen Idee und Wirklichkeit. Panorama, 2002(6), 14-16.

Forneck, H. J. (1994). Schule öffnen – für welche Wirklichkeit? Über den Zusammenhang von gesellschaftlichen Veränderungen und „neuer Lernkultur". Beiträge zur Lehrerbildung, 12(1), 40-50.

Frenk, J. et al., (2010). Health professionals for a new centery: transforming education to strengthen health systems in an interdependent world. Lancet, Dez, 4; 376 (9756):1923-58.

Fuhrmann-Mayr, D. & Goulon, B. (1995). Beurteilung einer Ausbildung am Beispiel der Krankenpflege. Panorama, 33, 9-11.

Goetze, W. (1996). Von SQ (Schlüsselqualifikationen) zu QS (Qualitätssicherung): Sollten wir mehr über Qualität von Bildungsangeboten reden – und weniger über Schlüsselqualifikationen? In P. Gonon (Ed.), Schlüsselqualifikationen kontrovers (S. 58-66). Aarau: Sauerländer.

---

4 Frenk et al., 2010.
5 Sottas, 2012.

Hahn, S., Richter, D., Beck, M. & Thilo, F. (2013). Panorama Gesundheitsberufe. Berner Fachhochschule Gesundheit.

Juchli, J. (1983). Krankenpflege – Praxis und Theorie der Gesundheitsförderung und Pflege Kranker (4 ed.). Stuttgart: Thieme Verlag.

Kaiser, H. (2005). Wirksame Ausbildungen entwerfen. Bern: Hep Verlag.

Kaiser, H. & Künzel, M. (1996). Fallstudie als Instrument zur Weiterentwicklung von Theorie und Praxis. Wabern: Schweizerisches Rotes Kreuz.

Köhle, K., Obliers, R., Koerfer, A., Antepohl, W. & Thomas, W. (1999). Problemorientiertes Lehren und Lernen. Eine Chance auch für die Fächer Medizinische Psychologie, Psychosomatik und Psychotherapie? Psychotherapie, Psychosomatik, Medizinische Psychologie, 49(5), 171-175.

Krapf, B. (1994). Aufbruch zu einer neuen Lernkultur. Bern: Paul Haupt.

Krapf, B. (1996, 07.06.1996). [Persönliche Kommunikation].

Künzel, M., Brühlmann, J. & Schwarz-Govaers, R. (1994). NAB Concret: Arbeitsunterlagen zur Ausbildungsgestaltung in den Pflegeberufen. Bern: Schweizerisches Rotes Kreuz.

Kurtz, T. (2003). Gesellschaft, Funktionssystem, Person: Überlegungen zum Bedeutungswandel professioneller Leistung. In Mieg H. & M. Pfadenhauer (Hrsg.), Professionelle Leistung – Professional Performance. Positionen der Professionssoziologie (S. 89-107). Konstanz: UVK Verlagsgesellschaft.

Landwehr, N. (1994). Neue Wege der Wissensvermittlung. Aarau: Sauerländer.

Ledergerber, C., Mondoux, J. & Sottas, B. (2009). Projekt Abschlusskompetenzen FH-Gesundheitsberufe. Rektorenkonferenz der Fachhochschulen der Schweiz.

Maag Merki, K. & Schuler, P. S. (2003). Ueberfachliche Kompetenzen. Berichte aus dem Forschungsbereich Schulqualität und Schulentwicklung.

Niemann, D., Bussche, H. van den, Dunkelberger, S. & Becker-Phillips, K. (2000). Problemorientiertes Lernen in der Kursweiterbildung Allgemeinmedizin: Das Warum und das Wie. Zeitschrift fuer Aerztliche Fortbildung und Qualitaetssicherung, 94, 143-147.

Oertle Bürki, C. (2008). Fachhochschulen Gesundheit in der Schweiz. Konzeption und Aufbau im Umfeld der allgemeinen Fachhochschulentwicklung. Bern: Peter Lang.

Plüss, D. & Caduff, C. (2013). ABU – Allgemeinbildung für die Berufslernenden? In M. Maurer & P. Gonon (Hrsg.), Herausforderungen für die Berufsbildung in der Schweiz. Bestandsaufnahme und Perspektiven. Bern: Hep Verlag.

Ramseier, E., Allraum, J. & Stalder, U. (2004). Evaluation der Maturitätsreform 1995 (EVAMAR) – Neue Fächerstruktur – Pädagogische Ziele – Schulentwicklung Schlussbericht zur Phase 1. Bern: Schweizerischen Konferenz der kantonalen Erziehungsdirektoren (EDK) und Bundesamts für Bildung und Wissenschaft (BBW).

Riesen, M. (1995). Gesellschaftlich relevantes Lernen im Themenzentrierten Unterricht: ein Praxisbericht. Beiträge zur Lehrerbildung, 13(1), 60-74.

Schule für Gesundheits- und Krankenpflege Aarau (1993). Ausbildungprogramm. Aarau.

Schweizerische Konferenz der Kantonalen Gesundheitsdirektorinnen und -direktoren (2011). Fachhochschule Retrieved http://www.gdk-cds.ch/index.php?id=556&L=1%23c3789, 09.10.13.

Schweizerisches Rotes Kreuz. (1991a). Neue Ausbildungsbestimmungen: Herauforderungen für die Pflegeausbildung. In SRK (Ed.), Journal Special VIII. Bern: Schweizerisches Rotes Kreuz.

Schweizerisches Rotes Kreuz. (1991b). Richtlinien-Revision. Das überarbeitete Projekt. Bern: Schweizerisches Rotes Kreuz SRK.

Schweizerisches Rotes Kreuz. (1992a). Bestimmungen für die Diplomausbildungen in Gesundheits- und Krankenpflege an den vom Schweizerischen Roten Kreuz anerkannten Schulen. Bern: Schweizerisches Rotes Kreuz.

Schweizerisches Rotes Kreuz. (1992b). Neue Bestimmungen für die Ausbildung in Gesundheits- und Krankenpflege. News Bereich Berufsbildung SRK.

Schweizerisches Rotes Kreuz. (1996). Bestimmungen für die Ausbildung der medizinischen Masseurinnen und Masseure. Bern: Schweizerisches Rotes Kreuz.

Schweizerisches Rotes Kreuz. (1998a). Bestimmungen des Schweizerischen Roten Kreuzes für die Ausbildung der Hebammen. Bern: Schweizerisches Rotes Kreuz.

Schweizerisches Rotes Kreuz. (1998b). Bestimmungen des Schweizerischen Roten Kreuzes für die Ausbildung der Ernährungsberaterinnen und Ernährungsberater. Bern: Schweizerisches Rotes Kreuz.

Schweizerisches Rotes Kreuz. (1998c). Bestimmungen des Schweizerischen Roten Kreuzes für die Ausbildung der diplomierten Rettungssanitäterinnen und Rettungssanitäter. Bern: Schweizerisches Rotes Kreuz.

Schweizerisches Rotes Kreuz. (1998d). Bestimmungen des Schweizerischen Roten Kreuzes für die Berufsausbildung der medizinischen Laborantinnen und Laboranten. Bern: Schweizerisches Rotes Kreuz.

Schweizerisches Rotes Kreuz. (2001). Bestimmungen und Richtlinien für die vom Schweizerischen Roten Kreuz anerkannten Ausbildungsstätten mit einem Ausbildungsprogramm für Physiotherapeutinnen und Physiotherapeuten. Bern: Schweizerisches Rotes Kreuz.

Schweizerisches Rotes Kreuz. (2003). Bestimmungen des Schweizerischen Roten Kreuzes für die Ausbildung der diplomierten technischen Operationsfachfrauen und Operationsfachmänner. Bern: Schweizerisches Rotes Kreuz.

Schweizerisches Rotes Kreuz. (2005a). Journal aktuell, 2005(2), 1-2.

Schweizerisches Rotes Kreuz. (2005b). Journal aktuell, 2005(6).

Sottas, B. (2012). Interprofessionelle Kooperation, Leadership und Grundversorgung-Bildungsinitiativen für Gesundheitsberufe von Lancet und Careum. Public Health Forum, Elsevier.

Stamm, M. (1998). Qualitätsevaluation und Bildungsmanagement. Aarau: Sauerländer.

Weber, A. (2007). Problem Based Learning. Bern: Hep Verlag.

Weltgesundheitsorganisation. (1986). Ottawa Charta zur Gesundheitsförderung: Erste Internationale Konferenz über Gesundheitsförderung, Ottawa, Kanada, 17.-21. November 1986. Genf: Weltgesundheitsorganisation.

Zollinger, E. & Lienert, J. (1986). Eva und Judit: zwei kranke Schwestern – kritische Betrachtungen zu unserer Spitaltätigkeit und unserer Rolle als Frau und Krankenschwester. Biel: Bücherdienst Einsiedeln.

Michael Mair

Achtung Lernkulturwechsel!

Kompetenzorientierung am Beispiel des Fachhochschul-Bachelorstudiengangs Tourismus-Management der FHWien der WKW

Abstract

Der Beitrag analysiert das Curriculum des Fachhochschul-Bachelorstudiengangs Tourismus-Management der FHWien der WKW im Lichte der Kompetenzorientierung. Es wird eine Vielzahl von Maßnahmen vorgestellt, die einen Lernkulturwechsel vorantreiben soll. Es erweist sich als wesentlich, dass die Neugier geweckt, die Selbststeuerung des Lernprozesses zugelassen, ein Klima des Vertrauens geschaffen bzw. das Ausprobieren neuer Verhaltensweisen ermöglicht wird. Dabei haben klare Lernziele und die Reflexion des eigenen Verhaltens hohen Stellenwert.

1. Ist die Zeit reif für einen Lernkulturwechsel?

Die Bildungseinrichtungen verwenden in hohem Maß Konzepte und Methoden, die dem Wissensstand der 50er und 60er Jahre des vergangenen Jahrhunderts entsprechen. Wenn Industriebetriebe sich so verhalten würden, wäre Österreich ein Entwicklungsland. Und noch ein Vergleich: Die Ausgaben der pharmazeutischen Industrie für Forschung und Entwicklung erreichten 2011 bereits 71 Milliarden Dollar, das sind 15 Prozent des Umsatzes der Unternehmen (Verband der forschenden pharmazeutischen Firmen der Schweiz, 2013). Für die Weiterentwicklung ihrer Kernaufgabe – der Lehre – wenden Bildungseinrichtungen Mittel im Promillebereich ihrer Umsätze auf.

Die gesellschaftlichen Entwicklungen – von den enormen Fortschritten im IT-Bereich (IFITT, 2013) über die Erkenntnisse der Hirnforschung (Spitzer, 2002) bis zu der Problematik der Globalisierung (Mowforth & Munt, 2009) – erfordern große Anpassungsanstrengungen vom Bildungsbereich. Bei allem Verständnis für die gesellschaftserhaltende Funktion von Bildungseinrichtungen benötigen wir für die Bewältigung der gesellschaftlichen Herausforderungen des 21. Jahrhunderts neue Wege – ein Mehr vom Selben wird die Probleme nicht lösen können. Dieser Tatsache wird auch in vielen Aktivitäten der Bildungspolitik – allen voran der Bologna-Prozess (Bologna-Prozess: Schaffung eines Europäischen Hochschulraums, 2013) – Rechnung getragen. Der Weg von der Wissensvermittlung zur Kompetenzorientierung ist schnell gefordert, jedoch mit vielen Stolpersteinen gepflastert. Weder Lehrende, noch Lernende und Bildungseinrichtungen haben großes Interesse an strukturellen Veränderungen. Die Einführung von neuen Lehr- und Lernformen ist mit großen Widerständen von

Lehrenden und Lernenden behaftet. Es gibt zu wenig Wissen und es fehlt an abgesicherter Erkenntnis über neue Lehr- und Lernformen. Die Überprüfung und Zertifizierung von Kompetenzen steckt in den Kinderschuhen.

Ausgehend von der Beschreibung des Bachelorstudienganges Tourismus-Management werden Beispiele für kompetenzorientierte Lehre vorgestellt und deren Gemeinsamkeiten analysiert. Daraus wird ein Gestaltungsprinzip für kompetenzorientierte Lehre abgeleitet.

2. Lernkulturwechsel am Beispiel des Fachhochschul-Bachelorstudiengangs Tourismus-Management der FHWien der WKW

Mit dem Bundesgesetz über Fachhochschul-Studiengänge (FHStG) wurde 1993 ein neuer hochschulischer Sektor in Österreich geschaffen, der eine praxisbezogene Ausbildung auf Hochschulniveau zum Ziel hat. Weiters wurden die Studienplatzfinanzierung und die private Trägerschaft im Österreichischen Hochschulwesen eingeführt. Das besagte Gesetz hatte insgesamt 20 Paragraphen und ließ entsprechende Spielräume zur Gestaltung des Bildungsauftrags. Die Studiengänge wurden nur auf fünf Jahre befristet akkreditiert und müssen sich regelmäßig einer externen Qualitätsprüfung stellen. Damit wurde das Ziel der ständigen Weiterentwicklung der Studienprogramme zu einem prägenden Merkmal fachhochschulischer Programme in Österreich.

Ausgangspunkt für die Entwicklung des Bachelorstudiengangs Tourismus-Management bildet das touristische Berufsfeld und dessen Anforderungen an die Beschäftigten. Das Entwicklungsteam analysiert das Berufsfeld und leitet die erforderlichen Kompetenzen ab. Diese bilden die Basis zur Entwicklung von Modulen – unter Modulen werden Lehrprodukte zur Vermittlung spezifischer Kompetenzen verstanden.

Seit dem Start 1994 wurde das Curriculum 1999, 2004, 2008 und 2012 überarbeitet. Dabei hatte die Entwicklung handlungsorientierter Lehr- und Lernformen immer einen großen Stellenwert. Im Herbst 2013 startete nun ein neues Curriculum, das größere einheitliche Module (fünf Module zu jeweils 150 Arbeitsstunden je Semester) mit abschließender Modulprüfung vorsieht. Es stehen 68 Studienplätze pro Jahr zur Verfügung. 34 Studierende bilden die Standardgruppengröße, wobei im Bereich „Berufsfeld“ und „Business English“ wesentlich kleinere Gruppen arbeiten.

Das Studium lässt sich als generalistische betriebswirtschaftliche Ausbildung im Bereich Tourismus beschreiben. Die Module des „touristischen Managements“ umfassen die Themen Rechnungswesen, Bilanzierung, Kostenrechnung, Finanzierung, Controlling, die rechtlichen Grundlagen werden aufgearbeitet, das Marketing und die Marktforschung bis zur Werbemittelgestaltung entwickelt und nach dem Auslandsaufenthalt die Grundlagen des Managements erarbeitet. Dabei gibt es immer einen Wechsel zwischen theoretischem Input und praktischer Anwendung im touristischen Berufsfeld. In den Modulen im Bereich „Berufsfeld Tourismus“ lernen die Studierenden im ersten Semester operative Tätigkeiten in Küche und Service kennen. Ab

Touristisches Management	*Touristisches Management*	*Berufsfeld Tourismus*	*Business English and Social Skills*	*rechtliche Grundlagen und wissenschaftliches Arbeiten*
Das touristische Unternehmen 1	Tourismuswirtschaft	Einführung in das Berufsfeld 1	Business English and Social Skills 1	Rechtliche Grundlagen
Betriebswirtschaftslehre 1	Volkswirtschaftslehre	F&B-Management 1	Business English 1	Privatrecht
Rechnungswesen	System Tourismus	Karrierecoaching 1, Einführungsexkursion	Selbst- und Zeitmanagement	Wirtschaftsrecht
		2. Semester		
Das touristische Unternehmen 2	Herausforderungen im Tourismusmarketing	Einführung in das Berufsfeld 2	Business English and Social Skills 2	Wissenschaftliches Arbeiten 1
Betriebswirtschaftslehre 2	Markt- Kommunikationspsychologie	F&B-Management 2	Business English 2	Wissenschaftliches Arbeiten 1
Bilanzierung	Forschungsdesigns, Stichprobenziehung	Berufsfeldexkursion	Moderation	Statistik 1
		3. Semester		
Das touristische Unternehmen 3	Strategie im Tourismusmarketing	Berufsfeld Tourismus 1	Business English and Social Skills 3	Wissenschaftliches Arbeiten 2
Finanzierung und Investition	Segmentierung, Positionierung	Wahlfach Spezielle Berufsfelder 1	Business English 3	Wissenschaftliches Arbeiten 2
Kostenrechnung	Uni- und bivariate Datenanalyse	touristische Ökonomie	Verkaufstraining	Statistik 2
	Korrelationen	Karrierecoaching 2		
		4. Semester		
Unternehmenssteuerung	Umsetzung und Erfolgskontrolle	Berufsfeld Tourismus 2	Business English and Social Skills 4	Bachelorarbeit 1
Controlling und Revenue-Management	Marketinginstrumente	Wahlfach Spezielle Berufsfelder 2	Business English 4	Bachelorarbeit 1
	Datenanalyse, Tests	Destinationsmanagement	International Tourism	
		E-Tourism, Social Media	Interkulturelle Kompetenzen	
		5. Semester		
		Auslandspraktikum		Bachelorarbeit 2
		Auslandspraktikum		Bachelorarbeit 2
		6. Semester		
Unternehmensführung	Human Resource Management	Berufsfeld Tourismus 3	Business English and Social Skills 5	Bachelor Prüfung
Management im Tourismus	Human Resource Management	Wahlfach Spezielle Berufsfelder 3	Business English 5	Bachelorprüfung
Change Management	Arbeitsrecht	Unternehmensgründung, Tourismuspolitik	Current topics in tourism	
		Karrierecoaching 3		

Abb. 1: Curriculum des Bachelor-Studiengangs Tourismus-Management

dem dritten Semester stehen fünf Vertiefungsbereiche zur Auswahl: Hotelmanagement, Kongress- & Veranstaltungsmanagement, Eventmanagement, Management touristischer Verkehrsträger oder Travel-Management. In Gruppen von max. 20 Studierenden werden die spezifischen Geschäftsmodelle und Branchenusancen vorgestellt. Bei Branchenveranstaltungen, Exkursionen oder Gastvorträgen von Branchenvertretern und -vertreterinnen haben die Studierenden die Gelegenheit, mit der Branche direkt in Kontakt zu treten. Zur Erprobung und Vertiefung der Handlungskompetenz ist für das fünfte Semester ein Auslandspraktikum vorgesehen. In den Modulen im Bereich „Business English and Social Skills" wird die Kommunikationskompetenz in englischer Sprache erweitert und mit Selbst- und Zeitmanagement, Rhetorik, Moderation oder Verkauf verbunden. Um eine intensive Ausbildung zu gewährleisten, wird in Gruppen zu 12 Studierenden gearbeitet. Die Module „Wissenschaftliches Arbeiten" unterstützen die Studierenden beim Erarbeiten der Bachelorarbeiten.

Die Lernergebnisse wurden konsequent an den Studienzielen ausgerichtet und als „Can-do-Aussagen" – nach der Bloomschen Taxonomie – formuliert. Eine zentrale Rolle spielen Prüfungen. Um die Selbststeuerung des Lernprozesses durch die Studierenden zu fördern, wurde die Unterscheidung zwischen formativen und summativen Leistungsnachweisen eingeführt. Damit wurde die Funktion von Prüfungen neu festgelegt und Raum für eine differenzierte Leistungsbeurteilung geschaffen. Die formative Beurteilung gibt Studierenden Rückmeldung über deren Wissensstand und soll Möglichkeiten zur Entwicklung aufzeigen. Fehler sind erlaubt und sogar erwünscht. Die summative Beurteilung will den Wissensstand ermitteln und abschließend bewerten (Bachmann, 2011).

Die Unterscheidung zwischen formativen und summativen Prüfungen erfordert von den Lehrenden nicht nur eine Neukonzeption der Veranstaltungen, sondern auch eine Neudefinition ihrer Rolle. Sie übernehmen die Funktion der Lernbegleiterin bzw. des Lernbegleiters. Dabei ist es wichtig, dass die Lernziele explizit festgelegt sind und rigoros eingefordert werden (Bachmann, 2011).

Die Mehrzahl der Module wird immanent bewertet, wobei sich die einzelnen Prüfungsformate an der Art der zu überprüfenden Kompetenz orientieren sollen. Je Semester finden ein bis zwei abschließende Modulprüfungen statt, die den Kompetenzerwerb eines ganzen Moduls evaluieren. Im vierten Semester werden in den Bereichen BWL und Marketing mündliche kommissionelle Prüfungen abgehalten, wobei der gesamte Kompetenzerwerb der vier Semester abverlangt wird. Im Rahmen der abschließenden Bachelorprüfung müssen die Studierenden die Ergebnisse ihrer Bachelorarbeit zusammenfassend präsentieren und kritisch bewerten. Sie sollen Querverbindungen zu relevanten Fächern des Studienplans herstellen und analysieren. Die Vernetzungs- und Integrationsfähigkeit von unterschiedlichen Fachinhalten aus dem Studium und die Fähigkeit, aktuelle Fragestellungen der Tourismuswirtschaft differenziert darzustellen, werden evaluiert. Die Prüfungskommission besteht jeweils aus Vertreterinnen und Vertretern der Tourismuswirtschaft, Kolleginnen und Kollegen von Universitäten und Institutsmitarbeiterinnen und Institutsmitarbeitern. Diese Konstellation soll sicherstellen, dass die Ausbildungsziele – wissenschaftlich fundierte betriebswirtschaftliche Berufsausbildung für Nachwuchsführungskräfte im Tourismus – umfassend überprüft werden.

Für jedes Modul wird ein Syllabus entwickelt, der alle Informationen über das Modul enthält und zu Semesterbeginn vorgestellt wird. Der Ausgangspunkt für die Planung der einzelnen Veranstaltungen ist die zu erreichende Kompetenz und damit die konkreten Aufgaben des Leistungsnachweises. Neuland stellt dabei das Entwickeln von Aufgabenstellungen, die das Vorhandensein der erforderlichen Kompetenzen überprüfen können, dar. Die formativen Prüfungsformate unterstützen die Studierenden beim eigenständigen Verfolgen der Lehrziele. Die Entwicklung von handlungs- und damit kompetenzorientierten Prüfungsformen steckt jedoch noch in den Kinderschuhen und wird uns noch einige Zeit beschäftigen.

Modulverantwortliche(r)	Modultitel	Umfang in ECTS	Umfang in SWS	Anzahl vorgesehener Lehreinheiten
Michael Mair	Tourismuswirtschaft	6	4	72
Modul Nummer	TMBA_1_TOW	Pflicht		
Studiengang	Bachelorstudiengang Tourismus			
Lage im Curriculum	1. Semester			
Vorkenntnisse aus den Modulen	Keine			
Beitrag zu nachfolgenden Modulen	Das touristische Unternehmen, Herausforderungen im Tourismusmarketing, touristische Ökonomie			
Literaturempfehlungen	Ribing R./ Zimmermann A. (Hrsg.): Einführung in die Tourismus- & Freizeitwirtschaft in Österreich, aktuelle Auflage, ÖGAF Schriftenreihe Mankiw N.G./Taylor M.P. , Grundzüge der Volkswirtschaftslehre, aktuelle Auflage, Schäffer-Poeschel			
Lerhinhalte	System Wirtschaft, System Tourismus, System Wissenschaft, Tourismus als Wissenschaft Güter – touristische Güter – Besonderheiten der DL Bedarf, Bedürfnis, Erwartungen, Nachfrage, Experience economy Angebot/ Nachfrage, Preisbildung, Elastizitäten, soziale Wohlfahrt Touristisches Angebot: Hotellerie, ... Seilbahn ... Flug ... Destinationen – Kosten, Gewinn BEA Geschäftsmodelle, Stakeholder im Tourismus Markt – Marktformen, Wirtschaftspolitik , Interventionen, Umwelt, Förderungen, Steuern Besonderheiten der DL-Produktion (Produktionsfaktoren, Optimierung, Knappheit) Begriffe (Gesamtwirtschaftliches Gleichgewicht), BIP, TSA, Wertschöpfung, direkte und indirekte Effekte, Konjunktur und Investitionen Warenkorb, Inflation, Tourismus als Exportbranche			

Kompetenzerwerb	Nach Absolvierung dieses Moduls sind die Studierenden in der Lage • ... das Phänomen Tourismus innerhalb der Wissenschaften und innerhalb der Wirtschaft zu verorten • ... Daten über touristische Kennzahlen zu beschaffen zu analysieren und zu beurteilen • ... Güter differenziert zu betrachten und die Besonderheit touristischer Güter zu identifizieren • ... Kundinnen und Kunden als Stakeholder zu verstehen • ... die Entstehung und Einflussfaktoren von Angebot und Nachfrage zu erkennen • ... die wesentlichen Stakeholder im Tourismus zu identifizieren und deren Handlungsweisen zu erklären • ... Geschäftsmodelle im Tourismus zu verstehen • ... touristische Märkte zu klassifizieren und deren Mechanismen zu decodieren • ... das Interesse des Staates an touristischen Märkten und deren Einfluss zu erklären • ... Wirtschaftskreisläufe zu beschreiben und die Verbindung zum Tourismus herzustellen • ... volkswirtschaftliche Kenngrößen gegenüberzustellen und den Bezug zum Tourismus zu erkennen • ... Chancen und Risiken des Geldmarktes für den Tourismus zu erkennen • ... Wirtschaftspolitik kritisch zu hinterfragen
Prüfungsmodalitäten (Art der Prüfung) und Angaben zur Art des Moduls	Immanenter Prüfungscharakter Integratives Modul
Zusammensetzung der Modulnote	60% integrierte Prüfungsteile, 20% Volkswirtschaft und 20% System Tourismus
Didaktisches Setting (Lehr- und Lernformen)	ILV, PBL-Fallstudien
Unterrichtssprache	Deutsch

Abb. 2: Beispiel einer Modulbeschreibung: Modul „Tourismuswirtschaft"

LE	Datum	Lehrinhalte	Didaktik und Leistungs-feststellung	Literatur bzw. Moodle	Vortragender
1	24.09.	Was ist Tourismus? Überblick über den Kurs, Leistungsbewertung, Zuteilung zu den einzelnen Arbeitsaufgaben, Erklärung der einzelnen Übungen: News Flash, Lernunterlagen, WISA – Artikel, Lerntagebuch Arbeitsauftrag für 30.09.: Artikel lesen Arbeitsauftrag: News Flash Arbeitsauftrag: Lernunterlagen Arbeitsauftrag: Lerntagebuch	Vortrag	PPT 1 Moodle: Kurs erklären	MM / KF
M 1	30.9 ab 19:00 (2 LE)	Diskussion der Artikel zur Definition von Tourismus als Grundlage für die Zusammenfassung von 1-2 Seiten – Abgabe bis 07.10. um 17:00 Uhr auf Moodle; Nachbesprechung der Artikel in LE 3 am 08.10 Studierende: alle	Online Forum, Chat	Chat System Tourismus	MM Gruppe 2 KF Gruppe 1
2	01.10	Fachlandkarte – Überblick über das weite Feld von Tourismus Einführung in das Schreiben von kritischen Reflektionen	Vortrag, Schreiben einer Reflexion	PPT 2 PPT kritische Reflexion, Fachland-karte	MM / KF
3	08.10	Definition von Tourismus, Was ist Tourismus im Detail, Systemtheorie, Systeme à Modelle	Vortrag, Nachbe-sprechung der Artikel	PPT 3	MM Gruppe 2 KF Gruppe 1
M 2	7.10 ab 19:00 (2LE)	Fragen zu News-Flash, Lernunterlagen und Lerntagebuch Studierende: alle	Online Forum, Chat	Chat System Tourismus	MM Gruppe 2 KF Gruppe 1
Usw.					

Abb. 3: Syllabus-Auszug für das Modul „Tourismuswirtschaft"

Leistungsfeststellung

Das Ergebnis der abschließenden Klausur stellt 60% der Gesamtbewertung dar und besteht aus einer Fallstudie, die möglichst viele der Lehrinhalte integriert bzw. den Kompetenzerwerb überprüfen kann. Die verbleibenden 40% werden durch formative Rückmeldungen auf unterschiedliche Arbeitsaufgaben (News Flash, Lernunterlagen, Lerntagebuch, Fallbeispiele) im Laufe des Semesters vergeben.

3. Beispiele für die Umsetzung einer Kompetenzorientierung

Das Curriculum hat sich im Laufe der Jahre kontinuierlich entwickelt. Ein Großteil der Lehrenden kommt direkt aus touristischen Betrieben bzw. von Universitäten und ist langfristig für den Studiengang tätig. Die Verbindung von Theorie und Praxis ist konstituierendes Merkmal fachhochschulischer Programme. Darüber hinaus haben wir versucht, die Kompetenzorientierung vermehrt in die einzelnen Module einfließen zu lassen. Neben ganz traditioneller Lehre werden im Rahmen folgender Veranstaltungen neue Wege beschritten.

3.1 Auswahlverfahren

Fachhochschul-Studiengänge haben Studienplatzfinanzierung – für den Bachelorstudiengang Tourismus-Management werden 68 Studienplätze pro Jahr finanziert. Da es ca. 500 Bewerbungen dafür gibt, wurde ein Auswahlverfahren entwickelt. Dazu wurden bereits 2007 im Rahmen einer qualitativen und quantitativen Forschung Kompetenzen von Tourismusmanagerinnen und Tourismusmanagern erhoben (Heyse, Mair & Pejrimovsky, 2008). Die aus zahlreichen KODE®X-Workshops mit Tourismusverantwortlichen ermittelten Kompetenzen (Analytische Fähigkeiten, Belastbarkeit, Beziehungsmanagement, Eigenverantwortung, Einsatzbereitschaft, Ganzheitliches Denken, Kommunikationsfähigkeit, Kundenorientierung, Lernbereitschaft, Mobilität, Teamfähigkeit, Zuverlässigkeit) sind die Basis für das Auswahlverfahren. Jeweils zwei Assessorinnen und Assessoren beobachten und bewerten die Bewerberinnen und Bewerber bei der Bearbeitung der Aufgabenstellungen (Dudziak & Mair, 2011).

Die gezielte Auswahl auf Basis branchenspezifischer Kompetenzen legt den Grundstein für alle weiteren Entwicklungsschritte. Die Ergebnisse des Auswahlverfahrens werden im Rahmen der Veranstaltungen „Karrierecoaching" aufgearbeitet und damit ein persönlicher Bezug zum Thema Kompetenzentwicklung hergestellt.

3.2 Einführungsexkursion

In der ersten Studienwoche findet eine viertägige Exkursion statt. Dabei geht es nicht nur um das Kennenlernen der Kolleginnen und Kollegen, sondern auch darum die Lernkultur erlebbar zu machen. So sind die Studierenden aufgefordert, das touristische Angebot vor Ort (Tourismusbetriebe, Infrastruktureinrichtungen, Tourismusorganisationen aber auch regionale Produzenten) zu analysieren, Kategorien für das Erlebte zu finden und schließlich ihre Ergebnisse zu präsentieren. Ziel der Veranstaltung ist es, den persönlichen Zugang zur Dienstleistung / Gastfreundschaft zu vertiefen und das eigene Verhalten zu reflektieren. Die Leistungsfeststellung erfolgt auf Basis der Ergebnispräsentationen.

3.3 Karrierecoaching

Die Veranstaltung „Karrierecoaching" findet im 1., 3. und 6. Semester statt. Die Studierenden sollen die Zeit an der Fachhochschule als Chance begreifen ihre persönliche Kompetenzentwicklung in die Hand zu nehmen. Sie sollen verstehen, dass Kompetenzentwicklung ein selbstgesteuerter, offener Prozess ist, der die gesamte Persönlichkeit fordert. Die Lehrenden treten in den Hintergrund und übernehmen die Prozessbegleitung.

Im ersten Semester wird die Methodik des Auswahlverfahrens vorgestellt und der Kompetenzbegriff (Heyse & Erpenbeck, 2007) erklärt. Kompetenzatlas und Kompetenztrainer werden vorgestellt und unterschiedliche Kompetenz- und Qualifikationsbegriffe erarbeitet. Zur Einschätzung der eigenen Kompetenzen wird der KODE®-Selbsteinschätzungsbogen eingesetzt. Die Ergebnisse werden in der Gruppe und individuell analysiert. Ziel des ersten Semesters ist es, Eigenverantwortung zu entwickeln und daraus eine systematische individuelle Kompetenzentwicklung zu initiieren. Für die Zeit bis zum dritten Semester schließen die Studierenden einen Vertrag mit sich selbst über die Entwicklung selbstgewählter individueller Kompetenzen.

Im dritten Semester werden die Studierenden unterstützt, die individuelle Kompetenzentwicklung zu beschreiben und kritisch zu evaluieren. Sie werden unterstützt Kompetenzen anderer Personen einzuschätzen sowie Fremd- und Selbsteinschätzung zu vergleichen. In Anlehnung an das Verfahren der School of International Business and Entrepreneurship (SIBE) der Steinbeis-Hochschule Berlin erfolgt die Fremdeinschätzung durch acht Kolleginnen und Kollegen (Keim, Erpenbeck & Faix, 2010). Es ist uns wichtig, dass die Studierenden dabei Erkenntnisse aus den Fremdeinschätzungen in die individuelle systematische Kompetenzentwicklung integrieren und in einen weiteren „Vertrag mit sich selbst" aufnehmen.

Im abschließenden sechsten Semester sollen sie ihre individuelle strategische Kompetenzentwicklung anhand von Beispielen präsentieren und bewerten. Die individuelle Kompetenzentwicklung wird dokumentiert und die Studierenden erhalten ein Zertifikat über die erworbenen Kompetenzen.

3.4 Selbstorganisierte Berufsfeldexkursion

Im Rahmen der Veranstaltung „Projektmanagement" werden die Tools zur professionellen Projektorganisation im ersten Semester vorgestellt und für die Organisation einer Berufsfeldexkursion angewandt. Die Studierenden identifizieren relevante touristische Themen bzw. Destinationen, erarbeiten die Grundlagen und erstellen ein Konzept. Die Konzepte werden präsentiert und die Studierenden entscheiden, welche umgesetzt werden. Die Planung und Durchführung liegt ausschließlich bei den Studierenden. Sie erhalten laufend Rückmeldung zum Projektmanagement und sind angehalten, ihre Arbeitsweise zu reflektieren. Bewertet wird die Veranstaltung nach den

Evaluierungskriterien des Projektmanagements. In der letzten Einheit findet ein Review des gesamten Prozesses statt.

3.5 Modul Tourismuswirtschaft

Das Modul Tourismuswirtschaft findet im ersten Semester statt und soll die Grundlagen des wirtschaftlichen Denkens vermitteln. Ziel ist einerseits, die Begeisterung für die Vielfalt des touristischen Berufsfelds zu wecken und andererseits, die systematische Herangehensweise der Volkswirtschaftslehre und deren Nutzen verständlich zu machen.

Die Veranstaltungen verstehen sich als Vorbereitung für die abschließende Modulprüfung, die aus mehreren Kurzfallstudien besteht. Die Studierenden erarbeiten dafür selbst Lernunterlagen und werden über die Lernplattform Moodle dabei unterstützt.

Um die Vielfalt des touristischen Berufsfelds zu erschließen und die eigenen Präferenzen kennen zu lernen, erarbeiten die Studierenden ihre persönliche Fachlandkarte. Sie recherchieren nach Innovationen im Bereich Tourismus und präsentieren diese als „News Flash". Die Sammlung aller Beiträge steht via Moodle allen Teilnehmerinnen und Teilnehmern zur Verfügung. Durch das Führen eines Lerntagebuches soll der eigenständige Reflexionsprozess eingeübt werden. Die Leistungsfeststellung erfolgt zu 60% auf Basis der Ergebnisse der Schlussklausur und zu 40% auf Basis der Qualität der Ausarbeitungen.

3.6 Bachelorarbeiten

Das FHStG sieht vor, dass die Studierenden zwei eigenständige wissenschaftliche Arbeiten schreiben. Ziel der Arbeiten ist es, zu einer vorgegebenen Fragestellung eine fundierte und gut argumentierte Antwort zu entwickeln und verständlich zu formulieren. Damit wird auch die Anschlussfähigkeit für weiterführende Master-Programme sichergestellt. Dafür werden sie mit Veranstaltungen im Bereich wissenschaftliches Arbeiten unterstützt. Sie lernen wissenschaftliche Literatur zu identifizieren und zu bewerten und formale Erfordernisse des wissenschaftlichen Arbeitens anzuwenden.

Für die erste Bachelorarbeit wählen sie aus einem Pool von ca. 100 betriebswirtschaftlichen Fragestellungen und haben 6 Monate Zeit, eine hermeneutische Arbeit zu verfassen. Ein Manual stellt sicher, dass die Studierenden die Rahmenbedingungen kennen. Eine Betreuung ist ausdrücklich nicht vorgesehen, um die eigenständige Anwendung der Grundlagen des wissenschaftlichen Arbeitens zu überprüfen.

Für die zweite Bachelorarbeit entwickeln die Studierenden selbst ein Thema. Sie formulieren eine Forschungsfrage und Hypothesen, identifizieren geeignete Methoden der empirischen Sozialforschung und erstellen ein Konzept für ihr Forschungsvorhaben. Eine Konzeptbesprechung ist verpflichtend, aber danach ist auch hier keine weitere Betreuung vorgesehen.

Beide Arbeiten werden nach festgelegten und transparenten Beurteilungsrastern bewertet. Nach Abschluss der Arbeiten ist eine ausführliche mündliche oder schriftliche Rückmeldung durch die Lektorinnen und Lektoren vorgesehen.

3.7 Inszenierung im Tourismus

Im touristischen Berufsfeld spielen Inszenierungen eine große Rolle – schließlich müssen die Erwartungen der Gäste erfüllt werden. Daher erscheint es uns wichtig, dass die Studierenden Inszenierungen erkennen und dechiffrieren können. Dazu bieten wir im zweiten Semester eine freiwillige Veranstaltung zum Thema „Inszenierungen" an. Anhand konkreter Fallbeispiele wird ein Instrumentarium zur Analyse touristischer Inszenierungen erarbeitet. Der Fokus liegt in diesem Stadium auf der Analyse von gastronomischen Lokalen. In Kleingruppen suchen die Studierenden vorgegebene Lokale auf, analysieren sie in Bezug auf ihre Inszenierung und präsentieren ihre Ergebnisse in der Gruppe. Der Besuch einer Theatervorstellung und die daran anschließende Analyse der Inszenierung sollen weitere Beispiele liefern. In einem zweiten Teil der Veranstaltung werden fiktionale Texte zum Thema Reisen erstellt. Ziel ist es, den Studierenden dieses touristische Kernthema in seiner geistesgeschichtlichen Dimension erfahrbar zu machen. Das Verfassen eigener Texte und ihre Diskussion schafft Bewusstsein für die eigenen, sehr unterschiedlichen Zugänge und Bedürfnisse in Bezug auf das Thema „Reisen". Den Abschluss bildet die Erarbeitung eigener touristischer Inszenierungen in Gruppen mit max. vier Personen. Die Gruppen werden individuell bei der Entwicklung der Projekte gecoacht und die Ergebnisse werden in Form einer Ausstellung öffentlich präsentiert. Abgesehen von einem Instrumentarium zur Analyse erhalten die Studierenden auf diese Weise auch Gelegenheit, eigene kreative Strategien zu entwickeln und spielerisch zu erproben.

3.8 Auslandspraktikum

Ein Auslandspraktikum trägt wesentlich zur Kompetenzentwicklung bei und ist im touristischen Berufsfeld unverzichtbar. Die Studierenden organisieren eigenständig eine viermonatige Tätigkeit im Ausland, wobei sich Ort und Art der Tätigkeit nach den individuellen Bedürfnissen richten. Die Studierenden sollen Arbeitserfahrungen sammeln und ihre Kompetenzen im Umgang mit fremden Kulturen festigen. Wesentlich erscheint, dass sie sich den Herausforderungen der Arbeitswelt stellen, die positiven und negativen Ereignisse reflektieren und daraus eine Gesamtbewertung des Praktikums ableiten. Schließlich schreiben sie einen Bericht über das Praktikum und sollen dabei die persönliche Entwicklung im Laufe des Praktikums reflektieren. Zu Beginn des sechsten Semesters findet eine gemeinsame Review-Veranstaltung statt.

3.9 Unternehmensführung

Im Modul „Unternehmensführung“ kommt Problem-Based Learning (PBL) zum Einsatz. Reale Fallgeschichten aus der touristischen Praxis bilden den Ausgangspunkt für die Auseinandersetzung mit Theorie und Praxis der Unternehmensführung.

Traditionelle Lehr- und Lernansätze gehen davon aus, dass zuerst Wissensinhalte vermittelt und dann angewandt und verinnerlicht werden. Die Lehrenden bestimmen den Inhalt und das Ausmaß der Auseinandersetzung. Ausgangspunkt im PBL ist eine komplexe Fallgeschichte - die Beschreibung einer komplexen Situation. Die Studierenden - in Gruppen mit max. 14 Personen - sind gefordert, die aus dem Fall für sie interessanten Phänomene zu hinterfragen, Hypothesen über die Fallbeschreibung zu bilden und mit ihrer Wirklichkeit abzugleichen. Die daraus identifizierten Wissensdefizite werden als Lernziele von den Lernenden selbst definiert und abgearbeitet. Die Auswahl und Formulierung des Falles gehören zu den wichtigsten Aufgaben der Lehrenden im PBL, denn der Fall steuert den Lernprozess.

Der Ablauf der Bearbeitung erfolgt nach einem fixen Schema, dem nachstehend abgebildeten Siebenschritt (Weber, 2007, S. 34, Moust, 1999, S. 22). Dieser „klassische“ Ansatz stammt von der Universität Maastricht, er ist leicht nachzuvollziehen und unmittelbar einsetzbar.

Schritte	Arbeitsmodus	Rahmen
Schritt 1:	Klären Sie die Begriffe, die Sie nicht verstehen.	in Gruppe, betreut
Schritt 2:	Definieren Sie das Problem.	in Gruppe, betreut
Schritt 3:	Analysieren Sie das Problem.	in Gruppe, betreut
Schritt 4:	Ordnen Sie Ihre Ideen und vertiefen Sie sie systematisch.	in Gruppe, betreut
Schritt 5:	Formulieren Sie Lernziele.	in Gruppe, betreut
Schritt 6:	Suchen Sie ergänzende Informationen außerhalb der Gruppe.	individuell, unbetreut
Schritt 7:	Synthetisieren und testen Sie die neuen Informationen.	in Gruppe, betreut

Abb. 4: PBL Siebenschritt

PBL kann jedoch nicht auf den Siebenschritt reduziert werden. PBL ist vielmehr eine innere Haltung, die das Verhältnis zwischen Lernenden und Lehrenden neu definiert. Die Lehrenden fungieren als Coaches, die den Lernprozess durch auf die Studierenden sorgsam abgestimmte Interventionen steuern. Ihre Hauptaufgaben liegen in der Beobachtung der Lernenden und der Formulierung adäquater Fragestellungen. Die so ausgelöste Irritation zielt auf eine individuelle Verhaltensänderung und damit auf einen intensiven individuellen Lernprozess ab. (Brezowar, Mair & Sotzko, 2008, S. 13ff.).

Die Rollenänderung der Lehrenden stellt den zentralen Unterschied von PBL zu traditionellen Lehrformen dar. Sie fordert von den Lehrenden eine radikale Neuausrichtung. Weder die fürsorgliche noch die belehrende Darbietung von Wissen, sondern die aktive Herausforderung der Lernenden ist gefordert. Die Beobachtung der Lernenden, das Aufbereiten und Durchführen der passenden Intervention und die wertschätzende Rückmeldung sind ihre Handlungsfelder. Ihre Aufgabe ist es, die Entwicklung von Kompetenzen der Lernenden aktiv zu fördern.

Damit einhergehend verlieren die Lehrenden ihre Rolle als Wissensexpertinnen bzw. -experten. Sie arbeiten auf Augenhöhe mit den Studierenden und sind für die Gestaltung der Lernumgebung verantwortlich. Als Lernprozessbegleiterinnen und -begleiter benötigen sie Fach-, Struktur- und Prozesswissen. Sie kennen soziale Phänomene, können diese beschreiben und für andere transparent machen. Sie verstehen es mit Konflikten in Gruppen umzugehen (Brezowar, Mair & Sotzko, 2008, S. 19f.).

Neben der Rollenänderung stellt das Schreiben der Fälle eine Herausforderung dar. Als Maxime muss gelten: „Mach das Problem so spannend, dass der Lernende es lösen will!“ Das impliziert, dass der Schwierigkeitsgrad an den Expertengrad der Lernenden angepasst ist (Müller, 2007, S. 284). Die Anschlussfähigkeit zur Erlebniswelt der Lernenden, die Aktualität und die Qualität der Formulierung sind weitere Herausforderungen. Es hat sich als günstig erwiesen, Standards für das Verfassen von Fällen zu entwickeln (Friedrichsmeier, Mair & Brezowar, 2011, S. 57ff.).

Die Leistungsfeststellung erfolgt durch den Lehrenden an Hand von Beobachtungskriterien, die personale, methodische und sozial-kommunikative Komponenten einschließen.

3.10 Unternehmensgründung

Die Veranstaltung „Unternehmensgründung“ findet im sechsten Semester statt und führt zahlreiche betriebswirtschaftliche Themen zusammen: Geschäftsmodelle, Finanzierung, Budgetierung, Marketing, Personalplanung, rechtliche Fragen. Die Studierenden müssen eine Geschäftsidee generieren und dafür einen Businessplan erstellen. Die Lehrenden stehen als Beraterinnen und Berater zur Verfügung und geben auf Anfrage Rückmeldungen zu den Konzepten. Die Businesspläne werden präsentiert und bewertet. Die Leistungsfeststellung erfolgt auf Basis der Ergebnispräsentation.

4. Schlussbetrachtungen

Lernen ist für uns ein persönlicher Veränderungsprozess. Jeder Lernende ist ständig gefordert, sein Verhältnis zu sich selbst, zu den Anderen und zum Wissen der Zeit zu überprüfen und daraus Veränderungsziele abzuleiten. Das ist ein sehr hoher Anspruch und deswegen so schwierig einzulösen, da jegliche Strukturveränderung nur aus dem System selbst heraus entstehen kann. Für den Lehrprozess bedeutet das, dass sich die

Lernenden nur aus eigenem Antrieb die Welt erschließen können (Arnold & Gómez Tutor, 2007). Jeglicher Zwang, jegliche Vorgabe ist diesem Prozess hinderlich, wobei ohne tägliche Überwindung der eigenen Grenzen und ohne klare Ziele der Lernprozess nicht gelingen kann.

Nach Behrends sind die zentralen Dimensionen menschlicher Leistungserstellung (Behrends, 2009) die Bereitschaft, die Fähigkeit und die Möglichkeit zur Veränderung. Die situationsadäquate Kombination dieser Faktoren ermöglicht Veränderung. Die Bereitschaft zur Veränderung setzt voraus, dass der Veränderungsbedarf vom Lernenden selbst erkannt wird. Andersartige Ideen oder unverständliche Gedanken sollten als Herausforderung begriffen werden. Das Überwinden von Schwierigkeiten im Zuge des Lernprozesses führt zum Erfolg und schafft Motivation für weitere Lernschritte. Als zweiten Faktor benötigen Veränderungen immer ausreichend Ressourcen in der Form von Zeit, Geld und Wissen. Schließlich sind ein angstfreier Raum und ein Klima der gegenseitigen Wertschätzung förderlich. Durch Fehler lernen wird nur möglich, wenn Fehler auch erlaubt sind.

Aufgabe von Bildungsinstitutionen ist es daher, den Umgang mit den Kerndimensionen menschlicher Leistungserstellung – Veränderungsbereitschaft, -fähigkeit und -möglichkeit – bewusst zu machen. Dafür sollte die Selbststeuerung des Lernprozesses zugelassen, die Reflexion des eigenen Verhaltens gefördert, Neugier geweckt, Lernerfolge gewürdigt, ein Klima der Offenheit und des Vertrauens geschaffen, Fehler zugelassen, das Ausprobieren neuer Verhaltensweisen ermöglicht werden, aber auch klare Lernziele gesteckt und erreicht werden.

Aus der Analyse der kompetenzorientierten Module lassen sich folgende Gemeinsamkeiten ableiten:

1. Den Ausgangspunkt für den Lernprozess stellt ein Problem oder eine Aufgabe dar, die die Lernenden motiviert Lösungen selbstgesteuert zu erarbeiten.
2. Es erscheint wichtig, dass die Spielregeln klar und verständlich kommuniziert und von allen Lernenden akzeptiert werden.
3. Es muss ausreichend Zeit für die Bearbeitung zur Verfügung stehen. Während der Bearbeitung werden die Lernenden unterstützt, wobei durch ein beständiges Nachfragen eine vertiefte Auseinandersetzung mit den Inhalten erreicht werden soll.
4. Die Art der Leistungsfeststellung wird am Beginn der Veranstaltung kommuniziert und die Anforderungen sind klar festgelegt.
5. Die Reflexion des Lernprozesses findet laufend und ganz gezielt in der letzten Einheit statt. Die Ergebnisse der Reflexion werden dokumentiert und eingefordert.

Faktoren/ Beispiele	Selbst-organisierte Berufsfeld-exkursion	Problem-Based Learning	Unternehmens-gründung	Auslandssemester
Aufgabe	Organisation einer Exkursion	Fallgeschichte	Gründungsplan eines Unternehmens	4 Monate Tätigkeit im Ausland
Werkzeuge und Spielregeln	Vorgaben des Projekt-management	Manual – PBL-Siebensprung	Business Plan	Manual Auslandssemester
Zeit	ein Semester	8 Wochen	ein Semester	4 Monate
Ergebnis	Veranstaltung	Präsentation	Business Plan	Bericht
Evaluierung	Kriterien des Projekt-managements	Bewertungs-raster	Präsentation	
Reflexion	Während der Bearbeitung und eine Schlusseinheit	Während der Bearbeitung und eine Schlusseinheit	Während der Bearbeitung und eine Schlusseinheit	Review Veranstaltung am Beginn des Folgesemesters

Abb. 5: Beispiele für die Faktoren kompetenzorientierter Lehre

Die Wirkung dieser kompetenzorientierten Module auf die Grundkompetenzen lassen sich wie folgt beschreiben:

Grund-kompetenzen	*Werkzeuge und Mechanismen der Umsetzung*	*Beispiele für Module*
Personale Kompetenz	• Impulse zur Selbstentwicklung geben • Selbstentwicklung dokumentieren • Lernziele selbst bestimmen • Reflexion der individuellen Erfahrungen • Selbstevaluierung einfordern	Karrierecoaching Problem-Based Learning Lerntagebuch
Aktivitäts- und Handlungs-kompetenz	• Studierende als Akteure • Selbstgesteuerte Projektarbeit • Neugier wecken • Aktuelle und selbstgewählte Themen und Praxiskontakt als Motivator	Problem-Based Learning selbstorganisierte Veran-staltungen
Fach- und Methoden-kompetenz	• Klare Definition der Lernziele • Strikte Evaluierung • Verbindung von Theorie – Praxis einfordern • Fachgerechte Verwendung von Werkzeugen einfordern • Sinnhaftigkeit von Theorie unterstreichen • Impulse aus fachfremden Bereichen anbieten	Bachelorarbeiten Bachelorprüfung, Tourismuswirtschaft
Sozial- Kom-munikative Kompetenz	• Reflexion der Erfahrungen in Teams • Vermittlung von Social Skills Fertigkeiten • Realbezug bei den Praxisprojekten • Erfahrungen im Auslandssemester analysieren • Präsentationsfähigkeit	Problem-Based Learning Auslandssemester

Abb. 6: Grundkompetenzen, Umsetzung und Beispiele

Bildungseinrichtungen sollten erkennen, dass ihre Hauptaufgabe nicht ausschließlich die Wissensvermittlung ist und die Kompetenzentwicklung nicht als „selbstverständliches" Nebenprodukt entsteht. Bildung ist ein individueller Prozess und lässt sich nicht als Massenveranstaltung organisieren. Es ist unsere Überzeugung, dass Kompetenzen systematisch und gezielt entwickelt werden können. Dies erfordert jedoch ständige Anpassungen und Interventionen, um von einer wissensorientierten zu einer kompetenzorientierten Lehre zu gelangen. Eine derartige Veränderung kann nicht durch eine singuläre Maßnahme geleistet werden, sondern sollte ein gemeinschaftliches Anliegen der gesamten Bildungseinrichtung sein. Dazu benötigen Bildungseinrichtungen die Freiheit gestalten zu dürfen und den Mut neue Wege zu gehen.

Literatur

Arnold, R. & Gómez Tutor, C. (2007). Grundlinien einer Ermöglichungsdidaktik. Augsburg, S. 89–115.

Bachmann, H. (2011). Kompetenzorientierte Hochschullehre. Bern: hep Verlag.

Behrends, T. (2009). Corporate Entrepreneurship und Organisationskultur. In H. Frank, Corporate Entrepreneurship (S. 43-81). Wien: facultas, S. 43–83.

Bologna-Prozess: Schaffung eines Europäischen Hochschulraums. (2013). Abgerufen am 30.08.2013 von http://europa.eu/legislation_summaries/education_training_youth/life long_learning/c11088_de.htm.

Brezowar, G., Mair, M. & Sotzko, V. (2008). Von der Kunst der Störung - zur Gestaltung von Lernumgebungen. Wien: Falcultas.

Dudziak, K. & Mair, M. (2011). Weiterentwicklung des Aufnahmeverfahrens am FHWien Bachelor-Studiengang Tourismus. In J. Erpenbeck, Der Königsweg zur Kompetenz, Grundlagen qualitativ-quantitativer Kompetenzerfassung, Münster: Waxmann, S. 141–153.

Friedrichsmeier, H., Mair, M. & Brezowar, G. (2011). Fallstudien. Wien: Linde, S. 57–69.

Heyse, V. & Erpenbeck, J. (2007). Kompetenzmanagement. Münster: Waxmann.

Heyse, V., Mair, M. & Pejrimovsky, G. (2008). Kompetenzprofile und Kompetenzentwicklung im Tourismus. Wien: FHWien Schriftenreihe.

IFITT. (2013). Abgerufen am 04.09.2013 von International Federation for Information Technologies in Travel and Tourism: http://www.ifitt.org/.

Keim, S., Erpenbeck, J. & Faix, W. G. (2010). Der Poffenberger-KODE X. In W. G. Faix & M. Auer, Talent. Kompetenz. Management. Stuttgart: Steinbeis University Berlin, S. 401–437.

Markowitsch, J. (2001). Praktisches akademisches Wissen. Wien: Facultas.

Moust, J. P. (1999). Problemorientiertes Lernen. Wiesbaden: Ullstein Medical.

Mowforth, M. & Munt, I. (2009). Tourism and Sustainability: Development, Globalisation and New Tourism in the Third World: Development, Globalization and New Tourism in the Third World. Routledge.

Müller, C. (2007). Implementation von Problem-based Learning. Bern: h.e.p.

Spitzer, M. (2002). Lernen: Gehirnforschung und Schule des Lebens. Heidelberg: Akademischer Verlag.

Verband der forschenden pharmazeutischen Firmen der Schweiz. (2013). Abgerufen am 16.08.2013 von http://www.interpharma.ch/pharmastandort/1768-ausgaben-fuer-for schung-und-entwicklung.

Weber, A. (2007). Problem-Based Learning. Bern: h.e.p. Verlag.

Gudrun Gaedke

Kompetenzorientierte Lehre in einem berufsbegleitenden Studiengang

Abstract

Berufsbegleitende Studiengänge haben einen hohen Praxisbezug, da die Studierenden Vollzeit oder Teilzeit arbeiten und gleichzeitig ein reguläres Studium absolvieren. Das berufsbegleitende Studium ist daher organisatorisch und didaktisch so zu gestalten, dass die Studierenden einerseits theoretisch fundiert Wissen entwickeln und andererseits die bereits vorhandene Praxiserfahrung im Lehr- und Studienbetrieb berücksichtigt wird. Der berufsbegleitende BA-Studiengang Personalmanagement an der FHWien der WKW wurde nunmehr im Zuge der Modularisierung des Curriculums noch stärker kompetenzorientiert gestaltet und durchgängig der Kompetenzerwerb durch die einzelnen Module beschrieben. In dem Beitrag soll der Zusammenhang zwischen outputorientierter Lehre und den Anforderungen eines berufsbegleitenden Studiums diskutiert werden. Ziel ist es, die Erfahrung aus einem berufsbegleitenden Studiengang darzustellen und allgemeine Empfehlungen zur studienbegleitenden Entwicklung von berufsrelevanten Kompetenzen (Schlüsselkompetenzen) ableiten zu können.

1. Einführung

Durch den Bologna-Prozess und durch die Anforderungen der Wirtschaft bzw. des Arbeitsmarktes hat die Frage, welche Kompetenzen während des Studiums entwickelt werden, an Bedeutung gewonnen. Dabei geht es einerseits um die Vermittlung von fachlich-beruflichen Kompetenzen und andererseits um die Vermittlung sogenannter Schlüsselkompetenzen, unter denen überfachliche persönliche berufliche Handlungskompetenzen zu verstehen sind. Diese entstehen aus einem Zusammenwirken von Fach-, Methoden-, Sozial- und Individualkompetenzen. Verkürzt wird auch von Soft Skills (Scholz, 2009) gesprochen.

Die Entwicklung von Schlüsselkompetenzen steht im Zusammenhang mit dem Ziel, im Rahmen der hochschulischen Ausbildung auch die Beschäftigungsfähigkeit (Employability) der Studierenden auszubilden. Damit soll erreicht werden, dass die Absolventinnen und Absolventen sich nach dem Studienabschluss auf dem Arbeitsmarkt bewähren (Schindler, 2004, S. 6).

Mit der Umstellung auf das System der Bachelor- und Masterstudiengänge im Sinne der Bologna-Architektur hat sich der Fokus auf die kompetenzorientierte Gestaltung von Curricula gelegt. Deren konsequente Anwendung wird in einer kompetenzorientierten Hochschuldidaktik, Überprüfung der Leistungen der Studierenden und Evaluierung fortgesetzt. Ein weiterer Baustein des Bologna-Systems ist der Aufbau der Curricula in Modulen, d.h. in größeren Einheiten, in denen interdisziplinär Verbindungen zwischen den Lehrinhalten hergestellt werden.

Kompetenzorientierung in der Lehre bedeutet den Wechsel von den Inhalten auf den Output bzw. den „Shift from Teaching to Learning" (Wildt, 2004, S. 169). Nicht mehr der Inhalt und die/der Lehrende stehen im Mittelpunkt, sondern die Lernergebnisse und die/der Lernende. Mit der Kompetenzorientierung ist bei konsequenter Anwendung auch die (Neu-)Gestaltung der Lehre verbunden. Wenn nicht mehr die Wissensvermittlung, sondern die Kompetenzentwicklung im Vordergrund steht, sind andere didaktische Instrumente einzusetzen und Leistungsüberprüfungen daran angepasst durchzuführen.

Die FHWien der WKW (Wirtschaftskammer Wien) hat in einem zweijährigen Prozess eine Umstellung ihrer Studienpläne auf modulare und kompetenzorientierte Lehre geplant und durchgeführt. Dabei wurden alle an der FHWien der WKW angebotenen Studiengänge (acht Bachelor-Studiengänge und acht Master-Studiengänge) in gemeinschaftlicher Diskussion und einem abgestimmten Verfahren neu ausgerichtet. Die FHWien der WKW als Anbieterin von wirtschaftswissenschaftlichen Studiengängen legt ihren Schwerpunkt auf das berufsbegleitende Studium. Von den 16 Studiengängen sind nur zwei Bachelor-Studiengänge ausschließlich als Vollzeitstudiengänge gestaltet. Alle Master-Studiengänge sind nur berufsbegleitend zu besuchen, die weiteren Bachelor-Studiengänge werden entweder nur berufsbegleitend oder alternativ Vollzeit und berufsbegleitend angeboten.

Die Besonderheit des berufsbegleitenden Studierens ist die Verzahnung des Lern- und des Arbeitsfeldes. Die Studierenden, die zum Teil bereits im Berufsfeld des Studiums arbeiten, bringen Wissen, Erfahrung und Kompetenzen aus der Arbeitswelt mit. Daher ist das didaktische Setting für diese Art des Studiums anders aufzubereiten als im Studium für Vollzeitstudierende, die unmittelbar von der Schule in das Studium eintreten. Die Studierenden verfügen bereits über eine entsprechende berufliche Handlungskompetenz, daher stellt sich die Frage, wie in einem berufsbegleitenden Studium eine Vermittlung von Schlüsselkompetenzen gestaltet werden muss, sodass sich die beruflichen Kompetenzen der Studierenden (weiter-)entwickeln können (Busse & Ehlert, 2009, S. 341).

In diesem Beitrag soll anhand des berufsbegleitenden Bachelor-Studiengangs Personalmanagement[1] der FHWien der WKW der Zusammenhang zwischen outputorientierter Lehre und den Anforderungen eines berufsbegleitenden Studiums diskutiert werden. Dabei werden zunächst die Neugestaltung des Curriculums sowie die Gestaltung der kompetenzorientierten Lehre und der Leistungsüberprüfung an den Studiengängen der FHWien der WKW beschrieben.

1 Bis WS 2013/14 Bachelor-Studiengang Personal- und Wissensmanagement.

2. Kompetenzorientierte Studienprogrammentwicklung

Das österreichische Fachhochschulstudiengesetz (FHStG) bildet den Rahmen für das Design von Fachhochschul-Studiengängen. Danach sollen die Fachhochschul-Studiengänge eine wissenschaftlich fundierte Berufsausbildung auf Hochschulniveau bieten (§ 3 Abs. 1 FHStG). Ziele sind dabei (1) „die Gewährleistung einer praxisbezogenen Ausbildung", (2) „die Vermittlung der Fähigkeit, die Aufgaben des jeweiligen Berufsfeldes dem Stand der Wissenschaft und den aktuellen und zukünftigen Anforderungen der Praxis zu lösen" und (3) die „Durchlässigkeit des Bildungssystems und der beruflichen Flexibilität der Absolventinnen und Absolventen" zu fördern.

Diese Ziele und leitenden Grundsätze zeigen, dass Fachhochschul-Studiengänge auf einer wissenschaftlich-akademisch fundierten Basis praxisorientiert und berufsorientiert ausgestaltet sein müssen. Praxisorientierung heißt in diesem Zusammenhang der Bezug und die Vorbereitung der Studierenden auf die allgemeine berufliche Praxis, damit die Anforderungen und Aufgaben des jeweiligen Berufsfeldes, für welches der Fachhochschulstudiengang ausbildet, bewältigt werden können. Die Berufsorientierung meint die Vermittlung von fachlich-inhaltlichen, methodischen und sozialen Kompetenzen für die Tätigkeiten in einem speziellen berufsspezifischen Aufgabenbereich (Schindler, 2004, S. 7).

Damit ist für die Kompetenzorientierung im Studium bereits der Grundstein gelegt und erhebt damit den Anspruch, dass ein Studium an einer (Fach-)Hochschule die Absolventinnen und Absolventen auf eine berufliche Tätigkeit vorbereiten soll (Schaper et al., 2012, S. 22).

Über diese Bedeutung hinaus geht die Entwicklung von nichtfachlichen Schlüsselkompetenzen, die berufs- und funktionsübergreifend anwendbar sind und nicht nur zur Lösung komplexer Probleme, sondern auch bei der Entwicklung neuer Kompetenzen von Nutzen sind (Scholz, 2009). Gemeinsam mit dem Erwerb von Fachwissen und Qualifikationen bedeutet der Erwerb von Schlüsselkompetenzen die Befähigung, am Arbeitsmarkt – unabhängig vom Berufsfeld – erfolgreich aufzutreten und damit in der Lage zu sein, „seine Existenz einfallsreich und flexibel zu sichern" (Schindler, 2004, S. 9). Damit wird das Bologna-Ziel der Berufsbefähigung (Employability) angesprochen, das mit der Absolvierung eines Hochschulstudiums erreicht werden soll. Die Methode, um dieses Ziel zu erreichen, ist die kompetenzorientierte Gestaltung des Studiums (Wick, 2011, S. 3).

Das bedeutet, dass Studierende sich nicht nur das (Fach- und Methoden-)Wissen des speziellen Berufsfeldes aneignen, sondern dieses auch im konkreten Handeln anwenden können. Um dieses Ziel im jeweiligen Studium zu erreichen, sind folgende Schritte notwendig (Schaper et al., 2012, S. 30): eine kompetenzorientierte Studiengangs- bzw. Curriculumsentwicklung, die Gestaltung von kompetenzförderlichen Lehr-/Lernarrangements, die kompetenzorientierte Überprüfung der Kompetenzentwicklung im Sinne der im Studium notwendigen Leistungsüberprüfung, eine studienbegleitende Förderung der Kompetenzentwicklung der Studierenden durch außercurriculare Maßnahmen, die kompetenzorientierte Evaluierung des Lehrprogramms sowie eine systematische Förderung der Lehrenden, um sie für die kompetenzorientierte Lehre zu befähigen.

Der erste Schritt ist die kompetenzorientierte Studiengangsentwicklung und damit der Blick darauf, welche Kompetenzen vermittelt werden sollen. Das richtet sich danach, über welche Kompetenzen eine Absolventin/ein Absolvent am Ende des Studiums verfügen soll. In Bezug auf das jeweilige Berufsfeld sind die jeweiligen fachlichen und fachübergreifenden Kompetenzen hervorzuheben, die die Absolventin/den Absolventen befähigen sollen, die Aufgaben und Herausforderungen des Tätigkeitsfeldes in Zukunft zu lösen.

Da hier auf die Besonderheiten eines berufsbegleitenden Studiums eingegangen werden soll, bei dem die Studierenden bereits Wissen, Erfahrung und Kompetenzen aus dem Berufsfeld oder zumindest aus einer Berufstätigkeit mitbringen, wird im nächsten Abschnitt kurz auf die Anforderungen und Herausforderungen eines berufsbegleitenden Studiums eingegangen.

3. Berufsbegleitend Studieren

Ca. 50% (Stand: Studienjahr 2012/13) der in Österreich angebotenen Fachhochschul-Studiengänge sind berufsbegleitend organisiert (AQ. Austria, 2013). Das bedeutet für die Studierenden, dass sie Teilzeit oder Vollzeit beschäftigt sind und gleichzeitig das Studium in der vorgesehenen Mindestzeit von sechs (Bachelor) bzw. vier (Master) Semestern absolvieren. Viele der Studierenden arbeiten bereits im Berufsfeld, für welches das Studium ausbildet. Andere wollen in das Berufsfeld wechseln und bringen damit zwar keine fachspezifische Vorerfahrung, aber allgemeine Berufserfahrung mit. Die Studierenden können (idealerweise) bereits während des Studiums das Gelernte anwenden. Die Verzahnung von theoretischer Wissensvermittlung und konkreter Anwendung ist ungleich höher als bei Vollzeitstudierenden, welche die eigentliche Anwendung des Gelernten erst nach dem Studium bzw. in einem Praktikum umsetzen können. Dabei erfolgt der Lerntransfer in beide Richtungen. Denn die Studierenden bringen Kompetenzen, die sie in ihrem Berufsleben bereits erworben haben, in die Studiensituation mit (Petermandl, 2009, S. 3-4). Das sind z.B. ein praktisches Problemverständnis, ein reflektierender Praxisbezug, eine ganzheitliche, systemische Sichtweise, Zeitmanagement, Selbstorganisationsfähigkeit, Soziale Kompetenz, Belastbarkeit und die Fähigkeit, Arbeiten zum Abschluss zu bringen.

Bei berufsbegleitend Studierenden stellt sich daher die Frage, wie mit bereits vorhandenem Wissen, Praxiserfahrungen und bereits erworbenen Handlungskompetenzen der Studierenden umgegangen wird. Diese fließen jeweils in das Lehr-Lern-Setting mit ein. Das Studium sollte also darauf ausgerichtet sein, die beruflichen Kompetenzen zu vertiefen bzw. das Fachwissen theoretisch fundiert zu vermitteln (Busse & Ehlert, 2009, S. 341), sodass die Studierenden in der Lage sind, die Aufgaben des jeweiligen Berufsfeldes dem Stand der Wissenschaft nach zu lösen.

Das didaktische Setting der Lehre in berufsbegleitenden Studiengängen ist an die Anforderungen der Studierenden anzupassen. Das bedeutet unter anderem auf das bestehende Berufswissen zuzugreifen und es einzubinden (Leitner, 2010, S. 17). Durch interaktive Methoden ist der Austausch mit den Studienkolleginnen und -kollegen zu fördern. Praxisbeispiele unterstützen das Verständnis (Pantucek et al., 2013, S. 12). Eine hohe Anwendungsorientierung, sei es durch die Aufgabenstellung, sei es durch die Lehrenden aus der Praxis, ist anzustreben. Da das Vorwissen bzw. die bereits vorhandenen Kompetenzen sehr individuell ausgeprägt sind, ist eine Lernsituation zu schaffen, wo jede/jeder einzelne Studierende den Lernprozess für sich selbst selbständig steuern kann. Die bzw. der Lernende entscheidet, welche Inhalte bedeutungsvoll sind, ob Unklarheiten bestehen bzw. ob weitere Lernschritte erforderlich sind (Daurach & Forstner-Ebhart, 2013, S. 15).

Neben den inhaltlichen Aspekten ist bei einem berufsbegleitenden Studium die geringe zeitliche Verfügbarkeit der Studierenden außerhalb des Präsenzunterrichts zu berücksichtigen. Denn die berufsbegleitende Variante des Studiums bedeutet für die Studierenden eine Mehrfachbelastung durch die Teilzeit- oder Vollzeit-Arbeitstätigkeit, das Studium, welches am Abend bzw. am Wochenende stattfindet, sowie das Privat- und Familienleben. Die Studierenden sind während der Dauer des Studiums sehr gefordert, diese drei Bereiche so zu vereinbaren, dass sie erfolgreich das Studium absolvieren, ohne gesundheitliche Beeinträchtigungen zu erleiden (Gaedke et al., 2011, S. 199ff.). Das Lernen erfolgt daher eher unmittelbar in Präsenzlehrveranstaltungen und durch die Verknüpfung von Berufstätigkeit und Aufgabenstellungen aus dem Studienalltag (Leitner, 2010, S. 89ff.).

4. Umsetzung im berufsbegleitenden Bachelor-Studiengang Personalmanagement

4.1 Projekt Modularisierung an der FHWien der WKW

Als einer der von der FHWien der WKW angebotenen wirtschaftswissenschaftlichen Studiengänge wird der Bachelor(BA)-Studiengang Personalmanagement in berufsbegleitender Form durchgeführt. Der BA-Studiengang wurde erstmals 2007 gestartet, ursprünglich in der Form des BA-Studiengangs „Personal- und Wissensmanagement". Ab dem Wintersemester 2013/14 wird der BA-Studiengang nunmehr in der Form „Personalmanagement" angeboten. Diese Neuausrichtung des Studienganges erfolgte im Zuge der Neugestaltung des Curriculums, die im Rahmen eines Modularisierungsprozesses an der FHWien der WKW stattgefunden hat. Ziel dieses Projektes war die einheitliche Gestaltung der BA- und MA-Studiengänge in Form von modularisierten und kompetenzorientierten Curricula. Das Projekt, das alle Studiengänge der FHWien der WKW umfasste, wurde im Jahr 2011 gestartet und mit der Umsetzung der modularisierten Studienpläne im Wintersemester 2013/14 in seiner ersten Phase abgeschlossen. An der Planung und Umsetzung beteiligt waren die jeweiligen Studiengangsleiterinnen und Studiengangsleiter, Bereichsleiterinnen und Bereichsleiter der jeweiligen Studienfächer aus den Studiengängen sowie wissenschaftliche Mitarbeiterinnen und Mitarbeiter. Als Projekt des Qualitätsmanagements aufgesetzt, wurde das Projekt gemeinsam mit der Abteilung Qualitätsmanagement durchgeführt und durch externe Expertinnen und Experten begleitet. Eine Einladung zur Teilnahme ging auch an die Studierendenvertreterinnen und -vertreter.

Die inhaltlich-konzeptionelle Durchführung des Projekts erfolgte in mehreren Phasen (Schaper et al., 2012, S. 38-39). Zunächst wurden die Qualifikationsziele bzw. die zu erreichenden Kompetenzen definiert. Dies erfolgte durch entsprechende Anforderungs- und Bedarfsanalysen und durch die Anpassung oder Neuformulierung von Kompetenzprofilen. In einem weiteren Schritt wurde für die Formulierung von „Learning Outcomes" festgelegt, nach der Taxonomie von Bloom (1972) vorzugehen. Nach diesem Schema wurden die Module des Curriculums outcomebezogen konzipiert und Learning Outcomes, also kompetenzorientierte Lernergebnisse, für die einzelnen Module der Curricula formuliert. Für den Workload und die Festlegung der Credits der einzelnen Module wurden gemeinsame Leitlinien festgelegt. Gemeinsam mit Vorgaben bzw. Leitlinien für Lehr-/Lernarrangements und einer abgestimmten Prüfungsstrategie wurden die neuen Curricula in einem Studienplan je Studiengang umfassend beschrieben. Für die Umsetzung der neuen Studienpläne in modularisierter Form sind Modulverantwortliche bestimmt worden, die gemeinsam mit den jeweils Lehrenden die kompetenzorientierte didaktische Aufbereitung und Leistungsüberprüfung verantworten. Für die Modulverantwortlichen, die in der Regel zugleich die Fachbereichsleiterinnen und -leiter in den Studiengängen sind, wurden begleitend zum Projekt Schulungen zur kompetenzorientierten Lehre angeboten.

Als Folgeprojekt wurde mit dem Wintersemester 2013/14 eine zweite Phase eingeleitet, deren Ziele die Planung von Evaluations- und Qualitätssicherungsmaßnahmen für den Umsetzungsprozess und eine allfällige Überarbeitung und Optimierung des Curriculums sind.

4.2 Kompetenzprofil im Studienplan des BA-Studiengangs Personalmanagement

Ausgangspunkt für das Kompetenzprofil des BA-Studiengangs Personalmanagement sind jene Kompetenzen, welche die Absolventinnen und Absolventen nach Abschluss des Studiums für die Bewältigung der Herausforderungen des Berufsfelds benötigen. Der Studiengang zielt darauf ab, eine wissenschaftliche Berufsausbildung zu vermitteln. Das Kompetenzprofil umfasst daher fachliche, wissenschaftliche und soziale Qualifikationen und Kompetenzen, die die Studierenden auf die Ausübung der beruflichen Tätigkeit im Berufsfeld Personalmanagement vorbereiten. Dabei stützt sich das Curriculum auf eine umfassende und interdisziplinär gestaltete betriebswirtschaftliche Fachausbildung mit Führungsorientierung und einem gelebten Praxisbezug in Lehre und Forschung des Studiengangs.

Grundlage für das Qualifikations- und Kompetenzprofil des Studiengangs sind die Anforderungen der Berufspraxis des Personalmanagements. Die Absolventinnen und Absolventen sollten daher über folgende Qualifikationen und Kompetenzen mit Abschluss des Studiums verfügen: (1) Allgemeine Managementkompetenzen wie z.B. Kenntnis und Vernetzungsfähigkeit der wirtschaftlichen, soziologischen und rechtlichen Grundlagen, (2) spezialisiertes Fachwissen wie z.B. Kenntnis und Anwendungsfähigkeit des Arbeitsrechts sowie (3) Führungsfähigkeit und soziale Kompetenz wie z.B. Reflexions-, Analyse-, Kommunikations- und Präsentationsfähigkeit.

Das BA-Studium ist in sechs Semestern zu absolvieren. Der Kompetenzaufbau erfolgt aufsteigend vom ersten Semester bis zum sechsten Semester in insgesamt fünf Themenbereichen mit Kernstudieninhalten. Diese sind Personalmanagement, Personalentwicklung & Training, Management & Organisation, rechtliche & wirtschaftliche Rahmenbedingungen sowie Business Research. Weitere Schwerpunkte sind Anwendungsprojekte empirischer Forschung im zweiten und dritten Semester, zwei Vertiefungsrichtungen im sechsten Semester, ein Vorlesungszyklus zu aktuellen Themen des Personalmanagements sowie die integrierte Ausbildung zur Trainerin/zum Trainer in der beruflichen Aus- und Weiterbildung.

Zur Bestimmung des Kompetenz- und Qualifikationsprofils wurden eine Bedarfs- und Akzeptanzanalyse bei Arbeitgeberinnen und Arbeitgebern und bei Absolventinnen und Absolventen aus dem Berufsfeld sowie eine Marktanalyse durchgeführt. In der Beobachtung der Entwicklung der Rolle von Personalmanagement in Unternehmen konnte eine Verschiebung zu neuen Rollen und Aufgabenbereichen wahrgenommen werden. So wird z.B. anstelle von rein administrativen Tätigkeiten die Übernahme von strategischen Aufgaben erwartet (Covarrubias Venegas et al., 2013, S. 15). Das Kompetenz- und Qualifikationsprofil richtet sich daher auch an dem empirisch geprüften Modell der HR- Rollen von Dave Ulrich (1997) aus, sodass die dort dargestellten vier Arbeitsfelder bzw. Aufgabenbereiche des Personalmanagements (Strategic Partner, Change Agent, Employee Champion und Administrative Expert) auch in die Entwicklung der Kompetenzen einfließen. In der konkreten Umschreibung der Kompetenzen eines HR-Strategic-Partner werden hohe persönliche, fachliche und methodische Kompetenzen, insbesondere Reflexionsfähigkeit, Mut, Integrität und Verantwortungsbewusstsein gefordert (Geiser, 2012).

Aufbauend auf diesem Kompetenzprofil sowie einer Beschreibung der beruflichen Tätigkeitsfelder erfolgt im Studienplan eine detaillierte Beschreibung des Qualifikationsprofils. Dieses stellt wiederum die Grundlage für die kompetenzorientierte Beschreibung der Lernergebnisse in den einzelnen Modulen der fünf Fachbereiche dar. Bei der Gestaltung der Module wurde darauf geachtet, dass der Bezug der Themen zueinander und zu anderen Modulen gegeben ist. Integrierte Module, welche mit einer gemeinsamen Prüfung abschließen, verbinden dabei theoretische und angewandte oder interdisziplinäre Aspekte der jeweiligen Themen.

Zusammenfassend ist die Modularisierung die Basis für die Umsetzung des didaktischen Konzepts der Kompetenzorientierung in den Studiengängen der FHWien der WKW. Im Mittelpunkt stehen die Qualifikationen bzw. Kompetenzen, die das Ergebnis von Lehr- und Lernprozessen sein sollen. Dabei wurde in der Curriculumsentwicklung von den Tätigkeiten und Anforderungen des jeweiligen Berufsfeldes ausgegangen. Daraus wurden die erforderlichen Kenntnisse und Kompetenzen für die Absolventinnen und Absolventen auf Basis der Dublin Deskriptors formuliert. Sie stellen das Gesamtziel des Studiengangs dar. Die einzelnen Module tragen zur Erreichung dieser Kompetenzziele bei. Ein Modul bezeichnet dabei einen Verbund von Lehreinheiten, welche sich einen bestimmten thematischen oder inhaltlichen Schwerpunkt widmen.

4.3 Didaktisches Konzept – Gestaltung der Lehr-/Lernarrangements

Das didaktische Konzept wurde gemeinsam im Projekt Modularisierung formuliert und stellt eine Weiterentwicklung der bereits angewandten didaktischen Praxis der Studiengänge der FHWien der WKW dar.

Die Studierenden werden als gleichwertige Partner wahrgenommen, die eine eigenverantwortliche und selbständige Rolle im Lernprozess einnehmen sollen. Von Seiten der Fachhochschule wird versucht, die Lernumgebung für eine umfassende fachliche, soziale und individuelle persönliche Entwicklung der Studierenden zu gestalten, sodass die Studierenden die Eigenverantwortung für ihren persönlichen Lernerfolg übernehmen können. Als praxisnah ausgebildete Akademikerinnen und Akademiker sollen sie in der Lage sein, sich als handlungsfähige Persönlichkeiten selbstsicher und proaktiv in Problemstellungen und Kooperationszusammenhänge der Praxis einzubringen, zu argumentieren, auf hohem Fach- und Methodenwissen Lösungen zu finden und darüber hinaus entsprechend sozial-kommunikativ zu agieren.

Die FHWien der WKW hat einen hohen Praxisbezug in der Lehre. Dieser wird durch die Einbindung von externen Lehrenden, die im Berufsfeld tätig sind, sichergestellt. Eine enge Anbindung an die Praxis und deren aktuelle Veränderungen ist damit gegeben.

In der Lehre gelten folgende didaktische Ziele: relevantes Fachwissen für die Berufsfelder der Absolventinnen und Absolventen soll vermittelt werden, die hochschulische Fähigkeit zur selbständigen Bewertung (Kritik, Reflexion, Argumentationszusammenhang) von Zusammenhängen soll gefördert werden, die Berufsorientierung soll gewährleistet werden, das Theorie- Praxis Verhältnis soll ausgewogen gestaltet werden. Weiters sollen Lehr- und Lernformen eingesetzt werden, welche die Verbindung von praktischen Lernerfahrungen mit abstrakten Lehrinhalten gewährleisten, die Studierenden sollen auf die Erstellung von wissenschaftlichen Arbeiten vorbereitet werden und Methoden und Techniken des Problemlösens und Lernens kennen lernen, die Selbstorganisation und der Erwerb kommunikativer Kompetenzen der Studierenden sollen gefördert werden und die Studierenden sollen die Fähigkeit Lösungen begründen und vertreten zu können erwerben.

4.4 Praxisbezug und Anwendungsprojekte

Da der Lerntransfer vom Lernfeld in das Arbeitsfeld umso besser funktioniert, je mehr das Lernfeld und das Arbeitsfeld übereinstimmen (Baldwin & Ford, 1988), wurden im BA-Studiengang Personalmanagement auch schon bisher berufsrelevante Bezüge zum Arbeitsfeld der Studierenden hergestellt. Der Praxisbezug ist nicht nur durch die Aufgabenstellungen gesichert, wie zum Beispiel durch Übertragung von neu Gelerntem auf das eigene Unternehmen der Studierenden, sondern auch durch die externen Lehrenden aus dem Berufsfeld, die aktuelle Problemstellungen aus dem Arbeitsalltag in die Lehre einbringen. Ein weiterer Schwerpunkt in der Lehre sind Projekte oder Aufgabenstellungen, die eine unmittelbare Anwendung des Gelernten im Lernfeld ermöglichen. Das ist zum Beispiel ein empirisches Anwendungsprojekt im zweiten und dritten Semester des Studiums, in dem mit aktuellen Fragestellungen zum Personalmanagement empirische Methoden gelernt und angewendet werden. Im Praxisprojekt Assessment Center werden die Studierenden im Unterricht auf die Rolle als Assessorinnen und Assessoren vorbereitet, die sie dann im eigentlichen Assessment Center, das im Rahmen des Aufnahmeverfahrens des Studiums stattfindet, anwenden. Hier werden ihre sozialen Kompetenzen wie Moderationsfähigkeit, Kommunikationsfähigkeit und Fähigkeit zur Zusammenarbeit unmittelbar sichtbar und beurteilt. Ein weiteres Anwendungsprojekt ist die eigenständige Durchführung eines selbst konzipierten Trainings in Form eines eintägigen Seminars oder Workshops mit externen Kunden, in der Regel Schülerinnen und Schüler der siebten Schulstufe. Der Erwerb und die Anwendung von sozialen Kompetenzen sind auch im Projekt Peer-Mentoring unter Studierenden vorgesehen. In diesem Projekt betreuen Studierende des fünften Semesters die Erstsemestrigen in der Studieneingangsphase.

4.5 Schlüsselkompetenzen im Studienplan des BA-Studiengangs Personalmanagement

Versteht man unter Schlüsselkompetenzen im engeren Sinn vor allem soziale und persönliche Kompetenzen wie z.B. Kommunikationsfähigkeit, Konfliktlösungsfähigkeit, Teamfähigkeit, Führungskompetenzen oder interkulturelle Kompetenzen, so umfasst der aktuelle Studienplan des BA-Studiengangs ein umfangreiches Set dieser Handlungskompetenzen. Über die Dauer des Studiums hinweg werden folgende Kompetenzen ausgebildet: Kommunikations- und Dialogfähigkeit, Präsentationsfähigkeit, Moderationskompetenz, Teamfähigkeit, Führung, Konfliktmanagement und Beratungsfähigkeit, jeweils als Inhalte in eigenen Modulen. Reflexionsfähigkeit, Analyse- und Problemlösungsfähigkeit sowie vernetztes und ganzheitliches Denken als immanente Bestandteile des didaktischen Konzepts der Kompetenz- und Praxisorientierung. Aufgrund des Berufsfeldes kommt noch die Kompetenz, Fachtrainings selbständig entwickeln und durchführen zu können, hinzu. Diese Kompetenzen sind als überfachliche Kompetenzen anwendbar, entsprechen aber im Wesentlichen auch den speziellen

Anforderungen des Berufsfelds. Sie werden bereits im Auswahlverfahren des Studiengangs zur Beurteilung der Studierfähigkeit der Bewerberinnen und Bewerber herangezogen. Die Aufgabe des Studiums ist diese Schlüsselkompetenzen auszubilden, dennoch ist es wichtig zu wissen, ob es eine grundsätzliche Veranlagung für die Ausbildung dieser Fähigkeiten gibt. Im Aufnahmeverfahren ist grundsätzlich nur die Studierfähigkeit zu prüfen, daher beschränken sich die im Aufnahmeverfahren vorgesehenen Schlüsselkompetenzen auf diese, die für das Studium Voraussetzung sind. Das sind unter anderem Eigenverantwortung, Lernbereitschaft und Lernfähigkeit, Offenheit für Veränderungen, Problemlösungsfähigkeit, Selbstmanagement, Kommunikations- und Dialogfähigkeit, Kooperationsfähigkeit und Teamfähigkeit, Einfühlungsvermögen oder Planungsfähigkeit.

5. Diskussion und Zusammenfassung

Im BA-Studiengang Personalmanagement der FHWien der WKW wird neben der Entwicklung von Fachwissen der Erwerb von Handlungskompetenzen durch die konsequente Ausrichtung auf die kompetenzorientierte Lehre gefördert. Die konkreten Schlüsselkompetenzen finden sich in den Kompetenzzielen der jeweiligen Module bzw. der kompetenzorientiert formulierten Lernergebnisse pro Modul. Angelehnt an die Taxonomie der Lernergebnisse nach Bloom wird am Beginn des Studiums eher Wissen aufgebaut und mit Anstieg der Semester mehr Gewicht auf die Vermittlung von Anwendungs-, Analyse- und Beurteilungsfähigkeiten gelegt. Da für die Kompetenzentwicklung Wissen Voraussetzung ist, sind die einzelnen Kompetenzziele entsprechend aufbauend definiert. Bei berufsbegleitend Studierenden kommt als didaktische Maßnahme hinzu, an das vorhandene Wissen und die bestehenden Kompetenzen anzuknüpfen. Das erfolgt durch eine bewusste Anregungen und Stärkung von Vorwissen und Vorerfahrungen, indem ein Bezug zu den Lebens- und Arbeitswelten der Studierenden hergestellt wird. Zum Beispiel durch Aufgabenstellungen, die sich auf die konkrete Arbeitswelt der/des Studierenden beziehen. Durch Aufgabenstellungen, die zum Weiterdenken anregen, oder durch reflexives Lernen. Generell durch ein konstruktivistisch geprägtes Lernsetting (Leitner, 2010, S. 15).

Durch den Aufbau des Curriculums wird eine vernetzte Wissens- und Kompetenzentwicklung angestrebt. Der Studienplan beschreibt, welches Wissen und welche Kompetenzen erlernt werden sollen. Basis ist ein, auf die Berufsbilder des Personalmanagements abgestimmtes, Kompetenz- und Qualifikationsprofil für zukünftige Absolventinnen und Absolventen. Durch den Aufbau der Module werden die zu erwerbenden Kompetenzen und die Inhalte modulübergreifend und damit interdisziplinär verbunden. Dies fördert das vernetzte Lernen und die unmittelbaren Anwendungsmöglichkeiten der Handlungskompetenzen. Didaktisch erfolgt das durch klassische Lehr- und Lernformen wie z.B. Präsentationen und Gruppenarbeiten. Aber auch neuere Lehr- und Lernformen, wie z.B. ein formatives Assessment mit Feedbackschleifen im Rahmen der Erstellung von wissenschaftlichen Arbeiten, werden eingesetzt.

Durch eine didaktisch interaktive Lehr-/Lerngestaltung wie das Learning by doing (Anwendungslernen) gefördert. Ein Beispiel ist die Durchführung von empirischen Praxisprojekten unter Anleitung von Hochschullehrenden. Als angewandte Forschungsprojekte werden Themen aus dem Berufsfeld, oftmals mit externem Auftraggeber, empirisch untersucht. Da eine wesentliche Kompetenz des Berufsfelds die Durchführung bzw. Interpretation von Ergebnissen aus mündlichen und schriftlichen Befragungen ist, wie zum Beispiel in Form einer Mitarbeiterbefragung, sollen die Anwendungsprojekte dazu dienen, den Studierenden diese Kompetenz näher zu bringen. Die Studierenden führen die Projekte unter Anleitung von Lehrenden in Kleingruppen aus. Der Praxisbezug wird dadurch gestärkt, dass bei externen Auftraggebern am Ende auch eine Abschlusspräsentation der Studienergebnisse sowie eine Diskussion erfolgen.

Der Praxisbezug spielt in einem berufsbegleitenden Studium eine große Rolle. Die Praxisorientierung ist schon durch die Studierenden selbst gegeben, da sie Teilzeit oder Vollzeit arbeiten. Durch Förderung des aktiven Austausches zwischen den Studierenden kann hier Wissen und Erfahrung aus dem Berufsfeld bzw. aus der Berufstätigkeit im Unterricht sichtbar und nutzbar gemacht werden. Aufbauend auf der eigenen Praxis können Aufgabenstellungen berufsfeldnah gelöst werden. Der Praxisbezug wird verstärkt durch Lehrende aus der Praxis, die selbst in den Berufsfeldern des Personalmanagements tätig sind. Diese bringen in Form von Lehraufträgen oder Gastvorträgen aktuelle Themenstellungen in den Unterricht ein und können damit unmittelbar an die Kompetenzentwicklung der Studierenden anknüpfen. Dadurch, dass die Lehrenden selbst im Berufsalltag stehen, erfolgt eine höhere Identifikation mit, aber auch eine größere Erwartung an die Lehrenden, dass diese auch die Anwendung des Gelernten vermitteln (Leitner, 2010, S. 86ff.).

Durch das berufsbegleitende Studium und die Berufstätigkeit der Studierenden sind die (zukünftigen) Handlungsfelder des Berufsfeldes immanent miteinbezogen. Selbst wenn sie nicht facheinschlägig tätig sind, so können sie doch die Fragestellungen auf das Unternehmen, in dem sie arbeiten, bzw. auf ein zuletzt bestehendes Arbeitsverhältnis anwenden. So sind Fragestellungen in schriftlichen Arbeiten oder Prüfungen auf das eigene Unternehmen umzulegen. Ein Beispiel wäre z.B. die Einführung eines Einschulungsprogrammes für neue Mitarbeiterinnen und Mitarbeiter. Die konkrete Aufgabenstellung könnte sein, sich für das eigene Unternehmen zu überlegen, in welcher Form und wie ein solches Programm sinnvoll sein kann. So kann jede/jeder Studierende direkt und unmittelbar theoretisch Gelerntes für die eigene Praxis anhand eines konkreten Falles anwenden. Diese Art der Aufgabenstellung fördert auch den Lerntransfer vom Lernfeld in das Arbeitsfeld (Baldwin & Ford, 1988).

Die sozialen und persönlichen Schlüsselkompetenzen werden im BA-Studium Personalmanagement systematisch gefördert. Beginnend mit dem Aufnahmeverfahren wird ein Augenmerk auf diese Kompetenzen gelegt. Die Kompetenzen werden im Assessment-Center beobachtet und beurteilt und das Ergebnis in einem schriftlichen Bericht festgehalten. Dieser Bericht dient als Grundlage für die Erstsemestrigen, persönliche Entwicklungsziele zu formulieren, die sie in den einzelnen Modulen des Studiums erreichen können. Dies erfolgt im Rahmen eines Peer-Mentoring Programmes, in dem die Studierenden aus dem fünften Semester die Studienanfängerinnen und -anfänger als Mentorinnen und Mentoren für die Dauer eines Semesters begleiten. Das Peer-Mentoring ist in einem eigenen Teilmodul verankert und somit Teil des Curriculums. Die höhersemestrigen Studierenden wenden im Rahmen des Peer-Mentoring die bis zu diesem Zeitpunkt im Studium erworbenen Kompetenzen wie z.B. Gesprächsvorbereitung und Gesprächsführung oder Feedback-Geben an. Abschließend erfolgt eine reflektive Betrachtung des Prozesses in schriftlicher Form durch beide Studierendengruppen. Sowohl das Feedback-Geben und -Nehmen als auch die Form der (schriftlichen) Reflexion, um Lernen anzuregen, sind in der didaktischen Umsetzung im Curriculum verankert. Weitere Praxisprojekte im BA-Studium Personalmanagement sind das (Teil-)Modul Training Anwendung und das Assessment-Center. Auch hier haben die Studierenden die Aufgabe anhand eines konkreten Praxisfalls die erlernten Kompetenzen zu zeigen. Zum Beispiel durch die Moderation und Anleitung einer Übung im Rahmen des Assessment-Centers oder durch die selbständige Vorbereitung und Durchführung eines Trainings mit externen Kunden. In allen Fällen knüpft an die Durchführung des Praxisprojektes eine Reflexion des Prozesses bzw. des Gelernten an.

Die Validierung und Zertifizierung der Schlüsselkompetenzen erfolgt primär über die Leistungsbeurteilung im Studium durch Noten bzw. durch zusätzliche Zertifizierung, die im Rahmen des BA-Studiums erworben werden können. Diese können die Studierenden nur dann erwerben, wenn sie über die Absolvierung der (Teil-)Module hinaus Zusatzaufgaben lösen. Die Studierenden erhalten am Ende des Studiums zusätzlich zu den Zeugnissen und offiziellen Bestätigungen eine von der Hochschule bestätigte Zertifizierung für den bzw. die „Trainer/in in der betrieblichen Weiterbildung".

Im Bereich des Personalmanagements wird verstärkt eine Professionalisierung des Berufsfelds und auch der Ausbildung gefordert. Der BA-Studiengang Personalmanagement bietet eine Ausbildungsform, in der auch die Schlüsselkompetenzen des Berufsfeldes vermittelt werden. Durch die Verzahnung mit der Berufspraxis kann die Anwendung des Gelernten, gerade auch von überfachlichen Kompetenzen, unmittelbar erfolgen.

In diesem Beitrag wurde anhand eines berufsbegleitenden Fachhochschul-Studiengangs beschrieben, wie der Erwerb von Schlüsselkompetenzen im Rahmen eines Studienplanes umgesetzt werden kann. Es hat sich gezeigt, dass die berufsbegleitende Praxis der Studierenden es erleichtert, die Anwendung von Wissen bzw. von überfachlichen Kompetenzen anhand von Praxisfällen zu trainieren. Zusätzlich sieht das Curriculum Praxisprojekte vor, die ein Anwenden von Gelerntem, insbesondere von sozialen und persönlichen Kompetenzen, auch im Lernfeld (Studium) ermöglichen. Die Gestaltung solcher Praxisprojekte und die Überprüfung der Kompetenzentwicklung aus diesen Projekten sind aber ungleich aufwändiger, sowohl für die Lehrenden als auch für die Studierenden. Einerseits bedarf es der Beobachtung und Beurteilung der zu erwerbenden Kompetenzen durch ein standardisiertes Messverfahren und andererseits ist die Kompetenzentwicklung auch mit einer Reflexionsschleife für den

Studierenden verbunden, um diese bewusster zu machen. Für die Studierenden sind kompetenzorientiere Prüfungsformen, die mit größerem Aufwand verbunden sind, wie z.B. das Führen von Kompetenztagebüchern, eine zusätzliche Belastung ihrer Zeit und ihrer Ressourcen. Daher nehmen die Studierenden diese Instrumente nicht so gut an. Für das hier besprochene Curriculum wäre der Einsatz von weiteren innovativen Lehr- und Lernformen zu diskutieren. Insbesondere Kompetenzmessverfahren könnten verstärkter eingesetzt werden.

Literatur

AQ. Austria. Agentur für Qualitätssicherung und Akkreditierung Austria (2013): Analysen und Berichte. Nach Sektor. Verfügbar unter: https://www.aq.ac.at/de/analysen-berichte/statistiken-nach-sektor.php [20.10.2013].

Baldwin, T.T & Ford, J.K. (1988): Transfer of Training: A review and directions for future research. Personnel Psychology, 88, S. 234-245.

Bloom, B. S. u.a. (1972): Taxonomie von Lernzielen im kognitiven Bereich. Weinheim.

Busse, S. & Ehlert, G. (2009): Studieren neben dem Beruf als langfristige Professionalisierungschance. In R. Becker-Lenz, S. Busse, G. Ehlert & S. Müller (Hrsg.) (2009): Professionalität in der Sozialen Arbeit. Standpunkte, Kontroversen, Perspektiven. (S. 319–343). Wiesbaden: VS Verlag für Sozialwissenschaften.

Covarrubias Venegas, B., Gaedke, G. & Groblschegg, S. (2013): Das Ende der Einheits-HR. Rollen und Funktionen der Personalarbeit. In personalmanager, 5/2013, S. 12-15.

Daurach, G. & Forstner-Ebhart, A. (2013): Didaktische und curriculare Strategien für das 6-semestrige berufsbegleitende Studium (BBS) an der Hochschule für Agrar- und Umweltpädagogik. In J. Haag, J. Weißenböck & W. Gruber (Hrsg) (2013): Berufsbegleitende Studiengänge als Herausforderungen für Curriculumsentwicklung und Hochschuldidaktik. Beiträge zum 2. Tag der Lehre an der FH St. Pölten am 12.4.2013. (S. 14–19). St. Pölten: Fachhochschule St. Pölten.

Gaedke, G., Covarrubias Venegas, B., Recker, S. & Janous, G. (2011): Vereinbarkeit von Arbeiten und Studieren bei berufsbegleitend Studierenden. Zeitschrift für Hochschulentwicklung ZFHE, Jg. 6/Nr. 2, S. 198-213. Verfügbar unter http://www.zfhe.at/index.php/zfhe/article/view/232 [10.09.2013].

Geiser, S. (2012): Die erfolgskritischen Kompetenzen des heutigen HRM. HR Today. Das Schweizer Human Resource Management-Journal, Ausgabe 4/2012, ohne Seitenangabe.

Leitner, C. (2010): Lernkultur von berufsbegleitend und Vollzeit-FH-Studierenden. Eine quantitative Studie als Basis für eine zielgruppenorientierte Fachhochschuldidaktik im Rahmen einer neuen Lehr- und Lernkultur am Beispiel der FH Wien-Studiengänge der WKW. Wien: Facultas.wuv.

Pantucek, G., Rautner-Reiter, U., Binder, S. & Dürnecker, M. E. (2013): Liquid Knowledge: Studium, Beruf und Freiräume. Oder: die Ziele liegen am Weg. Erfahrungen im berufsbegleitenden Bachelor-Studiengang Soziale Arbeit. In J. Haag, J. Weißenböck & W. Gruber (Hrsg) (2013): Berufsbegleitende Studiengänge als Herausforderungen für Curriculumsentwicklung und Hochschuldidaktik. Beiträge zum 2. Tag der Lehre an der FH St. Pölten am 12.4.2013. (S. 8-13). St. Pölten: Fachhochschule St. Pölten.

Petermandl, M. (2009): Optimale Voraussetzungen für den Lerntransfer in berufsbegleitenden Studien. In Zeitschrift für Hochschulentwicklung ZFHE Jg.4 / Nr.2 (Juni 2009). Verfügbar unter: http://www.zfhe.at/index.php/zfhe/article/view/53/38 [31.07.2013].

Schaper, N., Reis, O., Wildt, J., Horvath, E. & Bender, E. (2012): Fachgutachten zur Kompetenzorientierung in Studium und Lehre. HRK Hochschulrektorenkonferenz.

Schindler, G. (2004): Employability und Bachelor-Studiengänge – eine unpassende Verbindung. Beiträge zur Hochschulforschung, Heft 4, 26. Jahrgang, S. 6–26.

Scholz, A. M. (2009): Die Bedeutung von Schlüsselkompetenzen im Bologna-Prozess. Verfügbar unter: http://www.forschungsinfo.de/iq/agora/Bologna/bologna.html [31.07.2013].

Ulrich, D. (1997): Human Resource Champions. The next agenda for adding value and delivering results. Boston.

Wick, A. (2011): Akademisch geprägte Kompetenzentwicklung. Kompetenzorientierung in Hochschulstudiengängen. Verfügbar unter: http://www.ub.uni-heidelberg.de/archiv/12001 [31.07.2013]

Wildt, J. (2004): The Shift from Teaching to Learning. Thesen zum Wandel der Lernkultur in modularisierten Studienstrukturen. In: H. Ehlert & U. Welbers (Hrsg.): Qualitätssicherung und Studienreform. (S. 168–178). Düsseldorf.

Monika Petermandl

Kompetenzentwicklung durch ganzheitliches Lernmanagement

Abstract

Am Anfang steht eine kritische Ist-Analyse der Praxis der Weiterbildung in Organisationen. Es werden mehrere Defizite aufgezeigt, die eine umfassende Kompetenzentwicklung in Trainings verhindern können. Den Mängeln wird ein Konzept des ganzheitlichen Lernmanagements gegenübergestellt. Dieses birgt eine Reihe von Herausforderungen, vor allem für Trainerinnen und Trainer. Werden diese von ihnen angenommen? Die Antwort gibt ein Kompetenzprofil, das Trainerinnen und Trainer selbst für das von ihnen wahrgenommene Aufgabenfeld auf Basis von KODE®X entwickelt haben. Am Beispiel des Universitäts-Lehrgangs der Donau-Universität Krems „Professional Teaching and Training" wird abschließend gezeigt, wie ein Weiterbildungsprogramm für Trainerinnen und Trainer, aufbauend auf dem Konzept des ganzheitlichen Lernmanagements, gestaltet sein kann.

1. Trainings greifen oft zu kurz

Wir haben es heute mit einer bunten und vielfältigen Weiterbildungslandschaft zu tun. Die Ausrichtung auf die Entwicklung von Kompetenzen ist allgemeiner Konsens und der Einsatz von kompetenzentwickelnden Lernmethoden State of the Art. Dennoch weist diese Weiterbildungslandschaft bei näherem Hinsehen Defizite auf. Diese Defizite können eine umfassende Kompetenzentwicklung verhindern.

Die häufigsten Mängel sind:

- Kognitive Kompetenzen stehen im Mittelpunkt der Trainings. Das ist häufig ein Relikt des traditionellen, an Fachsystematiken ausgerichteten und akademisch geprägten Schul- und Hochschulunterrichts. Wissen wird mit Kompetenz gleichgesetzt.

  Die Entwicklung sozial-kommunikativer und persönlicher Kompetenzen erfolgt in getrennten Seminaren.

  Aktivitäts- und Handlungskompetenz wird überhaupt vernachlässigt.

  Es kommt somit nicht zu integrierter Kompetenzentwicklung, sondern zu einer getrennten Verankerung von Kompetenzdimensionen. In komplexen, herausfordernden Situationen kann es schwierig sein, auf alle erforderlichen Kompetenzen zur Lösung eines Problems gleichermaßen zurückzugreifen.

- Die individuelle Weiterentwicklung ist zumeist das zentrale Ziel. Teamtrainings und Aktivitäten zur Organisationsentwicklung werden speziell als solche deklariert und finden nur gelegentlich statt.
  Selbst bei Teamtrainings, wenn sie nicht in existenten Arbeitsteams erfolgen, dominiert das individuelle Lernen. Auch wenn Organisationsentwicklung das Ziel ist, werden oft nur Teile einer Organisation in Veränderungsprozesse einbezogen. Das ist besonders dann ein großes Manko, wenn ausgerechnet die Führungsebene glaubt, sich gemeinschaftlichen Maßnahmen entziehen zu können.
  Auf diese Weise scheitern viele Veränderungsprozesse, weil egozentrisches Denken überwiegt.
- Weiterbildung wird in Veranstaltungen organisiert. Andere Formen des Lernens werden selten bewusst gestaltet.
  Dabei ist bekannt und z.T. nachgewiesen, dass informelles Lernen, das innerhalb von Arbeitsvorgängen oder sonst im täglichen Leben erfolgt, den größten Anteil an der Herausbildung von Kompetenzen hat (http://erwachsenenbildung.at).
  Ein weiteres kompetenzförderndes Element ist der Austausch mit anderen. Auch die Nutzung von Online-Wissensquellen und -Kommunikationsmöglichkeiten spielt eine wichtige Rolle in Lernprozessen. Das führte sogar zur Formulierung eines zusätzlichen Lernparadigmas, dem Konnektivismus (mooc13.wordpress.com/sonstiges/konnektivismus/), der neben Kognitivismus und Konstruktuvismus gestellt wird.
  Wenn Weiterbildungsmaßnahmen sich nur auf Lernveranstaltungen konzentrieren und nicht auch die sonstigen lernfördernden Maßnahmen einbeziehen, die im Arbeitsalltag und im persönlichen Umfeld zur Verfügung stehen, so werden viele Lernchancen vergeben.
- Weiterbildung erfolgt manchmal „mit Tunnelblick". Es werden Lernziele formuliert und geeignete Lernmethoden geplant, durchgeführt und evaluiert. Es wird nicht ausreichend hinterfragt, welchen strategischen Wert eine Weiterbildungsmaßnahme hat, ob sie wirklich den Kern eines wahrgenommenen Problems trifft und ob Gelerntes in die Praxis übertragen wird, diese verändert und vielleicht sogar zu Innovationen führt.
  Ein derartig „verkürzter Bildungszyklus" kann Vergeudung von Ressourcen bedeuten, wenn eine Weiterbildungsmaßnahme nicht zielführend ist.
- Lehrende verharren in traditionellen Rollen. Sie verstehen sich als Trainerinnen und Trainer, auch als Tutoren, Moderatoren und Coaches. Diese Rollen werden in Verbindung mit Unterricht und Trainings gesehen.
  Als Begleiter von selbstorganisiertem Lernen müssen sie sich weiteren Anforderungen stellen: Sie werden zu „Facilitators"/Ermöglichern, Projektleitern, sind eingebunden in Wissensmanagement und Change Management.
  Wenn Trainerinnen und Trainer sich nicht der vollen Komplexität ihrer Aufgabe bewusst sind und sich bei der Wahrnehmung dieser Aufgabe durchsetzen, können Weiterbildungsbemühungen verpuffen.

2. Was bedeutet „ganzheitliches Lernmanagement"?

Aus dem Gesagten leitet sich die Forderung nach einem ganzheitlichen Lernmanagement ab. Ganzheitlich bedeutet:

- Auf alle *Kompetenzbereiche* ausgerichtet: Diese beinhalten personale Kompetenz, Aktivitäts- und Handlungskompetenz, sozial-kommunikative Kompetenz, Fach- und Methodenkompetenz.
- Alle *Systemebenen* umfassend: Das individuelle Lernen einer einzelnen Person wird genauso wichtig genommen wie das Lernen von Gruppen oder einer gesamten Organisation.
- Alle *Lernformen* berücksichtigend: Das kompakte und intendierte Lernen in Seminaren, Trainings, Lehrgängen, Unterrichtseinheiten, Workshops wird im Zusammenhang gesehen mit dem kontinuierlichen, in die Arbeit und in das Lebensumfeld integrierten (informellen) Lernen und mit dem „epochalen" Lernen, das durch wichtige Veränderungschancen hervorgerufen wird.
- Den *vollständigen Bildungszyklus* durchlaufend.
- *Alle Rollen* der TrainerInnen beachtend.

Dem ganzheitlichen Lernmanagement liegen mehrere Modelle zu Grunde, die im Folgenden herangezogen werden.

2.1 Berücksichtigung aller Kompetenzdimensionen

Das bestimmende Modell ist der KODE®-Kompetenzatlas (www.competenzia.de).

Es kann davon ausgegangen werden, dass die Leserschaft mit diesem vertraut ist. Deswegen wird hier nur eine verkürzte Form präsentiert.

Es werden 4 Kompetenzdimensionen unterschieden:

P *P/A* **P** **Personale Kompetenz** *P/S* *P/F*	*A/P* *A* **A** **Aktivitäts- und Handlungskompetenz** A/S A/F
S/P *S/A* **S** **Sozial-kommunikative Kompetenz** *S* *S/F*	F/P *F/A* **F** **Fach- und Methodenkompetenz** *F/S* *F*

Durch ihre Positionierung im „Atlas“ kommt es zu einer Berührung der Kompetenzdimensionen. Neben jenen Kompetenzen, die eindeutig einem Bereich (also P, A, S oder F) zuzuordnen sind, gibt es auch Kompetenzen, die den benachbarten Bereichen bereits sehr nahe stehen. Kompetenzen greifen ineinander. Das spricht dafür, sie auch in Trainings nicht zu separieren, sondern komplexe Lernmethoden einzusetzen, die alle Kompetenzdimensionen aktivieren. Beispiele sind: Problem Based Learning, Fallstudien, Rollenspiele, Planspiele, Projekte.

2.2 Alle Systemebenen umfassend

In einer Organisation können die Systemebenen Individuen, Gruppen und Gesamtorganisation unterschieden werden. Dies spielt für die Weiterbildung eine Rolle. Das individuelle Lernen beweist sich erst auf der nächst höheren Ebene.

Die individuelle Aneignung von Wissen, Können und die Entwicklung von Kompetenzen wird auf der Ebene der Gruppe in kompetenter Zusammenarbeit und in der Qualität von Abteilungsergebnissen sichtbar, das Lernen von Gruppen auf der Ebene der Gesamtorganisation in sinnvoller Kooperation und positiver Gesamtentwicklung.

Eine Weiterbildungsmaßnahme ist im Grunde erst dann erfolgreich, wenn sie in die jeweils höhere Ebene getragen wird. Diesbezüglich reicht die Verantwortung von Trainerinnen und Trainern über die individuellen Lernanstöße hinaus und sollte Lernen auf allen Systemebenen begleiten. Das erfordert die Beherrschung eines Methodenrepertoires, das Reflexions- und Änderungsprozesse auf Gruppenebene und auf Organisationsebene auslöst.

2.3 Alle Lernformen berücksichtigend

Das folgende Modell des ganzheitlichen Lernmanagements in Organisationen ist von der Autorin als leitendes Konzept für die Weiterbildung von Trainerinnen und Trainern im Universitäts-Lehrgang der Donau-Universität Krems „Professional Teaching and Training (MA)“ entwickelt worden (www.donau-uni.ac.at/wbbm/teaching).

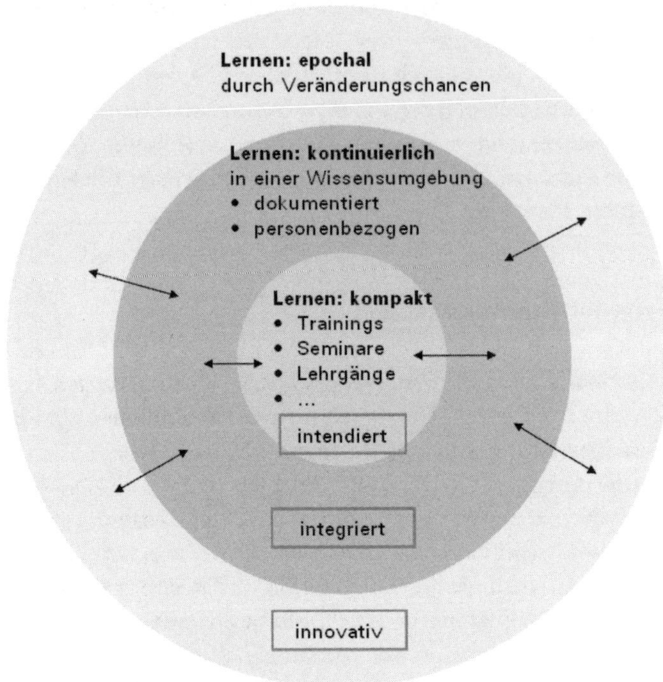

Abb. 1: Ganzheitliches Lernmanagement in Organisationen

Es stellt die unterschiedlichen Lernformen dar. Diese reichen von Typen des veranstalteten Lernens über arbeitsintegriertes Lernen bis zu „epochalem Lernen", das die Gesamtorganisation neu ausrichtet. Es ist gekennzeichnet als "intendiertes Lernen" , „integriertes Lernen" und „innovatives Lernen". Planbar ist das intendierte Lernen. Die anderen Lernformen können durch Gestaltung von Rahmenbedingungen ermöglicht werden, sind aber letztlich nicht lenkbar. Trainerinnen und Trainer müssen das gesamte Feld im Auge behalten.

2.4 Orientierung am vollständigen Bildungskreislauf

Der Bildungskreislauf ist ein traditionelles Modell der Qualitätssicherung, vor allem in der betrieblichen Weiterbildung (www.bibb.de/.../a1bud/auswahlbiographie-bildungscontrolling).

Er dient als Orientierung im Bildungsmanagement. Es wird hier eine vereinfachte Form verwendet, in der 4 Komponenten (Arbeitssituation, Lernziele, Lernsituation, Lernergebnisse) und 4 Prozesse (Bildungsbedarfserhebung, Bildungsplanung, Lernprozesse/Lernevaluation, Transfer/Transferevaluation) unterschieden werden.

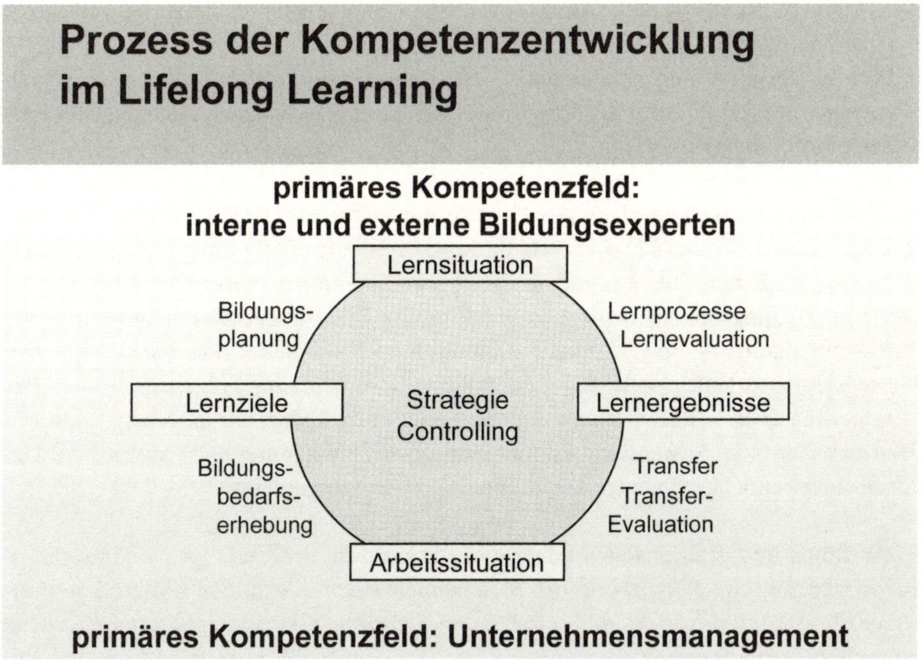

Abb. 2: Modell des Bildungskreislaufs

- Bildungsmaßnahmen sind immer auf ein strategisches Ziel ausgerichtet: In Unternehmen und anderen Organisationen leitet sich dieses aus den strategischen Zielen der Gesamtorganisation ab, die in der Regel langfristig geplant sind, aber auch mittel- und kurzfristig konkretisiert werden.
- Eine Analyse der gegebenen (Arbeits-)Situation zeigt häufig Defizite, die die Erreichung des strategischen Zieles behindern.
- Hier setzt der erste Prozess an, der zu der Komponente Lernziele führt: Die erkannten Defizite werden in einer Bildungsbedarfserhebung in zu erreichenden Lernzielen formuliert. Diese können nur für bestimmte Gruppen in der Organisation relevant sein oder aber für alle Organisationsmitglieder bedeutend sein.
- Der folgende Prozess besteht in der Bildungsplanung, in der geeignete Lernsituationen vorausschauend geplant werden. Diese müssen nicht unbedingt aus Unterricht bestehen, sondern können auch andere Maßnahmen der Personalentwicklung, des Wissensmanagements oder der Organisationsentwicklung sein.
- Die gestalteten Lernsituationen sollen Lernprozesse auslösen und Lernergebnisse bringen. Ob das der Fall ist, wird in einer Lernevaluation erhoben.
- Lernergebnisse alleine reichen zu einer Veränderung der Arbeitssituation im Sinn der strategischen Ziele nicht aus. Das Gelernte muss in die Praxis übertragen (transferiert) werden. Diesen Prozess können Trainerinnen und Trainer anstoßen,

z.B. durch Transferaufträge, doch soll er vom Management unterstützt und durch eine Transferevaluation überprüft werden.
- Alle Prozesse werden von einem Controlling kontinuierlich beobachtet. Abweichungen führen im Sinn des Regelkreises zu einem neuerlichen Anlaufen der Prozesse im Bildungskreislauf.

Die Bildungsexperten innerhalb der Organisation oder beauftragte externe Bildungsexperten steuern in der Regel diesen Bildungskreislauf, häufig ohne dass das Unternehmensmanagement ausreichend in die Pflicht genommen wird. Das führt zu Defiziten im Bildungsmanagement. Die Prozesse der Bildungsbedarfserhebung und der Transferunterstützung sowie Transferevaluation werden vielfach vernachlässigt. Der Bildungskreislauf läuft also nicht vollständig ab. Das kann zur Folge haben, dass Bildungsmaßnahmen gesetzt werden, die am eigentlichen Bedarf vorbei gehen, oder dass Gelerntes nicht zur Anwendung kommt und positive Veränderungen ausbleiben. Das wurde auch bereits im einleitenden Kapitel als Defizit angemerkt.

Trainerinnen und Trainer sollen daher den Blick auf den vollständigen Bildungskreislauf werfen und die Mitwirkung des Managements einfordern. Die notwendige Partnerschaft wird im obigen Modell durch Kennzeichnung als „primäres Kompetenzfeld: Unternehmensmanagement" und „primäres Kompetenzfeld: interne und externe Bildungsexperten" verdeutlicht.

2.5 Alle Rollen des Trainers/der Trainerin beachtend

Aus allem zuvor Gesagten geht hervor, dass die Trainer/innenrolle wesentlich komplexer zu sehen ist, wenn umfassende Kompetenzentwicklung das Ziel von Weiterbildung ist. Trainerinnen und Trainer werden zu Verantwortlichen in diesem Prozess. Wird das auch akzeptiert?

Im Jahr 2008 erfolgte im Rahmen des Universitäts-Lehrgangs Professional Teaching and Training erstmals eine Erhebung bei den Teilnehmenden dieses Lehrgangs auf Basis von KODE®X. Dabei wurde das folgende Kompetenzprofil für Trainer/innen erarbeitet. Die Kompetenzen wurden nach ihrer Wichtigkeit gereiht und die jeweils als notwendig erachteten Ausprägungen in einer 12-teiligen Skala (1 = weniger ausgeprägt, 10 und 11 = sehr stark ausgeprägt, 12 = übermäßig ausgeprägt) eingeschätzt.

Die Kompetenzen wurden entsprechend der Häufigkeit ihrer Nennung gereiht. Die wünschenswerte Ausprägung wurde differenziert beurteilt. Es ergab sich folgendes Ergebnis:

Kompetenzen	Ausprägung
1. Beratungsfähigkeit	7-10
2. Kommunikationsfähigkeit	8-11
3. Lehrfähigkeit	4-8
4. Fachwissen	4-8
5. Lernbereitschaft	8-9
6. Ganzheitliches Denken	5-9
7. Sprachgewandtheit	6-10
8. Ergebnisorientiertes Handeln	8-11
9. Fachübergreifende Kenntnisse	3-7
10. Innovationsfreudigkeit	5-9
11. Glaubwürdigkeit	8-11
12. Beurteilungsvermögen	5-9
13. Konzeptionsstärke	6-9
14. Offenheit für Veränderungen	6-10
15. Impulsgeben	5-9
16. Eigenverantwortung	5-9

Das deutet durchaus auf die Bereitschaft hin, neue Trainer/innenrollen im Sinn eines ganzheitlichen Lernmanagements zu übernehmen. Traditionelle Kompetenzen wie Lehrfähigkeit und Fachwissen rangieren zwar immer noch weit oben, werden aber hinsichtlich ihrer Ausprägung als weniger schwerwiegend eingestuft im Vergleich zu Kommunikationsfähigkeit, ergebnisorientiertem Handeln, Glaubwürdigkeit, oder auch Beratungsfähigkeit, Sprachgewandtheit, Offenheit für Veränderungen. Auch ganzheitliches Denken ist in einer vorderen Position zu finden, ebenso Lernbereitschaft.

3. Folgerungen

Ganzheitliches Lernmanagement birgt viele Chancen für eine umfassende Kompetenzentwicklung. Es hat auch Chancen von Trainerinnen und Trainern akzeptiert zu werden. Es kann zum Auslöser für innovative Weiterbildungskonzepte werden und als Orientierung in der Weiterbildung von Trainerinnen und Trainern dienen.

Der in 9 Modulen aufgebaute Universitäts-Lehrgang der Donau-Universität Krems „Professional Teaching and Training (MA)“ wird abschließend als Beispiel präsentiert, wie das Konzept des ganzheitlichen Lernens den Aufbau dieses Studiums bestimmt. Er folgt der Logik des ganzheitlichen Bildungskreislaufs, versucht aber auch den Anforderungen „Berücksichtigung aller Kompetenzbereiche", „Alle Systemebenen umfassend", „Alle Lernformen berücksichtigend", „Alle Rollen des Trainers/der Trainerin beachtend" gerecht zu werden.

Natürlich kann hier nur ein kurzer Überblick gegeben werden:

- In *Modul 1* stehen die Kompetenzdiagnostik und die Entwicklung von relevanten Kompetenzprofilen im Mittelpunkt. Das entspricht dem Prozess der Bildungsbedarfserhebung.
- Die *Module 2, 3, 4 und 6* beinhalten die Bildungsplanung, die Anregung von Lernprozessen durch geeignete Lernsituationen (einschließlich E-Learning, das in Modul 6 behandelt wird) und die Lernevaluation.
- Die *Module 5 bis 9* konzentrieren sich auf Lernformen, die mit der Arbeitssituation und anderen realen Handlungssituationen verbunden sind (*Modul 5*) (Moderation, Coaching, Projekte) oder durch die Gestaltung „lernfördernder" Arbeits- und Handlungsumgebungen im Sinn von Wissensmanagement und am Arbeitsplatz verfügbaren E-Learning-Modulen Lernen kontinuierlich unterstützen *(Module 6 und 7)* oder Change-Management-Aktionen beinhalten, die Veränderungen bewältigen helfen *(Modul 8)*. Das Gemeinsame dieser Module ist der unmittelbare Transfer von Lernergebnissen in die Praxis. *Modul 9* beschäftigt sich mit der Gestaltung von Rahmenbedingungen, die in einer Organisation Chancen zur Entfaltung für alle bieten.

Elke Gruber

Zwei Modelle – ein Ziel: Erwachsenenpädagogische Kompetenzen bilanzieren, validieren, zertifizieren und erwerben

Abstract

Im Zuge internationaler, vor allem europäischer Dimensionen spielen Prozesse der Anerkennung, Validierung und Zertifizierung von Kompetenzen eine zunehmend wichtigere Rolle. Der in Österreich traditionell stark standardisierte und verrechtlichte Bildungsbereich weist hier – mit Ausnahme einiger Ansätze, wie beispielsweise zweier vorgestellter Modelle – noch Nachholbedarf auf. Die Modelle wba und ULG werden diskutiert.

1. Einleitung

Die Erwachsenenbildung/Weiterbildung (EB/WB)[1] ist – quantitativ betrachtet – zweifellos der größte Bildungsbereich Österreichs. Im Unterschied zu Schulen und Hochschulen – die hierzulande großteils staatlich verankert sind – weist die EB/WB Besonderheiten auf mehreren Ebenen auf. Dazu gehören: eine hohe Pluralität der Träger, Anbieter, Akteure und Strukturen ebenso wie eine ausgeprägte Angebots-, Curricula- und Methodenvielfalt sowie geringe Verrechtlichung, Mischfinanzierung und eine sich erst in den letzten Jahrzehnten herausbildende Verwissenschaftlichung. EB/WB agiert vielfach auf einem Weiterbildungsmarkt, der durch Angebot und Nachfrage – aber auch durch öffentliche Förderungen und bildungspolitische Vorgaben gesteuert wird. Dabei gibt es keine gesetzlich geregelte Ausbildung und damit auch keinen spezifischen Beruf der Erwachsenenbildnerin/des Weiterbildners. Vielmehr wird EB/WB von Personen betrieben, die – mit Ausnahme einer steigenden Anzahl von Absolvent/inn/en einschlägiger Studiengänge – aus den unterschiedlichsten Quellberufen kommen und die sich über diverse – mehr oder weniger einschlägige – Aus-, Fort- und Weiterbildungen sowie Praxiserfahrungen ihre erwachsenenpädagogische Berufskompetenz angeeignet haben.

Die Tatsache, dass das Erwachsenenalter zunehmend zu einer dauerhaften Lernphase wird, wo Lernprozesse an unterschiedlichen Orten, in vielfältigen Kontexten und Settings sowie in verschiedenen Formen (formal, non-formal und informell) und mit diversen Zielsetzungen stattfinden, hat in den letzten zwei Jahrzehnten zu einem wesentlichen Ausbau und einer weiteren Ausdifferenzierung der Weiterbildungsland-

1 Die Begriffe Erwachsenenbildung und Weiterbildung werden im Folgenden synonym gebraucht.

schaft geführt, die nun neben den traditionellen Einrichtungen viele neue Institutionen, Anbieter und Lernorte aufweist. Begleitet wird diese Entwicklung von einem grundlegenden Paradigmenwechsel in der Bildungspolitik. Induziert durch supranationale Organisationen, wie die Europäische Union und die OECD, sowie internationale Entwicklungen wird mit Blick auf Effektivität, Ergebnis- und Marktorientierung eine Um- und Neusteuerung des Erwerbs von Bildung, Qualifikation und Kompetenzen über die gesamte Lebensspanne angestrebt (Stichworte: Lebenslanges Lernen, Outcome- und Lernergebnisorientierung, Bildungsstandards, Qualitätsentwicklung und -sicherung, Kompetenzorientierung, EQR/NQR)[2].

2. Das Berufsfeld Erwachsenenbildung/Weiterbildung

Mit den angesprochenen Entwicklungen verbunden sind einschneidende Veränderungen in den Aufgabenfeldern, Tätigkeitsprofilen und Rollenerwartungen der in der EB/WB Tätigen (vgl. Gruber & Wiesner, 2012). Die angesprochenen Veränderungen manifestieren sich in einem immer heterogeneren Berufsfeld und einem umfangreichen Tätigkeitsmix, der mittlerweile weit über die „klassische" Rolle eines Trainers oder einer Dozentin hinausgeht. Aktuell umfasst das Berufsfeld der EB/WB eine breite Palette an Aufgaben- und Tätigkeitsprofilen, die von den – schon angesprochenen – Lehrtätigkeiten über diverse Managementaufgaben, die im Bildungsbereich allgemein wachsen sowie die Konzeptionalisierung von Kursen, Modulen und Lehrgängen, die in vielen Institutionen permanente Entwicklungsarbeit erfordern, bis hin zu Netzwerkkoordination, Kompetenzbilanzierung, Begleitung von selbstgesteuerten Lernprozessen und forschungsbasierter Lernarrangementplanung reichen. Auch für die Beratung und den Lernsupport wird ein stetig wachsendes Berufsfeld konstatiert (vgl. Deutsches Institut für Erwachsenenbildung, 2008, S. 74).

Für alle diese Aufgaben wird qualifiziertes Personal mit fachlichem Überblick und erwachsenenpädagogischen Grundkompetenzen sowie diversen Schlüsselqualifikationen benötigt. Es steht die These im Raum, dass das Berufsfeld der EB/WB nicht nur insgesamt wächst, sondern dass sich auch die Überschneidungsflächen der Tätigkeitsprofile und Handlungsfelder vergrößern und sich gleichzeitig aber auch neue Berufsfelder herausbilden. Erwachsenenbildnerinnen und Weiterbildner finden sich heute viel mehr als früher in einem Spannungsverhältnis von Erschließung, Verbreitung und Organisation von Wissen wieder – vielfach sind sie in einer Doppelfunktion mit Aufgabenverschränkung tätig, zeitweise nehmen sie nur eine der verschiedenen Rollen

---

2 Zu den einschlägigen Maßnahmen auf nationalstaatlicher Ebene gehören die Herausgabe einer nationalen Strategie des lebenslangen Lernens, die Neuausrichtung der bundesstaatlichen Förderstrukturen (Länder-Bund-Vereinbarung), die Ausgestaltung gemeinsamer Nationaler Referenzrahmen (NQR. Sprachen …), Anstrengungen zur Professionalisierung des Personals (Stichwort: wba), die Etablierung eines bundesweiten Qualitätsrahmens für die Erwachsenenbildung (Ö-Cert), die Forcierung von strategischen Themenschwerpunkten wie Basisbildung/Alphabetisierung und das Nachholen des Pflichtschulabschlusses sowie die Teilnahme an Referenzstudien wie aktuell PIACC.

war – zumeist aber herrschen in ihrem Handlungsfeld Funktions-, Rollen- und Aufgabenpluralitäten vor. Seitter (2009, S. 11) hat diese Entwicklung für unsere Disziplin wie folgt auf den Punkt gebracht: Mit Blick auf die Entwicklung der Tätigkeitsfelder spricht er von einer „aufgabenbezogenen Tätigkeitserweiterung", was die damit verbundenen Qualifikationsanforderungen des Weiterbildungspersonals betrifft, fordert er eine „berufsbiographische Kompetenzaufschichtung" ein. Das heißt, der erwachsenenpädagogische Kompetenzerwerb geht über ein wissenschaftliches Grundlagenwissen hinaus und bezieht praktische Erfahrungen und ein hohes Maß an Schlüsselqualifikationen – vor allem Reflexionsfähigkeit – mit ein. Das setzt nicht nur eine Verschränkung von Theorie und Praxis voraus, sondern bedeutet auch die Nutzung und Zertifizierung bereits erworbener Kompetenzen. Neben den fachlichen Kompetenzen geht es dabei auch um die häufig informell erworbenen Schlüsselqualifikationen. Wobei dieser Prozess nie abgeschlossen sein kann, vielmehr muss sich – wie Nittel (2000, S. 85) meint – erwachsenenpädagogische Kompetenz immer wieder bewähren und neu entwickeln.

Darauf hat die Aus- und Weiterbildung zu reagieren. Im Unterschied zu vielen traditionellen Berufen, wo die aktuelle berufliche Realität oft nicht mehr dem ursprünglichen Berufsbild entspricht und die Ausbildung den neuen, flexibleren Anforderungen angepasst werden muss, steht die EB/WB vor der umgekehrten Situation: Sie muss ihr Tätigkeitsprofil erst standardisieren und eine entsprechende professionelle Kompetenzentwicklung etablieren. Ziel ist es, Kernkompetenzen auszubilden, die es den in der EB/WB Tätigen ermöglichen, erwachsenenpädagogisch professionell handeln zu können. Dazu ist folgender Dreischritt angebracht: *Formulierung (von Kernkompetenzen) – Zertifizierung (bereits vorhandener Kompetenzen) – Vermittlung/Aneignung (von fehlenden Kompetenzen).*

Man könnte meinen, dass sich der geringe Grad an Verberuflichung, der nicht zuletzt der schwierigen Professionalisierungsgeschichte der EB/WB geschuldet ist, unter diesen Bedingungen von einer Not in eine Tugend gewandelt hat – wären da nicht die Anstrengungen und Unwägbarkeiten, die mit einem solchen Etablierungsprozess verbunden sind. Zumal im hoch verrechtlichten und standardisierten österreichischen Bildungssystem dazu einschlägige Modelle und Erfahrungen fehlen. Dieser Prozess muss unter den Bedingungen des aktuellen Wandels von Bildungsabschlüssen und entsprechend der Heterogenität des Berufsfeldes und der Berufszugänge von EB/WB zwei Prämissen gerecht werden: *der Schaffung eines anerkannten, standardisierten Abschlusses bei gleichzeitig flexibler Gestaltung des Ausbildungsweges.*

Hier setzen zwei Modelle an: die *Weiterbildungsakademie Österreich (wba)* sowie der *Universitätslehrgang Erwachsenenbildung/Weiterbildung (adult education/continuing education – MAS) (ULG).* Beide Modelle wurden in einer Kooperation nationaler Akteure aus Bildungspolitik, Praxis und Wissenschaft entwickelt, wobei die wba 2007 ihre Arbeit aufgenommen und der ULG – darauf aufbauend – vor drei Jahren gestartet wurde. Seit Oktober 2013 findet mittlerweile der 2. Durchgang des ULG statt. Sowohl wba als auch ULG geht es um Professionalisierung im Berufsfeld EB/WB – allerdings auf unterschiedlichen Ebenen und mit unterschiedlichen Strategien und Abschlüssen. Die wba zielt – mit Ausnahme des Assessments im Rahmen der abschließenden Zertifizierungswerkstatt – ausschließlich auf die Kompetenzanerkennung und -zertifizierung des zumeist schon vorhandenen Wissens und Könnens von Weiterbildnerinnen und Erwachsenenbildnern in einem gestuften System (Zertifikat, Diplom). Der ULG, der mit einem sogenannten „Weiterbildungsmaster" abschließt, vermittelt erwachsenenpädagogisches Wissen an Praktikerinnen und Praktiker auf einer theoriegeleiteten und forschungsbasierten Basis – neben einem stärkeren Präsenzlernen und der Möglichkeit des E-Learnings enthält er auch Anerkennungselemente.

Im Nachfolgenden wird vor allem die wba vorgestellt und in Bezug auf ihre Bedeutung für den Erwerb sowie die Validierung und Zertifizierung von Kompetenzen für Erwachsenenbildnerinnen und Weiterbildner diskutiert. Es wird die These aufgestellt, dass die in der wba angewandte Anerkennungs-, Validierungs- und Zertifizierungspraxis von Kompetenzen ein Vorzeigemodell für andere Bildungsbereiche darstellt. Aber auch die im ULG – freilich viel marginaler – ausgeübte Validierungspraxis ist von Interesse, da die Hochschulen, allen voran die österreichischen Universitäten, noch immer sehr zögerlich bei der Anerkennung von Kompetenzen, die außerhalb von Hochschulen erworben wurden, agieren. Die oben angeführte These gründet auf der Forschungsarbeit im Rahmen des Projektes zur Entwicklung der wba, die ich über mehrere Jahre geleitet habe, sowie auf der Praxis als Leiterin des Akkreditierungsrates der wba und als wissenschaftliche Leiterin des ULG. Außerdem werden aktuelle Evaluierungsergebnisse zu beiden Modellen hinzugezogen.

3. Die Weiterbildungsakademie Österreich (wba)

Die wba ist keine „klassische" Bildungsstätte mit einem Angebot an Aus-, Fort- und Weiterbildungen im Rahmen von Präsenzlernen, sondern eine Stelle, wo auf der Basis eines Kompetenzanerkennungsfahrens – zumeist schon vorhandene – individuelle Kompetenzen von Erwachsenenbildnerinnen und Weiterbildnern validiert und zertifiziert werden. Grundlage bildet ein Curriculum, das Kompetenzen beschreibt, die aus den beruflichen Anforderungen in der EB/WB abgeleitet wurden. Bei den Kompetenzen werden auch Inhalte vorgegeben und benannt, was die „Studierenden" wissen, können und wozu sie fähig sein müssen. Außerdem werden bei jedem Modul die möglichen Nachweise angegeben. Das Curriculum gliedert sich in Pflicht- und Wahlmodule; die Lernergebnisse werden in ECTS angerechnet.

Die wba, die Teil des Kooperativen Systems der Erwachsenenbildung in Österreich ist (vgl. dazu nähere Ausführungen in: Brünner, Gruber & Huss, 2012), richtet sich ausschließlich an schon in der Praxis der EB/WB tätige Personen.[3] Sie vergibt einen

3 Zugangsvoraussetzung zum wba-Zertifikat ist eine abgeschlossene Berufsausbildung oder ein über das Pflichtschulniveau hinausgehender Schulabschluss (AHS, BHS, BMS) sowie erwachsenenbildnerische Praxis. Bis zum Abschluss des wba-Zertifikats müssen mindestens 300 Stunden erwachsenenbildungsrelevante Tätigkeiten in überwiegend institutioneller Form erbracht werden.

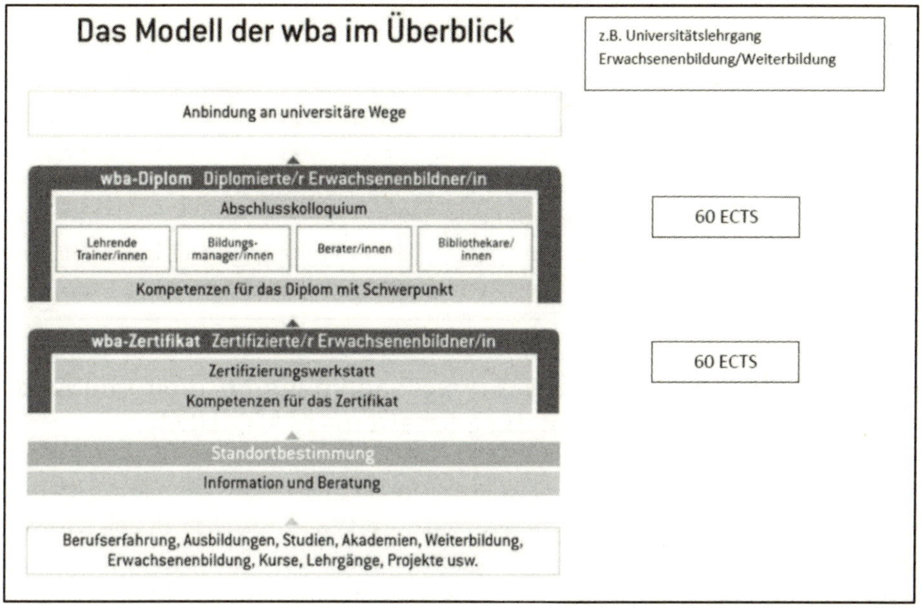

Abb. 1: Das Modell der wba im Überblick
(Quelle: wba o.J., o.S., eigene Ergänzung)

zweistufigen Abschluss zu jeweils 60 ECTS: das Zertifikat, das eine breite Basisqualifizierung in der EB/WB bescheinigt und darauf aufbauend ein fachlich differenziertes Diplom, das in den vier Schwerpunkten Gruppenleitung/Lehren/Training, Bildungsmanagement, Beratung sowie Bibliothekswesen und Informationsmanagement absolviert werden kann. Abbildung 1 zeigt das Modell im Überblick.

Mit der wba wurde versucht, eine Klammer erwachsenenpädagogischer Professionalität zu definieren und dem Berufsfeld anzubieten, die genug Raum für die weitreichenden Differenzierungen in der Praxis und den Institutionen der EB/WB einräumt. Trotzdem soll ein gewisses Maß an einheitlichen Kompetenzen – an Kernkompetenzen – des Weiterbildungspersonals quer über die Anbieter- und Trägerlandschaft herauskommen, gestärkt und auch beispielhaft verbreitet werden. Synergien werden dabei mit dem im letzten Jahr eingeführten Qualitätsrahmen für die Österreichische Erwachsenenbildung (Ö-Cert), der nicht Personen, wie die wba, sondern Anbieter in den Blick nimmt, angestrebt (vgl. Gruber & Schlögl, 2011). Im Rahmen der dort festgelegten, von den ansuchenden Einrichtungen zu erfüllenden organisationsbezogenen Grundvoraussetzungen wird der Nachweis einer pädagogisch geschulten Person, die maßgeblich im pädagogischen Bereich/Bildungsmanagement tätig ist, gefordert. Sie muss über eine pädagogisch fundierte Aus- bzw. Weiterbildung sowie eine 2-jährige einschlägige Berufspraxis verfügen. Neben diversen pädagogischen Studien- und Weiterbildungsabschlüssen gelten das wba-Zertifikat oder ein wba-Diplom als wichtige Nachweise zur Erfüllung dieser Vorgabe. Im Rahmen des Anerkennungsverfahrens von Ö-Cert machen davon nun verstärkt Personen aus Einrichtungen, die Ö-Cert anstreben, Gebrauch.

Wie die Ergebnisse der die wba begleitenden Evaluation zeigen, wurde diese von Beginn an sehr gut angenommen und sie hat sich als Anerkennungsmodell bewährt (vgl. Brünner, 2011). Mit Stand vom 10.12.2013 haben sich 1.705 Personen zur Standortbestimmung angemeldet, davon haben 1.211 Personen die Standortbestimmung abgeschlossen; 681 Personen verfügen mittlerweile über ein wba-Zertifikat und 162 über ein wba-Diplom, wobei Bildungsmanagement sowie Gruppenleitung/Lehre/Training die häufigsten Abschlüsse auf Diplom-Niveau bilden.[4]

4. Der Universitätslehrgang „Erwachsenenbildung/Weiterbildung (adult education/continuing education – MAS) (ULG)

Der ULG ist die innovative und logische Weiteentwicklung der wba. Er wurde mit dem Ziel gegründet, die Professionalisierung der EB/WB – zusätzlich zu den Angeboten einschlägiger grundständiger Studiengänge an österreichischen Universitäten (vgl. Gruber, 2009) – auf einem akademischen Niveau zu forcieren. Er wird berufsbegleitend geführt und findet in Kooperation der Abteilung Erwachsenen- und Berufsbildung der Alpen-Adria-Universität Klagenfurt und dem Bundesinstitut für Erwachsenenbildung St. Wolfgang (bifeb) statt. Er erstreckt sich über fünf Semester und besteht aus sechs Modulen mit insgesamt 90 ECTS-Punkten. Der Gesamtumfang des ULG beträgt 675 UE, diese beinhalten Seminare, Studienzirkel, E-Learningphasen sowie das Verfassen der Masterthesis. Der ULG schließt mit der Verleihung des akademischen Grades „Master of Advanced Studies“ (MAS) ab. Zielsetzung des ULG ist es, den Studierenden aktuelles erwachsenenpädagogisches Wissen in den jeweiligen Gesamtzusammenhängen und Wechselwirkungen zu vermitteln. Besondere Berücksichtigung findet der Forschungsaspekt. Der ULG kombiniert somit Theorie, die Reflexion der eigenen Situation in der jeweiligen Berufsrolle und eine Umsetzungsorientierung mit dem Ziel des wissenschaftsbasierten Erfahrungslernens. Darüber hinaus sollen sich die Studierenden mit aktuellen und zukunftsorientierten Themen der EB/WB auseinandersetzen.

---

4 Die Inskribierten sind mehrheitlich weiblich (1.231 gegenüber 474 männlichen); mit Abstand die meisten Inskribierten kommen aus Wien (697) sowie aus den großen Bundesländern Oberösterreich (269), Niederösterreich (245) und der Steiermark (178). 44.3% der Studierenden kommen aus den „klassischen“ Einrichtungen der EB/WB, die in der Konferenz der Erwachsenenbildung Österreichs (KEBÖ) zusammengeschlossen sind. 82,4% der Studierenden haben Hochschulreife, 55,5% haben einen Abschluss im tertiären Bereich, 9% haben ihr Studium abgebrochen und 14,3 verfügen über eine Migrationsbiographie. Die große Mehrzahl der Inskribierten ist zum Zeitpunkt der Anmeldung zwischen 30 und 50 Jahre alt (wba o.J.).

Wie schon die wba richtet sich auch der ULG ausschließlich an Personen, die bereits im breiten Berufsfeld der EB/WB tätig sind.[5] Wobei das Besondere an diesem ULG ist, dass auf der Grundlage der Absolvierung eines wba-Diploms und einer entsprechenden beruflichen Tätigkeit eine Durchlässigkeit ins Hochschulsystem auch für Erwachsenenbildnerinnen und Weiterbildner gegeben ist, die keine Studienzugangsberechtigung haben.[6] Der ULG setzt damit einen wichtigen Impuls in Richtung Durchlässigkeit des österreichischen Bildungssystems. Darüber hinaus können sich Absolvent/inn/en der wba für den ULG bereits absolvierte Gegenstände gemäß den Curricula für das Zertifikat sowie der Diplome anrechnen lassen. Im Detail heißt das, Absolvent/nn/en mit wba-Zertifikat werden im Rahmen des E-Learnings 5 von 20 ECTS angerechnet, d.h. sechs der insgesamt acht schriftlichen Modulaufträge sind zu erledigen. Absolvent/nn/en mit einem wba-Diplom werden alle 20 ECTS, die im Rahmen des E-Learnings zu erbringen sind, angerechnet, d.h. alle acht schriftlichen Modularbeiten entfallen. Die meiste Anerkennung von formalem, non-formalem und informellem Lernen erfolgt jedoch im Vorfeld des ULG – im Rahmen der wba. Hier gibt es ein – wie im nächsten Abschnitt ausführlicher dargestellt wird – breites Spektrum an Anerkennungs- und Nachweismöglichkeiten. Für die Anrechnung von Vorkenntnissen ist laut Österreichischem Universitätsgesetz (UG, 2002) die wissenschaftliche Leitung des ULG zuständig (vgl. Gruber, 2013). Damit unterscheidet sich der ULG hinsichtlich der letztendscheidenden Instanz der Validierung wesentlich von der wba – bei dieser ist es ein Gremium, beim ULG eine Person.

Ähnlich wie die wba trifft der ULG auf einen großen Bedarf innerhalb der Berufsgruppe des Weiterbildungspersonals. Der erste Durchgang des ULG wurde von 27 außerordentlichen Studierenden – so der offizielle Status der Inskribierten an der Universität – besucht (20 Frauen und 7 Männer), im aktuellen zweiten Durchgang sind 24 Studierende inskribiert (19 Frauen und 5 Männer).[7]

---

5 Grundsätzlich ist ein Nachweis von mindestens dreijähriger einschlägiger Berufserfahrung notwendig. Personen ohne Studienzugangsberechtigung müssen in Kombination mit einem wba-Diplom mindestens fünf Jahre einschlägiger Berufserfahrung in verantwortlicher Position nachweisen.

6 In Österreich gibt es aktuell drei Formen von Studienzugangsberechtigungen: die „traditionelle" Form der Reifeprüfung, die Matura (Abitur) sowie die sogenannten „nichttraditionellen" Zugänge der Studienberechtigungsprüfung und der Berufsreifeprüfung.

7 Der Altersdurchschnitt der Studierendengruppe des ersten Durchganges betrug 44 Jahre; der Großteil der Studierenden verfügte über eine Studienzugangsberechtigung (19 Teilnehmer/innen/70%) und vielfach über ein abgebrochenes Studium; 6 Teilnehmer/innen (22%) hatten einen akademischen Abschluss und zwei Teilnehmer/innen (8%) begannen den ULG ohne Studienzugangsberechtigung. Bezüglich eines vorherigen wba-Abschluss stellt sich das Bild wie folgt dar: 6 Teilnehmer/innen (22%) verfügen über den Abschluss „Zertifikat", 12 Teilnehmer/innen (45%) haben einen Abschluss „Diplom" und 9 Teilnehmer/innen (33%) sind ohne vorherigen wba-Abschluss. Die Studierendengruppe des zweiten Durchgangs zeigt statistisch eine ähnliche Zusammensetzung. Der Altersdurchschnitt liegt nun bei 46 Jahren; auch diesmal verfügt der Großteil der Studierenden über eine Studienzugangsberechtigung (16 Teilnehmer/innen/64%), 6 Teilnehmer/innen haben einen akademischen Abschluss (27%) und zwei Studierende (9%) haben keine Studienzugangsberechtigung. 5 Studierende (18%) verfügen über ein wba-Zertifikat, 4 (18%) über ein wba-Diplom und die überwiegende Mehrzahl (15 Studierende/64%) hat diesmal keinen wba-Abschluss.

5. Anerkennungs-, Validierungs- und Zertifizierungspraxis von Kompetenzen als Kernstück der wba

Innerhalb der Disziplin EB/WB existiert mittlerweile eine Vielzahl an Begriffsbestimmungen zur Kompetenz. Gemeinsam ist allen, dass es bei Kompetenzen um die Entwicklung des subjektiven Potentials zum selbständigen und vor allem antizipativen Handeln in bisher unbekannten Situationen geht. Laut Erpenbeck und von Rosenstiel (2003, S. XII) handelt es sich bei Kompetenzen um „Selbstorganisationsdispositionen", die an Personen gebunden und vom Kontext abhängig sind, in dem sie sich schließlich beweisen müssen. Kompetenzen umfassen nicht nur Wissen, sondern Können, das über einen längeren Zeitraum und gebunden an Erfahrungen angeeignet wurde – sie sind entwicklungs- und ausbaufähig. In Anlehnung an die aktuelle Diskussion versteht die wba unter Kompetenzen „das Ensemble von Kenntnissen, Fertigkeiten, Haltungen sowie von reflexivem Vermögen bis hin zum Grad der Selbständigkeit und Verantwortung im berufsfeldbezogenen Handeln. Sie geht davon aus, dass die geforderten Kompetenzen auf vielfältigste Weise – formal, non-formal und informell – erworben wurden und dass demgemäß die Kompetenznachweise in der wba breit, unterschiedlich und alternativ-kreativ angelegt sein müssen." (Heilinger, 2011, S. 74)

Das Grundprinzip der wba baut auf den Parametern von Anerkennung, Validierung und Zertifizierung von Kompetenzen auf. Unter Validierung (lateinisch validas „stark", „wirksam", „gesund") wird der Nachweis der Reproduzierbarkeit eines Ergebnisses aus einer beschriebenen Vorgehensweise unter definierten Bedingungen verstanden. Für eine Validierung benötigt man die – möglichst genaue – Beschreibung des Weges und des Zieles, wobei valide in diesem Zusammenhang bedeutet, dass der Weg wiederholbar zum Ziel führen muss (vgl. Wikipedia, 2013, o. S.). Unter Zertifikaten (lateinisch „Bestätigungen", „Bescheinigungen") versteht man Abschlüsse, bei denen der Lernerfolg mittels Prüfungen überprüft und bewertet wird, wobei Zertifikate zumeist auf einer rechtlichen Grundlage beruhen. Zertifikate ermöglichen darüber hinaus den Vergleich der Lernleistung zu anderen Personen – sie können aber auch als Selektionsinstrumente genutzt werden (vgl. Nuissl, 2010, S. 319). Sowohl Validierung als auch Zertifizierung als ein Ansatz benötigen Standards – im Falle der wba sind das Standards für Professionalisierung für Erwachsenenbildnerinnen und Weiterbildner, an denen das Erreichte gemessen werden kann. Voraussetzung dafür bildet die Kompetenzbilanzierung, die sich hinsichtlich ihrer Ausprägungsgrade an den vorliegenden Curricula vom Zertifikat und zu den Diplomen der wba orientiert. Sowohl Kompetenzbilanzierung als auch Validierung sind am Output orientiert und bilden die notwendige Voraussetzung der Zertifizierung durch die wba.

Wie muss man sich das Anerkennungs- und Validierungsverfahren praktisch vorstellen?
Nach Anmeldung bei der wba folgt die sogenannte Standortbestimmung, hier befüllen die Studierenden das Online-Portfolio mit ihren Kompetenznachweisen. Alle Anforderungen finden Interessierte schnell und unbürokratisch im Internet unter www.wba.or.at. Anschließend bewerten die Mitarbeiterinnen der wba die eingebrachten

Nachweise und geben eine Rückmeldung, ob alle im Curriculum geforderten Kompetenzen erfüllt werden oder ob noch Inhalte ergänzt werden müssen. Generell gilt der Vertrauensgrundsatz, insbesondere bei der Anerkennung von Bestätigungen durch Bildungsanbieter, Zeugnisse und Qualifikationsnachweise oder durch Kompetenzbestätigungen. Manche Nachweise werden ausschließlich von externen, durch die wba autorisierte Expertinnen und Experten beurteilt. Die fehlenden Kompetenzen können entweder über Kurse (bei den unterschiedlichsten Anbietern von EB/WB) oder andere Kompetenznachweise erbracht werden. Das Curriculum für das wba-Zertifikat umfasst dabei Basiskompetenzen, die die Breite des Tätigkeitsfeldes der EB/WB aufzeigen. Dazu gehören:

- Bildungstheoretische Kompetenz
- Didaktische Kompetenz
- Managementkompetenz
- Beratungskompetenz
- Kompetenz in Bibliothekswesen und Informationsmanagement
- Soziale Kompetenz
- Personale Kompetenz

Im Rahmen des Kompetenzanerkennungsverfahrens der wba gibt es ein umfangreiches Spektrum an Anerkennungsmöglichkeiten (http://www.wba.or.at/meta/glossar.php):

1. *Formal erworbene Kompetenzen*
   Kompetenzen, die in formellen Bildungs- und Berufsbildungseinrichtungen (z.B. Schulen, Universitäten, Akademien, ...) erworben wurden. Dafür gibt es Nachweise in Form von Zeugnissen, die Leistungen werden zumeist mit dem Schulnotensystem beurteilt.
2. *Non-formal erworbene Kompetenzen*
   Kompetenzen, die in Bildungsveranstaltungen außerhalb formeller Bildungs- und Berufsbildungseinrichtungen, also vor allem in Einrichtungen der Erwachsenenbildung (durch die Teilnahme an Lehrgängen, Kursen, Seminaren, Workshops ...) erworben wurden. In der Regel gibt es dafür (Teilnahme-)Bestätigungen, die jedoch in vielen Fällen keine Leistungsbeurteilung beinhalten.
3. *Informell erworbene Kompetenzen*
   Dabei handelt es sich um Kompetenzen, die nicht durch Bestätigungen oder Zeugnisse nachweisbar sind. Der wba ist die Sichtbarmachung und Anerkennung informellen Lernens ein Anliegen. Nachweismöglichkeiten dafür bestehen z.B. durch Kompetenzbestätigungen des Dienst- bzw. Auftraggebers, durch die Teilnahme an Verfahren zur Anerkennung informell erworbener Kompetenzen oder durch das Verfassen eines Papers. Auch die Abwicklung eines Projekts in der Erwachsenenbildung kann für den Nachweis der Kompetenz im Bereich Projektmanagement (2 ECTS) anerkannt werden. Hier müssen jedoch der Projektantrag (inklusive Finanzplan) und ein Projektbericht vorgelegt werden. Darauf muss ersichtlich sein, dass die einreichende Person für das Projekt hauptverantwortlich war. Supervision

und Coaching können aufgrund des selbstreflexiven Charakters für den Nachweis der Personalen Kompetenz anerkannt werden. Diese Nachweise werden in der wba als Äquivalente bezeichnet.

Die unterschiedlichen Nachweisformen sind jedoch auf bestimmte Kompetenzen eingeschränkt, wie beispielsweise personale oder soziale Kompetenz. Sind alle im Curriculum angeführten Kompetenzen nachgewiesen, muss als Abschluss die Zertifizierungswerkstatt (ZW) absolviert werden. Die ZW ist ein dreitägiges Assessment (inklusive eines Multiple-Choice-Tests), in dem die „Studierenden" ihre erwachsenenpädagogischen Kompetenzen nachweisen müssen. Ziel der ZW ist eine Erweiterung des Selbstbildes der Studierenden sowie eine Schärfung der Identifikation mit der Rolle der Erwachsenenbildnerin/des Weiterbildners.

Nach Abschluss des wba-Zertifikats besteht – wie schon ausgeführt – die Möglichkeit, ein wba-Diplom in einem oder mehreren der vier oben genannten Schwerpunkte zu erlangen. Auch im wba-Diplom gilt, dass bis zum Abschluss eine verpflichtende erwachsenenbildungsrelevante Praxis absolviert werden muss. Das Ausmaß beträgt mindestens vier Jahre im Umfang von 400 Stunden im Bereich des gewählten Schwerpunktes. Für den Abschluss des wba-Diploms muss eine Praxis- oder Projektarbeit verfasst werden; sie dient dem Nachweis der reflexiven Kompetenz in Bezug auf den gewählten Schwerpunkt. Im Abschlusskolloquium wird die Arbeit vor einer Kommission präsentiert. In einem fachlichen Austausch wird dabei die eigene Tätigkeit in Zusammenhang mit erwachsenenbildungsrelevanten Fragestellungen diskutiert.

6. Anerkennung, Validierung und Zertifizierung: Erfahrungen aus der Arbeit des Akkreditierungsrates der wba

Die letztlich entscheidende anerkennende Instanz der wba ist der Akkreditierungsrat. Seine Aufgabe ist es, die vorgelegten Bewerbungen zu prüfen und einen Beschluss über die Vergabe bzw. Nichtvergabe der Abschlüsse (Zertifikat, Diplome) herbeizuführen. Die Beschlüsse basieren auf einem mehrstufigen Prozess von Prüfung, Diskussion, Beschlussfassung und Zertifizierung. Die Geschäftsstelle der wba leistet dabei einen unabdingbaren Support, indem sie die eingereichten Unterlagen der Standortbestimmungen auf ihre Vollständigkeit, Gültigkeit und Relevanz überprüft, Auflagen – gegebenenfalls auch Anregungen – für noch nachzuweisende Kompetenzen ausspricht und diese wiederum auf ihre Erfüllung überprüft, Beratung anbietet und das Ergebnis der Beschlussfassung dokumentiert und kommuniziert. Eine Lenkungsgruppe, bestehend aus Vertreter/inne/n der KEBÖ, dem bifeb und der wba, trägt die pädagogische Verantwortung und ist für die Steuerung und strategische Ausrichtung sowie für das Marketing zuständig. Ein darüber stehendes Kuratorium trägt die Gesamtverantwortung für das gesamte Kooperative System der Erwachsenenbildung, zu dem auch die wba als ein Geschäftsfeld gehört.

In der bisherigen Arbeit des Akkreditierungsrates haben sich die der wba zugrunde liegenden kompetenzorientierten Curricula als ein brauchbares und valides Instrument zur Beurteilung von Einreichungen erwiesen. Allerdings war es notwendig, manche der im Curriculum ausgewiesenen Anforderungen in ihrer inhaltlichen Ausgestaltung und ihrem definitorischen Gehalt zu schärfen. Gleiches gilt für die Vielzahl an unterschiedlichen Nachweisen. Dies erfolgte im Rahmen des Diskussions- und Aushandlungsprozesses, der jeder Zertifizierung in der Akkreditierungsgruppe vorausgeht. Als Resultat liegt mittlerweile ein umfangreicher Katalog von Kriterien, Standards und Nachweisen zu den einzelnen Anforderungen vor, der z.T. auch im Netz veröffentlicht wurde. Damit gelingt es in einem hohen Maß, Ab- und Eingrenzungen bzw. Präzisierungen im Detail vorzunehmen. Bei einigen Anforderungen ist es jedoch weiterhin schwierig, eine präzise Definition, schärfende Kriterien und entsprechende Nachweise zu finden. Das liegt zum einen daran, dass die EB/WB eine relativ junge Disziplin ist, die nach wie vor um ihr Selbstverständnis, ihre Gegenstandbestimmung, Professionalität und Qualität ringt; zum anderen handelt es sich bei der EB/WB um ein stark ausdifferenziertes und parzelliertes Praxisfeld mit hohen Eigeninteressen der unterschiedlichen Akteure und einer eher schwach ausgeprägten (bildungs-)politischen Steuerungskultur.

Das stellt die Geschäftsstelle und den Akkreditierungsrat bei manchen Anträgen vor Herausforderungen. So besteht manchmal nicht nur hoher Diskussionsbedarf in Bezug auf eine valide Einschätzung und Beurteilung, die Entscheidung birgt auch Konfliktstoff für alle am Prozess beteiligten Akteure. Freilich muss in diesem Zusammenhang festgestellt werden, dass es die 100%ige Abgrenzung durch valide Kriterien und Nachweise – insbesondere bei „weichen" Anforderungen – nicht geben kann und wird. Vielmehr bedarf es bei solch komplexen Prozessen, wie es die Validierung von Kompetenzen darstellt, immer auch der Diskussion, der Aushandlung und letztendlich der Entscheidung der Mitglieder des Akkreditierungsrates – zumal dieser ja dafür eingerichtet wurde. Gleichzeitig sollte die Beschlussfassung und Zertifizierung auf so klar präzisierten Kriterien und geschärften Definitionen wie nur möglich basieren, sodass eine in hohem Maß objektive Einschätzung gelingen und Konflikte oder Fehleinschätzungen möglichst vermieden werden können. In diesem Sinne „verfeinert" sich das Instrumentarium zwar mit jeder Diskussion und Entscheidung, es wird aber nie einen Endpunkt in diesem dynamischen System geben.

7. Ausblick

Im Zuge internationaler, vor allem europäischer Dimensionen spielen Prozesse der Anerkennung, Validierung und Zertifizierung von Kompetenzen eine zunehmend wichtigere Rolle. Der in Österreich traditionell stark standardisierte und verrechtlichte Bildungsbereich weist hier – mit Ausnahme einiger Ansätze, wie beispielsweise zweier vorgestellter Modelle – noch Nachholbedarf auf. Vor allem das Modell der wba, aber auch das des ULG zeigen, wie es möglich ist, moderne Wege in der Kompetenzanerkennung und -zertifizierung zu gehen. Dieser eingeschlagene Weg sollte konsequent weitergeführt und auf andere Bildungsbereiche übertragen werden.

Literatur

Brünner, A. (2011). Endbericht 2010. Evaluation des „Kooperativen Systems der österreichischen Erwachsenenbildung". Klagenfurt (Evaluationsbericht unveröffentlicht).

Brünner, A., Gruber, E. & Huss, S. (2012). Qualifizierung des Weiterbildungspersonals: Ergebnisse aus dem begleitenden Evaluationsprozess der Weiterbildungsakademie Österreich. In: Gruber, E., Wiesner, G. (Hrsg.), Erwachsenenpädagogische Kompetenzen stärken. Kompetenzbilanzierung für Weiterbildner/-innen (S. 97-114). Bielefeld: wbv.

Deutsches Institut für Erwachsenenbildung (2008). Trends der Weiterbildung. DIE-Trendanalyse 2008.

Erpenbeck, J. & von Rosenstiel, L. (2003). Einführung. In: Dies. (Hrsg.), Handbuch Kompetenzmessung. Erkennen, verstehen und bewerten von Kompetenzen in der betrieblichen, pädagogischen und psychologischen Praxis (S. IX-XL). Stuttgart.

Gruber, E. (2009). Auf der Spur ... Zur Entwicklung von Theorie, Forschung und Wissenschaft in der österreichischen Erwachsenenbildung/Weiterbildung. In: Magazin erwachsenenbildung.at, 7/8, S. 2-15. www.erwachsenenbildung.at/magazin.

Gruber, E. (2013). Opening Higher Education to Adults (HEAD). Country Report Austria and Case Study. In: Deutsches Institut für Erwachsenenbildung (Hrsg.): Final Report HEAD. Bonn.

Gruber, E. & Schlögl, P. (2011). Das Ö-Cert – ein bundesweiter Qualitätsrahmen für die Erwachsenenbildung in Österreich. In: Gruber, E. (Hrsg.), Qualität ist kein Zufall. Zwischen Rhetorik und Realität von Qualitätsmanagement. Magazin erwachsenenbildung.at Ausgabe 12, S. 02-1 bis 02-13, Wien (www.erwachsenenbildung.at/magazin).

Gruber, E. & Wiesner, G. (Hrsg.) (2012). Erwachsenenpädagogische Kompetenzen stärken. Kompetenzbilanzierung für Weiterbildner/-innen. Bielefeld.

Heilinger, A. (2011). Professionalisierung mit Kompetenz steuern am Beispiel der Weiterbildungsakademie Österreich. In: Gruber, E. & Wiesner, G. (Hrsg.), Erwachsenenpädagogische Kompetenzen stärken. Kompetenzbilanzierung für Weiterbildner/-innen (S. 59-82). Bielefeld: wbv.

Nittel, D. (2000). Von der Mission zur Profession. Bielefeld.

Nuissl, E. (2010). Zertifikate und Abschlüsse. In: Arnold, R., Nolda, S. & Nuissl, E. (Hrsg.): Wörterbuch Erwachsenenbildung (S. 319-321) (2. Auflage). Bad Heilbrunn.

Seitter, W. (Hrsg.) (2009). Professionalitätsentwicklung in der Weiterbildung. Wiesbaden.

Wba (o.J.). Statistik der Weiterbildungsakademie (Stand: 11.9.2013). Wien.

Widipedia (2013). Validierung. Online im Internet: http://widipedia.org/wiki/Validierung. Zugriff am 05.01.2013.

Susanne Krey-de Groote

Kompetenzorientierung als Schulentwicklungsprozess am Beispiel eines Berufskollegs

Abstract

Kompetenzorientierung stellt derzeit die zentrale Anforderung an Unterrichtentwicklung vor allem auch in der beruflichen Bildung dar. Der vorliegende Beitrag illustriert, dass eine derart komplexe Anforderung auch entsprechender prozessualer, organisatorischer und institutioneller Unterstützung bedarf. Ein Schwerpunkt liegt dabei auf der Darstellung, wie der Prozess zunehmender Kompetenzorientierung bei der Gestaltung von Unterrichtsprozessen im Rahmen eines Schulentwicklungsprozesses systematisch unterstützt werden kann aber auch darauf, mit welchen Problemen auf diesem Weg derzeit noch zu rechnen ist.

1 Einleitung

Schulen werden ständig mit wissenschaftlich fundierten, nachvollziehbaren bildungspolitischen Anforderungen konfrontiert, die Umsetzung dieser Anforderungen obliegt dann aber oft in hohem Maße jeder Schule selbst.

Für das berufsbildende Schulsystem Nordrhein-Westfalens besteht eine aktuelle zentrale Anforderung darin, noch stärker als bisher kompetenzorientiert zu unterrichten. Kompetenz ist dabei der pädagogische Kernbegriff der letzten Jahre mit inzwischen allerdings eindeutig inflationärem Gebrauch. Rahmenlehrpläne der neu zu ordnenden Bildungsgänge werden zukünftig kompetenzorientiert formuliert und heißen z.T. nicht mehr Lehr-, sondern Bildungspläne, um den damit verbundenen Paradigmenwechsel zu betonen. Kompetenzorientierte Unterrichtsentwicklung und ein entsprechendes Verständnis wird von den Lehrkräften[1] an den Berufskollegs selbstverständlich erwartet. In diesem Zusammenhang sollen Lehrerinnen und Lehrer in Nordrhein-Westfalen u.a. auch dafür sorgen, dass dem Rechtsanspruch jeder Schülerin und jedes Schülers auf individuelle Förderung entsprochen wird. (Vgl. Schulgesetz für das Land Nordrhein-Westfalen, § 1).

Die Anforderungen sind also klar, es besteht auch weitreichender Konsens in den Kollegien über die Sinnhaftigkeit dieser Ziele, weniger klar sind dabei allerdings oft die Voraussetzungen und nötigen Prozesse, unter denen kompetenzorientierter Unterricht gelingen kann und welche organisatorischen, personellen und institutionellen Unterstützungen dazu nötig sind.

---

1 Aus Gründen der sprachlichen Vereinfachung sind alle Aussagen in diesem Beitrag als geschlechtsneutral zu verstehen.

Vor dem Hintergrund der aktuellen Kompetenzdiskussion vor allem auch in der beruflichen Bildung muss sich also jedes Berufskolleg z.B. folgende Fragen stellen:

- Wie kann ein entsprechender Prozess zur kompetenzorientierten Unterrichtsentwicklung aussehen?
- Was sind Kompetenzen nach unserem Verständnis?
- Welches Instrumentarium existiert für Diagnostik, welches für Unterstützung kompetenzorientierter Lernprozesse, welches hat sich bewährt, nach welchen Kriterien sollten die Instrumente gewählt werden und welche sind praktikabel im Unterrichtsalltag?
- Welche Qualifizierung für Lehrerinnen und Lehrer ist erforderlich, um diesen Paradigmenwechsel aktiv und erfolgreich vollziehen zu können?
- Wie kann der Prozess zunehmender Kompetenzorientierung bei der Gestaltung von Unterrichtsprozessen im Rahmen der Schulentwicklung systematisch unterstützt werden?
- Wo stößt man in diesem Prozess auf Probleme oder gar Grenzen?
- Welche organisatorischen und institutionellen Unterstützungsmöglichkeiten bestehen und sind hilfreich für den Prozess?

Auf einige dieser Fragen versucht der vorliegende Beitrag mögliche Antworten zu geben, in der Hoffnung anderen Bildungseinrichtungen Anregungen für einen entsprechenden Prozess zu bieten.

Der Beitrag orientiert sich dabei an dem folgenden Prozessablaufplan, der am Berufskolleg an der Lindenstraße in Köln derzeit erprobt wird, und schildert die geplante Abfolge der einzelnen Schritte und die beim Zurücklegen der bisher abgeschlossenen Schritte gemachten Erfahrungen und Erkenntnisse. Das Berufskolleg an der Lindenstraße ist ein kaufmännisches Berufskolleg, an dem ca. 3700 Schüler in Vollzeit- oder Teilzeitbildungsgängen von ca. 130 Lehrkräften unterrichtet werden.

Da der Prozess noch nicht abgeschlossen ist, liegt der Schwerpunkt auf den bisher erfolgten Schritten „gemeinsames Kompetenzverständnis“ und „gemeinsames Kompetenzprofil entwickeln“ und ersten Ergebnissen zur Eingangsdiagnostik. Für die übrigen Schritte werden im Wesentlichen die Planung und die bisher erkannten, noch zu lösenden, Probleme skizziert.

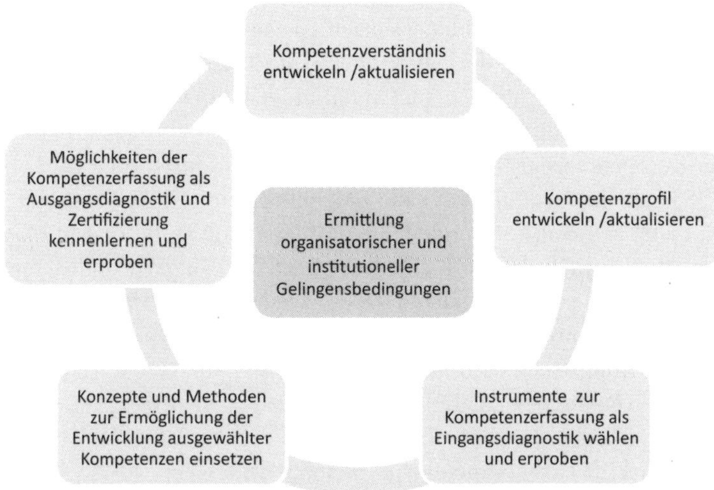

Abb. 1: Prozessschritte zur Implementierung von Kompetenzorientierung in die Unterrichtsentwicklung

2. Ein gemeinsames Kompetenzverständnis entwickeln als notwendiger Ausgangspunkt

2.1 Warum die Generierung eines gemeinsames Kompetenzverständnisses nötig ist

Auch wenn sich konstruktivistisches Lernverständnis in den Kollegien der berufsbildenden Schule in Nordrhein-Westfalen weitgehend durchgesetzt hat, Lernfeldkonzeption und Handlungsorientierung als Leitziel seit ca. zwanzig Jahren maßgeblich für Unterrichtsentwicklungsprozesse sind, ist für eine Vielzahl von Lehrkräften der Begriff „Kompetenzorientierung" teilweise nahezu angstbesetzt.

Obwohl das BBiG den Erwerb beruflicher Handlungsfähigkeit als Leitziel formuliert, bleibt der Begriff unscharf. Zwar wird im Gesetz auf „Fertigkeiten, Kenntnisse und Fähigkeiten" verwiesen, es bleibt allerdings offen, wie diese definiert sind und in welchem Zusammenhang sie zu dem, in den Rahmenlehrplänen der Kultusministerkonferenz festgelegten, Konstrukt Handlungskompetenz mit seinen Dimensionen Fach-, Human-, Sozial-, Methoden-, Lern- und kommunikative Kompetenz (vgl. Kultusministerkonferenz, 2007) stehen. Zudem fehlt für den betrieblichen Teil der dualen Ausbildung ein gemeinsames Kompetenzverständnis unter den Akteuren der Berufsausbildung, auf dessen Grundlage kompetenzbasierte Ausbildungsordnungen und Prüfungsanforderungen entwickelt werden könnten (vgl. Breuer, 2005, 2006)." (Bundesinstitut für Berufsbildung, 2010, S. 3f.)

Ein solches fehlendes gemeinsames Kompetenzverständnis lässt sich dementsprechend natürlich auch auf der Ebene der einzelnen Berufskollegs ausmachen und führt zu erheblicher Verunsicherung der Lehrkräfte hinsichtlich der eigenen Rolle sowie der Planung von Lehr-/Lernsituationen und nicht zuletzt hinsichtlich der Beurteilungsproblematik von Schülerleistungen.

Auch der Kompetenzbegriff des Deutschen Qualifikationsrahmen für Lebenslanges Lernen (DQR), der die Grundlage für die Erstellung kompetenzorientierter Bildungspläne bildet, bietet keine ausreichende Hilfe und lässt eine Reihe Fragen offen:

Der **Kompetenzbegriff** des DQR „… bezeichnet die Fähigkeit und Bereitschaft des Einzelnen, Kenntnisse und Fertigkeiten sowie persönliche, soziale und methodische Fähigkeiten zu nutzen und sich durchdacht sowie individuell und sozial verantwortlich zu verhalten. Kompetenz wird in diesem Sinne als umfassende Handlungskompetenz verstanden." (Deutscher Qualifikationsrahmen für lebenslanges Lernen, 2011, S. 4.) Insbesondere scheint hier die Subsummierung von Kenntnissen und Fertigkeiten unter dem Oberbegriff Fachkompetenz problematisch.

2.2 Vorgehen bei der Entwicklung eines gemeinsamen Kompetenzverständnisses

Anders als in allgemeinbildenden Schulen erfolgt die Bildung der Organisationsstruktur an Berufsschulen nicht über Fächer- und Fachkonferenzen oder Jahrgangsstufen, sondern über Bildungsgänge. Die jeweilige Bildungsgangkonferenz setzt sich zusammen aus den Lehrern, die für den Unterricht der Auszubildenden in einem bestimmten Ausbildungsberuf verantwortlich sind. An den nordrheinwestfälischen Berufskollegs ist die Aufgabe von Bildungsgangkoordinatoren (teilweise auch als Bildungsgangleiter, Abteilungsgangleiter, Bildungsgangverantwortliche o.ä. in den einzelnen Schulen bezeichnet) insofern umrissen, als sie für die Steuerung und Koordinierung des Bildungsgangteams im Rahmen der didaktischen Jahresplanung, also der Abstimmung und Dokumentation der Unterrichtsplanung inklusive der intendierten Kompetenzentwicklung der Lernenden, verantwortlich sind. (Vgl. Ministerium für Schule und Weiterbildung des Landes Nordrhein-Westfalen, 2009, S. 5.) Diese Gruppe muss also zunächst ihr Kompetenzverständnis reflektieren und festigen als Grundlage, um in der Lage zu sein, im eigenen Bildungsgang den Prozess zur Generierung eines gemeinsamen Kompetenzverständnisses als Basis kompetenzorientierter abgestimmter Unterrichtsentwicklung vorantreiben zu können.

Aus diesem Grund wurde am Berufskolleg an der Lindenstraße im Anschluss an eine erste Auseinandersetzung mit Kompetenzbegriff und Kompetenzorientierung auf Ebene der Schulleitung und der erweiterten Schulleitung einer ersten Gruppe von Bildungsgangkoordinatoren eine entsprechende Weiterbildung angeboten.

Im Vorfeld eines ersten Workshops zur Entwicklung eines gemeinsamen Kompetenzverständnisses und zur Erfassung der Ausgangslage wurden die Mitglieder diese

Gruppe zunächst schriftlich befragt, was sie unter Kompetenz verstünden und welche Fragen sie in diesem Zusammenhang beschäftigten.

Die Bandbreite der Antworten zur ersten Frage war z.T. erheblich. Einige Beispiele sollen das dokumentieren:

- „Kompetenzen = etwas können",
- „Einerseits eher „allgemeine" Fähigkeiten wie Sozialkompetenz, andererseits auch Fachkompetenz im Sinne von Fachwissen"
- „Berufliche Kompetenzen: Fähigkeiten, die zur Ausübung des Berufes erforderlich sind"
- „Kompetenz bezeichnet die Fertigkeit/Fähigkeit eine Aufgabe zu erledigen, ein Problem zu bewältigen, sowie die innere Haltung dazu, dies auch tun zu wollen."
- „Verknüpfung von Wissen und Können zur selbständigen Bewältigung von Aufgaben und Anforderungen."

Im Workshop selbst hatten die Teilnehmer zunächst die Aufgabe, Ihre Definition vorzustellen und in Gruppen Gemeinsamkeiten und Unterschiede der vorgestellten Definitionen zu analysieren und festzuhalten. Grundsätzlich zeigten sich Verständnisdifferenzen im Hinblick auf das Verhältnis von Kenntnissen und Kompetenzen und auf eine Einschränkung des Kompetenzbegriffs auf berufliche Zusammenhänge. Im Rahmen einer moderierten Diskussionsrunde stellte sich heraus, dass grundsätzlich dem Kompetenzverständnis aller Teilnehmer gemeinsam war, dass ein enger Zusammenhang von Kompetenz und Handlungsfähigkeit bestehe. Eine weitere weitreichende Übereinstimmung bestand in der Bedeutung der Volition, d.h. der Fähigkeit, Zielen auch Taten folgen zu lassen.

Auch die Analyse der offenen Fragen war aufschlussreich: Ein großes Bedürfnis bestand in der Klärung der Unterschiede zwischen Qualifikation und Kompetenz.

Mehrfach wurde die Befürchtung geäußert, die Berufsausbildung und besonders der schulische Teil der dualen Ausbildung werde zunehmend allein auf betriebliche Verwertbarkeit verengt.

Eine große Sorge der Befragten wurde vor dem Hintergrund des Selbstverständnisses als fachliche Experten mehrfach geäußert: „Wenn wir nur noch Softskills fördern, wo bleibt dann das Fachwissen als unverzichtbarer Bestandteil beruflicher Professionalität und Identität?" In diesem Zusammenhang ist auch der Aspekt von Bedeutung, dass sich Berufsschullehrer i.d.R. auch für das Bestehen ihrer Schüler im Rahmen der IHK-Berufsabschlussprüfungen als wesentliche Voraussetzung für Zukunftschancen verantwortlich fühlen. Da diese Prüfungen, trotz allem Bemühen, nach wie vor, auch aufgrund der notwendigen Prüfungsökonomie, stark wissensbasiert sind, tut sich in diesem Bereich immer noch eine gewaltige Lücke auf zwischen dem in den Ordnungsmitteln der dualen Berufsausbildung formulierten Ansprüchen und der Prüfungswirklichkeit, dem sich die Berufsschullehrer bei der Gestaltung ihrer Unterrichtspraxis gegenüber sehen. Zum gleichen Ergebnis kommen auch Klotz und Winther in ihrer Analyse der aktuellen Prüfungspraxis in der kaufmännischen Berufsausbildung. Sie resümieren, dass programmatisch die Befähigung zu beruflicher Handlungskompetenz nachgewiesen werden soll, dass aber eine völlige Abwesenheit von Items zur Messung der Sozial- und Humankompetenz konstatiert werden müsse. (Vgl. Klotz & Winther, 2012)

Als weitere Befürchtung wurde z.T. formuliert, dass es um eine weitere Anforderung an die Dokumentation von Unterricht gehe, die „nur für das Papier" entwickelt werden müsse.

Im gemeinsamen Bemühen angesichts der ausgesprochenen Befürchtungen dennoch zu einem gemeinsamen Verständnis zu kommen erwies sich im Rahmen der zum Teil hochemotional geführten Diskussion schließlich der Kompetenzbegriff von Erpenbeck als konsensfähig. Kompetenzen werden danach verstanden als Fähigkeit, in (zukunfts-)offenen, komplexen Problem- und Entscheidungssituationen kreativ und selbstorganisiert zu handeln. (Vgl. Erpenbeck, 2009) In ihrer Beziehung zu korrespondierenden Begriffen führen Erpenbeck und von Rosenstiel aus: „Kompetenzen schließen Fertigkeiten, Wissen und Qualifikation ein, lassen sich aber nicht darauf reduzieren. Bei Kompetenzen kommt einfach etwas hinzu, das die Handlungsfähigkeit in offenen, unsicheren, komplexen Situationen erst ermöglicht, beispielsweise selbstverantwortete Regeln, Werte und Normen als Ordner des selbstorganisierten Handelns." (Erpenbeck & von Rosenstiel, 2007, S. XII)

Für die hohe Passung dieses Verständnisses und des Verständnisses der beteiligten Lehrerschaft gab es eine ganze Reihe von Gründen:

Erpenbeck weißt ganz eindeutig aus, dass (Fach-)Wissen und Fertigkeiten den Kern von Kompetenzen ausmachen. Das war besonders wichtig für die Lehrer, die befürchteten, Kompetenzorientierung und besonders die Förderung der Entwicklung überfachlicher Kompetenzen könne die Bedeutung fachlicher und fachwissenschaftlicher Inhalte weiter zurückdrängen.

Die Bedeutung, die in diesem Modell der Entwicklung und Verinnerlichung eines individuellen Wertekanons für die Kompetenzentwicklung zugemessen wird, korreliert in hohem Maße mit dem Rollenverständnis des Lehrers als Erziehers. Dieses Rollenverständnis wird im Schulgesetz NRW nochmals bestätigt: „Die Schule vermittelt die zur Erfüllung ihres Bildungs- und Erziehungsauftrags erforderlichen Kenntnisse, Fähigkeiten, Fertigkeiten und Werthaltungen und berücksichtigt dabei die individuellen Voraussetzungen der Schülerinnen und Schüler. Sie fördert die Entfaltung der Person, die Selbstständigkeit ihrer Entscheidungen und Handlungen und das Verantwortungsbewusstsein für das Gemeinwohl, die Natur und die Umwelt. Schülerinnen und Schüler werden befähigt, verantwortlich am sozialen, gesellschaftlichen, wirtschaftlichen, beruflichen, kulturellen und politischen Leben teilzunehmen und ihr eigenes Leben zu gestalten. (…)" (Schulgesetz für das Land Nordrhein-Westfalen, § 4)

Zudem steht dieser Aspekt, gemeinsam mit der Abgrenzung von Qualifikation gegenüber Kompetenz, der von den Lehrern zunehmend beklagten Ökonomisierung und Verkürzung auf wirtschaftliche Verwendungszusammenhänge entgegen.

Im speziellen Fall des Berufskollegs an der Lindenstraße kommt noch die hohe Passung mit dem Selbstverständnis der Schule, das im Schulprofil zum Ausdruck kommt und Wertorientierung als eines der vier wesentlichen didaktischen Ziele neben individueller Förderung, Medienkompetenz und Gesundheitserziehung heraushebt, hinzu.

Im Anschluss an den Workshop zur Entwicklung eines gemeinsamen Kompetenzverständnisses wurden die Teilnehmer schriftlich anonym zur Bedeutung des Workshops für ihre zukünftige Arbeit befragt. Die Rückmeldungen waren teilweise kritisch oder von Verunsicherung gekennzeichnet, in der Mehrzahl aber positiv:

Die Fortbildung war für mich emotional destabilisierend, schwierig …
… weil ich die (politische) Entwicklung kritisch und mit Sorge sehe und noch nicht abschätzen kann, welche Folgen das für unsere weitere pädagogische Arbeit haben wird,
… weil ich beunruhigt bin, über die fortschreitende Konzentration des Unterrichts auf den Verwertungsgedanken.

Die Fortbildung war für mich erhellend/hilfreich/gelungen/bereichernd, wichtig, weil
… die theoretischen Grundlagen gut waren.
… ich den Input zu diversen Kompetenzbegriffen hilfreich fand.
… mir die Schwierigkeiten / Herausforderungen kompetenzorientierter Lehrpläne klar geworden sind.
… ich jetzt erahnen kann, was in Zukunft auf uns zukommt.
… die ansatzweise Aufdeckung der Konsequenzen für die Arbeit in den Bildungsgängen hinsichtlich didaktischer Jahresplanungen, Lernsituationen und deren Bewertung gelungen ist.
… Hintergründe der aktuellen Kompetenzdiskussion deutlich geworden sind, so dass ich jetzt gespannt bin auf eine Fortsetzung.
… ich den Austausch interessant und bereichernd und tröstlich fand.
… viele von uns noch im Nebel der Kompetenzen stehen aber jetzt ein Licht im Nebel erkennen können.
… ich den Austausch zu diversen Kompetenzbegriffen wichtig fand.
… wir einem einheitlichen Kompetenzbegriff näher gekommen sind.
… eine gemeinsame Basis geschaffen wurde und man sich nicht mehr so „allein/verloren“ bei dem Thema vorkommt.

Diese Ergebnisse bestätigen die Annahme, dass die Auseinandersetzung mit dem eigenen Kompetenzverständnis und das Ringen um ein gemeinsames Kompetenzverständnis innerhalb einer Lehrergruppe, von der kompetenzorientiertes Unterrichten erwartet wird, einen wesentlichen Schritt darstellen. Die Verunsicherung wird verringert und die Motivation, sich gemeinsam auf diesen zunächst noch unsicheren Weg zu machen, deutlich erhöht.

3. Ein gemeinsames Kompetenzprofil im Bildungsgang entwickeln

3.1 Einflussfaktoren auf das Kompetenzprofil eines Bildungsganges

Die Verständigung über ein gemeinsames Kompetenzprofil, dessen Ermöglichung von den in einem Bildungsgang unterrichtenden Kollegen ernsthaft verfolgt werden soll, ist sehr zeitintensiv. Es stellt aber eine wichtige Voraussetzung dar, um letztlich auch die Unterrichtsökonomie durch Abstimmungsprozesse über die intendierte Kompetenzentwicklung und gegebenenfalls notwendige Priorisierung zu verbessern. Diese verbindlichen Abstimmungsprozesse sind unverzichtbar, wenn kompetenzorientierte Lernsituationen nicht nur für interne oder externe Schulevaluationsprozesse auf dem Papier entwickelt werden, sondern tatsächlich in Unterrichtswirklichkeit überführt werden sollen.

Natürlich ist der Bildungsgang bei der Vereinbarung eines solchen Kompetenzprofils in der dualen Ausbildung, also eines Soll-Profils intendierter Kompetenzentwicklung nicht vollkommen autonom. Es fußt in fachlicher und teilweise auch überfachlicher Hinsicht auf dem in der Ausbildungsordnung beschriebenen jeweiligen Berufsbild und den Lehr- bzw. Bildungsplänen. Hierbei handelt es sich aber nur um einen, wenn auch ganz erheblichen Bestimmungsfaktor.

Die folgende Graphik gibt einen Überblick über einige mögliche Einflussfaktoren auf das Kompetenzprofil eines einzelnen Bildungsganges am Berufskolleg.

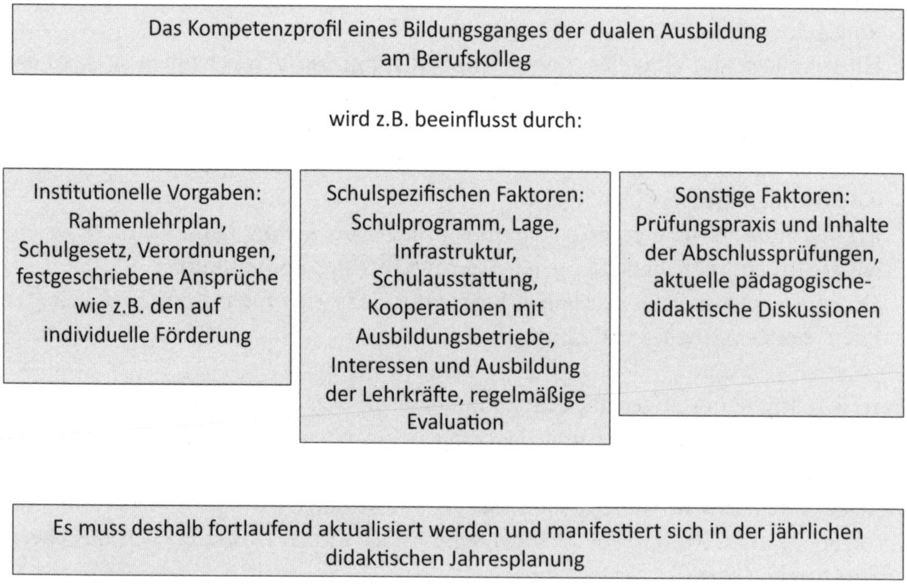

Abb. 2: Mögliche Einflussfaktoren auf das intendierte Kompetenzprofil eines Bildungsganges in der dualen Ausbildung

Die Vielfalt dieser Einflussfaktoren illustriert die Notwendigkeit der Verabredung eines gemeinsamen Kompetenzprofils, dass von den in einem Bildungsgang unterrichtenden Lehrkräften gemeinsam verfolgt werden soll.

3.2 Prozessschritte der Kompetenzprofilentwicklung

Für den Prozess der Kompetenzprofilentwicklung stehen zahlreiche Möglichkeiten zur Verfügung.

Das Berufskolleg an der Lindenstraße in Köln nimmt als Projektpartner an dem aus Mitteln des BMBF, dem europäischen Sozialfonds und der europäischen Union geförderten Projekt Flexible Learning II teil.[2] Ein Ziel des Projektes besteht darin, Kernkompetenzen für die Domäne Handel zu identifizieren und entsprechende Lehr-/Lernmaterialien zu entwickeln. Im Rahmen dieses Projektes bestand die Möglichkeit die Entwicklung eines Kompetenzprofils mit dem KODE®X-Verfahren[3] für einen Bildungsgang zu erarbeiten. In Anbetracht der Einbindung in das o.g. Projekt fiel die Wahl auf den Bildungsgang „Kaufleute im Einzelhandel".[4] Die Erfahrungen, die dabei gewonnen werden, sollen dann für den Prozess in anderen Bildungsgängen genutzt werden. Das eingesetzte Verfahren hat eine klare Abfolge: Zunächst wird eine Strategiediskussion geführt, welche Herausforderungen vermutlich in den nächsten Jahren auf die Zielgruppe, in diesem Fall Kaufleute im Einzelhandel, zukommen werden. Im Anschluss an diese Diskussion nimmt jeder Teilnehmer individuell eine Einschätzung über die Wichtigkeit von 64 strategischen Kompetenzen aus dem sogenannten „Kompetenzatlas" (Heyse & Erpenbeck, 2007, S. 27) vor, im Hinblick auf die zuvor identifizierten zukünftigen Anforderungen. Diese 64 Kompetenzen sind in die gleichgewichteten vier Bereiche personale, sozial-kommunikative Kompetenz, Aktivitäts- und Handlungskompetenz und Fach- und Methodenkompetenz unterteilt. Diese individuellen Einschätzungen werden anschließend, unterstützt durch entsprechende Software, verdichtet. Am Ende dieses Prozesses steht ein intendiertes Soll-Kompetenzprofil mit 12 bis 16 Einzelkompetenzen. Anschließend werden für die ausgewählten Kompetenzen drei bis vier sogenannte „Handlungsanker" formuliert. Dabei handelt es sich um beobachtbares Handeln, das als Hinweis auf entsprechende Kompetenzentwicklung dienen soll und damit eine notwendige Voraussetzung für die entsprechende Eingangs- und Ausgangsdiagnostik für die Lernenden darstellt.

---

2 Informationen zum Projekt finden sich unter http://www.flexible-learning.de/aktuell/ (Stand 20.08.2013).

3 Ausführliche Informationen zu diesem Verfahren finden sich u.a. online unter: http://www.competenzia.de/index.php?option=com_content&task=view&id=17&Itemid=42

4 Das in diesem Zusammenhang entwickelte Kompetenzprofil der beteiligten Berufsschullehrer wird im Übrigen mit den Ergebnissen von Ausbildern und Ausbildungsverantwortlichen auszubildender Einzelhandelskaufleute zu einem Kompetenzprofil Handel verdichtet und publiziert werden. Derzeit befindet sich das Modell noch in Überarbeitung.

3.3 Beurteilung des Verfahrens durch die Beteiligten

Dieses Verfahren hat aus Sicht der beteiligten Berufsschullehrer folgende Vor- und Nachteile:

Nachteilig ist natürlich, dass die Nutzung dieses Verfahrens üblicherweise Lizenzgebühren nach sich zieht, was angesichts immer schmalerer Schulbudgets problematisch ist.

Hinsichtlich der Praktikabilität beurteilten die Lehrer den Prozess sehr positiv.

Besonders die klare Struktur des Verfahrens wurde als sehr positiv beurteilt, die im Übrigen unabhängig vom jeweils gewählten Kompetenzstrukturmodell eingesetzt werden könne.

Als sehr positiv wurde ebenfalls beurteilt, in kurzer Zeit zu einem Kompetenzprofil gekommen zu sein, dass, wenn auch bei der Priorisierung der ausgewählten Kompetenzen in der individuellen Beurteilung Unterschiede vorliegen, von allen Beteiligten mitgetragen werden könne. Für das oben geschilderte Verfahren standen den 11 Teilnehmern ca. sieben Netto-Arbeitsstunden zur Verfügung.

Interessanterweise gab es keine Diskussion hinsichtlich des Kompetenzstrukturmodells und der einzelnen 64 Kompetenzen, die im Kompetenzatlas von Heyse und Erpenbeck aufgeführt sind und diesem Verfahren zu Grunde liegen. Der große Raum, der in diesem Modell dem Bereich der Aktivitäts- und Handlungskompetenz als eigenständiger Bereich neben Personal- Sozial und Fach- und Methodenkompetenz eingeräumt wird, lässt sich vermutlich gut vereinbaren mit der oben angeführten Einigkeit der Kollegen hinsichtlich der Bedeutung der Volitionalität für die Kompetenzbetrachtung.

Die kurze zur Verfügung stehende Zeit wurde aber auch kritisiert. So hätten sich die Teilnehmer mehr Zeit für die Auswahl der Kompetenzen gewünscht. Die Auswahl erfolgte weitgehend aufgrund der Kompetenzbezeichnungen und dem individuellen Verständnis dieser Begriffe. Bei der Nachbearbeitung des Profils und der Formulierung der Handlungsanker ergaben sich zum Teil erhebliche Abweichungen des eigenen Begriffsverständnisses mit den im Kompetenzatlas vorgegebenen Definitionen. Als Konsequenz aus dieser Erfahrung müssten in einem weiteren Schritt, wie im hier beschriebenen Prozess geschehen, die Definitionen nachbearbeitet werden oder aber, was empfehlenswerter scheint, es müsste mehr Zeit für die Auswahl und Auseinandersetzung mit dem Kompetenzatlas und seinen Begrifflichkeiten zur Verfügung gestellt werden.

Spätestens hier offenbart sich aber ein zentrales Problem kompetenzorientierter Unterrichtsentwicklung. Im Sinne der Kompetenzorientierung fragten sich die Lehrer im Anschluss an die Strategiediskussion „Welche Kompetenzen brauchen unsere Schüler zukünftig (in Ihrer beruflichen Situation im Einzelhandel)?“ Die gewählten Kompetenzen und selbstformulierten Handlungsanker lassen bei den beteiligten Lehrern auf eine profunde Kenntnis typischer beruflicher konkreter Situationen schließen. Für den beruflichen Teil der dualen Ausbildung sind auch Anforderungssituationen gut vorstellbar, die dem oben dargestellten Kompetenzbegriff entsprechen, indem diese Situationen nicht in allen Einzelheiten planbar und angemessenes Verhalten darauf nicht geübt werden kann, sondern kreatives Reagieren in neuen Zusammenhängen erfordern. Schule und Unterricht können in der Regel berufliche Handlungssituationen allerdings nur simulieren. Diese wirken damit in der Regel deutlich weniger emotional labilisierend. *Hier stellt sich die Frage, ob Schulen überhaupt Kompetenzentwicklung messbar unterstützen können oder bestenfalls den Erwerb von Qualifikationen. Eine diesbezügliche begriffliche Präzisierung in den Ordnungsmitteln wäre hier außerordentlich wünschenswert.*

Für die Schulen wäre daher bei der Kompetenzprofilbildung zusätzlich die Frage zu klären: *Für welche dieser Kompetenzen können wir im Unterricht tatsächlich Gelegenheiten schaffen, diese Kompetenzen in echten Situationen zu entwickeln?* Die Handlungsanker müssten dann ebenfalls daraufhin überprüft werden, inwieweit entsprechende Performanz in Unterrichtsprozessen tatsächlich sichtbar werden kann.

Folgendes Vorgehen könnte einen Beitrag zur weiteren Analyse dieses Problems beitragen: Da die im Kompetenzatlas vorgegebenen Kompetenzbegriffe übergreifend formuliert sind, wäre es wünschenswert für einen anderen Bildungsgang eine solche Kompetenzprofilbildung durchzuführen mit dem Ziel herauszufinden, wie stark domänespezifische Besonderheiten der einzelnen Ausbildungsberufe die Auswahl der Lehrer beeinflussen, oder ob die oben aufgeführte Problematik zu einem sehr ähnlichen Kompetenzprofil für verschieden Ausbildungsberufe führen würde. Sollten dabei ähnliche Profile ausgewählt werden, läge der Schluss nahe, dass die Lehrer bei ihrer Auswahl den oben beschriebenen Aspekt zumindest unbewusst bereits berücksichtigen.

4. Kompetenzmessung als Eingangsdiagnostik

Unabhängig von der Diskussion, ob Kompetenzen überhaupt gemessen werden können, oder Performanzen, und ob daher überhaupt von Kompetenzmessung gesprochen werden darf, besteht die praktische Notwendigkeit einen Ausgangszustand zu diagnostizieren, also eine Bedingungsanalyse durchzuführen, wenn der Erfolg von Unterricht an Kompetenzzuwachs festgemacht werden soll.

Hier stellen sich also die Fragen, welche Kompetenzen sollen und können in Unterrichtsprozessen erfasst werden, welche Instrumente stehen zur Verfügung und was davon ist im Unterricht realistisch umsetzbar?

4.1 Probleme bei der Auswahl geeigneter Instrumente

Zunächst ist festzuhalten, dass sich die eingangsdiagnostische Messung nur auf das intendierte Kompetenzprofil mit entsprechenden Indikatoren und Deskriptoren beziehen kann. Die individuellen Entwicklungspläne des einzelnen Schülers müssen an dieser Stelle unberücksichtigt bleiben, da über sie nichts bekannt ist. Ein im Bildungsgang abgestimmtes Kompetenzprofil liegt aber bisher in den wenigsten Fällen vor.

Üblich ist derzeit noch eine eingangsdiagnostische Überprüfung auf das Vorhandensein oder Nichtvorhandensein von für einen erfolgreichen Ausbildungsstart notwendigem Wissen und notwendiger Fertigkeiten. Im kaufmännischen Bereich sind das vor allem, die auch von betrieblicher Seite immer wieder angemahnten und die Ausbildungsfähigkeit in hohem Maße einschränkenden, mangelnden Grundfertigkeiten wie Leseverständnis und Beherrschung von Grundrechenarten. Diese Erfassungen sind zweifellos sinnvoll und wichtig zur Ermittlung individuellen Förderbedarfs und auch im Hinblick auf intendierte Kompetenzentwicklung. Auf die Bedeutung von Kenntnissen und Fertigkeiten als Kern von Kompetenzen wurde ja bereits hingewiesen. Es ist allerdings definitorisch nicht korrekt, diese Verfahren als Kompetenzmessung zu bezeichnen.

Auch das Berufskolleg an der Lindenstraße setzt entsprechende diagnostische Verfahren ein. Auf Grundlage der dort erhobenen Ergebnisse werden die Schüler entsprechenden Förderkursen zugewiesen. Dieses Verfahren hat neben diversen Stärken auch zwei Schwächen. Zum einen ist dieses Verfahren unter den Auszubildenden zum Teil bereits bekannt. Einige Auszubildende beantworten die Testfragen deshalb bewusst falsch, um nach eigener Aussage einfacheren Kursen zugewiesen zu werden und sich dort weniger anstrengen zu müssen. Das lässt möglicherweise zwar Rückschlüsse auf die Kompetenz Tatkraft zu, die aber hier nicht erhoben werden soll, weniger aber auf die zu ermittelnden Sprachfertigkeiten und mathematischen Kenntnisse. Zum anderen erleben einige der Schüler, die in diesem Kurs schwächer abschneiden, die Zuweisung in einen entsprechenden Förderkurs als Stigmatisierung und nicht wie gewünscht als Unterstützung. Eine stärkere Einbindung der Erkenntnisse aus dem Testing für die Erstellung und Begleitung individuelle Entwicklungspläne im Unterricht stellt daher nur eine der zukünftigen Anforderungen dar.

Das MSW NRW führt anlässlich der neuen kompetenzorientierten Bildungspläne für die höhere Berufsfachschule u.a. aus, dass die Lehrkräfte bei der Planung und Durchführung von Lehr- und Lernprozessen geeignete diagnostische Instrumente berücksichtigen sollen, die individuelle Förderkonzepte ermöglichen. (Vgl. Wohlgemuth, 2012) Diese Anforderungen dürften auch auf die Umsetzung der Bildungspläne der neugeordneten Ausbildungsberufe in der dualen Ausbildung Anwendung finden.

Bisher fehlen allerdings noch Hinweise auf konkrete diagnostische Instrumente und Mittel zu deren Beschaffung sowie Ressourcen zu deren Durchführung und Ergebnisanalyse. Das gilt ganz besonders für Kompetenzen aus dem Bereich der Sozial- und Personal- oder Selbstkompetenz.

Grundsätzlich stehen als Methoden neben (psychologisch fundierten) Tests, die teilweise aber auch nur von psychologischem Fachpersonal angewendet werden dürfen, in der Beschaffung häufig das Budget von Berufskollegs überschreiten und nicht unbedingt auf konkrete Kompetenzen zugeschnitten sind, die Erhebungsverfahren der Sozialwissenschaft - Befragung und Beobachtung - zur Verfügung.

4.2 Schritte zur eigenen Entwicklung geeigneter Instrumente

Wenn hier von Kompetenzmessung die Rede ist, ist für praktische Unterrichtsprozesse das Bemühen gemeint, über durch Indikatoren und /oder Deskriptoren definierte beobachtbare Performanz, Rückschlüsse auf zuvor festgelegte, intendierte Kompetenzen zu ziehen.

Ein gangbarer Weg dazu scheint aufgrund der o.g. Probleme bei der Auswahl geeigneter Instrumente die Entwicklung von Kompetenzassessments zu sein.

Assessment definiert Wilbers als „deskriptiven Prozess der Präzisierung der verbalen Beschreibung oder der Messung der Lernausgangslage (Ausgangszustand) oder der Lernergebnisse (Endzustand) sowie der Interpretation dieser Beschreibung, um didaktische Entscheidungen zu stützen." (Wilbers, 2012, S. 194) Das Kompetenzassessment wird dabei als Sonderform verstanden, und zwar als ein mehrstufiger Prozess, in dem eine Kompetenz präzisiert, eine Performanz beschrieben und die Beschreibung interpretiert wird. (Vgl. Wilbers, 2012, S. 617)

Im vorliegenden Prozess wurde folgendes Vorgehen gewählt: Zunächst wurde durch die Bildungsgangkonferenz „Kaufleute im Einzelhandel" eine erneute Priorisierung der ausgewählten Kompetenzen des entwickelten Kompetenzprofils vorgenommen, mit dem Ziel, zunächst eine Kompetenz auszuwählen, für die das gesamte Modell „durchdekliniert" werden sollte, um erste Erfahrungen für weitere Schritte sammeln zu können.

Die Wahl fiel auf die Kompetenz „Eigenverantwortung". Begründet wurde diese Auswahlentscheidung damit, dass dieser Kompetenz im Gegensatz beispielsweise zu der ebenfalls im Kompetenzmodell ausgewählten Kompetenz „Dialogfähigkeit/Kundenorientierung" höhere Wahrscheinlichkeit zugemessen wurde, auch in der Schule geeignete Situationen modellieren zu können, die nicht nur betriebliche Situationen simulieren. Als weiterer Grund wurde genannt, dass diese Kompetenz so übergreifend ist, dass die beteiligten Lehrer sich hier verunsichert fühlten in der Konstruktion angemessener Handlungsanker und Assessments und sich hierzu besonders Zeit für den kollegialen Austausch und Entwicklungsarbeit im Team wünschten. Außerdem versprach man sich von der Auswahl dieser Kompetenz Synergieeffekte für andere Bildungsgänge. Für diesen Prozessschritt wurde ein weiterer pädagogischer Tag im Bildungsgang zur Verfügung gestellt.

Im nächsten Schritt wurden daher zunächst Lernsituationen aus der bereits existierenden didaktischen Jahresplanung identifiziert, in denen die Gelegenheit, Performanz im Hinblick auf die ausgewählte Kompetenz an den Tag legen zu können, wahrscheinlich schien. Dieser Schritt war für die beteiligten Kollegen ganz zentral, da bis zu diesem Zeitpunkt Verunsicherung herrschte, ob die bisherigen Planungen vollkommen neu zu denken seien, eine Befürchtung, die bis dahin zum Teil zu erheblichen Widerständen führte.

Die bisher allgemein formulierten Handlungsanker für die Kompetenz Eigenverantwortung wurden nun bezogen auf die Lernsituation konkretisiert, als notwendige

Voraussetzung für die Entwicklung eines in Unterrichtssituationen einsetzbaren Analyseinstrumentes. Dazu waren unter Anderem folgende Fragen zu klären:

- Sollte dieses Analyse-Instrument der Einschätzung durch die Lehrer dienen, als Selbst-Assessment, als Peer-Assessment oder multifunktional einsetzbar sein?
- Welchem Standardisierungsgrad soll das Instrument gerecht werden? Hier reicht das Spektrum von der Entwicklung einfacher Checklisten, bei der mit dem gewählten Erhebungsverfahren lediglich festgestellt werden soll, ob die beschriebene Performanz gezeigt wurde oder nicht, bis zur Entwicklung von Kriterienrastern mit detailliert definierten Skalierungsstufen. Je höher der Standardisierungsgrad, desto höher ist der Entwicklungsaufwand und umso anspruchsvoller und zeitaufwendiger muss das Erfassungsverfahren gestaltet werden.

Hier entschieden sich die beteiligten Lehrer dafür, zunächst mit der Entwicklung einer Checkliste als Beobachtungsbogen für den Einsatz in einer ausgewählten Lernsituation zu beginnen, um mit diesem „kleinen" Instrument zunächst erste Erfahrungen sammeln zu können. Erkenntnisinteresse besteht dabei u.a. in den Fragestellungen, inwieweit die aufgeführten Handlungsanker der Checkliste tatsächlich erkennbar sind und welche Hilfestellung diese Erfassung, sofern möglich, für die Entwicklung des Lehr-Lern-Arrangements sowie auf die Entwicklung der ausgewählten Kompetenz Eigenverantwortung haben kann. Auch hier muss wieder Zeit für Reflexion und moderierten Austausch geschaffen werden.

5. Kompetenzentwicklung

Kompetenzentwicklung wird hier verstanden als ein individueller Prozess, in dem Kompetenzen erweitert, aktualisiert, modelliert werden oder sich ihrer in stärkerem Umfang bewusst geworden wird. Aus Lehrerperspektive lauten die entsprechenden Fragen: *Wie kann der Prozess der Planung entsprechender Lehr-Lern-Arrangements aussehen? Welche veränderten Anforderungen werden dadurch an die Lehrkräfte gestellt?*

Kompetenzentwicklung verfolgen bedeutet die „Komfortzone" bekannter Unterrichtsprozessgestaltung noch weiter zu verlassen. Das erfordert Anstrengung, sowohl von den Lernenden als auch von den Lehrenden. Es ist zunächst mit erheblichem Mehraufwand und großer Unsicherheit auf beiden Seiten verbunden. Für die Lehrkraft bedeutet es zudem, die das Selbstbild bisher weitgehend bestimmende Vorstellung aufzugeben, man könne als Lehrender Kompetenzen, oder zumindest Wissenszuwachs, bei Schülern generieren.

Auch die Schüler müssen ihre Komfortzone verlassen und sich der Eigenverantwortung für ihren Lernprozess bewusster und aktiver stellen, Ziele eigener Lernanstrengung hinterfragen, selbst konkretisieren und sowohl die Lernprozesssteuerung als auch das Ergebnis immer wieder reflektieren, beurteilen und ggfs. korrigieren.

Zentral scheint also die Anforderung kompetenzorientierten Unterricht so zu gestalten, dass Selbstreflexionsprozesse und Metakognition weit häufiger als bisher in der Unterrichtsplanung zu berücksichtigen sind.

Das MSW formuliert als Anforderungen für die Unterrichtsentwicklung in der höheren Berufsfachschule als jüngstem Beispiel kompetenzorientierter Bildungspläne: „Die **Lehrkräfte berücksichtigen** bei der Planung und Durchführung der Lehr- und Lernprozesse, dass

- sie offene und komplexe Lernsituationen verwenden, die einen aktiven, selbstgesteuerten, konstruktiven und sozialen Lernprozess ermöglichen.
- die Schülerinnen und Schüler Gelegenheit erhalten, regelmäßig ihre Lehr- und Lernprozesse zu reflektieren.
- geeignete diagnostische Instrumente eingesetzt werden, die individuelle Förderkonzepte ermöglichen.
- die Schülerinnen und Schüler die Chance erhalten und ermutigt werden, Verantwortung für ihre Lernprozesse zu übernehmen.
- die Schülerinnen und Schüler an der Planung der Lehr- und Lernprozesse beteiligt werden.
- eine positive Lernatmosphäre geschaffen wird, die einen Kompetenzerwerb zulässt.“ (Wohlgemuth, 2012, Folie 18)

Das bedeutet, dass entsprechende Lehr-Lern-Situationen zwar offen im Hinblick auf die Lösung wie u.U. auch im Hinblick auf die eingesetzten Lernstrategien konzipiert werden müssen, andererseits aber natürlich strukturiert sein müssen im Hinblick auf prozedurale und persönliche metakognitive Kontrollprozesse, oder hierzu zumindest strukturiert Unterstützungsangebote anbieten müssen.

Da es inzwischen eine erhebliche Auswahl an entsprechenden Konzepten gibt, die zu dieser Strukturierung einen Beitrag bieten, z.B. schüleraktivierende Methoden nach Klippert, das SOL-Konzept von Herold, Selbstgesteuertes Lernen im Sinne des Modellversuches Segel-BS, Anregungen Hilbert Meyers zu Merkmalen guten Unterrichts, gilt auch hier wieder hinsichtlich unterrichtstechnischer Stringenz und Umsetzungswahrscheinlichkeit „Weniger ist mehr“. Auch hier ist weniger die Auswahl der konkreten einzelnen Instrumente und Methoden für den Erfolg entscheidend. Vielmehr ist auch hier wichtiger zu einer im Bildungsgang gemeinsam verfolgten Strategie zu kommen.

Eine neue oder intensivierte Anforderung für die Lehrer besteht in der Konstruktion tatsächlich komplexer, herausfordernder und offener Problemstellungen, die echte Herausforderungen darstellen, und das idealerweise noch auf unterschiedlichen Niveaustufen. Diese Anforderung ist auch deshalb so hoch, da der Leistungsbewertungsgedanke implizit immer mitgedacht wird. Hier stellen Transparenz und Vergleichbarkeit wesentliche Kriterien dar. Für die Entwicklung entsprechender Maßstäbe, die auf die Ergebnisse offener Problemstellungen angewendet werden können, bestehen bisher noch keine befriedigenden unterrichtspraktikablen Lösungen.

6. Kompetenzmessung als Ausgangsdiagnostik

Neben den Problemen, die mit der Kompetenzmessung grundsätzlich verbunden sind, liegt für den schulischen Bereich dualer Ausbildung mit der Kompetenzmessung als Ausgangsdiagnostik und ggfs. entsprechender Dokumentation und Zertifizierung ein ganz zentrales Problem mit vielen Facetten vor, für die auch noch keine ausreichenden Lösungen vorliegen, z.T. noch nicht einmal in Sicht sind:

- Grundsätzlich ist bisher völlig ungeklärt, wie der Zusammenhang zwischen Kompetenzentwicklung, Kompetenzmessung und Leistungsmessung definiert ist.

Das MSW kommt in diesem Zusammenhang z.B. zu folgender Einschätzung: „Weitgehend Einigkeit besteht darüber, dass Kompetenz – im Gegensatz zu tatsächlich erbrachter Leistung – eine Disposition ist. Sie befähigt eine Person, konkrete Anforderungssituationen zu bewältigen. Damit ist Kompetenz hinsichtlich der angestrebten Leistung nur Voraussetzung für die Erfüllung, nicht aber die tatsächliche Einlösung. Die wirklich erbrachte Leistung wird in Abgrenzung davon als „Performanz" bezeichnet. Performanz ist – anders als Kompetenz – grundsätzlich beobachtbar und spielt daher eine wesentliche Rolle bei der Leistungsmessung." (Ministerium für Schule und Wissenschaft des Landes Nordrheinwestfalen, 2009, S. 8)

Aus schulpaktischer Sicht stellen sich hier vor allem noch folgende Fragen:

- Wird nur das erreichte Endniveau beurteilt oder wird auch der individuelle Lernzuwachs beurteilt?
- Wie wird beurteilt, wenn der intendierte Endzustand bereits zu Beginn der Ausbildung vorlag? Erhält die Schule dann eine Zertifizierungsfunktion informell erworbener Kompetenzen?
- Welche praktikablen Diagnoseinstrumente existieren insbesondere für Sozial- und Humankompetenzen?
- Wie wird sichergestellt, dass die Konstruktion der Problemstellung tatsächlich die Performanz der zu ermittelnden Kompetenz ermöglicht?
- In Zeiten jetzt schon häufiger Einsprüche gegen Noten stellt sich die Frage, wie die Justiziabilität der Bewertung insbesondere von Sozial- und Humankompetenz sichergestellt wird.
- In welcher Form muss eine solche Bewertung dokumentiert werden, um möglichst hilfreich für den Absolventen und zukünftigen Interessenten derartiger Kompetenzbeurteilungen zu sein?

Lehrer müssen hier vor dem Hintergrund eines veränderten Rollenverständnisses ganz besonders den Spagat aushalten zwischen ihren Rollen als Lernbegleiter, Lernsituationsgestalter und Unterstützer auf der einen Seite und als Bewerter, Zuweiser von Zukunftschancen sowie Betreiber sozialer Auslese auf der anderen Seite, zumal mit unzureichenden Bewertungsmaßstäben.

Wenn die Kompetenzmessung objektivierbar auch und gerade in offenen Aufgaben- und Problemstellungen erfolgen soll, und dabei auch und gerade überfachliche Sozial- und Selbst- oder Humankompetenz messen soll, so bedarf es nicht nur erheblicher Anstrengungen zur Entwicklung solcher Problemstellungen und Lehr-Lernarrangements, die diesem Ansprüchen genügen, sondern erst recht der Entwicklung adäquater diagnostischer Instrumente. (Vgl. Seeber & Nickolaus, 2010, S. 13)

7. Institutionelle und organisatorische Gelingensbedingungen

Wenn Kompetenzorientierung also als Prinzip der Unterrichtsprozessgestaltung umgesetzt werden soll, bedarf es entsprechend behutsamen Vorgehens, Hilfestellung für die Lehrer und der Möglichkeit auch Vorteile der Umsetzung dieses Paradigmenwechsels klar zu erkennen, um die Komfortzone der bisherigen Arbeitsroutine aufzugeben und sich auf unsichere Situationen einzulassen. Auch die Schüler müssen dazu motiviert werden ähnliche Komfortzonen, wie der „dem Lehrer beim Arbeiten zuzuschauen", aufzugeben und selbstbewusst Verantwortung für den eigenen Lern- und Entwicklungsprozess zu übernehmen. Das ist für Lehrer umso schwieriger, als sie sich i.d.R. als die, zumindest fachlichen, Experten ihres Unterrichts verstehen. Ein gemeinsames Kompetenzverständnis stellt hierzu also nur den ersten Schritt dar.

Am Berufskolleg an der Lindenstraße erfolgte zunächst in der erweiterten Schulleitung eine Entscheidung für ein Verfahren der Top-down-Qualifizierung. Kompetenzorientierung wurde als eines der Hauptziele der zukünftigen Schulentwicklung identifiziert und kommuniziert. Wie die oben geschilderten Bausteine beweisen, ist ein erheblicher Zeitaufwand für entsprechende Lehrerqualifikation und entsprechende Abstimmungsprozesse erforderlich. Das kann nur gelingen, wenn den Lehrkräften zeitliche Ressourcen zugestanden werden und erhebliche stundenplantechnische Anstrengungen unternommen werden, um den Prozess zu ermöglichen und zu unterstützen. Das heißt, nur wenn die Leitungsebene hinter dem Gedanken der Kompetenzorientierung steht, kann die Umsetzung gelingen. Aus diesem Grund begann der Prozess der Top-down-Qualifizierung mit einer halbtägigen Schulung zur Bedeutung der Kompetenzorientierung in der didaktischen Jahresplanung.

Die Implementationsforschung stützt diesen Top-down-Ansatz und betont die große Bedeutung der Schulleitung für Veränderungsprozesse. Entscheidend ist hier vor allem den Lehrpersonen eine Vision zu vermitteln und ein anregendes Umfeld zu schaffen, wozu auch die aktive Ermöglichung von Fortbildungen gehört. (Vgl. Gräsel & Parschmann, 2004, S. 203f.)[5]

In einem zweiten Schritt wurden daher für die Bildungsgangkoordinatoren aufgrund ihrer Verantwortung für die didaktische Jahresplanung in ihrem Bildungsgang Workshops zur Entwicklung eines gemeinsamen Kompetenzverständnisses und zur Entwicklung eines Kompetenzprofils angeboten, wie oben ausführlich geschildert. Die

5 Die Bedeutung der Schulleitung wird in vielen Studien hervorgehoben. Ein weiteres Beispiel findet sich bei Reusser & Halbheer, 2008.

Einstellung dieser mittleren Führungsebene ist entscheidend, wenn gewährleistet werden soll, dass entsprechende Anstrengungen an pädagogischen Tagen der einzelnen Bildungsgänge qualifiziert und mit geteiltem Verständnis vorangetrieben werden können.

Eine Erfahrung aus dem laufenden Prozess ist, dass gerade bei großen Schulsystemen kompetenzorientierte Unterrichtsentwicklung an verschiedenen Stellen betrieben wird, dass aber ein uneinheitliches Verständnis der Begrifflichkeiten vorliegt, ebenso wie unterschiedliche Wissens- und Erfahrungsstände bei den einzelnen Kollegen und den einzelnen Bildungsgängen. Wichtig ist daher auch, von den bisher an verschiedenen Stellen unternommenen Anstrengungen zu erfahren, um diese Ergebnisse zu würdigen und idealerweise für die gesamte Schule über Synergieeffekte nutzbar zu machen. Der Eindruck, alles bisher Erarbeitete sei nichts wert und das Rad müsse ein weiteres Mal neu erfunden werden, muss damit unbedingt vermieden werden. Im laufenden Prozess wird derzeit über die Einrichtung einer Stelle diskutiert, die diese bereits vorliegenden Ergebnisse sammelt, bündelt und zur allgemeinen Verfügung stellt.

An verschiedenen Stellen ist der hohe Kommunikations- und Abstimmungsbedarf offensichtlich geworden. Grundsätzlich bedarf es dazu der Stärkung der Teamstrukturen in den einzelnen Bildungsgängen, stundenplantechnische Berücksichtigung dieser Strukturen, z.B. durch gemeinsame Freistunden und Bereitstellung entsprechender Raumkapazitäten, um Zusammenarbeit in diesen Teams und die notwendigen Abstimmungs-, Weiterentwicklungsprozesse und Evaluationsprozesse zu ermöglichen.

Unter arbeitsökonomischen wie auch unter wirtschaftlichen Gesichtspunkten und im Hinblick auf Qualitätssicherung von Unterrichtsentwicklungsprozessen wäre institutionell empfehlenswert, diagnostische Instrumente zentral zu entwickeln und ggfs. zur individuellen Anpassung gemäß Kompetenzprofil des einzelnen Bildungsganges zur Verfügung zu stellen.

8. Fazit

Das Institut für Pädagogik und Schulpsychologie Nürnberg (IPSN) hält auf seiner Homepage fest: „Wer den Unterricht mit dem Ziel der Kompetenzförderung verändern will, muss mehr als den Unterricht verändern: Die Notwendigkeit zur Kooperation muss sich in geeigneten Rahmenbedingungen und Strukturen niederschlagen (Organisationsentwicklung) und durch adäquate Qualifizierungs- und Teamentwicklungsangebote unterstützt werden (Personalentwicklung). Die Herausforderungen an Lehrkräfte und Führungskräfte sind groß: Die Erfahrung zeigt, dass sie ohne Unterstützung für ein Gesamtsystem Schule oft nicht zu bewältigen sind.“ (Institut für Pädagogik und Schulpsychologie Nürnberg, 2013)

„Die zahlreichen Implementationsstudien machen deutlich, dass es unrealistisch ist, den Unterricht dadurch verändern zu wollen, indem man Schulen und Lehrkräften neue Materialien zur Verfügung stellt und darauf hofft, dass sie wie geplant umgesetzt werden.“ (Gräsel & Parschmann, 2004, S. 204) Im Hinblick auf diagnostisches Instrumentarium, besonders im Bereich Sozial- und Selbstkompetenz, wäre allerdings schon ein großer Schritt gemacht, wenn den Schulen zumindest geeignetes Material zur Verfügung gestellt werden könnte.

Aufgrund des fehlenden diagnostischen Instrumentariums besonders für die Ausgangsmessung und Zertifizierung kann zu diesem Zeitpunkt auch noch nicht die wichtige Frage entschieden werden, ob vielfach nur simulative Lernsituationen aufgrund der schwer zu erreichenden emotionalen Labilisierung überhaupt Kompetenzentwicklung ermöglichen oder „nur" die Erreichung von Qualifikationen.

Gerade für den Bereich der Ausgangsdiagnostik bedarf es also noch erheblicher Bemühungen, die Vielzahl der oben skizzierten offenen Fragen zu klären und den Lehrkräften Verhaltenssicherheit zu vermitteln – eine Aufgabe, die die einzelne Schule nicht leisten kann.

Schwierig ist hier auch der Rollenkonflikt zwischen Beurteiler und Lernbegleiter. Möglicherweise können aus der Lehrerausbildung in Nordrheinwestfalen, in der diese Rollen auch unterschiedlichen Personen zugewiesen werden, Modelle für den Unterricht abgeleitet werden.

Oelkers kommt in einem Beitrag des Institutes für Qualitätsentwicklung des hessischen Kultusministeriums zu folgendem Ergebnis: „Ohne spezielle Ressourcen und ohne neue Gefässe, wie die Schweizer sagen, wird es einen kompetenzorientierten Förderunterricht nicht geben. Aber verlangt ist noch viel mehr, nämlich den Ausgang von den Potentialen der Lernenden und die Individualisierung der Leistungsentwicklung. Das würde bedeuten, von allgemeinen Zielen, die für alle gleich gelten, abzurücken." (Oelkers, 2010, S. 16)

Letztendlich ist der entscheidende Erfolgsfaktor Zeit, auch und gerade für Qualifizierungsprozesse der Lehrkräfte und gemeinsame Unterrichtsplanung. Unglücklicherweise entwickelt sich gerade dieser zentrale Gelingensfaktor in Zeiten knapper Landeskassen und Streichung von Lehrerstellen und Vertretungsreserven gerade gegenläufig. Wenn eine Veränderung der Unterichtskultur ernsthaft und professionell umgesetzt werden soll, muss diesem Faktor auch bildungspolitisch Rechnung getragen werden.

Literatur

Bundesinstitut für Berufsbildung. (2010). Kompetenzbasierte Prüfungen im Dualen System – Bestandsaufnahme und Gestaltungsperspektiven, Projektbeschreibung. Verfügbar unter: https://www2.bibb.de/tools/fodb/pdf/at_42333.pdf (Stand 28.05.2013).

Deutscher Qualifikationsrahmen für lebenslanges Lernen, verabschiedet vom Arbeitskreis Deutscher Qualifikationsrahmen am 22. März 2011. Verfügbar unter: http://www.deutscherqualifikationsrahmen.de, (Stand 31.05.2013)

Erpenbeck, J. (2009). Was sind Kompetenzen? in: Faix, W. & Auer; M. (Hrsg,): Talent. Kompetenz. Management. Band 1. Stuttgart: Steinbeis-Edition.

Erpenbeck, J. & von Rosenstiel, L. (2007). Vorbemerkungen zur 2. Auflage in: Erpenbeck, J. & von Rosenstiel, L. (Hrsg.) Handbuch Kompetenzmessung, 2. Überarbeitete Auflage, Stuttgart: Schäffer-Pöschel Verlag.

Gräsel, C. & Parschmann, I. (2004). Implementationsforschung – oder: der steinige Weg, Unterricht zu verändern. Unterrichtswissenschaft 32, S. 196–214.

Herold, C. & Herold, M. (2011). Selbstorganisiertes Lernen in Schule und Beruf. Weinheim und Basel: Beltz.

Heyse, V. & Erpenbeck, J. (Hrsg.) (2007). Kompetenzmanagement – Methoden, Vorgehen, KODE® und KODE®X im Praxistest. Münster: Waxmann.

Institut für Pädagogik und Schulpsychologie Nürnberg (IPSN). http://www.nuernberg.de/internet/paedagogisches_institut/personalentwicklung.html. (Stand 13.06.2013).

Klotz, V. K. & Winther, E. (2012). Kompetenzmessung in der kaufmännischen Berufsausbildung: Zwischen Prozessorientierung und Fachbezug. Eine Analyse der aktuellen Prüfungspraxis. bwp@ Ausgabe Nr. 22, Juni 2012. Verfügbar unter http://www.bwpat.de/ausgabe22/klotz_winther_bwpat22.pdf (Stand 30.07.2013).

Meyer, H. (2004). Was ist guter Unterricht? Berlin: Cornelsen Scriptor.

Ministerium für Schule und Weiterbildung des Landes Nordrhein-Westfalen (Hrsg.) (2009). Didaktische Jahresplanung. Pragmatische Handreichung für die Fachklassen des dualen Systems, Düsseldorf.

Ministerium für Schule und Wissenschaft des Landes Nordrheinwestfalen (Hrsg) (2009). Pädagogische Leitbegriffe am Berufskolleg in Nordrhein-Westfalen, Glossar. Unveröffentlichter Entwurf.

Oelkers, J. (2010). Einige Gelingensbedingungen für kompetenzorientierten Unterricht. Wiesbaden: Hessisches Kultusministerium, Institut für Qualitätsentwicklung.

Reusser, K. & Halbheer, U. (2008). Die Implementation von Bildungsstandards als Anstoß zur Qualitätsentwicklung in: Schule und Unterricht in Landesinstitut für Schule und Medien Berlin-Brandenburg, Bundesministerium für Unterricht, Kunst und Kultur, Schweizerische Konferenz der kantonalen Erziehungsdirektoren (Hrsg.): Bildungsmonitoring, Vergleichsstudien und Innovationen – Von evidenzbasierter Steuerung zur Praxis, Berlin.

Schulgesetz für das Land Nordrhein-Westfalen (Schulgesetz NRW – SchulG) vom 15. Februar 2005 (GV. NRW. S. 102) zuletzt geändert durch Gesetz vom 13. November 2012.

Seeber, S. & Nickolaus, R. (2010). Kompetenzmessung in der beruflichen Bildung. BIBB BWP 1/2010 S. 10-13.

Wilbers, K. (2012). Wirtschaftsunterricht gestalten. Lehrbuch: Eine traditionelle und handlungsorientierte Didaktik für kaufmännische Bildungsgänge. Berlin: epubli.

Winther, E. (2010). Kompetenzmessung in der beruflichen Bildung. Bielefeld: W. Bertelsmann Verlag.

Wohlgemuth, U. (2012). Entwicklung kompetenzorientierter Bildungspläne. Kompetenzorientierte Bildungspläne HBFS Bereich Wirtschaft und Verwaltung. Folienvortrag vom 24.11.2012, Verfügbar unter: http://www.cornelsen.de/lehrplanwechsel-nrw/1.c.3130877.de (Stand 14.09.2013).

Alice Fleischer, Susanne Czachs

Das WIFI-Lernmodell LENA

Kompetenzorientierte Professionalisierung in der Erwachsenenbildung

Abstract

Die Schnelllebigkeit einer wissensbasierten Dienstleistungsgesellschaft stellt die Lernfähigkeiten Erwachsener vor große Herausforderungen. Selbstlernkompetenz entwickelt sich immer mehr zur Schlüsselkompetenz für die Bewältigung beruflicher Herausforderungen. Vor dem Hintergrund des systemischen Konstruktivismus haben die WIFIs[1] der Wirtschaftskammern Österreichs ein Lernmodell entwickelt, das diesen Anforderungen Rechnung trägt und den erforderlichen Rahmen für ein erfolgreiches Lehren und Lernen beschreibt.

1. Einleitung

> *Lernende aktivieren.*
> *Lernenden Raum geben für ihr eigenes Suchen.*
> *Lernende zu Kooperationen und Mitarbeit anstiften.*
> *Lernende unterstützen, ihre Lernfähigkeit zu stärken.*
> *Lernende in ihrer Problemlösungskompetenz stärken.*
> *Lernenden das Gefühl der Selbstwirksamkeit geben.*
> WIFI-Trainerfolder Lernmodell LENA
> (WIFI Österreich, 2010a)

Vor dem Hintergrund des systemisch-konstruktivistischen Ansatzes haben die WIFIs der Wirtschaftskammern Österreichs das WIFI-Lernmodell LENA entwickelt, mit dem das nötige Umfeld für ein erfolgreiches Lehren und Lernen geschaffen wird.

Die dem neuen Lernverständnis erwachsenden Anforderungen an Lehrende und Lernende in der Erwachsenenbildung und deren Lernprozesse werden erörtert und

---

1 **Die WIFIs,** die Wirtschaftsförderungsinstitute der Wirtschaftskammern, sind mit einem Marktanteil von 20 Prozent der größte Anbieter für berufliche Aus- und Weiterbildung in Österreich. Pro Jahr besuchen 340.000 Kundinnen und Kunden 31.000 Kurse, Seminare und Lehrgänge. Aktuell sind 12.000 Trainer/innen im Einsatz. Seit mehr als 60 Jahren ist das WIFI kompetenter Partner der österreichischen Wirtschaft mit neun Landesinstituten und 80 Außenstellen. Praktisches Know-how „made in Austria" bietet das WIFI auch in immer mehr Ländern Ost- und Südosteuropas an und begleitet international expandierende Unternehmen in Albanien, Bosnien-Herzegowina, Bulgarien, Kroatien, Polen, Rumänien, Serbien, der Slowakei, Tschechien, der Türkei und Ungarn (www.wifi.at; www.wifi.eu).

das entwickelte Kompetenzprofil wird vorgestellt. Im Speziellen werden die Anforderungen an Trainer/innen und ihre fachlichen, didaktischen, sozialen und personalen Kompetenzen näher diskutiert und mit gängigen Kompetenzmodellen abgeglichen. Es wird der Frage nachgegangen, wie weit Trainer/innen in der Erwachsenenbildung, die diese Tätigkeit überwiegend nebenberuflich ausüben, Professionalisierungsansprüchen gerecht werden können bzw. diese letztlich an sich selbst stellen. Ein mehrstufiges Evaluierungsverfahren, an dessen Spitze die Entwicklung eines Personenzertifikats nach EN 17024 steht, wird als Meilenstein im Anspruch einer Professionalisierung der Erwachsenenbildung vorgestellt. Es bietet unternehmerisch agierenden Trainer/inne/n eine nachhaltige Möglichkeit, sich eigenverantwortlich weiterzuentwickeln.

Abschließend werden die Auswirkungen dieses Lernparadigmenwechsels mit Blick auf dessen strategische Implementierung in die Organisation näher beleuchtet. Mit welchen Herausforderungen sieht sich ein landesweit tätiger Bildungsanbieter konfrontiert, seinen Qualitätsanforderungen in partnerschaftlicher Zusammenarbeit mit selbstständigen Trainerinnen und Trainern auch tatsächlich gerecht zu werden.

2. Gründe für einen Lehr-/Lernparadigmenwechsel in der Erwachsenenbildung

2.1 Selbstlernkompetenz als wichtige Voraussetzung der Wissensgesellschaft

Lebensbegleitend lernen zu wollen und auch zu können zählt in der dynamischen Wissensgesellschaft längst zu einer der wichtigsten Schlüsselkompetenzen für Beruf und Karriere. Neben einer „Lernkompetenz" sind persönliche Fähigkeiten wie Zutrauen, Kreativität und Eigeninitiative gleichsam von Bedeutung. Die EU-Kommission hat im Zuge ihres Memorandums zum lebensbegleitenden Lernen 2006 acht Schlüsselkompetenzen für lebenslanges Lernen formuliert. Eine dieser acht Schlüsselkompetenzen beschreibt die „Lernkompetenz", das „Lernen Können", als eine Grundvoraussetzung für den Erhalt der Beschäftigungsfähigkeit. Eine weitere Schlüsselkompetenz wird als „Eigeninitiative und unternehmerische Kompetenz" näher ausgeführt. „Lernkompetenz" umfasst jene metakognitiven Kompetenzen, die mit ausschlaggebend für ein erfolgreiches Lernen sind, und die vom Bewusstsein und Verständnis über die eigenen Lernprozesse, einem adäquaten Zeit- und Informationsmanagement bis hin zur persönlichen Motivation und dem Selbstvertrauen reichen. Die „unternehmerische Kompetenz" wird im EU-Dokument mit der Fähigkeit, Ideen in die Tat umsetzen zu können, umschrieben und beinhaltet u.a. Kompetenzen wie Projektmanagement, Teamfähigkeit und die persönliche Selbsteinschätzung. (Europäischer Rat, 2006) In der Tat gehen Berufe mit standardisierten Anforderungsprofilen beständig zurück. So beträgt in Österreich der Beschäftigtenanteil im wissensintensiven Dienstleistungssektor bereits 73 Prozent. (Wirtschaftskammern Österreichs, 2013) Entscheidungen aufgrund der Dynamik von Markt, Wirtschaft und Politik in

Ungewissheit fällen zu müssen, erfordert ein immer stärkeres Maß an Selbstorganisationsfähigkeit. Unternehmerisch denkende Mitarbeiter/innen werden für Unternehmen, die ihre Innovationskraft und Wettbewerbsfähigkeit erhalten und ausbauen wollen, überlebensnotwendig (Heyse & Erpenbeck, 2009, S. XIff.). Solche „Intrapreneure" ergreifen gerne die Initiative, treiben Dinge selbstständig voran und bringen immer wieder frisches Know-how ein, das sie auch praktisch umsetzen können. (VBW, 2003, S. 20f.; Arnold, 2012, S. 9).

2.2 Lernprozesse im Fokus moderner Bildungsarbeit

Kompetenzentwicklung, Outcome-Orientierung, Lernerzentrierung – das sind nur einige jener Schlüsselthemen, die, mitausgelöst durch den Bologna-Prozess zur Umsetzung der europäischen Bildungsstrategie im Hochschulbereich sowie dem bereits einleitend zitierten Bekenntnis zum europäischen Raum des lebenslangen Lernens, Schritt für Schritt auch in den nationalen Bildungsdebatten Einzug gehalten haben. Spätestens seit Beginn der Entwicklung des Europäischen Qualifikationsrahmens im Jahr 2004 und der damit verbundenen Einführung von Bildungsstandards auf den nationalen Ebenen, ist – auch formal – Kompetenzorientierung und ihre Fokussierung auf die Ergebnisse von Lernprozessen zur zentralen Richtschnur moderner Bildungsarbeit geworden. Heyse und Erpenbeck (2009) unterstreichen für die Entwicklung von Industrienationen zu Informations- und Dienstleistungsgesellschaften die Notwendigkeit eines ganzheitlichen Lehr-/Lernkonzepts. Es bedarf einer Aus- und Weiterbildung, welche über die Vermittlung von fachlichem und methodischem Wissens hinausgeht.

Dies wird ebenso untermauert durch Theorien und Erkenntnisse aus Lernpsychologie, Pädagogik, aber auch Betriebswirtschaft. Diese sehen in diesem Zusammenhang eine zunehmende Bedeutung personaler und sozialer Kompetenzen gekoppelt mit Fach- und Methodenkompetenz für die Bewältigung von Problemstellungen und für den Erwerb von Handlungskompetenz.

3. Das WIFI-Lernmodell LENA. Lebendig & Nachhaltig

Vor diesen bildungs-, wirtschafts- und gesellschaftspolitischen Hintergründen haben sich die WIFIs der Wirtschaftskammern Österreichs im Jahr 2009 dazu entschlossen, ein Lernmodell zu entwickeln, das den Rahmen für ein erfolgreiches Lehren und Lernen beschreibt und genau diesem Zugang zu Kompetenzorientierung gerecht wird. Strukturiert und systematisch wird das nötige Umfeld für erfolgreiches Lernen von Erwachsenen geschaffen, das es ihnen ermöglicht, genau jene Kompetenzen zu entwickeln, die sie für die Schnelllebigkeit in der Berufs- und Alltagswelt benötigen.

Das WIFI-Lernmodell LENA – das Akronym LENA steht für LEbendig und NAchhaltig – rückt bewusst die Lernenden, ihre Lernprozesse und die Stärkung der Selbstlernkompetenzen in den Mittelpunkt. Wissenschaftlicher Hintergrund ist das systemisch-konstruktivistische Lernparadigma, das Lernen als aktiven, konstruktiven, selbstgesteuerten und zielorientierten Prozess versteht, der nicht von außen initiiert und gesteuert werden kann. (Arnold, 2012, S. 26ff.)

3.1 Kompetenzorientiertes Lehr-/Lernverständnis. Lebendiges Lernen

Folgt man den aktuellen Erkenntnissen aus Lern- und Gehirnforschung, können Menschen nur zu ihren eigenen Bedingungen lernen. Lehrabsicht und Lernerfolg können, müssen aber nicht zwingend zusammenhängen, denn Wissen ist nicht vermittelbar. Informationen oder Bedeutungen können nicht einfach von einem zum anderen Gehirn transportiert werden, sondern entstehen erst durch die konstruierenden Aktivitäten im Gehirn des Lernenden. (Spitzer, 2007; Hüther, 2011; Roth, 2013)

Kolb (1995) lieferte bereits Mitte der 90iger Jahre eine Beschreibung von Merkmalen des Lernens von Erwachsenen, woraus sich Rückschlüsse auf die Haltung und das Handeln von Erwachsenenbildnern ergeben. So spricht er einerseits davon, dass Erwachsene stets ihre eigene Lebenserfahrung in den Lernprozess miteinbeziehen. Unter Berücksichtigung dieser wird die/der Lehrende vom Allwissenden, die/der jede Frage beantworten kann, zum/zur Begleiter/in, welche/r die Lernenden dabei unterstützt gemeinsam in Erfahrung zu bringen, wo und wie Informationen zu bekommen sind.

Um lernen zu können, müssen Lernende folglich Zeit und Raum erhalten, Neues mit Altem zu verknüpfen, und sie tun dies, indem sie auf die Lerntechniken und Routinen zurückgreifen, über die sie selbst verfügen. Es ist eine zentrale Aufgabe der Lehrenden, Situationen zu schaffen, die ein handlungsorientiertes Lernen möglich machen, das eben nur dann stattfinden kann, wenn Lernende persönliche Erfahrungen selbst machen, Probleme selbst lösen und sich dabei als selbstwirksam erleben. (Siebert, 2006, S. 30ff.). Dass Lernende ihre eigenen Werte, Einstellungen und Meinungen haben, bedeutet, dass diesen in einer wertschätzenden und respektvollen Lernatmosphäre, welche offen und angstfrei ist, Raum für ihr Suchen und ihre Konstruktionen gegeben werden muss. Hierbei werden stets Emotionen und Motivationen der Lernenden berücksichtigt. Umso erfolgsversprechender im Sinne eines nachhaltigen Kompetenzerwerbes erscheinen somit die Konzepte von Erlebnislernen, situiertem Lernen, der Ermöglichungsdidaktik, auf welcher das WIFI-Lernmodell LENA fußt, oder auch Erfahrungslernen. All diese Lernkonzepte haben eine Kompetenzentwicklung im Sinne der Performanzrichtung zum Ziel (Bauer, Böhle & Munz, zitiert nach Heyse & Erpenbeck, 2009; Böhle & Weihrich, 2008). Zudem unterstreichen Arnold (2005) und Gieseke (2007) die Bedeutsamkeit der sogenannten emotionalen Labilisierung in Lernprozessen. Denn wie bereits Siebert (2006) zum Ausdruck brachte, „Erwachsene sind lernfähig, aber unbelehrbar!“

3.2 Handlungskompetenz entwickeln. Nachhaltiges Lernen

Den vorhergehenden Ausführungen folgend sind Kompetenzen nicht „erlernbar", sondern als Dreiklang von Wissen, Fertigkeiten und Haltungen durch Erfahrungen konsolidiert und in der Performanz sichtbar gemacht (Erpenbeck & Heyse, 2007). In der Annahme, dass Lernen im Sinne der Fähigkeit, neue Situationen selbständig erfolgreich bewältigen zu können, verstanden wird, wird Kompetenzlernen und somit der Erwerb von Handlungskompetenz notwendig. Denn Werte, Einstellungen und Regeln müssen erlebt werden, um sie dauerhaft zu internalisieren. Ziel einer modernen Methodik ist es somit, sich von Wissensvermittlung in Form trivialer Vorgänge zu distanzieren und Lehrprozesse zu schaffen, welche eine komplexe Verhaltensänderung oder auch -erweiterung durch eigenes emotionales Erleben ermöglichen.

Erpenbeck & Heyse (2007) führen an, dass genau dieses Kompetenzlernen nur in spezifischen Formen selbstorganisierten Lernens gelingen kann, denn oberstes Ziel ist Selbstorganisationsfähigkeit zur Bewältigung neuer Situationen. Dies bedeutet, dass individualisierte Lernprozesse, welche Problemlösungen in spezifischen persönlichen Situationen bedingen, zum Ziel der didaktischen Gestaltung werden. Während Fach- und Methodenkompetenzen erfolgreich auf die Verfügbarkeit von Wissen bzw. „Know how to do" reduziert werden können, bedarf es zur Entwicklung und Förderung sowohl personaler als auch sozialer Kompetenzen Formen selbstorganisierten Lernens.

Als zentrale Schlüsselelemente für dieses Lernen werden beim didaktischen Lernkonzept LENA die Selbstlernkompetenz und damit einhergehend die bewusste Übernahme der Verantwortung der Lernenden für ihr eigenes Lernen gesehen. Eigenverantwortliches Erarbeiten von Lernergebnissen zu fördern, welches die Interessen der Lernenden berücksichtigt und die eigenständige Nutzung ihres Wissens in den Vordergrund stellt, wird als Aufgabe der Lernbegleiterin bzw. des Lernbegleiters verstanden.

„Nicht mehr die Vorbereitung auf eine spätere Ernstsituation bestimmt die Bildungskonzepte, sondern auch die Befähigung der Lernenden, sich selbst mit den Anforderungen, die auf sie zukommen, [...] auseinanderzusetzen [...]. Kluge Lehre stellt das ICH der Lernenden in den Mittelpunkt [...] und fördert dessen Haltung als aktives, selbstverantwortliches und selbststeuerungsfähiges Lernsubjekt." (Arnold, 2012, S. 45ff.).

3.3 Die Lehrenden als Lernbegleiter/innen

Folgt man dem systemisch-konstruktivistischen Zugang, fungieren Lehrende in ihrer Rolle nicht mehr als (Be-)Lehrende, sondern agieren über ihre Rolle als Wissensvermittler/in und Motivator/in hinaus als Begleiter/in, Berater/in und Moderator/in im Lernprozess. Nach Deitering (zitiert nach Erpenbeck & Heyse, 2007, S. 125) wird den Lehrenden die Aufgabe zugeschrieben „die intellektuellen Fähigkeiten, Entwicklungsbedingungen, speziellen Vorkenntnisse, Motive und Interessen des Lerners zu identifizieren, zu analysieren und zu kommunizieren, damit sie bei der Gestaltung individueller Lernprozesse berücksichtigt werden können. Den Lerner ‚dort abzuholen, wo er steht', verlangt notwendigerweise ein Wissen darüber, wo er denn steht."

Zudem ist es Aufgabe des Lehrenden, nicht nur Hilfestellung während des Lernprozesses anzubieten und Lernende methodisch schrittweise an die neue Form des Lernens heranzuführen, sondern auch auf die unterschiedlichen Ausprägungen der Selbstlernkompetenz der Lernenden Rücksicht zu nehmen und ihre Lehr-/Lernarchitekturen entsprechend auszurichten.

3.4 Eigenverantwortliche Lernende

Durch die Umsetzung offener Lehr-/Lernarrangements in den Trainings und Seminaren erfahren die Lernenden eine indirekte Förderung und Stärkung ihrer Selbstlernkompetenzen. Sie erweitern durch den Einsatz eines breiten Methodenspektrums einerseits – quasi als Grundbedingung – ihre fachlichen und methodischen Kompetenzen. Darüber hinaus werden schrittweise und methodisch wohl dosiert kompetenzerweiternde Elemente integriert, welche auch eine Lernvorbereitung und Lernbegleitung berücksichtigen, wodurch es Lernenden ermöglicht wird, ihre überfachlichen Schlüsselkompetenzen zu erweitern. Mikrodidaktisch – so eine Zielsetzung LENA gerechter Lernarrangements – rücken in Trainings und Seminaren Methoden wie Vortrag und Frontalunterricht spürbar in den Hintergrund zugunsten aktivierender, produktiver und sozialer Methoden. Lernende erhalten die Möglichkeit, sich Inhalte selbst zu erschließen und die gewonnenen Erkenntnisse selbstverantwortlich in ihr Kompetenzprofil zu integrieren. Denn die Überprüfung des Gelernten, das Feststellen und Fördern individueller Stärken und Kompetenzen, kann und soll mitunter durch die Lernenden selbst erfolgen. Lernende lernen nachhaltig, indem sie eingeladen werden, neue Erkenntnisse schon im situativen Lernkontext des Trainings für den (Berufs-)Alltag transferierbar zu machen.

4. Das WIFI-Trainerkompetenzprofil. Anforderungen an Lehrende

Das WIFI hat in Anlehnung an dieses Verständnis von Lehren und Lernen sowie an die dazu erforderlichen Rollen von Lehrenden und Lernenden ein Kompetenzprofil für Trainerinnen und Trainer in der Erwachsenenbildung entwickelt, das jene Anforderungen an persönliche Dispositionen von Erwachsenenbildnern abbildet. Es wird darin einerseits aufgezeigt, wie sie die Selbstlernkompetenz der Lernenden durch selbstorganisiertes bzw. selbstgesteuertes Lernen forcieren und andererseits, welche Haltung sie in der Rolle als Lernbegleiter/in einnehmen können. Das entwickelte Profil liefert Erkenntnisse darüber, welche Kompetenzen bei Lehrenden zu beobachten sein müssen, um genau diesem Verständnis Rechnung zu tragen.

Folgt man bekannten Kompetenztheorien, unterteilen diese übereinstimmend – wenngleich differenziertere und unterschiedlich bezeichnete Kompetenzzuschreibungen zu finden sind (Reinmann-Rothmeier & Mandl, 1997, S. 20ff.; Weinert, 2000) – in die Aspekte der personalen, sozial-kommunikativen und fachlich-methodischen Kompetenz, welche unter dem Begriff Handlungskompetenz subsumiert werden.

Ähnlich diesen hat das WIFI-Trainer-Kompetenzprofil eine Untergliederung dahingehend geschaffen, welche sich in Teilen semantisch auf den ersten Blick unterscheidet, jedoch im Kern das Gleiche verfolgt.

WIFI-Trainerinnen und -Trainer zeigen Wissen, Fähigkeiten und Fertigkeiten, bestehend aus fachlichem Know-how als auch einer gewissen thematischen – auf ihrer Fachexpertise begründeten – Fokussierung in Bezug auf Methodenkompetenz. Die einzelnen Kompetenzbereiche werden im Folgenden als Selbstkompetenz, soziale Kompetenz, didaktische Kompetenz und Kontextkompetenz beschrieben.

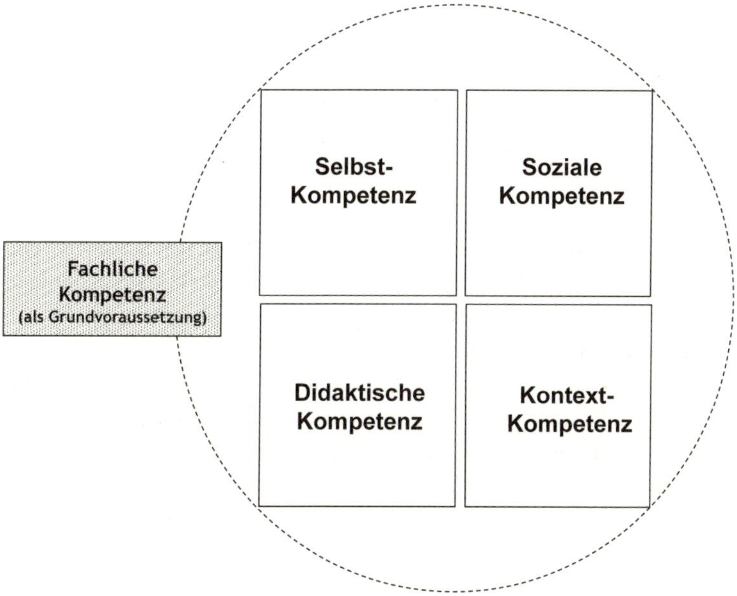

Abb. 1: WIFI Österreich, WIFI-Trainerkompetenzprofil.

Diese vier Kompetenzbereiche werden wiederum untergliedert in einen Kompetenzbeschreibungsrahmen, welcher die einzelnen Kenntnisse und Fähigkeiten in Form von Can-do-Statements detailliert darstellt und in zwei Niveaustufen unterteilt.

Folgt man der gebräuchlichen Auffassung von personaler Kompetenz, findet die Beschreibung von Erpenbeck und Heyse (2007) in Abgleich mit der Selbstkompetenz des WIFI-Trainerkompetenzprofils eine treffende Definition. Sie beschreiben unter anderem, dass diese „jene Persönlichkeitsmerkmale und Handlungsdispositionen eines Individuums zusammenfasst, die es ihm erlauben, sein Handeln in den verschiedensten Situationen zu steuern, zu motivieren und zu initiieren. [...] Personale Kompetenz bezieht sich auf das Beurteilen von Handlungen hinsichtlich deren Durchführbarkeit, ebenso wie daraus resultierender Konsequenzen. [...] Lernprozesse sind dann möglich, wenn die Fähigkeit zu Selbstreflexion ebenso wie die Bereitschaft gewonnene Erkenntnisse in das eigene Handeln zu integrieren sind, gegeben sind. Spricht man von Neugierde, Eigenmotivation, Zielstrebigkeit, sowie Belastbarkeit und Experimentierfreude, welche der personalen Kompetenz zugeordnet werden, ist der Grundstein für selbstorganisiertes Lernen gelegt." (Erpenbeck & Heyse, 2007, S. 97ff.) In Form der bereits erwähnten Can-do-Statements wurden ebensolche Kenntnisse, Fähigkeiten und Fertigkeiten für das WIFI-Trainerkompetenzprofil näher erläutert, die diesem Verständnis entsprechen. So wird zum Beispiel beschrieben, dass Trainer/innen am WIFI „in der Lage sind, empathisch eine Beziehung zu Lernenden zu entwickeln und für diese als Begleiter/in präsent zu sein. Sie können sich auf ihr Gegenüber einstellen, können Techniken zur Selbstreflexion situationsadäquat einsetzen oder kritisch ihre eigene Identität und Rolle als Trainer/in analysieren und reflektieren." (WIFI Österreich, 2010b).

Soziale Kompetenz fasst häufig Kommunikations-, Kooperations- und Kompromissfähigkeit sowie Offenheit, Fairness, Kritik- und Konfliktfähigkeit zusammen. Eine WIFI-Trainerin bzw. ein WIFI-Trainer weiß beispielsweise um die Eigendynamik von Gruppengeschehen und kann diese produktiv gestalten sowie für den Lernprozess nutzen. Zudem weiß sie/er auch, dass das Lernverhalten in Gruppen durch Muster bestimmt ist, die durch die sehr spezifischen Motivlagen sowie lebensweltbezogenen Dimensionen der Lernenden bestimmt werden. Auch verfügt sie/er beispielsweise über die Fähigkeit mit Konflikten in Gruppengeschehen sowie mit einzelnen Lernenden mittels situationsadäquater Gesprächsführung deeskalierend zu agieren.

Darüber hinaus hat das WIFI-Trainerkompetenzprofil eine detaillierte Beschreibung zur didaktischen Kompetenz formuliert, welche im Vergleich zu anderen Kompetenzbereichsbeschreibungen mitunter eine Kombination aus fachlicher, methodischer und instrumenteller Kompetenz darstellt. So wird zum Beispiel angeführt, dass Trainerinnen und Trainer am WIFI wissen, dass eigenes Lehren nur eine von mehreren Möglichkeiten zur Bereitstellung von Wissen, Erklärungen und Beratung ist und sie auch ungewollte Nebenwirkungen einer überwiegend lehrabhängigen Bildungsarbeit kennen. Des Weiteren wissen sie um die Wichtigkeit des selbstgesteuerten Lernens für die Kompetenzentwicklung erwachsener Lerner und räumen diesem deshalb einen prioritären Stellenwert in Lernarrangements ein. Sie entwickeln und nutzen zudem die Selbstevaluierungs- und Reflexionskompetenz ihrer Lernenden.

Als vierte „Säule" des WIFI Trainerkompetenzprofils wurde die Kontextkompetenz bestimmt. Hier können Lehrende beispielhaft die Systematik der Klassifizierung und Beschreibung von Kompetenzen erläutern. Sie wissen um die kurze Verfallszeit eines nur fachlichen Wissens und sind in der Lage, auch die außer- und überfachlichen Kompetenzen ihrer Lernenden sowie deren Selbstlernkompetenz zu stärken. Sie wissen des Weiteren um die Wirkungsweise von komplexen Systemen, können den systemisch-konstruktivistischen Ansatz in ihre Bildungsarbeit integrieren und diesen plausibel erklären.

Didaktische Kompetenz – Niveau WIFI Österreich Trainer-Diplom

Kompetenzbeschreibung/-rahmen	Can-do Statements/Kenntnisse und Fertigkeiten
TRAINER/INNEN AM WIFI...	
... verfügen über didaktisches Wissen, welches sie in die Lage versetzt, die Aneignung der Lernenden wirksam und nachhaltig zu unterstützen.	• Können ihre fachspezifischen Unterrichtssequenzen planen und durchführen. • Können komplexere Lernsettings erwachsenen- und zielgruppengerecht sowie didaktisch fundiert unter Berücksichtigung unterschiedlichster Rahmenbedingungen gestalten • Können Lernziele transparent kommunizieren und Konsens mit Teilnehmern herstellen • Können auf WIFI Leistungsangebot wie z.B. Verfahren und Methoden für individuelle, situationsgerechte, über das konkrete Training/die Kursveranstaltung hinausgehende Lernbegleitung am WIFI verweisen
... verfügen über didaktisch-methodische Fähigkeiten zur aktivierenden Gestaltung nachhaltiger und lebendiger Lernprozesse Erwachsener und nutzen auch die spezifischen Möglichkeiten der Bildungstechnologien.	• Können dem Teilnehmerkreis entsprechende aktivierende Methoden auswählen und diese begründen • Können Lernmethoden im Sinne eines lebendigen und nachhaltigen Lernens (LENA) anpassen • Können ausgewählte Lerninhalte methodisch und didaktisch im Sinne von LENA aufbereiten und durchführen • Können ihre Methodenauswahl zur Ermöglichung von lebendigem und nachhaltigem Lernen begründen, variieren und kritisch beurteilen • Können Bildungstechnologien gezielt einsetzen, begründen und kritisch reflektieren • Können Gruppen leiten und steuern
... verfügen über ein grundlegendes Repertoire von unterschiedlichen mündlichen sowie schriftlichen Formen der Lernerfolgskontrolle.	• Können unterschiedliche schriftliche und mündliche Methoden zur Sichtbarmachung von Lernerfolgen einsetzen, begründen und kritisch beurteilen
... entwickeln und nutzen auch die Selbstevaluierungs- und Reflexionskompetenz ihrer Lernenden.	• Können ihr Bewusstsein über die eigene Selbstevaluierungs- und Reflexionskompetenz darlegen und untermauern • Können bei Evaluationsverfahren gezielt Selbstevaluierung und Reflexion der Teilnehmer fordern und fördern • Bieten Teilnehmern Möglichkeiten, diese gezielt weiterzuentwickeln

Abb. 2: WIFI Österreich. Auszug WIFI-Trainerkompetenzprofil – Didaktische Kompetenz Niveau 2 Trainer-Diplom

4.1 Professionalisierung von Erwachsenenbildnern. Erste Schritte zur Schaffung des organisationalen Rahmens

Im Zuge der Ausarbeitung des WIFI-Trainerkompetenzprofils ebenso wie in den ersten Implementierungsschritten des WIFI-Lernmodells LENA hat sich gezeigt, dass bei Lehrenden häufig ein gewisses Maß an Unvertrautheit mit neueren Methoden und didaktischen Ansätzen zu verzeichnen ist. Unglaublich scheint dies in Anbetracht der Tatsache, dass bereits Adolf Diesterweg (1790-1866) postulierte, „was der Mensch sich nicht selbst erwirkt und erarbeitet hat, das ist er nicht und das hat er nicht." Es stellte sich während der Entwicklungsphase von Professionalisierungsmaßnahmen für Erwachsenenbildner die Frage, warum ein derartiger Zugang seit Jahrhunderten nicht nur im Kontext von Aus- und Weiterbildung im Allgemeinen und jener von Erwachsenenbildnern im Speziellen wenig Anklang gefunden hat. Umso weniger verwunderlich ist daher die Tatsache, dass nach wie vor viele Lehrende mit Methoden des selbstgesteuerten Lernens nicht vertraut sind, weil sie diese faktisch selbst nie in ihren eigenen formalen Lernerfahrungen erlebt haben, wodurch sie sich deren Wirksamkeit nicht bewusst sind und somit auch die entsprechende Überzeugung fehlt. Es fällt offensichtlich vielen Lehrenden schwer, ihr bestehendes Methoden- und Verhaltensrepertoire abzuändern. Altbewährte und zum Teil tradierte Vermittlungs- und Moderationsroutinen bestehen weiterhin. Wenngleich es scheint, dass sich Lehrende immer stärker bewusst sind, dass lernerzentrierte Methoden für den Lernerfolg große Bedeutung haben, dominiert, wie ein Studierendenprojekt der HTW in Berlin 2010 gezeigt hat, in Seminaren einer Vielzahl von Bildungsanbietern nach wie vor der Frontalunterricht (o.A., 2010, S. 13).

In vielen Bildungseinrichtungen, vor allem im tertiären Bereich, ist nach wie vor ein kaum abgeändertes Lehrverhalten zu erkennen. Zwar werden teilnehmerorientierte Methoden immer häufiger angewandt, jedoch reichen diese über bekannte Formen des Präsentierens wie Referate und Diskussionen kaum hinaus. Dem Erfahrungslernen wird somit kaum Rechnung getragen. Mögliche Ursachen hierfür wurden in der Entwicklungsphase ergründet und mit Erkenntnissen aus der andragogischen und schulpädagogischen Praxis verglichen (Arnold, 2002; Klippert, 2004; Meyer, 2001).

Klippert (2004, S. 41) stellt pointiert fest, dass „tradierte Lehr- und Lernkulturen sich nur dann letztlich nachhaltig verändern, wenn die schulischen Akteure das wohl begründete Gefühl haben, dass die geforderten Reformen unter Alltagsbedingungen machbar, sinnvoll und lohnend sind und ohne Autoritätsverlust und persönlichen Dilettantismus verwirklicht werden können."

Daraus lässt sich schließen, dass neue Lehr- und Lernmethoden sowie Aufgaben der Beratung und Begleitung selbst kennen gelernt und angewandt werden müssen, damit über das bloße Darüber-Wissen hinaus ein praktisches Können und Beherrschen sowie in weiterer Folge ein Anwenden, erfolgen kann. So sind auch Veranstaltungen für Lehrende entsprechend handlungs- und erfahrungsorientiert zu gestalten, denn auch Lehrende sind Lernende.

Um dem Lehr-/Lernparadigma der WIFIs gerecht zu werden, bedarf es somit Aus- und Weiterbildungsmaßnahmen respektive Qualifizierungsangebote, welche praktikabel und umsetzbar sind, um dem entsprechen zu können, was als Lehr-/Lernverständnis seitens der Organisation postuliert wird. Zudem ist es unabdingbar, dass die Organisation selbst einen Haltungswandel vollzieht, wodurch im wertschätzenden Umgang miteinander sowohl das neue Lehr-/Lernverständnis getragen, aber auch die Rollen der Lehrenden und Lernenden verstanden und vertreten sowie die dafür notwendigen Rahmenbedingungen geschaffen werden.

Eine Lernmethode ist lebendig und nachhaltig wenn sie S.P.A.S.S. macht.

SELBSTGESTEUERT	• Lernende haben die Möglichkeit, Wissen und Lernwege selbst zu bestimmen. • Lernende überprüfen ihre Lernergebnisse selbst. • Lernende gestalten Ziele, Prozesse und Lernbedingungen mit. • Lernende werden darin unterstützt, die Verantwortung für ihr Lernen selbst zu übernehmen. • Die/Der Lehrende ist prozessverantwortlich: Sie/Er schafft die Bedingungen für das gelingende Selbstlernen der Lernenden.
PRODUKTIV	• Vorerfahrung und Vorwissen der Lernenden werden eingebunden. • Lernenden wird Raum geboten für Neugier und Entdeckung(sarbeit). • Lernende nehmen unterschiedliche Perspektiven ein. • Lernenden erhalten die Möglichkeit, eigene Sichtweisen zu hinterfragen.
AKTIVIEREND	• Lernende bearbeiten konkrete Arbeitsaufträge. • Lernenden wird ermöglicht, Lösungswege selbst zu planen, durchzuführen und zu überprüfen. • Lernende entwickeln selbst Initiativen. • Lernenden wird ermöglicht, praxis- und erlebensorientiert zu arbeiten.
SITUATIV	• Lernende nützen und reflektieren die Hier- und Jetzt-Situation. • Die Methode nimmt Bezug auf die Situation der Lerngruppe. Sie ist auf die Situation der Lernenden und der Lerngruppe abgestimmt. • Lernende erarbeiten Lösungen anhand von Praxisbeispielen. • Lernende übertragen Musterlösungen in die eigene Praxis. • Lernenden werden Empfehlungen für Praxistransfer geboten.
SOZIAL	• Lernende erleben Wertschätzung. • Lernende erhalten Zeit und Raum für ihre Fragen und Feedback. • Lernende nehmen Emotionen wahr. • Lernende üben konstruktive Formen der Kommunikation. • Lernende werden bei der kooperativen Erarbeitung von Lösungen gefördert.

© Prof. Dr. Rolf Arnold und WIFI-Trainernetzwerk

Abb. 3: WIFI Österreich. S.P.A.S.S.-Methodenkriterien

Die Kanäle, die Trainerinnen und Trainern die Möglichkeiten geben sollen, ihre Expertise mit den neuesten Erkenntnissen der Lernforschung abzugleichen, reichen von Trainerkongressen, einschlägigen Fachvorträgen, exklusiven Train-the-Trainer-Seminaren und Methoden-Workshops, Online-Selbst-Checks, Lernplattformen samt Literatur und maßgeschneiderten Trainer-Unterlagen bis hin zu moderierten Communities of Practice.

In den WIFI internen Train-the-Trainer-Angeboten erhalten Trainer/innen die Möglichkeit, ihre Methodenpraxis zu reflektieren und auszubauen. LENA ist hier nicht bloß Ziel, sondern vielmehr Programm-Methoden werden erlebt, ausgetauscht und gemeinsam weiterentwickelt, und letztlich in – haptisch attraktiver Form – kommuniziert.

Trainer werden darüber hinaus gezielt angeleitet, ihr eigenes Lernen konstruktiv zu reflektieren. Sie erhalten die Möglichkeit, sich selbst bei ihren eigenen Lernprozessen zu beobachten und daraus Rückschlüsse für ihr Handeln und ihre Haltung als Trainer zu ziehen.

Das Lehr-/Lernparadigma der WIFIs wird für die praktische Umsetzung respektive Planung und Durchführung von Veranstaltungen im so genannten S.P.A.S.S.-Raster dargestellt. Merkmale eines selbstorganisierten Lernens, das die Selbstlernkompetenz steigert, wurden in diesen fünf Kategorien dargestellt.

Diese Zuschreibungen sollen Lehrende auf pragmatische und rasche Art und Weise darin unterstützen, herauszufinden, ob und inwiefern sie das WIFI-Lernmodell LENA auf makro- als auch mikrodidaktischer Ebene berücksichtigen.

Neben der Erweiterung ihrer methodisch-fachlichen Expertise erhalten die Trainer/innen die Möglichkeit, einen reflexiven Zugang zu ihrem eigenen Lernen aufzubauen. Es wird ihnen von Beginn ihrer Trainertätigkeit an die Gelegenheit gegeben, in einem geeigneten Rahmen sich selbst beim Lernen und ihre Handlungen als Lernende zu beobachten und darüber hinaus ihr professionelles Handeln zu reflektieren und konstruktiv zu hinterfragen. Die Möglichkeit der Trainer-Selbstevaluierung verfolgt dabei nicht den Zweck, Dritten die Lücken, Schwächen oder gar Irrtümer, denen man als Lehrender vermeintlich aufgesessen wäre, aufzuzeigen. Vielmehr geht es darum, durch die konstruktive Auseinandersetzung mit der eigenen Haltung und seinem eigenen professionellen Rollenverständnis in der Auseinandersetzung mit dem Lernverständnis des WIFI-Lernmodells seine fachlich-methodischen Kompetenzen zu erweitern und seine Praxis nach den Erkenntnissen der Lernforschung auszurichten.

4.2 Ein anerkannter Professionalisierungsprozess. Der Weg zum Personenzertifikat

> „Kluge Lehre beobachtet ihre Erfolge und beurteilt diese – in regelmäßigen Evaluierungen – auf der Basis von Standards und Qualitätskriterien."
> (Arnold, 2012, S. 152)

Um die oben genannten Professionalisierungsangebote für Lehrende als Organisation fassen und auch nachweislich aufzeigen zu können, entwickelten die WIFIs ein dreistufiges Evaluierungsverfahren.

Dieses setzt sich aus einer onlinebasierten Selbstevaluierung, dem WIFI Österreich Trainer-Diplom sowie dem WIFI Personenzertifikat „Zertifizierte/r Trainer/in in der Erwachsenenbildung" nach EN 17024 zusammen.

Nutzen und Mehrwert für Trainer/innen sind unter anderem die Kompetenzerweiterung zum/r Lernbegleiter/in, das persönliche Wachstum und die Tatsache, dem Anspruch an die eigene Professionalität in der Erwachsenenbildung (Trainieren nach dem „State of the Art") in nachweisbarer und anerkannter Weise gerecht zu werden.

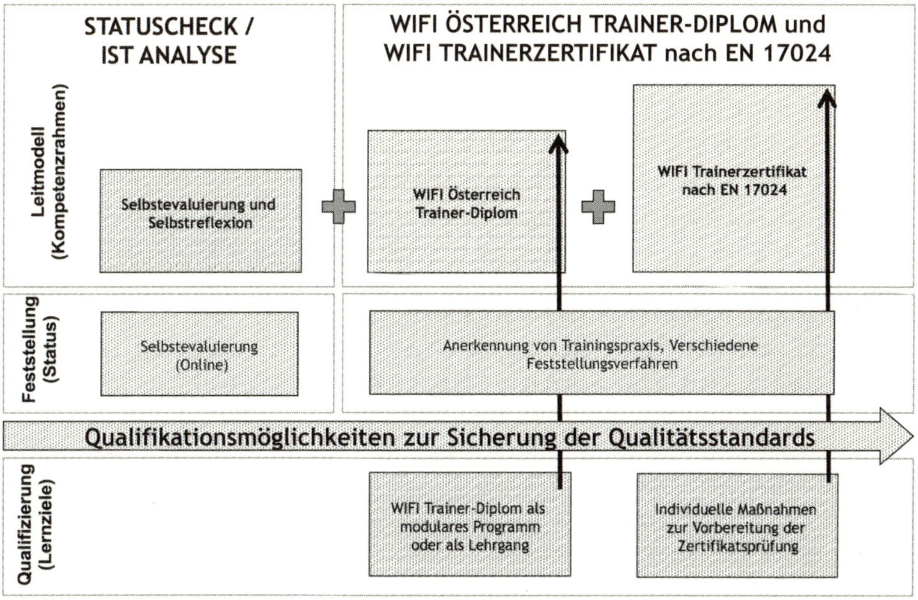

Abb. 4: Grafik WIFI Österreich – WIFI-Trainerzertifizierung in 3 Stufen

Das Evaluierungsverfahren rückt die kognitiven und metakognitiven Lernprozesse der Lehrenden in den Mittelpunkt und trägt zur Stärkung deren Selbstlernkompetenz bei.

Die Umsetzung des österreichweiten WIFI-Trainer-Diploms und die Einführung des kompetenzbasierten WIFI-Personenzertifikats „Zertifizierte/r Trainer/in der Erwachsenenbildung“ nach EN 17024 markieren qualitative Meilensteine in der beruflichen Erwachsenenbildung. Unternehmerisch agierende Trainer/innen erhalten hier die Möglichkeit, ihr Können, lehrend und lernbegleitend tätig zu sein, in einem qualitativ standardisierten Verfahren nachzuweisen. Neben der Überprüfung fachlicher Kenntnisse und Fertigkeiten zum Thema Lehren und Lernen unter Einbeziehung aktueller Lehr-/Lernforschung spielen Praxisbezug und der Nachweis konkreter Erfahrungen im Trainingsbereich eine wesentliche Rolle. Laufende Selbst- und Peer-Reflexionen verdeutlichen den Stellenwert, welcher der Haltung eines Trainers/einer Trainerin beigemessen wird, über einen strategischen Zugang zum eigenen Lernen zu verfügen und sich selbst als ständig (selbst-)lernendes Subjekt zu sehen.

4.3 Nachhaltige Integration des Professionalisierungsprozesses. Herausforderungen für die Umsetzung

Die Wirtschaftsförderungsinstitute zählen aktuell rund 12.000 aktive Trainer/innen. Es handelt sich in erster Linie um in der Wirtschaft tätige Fach- und Führungskräfte mit profunden Branchenkenntnissen, die ihre Lehrtätigkeit überwiegend nebenberuflich ausüben. Eine der zentralen strategischen Herausforderungen ist es, die methodischen Zugänge und formulierten Ansprüche im Trainerkreis operativ nachhaltig zu verankern, möchte man den Lernkulturwandel nicht bloß ausrufen, sondern auch tatsächlich mit Leben erfüllen. So beschreibt Klippert (2004, S. 14), dass „ohne korrespondierende Qualifizierungsoffensive die allseits propagierte Unterrichtsentwicklung eine ziemlich hohle Angelegenheit bleibt. Ohne das Erproben und positive Erleben neuer Lehr- und Lernstrategien ändern die meisten Lehrkräfte ihr angestammtes Repertoire bestenfalls marginal." Arnold (2002, S. 11) stimmt ein, indem er erläutert, dass „Lehrer/innen ... neue und lebendigere Methoden ... (nur) dann einsetzen, wenn sie selbst dazu Gelegenheit hatten, diese als Lerner zu erleben."

Eine der zentralen Fragen, denen sich die Organisation stellen muss, ist die, wie man es schaffen kann, vielbeschäftigte Berufspraktiker/innen und Expertinnen und Experten aus den unterschiedlichsten Berufsfeldern – quasi nebenbei – dazu zu bringen, diesen Professionalisierungsanspruch an sich selbst zu stellen und sich auf den (selbst-)reflexiven Weg der persönlichen und fachlichen Weiterentwicklung zu machen.

Dem systemisch-konstruktivistischen Lernparadigma folgend, ist die Sinnhaftigkeit und Effektivität einer bloßen Verordnung eines Lernkulturwandels von vornherein auszuschließen. Unternehmen oder Kulturen, die als komplexe soziale Systeme verstanden werden, zeigen rasch die Grenzen der Steuerbarkeit einer verordneten Veränderung auf, vielmehr gilt es den Fokus auf deren Fähigkeit zur Selbstorganisation in den Vordergrund zu rücken. (Kasper & Mühlbacher, 2002, S. 97)

Die Haltung – mental und gleichzeitig programmatisch – organisationales Lernen vor allem als sozialen Prozess zu betrachten, wurde als eine für die WIFI-Organisation praktikable Herangehensweise bei der Projektumsetzung identifiziert, wie sie Kasper und Mühlbacher (2002, S. 147) als „bislang zwei ‚konstruktivistisch-systemischen Schulen' [...] um Peter Senge [einerseits] und um Nonaka und Takeuchi [andererseits]" beschreiben.

Aus diesem Grund wurden für die Entwicklung des WIFI-Lernmodells von Anfang an Trainer/innen und Berufspraktiker/innen aus ganz Österreich in die Ausarbeitung und Formulierung der didaktischen Standards einbezogen. Im Rahmen einer Vielzahl von Workshops, die durch Rolf Arnold von der TU Kaiserslautern wissenschaftlich begleitet wurden, wurden Zielsetzungen und qualitative Rahmenbedingungen in einer gemeinsamen Arbeit zwischen Lehrenden und Mitarbeiter(inne)n aller Landes-WIFIs formuliert. Die Aufgabe der Multiplikatorinnen und Multiplikatoren ist zum einen, gemeinsam entwickelte Standards in den eigenen Trainings auszuprobieren und Erfahrungen zurückzuspielen. Zum anderen stellen diese Multiplikator/inn/en den Kreis jener Lehrenden dar, die in den Landes-WIFIs Trainer- und Mitarbeiter-Workshops zur Vorstellung, Umsetzung und Implementierung des LENA-Konzeptes durchführen. Neben den Trainer-Experten entsenden die Landes-WIFIs auch Kolleginnen und Kollegen in das österreichweite Entwicklerteam. Die so zusammengesetzte Projektrunde fungiert als „Hypertext-Organisation", bei der die Projekt-Mitarbeiter/innen aus der hierarchischen Struktur heraus rekrutiert werden, Aufgaben gemeinsam bearbeiten, Ergebnisse speichern, und dann wieder in ihre Funktion im Land zurückkehren (Nonaka & Takeuchi, zitiert nach Kasper & Mayrhofer, 2002, S. 150f.).

Die gewählte Vorgehensweise, engagierte und betroffene Trainer/innen von Beginn an miteinzubeziehen, zielte darauf ab, einen „Schneeballeffekt" auszulösen, indem Trainerkollegen auf Basis ihrer Lern-Erfahrungen andere Trainerkollegen dazu motivieren, die neuen Konzepte aktiv in den Trainings umzusetzen. Gleichzeitig wurden und werden Testimonial-Berichte über Praxis- und Umsetzungserfahrungen (Best-Practices) regelmäßig in die internen Kommunikationsmedien aufgenommen. Diese Multiple-Nucleus-Strategie geht davon aus, dass Innovationen an günstigen Stellen in Organisationen gestartet werden, um im Anschluss daran eine Diffusionswirkung zu erzielen. (Fandel-Meyer & Seufert, zitiert nach Adelsmair, 2013, S. 97)

Die Herausforderung für die Organisation besteht darin, quasi zeitgleich eine umfassende Expertise zum Thema Lernen nach den Erkenntnissen aus der Lehr-/Lernforschung aufzubauen und diese in den regionalen Train-the-Trainer-Veranstaltungen einzuführen, um sie weiterzutragen. Nachdem sich die jährlich rund 30.000 Trainings- und Seminare an den WIFIs nicht zeitgleich LENA gerecht umbauen lassen, ist es wesentlich, ‚temporäre parallele Lernsysteme' wie sie Schein (2006, S. 128) beschreibt, zuzulassen und „Phasen des Ungleichgewichts als normale Bestandteile [zu] erwart[en] und nicht als schlimme Störungen [zu] erleb[en]" (Schein, 2006, S. 129). „Wenn die Grundannahmen wahrhaft verändert werden sollen [...] kann die Transformation zwischen fünf und fünfzehn Jahren oder länger dauern.] (Schein, 2006, S. 129).

4.4 Das WIFI als lernende Organisation

„Wer das Lernen verändern will, muss mehr als das Lernen verändern."
(Internes Strategiepapier WIFI-Lernmodell, 2008)

In genau dieser anmutenden Ausweglosigkeit steckt die große Chance, möchte man das systemisch-konstruktivistische (Lern-)Paradigma nicht bloß in den Kontext von Bildungsprozessen gerückt sehen, sondern es als mögliches Konzept zur erfolgreichen Gestaltung und Steuerung von Organisationen und Unternehmenskulturen betrachten.

Der Umgang mit Lernkulturen erlaubt Assoziationen zu Führungskulturen in Unternehmen und deren Strategien im Umgang mit komplexen, dynamischen Veränderungen von Wirtschaft und Märkten im Zeitalter der Globalisierung. So bietet die Entwicklung lernender Organisationen, die ihr Wissensmanagement an Erfahrungslernen, ein Lernen voneinander oder einen wertschätzenden Umgang mit Menschen und deren Lebens- und Berufsbiographien anknüpfen, mögliche Lösungsansätze zur erfolgreichen Organisationsentwicklung. (Senge, 2011)

Nichtsdestotrotz ist es mit Sicherheit eine der größten strategischen und operativen Herausforderungen, denen sich die Organisation jemals gestellt hat, den Lernkulturwandel konsequent und nachhaltig voranzutreiben und den Lernparadigmenwechsel flächendeckend einzuführen.

Als sich die Wirtschaftsförderungsinstitute im Jahr 2009 dazu entschlossen, ein wissenschaftlich fundiertes didaktisches Modell für ihre Organisation zu erarbeiten und zu implementieren, hatten sie anfänglich bloß das Kursgeschehen in den Lehrsälen im Kopf. Lehren und Lernen könnten schon von der Begrifflichkeit her bloß Lehrende - die WIFI-Trainer - und Lernende - die WIFI Kunden - betreffen, Lernkultur könnte sich auf die Geschehnisse in Lehrsälen und Kursräumen beschränken. Der Schaffung entsprechender Kompetenzprofile wohnte eine stille Hoffnung inne, eine „neue" Lernkultur auf Knopfdruck und per „Checklisten" verordnen zu können, die darüber hinaus die restliche Organisation und Administration selbst so gut wie nicht berühren würde.

Die Entwicklung und Implementierung einer Lernkultur, die nachhaltiges Lernen in den Mittelpunkt ihrer strategischen Ausrichtung rückt, hat - quasi ungefragt als Nebenwirkung - auch die Organisation WIFI im Sinne einer lernenden Organisation weiterentwickelt. Erfahrungslernen, Reflexion, Selbststeuerung und Selbstverantwortung - zentrale Elemente von lebendigem und nachhaltigem Lernen - halten Schritt für Schritt auch in den Personalentwicklungen der WIFIs Einzug. Konstruktivistisch orientierte Lernansätze, die darauf abzielen, Problemstellungen aktiv und selbstgesteuert durch die Lernenden zu bewältigen und so die Chancen des Lerntransfers zu erhöhen (Gräsel & Mandl, zitiert nach Allmendinger, 2008; Kohler, zitiert nach Allmendinger, 2008), charakterisieren in immer stärkerem Ausmaß österreichweite WIFI-Personalentwicklungsmaßnahmen von Mitarbeiterinnen und Mitarbeitern. Die Organisation selbst nach den Grundmaximen eines nachhaltigen Lernens auszurichten und aktiv weiterzuentwickeln unterstreicht die Absicht, als Agent des Anliegens einer nachhaltigen Kompetenzentwicklung selbst glaubwürdig zu sein. Dass es sich bei „der" WIFI-Organisation de facto um 10 Organisationen - neun Landes-Organisationen und das Bundes-WIFI - handelt, macht die Komplexität möglicher Einflussfaktoren bei der strategischen Implementierung deutlich. (Fleischer & Czachs, 2012, S. 290ff.)

5. Ausblick

Kompetenzorientierte Prüfungen als offene Hausaufgabe

„Wird dumm geprüft, wird dumm gelernt."
(Hauer, 2011)

Um die Lücke zwischen kompetenzorientierter Kursarchitektur und in vielen Fällen wissensorientierter Prüfungskultur zu schließen, entwickeln und implementieren die WIFIs aktuell (2013) eine Prüfungsdidaktik, die handlungsorientierte Feststellungsverfahren zur Anwendung bringt und die Integration von Selbst-, Peer- und Fremdevaluierung umfasst. Denn wer lebendig und nachhaltig lernt und Kompetenzen erwirbt, darf aus gutem Grund und mit Recht kompetenzorientierte Prüfungsverfahren erwarten. (Fleischer, 2013)

Literatur

Adelsmair, D. (2013). Verantwortung für den eigenen Lernprozess übernehmen. Die Entwicklung der Selbstlernkompetenz in einem Blended Learning System am Erwachsenenbildungsinstitut WIFI am Beispiel des Vorbereitungslehrganges zur Berufsreifeprüfung im Fach Mathematik. Unveröffentlichte Master-Arbeit, Hagen: Fernuniversität, Fakultät für Kultur- und Sozialwissenschaften.

Allmendinger, K. (2008). Aufgabenorientierte Personalentwicklung: Konstruktivistische und computerbasierte Ansätze,. In J. Ryschka, M. Solga & A. Mattenglott (Hrsg.), Praxishandbuch Personalentwicklung. Instrumente, Konzepte, Beispiele. (S. 167-188). Wiesbaden: Gabler.

Arnold, R. (2002). Strukturreform allein reicht nicht. In: GEW-Zeitung Rheinland-Pfalz 6/2002, S. 11ff.

Arnold, R. (2005). Die emotionale Konstruktion der Wirklichkeit. Beiträge zu einer emotionspädagogischen Erwachsenenbildung. Hohengehren: Schneider.

Arnold, R. (2007). Ich lerne also bin ich. Eine systemisch-konstruktivistische Didaktik. Heidelberg: Carl Auer.

Arnold, R. (2012). Wie man lehrt, ohne zu belehren. 29 Regeln für eine kluge Lehre. Das LENA-Modell. Heidelberg: Carl-Auer.

Böhle, F. & Weihrich, M. (Hrsg.) (2008). Handeln unter Unsicherheit. Wiesbaden: Verlag für Sozialwissenschaften.

Erpenbeck, J. & Heyse, V. (2007). Die Kompetenzbiografie. Wege der Kompetenzentwicklung. Münster: Waxmann.

Europäischer Rat (2006). Schlüsselkompetenzen für lebenslanges Lernen. Verfügbar unter: http://ec.europa.eu/education/lifelong-learning-policy/key_de.htm [20.9.2013].

Fleischer, A. (2013). Das WIFI-Lernmodell LENA. Erfolgreiches Lernen in der Erwachsenenbildung ermöglichen. Magazin erwachsenenbildung.at. Das Fachmedium für Forschung, Praxis und Diskurs, 20. Verfügbar unter http://erwachsenenbildung.at/magazin/13-20/meb13-20.pdf. [20.11.2013]. Druck-Version: Books on Demand GmbH: Norderstedt.

Fleischer, A. & Czachs, S. (2012). Das WIFI-Lernmodell LENA: Lebendig und nachhaltig – Kompetenzorientierung in der Erwachsenenbildung umsetzen. In: M. Mair et al (Hrsg.). Problem-Based Learning im Dialog. Anwendungsbeispiele und Forschungsergebnisse aus dem deutschsprachigen Raum. (S. 284–296). Wien: Facultas.

Gieseke, W. (2007). Lebenslanges Lernen und Emotionen: Wirkungen von Emotionen auf Bildungsprozesse aus beziehungstheoretischer Perspektive. Bielefeld: Bertelsmann.

Hauer, E. (2011). Wird dumm geprüft, wird dumm gelernt. Plädoyer für den Einsatz anwendungsorientierter Prüfungsaufgaben im Hochschulbereich, Magazin erwachsenenbildung.at. Das Fachmedium für Forschung, Praxis und Diskurs, 12. Verfügbar unter http://erwachsenenbildung.at/magazin/11-12/meb11-12.pdf [20.9.2013]. Druck-Version: Books on Demand GmbH: Norderstedt.

Heyse V. & Erpenbeck, J. (2009). Kompetenztraining. Stuttgart: Schäffer-Poeschel. S. XX.

Hüther, G. (2011). Belohnung ist genauso falsch wie Bestrafung. Gerald Hüther im Interview. Managerseminare, 159 (Juni), S. 44–47.

Kasper, H./Mayrhofer, W. (Hrsg.) (2002). Personalmanagement. Führung. Organisation (S. 150f.), Wien: Linde.

Kasper H. & Mühlbacher J. (2002). Von Organisationskulturen zu lernenden Organisationen. In: H. Kasper & W. Mayrhofer (Hrsg.), Personalmanagement. Führung. Organisation (S. 95-155). Wien: Linde.

Klippert, H. (2004). Lehrerbildung. Unterrichtsentwicklung und der Aufbau neuer Routinen. Weinheim und Basel: Beltz.

Kolb, D.A. (1995). Organisational Behavior. New Jersey: Prentice Hall.

Meyer, H. (2001). Türklinkendidaktik. Aufsätze zur Didaktik, Methodik und Schulentwicklung. Berlin: Cornelsen.

O.A. (2010). Im Seminar dominiert Frontalunterricht, Studierendenprojekt der Hochschule für Technik und Wirtschaft (HTW) Berlin. Training Aktuell, 11/2010. S. 13.

Reinmann-Rothmeier, G. & Mandl, H. (1997). Wissensmanagement in der Schule. In: Profil 10/1997. Hrsg. Vom Deutschen Philologenverband. S. 20ff.

Roth, G. (2013). Viel Wissen geht verloren. Gerhard Roth im Interview. Focus, 16, S. 132.

Schein, E. (2006). Organisationskultur. The Ed Schein Corporate Culture Survival Guide. Bergisch Gladbach: Edition Humanistische Psychologie EHP.

Senge, P. (2011). Die fünfte Disziplin: Kunst und Praxis der lernenden Organisation. Stuttgart: Schäffer-Poeschel.

Siebert, H.(2006). Didaktisches Handeln in der Erwachsenenbildung. Didaktik aus konstruktivistischer Sicht. Augsburg: Ziel.

Spitzer, M. (2007). Lernen. Gehirnforschung und die Schule des Lebens. München: Elsevier.

Turecek, K. & Peterson B. (2012). WIFI-Lernbuch. Lebendig und Nachhaltig lernen. Wien: Service GmbH der WKÖ.

VBW–Vereinigung der Bayerischen Wirtschaft (Hrsg) (2003). Bildung neu denken! Das Zukunftsprojekt. Opladen: Leske und Budrich.

Weinert, F. (2000). Lehren und Lernen für die Zukunft. Hrsg. vom Pädagogischen Zentrum. Bad Kreuznach.

WIFI Österreich. (2010a). Trainerfolder WIFI-Lernmodell LENA. Lebendig und Nachhaltig. Online verfügbar unter: http://portal.wko.at/wk/dok_detail_file.wk?AngID=1&DocID=1432136&StID=572244 [zuletzt abgerufen: 20.9.2013].

WIFI Österreich. (2010b). Trainerkompetenzprofil. Unveröffentlichtes Dokument.

Wirtschaftskammern Österreichs. (2013). Statistisches Jahrbuch. Online verfügbar unter: http://portal.wko.at/wk/format_detail.wk?AngID=1&StID=357405&DstID=17 [zuletzt abgerufen: 20.9.2013].

Rolf Arnold, Thomas Prescher, Sebastian Werle

Schlüsselkompetenzen entwickeln

Ermöglichungsdidaktik als Rahmen individueller Professionalität und organisationaler Strategie

Abstract

Inside-out-Lernarrangements werden verstärkt gefordert, in der Praxis scheint jedoch eine unveränderte am Inhalt orientierte Unterrichtspraxis vorzuherrschen. Der vorliegende Beitrag möchte daher unter Rückgriff auf Erkenntnisse didaktischer Forschung Anregungen für die Umsetzung der Ermöglichungsdidaktik in Schulen geben, um den Forderungen nach Kompetenzorientierung und der Entwicklung von Schlüsselkompetenzen im schulischen Alltag Rechnung tragen zu können. Hierzu werden die Auswertungen von Fallanalysen vorgestellt, die dem forschungsmethodischen Vorgehen einer didaktischen Rekonstruktion folgen. Im Ergebnis werden für die didaktische Theoriebildung die drei zentralen Dimensionen einer kompetenzorientieren Beschreibung der Ermöglichungsdidaktik präsentiert. Ermöglichungsdidaktik wird dabei mit Bezug auf die erforderlichen systematischen Vorkehrungen für eine Realisierung in schulischen Organisationen als

- Lernkulturkompetenz,
- organisationale Kernkompetenz und
- ermöglichungsdidaktische Gestaltungskompetenz mit kontextabhängigen Schlüsselkompetenzen entwickelt.

1. Kompetenzermöglichendes Lehren und Lernen

Erpenbeck & Sauer (2000, S. 297) fordern: „Eine innovationsfördernde Lernkultur muss kompetenzbasiert, eine kompetenzbasierte Lernkultur muss innovationsfördernd sein." Hintergrund dieser Forderung ist unter anderem eine Veränderung der gesellschaftlichen Arbeits- und Berufsstrukturen (vgl. Hendrich, 2009, S. 229), welcher bereits Dieter Mertens (1974, S. 39) mit der Propagierung einer erhöhten Anpassungsfähigkeit des Subjekts begegnete. Aus didaktischer Perspektive schließt das die Forderung nach flexiblen Lernern ebenso ein wie die Forderung nach beweglichen Lehrenden.

Diese Flexibilität des Subjekts fügt sich in den Rahmen eines lebenslangen Lernens ein, das Luhmann & Schorr (1999, S. 87) als Reaktion auf eine erhöhte Komplexität ansehen. Sie betonen die individuelle „Umstellfähigkeit" (ebd.), die ein Lernen des Lernenkönnens erforderlich mache. Aus Sicht des Arbeitsmarktes gewinnen u.a. Flexibilität und Anpassungsfähigkeit (vgl. Ridder, 2001, S. 15), Beschäftigungsfähigkeit (vgl.

Schmidt, 2010) sowie Entrepreneurship (vgl. Retzmann, 2012) an Bedeutung. Die gemeinsame Zieldimension dieser Konzepte liegt in einer „abstrakten" Marktfähigkeit oder auch Anschlussfähigkeit der Lernenden. Nach der Bildungskommission NRW (1995, S. 56) geht es dabei nicht um das Erreichen einer opportunistischen Anpassung insbesondere der Schüler an Markterfordernisse, sondern darum, Lernarrangements derart zu entwickeln, dass sie den Lernenden dabei unterstützen, „(...) einsichtiger, selbstständiger, urteilsfähiger und handlungsfähiger zu werden" (ebd., S. 58). Schlüsselkompetenzen können dabei als Dispositionen betrachtet werden, eine ungewisse Zukunft zu sichern (vgl. de Haan, 2008, S. 25ff.), womit sie an Bedeutung gewinnen.

Schlüsselkompetenzen erscheinen bei näherer Betrachtung als ein facettenreicher Gegenstand. Verschiedene Forschungsbemühungen versuchen Schlüsselkompetenzen zu erfassen und zu dimensionieren (zum Beispiel Erpenbeck & Rosenstiel, 2003, S. 3ff.; Bunk, 1994; de Haan, 2004, S. 40ff.), wobei eine hohe Diversität in den Systematisierungsversuchen zu beobachten ist. Mit Bezug auf die Zieldimensionen der „abstrakten" Marktfähigkeit und Anschlussfähigkeit der Lernenden, können für eine kompetenzbezogene Analyse eines schlüsselkompetenzermöglichenden Lehrens und Lernens drei charakteristische Merkmale herausgestellt werden, bei denen Schlüsselkompetenzen als kompetenzgenerierende Lösungsmuster, die eine Sachkompetenz ergänzen (vgl. Kadishi, 2007, S. 175), verstanden werden:

- Selbstorganisationsdisposition: selbstorganisierte Wissensgenerierung und situationsangemessenes Handeln.
- Psychosoziale Komponenten: Berücksichtigung nichtkognitiver Dispositionen.
- Kontextbezug: kontextübergreifende Kompetenzanwendung und kreative Situationsbewältigung (vgl. Barth, 2009, S. 2).

In Bezug auf ein kompetenzorientiertes Lehren und Lernen ist damit die Frage zu stellen, wie der Erwerb dieser Schlüsselkompetenzen ermöglicht werden kann – eine nicht einfach zu klärende Problematik, da Schlüsselkompetenzen eine „mental complexity" (Barth, 2007, S. 155) markieren. Dies bedeutet, dass im Rahmen des Kompetenzerwerbs die verschiedenen Kompetenzen kaskadenartig ineinandergreifen, aufeinander verweisen und in Beziehung stehen (vgl. Hojnik, 2009, S. 415).

Dementsprechend äußern Böttcher & Lindart (2009, S. 7) Kritik an überlieferten Lehr-/Lernformen, indem sie die unzureichende Qualität in deutschen Schulen monieren und feststellen, dass der Unterricht vielfach noch zu sehr auf Wissensvermittlung ausgerichtet sei und zu wenig auf eine Kompetenzentwicklung – insbesondere derjenigen Kompetenzen, die jenseits fachlicher Grenzen notwendig seien. Die Autoren gehen sogar so weit zu sagen, dass der Unterricht in Schulen zu wenig auf die komplexen Anforderungen der modernen Gesellschaft und Arbeitswelt vorbereite. Es fehlen hier Konzepte, die eine Selbststeuerung und Selbstlernkompetenzen als zentrale Bildungsanliegen in den Vordergrund rücken. Diese würden in Form eines integrativen Ansatzes erreicht werden (vgl. Brauchle, 2007, S. 1).

Die Dominanz außerfachlicher und überfachlicher Kompetenzen in der bildungspolitischen Debatte lässt daher stärker ein Lernen in den Blick rücken, welches Denken, Fühlen und Handeln kombiniert, weil diese Triade in der Realität selbst integriert auftritt und die Konstruktion der Wirklichkeit des Einzelnen ausmacht. Um diesem Anspruch gerecht zu werden, wird eine moderne Didaktik gefordert, die eine „Pluralisierung des Lehrens und Lernens" (Arnold & Lermen, 2003, S. 26) realisiert. Mit ihr kann eine dominierende Inhaltsorientierung im Rahmen von Lernprozessen in eine Methodenorientierung transformiert werden, um den individuellen Wirklichkeitskonstruktionen der Lernenden gerecht werden zu können:

> „Es kann nicht sein, dass allzu oft in den Kursen der Weiterbildung allein der Inhalt im Vordergrund steht. Lernerfolg tritt nämlich erst dann gesichert ein, wenn der inhaltliche Aspekt eng mit dem formalen verzahnt ist. Der oft gehörte Einwand, damit bleibe der Stoff auf der Strecke, trägt wohl nicht. Er verkennt, dass besagter Stoff bei einem beachtlichen Teil der Teilnehmenden überhaupt erst gar nicht ankommt oder aber suboptimal aufgearbeitet wird. Sie verfügen nämlich schlicht und einfach nicht oder nur unzureichend über die dazu erforderlichen formalen Kompetenzen. Es ist hilfreich, sich die Alternative klar vor Augen zu führen, wie sie sich aus den empirischen Ergebnissen ergibt: Entweder sich auf die Stoffvermittlung zu fixieren und zu riskieren, dass dann 30 bis 50 Prozent der Teilnehmenden erfolglos bleiben. Oder Inhalte radikal zu reduzieren, dafür konsequent die Einübung formaler, allen voran metakognitiver Kompetenzen in die Kursarbeit einzubeziehen, um einen umfassenderen Lernerfolg zu ermöglichen" (Kaiser & Kaiser, 2011, S. 17).

Eine auf Kompetenzentwicklung ausgerichtete Didaktisierung schulischen Unterrichts sollte deshalb den Umgang mit anderen Wirklichkeitskonstruktionen im Sinne der Berücksichtigung formaler und metakognitiver Kompetenzen üben und auch die dabei wirksamen je unterschiedlichen Aneignungsprozesse selbst als Teil des Lerngegenstandes verstehen. Siebert (1991, S. 80) betont in diesem Zusammenhang die Sensibilisierung für die eigenen Wahrnehmungs-, Gefühls- und Denkvorgänge als wesentliche Dimension der pädagogischen Professionalisierung. Diese Sensibilisierung bezieht sich sowohl auf den Umgang mit sich selbst als Lehrender als auch auf die Wirkungszusammenhänge innerhalb der Lernprozesse bei Lernenden, die sich didaktisieren lassen. Als eine pädagogische Schlüsselkompetenz kann in diesem Sinne ein miterlebendes Nachvollziehen angesehen werden, mit dessen Hilfe der Vielfalt der Wirklichkeitskonstruktionen der Lernenden Rechnung getragen werden kann (vgl. Gieseke, 2010, S. 66). Siebert (2005, S. 10) versteht das dies ermöglichende didaktische Handeln als zentrale professionelle Schlüsselkompetenz. Die Annahme der Schlüsselkompetenzen selbst verdeutliche dabei, dass hier verschiedene Kompetenzen in Lehr-/Lernprozessen ineinandergreifen, um das Lernen der Lernenden zu unterstützen (vgl. Bartosch, 2007, S. 38).

Entsprechend dieser sich herauskristallisierenden Kompetenzorientierung kann für die Didaktik als Wissenschaft formuliert werden, das ein Shift von einer Didaktik ersten Grades (Bildungstheoretische Didaktik) über eine Didaktik zweiten Grades (Lehr-/lerntheoretische Didaktik) hin zu einer Didaktik dritten Grades (Ermöglichungsdidaktik) feststellbar ist. Bei der Didaktik dritten Grades wird in Anlehnung an die konstruktivistische Systemtheorie eine Lernkultur pluraler Selbststeuerung als Voraussetzung für eine Kompetenzentwicklung angenommen (vgl. Arnold, 2005, S. 4), wobei dieser Shift zur Didaktik dritten Grades den Bedarf einer theoretischen Präzisierung dieser Ermöglichungsdidaktik aufwirft (vgl. Arnold, 2013).

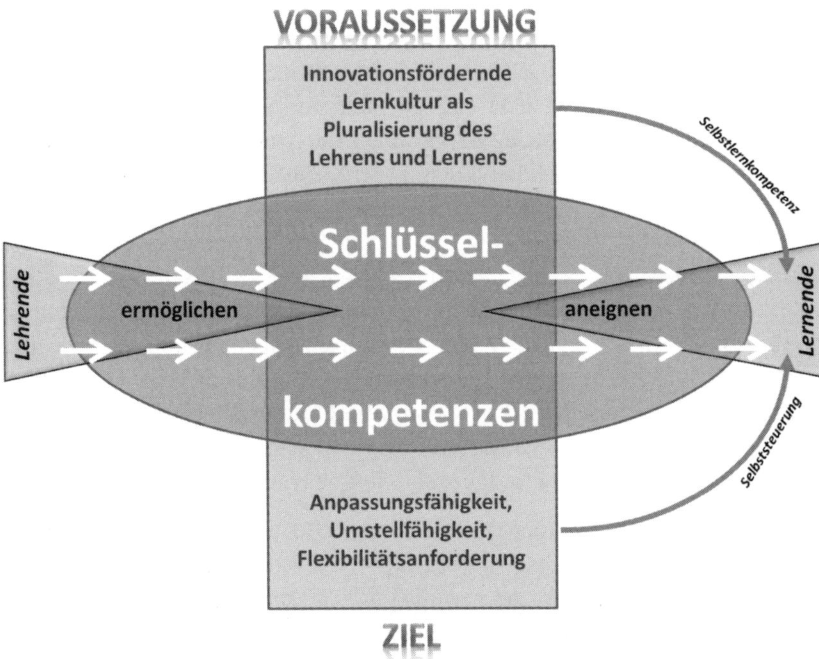

Abb. 1: Kompetenzermöglichendes Lehren und Lernen. Quelle: eigene Darstellung.

2. Grenzen der Ermöglichungsdidaktik und Bedarf einer theoretischen Präzisierung

Die Versuche, die Ermöglichungsdidaktik als Didaktik dritten Grades zu entwickeln, blieben nicht widerspruchsfrei. Raddatz (2003, S. 105) spricht beispielsweise von den „Unmöglichkeiten der Ermöglichungsdidaktik". Zentraler Kritikpunkt ist, dass die Ermöglichungsdidaktik zwar ein Theoriegerüst bereithalte, dieses jedoch zu wenig praxisbezogen sei. Handlungsanweisungen bleiben vage und eher allgemein. „Ermöglichungsdidaktik lässt einen zunächst im Unklaren über das, was die Begriffe Autopoiesis/Selbstorganisation und Freiheit/Selbstbestimmung miteinander verbindet bzw. voneinander trennt" (ebd., S. 185). Diese Einsicht ist nicht ganz unbegründet, wissen die Vertreter dieser Didaktik doch selbst, dass in der Ermöglichungsdidaktik eine Wirklichkeit sichtbar wird, „(…) die vielerorts noch nicht ‚ist', aber ‚sein könnte'." (Arnold, 2012b, S. 3).

Aus Perspektive der Ermöglichungsdidaktik kann die häufig anzutreffende Bildungspraxis als suboptimal kritisiert werden; denn obwohl die empirische Unterrichtsforschung auf eine outcomeorientierte Lernkultur ausgerichtet wird (vgl. Klieme & Rakoczy, 2008, S. 220ff.), besteht der Eindruck, dass die eigentliche Kompetenzdebatte doch eher nur auf der Ebene von Lehrplänen und Modulhandbüchern ihren Niederschlag findet. Eine tatsächliche Veränderung auf der didaktischen Ebene, so die Wahrnehmung, steht noch aus. Hierfür könnte eine weitere theoretische Fundierung der Ermöglichungsdidaktik einen reflexiven Ausweg aus der Selbsterstarrung darstellen, indem sie dem professionellen Handeln neue Lesarten zur Gestaltung von Unterrichtsprozessen anbietet.

> „So lässt sich vermeiden, dass man der Steuerungsillusion ‚aufsitzt' und dem ‚Erstarrungsrisiko' erliegt" (Arnold, 2005, S. 2).

Ein solches Bemühen könnte zugleich helfen, den Pragmatismus, der die Rolle und die Haltung der Lehrenden in ihrer Bedeutung für die Aneignungsbewegung der Lernenden fokussiert, in seiner Einseitigkeit zu überwinden. Gleichzeitig können entscheidende Merkmale einer outcomeorientierten Lernkultur erschlossen und begründet werden (vgl. Arnold, 2012b, S. 4). Eine wichtige Säule ist dabei das Aufzeigen ermöglichungsdidaktischer Lehr-/Lernformen, um zu verdeutlichen, dass die Ermöglichungsdidaktik nicht nur ein aufscheinendes Ideal einer systemischen Pädagogik ist, sondern auch Charakteristikum einer neuen Fachlichkeit, wie zum Beispiel Konzepte und Projekte im Kontext der beruflichen Bildung eindrucksvoll zeigen (vgl. Allmansberger et al., 2009).

Insgesamt kann für die Ermöglichungsdidaktik festgestellt werden, dass viele Praxisberichte und konzeptionelle Schriften entstehen, aber systematische Forschungen zur Beschreibung der Ermöglichungsdidaktik als empirisch rückgebundene Lehr-Lern-Strategie erst in Ansätzen vorliegen. Um diese Lücke zu schließen, wurde eine Sekundäranalyse (vgl. Brauchle, 2007, S. 4) an ausgewählten Beispielen durchgeführt, um notwendige Ansprüche, Widersprüche und Grenzen aufzeigen zu können.

3. Sekundäranalyse zur ermöglichungsdidaktischen Theoriebildung

Für die durchgeführten Fallanalysen stand die Frage im Vordergrund, wie in unterschiedlichen Kontexten die Gestaltung handlungs- und aneignungsorientierter Lernarrangements nach ermöglichungsdidaktischen Grundsätzen erfolgt. Von besonderem Forschungsinteresse für eine ermöglichungsdidaktische Theoriebildung sind dabei die Fragen nach der fachlichen Einbettung und den systematischen Vorkehrungen innerhalb der institutionellen und organisationalen Kontexte sowie im Kontext kompetenzentwickelnder Strategien (vgl. Arnold & Pachner, 2011, S. 305; Arnold, 2012b).

In den Fallanalysen wird einem methodischen Vorgehen der „didaktischen Rekonstruktion" (Beercroft & Schmidt, 2012, S. 161) gefolgt, wobei an der (Re-)Konstruktion des Gegenstandes „Ermöglichungsdidaktik" angesetzt wird. Das untersuchte Konstrukt wird damit nicht einfach erfunden, sondern anhand der vorfindbaren Strukturen und Merkmale konkreter Projekte entwickelt. Die didaktische Fallstudienforschung rückt den Untersuchungsgegenstand metaphorisch gesprochen, „ins rechte Licht." (ebd. S. 162). Es sollen damit weniger evidenzbasiert Wirkungen beobachtet oder über Konstrukte gestritten werden (vgl. Arnold, 2007, S. 79). Dies erscheint in Anlehnung an Böttcher & Lindart (2009, S. 125) auch als fraglich, denn es ist erkenntnistheoretisch noch keineswegs abschließend geklärt, welche Konzepte der Evaluation dem Gegenstand der Pädagogik und Didaktik gerecht werden. Es geht deshalb darum, die Wirkungen nicht nur nüchtern zu messen, sondern darauf zu blicken, wie die Prozesse in der Bildungspraxis gestaltet werden und sich entwickeln.

> „Fallstudienforschung soll als Ergebnis Hilfestellung für den Schulpraktiker im Sinne von Erklärung und Handlungsorientierung bieten" (Weitz, 1994, S. 91).

Insofern soll die vorliegende Darstellung ermöglichungsdidaktischer Beispiele als eine didaktische Forschung verstanden werden, die Siebert (2005, S. 14) als „Relationsforschung" beschreibt. In dieser Forschung geht es darum, Zusammenhänge zwischen verschiedenen Bedingungsfaktoren in Lehr-/Lernprozessen zu untersuchen.

> „Didaktische Forschung beabsichtigt selten die Falsifizierung und Verifizierung operationalisierter Hypothesen. Didaktische Forschung ist vor allem Anregungsforschung, und zwar konzeptionell und bildungspraktisch" (ebd., S. 16).

Damit die Anregungen für einen pädagogischen und didaktischen Erfolg optimal auf jeweils unterschiedliche Kontexte übertragen werden können, ist es daher das Ziel bei der Darstellung der durchgeführten Fallanalysen, die Ermöglichungsdidaktik mit den dazugehörigen nötigen individuellen und organisationalen Kompetenzen zu erfassen. Es ist nach Kadishi (2007, S. 177) zu differenzieren (1), was neben einem fachlichen Know-how die relevanten Kompetenzen für ein ermöglichungsdidaktisches Lernszenario sind. Es ist zu spezifizieren (2), in welchen Tätigkeiten und Settings diese Kompetenzen zum Tragen kommen. Und es ist zu definieren (3), was eine ermöglichungsdidaktische Kompetenz in einem spezifischen Anwendungskontext bedeutet. Dabei geht es nicht darum, alles einzugrenzen und damit vorzugeben, wie sich Lehrende „ermöglichungsdidaktisch verhalten" sollten, sondern vielmehr darum, einen Gestaltungsraum als so genannten Scaffold aufzuspannen, der einen Raum für ein selbstgesteuertes Lernen und ein Ownership bezüglich der Lernziele und Lernprozesse beim Lernenden ermöglicht (vgl. Arnold, 2011, S. 9):

> „Lernen ist nur über eine aktive Beteiligung der Lernenden (einschließlich Motivation und Interesse) möglich; kein Lernen ist ohne selbstgesteuerten Anteil denkbar; über kontinuierlich ablaufende individuelle Wahrnehmungs-, Erfahrungs- und Interpretationsprozesse ist Lernen in jedem Fall konstruktiv; eingebettet in jeweils spezifische Kontexte verläuft Lernen stets situativ; und schließlich ist Lernen immer auch sozial in dem Sinne, dass Lernen zum einen ein interaktives Geschehen darstellt und zum anderen soziokulturellen Einflüssen

ausgesetzt ist. Diese Prozessmerkmale des Lernens sind generell von Bedeutung, erlangen aber im Erwachsenenalter noch mehr Gewicht. Gerade für Erwachsene sind Aspekte wie Eigenaktivität, Interessenbezug, Eigenverantwortlichkeit, Integration gemachter Erfahrungen und bestehender Überzeugungen sowie Bezug zu konkreten Situationen besonders wichtig. Erwachsenengemäßes Lernen zeichnet sich etwa im Vergleich zum schulischen Lernen durch größere Lernerfahrungen, ausgeprägteres Vorwissen und Bedürfnis nach Selbstgestaltung von Lernprozessen aus" (Reinmann-Rothmeier & Mandl, 1997, S. 356).

Um dem professionellen Handeln vor Ort neue Lesarten anzubieten, soll die Analyse der Lernszenarien exemplarisch im Bereich der schulischen Bildung, beruflichen Bildung, universitären Hochschulbildung und Altenbildung anhand der Kriterien eines Lernens im Sinne der Ermöglichungsdidaktik erfolgen (vgl. Arnold & Gómez Tutor, 2001, S. 138), die ihre Konkretisierung im ermöglichungsdidaktischen SPASS-Akronym für ein lebendiges und nachhaltiges Lernen finden (vgl. Arnold, 2012a, S. 79f.):

SELBST-GESTEUERT	Lernende haben die Möglichkeit, Wissen und Lernwege selbst zu bestimmen.
	Lernende überprüfen ihre Lernergebnisse selbst.
	Lernende gestalten Ziele, Prozesse und Lernbedingungen mit.
	Lernende werden darin unterstützt, die Verantwortung für ihr Lernen selbst zu übernehmen.
	Die/Der Lehrende ist prozessverantwortlich: Sie/Er schafft die Bedingungen für das gelingende Selbstlernen der Lernenden.
PRODUKTIV	Vorerfahrung und Vorwissen der Lernenden werden eingebunden.
	Lernenden wird Raum geboten für Neugier und Entdeckung(sarbeit).
	Lernende nehmen unterschiedliche Perspektiven ein.
	Lernenden erhalten die Möglichkeit, eigene Sichtweisen zu hinterfragen.
AKTIVIE-REND	Lernende bearbeiten konkrete Arbeitsaufträge.
	Lernenden wird ermöglicht, Lösungswege selbst zu planen, durchzuführen und zu überprüfen.
	Lernende entwickeln selbst Initiativen.
	Lernenden wird ermöglicht, praxis- und erlebensorientiert zu arbeiten.
SITUATIV	Lernende nützen und reflektieren die Hier- und Jetzt-Situation.
	Die Methode nimmt Bezug auf die Situation der Lerngruppe. Sie ist auf die Situation der Lernenden und der Lerngruppe abgestimmt.
	Lernende erarbeiten Lösungen anhand von Praxisbeispielen.
	Lernende übertragen Musterlösungen in die eigene Praxis.
	Lernenden werden Empfehlungen für Praxistransfer geboten.
SOZIAL	Lernende erleben Wertschätzung.
	Lernende erhalten Zeit und Raum für ihre Fragen und Feedback.
	Lernende nehmen Emotionen wahr.
	Lernende üben konstruktive Formen der Kommunikation.
	Lernende werden bei der kooperativen Erarbeitung von Lösungen gefördert.

Abb. 2: SPASS – Kriterien eines lebendigen und nachhaltigen Lernens.
Quelle: Arnold, 2012a, S. 79f.

Untersuchungsobjekte der Sekundäranalyse waren folgende Lernszenarien, wobei im vorliegenden Beitrag die Darstellung und Auswahl im Hinblick auf die Übertragbarkeit in Schulen und Berufsschulen eingegrenzt wurde:

- School for Life in Chiang Mai (http://www.school-for-life.org)
- Selbstlernsemester an der Kantonsschule Zürcher Oberland (www.kzo.ch)
- Schulen der zweiten Chance (Europäische Kommission, 2001, S. 6)
- 50+-PC-Kurse für Ältere im Buntentor – Schüler und Schülerinnen unterrichten Senioren und Seniorinnen (http://www.seseko.de)
- Modelversuche aus BLK-Programm „SKOLA – Selbstgesteuertes und kooperatives Lernen in der beruflichen Erstausbildung“ (Euler & Pätzold, 2004 sowie Projekthomepages)
- GiWA-Teilprojekt „AlphaKU – Neue Beschäftigungsperspektiven für Geringqualifizierte durch Grundbildung und Alphabetisierung“ (www.giwa-grundbildung.de)
- Kooperatives Übersetzen und Dolmetschen – Project Based Learning und Problem Based Learning (Orban & Kornelius, 2008)
- Sustainable Learning in the Community (SLIC) (Bissland et al., 2010)

4. Dimensionen einer kompetenzorientierten Beschreibung der Ermöglichungsdidaktik

Im Ergebnis der Sekundäranalysen der Lernszenarien kann festgestellt werden: Wollen Schulen innovativ sein, bedarf es eines relationalen Innovationsmanagements, denn nach Bergmann & Daub (2006, S. 128) wird immer derjenige innovativ, der die Bedingungen des Lernens von Organisationen und Individuen versteht. Die Erforschung der didaktischen Zusammenhänge zwischen Wissen, Lernen und Kompetenzentwicklung verweist auf die Notwendigkeit einer „(…) substanzielle(n) Neubestimmung der didaktischen Faktoren (…)“ (Arnold, 2005, S. 2). Damit ist auch eine Erweiterung des didaktischen Blicks über die bisherigen Verdichtungen auf eine unterrichtsbezogene Lehr-Lern-Analyse hinaus erforderlich, wie sie die bildungstheoretische Didaktik (Didaktik ersten Grades), die Lehr-/lerntheoretische Didaktik (Didaktik zweiten Grades) oder bisher die Ermöglichungsdidaktik selbst (Didaktik dritten Grades) verfolgt haben (vgl. ebd. S. 4f.).

Unterrichten und Erziehen erscheinen vor dem Hintergrund der erfolgten Sekundäranalyse nicht mehr allein als die relevante Interventionsebene eines unterrichtsbezogenen didaktischen Handelns; hinzu kommen Ansätze eines unterrichtsbezogenen Qualitätsmanagements (vgl. Rolff, 2011, S. 3ff.). Diese erscheinen mit Blick auf Brauchle (2007, S. 13) erforderlich, da zwar von einer breiten Akzeptanz einer notwendigen Rollenveränderung der Lehrenden ausgegangen werden kann und damit das Ziel von Selbststeuerung und Selbstlernkompetenzen positiv bewertet wird, während die Unterrichtspraxis selbst jedoch kaum verändert wird.

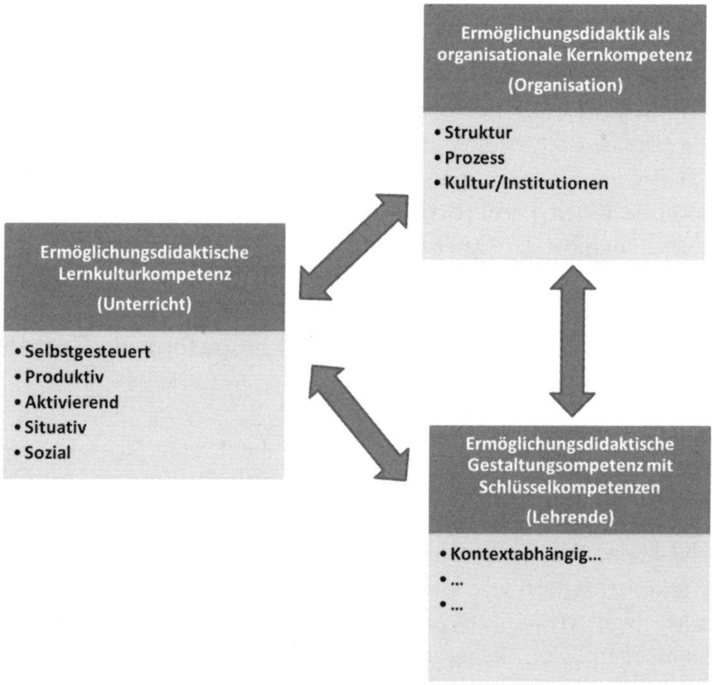

Abb. 3: Dimensionen einer kompetenzorientierten Beschreibung der Ermöglichungsdidaktik. Quelle: eigene Darstellung.

Über die reine Unterrichtspraxis hinaus rücken deshalb die konkreten Handlungen, Kommunikationen und Entscheidungen durch die professionellen Führungskräfte, Fachkräfte und Lehrenden auf der Ebene der Organisation in das didaktische Blickfeld. Jenseits des pädagogischen Ideals, bei dem der Schüler mit seinem Lernen und Lernerfolg im Mittelpunkt steht, können hier in einer theoretischen Perspektive in Anlehnung an Konzepte wie die strukturelle Kopplung bzw. strukturelle Rationalisierungen (vgl. Arnold & Pätzold, 2005, S. 201) Eigendynamiken ausgemacht werden. Aufgrund dieser Eigendynamiken ist die Etablierung einer Ermöglichungsdidaktik in schulischen Organisationen selbst als Lernprozess im Sinne eines organisationalen Lernens zu betrachten. Durch die Wechselwirkung zwischen verschiedenen Interventionsebenen bzw. Dimensionen kann dies in Anlehnung an Hejl (1992, S. 280) als ein synreferentieller Lernprozess beschrieben werden, der einen Abgleich verschiedener Wirklichkeitskonstruktionen erforderlich macht,

> „(…) weil die Selbstreferentialität des kognitiven Systems durch gemeinsame Zustände und Erwartungen eines Sozialsystems ergänzt wird. (…) Die Synreferentialität einer Gruppe ergibt sich aufgrund eines gemeinsamen Relevanzkriteriums (…)“ (Blättner, 1998, S. 208).

Aus diesem Verständnis der Synreferentialität lässt sich eine Verhältnisbestimmung aus Organisation, Unterricht und Rolle der Lehrenden ableiten. Es wurden daher im Rahmen der erwähnten Sekundäranalyse drei zentrale Dimensionen für eine kompetenzorientierte Beschreibung der Ermöglichungsdidaktik identifiziert. In diesen drei Dimensionen scheinen die Bedingungen zur Verwirklichung einer Ermöglichungsdidaktik in schulischen Organisationen auf. Es konnten im Rahmen der didaktischen Rekonstruktion nach den Kernkriterien des SPASS-Akronyms (siehe oben) drei zentrale Kerndimensionen bei der Datenanalyse gebildet werden:

4.1 Ermöglichungsdidaktische Lernkulturkompetenz als Gestaltung von Rahmenbedingungen

Traditionelle Lernkulturen zeichnen sich oftmals durch eine Orientierung an offenkundigen Inhalten aus und deren Prozessgestaltung wirkt oftmals als eine Art „geführtes Lernen" (Arnold & Pachner, 2011, S. 305). Diese Form des Lernens betont die oberflächliche Ebene des Unterrichts, wie Lernziele, bestimmte Methoden oder Sozialformen, und vernachlässigt bisweilen die eigene Such- und Aneignungsbewegung der Lernenden (vgl. Arnold, 2012c, S. 482). Mit einer ermöglichungsdidaktischen Lernkulturkompetenz kann demgegenüber eine Erschließungsstrukturierung verfolgt werden, bei der Handlungsproblematiken in Lernproblematiken überführt werden können (vgl. Schüßler, 2012, S. 33). Diese können mit den fünf ermöglichungsdidaktischen Kriterien gefasst werden: selbstgesteuert, produktiv, aktivierend, situativ und sozial.

Mit den analysierten Modellversuchen des BLK-Programms „SKOLA – Selbstgesteuertes und kooperatives Lernen in der beruflichen Erstausbildung" kann der Bedarf für eine lernerzentrierte Erschließungsstrukturierung verdeutlicht werden. Hier wird zum Beispiel eine *Selbststeuerung* explizit in der beruflichen Erstausbildung, insbesondere auch im Kontext der Berufsschule, gefordert. Die Forderung nach Selbststeuerung wird unterschiedlich begründet: betriebswirtschaftlich (Markt), gesellschaftlich (Entgrenzung), bildungstheoretisch (Mündigkeit) und lerntheoretisch (Differenzierung) (vgl. Euler et al., 2010, S. 49ff.).

Die grundsätzliche Herausforderung des BLK-Programms kann in einer Verschränkung „mikro- und makrodidaktischer Konzepte" (Euler et al., 2008, S. 22) als Dreh- und Angelpunkt der Realisierung einer lernerzentrierten Didaktik angesehen werden: „Die Schwierigkeit hierbei lag in der Formulierung der intendierten Zielsetzungen und konkretisierten Kompetenzerwartungen" (ebd., S. 25). Dies zeigt sich exemplarisch in der aufwändigen Bearbeitung der didaktischen Jahresplanung der Projekte. Hier wurde versucht, lernfeldbezogene Kompetenzen auf ein unterrichtliches Handeln zu übertragen, indem eine Verbindung aus Lernfeld, Kompetenz, Handlung, Lernsituation und Strategien in aufwendigen Bildungsgangkonferenzen durch die Lehrkräfte abgestimmt wurde (vgl. Allmansberger et al., 2009, S. 13).

Diese Abstimmung zwischen den Lehrkräften wurde als wesentliches Erfolgsmerkmal und gleichzeitig Voraussetzung für eine Lernfeldkonzeption angesehen, die selbstgesteuertes Lernen ermöglicht. Anhand des genannten Beispiels kann aber auch die Schwierigkeit der Implementierung didaktischer Innovationen aufgezeigt werden. So ermöglicht eine Lernfeldorientierung es einerseits, gestaltungsoffen ein schulisches Curriculum zu entwickeln, auf der anderen Seite „müssen" aber die Lehrenden vor Ort die Verantwortung für diese Aufgabe übernehmen können. Es bedarf hier eines Wandels vom „Einzelkämpfer zum Teamplayer", wie Berben & Schmidt (2007, S. 181) feststellen, weil auf der Ebene der Lehrkräfte das *soziale* Miteinander den Spiegel für die soziale Dimension der Ermöglichungsdidaktik mit ihrer Orientierung auf Wertschätzung, Gefühle, konstruktive Kommunikation usw. darstellt. Die Realisierung eines selbstgesteuerten und individualisierten Lernens kann hier auf der Ebene der Schule durch ein Teamkonzept als Strategie der Personalentwicklung wirksam flankiert werden (vgl. OSZBWD, 2012, S. 71), um die Lehrenden in ihrem didaktischen Handeln zu unterstützen, denn:

> „(m)it der Bildungsgangarbeit, d.h. der Entwicklung von arbeitsprozessorientierten Lernsituationen, der Erarbeitung eines schulischen Curriculums und der intensiven didaktischen Arbeit im Team, sind die Lehrenden nur wenig vertraut" (ebd.).

Das Vertrautsein bezieht sich dabei ebenso auf die Teamorientierung innerhalb eines Kollegiums wie auf die Tatsache, dass Aufgabenstellungen in den Berufsschulen die betriebliche und situative Wirklichkeit nicht abzubilden scheinen, also Lehrende mit Arbeitsprozessen zu wenig vertraut sind. Es werden hier oftmals Aufgabenstellungen verwandt, die stark verkürzt sind und sich in schulisch erlernte Regeln einfügen, aber nicht den ganzheitlichen Kompetenzerfordernissen des betrieblichen Alltags entsprechen (vgl. Gerdsmeier & Köller, o.J., S. 6).

Erschwert wird die Lernfeldorientierung darüber hinaus zusätzlich durch strukturelle Aspekte. Im Modellversuch LASKO (Gestaltung von Lern- und Arbeitsumgebungen in der Berufsschule durch instandhaltungsorientierte Konzepte zum selbstgesteuerten und kooperativen Lernen) bestand zum Beispiel bei der Umsetzung der Lernfeldorientierung die Aufgabe, in einer strukturschwachen Region sowohl regional verteilte Ausbildungsstätten als auch ausbildungsberufsübergreifende Lernfelder so zu kombinieren, dass größtmögliche Synergieeffekte im Einsatz des Lehrpersonals (zum Beispiel Entwicklung *gemeinsamer Lernsituationen*) möglich waren (vgl. Trautmann-Blasius & Kühn-Meinert, 2007, S. 176). Ausgangspunkt der Konstruktion stimmiger Lernsituationen war dafür die Idealvorstellung selbstgesteuerten Lernens, die nach Dilger et al. (o.J., S. 8) von einer *problemhaltigen Situation* ausgeht, aus der heraus die eigentlichen Lernanforderungen durch die Lernenden selbstständig abgeleitet, erschlossen und schließlich handelnd vollzogen werden. Ziel ist der klassische Vollzug einer vollständigen Handlung aus Planung, Durchführung und Kontrolle, wobei die Lernaufgaben selbst einen *aktivierenden* Charakter haben müssen. Selbststeuerung

> „(...) zeigt sich in dem jeweiligen Einsatz von Lern- und Arbeitsstrategien zum Umgang mit Informationen und dem vorhandenen Wissen (z.B. Organisationsstrategien für die Strukturierung von Informationen), dem Umgang mit den internen Ressourcen (z.B. Anstrengungsbereitschaft, Motivation) sowie im Umgang mit externen Ressourcen (z.B. Einsatz von Hilfsmitteln, Gestaltung von Arbeitsmitteln)" (Dilger et al., o.J., S. 9).

Eine ermöglichungsdidaktische Lernkulturkompetenz sollte daher die didaktischen, strukturellen und kontextspezifischen Bedingungen in den jeweiligen Ausbildungsberufen und Lernorten aufgreifen und individuelle Lösungen können so für Lernende mehr und mehr zu einer erlebten und gelebten Praxis werden (vgl. Euler et al., 2008, S. 36). Der Zwischenbericht zum Modellversuch LASKO stellt mit der Zusammenfassung der Ergebnisse der Zwischenevaluation heraus, dass Lernende im Umgang mit Selbststeuerung in Lernprozessen über Defizite verfügen. So werden – hier exemplarisch dargestellt – von 40% der Auszubildenden am OST Elbe Elster (Oberstufenzentrum) selten Lernvorgänge geplant, 46% teilen selten eigenständig Lernzeiten ein oder selten bis nie wird von ca. 70% der Auszubildenden der eigene Lernerfolg kontrolliert (vgl. Pahl et al., 2007, S. 4ff.). Dementsprechend

> „(...) als Schwierigkeit in der Umsetzung des selbstgesteuerten Lernens stellte sich zu Beginn des Modellversuchs durch unser exemplarisches Vorgehen bei den Schülerinnen eine Verunsicherung ein, die vertraute lehrerorientierte Unterrichtsstrukturen vermissen und Ängste entstehen ließen, nicht genug und nicht das Richtige für die Prüfung zu lernen" (Lauritzen & Greb, 2008, S. 24).

Es scheint hier einen Handlungsbedarf für die schulische Lernprozessgestaltung zu geben, bei der sich die Selbststeuerung der Lernenden Schritt für Schritt entwickelt, indem die Anforderungen stufenweise in ihrer Komplexität zunehmen und sich die Lehrenden mehr und mehr auf die Unterstützungsfunktion und individuelle Beratung konzentrieren. Dazu wurden didaktisch verschiedene Lerninhalte, Methoden, Leitfäden und Reflexionsinstrumente als sog. „scaffolds" (Lipscomb et al., 2004) ausgearbeitet und erprobt, um eine Entwicklung der Selbstlernkompetenzen auf verschiedenen Ebenen zu ermöglichen.

> „Sobald die Schülerinnen und Schüler sich an selbstreguliertes Lernen gewöhnt hatten, erlebten sie den Unterricht als angenehm und genossen die Selbsttätigkeit. Sie entwickelten großes Selbstvertrauen in ihre Leistungsfähigkeit und waren stolz auf ihre Arbeitsergebnisse. Dadurch stieg auch die Bereitschaft, weiterhin selbstreguliert zu lernen. Sie nahmen ihre Schwächen und Stärken wahr, reflektierten diese und waren bereit, sich Unzulänglichkeiten einzugestehen. Sie wirkten diesen auch entgegen und nahmen bei Bedarf angebotene Hilfestellungen in Anspruch. Wenn die Lehrenden den Lernern zutrauten, ihren Lernprozess eigenverantwortlich zu steuern, und ihnen die Verantwortung für ihr Lernen überließen, waren die Schülerinnen und Schüler auch motiviert, die

Verantwortung für ihr Lernen und für sich selbst zu übernehmen" (Allmansberger et al., 2009, S. 19).

Eine ermöglichungsdidaktische Lernkulturkompetenz verweist auf professionalisierungstheoretische Konzepte (vgl. Combe & Helsper, 1996), die sowohl den Lehrenden als auch den Lernenden eine Autonomie des Handelns und damit des Lernens zugestehen. Zimmer (1998, S. 4) spricht in diesem Zusammenhang von einem „deschooled learning", bei dem die Institution Schule als originärer Ort des Lernens der Moderne mit dem „Leben" verbunden wird, indem feste Rituale der institutionalisierten Lehr-Lern-Prozessgestaltung mit einer Orientierung an Fächern und deren Stoff zu Gunsten einer Gestaltung von Lern- und Erfahrungsprozessen mit Hilfe von *Schlüsselsituationen und Schlüsselproblemen* überwunden werden. Zentrale didaktische Vorkehrungen der analysierten „School for Life" in Chiang Mai sind dabei die so genannten „Ressource Centers" (Zimmer, 1998, S. 68), die eine spezielle auf ein jeweiliges „Centre of Excellence" ausgerichtete Ausstattung mit Literatur, Arbeitsmaterialien, Werkstätten, Arbeitsräumen usw. bieten.

Die Konzeption der Lernorte als Eigenbetriebe (Ressource Center), die der Idee einer „innovative entrepreneurship education" (SfL 1, S. 7) folgt, soll eine am Markt und am Wettbewerb orientierte Bildung entstehen lassen, die zum einen eine Finanzierungssäule der Schule darstellen kann und zum anderen den Schülern ein unmittelbares Feedback über ihren Lernprozess ermöglicht. Der Erfolg oder Misserfolg zeigt sich hier in ihrem erarbeiteten *Produkt oder ihrer Dienstleistung*. Mit Hilfe eines konkreten Handlungsproduktes für den Markt überprüfen die Lernenden selbst ihre Lernergebnisse und kombinieren diese mit der Formulierung ihrer Ziele und den dafür notwendigen Lern- und Arbeitsprozessen. Die Schüler sind hier sprichwörtlich *produktiv*.

Ein wichtiges Element ist dafür die Bestimmung der Rolle der Lehrenden, die als „Anreger, Entwicklungsbegleiter, Assistenten der Forschungs- und Entdeckungsreisen" (SfL 2, Abs. 1) tätig sind. Das Curriculum folgt dabei vier Schritten, um einerseits der praktischen Relevanz des Gelernten und andererseits den formalen Anforderungen und Vorgaben des Bildungssystems gerecht zu werden:

1. „Identification and analysis of critical situations and problems.
2. Determination of Educational Goals.
3. Educational Activities and Projects.
4. Reflection" (Zimmer, 2006, S. 17f.).

Insofern kann die Entwicklung und Realisierung einer ermöglichungsdidaktischen Lernkulturkompetenz nach den Kriterien lebendigen und nachhaltigen Lernens nicht nur von einer persönlichen Anstrengung der Lehrenden abhängig gemacht werden, sondern es ist auch ein entsprechendes materielles, institutionelles und soziales Umfeld zu gestalten (vgl. Rychen, 2008, S. 21). Dies wird insbesondere vor dem Hintergrund des analysierten Projektes „AlphaKU – Grundbildung in Wirtschaft und Arbeit" deutlich, bei dem von einer Kontextualisierung der Grundbildung ausgegangen wird (Alke & Stanik, 2009, S. 5ff.). Kulturbezogene Techniken wie Lesen, Schreiben oder Rechnen erweisen sich für Lernende insbesondere in der Verhältnissetzung zu konkreten Arbeitsbeziehungen und Anwendungsfeldern (zum Beispiel kaufmännischen Berufsfeld) als wertvoll. Lernende werden so nicht nur auf eine mögliche Beschäftigungsfähigkeit vorbereitet, sondern erfahren auch eine Integration formaler Kompetenzen in ein praktisches Tätigkeitsfeld (vgl. Alke, 2009, S. 113).

Ohne an dieser Stelle näher auf die Kriterien eines lebendigen und nachhaltigen Lernens (SPASS-Akronym) in den analysierten Projekten eingehen zu können, wird doch deutlich, dass eine einseitige Dominanz des didaktischen Selbstverständnisses der Lehrenden allein kaum zu einem tragfähigen Lernkulturwandel führt, da entscheidende Rahmenbedingungen ausbleiben (vgl. Arnold & Gómez Tutor, 2001, S. 4).

4.2 Ermöglichungsdidaktik als organisationale Kernkompetenz

Im Kontext der Organisationspädagogik wird immer wieder von einem Shift des Lernens von einer individuellen Perspektive auf eine organisationale Perspektive gesprochen. Dabei wird angenommen, dass sowohl der Mensch als psychisches System als auch Organisationen als soziale Systeme in einem fortwährenden Austauschprozess mit der Umwelt stehen. Geißler (2000, S. 210) sieht dabei eine „offene Frage" darin, wie damit umgegangen werden kann, wenn etwas neu „Vorgegebenes" angenommen werden muss. Am Beispiel der Organisation stellt der Autor dar, dass Systeme aufgrund eigener Handlungsstrukturen und sozialer Kognitionen sich zunächst selbst treu zu bleiben versuchen.

Schaefers (2002, S. 837ff.) zeigt dabei für schulische Organisationen, dass existierende Rationalitätsmythen als etablierte Institutionen Strukturveränderungsprozesse durch interne Deutungen, Routinen und Programme verhindern können, weil sie äußeren professionellen Erwartungen, wie im Fall der Ermöglichungsdidaktik, widersprechen. Für die Darstellung der Ergebnisse der Sekundäranalyse soll diesem Verständnis folgend die Ermöglichungsdidaktik als organisationale Kernkompetenz dargestellt werden, um zu verdeutlichen, dass ein unterrichtsbezogenes didaktisches Handeln eine organisationale Entsprechung in Führung und Organisation benötigt. Dabei wird der organisationstheoretischen Differenzierung nach Institutionen als kulturelles und damit legitimatorisch sinnstiftendes Merkmal (vgl. Durkheim, 1999, S. 109ff.) sowie nach Strukturen und Prozessen (vgl. Prescher, 2009, S. 6) gefolgt.

Mit dem Modellversuchsprogramm SKOLA kann in seiner Konzeption die Problematik der organisationalen Rahmung verdeutlicht werden, da die Entwicklung einer Lernkultur nicht allein vernunftbasiert erfolgen kann. Die Pädagogen können hier nicht allein als Lehrende vor Ort in die Pflicht genommen werden. Die Herausforderung besteht vielmehr darin, verschiedene Gestaltungsebenen gleichzeitig in den Fokus der Aufmerksamkeit zu rücken und im Sinne einer ganzheitlichen Qualitätsentwicklung ein Bildungskonzept lernortübergreifend und lernfeldübergreifend zu verstehen und verschiedene beteiligte Akteure einzubeziehen (vgl. Euler, 2005, S. 12). Wie die Maßnahmenbereiche des Modellversuchsprogramms aufzeigen, geht es darum, die Herausforderung zu bewältigen, die klassischen Elemente der Qualitätsentwicklung Input, Prozess und Output mit den Handlungsfeldern der Personal-, Organisations- und Unterrichtsentwicklung zu kombinieren (vgl. Prescher & Rolff, 2010, S. 6ff.).

Ein solcher ganzheitlicher Ansatz kann auch den berechtigten Kritiken entgegenwirken, Ermöglichungsdidaktik versuche professionelle Muster zu perfektionieren, ohne dem Dilemma entgehen zu können, dass mit einer reinen Fortbildungslogik einer „strukturell eingelagerten Restriktivität" (vgl. Müller, 2004, S. 129) in Schulen aufgrund ihrer inneren Institutionen nicht begegnet werden könne. Bestehende Regeln, Normen, Gewohnheiten und Grundannahmen über die Wirklichkeit stehen einer grundlegenden Veränderung entgegen. Um wirkliche Veränderungen in der Unterrichtsgestaltung im Sinne eines ermöglichungsdidaktischen Verständnisses herbeizuführen, bietet es sich deshalb an, eine Abstimmung mit den strukturellen Implikationen in Form umfangreicher Reformmaßnahmen in Betracht zu ziehen. So zeigt zum Beispiel das Pilotprojekt „Selbstlernsemester an der Kantonsschule Zürcher Oberland", dass ein fragmentarisches Vorgehen weder zu finanziellen Einsparungen noch zu einer veränderten Pädagogik führt (vgl. Lübke, 2005, S. 1). Erst eine grundlegende Veränderung der Grammatik der Schule sowie das Verständnis der beteiligten Akteure von dieser Grammatik als gelebte *Kultur* ermöglichen eine tatsächliche Veränderung (vgl. Tyack & Tobin, 1994, S. 453).

Die Bezeichnung Grammatik der Schule ist dabei der Sprachwissenschaft entlehnt, da Grammatik einen vorbewussten Umgang eines Menschen mit der Sprache symbolisiert. Diesem Umgang muss sich ein Mensch noch nicht einmal bewusst sein – sie wirkt aber dennoch. Innerhalb des Projektes galt es daher, die klassischen Aspekte von Zeit (Taktung) und Raum (Klasse) zu überwinden und den Schülern eine „aktive Schülerschaft" (Oelkers, 2007, S. 16) zuzutrauen. Mit Hilfe zweckmäßiger Lernvorgaben sollen die Schülerinnen und Schüler handeln und lernen können:

> „Es geht um eine effektive Partizipation der Schülerinnen und Schüler, die Verantwortung für ihren Lernerfolg übernehmen, ohne darauf zu warten, motiviert zu werden" (ebd.).

Die Voraussetzung für dieses veränderte Lehr-/lernverständnis war eine organisatorische Veränderung, bei der die Nutzung der Lernräume wie zum Beispiel Klassenzimmer oder auch der Personaleinsatz neu bestimmt werden musste. Eine Erweiterung des Lernverständnisses benötigt eine Veränderung der Rahmungen und Spielregeln. Die Realisierung einer Ermöglichungsdidaktik braucht dazu einen erweiterten Fokus auf die organisationalen Einflussfelder (vgl. Arnold, 2012a, S. 140). So kann mit dem Projekt Selbstlernsemester verdeutlicht werden, dass zum Beispiel die Autonomie der einzelnen Schule ein wichtiges Element ist, um eine „didaktische Revolution" (Michelus, 2004, S. 10), wie zum Beispiel den Verzicht auf eine feste Stundentaktung und Einführung „unterrichtsfreier" Nachmittage, zu verwirklichen. Diesem Modellprojekt kommt dafür die Situation in der Schweiz zu Gute, dass hier die Lehrpläne entweder durch die Gymnasien selbst erstellt und umgesetzt werden, wie es im Beispiel der Modellschule der Fall ist, oder aber kantonale Lehrpläne entwickelt werden (vgl. Oelkers, 2008, S. 16). Diese dezentrale Autonomie erleichtert den Mut für die Realisierung alternativer Lehr-Lern-Konzepte, ist aber nicht ein zwingend notwendiges Bedingungsmerkmal.

Die Einzelorganisation Schule kann so von der inhärenten Sinnstruktur des Sozialsystems Bildung entkoppelt werden und eine Innovationsfähigkeit erreichen, weil die „Produktionsbedingungen von Bildung" der Situation vor Ort folgen können und eine individuelle Rückbezüglichkeit zwischen der Handlungs- und *Strukturebene* möglich wird (vgl. Bergmann & Daub, 2006, S. 113ff.). Die organisationalen Anforderungen ergeben sich dabei nicht allein aus den abstrakten Bezugssystemen Schule und Bildung, sondern aus der Fähigkeit, Ermöglichungsdidaktik als eine organisationale Kernkompetenz für ein strategisches Management zu begreifen. Die Ermöglichungsdidaktik als organisationale Kernkompetenz bezeichnet dabei den Ansatz, dass die verschiedenen verfügbaren Ressourcen zur Realisierung dieser einen Kernkompetenz verknüpft werden (vgl. Schreyögg & Kliesch, 2005, S. 10), um den „dysfunctional flip" (ebd. S. 18) – d.h. das Verharren auf einem bestehenden Kompetenzniveau einer etablierten Lernkultur – zu überwinden.

Mit Blick auf das analysierte Projekt „AlphaKu" kann in diesem Zusammenhang verdeutlicht werden, dass der Anspruch einer Subjektorientierung nicht nur zu formulieren ist, sondern die Realisierung dieses Anspruchs in einer Lernberatungskonzeption auf der tatsächlichen *Prozessebene* erfolgen kann, bei der die Kernelemente der Bildung systematisch auf die Selbsterschließung ausgerichtet sind und den Lernenden keine strikten Vorgaben gemacht werden (vgl. Klein, 2006, S. 4). Dazu gehört neben einer individualisierten Lernprozessbegleitung auch eine frei Wahl der Themen und Inhalte nach eigenen Entwicklungsbedürfnissen. Dies stellte sich in diesem Projekt aber nicht als eine triviale Aufgabe dar, sondern als zentrale Herausforderung von AGH-MAE-Maßnahmen (Arbeitsgelegenheit mit Mehraufwandsentschädigung) für Arbeitslose und geringqualifiziert Beschäftigte, weil diese Maßnahmen zum einen oftmals einer instruktionsorientierten Outputlogik verhaftet sind und zum anderen die Budgetierung und die Vorgaben der öffentlichen Träger eine teilnehmerorientierte Budgetdifferenzierung oftmals nicht zulassen. Darüber hinaus wirken einseitige Verwaltungsstrukturen und -prozesse sowie Verwaltungsvorschriften sehr begrenzend (vgl. Neumann & Pomsel, 2010, S. 6f.). Eine Realität, die sicher in ähnlicher Weise in Schulen vorzufinden ist.

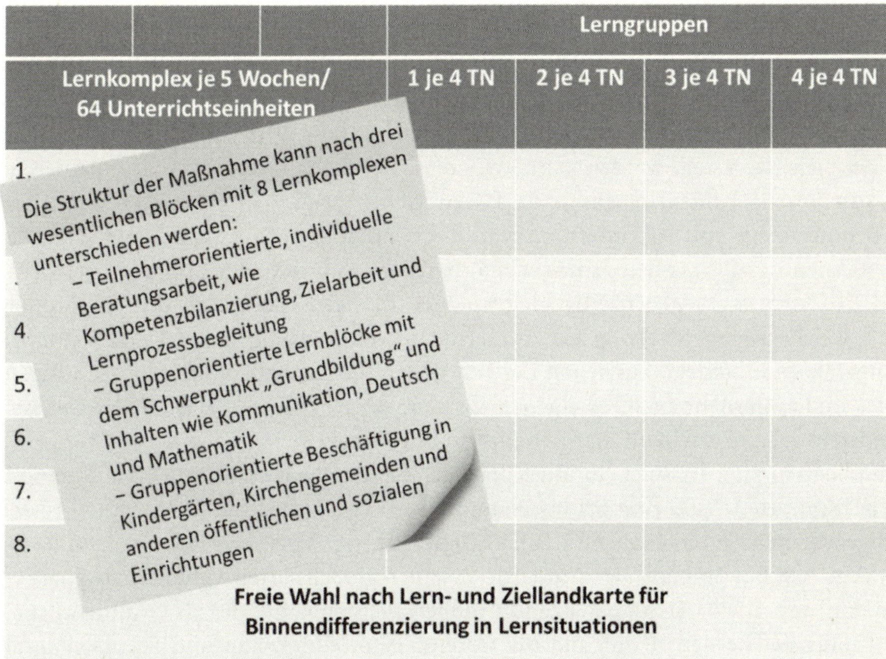

Abb. 4: Maßnahmenstruktur für Binnendifferenzierung.
Quelle: eigene Darstellung zitiert nach Neumann, 2011, S. 5ff. sowie Neumann & Pomsel, 2010, S. 2.

4.3 Ermöglichungsdidaktische Gestaltungskompetenz (mit Schlüsselkompetenzen)

„Die pure Anhäufung von Fertigkeiten und Wissen, immer noch beliebtes Ziel von schulischer und universitärer Ausbildung, wird angesichts exponentiell wachsender Bestände von Informationswissen zunehmend obsolet. Qualifikationen reichen nicht aus. Gefragt ist der selbstorganisierte, kreative Umgang mit diesen Fähigkeiten, diesem Wissen, diesen Qualifikationen. Gefragt sind Erfahrung und Expertise, sind fachlich-methodische Kompetenzen. Gefragt sind stabile, entscheidungsleitende Normen und Werte, Kerne personaler Kompetenzen. Gefragt sind Fähigkeiten, sich mit anderen zusammen- und wo nötig auch auseinanderzusetzen, um selbstorganisiert zu neuen Denk- und Handlungsergebnissen zu gelangen, also sozial-kommunikative Kompetenzen. Gefragt wird schließlich nach den Fähigkeiten, das selbstorganisiert und kreativ Gewollte auch aktiv umzusetzen, gefragt sind Aktivitäts- und Handlungskompetenzen“ (Erpenbeck, 2010, S. 10f.).

Dieses Zitat verdeutlicht, dass die Schaffung einer outcomeorientierten Lernkultur einen ganzen Köcher notwendiger pädagogischer, personaler oder auch sozial-kommunikativer Anforderungen umfasst, die an das professionelle Handeln Lehrender in konkreten Unterrichtsinteraktionen gestellt werden. Es bedarf daher einer Präzisierung der Kompetenzerwartungen, wobei gleichzeitig mit der Analyse der gewählten Beispiele dargestellt werden kann, dass diese Präzisierung nicht verallgemeinerbar, sondern jeweils kontextspezifisch zu fassen ist. Es zeigt sich zwar eine gemeinsame Schnittmenge von Anforderungen an die Lehrenden, wie zum Beispiel „(...) das Selbstlernen der Lernenden ermöglichen, anregen und unterstützend begleiten" (Arnold, 2012c, S. 483), gleichzeitig bleibt jedoch in vielen Beispielen die Frage offen, durch welche Kompetenzen genau dies erreicht werden kann. Somit werden implizit Kompetenzen hinterlegt, bei denen die Lehrenden die lernenden Subjekte zum Eigentümer und Unternehmer ihres eigenen Lernens werden lassen sollen. Die Schlüsselkompetenzdebatte erscheint hier nebulös und heterogen:

So begreift zum Beispiel ein Thesenpapier der Bertelsmann-Stiftung die „Interkulturelle Kompetenz" als eine Schlüsselkompetenz (vgl. Deardorff, 2006) mit diversen nachgeordneten Fertigkeiten und Fähigkeiten. Andere Ansätze gehen dagegen davon aus, dass zur Bewältigung der Moderne in einer globalisierten Gesellschaft eine Art „Katalog" von Schlüsselkompetenzen formuliert werden kann, der als Grundgerüst einer Kultur des Lernens dient und die wesentlichen Fähigkeiten und Fertigkeiten als Mindeststandards definiert, über die Lehrende im Kontext von Schule und Unterricht verfügen sollten (vgl. zum Beispiel Edelstein & de Haan, 2003, S. 13 für die Heinrich-Böll-Stiftung). Eine einfache Googlerecherche zum Thema Schlüsselkompetenz zeigt jedoch auf, dass Schlüsselkompetenzen häufig fachspezifisch gefasst werden und die Aggregationsebenen der Cluster differieren und inkonsistent (*Kriterium „analytische Struktur"*) sind. So werden Beispiele mit einer erziehungswissenschaftlichen Bedeutung genannt:

- Schlüsselkompetenz Sprache (Jampert, 2013)
- Ethik als Schlüsselkompetenz (Dietrich, 2013)
- Kommunikation als Schlüsselkompetenz in Lernprozessen (Fuleda, 2013)
- Filmbildung als didaktische Schlüsselkompetenz (Medienpädagogik) (LFD, 2011)
- Theorie-Praxis-Verschränkung als Schlüsselkompetenz (Didaktik der Journalistik) (Haller, 2012, S. 48) u.a.m.

Die Auswahl soll an dieser Stelle nur kursorisch sein und verdeutlichen, dass nicht eindeutig eine ermöglichungsdidaktische Kompetenz mit diversen Schlüsselkompetenzen identifizierbar ist. Es ist hier zudem nicht nachvollziehbar, inwiefern sich mögliche relevante Schlüsselkompetenzen von beliebig anderen Schlüsselkompetenzen professionellen pädagogischen Handelns oder Beratungshandelns unterscheiden würden (*Kriterium „Trennschärfe"*). Insgesamt stellt sich daher die Formulierung von auf eine ermöglichungsdidaktische Kompetenz ausgerichteten Schlüsselkompetenzen als schwierig dar.

Anhand der School for Life kann aber z.B. dargestellt werden, dass Schlüsselkompetenzen im Bildungsbereich immer kontextbezogen sind und anhand der vorfindbaren Bedingungen vor Ort definiert werden müssen. So lebt das Konzept dieser Schule von fünf Säulen, die in die kulturellen und sozialen Bedingungen der Region eingebettet sind und mit Puntasen (1992, S. 104f.) als „Buddhist concept" bezeichnet werden können:

> „spiritual value, economic activity, technology, education and culture, environment and ecology."

Kyburz-Graber & Pangrazzi (2009, S. 51ff.) empfehlen dementsprechend beispielsweise für das Projekt Selbstlernsemester, dass die Art und Weise der Lernprozesskontrolle und die möglichen Lernstrategien individuell auf das Fach, das Thema, die Klasse und die Lehrenden und Lernenden abgestimmt sein sollten. Ein geschicktes Lehrerverhalten ermöglicht es hier, eine externe Lernsteuerung mit einer internen Lernsteuerung zu kombinieren, wobei die Lernvoraussetzungen bei den Lernenden ebenso berücksichtigt werden wie die Bedingungen des Lerngegenstandes. Es geht hier darum, gemeinsam mit den Teilnehmern Ziele zu formulieren und Aufgaben sowie Materialen ergebnisorientiert und prozessorientiert aufzubereiten. Gleichzeitig soll sowohl den Motiven als auch den individuellen Fähigkeiten Raum gelassen werden, sich zu entfalten (vgl. Kyburz-Graber & Pangrazzi, 2005, S. 8). Kurz: Im Zentrum steht die Ermöglichung von Aneignungsbewegungen, die eigenständig, selbstgesteuert, selbstorganisiert und selbstverantwortlich vollzogen werden.

> „Dabei umfasst der Begriff des selbstständigen Lernens Konzepte von großer Spannweite: Von der selbstständigen Aneignung von Kenntnissen und Lernerfahrungen unter genauer schriftlicher Anleitung ohne direkte Steuerung durch die Lehrperson, bis hin zur selbstständigen Entscheidung über Ziele, Inhalte und Methoden des Lernens durch die Lernenden selbst" (ebd., S. 5).

Eine ermöglichungsdidaktische Kompetenz im Sinne einer didaktischen Kompetenz (vgl. Arnold, 2012a, S. 167) (neben anderen Kompetenzen, wie zum Beispiel emotionale Kompetenz oder Bildungskompetenz u.a.) bezieht sich dabei im Wesentlichen auf didaktisch-methodische Fähigkeiten zur aktivierenden Gestaltung nachhaltiger und lebendiger Lernprozesse. Oder wie an anderer Stelle (ebd., S. 141f.) aufgeführt, wird auf mindestens folgende vier Schlüsselelemente verwiesen:

- Vielfältige Zugänge zum Lerngegenstand vorbereiten und gestalten (z.B. Gemeinsamer Zielvereinbarungsprozess und individualisierte Lernprozessbegleitung in AlphaKU-Projekt (Pätzold, 2011, S. 2)).
- Aneignungsprozess lebendig und nachhaltig inszenieren (z.B. durch Berücksichtigung der Interessen und Fähigkeiten der Schüler und ein praxisnahes Lernen durch konkrete Arbeitsaufträge mit Kontakt in die Berufswelt im Projekt Schulen zweiter Chance (Europäische Kommission, 2001, S. 16)).

- Selbstlernkompetenzen stärken und Selbstwirksamkeitserleben ermöglichen (z.B. erst Selbstsicherheit und Zuversicht, dann fachliche Qualifizierung im AlphaKU-Projekt (Klein & Reutter, 2011, S. 20)).
- Der Lernende kann „zeigen", was er kann (z.B. Herstellung von Produkten und Dienstleistungen im Rahmen von PC-Kursen von Schülern und Schülerinnen für Senioren und Seniorinnen (SESEKO-Abschlussbericht, 2007, S. 27)).

Eine ermöglichungsdidaktische Kompetenz äußert sich aber nicht nur auf der Ebene der Unterrichtsplanung und der methodischen Inszenierung, sondern auch durch die Lehrkräfte in den Bildungseinrichtungen, die den Lernenden dazu verhelfen, eine Sensibilität für die eigenen inneren Kräfte zu entwickeln: Die Lehrer sind die „Archäologen", die „verborgene Fähigkeiten freilegen" (Europäische Kommission, 2001, S. 21), wie im Projekt Schulen zweiter Chance herausgestellt wurde. Damit kann festgestellt werden, dass Kompetenzen zur Selbststeuerung und eigenständigen Aneignungsbewegung, d.h. die selbstständige Gestaltung von Zielen, Prozessen und Lernbedingungen, einer Entwicklungsunterstützung bedürfen, da ein Weglassen von erzeugungsdidaktischen Elementen nicht allein zu einer Selbststeuerung bei den Lernenden führe (vgl. Herkner & Pahl, 2008, S. 69).

Insgesamt ist ermöglichungsdidaktische Kompetenz also mit einer Ermöglichung der Verantwortungsübernahme für den eigenen Lernprozess gleichzusetzen. Hierzu bedarf es eines „Zutrauens" durch die Lehrenden (vgl. Allmannsberger et al., 2008, S. 19), aber auch eines personen-, problem-, ziel- und situationsorientierten „Lehrerverhaltens (vgl. Prescher, 2009, S. 226ff.), das die Selbststeuerung unterstützt. Dilger & Sloane (2007, S. 7) formulieren dazu diverse Aspekte, die innerhalb des Projektes SKOLA zum Ausdruck bringen, wie die Lehrenden die Lernendenperspektive als eine zentrale didaktische Schlüsselkompetenz einnehmen können:

- „Lenkung der Aufmerksamkeit auf das eigene Lernen
- Implizite Vermittlung von Beobachtungs- und Beschreibungsmöglichkeiten des Lernens
- Förderung des ‚Lernenlernens'
- Reflexion des jeweils eigenen Lernens" oder
- „‚Umgang mit internen Ressourcen' (z.B. Leistungsmotivation, Interesse, Aufmerksamkeit),
- ‚Umgang mit externen Ressourcen' (Lernzeit, Lernmitteln, Lernraumgestaltung) und
- ‚Umgang mit eigenem Wissen und Denken' (Informationsverarbeitungsstrategien, Planungsstrategien, Kontrollstrategien usw.)" (ebd. S. 14).

Zusammenfassend kann festgestellt werden, dass der ermöglichungsdidaktische Kompetenzbegriff einerseits konzeptionell sehr breit gefasst ist, andererseits aber vielfältige kontextspezifische Veränderungen zu rahmen vermag. Insgesamt eignet er sich „kaum als diagnostisches Modell" (Franz & Frieters, 2008, S. 77), kann aber innovative Impulse für Gestaltung von Schulen und Bildungseinrichtungen sowie Lernszenarien geben.

Literatur

Alke, M. (2009). Arbeitsplatzanforderungen als Orientierung für Grundbildung. In Klein, R. (Hrsg.), Lesen und Schreiben sollten sie schon können. Sichtweisen auf Grundbildung (113–124). Göttingen: Verlag angewandte Kulturwissenschaft.

Alke, M & Stanik, T. (2009). Wenn ich keine Grundbildung hab', was soll dann aus mir werden? Explorative Ergebnisse aus der GiWA-Bestandsaufnahme. In Grundbildung in Wirtschaft und Arbeit - mehrperspektivisch GiWA, 2. Verfügbar unter http://bbb-dortmund.de/jobbb2/Alke_Stanik.pdf [13.10.2012].

Allmansberger, P., Pfahler, M., Ruscheinsky, Y., Stahl, C. & Dilger, B.(2009). Abschlussbericht zum BLK-Modellversuch „Selbstreguliertes Lernen in Lernfeldern der Berufsschule". München: Staatsinstitut für Schulqualität und Bildungsforschung. Verfügbar unter http://www.isb.bayern.de/isb/download.aspx?DownloadFileID=a6fb9f25ed978a2603708a9bcb2e7651 [14.06.2012].

Arnold, R. (2005). Intervention? Abschiede von pädagogischen Steuerungsillusionen. GEW-Zeitung RLP, Sonderbeilage 05, 4, XIII - XVI. Verfügbar unter www.uni-kl.de/paedagogik/Texte/gew05_4.pdf [12.03.2013].

Arnold, R. (2007). Die Beobachtung des Beobachtens. Konstruktivistische Erwachsenenbildung. In: Report, Jg. 30, H. 2, S. 75–82.

Arnold, R. (2011). Lebenslang Lernen. Sicherheitsreport, 4, 8–9.

Arnold, R. (2012a). Wie man lehrt ohne zu belehren. 29 Regeln für eine kluge Lehre. Das LENA Modell. Heidelberg: Carl Auer Verlag.

Arnold, R. (2012b). Ermöglichen. Texte zur Kompetenzreifung. Baltmannsweiler: Schneider Verlag.

Arnold, R. (2012c). Beim Lernen ist es wie beim Eisberg: Das Tragende sieht man nicht. Ergebnisse einer systemisch-konstruktivistischen Lernforschung. Diskurs Kindheits- und Jugendforschung, 4, 481–485.

Arnold, R. (2013). Systemische Erwachsenenbildung. Transformierende Kraft des begleiteten Selbstlernens. Baltmannsweiler: Schneider Verlag.

Arnold, R. & Gómez Tutor, C. (2001). Selbstlernfähigkeit, pädagogische Professionalität und Lernkulturwandel. Verfügbar unter http://www.uni-kl.de/paedagogik/Materialien/Falt blatt_BLK_Selbstlernkompetenz.pdf [12.02.2013].

Arnold, R. & Gómez Tutor, C. (2007). Grundlinien einer Ermöglichungsdidaktik: Bildung ermöglichen, Vielfalt gestalten. Augsburg: Verl. ZIEL.

Arnold, R. & Lermen, M. (2003). Lernkulturwandel und Ermöglichungsdidaktik. Wandlungstendenzen in der Weiterbildung. QUEM-report Schriften zur beruflichen Weiterbildung, 78, 23–33.

Arnold, R. & Pachner, A. (2011). Konstruktivistische Lernkulturen für eine kompetenzorientierte Ausbildung künftiger Generationen. In Eckert, T., Hippel, A. von, Pietraß, M & Schmidt-Hertha, B. (Eds.), Bildung der Generationen (299–307). Heidelberg: Springer Verlag.

Arnold, R. & Pätzold, H. (2005). Die Systemik der Kompetenzentwicklung. In Dewe, B., Wiesner, G. & Zeuner, C. (Hrsg.), Theoretische Grundlagen und Perspekiven der Erwachsenenbildung. Literatur- und Forschungsreport Weiterbildung (201–207), Jg. 28, 1.

Arnold, R. & Prescher, T. (2011). Emergenz der Emotion in pädagogischen Interaktionen. Grundlinien einer transformativen Erlebenspädagogik. zdg - Zeitschrift Didaktik der Gesellschaftswissenschaften, 1, 88–111.

Arnold, Prescher & Stroh (im Erscheinen). Ermöglichungsdidaktik in der Praxis. Didaktische Rekonstruktion ausgewählter Lernszenarien.

Barth, M. (2007). Gestaltungskompetenz durch neue Medien. Die Rolle des Lernens mit Neuen Medien in der Bildung für eine nachhaltige Entwicklung. Berlin: BWV Verlag.

Barth, M. (2009). Rekonstruktionen des Erwerbs von überfachlichen Schlüsselkompetenzen am Beispiel der Gestaltungskompetenz. Zeitschrift für Qualitative Forschung, Schwerpunktheft Rekonstruktionen zum Kompetenzerwerb, 10 (2), 241–262. Erreichbar als Postprint S. 1–20 unter http://papers.ssrn.com/sol3/Delivery.cfm/SSRN_ID1978186_code1768532.pdf?abstractid=1978186&mirid=3 [14.03.2013].

Bartosch, U. (2007). Qualifikation der Zukunft. DBSH_Papier zu Schlüsselkompetenzen und der Qualifikationsrahmen des Fachbereichstrages in Einklang. Sozial Extra, ¾, 38–40.

Beercroft, R. & Schmidt, J.C. (2012). Die Szenariomethode in der Interdisziplinären Technikbildung. Eine didaktische Rekonstruktion. In Dusseldorp, M. & Beercroft, R. (Hrsg.), Technikfolgen abschätzen lehren (229–275). Wiesbaden: VS Verlag für Sozialwissenschaften.

Berben, T. & Schmidt, A. (2007). Gestaltung arbeitsprozessorientierter Lernsituationen für Anlagenmechaniker. lernen und lehren, 22 (88), 181.

Bergmann, G. & Daub, J. (2006). Relationales Innovationsmanagement – oder: Innovationen entwickeln, heißt Lernen verstehen. Zeitschrift für Management, 1 (2), 112–140.

Bildungskommission NRW (1995). Zukunft der Bildung–Schule der Zukunft. Denkschrift im Auftrag des Ministerpräsidenten des Landes Nordrhein-Westfalen. Neuwied: Luchterhand.

Bissland, V., Marley, M. & Strümpel, C. (Hrsg.) (2010). SLIC-Handbuch. Nachhaltiges Lernen im Gemeinwesen. Bewusstsein schaffen für die Kompetenzen älterer Menschen und Aufzeigen neuer Möglichkeiten für Lernen und freiwilliges Engagement. Verfügbar unter http://www.gemeinsam-aktiv.de/mm/SLIC_handbook_GE.pdf [10.10.2012].

Blättner, B. (1998). Gesundheit läßt sich nicht lehren. Professionelles Handeln von KursleiterInnen in der Gesundheitsbildung aus systemisch-konstruktivistischer Sicht. Bad Heilbrunn: Julius Klinkhardt.

Böttcher, W. & Lindart, M. (2009). Schlüsselqualifiziert. Schüler entwickeln personale und soziale Kompetenzen. Weinheim: Beltz.

Brauchle, B. (2007). Der Rolle beraubt: Lehrende als Vermittler von Selbstlernkompetenzen. bwp@, Ausgabe Nr. 13, Dezember 2007. Online verfügbar unter: www.bwpat.de/ausgabe13/brauchle_bwpat13.pdf (Stand: 14.03.2013).

Bunk, G.P. (1994). Kompetenzvermittlung in der beruflichen Aus- und Weiterbildung in Deutschland. In: Europäische Zeitschrift für Berufsbildung, 1/1994, S. 9–15.

Clement, U. (2003). Berufliche Bildung zwischen Erkenntnis und Erfahrung. Realisierungschancen des Lernfeld-Konzeptes an beruflichen Schulen. Baltmannsweiler: Schneider-Verlag.

Cohn, R. & Terfurth, C. (Hrsg.) (1973). Lebendiges Lehren und Lernen. TZI macht Schule. Stuttgart: Klett-Cotta.

Combe, A. & Helsper, W. (1996). Pädagogische Professionalität. Untersuchungen zum Typus pädagogischen Handelns. Frankfurt a.M.: Suhrkamp Verlag.

De Haan, G. (2004). Politische Bildung für Nachhaltigkeit. Aus Politik und Zeitgeschichte, 7-8, 39–46.

De Haan, G. (2008). Ungewisse Zukunft, Kompetenzerwerb und Bildung. In Bildung: Angebot oder Zumutung (25-44). Wiesbaden: VS Verlag.

Deardorff, D. K. (2006). Interkulturelle Kompetenz–Schlüsselkompetenz des 21. Jahrhunderts. Thesenpapier der Bertelsmann Stiftung. Verfügbar unter http://www.bertelsmann-stiftung.de/bst/de/media/xcms_bst_dms_17145_17146_2.pdf [Stand: 14.03.2013].

Dietrich, J. (2013). Ethik als Schlüsselkompetenz. Verfügbar unter: http://www.uni-tuebingen.de/einrichtungen/zentrale-einrichtungen/internationales-zentrum-fuer-ethik-in-den-wissenschaften/forschung/ethik-und-bildung/ethik-als-schluesselkompetenz.html [Stand 14.5.2013].

Dietrich, S. (1999). Selbst gesteuertes Lernen – eine neue Lernkultur für die institutionelle Erwachsenenbildung? In Dietrich, S. & Fuchs-Brüninghoff, E. (Hrsg.), Selbst gesteuertes Lernen – auf dem Weg zu einer neuen Lernkultur (14–23). Frankfurt/M.: DIE-Materialen für Erwachsenenbildung.

Dilger, B., Rickes, M. & Sloane, P.F.E. (o.J.). Modellversuchsinformation 6. Instrumente zur Beobachtung und Beschreibung selbst regulierten Lernens. Verfügbar unter http://www.berufsbildung.schulministerium.nrw.de/cms/upload/segel-bs/download/modellversuchsinformation_heft6.pdf [14.06.2012].

Dilger, B. & Sloane, P.F.E. (2007). Das Wesentliche bleibt dem Auge verborgen, oder? Möglichkeiten zur Beobachtung und Beschreibung selbstregulierten Lernens. bwp@, 13. Verfügbar unter http://www.bwpat.de/ausgabe13/dilger_sloane_bwpat13.pdf [14.02.2013].

Durkheim, E. (1999). Die Regeln der soziologischen Methode. Frankfurt/M.: Suhrkamp.

Edelstein, W. & de Haan, G. (2003). Von Schlüsselkompetenzen zum Curriculum. Lernkonzepte für eine zukunftsfähige Schule. 5. Empfehlung der Bildungskommission der Heinrich-Böll-Stiftung. Verfügbar unter http://www.sybillevolkholz.de/kontent/5.Empfehlung.pdf [10.05.2013].

Erpenbeck, J. (2010). Vorwort. Ein Praxisbuch für Beratung und Berater. In Harp, S., Pilorz, M., Seidel, S. & Seusing, B. (Hrsg.), Praxisbuch Profilpass. Ressourcenorientierte Beratung für Bildung und Beschäftigung (11–13). Bielefeld: Bertelsmann.

Erpenbeck, J. & v. Rosenstiel, L. (Hrsg.) (2003). Handbuch Kompetenzmessung. Erkennen, verstehen und bewerten von Kompetenzen in der betrieblichen, pädagogischen und psychologischen Praxis. Stuttgart: Schäffer-Poeschel.

Erpenbeck, J. & Sauer, J. (2000). Das Forschungs- und Entwicklungsprogramm „Lernkultur Kompetenzentwicklung". In Arbeitsgemeinschaft Qualifikations-Entwicklungs-Management (Hrsg.), Lernen im Wandel – Wandel durch Lernen. Kompetenzentwicklung (289–335). Münster: Waxmann.

Euler, G. (2005). Qualitätsentwicklung in der Berufsausbildung. Bund-Länder-Kommission für Bildungsplanung und Forschungsförderung, 127. Verfügbar unter http://www.blk-bonn.de/papers/heft127.pdf [14.06.2012].

Euler, D. & Pätzold, G. (2004). Selbstgesteuertes und kooperatives Lernen in der beruflichen Erstausbildung (SKOLA). Bund-Länder-Kommission für Bildungsplanung und Forschungsförderung, 120. Verfügbar unter http://www.blk-bonn.de/papers/heft120.pdf [14.06.2012].

Euler, D., Pätzold, G., Burg, J. von der, Thomas, B., Walzik, S., Diesner, I. & Lang, M. (2008). Selbstgesteuertes und kooperatives Lernen in der beruflichen Erstausbildung (SKOLA). Abschlussbericht des Programmträgers. Verfügbar unter http://www.pedocs.de/volltexte/2010/2008/pdf/SKOLA_Abschlussbericht_des_Programmtraegers_D_A.pdf [14.06.2012].

Euler, D., Pätzold, G., Burg, J. von der, Thomas, B., Walzik, S., Diesner, I. & Lang, M. (2010). Selbstgesteuertes und kooperatives Lernen in der beruflichen Erstausbildung (SKOLA). Abschlussbericht des Programmträgers. Bochum: Projektverlag.

Europäische Kommission (2001). Schulen der zweiten Chance. Die Ergebnisse eines europäischen Pilotprojekts. Verfügbar unter http://ec.europa.eu/education/archive/2chance/repcom_de.pdf [09.07.2012].

Faltin, G. & Zimmer, J. (1998). Versäumte Lektionen. Entrepreneurship. In Faltin, G., Ripsas, S. & Zimmer, J. (Hrsg.), Entrepreneurship. Wie aus Ideen Unternehmen werden (245–268). München: Verlag C.H. Beck.

Franz, J. & Frieters, N. (2008). Kompetenzmodelle in Fortbildungen – pragmatische Wege. In Bormann, I. & de Haan, G. (Hrsg.), Kompetenzen der Bildung für nachhaltige Entwicklung. Operationalisierung, Messung, Rahmenbedingungen, Befunde (74–87). Wiesbaden: Springer VS.

Fuleda, S. (2013). Kommunikation als Schlüsselkompetenz in Lernprozessen. Verfügbar unter http://www.hsu-hh.de/zeuner/index_bUcNU6KPZRTeqxrz.html [14.5.2013].

Geißler, H. (2000). Organisationspädagogik: Umrisse einer neuen Herausforderung. München: Vahlen.

Gerdsmeier, G. & Köller, C. (o. J.). Lernaufgaben – Vielfalt und Typisierung. Anregungen zur Konstruktion von Lernaufgaben. Hessisches Kultusministerium, Amt für Lehrerbildung, BLK-Modellversuch LunA. Verfügbar unter http://www.blk-luna.de/box_download.php?nr=219&sid [03.07.2012].

Gieseke, W. (2010). Atmosphäre in Bildungskontexten – Beziehungstheoretische Überlegungen. In: Egger, R. & Hackl, B. (Hrsg.): Sinnliche Bildung? Pädagogische Prozesse zischen vorprädikativer Situierung und reflexivem Anspruch. Wiesbaden: VS Verlag, S. 57–70.

Hahn, C. & Clement, U. (2007). Vom Lernfeld zur Lernvereinbarung – ein Handbuch. Hessisches Kultusministerium, Universität Kassel. Verfügbar unter http://selbstverantwortung plus.bildung.hessen.de/pbtp1/material/SIQUA_Handbuch_gesamt.pdf [14.06.2012].

Haller, M (2012). Eidaktischer Etikettenschwindel? Die Theorie-Praxis-Verzahnung in der Journalistik. In Dernbach, B. & Loosen, W. (Hrsg), Didaktik Der Journalistik. Konzepte, Methoden und Beispiele aus Der Journalistenausbildung (45–58). Wiesbaden: Springer VS.

Hejl, P.M. (1992). Selbstorganisation und Emergenz in sozialen Systemen. In Küppers, G. & Krohn, W. (Hrsg.), Emergenz. Die Entstehung von Ordnung, Organisation und Bedeutung (269–292). Frankfurt a.M.: Suhrkamp.

Hendrich, W. (2009). Heimliche Schlüsselkompetenzen und berufliche Flexibilität. Impulse für ein anderes Lernen in der beruflichen Weiterbildung. In Bolder, A. & Dobischat, R. (Hrsg.), Eigen-Sinn und Widerstand (229–242). Wiesbaden: Springer VS.

Herkner, V. & Pahl, J.-P. (2008). Selbstorganisiertes Lernen im Bereich der Instandhaltung. Zur Bedeutung und zum Einsatz von Makromethoden in Lern- und Arbeitsumgebungen. In Diesner, I., Euler, D., Pätzold, G., Thomas, B. & Burg, J. von der (Hrsg.), Selbstgesteuertes Lernen und kooperatives Lernen. Good-Practice-Beispiele aus dem Modellversuchsprogramm SKOLA (61–72). Paderborn: Eusl-Verlagsgesellschaft.

Hojnik, S. (2009). Organisation lehren und lernen. In Riegler, A., Hojnik, S. & Posch, K. (Hrsg.), Soziale Arbeit zwischen Profession und Wissenschaft (413–425). Wiesbaden: VS Verlag.

Jampert, K. (2013). Projekt: Schlüsselkompetenz Sprache. Verfügbar unter http://www.dji.de/cgi-bin/projekte/output.php?projekt=271 [14.05.2013].

Kadishi, B. (2007). Schlüsselkompetenzen erfassen und entwickeln. Theoretische Aspekte und ein praktisches Instrument. In Thom, N. & Zaugg, R.J. (Hrsg.), Moderne Personalentwicklung (2. Auflage) (175–187). Wiesbaden: Gabler Verlag.

Kaiser, A. & Kaiser, R. (2011). Über welche Kompetenzen muss ein Lerner verfügen? Lernerfolg durch Metakognition. Weiterbildung. Zeitschrift für Grundlagen, Praxis und Trends, 22 (3), 14–17.

Kieselhorst, M. (2010). Zum Verhältnis von Subjekt und Organisation. Eine empirische Studie zu Qualitätsentwicklungsprozessen in Kindertagesstätten. Wiesbaden: Springer VS.

Klein, R. (2006). Das Lernberatungsgespräch. Ein Kernelement der Lernberatungskonzeption. Reader Nr. 1. Verfügbar unter http://bbb-dortmund.de/jobbb2/Lernberatungsgespraech_Reader_1.pdf [12.10.2012].

Klein, R. & Reutter, G. (2011). Arbeitsbezogene Grundbildung – ein falscher Begriff für eine richtige Sache. In: Klein, R., Reutter, G. & Zisenis, D. (Hrsg.): Bildungsferne Menschen – menschenferne Bildung? Grundlagen und Praxis arbeitsbezogener Grundbildung. Göttingen: Verlag Institut für angewandte Kulturwissenschaft e.V., S. 15–26.

Klieme, E. & Rakoczy, K. (2008). Empirische Unterrichtsforschung und Fachdidaktik. Outcome-orientierte Messung und Prozessqualität des Unterrichts. Zeitschrift für Pädagogik, 54 (2), 222–243.

Knebel, H. (2012). Schlüsselkompetenzen für ein zeitgemäßes Management und wie man sie erkennt. In Armutat, S. & Seisreiner, A. (Hrsg.), Differenzielles Management (173-187). Wiesbaden: Springer Fachmedien.

Kyburz-Graber, R. & Pangrazzi, R. (2005). Pädagogisch-didaktische Begleitung im Selbstlernsemester der Kantonsschule Zürcher Oberland. Verfügbar unter http://www.kzo.ch/fileadmin/internet/pdf_internet/SLS-Berichte/br_paed_did_bericht.pdf [14.01.2012].

Kyburz-Graber, R. & Pangrazzi, R. (2009). Selbst organisiertes Lernen SOL. Projekt ‚Selbst organisiertes Lernen (SOL) an gymnasialen Mittelschulen – neue Lehr- und Lernformen'. Unterlagen zum Projekt. Bildungsdirektion Kanton Zürich Mittelschul- und Berufsbildungsamt (MBA) (Hrsg.). Verfügbar unter http://www.mba.zh.ch/downloads/Projektstellen/Beispielsammlung.pdf [17.03.2012].

Lauritzen, E. & Greb, U. (2008). Abschlussbericht des Projektträgers und der wissenschaftlichen Begleitung zum BLK-Modellversuch: ‚Selbständiges Lernen in der Altenpflegeausbildung'. Verfügbar unter http://www.schule-w1.de/selea_abschlussbericht.pdf [14.06.2012].

LFD (2011). Filmbildung als didaktische Schlüsselkompetenz. Verfügbar unter: http://www.lfd-hamburg.de/index.php/aktuelles/20-filmbildung-als-didaktische-schluesselkompetenz- [05.2013].

Lipscomb, L., Swanson, S. & West, A. (2004). Scaffolding. In M. Orey (Hrsg.) Emerging Perspectives on Learning, Teaching, and Technology. Verfügbar unter http://projects.coe.uga.edu/epltt/index.php?title=Scaffolding [29.05.2008].

Lübke, F. (2005). Kreativ gewagt und viel gewonnen. Pilotversuch Selbstlernsemester. In: eduVision, Nr. 7/8, S. 1–2.

Luhmann, N. (2000). Organisation und Entscheidung. Frankfurt/M.: Suhrkamp.

Luhmann, N. & Schorr, E. (1999). Reflexionsprobleme im Erziehungssystem. Frankfurt/M.: Suhrkamp.

Mertens, D. (1974). Schlüsselqualifikationen. Thesen zur Schulung für eine moderne Gesellschaft. Mitteilungen aus der Arbeitsmarkt- und Berufsforschung, 7, 36–73.

Michelus, P. (2004). Spagat zwischen Innovation und Abbau. Zeit.schrift, 114, 10.

Müller, K.R. (2004). Erwachsenenpädagogische Reflexionen auf die Lernformierung des Partizipativen Lernens. In Faulstich, P. & Ludwig, J. (Hrsg.), Expansives Lernen (127–147). Baltmannsweiler: Schneider Verlag.

Neumann, U. & Pomsel, M. (2010). Glück oder Können? Gelingensfaktoren und Hemmnisse bei der Durchführung von grundbildungsorientierten SGB-Maßnahmen. In Grundbildung in Wirtschaft und Arbeit – mehrperspektivisch GiWA. Online Nummer 5. Verfügbar unter http://www.giwa-grundbildung.de/NeumannPomselGO5.pdf [12.10.2012].

Neumann, U. (2011). Lernen im „Ein-Euro-Job". Arbeitsgelegenheiten mit Mehraufwandsentschädigung im Auftrag der ARGE Niederschlesische Oberlausitz „Beschäftigung und Lernen". Vortrag im Rahmen des DIE Forums „Weiterbildung am 05.11.2011. Online verfügbar unter: http://www.die-bonn.de/Institut/die-forum/DIE-Forum-2011/AG%202%20 Arbeits-%20und%20Lebenswelten.pdf, (Stand: 14.10.2012).

Oelkers, J. (2007). Evaluation und Schulentwicklung. Vortrag am 20.11.2007 in Gifhorn. Verfügbar unter http://www.bildungsregionbraunschweig.de/img/Evaluation_und_Schulentwicklung_ProfOelkers.pdf, [14.01.2012].

Oelkers, J. (2008). Ein innovativer Ansatz – zum Stellenwert des Projekts in der aktuellen Bildungslandschaft. In Arbeitsgruppe HSGYM – Hochschule und Gymnasium (Hrsg.), Hochschulreife und Studierfähigkeit. Zürcher Analysen und Empfehlungen zur Schnittstelle (16–23). Zürich. Verfügbar unter http://www.educ.ethz.ch/hsgym/hsgym_kurzfsg_def.pdf [24.01.2012].

Orbán, W., Kornelius, J. (2008). Kooperatives Übersetzen – Ein Beitrag für eine kommunikationsorientierte Übersetzungsdidaktik. AREAS, 34, 489–509.

OSZBWD (2012). Schulprogramm Oberstufenzentrum Bürowirtschaft und Dienstleistungen, Berlin. Verfügbar unter http://www.oszbwd.de/fileadmin/template/material/Schulpro gramm_2012.pdf [12.03.2013].

Pahl, J.-P., Herkner, V., Slaby, K.-H., Lange, U., Trautmann-Blasius, K., Kühn-Meinert, U., Mylus, F. & Walther, U. (2007). Verbund-Modellversuch Gestaltung von Lern- und Arbeitsumgebungen in der Berufsschule durch instandhaltungsorientierte Konzepte zum selbstgesteuerten und kooperativen Lernen. Zweiter Zwischenbericht. Verfügbar unter http://www.lasko-skola.de/download/ZB2.pdf [14.06.2012].

Pätzold, H. (2011). Preis für Innovation in der Erwachsenenbildung 2011 Laudatio für den Preisträger „Alpha KU – Neue Beschäftigungsperspektiven für Niedrigqualifizierte durch Grundbildung und Alphabetisierung“ der bsw – Beratung, Service & Weiterbildung GmbH in Dresden. Verfügbar unter http://www.die-bonn.de/institut/innovationspreis/2011/Lauda tioPaetzold.pdf [14.10.2012].

Prescher, T. (2009). „Führung als organisationsbezogener Lernprozess: Zur Rekonzeptionalisierung von Self-Monitoring in einer erziehungswissenschaftlichen Perspektive. Südwestdeutscher Verlag für Hochschulschriften, Saarbrücken, Dissertation.

Prescher, T. & Rolff, H.-G. (2010). Schoolinspection and External Evaluation. Study text 7.2 of the Distance Learning Programme „School Management“. Kaiserslautern: Technische Universität.

Puntasen, A. (1992). Thailand. Agro-industries and self-reliance. In Poster, C. & Zimmer, J. (Hrsg.), Community Education in the Third World (93–134). London: Routledge.

Raddatz, G. (2003). Pädagogik im freien Fall. Posttraditionale Didaktik zwischen Negativer Dialektik und De-Konstruktion. Münster: Waxmann.

Reinmann-Rothmeier, G. & Mandl, H. (1997). Lernen im Erwachsenenalter. Auffassungen vom Lehren und Lernen, Prinzipien und Methoden. In Weinert, F.E. & Mandl, H. (Hrsg.), Psychologie der Erwachsenenbildung. Bd. 4: Enzyklopädie der Psychologie (355–403). Göttingen: Hogrefe.

Retzmann, T. (Hrsg.) (2012). Entrepreneurship und Arbeitnehmerorientierung. Leitbilder und Konzepte für die ökonomische Bildung in der Schule. Schwalbach am Taunus: Wochenschau-Verlag.

Ridder, H.-G. (2001). Strategisches Personalmanagement. Mitarbeiterführung, Integration und Wandel aus ressourcenorientierter Perspektive. Landsberg/Lech: Verlag Moderne Industrie.

Rolff, H.-G. (2011). Das System UQM im Überblick. In Rolff, H.-G. (Hrsg.), Qualität mit System. Eine Praxisanleitung zum unterrichtsbezogenen Qualitätsmanagement (1–6). Köln: Carl Link.

Rychen, D.S. (2008). OECD Referenzrahmen für Schlüsselkompetenzen – ein Überblick. In Bormann, I. & de Haan, G. (Hrsg.), Kompetenzen der Bildung für nachhaltige Entwicklung. Operationalisierung, Messung, Rahmenbedingungen und Befunde (15–22). Wiesbaden: VS Verlag für Sozialwissenschaften.

Schaefers, C. (2002). Der soziologische Neo-Institutionalismus. Eine organisationstheoretische Analyse- und Forschungsperspektive auf schulische Organisationen. Zeitschrift für Pädagogik, 48 (6), 835–855.

Schmidt, M. (2010). Training zur Entwicklung der Beschäftigungsfähigkeit. Evaluation eines innovativen Programms zur Unterstützung junger Arbeitsloser. Lengerich: Pabst Science Publishers.

Schreyögg, G. & Kliesch, M. (2005). Organisationale Kompetenzen und die Möglichkeiten ihrer Dynamisierung. Eine strategische Perspektive. QUEM-report Schriften zur beruflichen Weiterbildung Heft 94: Individuelle und organisationale Kompetenzen im Rahmen des strategischen Managements, 3–49. Verfügbar unter www.abwf.de/content/main/publik/report/2005/report-94.pdf [12.03.2013].

Schüßler, I. (2012). Nachhaltige Lernprozesse. Ermöglichungsstrukturen nachhaltigen Lernens. In: PAUKOS, H. 1, S. 32–35. Online verfügbar unter: www.gew-osnabrueck.de/PAUKOS/1-2012/Schuessler_Lernen.pdf (Stand: 23.01.2014).

SESEKO (2007). Abschlussbericht des BLK-Modellversuch SESEKO Berichtszeitraum: 01.01.2005–31.12.2007. Verfügbar unter http://www.baumaus.org/seseko/downloads/sese ko_abschlussbericht.pdf [06.05.2012]

SfL 1 (School for Life). Eigenbetriebe. Verfügbar unter http://www.school-for-life.org/de/pro jekt/projekt/eigenbetriebe.html [14.03.2012].

SfL 2 (School for Life). Pädagogik. Verfügbar unter http://www.school-for-life.org/de/projekt/projekt/paedagogik.html [14.03.2012].

Siebert, H. (1991). Lernwiderstände lerntheoretisch gesehen. Die kognitionswissenschaftliche Wende. In: REPORT, 28, 75–81.

Siebert, H. (2002). Der Konstruktivismus als pädagogische Weltanschauung. Entwurf einer konstruktivistischen Didaktik. Frankfurt: VAS.

Siebert, H. (2005). Didaktik – mehr als die Kunst des Lehrens. Didaktik. LITERATUR-UND FORSCHUNGSREPORT WEITERBILDUNG 28 (3), 9–16. Verfügbar unter http://www.die-bonn.de/doks/report0503.pdf#page=1 [15.03.2013].

Trautmann-Blasius, K. & Kühn-Meinert, U. (2007). Neugestaltete Lernarrangements für instanthaltungsorientierten Unterricht. Lernen und lehren, 22 (88), 176–181.

Tyack, D. & Tobin, W. (1994). The Grammar of schooling: Why has it been so hard to change? American Educational Research Journal, 31 (3), 453–479.

Weitz, B. O. (1994). Möglichkeiten und Grenzen der Einzelfallstudie als Forschungsstrategie im Rahmen von qualitativ orientierter Modellversuchsforschung. Ein Beitrag zur ganzheitlichen Erfassung, Analyse und Darstellung schulischer Praxis und ihrer formativen Weiterentwicklung, Essen.

Zimmer, J. (1998). Transforming Community Schools into open Leraning Communities. A Ressource Paper. International Community Education Assionciation (ICEA) (Ed.). Knutsford, Englang. Verfügbar unter http://www.unesco.org/education/educprog/lwf/dl/olc_zimmer.pdf [12.03.2012].

Zimmer, J. (2006). School for Life. A project for Aids-orphans, survivors of the Tsunami and children of poverty in Thailand. School for Life (Ed.) Verfügbar unter http://www.hilfe-zur-selbsthilfe.info/files/dossier_2006_05.pdf [12.04.2012].

Anita Pachner

Die Metakompetenz „Selbstreflexion" und ihre Bedeutung für pädagogisch Tätige und deren Professionalitätsentwicklung

Abstract

Der Beitrag ist der Frage gewidmet, welche Bedeutung die Metakompetenz „Selbstreflexion" für das professionelle Handeln pädagogischer Akteure hat. Dazu wird die Selbstreflexionskompetenz zunächst in aktuelle Kompetenzmodelle verortet und ihre Bedeutung mit Bezug zum gegenwärtigen Professionalisierungsdiskurs exemplarisch für Erwachsenenbildner/innen veranschaulicht. Anschließend werden erste Ergebnisse einer empirischen Studie vorgestellt, die Selbstreflexionskompetenz gegenstandsverankert aus den Aussagen von erwachsenenpädagogischen Akteuren heraus (re-)konstruieren will. Der Beitrag schließt mit einem Ausblick auf das weitere methodische Vorgehen für die künftige Modellierung, Anerkennung und Anbahnung von Selbstreflexionskompetenz.

1. Einführung

Warum stört dieser Schüler immer wieder meinen Unterricht? Weshalb nehmen die Teilnehmenden in diesem Kurs diese sonst so beliebte Methode nicht an? Wieso gelingt es mir dieses Semester nicht, die Studierenden für dieses wichtige Thema zu motivieren? Was mache ich nun angesichts der veränderten Rahmenbedingungen in meiner Institution? Das sind Beispiele für Fragen, die sich Lehrpersonen so oder so ähnlich trotz guter Vorbereitung und Planung immer wieder in ihrem pädagogischen Tun stellen müssen oder stellen müssten, wenn unerwartete Situationen eintreten. Die Auseinandersetzung mit solchen Fragen Schuljahr für Schuljahr, Kurs für Kurs und Sitzung für Sitzung ist auch für erfahrene pädagogisch Tätige die Voraussetzung für erfolgreiches, kompetentes und innovatives Lehrhandeln und die kontinuierliche Weiterentwicklung der eigenen Professionalität. Gelingen kann dies jedoch nur, wenn ein Mindestmaß an Selbstreflexionskompetenz vorhanden ist. Sie ermöglicht es erst, aus Erfahrungen zu lernen, sich dem eigenen Denken und Tun gegenüber kritisch zu verhalten oder mit Veränderungen konstruktiv umzugehen. Selbstreflexion ist jedoch weder ein voraussetzungsfreier Prozess noch eine Fähigkeit, die in einfachen Lehr-Lernprozessen vermittelt werden kann. Zudem ist Selbstreflexionskompetenz wie die meisten sogenannten Metakompetenzen bisher nur wenig erforscht und empirisch abgesichert.

Der Beitrag möchte daher der Frage nachgehen, welche Bedeutung die Metakompetenz „Selbstreflexion" für pädagogische Akteure hat, um in Zukunft begründet Schlüsse ziehen zu können, wie diese Kompetenz modelliert und angebahnt werden kann. Dazu wird zunächst eine Einordung der Selbstreflexionskompetenz in aktuelle Kompetenzraster, -kategorisierungen und -modelle vorgenommen. Anschließend wird die Bedeutung der Metakompetenz „Selbstreflexion" exemplarisch für pädagogisch Tätige in der Erwachsenenbildung expliziert. Dies geschieht mit Bezug auf den gegenwärtigen Stand des Professionalisierungsdiskurses in diesem Bereich. Nach diesen begrifflichen Klärungen und theoretischen Fundierungen sollen erste Ergebnisse einer empirischen Studie vorgestellt werden. Darin soll der in Frage stehende Gegenstand, die Selbstreflexionskompetenz, gegenstandsverankert (vgl. Strauss & Corbin, 1996) aus den Aussagen von erwachsenenpädagogischen Akteuren heraus erarbeitet werden. Der Beitrag schließt mit einer kurzen Zusammenfassung zur Bedeutung von Selbstreflexion für professionelles pädagogisches Handeln und einem Ausblick auf die nächsten Schritte im Forschungsprozess, welche das Ziel haben, künftig Selbstreflexionskompetenz begründet modellieren, anerkennen und schließlich ausbilden zu können.

2. Selbstreflexion als Kompetenz

„Kompetenzen bezeichnen [...] Selbstorganisationsdispositionen physischen und psychischen Handelns, wobei unter Dispositionen die bis zu einem bestimmten Handlungszeitpunkt entwickelten inneren Voraussetzungen zur Regulation der Tätigkeit verstanden werden. Damit umfassen Dispositionen nicht nur individuelle Anlagen, sondern auch Entwicklungsresultate (Clauß et al., 1995, S. 126). Kompetenzen sind folglich eindeutig *handlungszentriert* und primär auf *divergent-selbstorganisative* Handlungssituationen bezogen" (Erpenbeck & von Rosenstiel, 2007, S. XXXVI; Hervorhebungen im Original). Es handelt sich bei Kompetenzen also um „Dispositionen", d.h. Anlagen oder die Bereitschaft, die entwickelt wurde/n, um bestimmte Tätigkeiten zu bewältigen. Als Anlagen sind sie zwar vorhanden, müssen aber, um als Kompetenz sichtbar zu werden, in jeder Handlungssituation erneut unter Beweis gestellt werden. Sie sind außerdem das Produkt komplexer Kompetenzentwicklungsprozesse. Es geht also nicht nur um bereits vorhandene, z.B. ererbte Veranlagungen und auch nicht um das Ergebnis einfacher Vermittlungsprozesse. Damit kommt dem informellen Lernen z.B. am Arbeitsplatz, im sozialen Umfeld oder im Internet eine große Bedeutung zu (vgl. Weinert, 2001, S. 45-65 zit. n. Erpenbeck & von Rosenstiel, 2007, S. XXXVIII). Andererseits ist zu fragen, wie diese komplexen Kompetenzentwicklungsprozesse in Professionalisierungsprozessen gezielt angebahnt werden können. Außerdem erhalten die als Kompetenzen bezeichneten Dispositionen ihre Relevanz in Bezug auf die Regulation von Tätigkeiten, sie sind also „handlungszentriert". Im Zentrum des Interesses steht das Tun und Handeln der kompetenten Person und weniger ihre Eigenschaften (subjektzentrierte Sicht). Und schließlich soll die Bewältigung „divergent-selbstorganisativer" Situationen erklärt werden, d.h. von Situationen, die offen, unsicher und komplex sind und daher nicht mit routinisiertem Handeln zu lösen sind. Solche Situationen sind es, die kompetentes Handeln erfordern und solche Situationen sind es, mit denen professionell pädagogisch Handelnde tagtäglich konfrontiert sind und worauf hin auch Hochschulen ihren kompetenten Nachwuchs entwickeln sollten.

Die Kompetenz zur Selbstreflexion erhält zusätzliche Bedeutung, indem sie in Papieren wie dem Deutschen Qualifikationsrahmen für lebenslanges Lernen (kurz: DQR) aufgeführt ist und damit zur politischen Setzung wird. Sie wird dort als Teilaspekt personaler Kompetenz genannt, die wiederum Element der Selbständigkeit (früher: Selbstkompetenz) ist (vgl. Abbildung 1).

Tab. 1: Kompetenzstruktur im DQR (AK DQR, 2011, S. 5)

DQR **Niveauindikator** Anforderungsstruktur			
Fachkompetenz		**Personale Kompetenz**	
Wissen	**Fertigkeiten**	**Sozialkompetenz**	**Selbständigkeit**
Tiefe und Breite	Instrumentale und systemische Fertigkeiten, Beurteilungsfähigkeit	Team/ Führungsfähigkeit, Mitgestaltung und Kommunikation	Eigenständigkeit/ Verantwortung, Reflexivität und Lernkompetenz

Im DQR wird sie folgendermaßen, knapp definiert: „Reflexivität beinhaltet die Fähigkeit, mit Veränderungen umzugehen, aus Erfahrungen zu lernen und kritisch zu denken und zu handeln“ (AK DQR, 2011, S. 9). Deutlich wird, dass diese Definition zu allgemein und ungenau ist, um aus ihr Hinweise ableiten zu können, wie Selbstreflexionskompetenz modelliert, zertifiziert und schließlich gezielt in Aus- und Weiterbildungsprozessen angebahnt werden kann.

Nach dem Vier-Ebenen-Kompetenzmodell von Heyse, Erpenbeck und Max (vgl. 2004, S. 126f.) kann Selbstreflexion auf der ersten Ebene der sogenannten Metakompetenzen angesiedelt werden. Metakompetenzen verweisen auf allgemeine Selbstorganisationsfähigkeiten. Es handelt sich um „Selbstorganisationsdispositionen eines ‚Beobachters 2. Ordnung‘ (das ist nach Luhmann der Beobachter, der einen Beobachter beobachtet, der die Einheit, an der er selbst teilnimmt, zu beobachten versucht)“, die kontextfrei sind und Kompetenzen umfassen wie z.B. Empathie, Selbsterkenntnisvermögen oder Interventions- und Lösungsfähigkeit (Heyse et al., S. 126). Auf der zweiten Ebene dieser Kompetenzarchitektur finden sich die vier kontextabhängigen Basis- oder Schlüsselkompetenzgruppen personale Kompetenz, Aktivitäts- und Handlungskompetenz, Fach- und Methodenkompetenz sowie sozial-kommunikative Kompetenz. Die dritte Ebene beschreibt 64 abgeleitete Kompetenzen (innerhalb der vier Basisgruppen) mit noch größerer Kontextabhängigkeit. Auf der vierten Ebene schließlich werden Querschnittskompetenzen wie interkulturelle Kompetenz, Führungskompetenz oder Medienkompetenz genannt (vgl. Heyse et al., 2004, S. 126f.). Sie setzen sich aus den verschiedenen abgeleiteten Kompetenzen zusammen und liegen damit gewissermaßen quer über den vier Gruppen der Basis- bzw. Schlüsselkompetenzen. Der Kontextbezug ist hier am stärksten.

Tab. 2: Vier-Ebenen-Kompetenzmodell nach Heyse, Erpenbeck & Max (vgl. 2004, S. 127)

Zunehmende Kontext-abhängigkeit →	Querschnitts-kompetenzen	z.B. interkulturelle Kompetenz, Führungskompetenz oder Medienkompetenz			
	Abgeleitete Kompetenzen (64)				
	Basis- oder Schlüssel-kompetenzen	Personale	Aktivitäts- und handlungs-bezogene	Fachlich-methodische	Sozial-kommuni-kative
	Metakompetenzen	z.B. Empathie, Selbstreflexion oder Interventions- und Lösungsfähigkeit			

Die erste Ebene der Metakompetenzen, gleichsam das Fundament der von Heyse, Erpenbeck und Max (2004) vorgeschlagenen Kompetenzarchitektur, kann dabei im Rahmen von Kompetenzmodellen als diejenige angesehen werden, die bisher am wenigsten wissenschaftlich abgesichert ist. Hier möchte die unten beschriebene Studie einen Beitrag leisten.

3. Selbstreflexionskompetenz als Voraussetzung (erwachsenen-) pädagogischer Professionalität

Tietgens definiert in den 1980er Jahren erstmals erwachsenenpädagogische Professionalität, indem er sagt: „Professionalität heißt, auf eine Kurzformel gebracht, die Fähigkeit nutzen zu können, breit gelagerte, wissenschaftlich vertiefte und damit *vielfältig abstrahierte Kenntnisse in konkreten Situationen angemessen anwenden zu können.* Oder umgekehrt betrachtet: In eben diesen Situationen zu erkennen, welche Bestandteile aus dem Wissensfundus relevant sein können. Es geht also darum, im einzelnen Fall das allgemeine Problem zu entdecken. Es wollen immer wieder Relationen hergestellt sein zwischen gelernten Generalisierungen und eintretenden Situationen, zwischen einem umfangreichen Interpretationsrepertoire und dem unmittelbar Erfahrbaren“ (Tietgens, 1988, S. 37, Hervorhebungen im Original). Gruber und Wiesner erweitern heute diese Definition um die wichtige Komponente der Selbstreflexion: „Erwachsenenpädagogische Professionalität basiert – neben einer theoriebegründeten und handlungsorientierten Wissensbasis – auf Deutungen, Diagnosen und Interpretationen, sie ist nicht etwas Abgeschlossenes, sondern sie muss sich als Kompetenz immer wieder bewähren und neu entwickeln (vgl. Nittel, 2000, S. 85). Somit setzt dies über wissenschaftliches Grundlagenwissen hinaus vor allem praktische Erfahrungen und ein hohes Maß an Reflexionsfähigkeit voraus“ (Gruber & Wiesner, 2012, S. 14). Was aber ist mit „Reflexionsfähigkeit“ im Allgemeinen und besonders in Bezug auf die Erwachsenenbildung gemeint (vgl. dazu auch Pachner, 2013a, 2013b)? Hierzu lassen sich Ansätze aus der Psychologie und der Erwachsenenbildungswissenschaft befragen.

Aus psychologischer Sicht ist das Konzept der „ergebnisorientierten Selbstreflexion“ in diesem Zusammenhang relevant. Greif (2008, S. 40) beschreibt sie als „ein[en] bewusste[n] Prozess, bei dem eine Person ihre Vorstellungen oder Handlungen durchdenkt und expliziert, die sich auf ihr reales und ideales Selbstkonzept beziehen. Ergebnisorientiert ist die Selbstreflexion, wenn die Person dabei Folgerungen für künftige Handlungen oder Selbstreflexionen entwickelt.“ Davon abzugrenzen sind z.B. „ziellos kreisende Grübeleien“ (Greif, 2008, S. 37), die eben nicht zu einem verändertem Denken oder Tun führen. Der Prozess von Selbstaufmerksamkeit und Selbstreflexion kann gemäß Greif (2008, S. 37) folgendermaßen veranschaulicht werden:

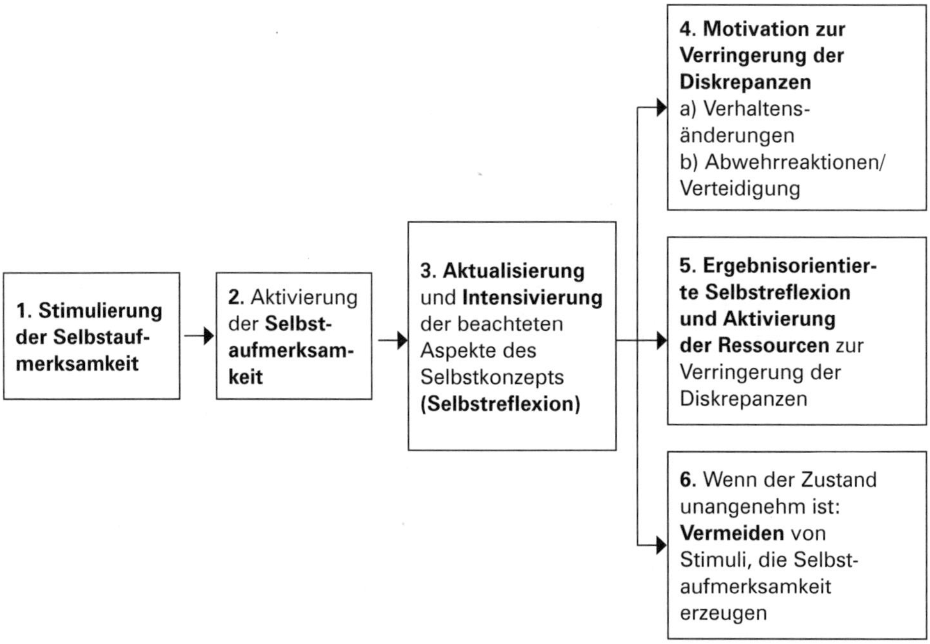

Abb. 1: Der Prozess von Selbstaufmerksamkeit und Selbstreflexion nach Greif (2008, S. 77)

Als Auslöser für selbstreflexive Prozesse nimmt Greif (vgl. 2008, S. 87f.) beispielsweise Fragebögen mit Fragen zur Selbstbeschreibung, schwierige neue Aufgaben, Feedback, Konflikte oder Misserfolge an, verweist aber darauf, dass hierzu bislang keine empirisch gesicherten Erkenntnisse vorliegen. Zudem muss hervorgehoben werden, dass es nicht automatisch zu Selbstreflexion kommt, selbst wenn geeignete Auslöser auftreten. Selbstreflexion ist mit einem hohen Ressourcenaufwand verbunden und u.U. von unangenehmen Gefühlen begleitet (vgl. Tisdale, 1998, S. 17). Steht eine Person also etwa unter hohem Handlungsdruck, wird sie weniger dazu bereit sein, sich auf selbstreflexive Prozesse einzulassen (vgl. Greif, 2008, S. 80f.). Ob Selbstreflexion stattfindet und zu veränderten Vorstellungen oder Handlungen führt, hängt auch von motivationalen Faktoren ab (vgl. Greif, 2008, S. 79ff.). Menschen, die dazu neigen, Misserfolge auf ihre Umgebung zu attribuieren und die Verantwortung dafür bei anderen zu suchen, sehen sich entsprechend selten dazu veranlasst, kritisch über ihr eigenes Verhalten nachzudenken (vgl. Argyris, 1991, S. 100ff.). Lernen und Veränderung werden so erschwert. Umgekehrt werden Personen, die über eine geringe Selbstwirksamkeitserwartung (vgl. Bandura, 1977, 1997) verfügen, Stimuli, die Selbstaufmerksamkeit erzeugen, eher vermeiden, da sie nicht davon überzeugt sind, über die für eine Verhaltensänderung notwendigen Ressourcen zu verfügen (vgl. Greif, 2008, S. 79f.).

Zu ähnlichen Schlüssen kommt Siebert (2011), wenn er über „selbsteinschließende Reflexion" im Kontext von professionellem, erwachsenenpädagogischem Handeln spricht. Auch er erachtet „eine Selbstreflexivität, die eine Veränderungsbereitschaft nicht erschwert, sondern erleichtert" als Voraussetzung für Veränderung und Innovation im Lehrhandeln und damit als ein zentrales Element erwachsenenpädagogischer Professionalität (Siebert, 2011, S. 16). Dabei versteht er Selbstreflexion als introspektiven Prozess, als „Beobachtung II. Ordnung" (Siebert, 2011, S. 10). Gleichzeitig weist er darauf hin, dass – gemäß Ergebnissen aus der Unterrichtsforschung – Selbstreflexion im pädagogischen Kontext nicht unbedingt das eigene Verhalten betrifft (vgl. Siebert, 2011, S. 16). Vielmehr wird über den schwierigen Teilnehmer oder die Institution nachgedacht. Auch der Rekurs auf langjährige Praxiserfahrung oder positives Teilnehmerfeedback kann hinderlich für Selbstreflexion und Weiterentwicklung sein. Neulinge sind daher eher zu Selbstreflexion bereit als erfahrene Praktiker. Als wirksame Auslöser für nachhaltige selbstreflexive Prozesse nennt er „Irritationen", wie sie in der Folge von neuen Herausforderungen oder kritischen Lebensereignissen auftreten können (vgl. Siebert, 2011, S. 16).

Zusammenfassend lassen sich folgende Funktionen von und damit Gründe für Selbstreflexion nennen (vgl. Tisdale, 1998, S. 12). Selbstreflexion unterstützt den einzelnen dabei, Denken und Handeln, das in einer gegebenen Situation nicht (mehr) zielführend ist, zu verändern. Sie bietet zudem die Grundlage dafür, das eigene Denken und Handeln mit Erfahrungen abzugleichen. Dabei kann es sich um gelernte bzw. schon erprobte Denk- und Handlungsabläufe in konkreten Situationen handeln oder auch um Resultate vorhergehender selbstreflexiver Prozesse. Selbstreflexion wirkt sich somit auch strukturierend auf künftiges Denken und Planen aus und bietet die Möglichkeit, das eigene Denken und Tun fortwährend auf Situationsangemessenheit hin zu überprüfen und ggf. zu verändern.

4. Selbstreflexion aus Sicht pädagogisch Tätiger: eine Studie

Selbsteinschließende Reflexion auf den Bereich der Forschung übertragen bedeutet, „die Interessen und Erfahrungen der Praktiker/innen zu berücksichtigen“ (Siebert, 2011, S. 17). Im Folgenden sollen ausgewählte erste Ergebnisse einer Studie vorgestellt werden, die gemäß diesem Anspruch die Kompetenz „Selbstreflexion“ aus den Aussagen von pädagogisch Tätigen gegenstandsverankert entwickeln will. Damit soll ein erster Schritt in Richtung einer wissenschaftlich fundierten Erarbeitung und Definition der bisher nur unscharf beschriebenen Metakompetenz „Selbstreflexion“ getan werden. Dies ist die Voraussetzung dafür, den von Gruber und Wiesner (2012, S. 14f.) geforderten Dreischritt aus Formulierung, Anerkennung und schließlich Vermittlung wichtiger Kompetenzen leisten zu können.

4.1 Übergeordnete Fragestellungen der Studie

Die Studie möchte folgenden, übergeordneten Fragestellungen nachgehen:
- Was ist Selbstreflexionskompetenz aus der Sicht von erwachsenenpädagogisch Tätigen?
- Welche Bedeutung messen erwachsenenpädagogisch Tätige dieser Kompetenz bei?
- Welche Bedeutung hat Selbstreflexion für professionelles erwachsenenpädagogisches Handeln?
- Welche Aspekte von Selbstreflexionskompetenz erachten die Akteure als wichtig?

Zur Beantwortung dieser Fragestellungen wird Textmaterial untersucht, in welchem Erwachsenenbildner/innen im Rahmen eines Kompetenzbilanzierungsverfahrens über ihr eigenes pädagogisches Tun nachdenken.

Die in diesem Beitrag vorgestellten, ausgewählten Ergebnisse geben erste Auskünfte zur Bedeutung und zu wichtigen Aspekten von Selbstreflexionskompetenz für professionelles pädagogisches Handeln. Es handelt sich somit um aussagekräftige Ergebnisse eines noch laufenden Forschungsprozesses.

4.2 Empirische Basis: Praxisfeld und Materialauswahl

4.2.1 Die Weiterbildungsakademie Österreich (wba)

Das in die Untersuchung aufgenommene Textmaterial entstand an der Weiterbildungsakademie Österreich (wba). Die wba ist eine Zertifizierungs- und Anerkennungsstelle, bei der sich Erwachsenenbildner/innen auch informell erworbene Kompetenzen anerkennen lassen können. Nach einer „Standortbestimmung“ bietet sie einen landesweit gültigen, zwei-stufigen Abschluss zum/zur zertifizierten Erwachsenenbildner/in und zum/zur diplomierten Erwachsenenbildner/in, der auch den Weg in die

Hochschule öffnet. Das wba-Diplom kann in den vier Schwerpunkten Lehren/Gruppenleitung/Training, Bildungsmanagement, Beratung und Bibliothekswesen erworben werden.

Die wba ist Teil des Kooperativen Systems der österreichischen Erwachsenenbildung am Bundesinstitut für Erwachsenenbildung, welches zugleich Träger der wba ist. Inhaltlich und strukturell wurde die wba von Erwachsenenbildungseinrichtungen, dem Bundesinstitut für Erwachsenenbildung, Universitäten und anderen Bildungseinrichtungen unter der Federführung des Verbandes Österreichischer Volkshochschulen entwickelt (für weitere Informationen vgl. wba, 2013).

Sie wurde am 01. Februar 2007 gegründet und hat bis August 2013 insgesamt 1095 Standortbestimmungen durchgeführt und 633 wba-Zertifikate bzw. 152 wba-Diplome vergeben (vgl. wba, 2013).

4.2.2 Das Textmaterial

Voraussetzung für den Erwerb eines wba-Diploms ist die Anfertigung einer Abschlussarbeit (vgl. wba, 2012, S. 19). Im Rahmen dieser Abschlussarbeit sind die Studierenden neben einer theoretischen Beschäftigung mit dem gewählten Thema dazu aufgefordert, kritisch über das eigene, professionelle Tun zu reflektieren und so ihre reflexive Kompetenz unter Beweis zu stellen. Dieses Textmaterial ist folglich geeignet, um Aussagen darüber zu erhalten, wie Erwachsenenbildner/innen das Konstrukt „Selbstreflexion" auffassen, wie sie damit umgehen.

Eingang in die Auswertung fanden die wba-Abschlussarbeiten der Jahre 2011, 2012 und Anfang 2013 (n=40). Sie stammen zu fast gleichen Teilen aus den Bereichen Lehren/Gruppenleitung/Training (n=14), Bildungsmanagement (n=12) und Beratung (n=14). Die ausgewählten ersten Ergebnisse beziehen sich auf die Abschlussarbeiten des Bereiches Lehren/Gruppenleitung/Training.

4.3 Auswertungsverfahren: Grounded Theory

Für die Auswertung wurden die Verfahren der Grounded Theory (Strauss & Corbin, 1996) herangezogen. Die Verfahren der Grounded Theory erlauben es, den in Frage stehenden Gegenstand, in diesem Fall die Selbstreflexionskompetenz, aus dem Material heraus zu erarbeiten und eine gegenstandsverankerte Theorie dazu zu entwickeln. Dies geschieht in einem Prozess von drei sich z.T. überschneidenden Schritten:

Das Offene Kodieren dient dem Aufbrechen der Daten, d.h. es werden Phänomene konzeptualisiert und kategorisiert. Die gefundenen Kategorien werden nach Eigenschaften und ihren Dimensionen differenziert beschrieben (vgl. Strauss & Corbin, 1996, S. 43ff.). Die im folgenden Kapitel vorgestellten ersten Ergebnisse entstammen im Wesentlichen diesem Verfahrensschritt.

Das Axiale Kodieren hat zum Ziel, Verbindungen und Beziehungen zwischen den Kategorien herzustellen. Dies erfolgt entsprechend dem paradigmatischen Modell, das sich aus Bedingungen, Kontext, Handlungs- und interaktionalen Strategien und Konsequenzen zusammensetzt (vgl. Strauss & Corbin, 1996, S. 75ff.).

Im letzten Schritt des Selektiven Kodierens wird eine Kernkategorie ausgewählt, um welche herum die anderen Kategorien schließlich zu der Grounded Theory über den in Frage stehenden Gegenstand integriert werden (vgl. Strauss & Corbin, 1996, S. 94ff.).

Durchgeführt wurde die Auswertung mit Hilfe der Auswertungssoftware MAXQDA.

4.4 Erste Ergebnisse: Selbstreflexion aus Sicht von Erwachsenenbildner/inne/n

Die Ergebnisse, die in diesem Kapitel vorgestellt werden sollen, wurden aus den Abschlussarbeiten des Bereiches Lehren/Gruppenleitung/Training (n=14) gewonnen und v.a. mit dem ersten Verfahrensschritt des Offenen Kodierens erarbeitet. Der damit entwickelte Kategorienbaum erster Ordnung gestaltet sich wie folgt, wobei die zahlreichen Unterkategorien zu den hier aufgeführten Subkategorien nicht mit abgebildet sind:

Selbstreflexion
- Gegenstände
- Bedeutung
- Motive
- Auslöser
- Arten
- Erträge

Selbstbild

Abb. 2: Erste Ordnung der Kategorien und Subkategorien

In diesem Kapitel sollen besonders die Ergebnisse zu Bedeutung von und Motive für Selbstreflexion sowie Auslöser, Arten und Erträge von Selbstreflexion ausgeführt und diskutiert werden. Dies gibt zum einen Antwort auf die Frage, welche Bedeutung Selbstreflexion für die Erwachsenenbildner/innen hat und zum anderen öffnet es den Blick dafür, wie sich Selbstreflexion in ihrem pädagogischen Tun vollzieht.

4.4.1 Bedeutung von und Motive für Selbstreflexion

Die Studierenden des Bereiches Lehren/Gruppenleitung/Training machen sowohl Aussagen zur Bedeutung, die sie der Selbstreflexion für ihr professionelles pädagogisches Tun beimessen, sowie zu den Motiven, die sie dazu bewegen, den u.U. aufwendigen Prozess der Selbstreflexion auf sich zu nehmen.

Tab. 3: Bedeutung von und Motive für Selbstreflexion

Kategorie/	Nennungen	Studierende
Bedeutung von Selbstreflexion	10	7
Motive für Selbstreflexion	13	5

Die Hälfte der untersuchten Erwachsenenbildner/innen weist in ihren Abschlussarbeiten explizit und z.T. mehrfach auf die große Bedeutung von Selbstreflexion für das eigene professionelle pädagogische Handeln hin. Als Motive für Selbstreflexion (i.e. Subkategorien) werden im Einzelnen ein erfolgreiches Handeln in der Erwachsenenbildung, die eigene Weiterentwicklung und der Erhalt bzw. die Entwicklung von Veränderungsbereitschaft oder Beweglichkeit im eigenen Denken und Tun genannt. Dies veranschaulichen die folgenden Aussagen:

„Reflexion ist in der Arbeit als Trainerin das um und auf und sollte mir in meiner Arbeit zugute kommen" (A_34, 421-524)

„Die Selbstreflexion von GruppenleiterInnen ist deren permanente Aufgabe, um bewusst handeln zu können und gezielte Schritte für die Verbesserung der eigenen Handlungsqualität setzen zu können" (A_29, 200-392)

„Bestmögliche Erfolge für beide Seiten – TeilnehmerInnen sowie TrainerInnen (Anbieter) – können „nur" durch reflektiertes Vorgehen erzielt werden." (A_ 28, 1625-1778)

Selbstreflexion wird als zentrales Moment erfolgreichen, professionellen Handelns erachtet und als Voraussetzung für die bewusste Verbesserung des eigenen pädagogischen Tuns.

4.4.2 Auslöser, Arten und Erträge von Selbstreflexion

Die Erwachsenenbildner/innen beschreiben in ihren Abschlussarbeiten konkrete Auslöser, Formen und Folgen von Selbstreflexion. Dies gibt Aufschluss darüber, wie sich Selbstreflexion für die Befragten vollzieht und trägt damit zur Klärung der Frage bei, was Selbstreflexion aus Sicht der pädagogisch Handelnden ist, wie es sich ihnen darstellt.

Tab. 4: Auslöser, Arten und Erträge von Selbstreflexion

Kategorie/ Subkategorie	Kategorie/ Subkategorie	Kategorie/ Subkategorie
Auslöser/ Anlass für SR	**Arten/ Formen von SR**	**Erträge/ Folgen von SR**
wba-Abschlussarbeit	Arten der Fremdbeurteilung:	Veränderungsbereitschaft
Große Herausforderung	Peer-Feedback	Lernzuwachs
Irritation	TN-Feedback	Erhöhtes Bewusstsein
Negative Gefühle	Supervision	Selbsterkenntnis
Unzufriedenheit	Veranstaltungsevaluation	Rückhalt
Unsicherheit	Feedback von Vorgesetzten	Dokumentation
Ermüdung/ Ressourcen	Arten der Selbstbeurteilung:	Motivation/ Energie
Scheitern	wba-Abschlussarbeit	Verb. Umgang mit Ressourcen
	Portfolio	Energieverlust
		Selbstbestätigung/ Verharren

Als häufigste Auslöser bzw. Anlässe für selbstreflexive Prozesse nennen die wba-Studierenden zum einen die wba-Abschlussarbeit und zum anderen große Herausforderungen im beruflichen Alltag sowie das Auftreten von Irritation. Sie begegnen diesen Auslösern von Selbstreflexion v.a., indem sie gezielt das Feedback von Kollegen (Peers) oder Teilnehmenden (TN) ihrer Kurse einholen. Auch wird die wba-Abschlussarbeit oft genutzt, um z.B. über aktuelle Herausforderungen in der eigenen Praxis nachzudenken. Als Erträge dieser selbstreflexiven Prozesse nennen die Erwachsenenbildner/innen z.B. eine größere Veränderungsbereitschaft, Lernzuwächse, ein erhöhtes Bewusstsein bzgl. des eigenen Tuns und eine gestiegene Selbsterkenntnis. In einzelnen Fällen wird aber auch über einen Verlust an Energie durch die Selbstreflexion berichtet bzw. zeigen sich keine Folgen, sondern lediglich Selbstbestätigung und Verharren in der eigenen Position auch angesichts von Schwierigkeiten oder Herausforderungen.

4.4.3 Diskussion der Ergebnisse

Aus diesen ausgewählten Ergebnissen der ersten Analyseschritte lassen sich bereits Antworten auf die Frage nach der *Bedeutung* von Selbstreflexion im Kontext professionellen, erwachsenenpädagogischen Tuns ableiten. So weist ein Teil der Erwachsenenbildner/innen ausdrücklich auf die große Bedeutung der Selbstreflexion für ihr professionelles Handeln hin. Dies wird unterstützt durch die *Motive*, die für Selbstreflexion angegeben werden, wobei auch erfolgreiches Handeln in der Erwachsenenbildung explizit genannt wird. Die Motive Weiterentwicklung und Veränderungsbereitschaft sprechen zudem dafür, dass eine Veränderungen und Innovationen ermöglichende Reflexion im Sinne Sieberts (vgl. Siebert, 2011, S. 16) bzw. eine ergebnisorientierte

Selbstreflexion nach Greif (2008) stattfindet und bewusst von den Erwachsenenbildner/inne/n eingesetzt wird, um ihre Professionalität zu erhöhen.

Indem als *Auslöser* für Selbstreflexion u.a. große Herausforderungen und Irritationen genannt wurden, sind die Annahmen sowohl von Greif (vgl. 2008, S. 87f.) als auch von Siebert (2011, S. 16) diesbezüglich bestätigt worden. Die Nennung der wba-Abschlussarbeit als Anlass für Selbstreflexion weist zudem auf Möglichkeiten der gezielten Anbahnung von Selbstreflexionskompetenz in Aus- und Weiterbildungsprozessen voraus. Dies wird unterstützt durch den Befund, dass als *Arten* bzw. Formen der Selbstreflexion neben Peer- und Teilnehmenden-Feedback v.a. auch die wba-Abschlussarbeit zum Einsatz kommt. Sie wird nicht nur zum Anlass genommen, um überhaupt über das eigene Denken und Tun nachzudenken. Vielmehr wird sie gezielt genutzt, um aktuelle Herausforderungen im eigenen professionellen Handeln selbstreflexiv anzugehen. Entsprechende Schreibanlässe scheinen also vielversprechend zu sein, um den Erwerb von Selbstreflexionskompetenz zu unterstützen. Die genannten *Erträge* von Selbstreflexion – allen voran Veränderungsbereitschaft, Lernzuwächse, erhöhtes Bewusstsein und Selbsterkenntnis – bestätigen die Annahmen von Greif (2008) und Siebert (2011), dass Selbstreflexion und die Kompetenz dazu eine zentrale Bedingung für Veränderung und Innovation des eigenen Denkens und professionellen pädagogischen Handelns ist und bekräftigen ihren großen Stellenwert noch einmal.

Diese ausgewählten, ersten Ergebnisse konkretisieren bereits das Bild von Selbstreflexionskompetenz im pädagogischen Kontext. Sie geben Aufschluss darüber, welche Bedeutung pädagogisch Tätige dieser Kompetenz beimessen und welche wichtigen Aspekte sie umfasst. Um jedoch die genannten übergeordneten Fragestellungen beantworten zu können und Selbstreflexionskompetenz differenzierter definieren und modellieren zu können, sind weitere Forschungsschritte erforderlich, die sich zum gegenwärtigen Zeitpunkt noch in Bearbeitung befinden.

5. Zusammenfassung und Ausblick

Sowohl praktische Erfahrungen in Lehr-/Lernsituationen, der Überblick über theoretische Erkenntnisse zu Selbstreflexion als auch die ersten Ergebnisse aus dem empirischen Zugang verdeutlichen die Wichtigkeit von Selbstreflexionskompetenz für professionelles, pädagogisches Handeln und dessen kontinuierliche Weiterentwicklung. Gleichzeitig wird am Beispiel der Selbstreflexionskompetenz sichtbar, wie herausfordernd es ist, Kompetenzen greifbar und für verschiedene Anwendungskontexte wie Messung, Zertifizierung und Vermittlung fruchtbar zu machen. Voraussetzung dafür sind genaue Definitionen der wichtigsten Kompetenzen, wie sie bisher nur selten vorliegen und für manche Kompetenzbereiche wie den der Metakompetenzen noch weitgehend fehlen. Die hier begonnene theoretische Auseinandersetzung und die vorgestellte, empirische Studie sollen theoretisch, konzeptuell und auch methodisch zur Klärung des Konstruktes „Selbstreflexionskompetenz" beitragen.

Die nächsten Schritte im Forschungsprozess sehen dementsprechend vor, die bereits gewonnen Ergebnisse zu erweitern und zu differenzieren. Dies geschieht, indem zum einen die Abschlussarbeiten auch der Bereiche Bildungsmanagement und Beratung untersucht werden. Dadurch wird sich ein breiteres Bild professioneller, erwachsenenpädagogischer Praxis und der Selbstreflexion darin ergeben. Zum anderen werden die Abschlussarbeiten nach allen drei Verfahrensschritten der Grounded Theory analysiert werden. Der bislang gewonnene, erste Kategorienbaum wird sich dadurch weiter ausdifferenzieren und es werden Zusammenhänge zwischen den relevanten Aspekten in Bezug auf die Selbstreflexionskompetenz und dahinter liegende Begründungen sichtbar werden. Schrittweise sollen so die oben genannten übergeordneten Fragestellungen einer Antwort zugeführt werden und das Konstrukt „Selbstreflexionskompetenz" aus den Aussagen der Erwachsenenbildner/innen heraus – also gegenstandsverankert – rekonstruiert werden.

Damit sollen Schlussfolgerungen für die empirisch fundierte Modellierung, Bilanzierung und schließlich Anbahnung dieser für pädagogisches Handeln so bedeutsamen Metakompetenz möglich werden.

Literatur

Arbeitskreis Deutscher Qualifikationsrahmen (AK DQR) (2011). Deutscher Qualifikationsrahmen für lebenslanges Lernen. Bonn: Bundesministerium für Bildung und Forschung (BMBF).

Argyris, Ch. (1991). Teaching smart people how to learn. Harvard Business Review, 69 (3), 99–109.

Bandura, A. (1977). Self-efficacy: Toward a unifying theory of behavioural change. Psychological Review, 84, 191–215.

Bandura, A. (1997). Self-efficacy: The exercise of control. New York: Freeman.

Clauß, G., Kulka, H., Lompscher, J., Rösler, H.-D., Timpe, K.-P. & Vorwerg, G. (Hrsg.) (1995). Wörterbuch der Psychologie. 5. Aufl. Frankfurt am Main: Pahl-Rugenstein.

Erpenbeck, J. & Rosenstiel, L. v. (Hrsg.) (2007). Handbuch Kompetenzmessung. Stuttgart: Schäffer-Poeschel.

Greif, S. (2008). Coaching und ergebnisorientierte Selbstreflexion. Göttingen u.a.: Hogrefe.

Gruber, E. & Wiesner, G. (Hrsg.) (2012). Erwachsenenpädagogische Kompetenz stärken. Kompetenzbilanzierung für Weiterbildner/-innen. Bielefeld: Bertelsmann.

Heyse, V., Erpenbeck, J. & Max, H. (Hrsg.) (2004). Kompetenzen erkennen, bilanzieren und entwickeln. Münster: Waxmann.

Nittel, D. (2000). Von der Mission zur Profession? Stand und Perspektiven der Verberuflichung in der Erwachsenenbildung. Bielefeld: Bertelsmann.

Pachner, A. (2013a). Selbst und Reflexion – Veränderungsbereitschaft ermöglichen. Weiterbildung. Zeitschrift für Grundlagen, Praxis und Trends, 3, 28–31.

Pachner, A. (2013b). Selbstreflexionskompetenz. Voraussetzung für Lernen und Veränderung in der Erwachsenenbildung? Magazin erwachsenenbildung.at. Das Fachmedium für Forschung, Praxis und Diskurs, 20, 06, 1–9.

Siebert, H. (2011). Selbsteinschließende Reflexion als pädagogische Kompetenz. In R. Arnold (Hrsg.), Veränderung durch Selbstveränderung. Impulse für das Changemanagement (S. 9–18). Baltmannsweiler: Schneider Verlag Hohengehren.

Strauss, A. & Corbin, J. (1996). Grounded Theory: Grundlagen Qualitativer Sozialforschung. Weinheim: Beltz.

Tietgens, H. (1988). Professionalität für die Erwachsenenbildung. In W. Gieseke (Hrsg.), Professionalität und Professionalisierung (S. 28–75). Bad Heilbrunn: Klinkhardt.

Tisdale, T. (1998). Selbstreflexion, Bewusstsein und Handlungsregulation. Weinheim: Beltz.

Weinert, F. E. (2001). Concept of competence: A conceptual clarification. In D. S. Rychen & L. H. Salganik (Eds.), Defining and selecting key competencies (S. 45–65). Seattle, WA: Hogrefe & Huber.

Weiterbildungsakademie Österreich (wba) (2012). Curriculum wba-Diplom: Diplomierte/r Erwachsenenbildner/in Lehren/Gruppenleitung/Training. Verfügbar unter: http://wba.or.at/login/downloads/Curriculum_wba_Diplom_Lehren.pdf [20.10.2013].

Weiterbildungsakademie Österreich (wba) (2013). Über uns. Verfügbar unter: http://wba.or.at/ [20.10.2013].

Heinz-Werner Wollersheim

Entwicklung von Schlüsselkompetenzen an Hochschulen
Theoretische Überlegungen und ein Erfahrungsbericht

Abstract
Zweifellos gehört zu den positiven Folgen der Bologna-Reform an deutschen Hochschulen die Verschiebung der hochschuldidaktischen Perspektive *from teaching to learning.* Damit verbunden ist die Aufgabe, Lehrveranstaltungen und Prüfungen kompetenzorientiert zu gestalten. Die erfolgreiche Bewältigung dieser Aufgabe ist zentral für das Gelingen des Bologna-Prozesses, stößt aber an vielen Hochschulen nach wie vor auf Schwierigkeiten und wird bisher eher teilweise oder auch nur formal umgesetzt. KMK, HRK und DAAD unternehmen seit Jahren erhebliche Anstrengungen, um die Hochschulen dabei zu unterstützen.

In diesem Beitrag werden Grundlinien der Kompetenzdiskussion in groben Zügen skizziert und anschließend wird ein Beispiel dargestellt, wie wir auf der Ebene einzelner Lehrveranstaltungen die Kompetenzorientierung in Lehre und Prüfung im Masterstudiengang „Begabungsforschung und Kompetenzentwicklung – Studies in Abilities and Development of Competences" an der Universität Leipzig zu verwirklichen suchen.

1. Kompetenz: Perspektiven auf ein Konstrukt

1.1 Hintergründe der aktuellen Debatte

Obwohl der Kompetenzbegriff in den letzten zwanzig Jahren zu einem der zentralen Begriffe von bildungspolitischen und bildungstheoretischen Auseinandersetzungen geworden ist, ist nach wie vor die Begriffsverwendung sehr uneinheitlich. Daher erinnere ich kurz an Grundlegendes.

Kompetenz leitet sich vom lateinischen competere ab, was zunächst so viel bedeutet wie zusammenfallen oder zusammentreffen. Der Wortstamm gibt einen deutlichen Hinweis auf konstitutive Faktoren des Begriffes „Kompetenz": Wenn die Erfordernisse der Situation mit dem individuellen Konglomerat von Fähigkeiten und Fertigkeiten eines Menschen „zusammentreffen", so besitzt dieser also die „Kompetenz" zur Bewältigung der Situation. Aus dem Gedanken einer Balance von Sollen und Können, von Aufgabe und Fähigkeit, ergibt sich jener der „Zuständigkeit": Im Sinne einer optimalen Problemlösung in einer aufgabenteiligen Organisationsform von Gesellschaft und ihren Institutionen sollten diejenigen für die Lösung von bestimmten Aufgaben zuständig sein, bei denen dieses Zusammentreffen von Sollen und Können erwiesen war oder wenigstens am ehesten gewährleistet schien. Dies ist der Kompetenz-Begriff, wie er in der Betriebswirtschaftslehre Verwendung findet: Kompetenz bedeutete hier traditionell das Spektrum der Handlungsrechte, das einem Stelleninhaber zur Erfüllung zugewiesener Aufgaben innerhalb einer Organisation zugewiesen wird. Kompetenzen wurden dabei so festgelegt, dass Überschneidungen und daraus möglicherweise folgende Konflikte und Reibungsverluste möglichst vermieden werden sollten. Auf der Grundlage der oben angesprochenen Balance von Sollen und Können wurde Kompetenz hier zu einem „Können und Dürfen" (Wollersheim, 1993).

Ein weiterer inhaltlicher Aspekt tritt hinzu: Soweit ich sehe, war Heinrich Roth (1971) der erste Pädagoge im deutschsprachigen Raum, der ein ausgearbeitetes Kompetenz-Modell vorlegte. Roth stützt sich dabei explizit auf den Autor, der das Kompetenz-Konstrukt überhaupt in die sozialwissenschaftlichtliche Diskussion eingeführt hatte, auf den amerikanischen Psychologen R. W. White (1959). Dieser hatte „Kompetenz" in motivationspsychologischem Zusammenhang benutzt, um gegenüber behavioristischen Modellen des menschlichen Antriebsverhaltens, die in der Behebung einer aktuellen Mangel- oder Notsituation die eigentlich motivierende Kraft ansiedelten, das Bedürfnis des Menschen nach Bewältigung und Meisterung seiner Umwelt als ursprüngliche und stärkste Antriebskraft („Competence Motivation") herauszustellen. Roth stützt sich ausdrücklich (Roth, 1971, 290) auf diese Verwendung des Begriffs, wenn er die Anerkennung der „Anstrengungen des Kindes, selber etwas tun zu wollen" (Roth, 1971, 296) zum Ausgangspunkt pädagogischer Einflussnahme auf das Antriebs- und Motivationssystem des Kindes macht. Diese ursprüngliche Interpretation, wonach „alle Lebewesen von Natur aus motiviert sind, Kompetenz, d.h. effektive Wirksamkeit über ihre Umwelt zu erlangen" (Roth, 1971, 311), greift Roth auf, um die „entscheidenden Fortschrittsstufen der menschlichen Handlungsfähigkeit" in der Vierstufenfolge „Erlernen der frei geführten Bewegung", „Entwicklung zu Sachkompetenz", „Entwicklung zu Sozialkompetenz" und „Entwicklung zu Selbstkompetenz" zu markieren. Damit wird seine an früherer Stelle (Roth, 1979, 180) vorgebrachte Interpretation des Erziehungszieles „Mündigkeit" als Trias von Sach-, Sozial- und Selbstkompetenz, die dort bisweilen noch willkürlich erscheinen mochte, in den Kontext individueller Entwicklung eingebunden.

Diesen Zusammenhang greift aktuell auch Schaper (2012, 12) auf, wenn er ausdrücklich daran anküpft, dass der Begriff Kompetenz unterschiedliche Facetten aufweise, nämlich

- Zuständigkeit – als soziale bzw. organisationale Facette,
- Fähigkeit –als kognitive Facette und
- Bereitschaft – als motivationalen Facette von Kompetenz.

Dass das Konstrukt „Kompetenz" so breit aufgespannt wurde, kann man kritisch bewerten, hat aber im Kern damit zu tun, dass sich bei einem kompetenten Handeln Zuständigkeit, Fähigkeit und Bereitschaft in Deckung miteinander befinden bzw. gebracht werden. Auch Autoren, die sich der empirischen Bildungsforschung verpflichtet fühlen, erkennen diesen Charakter des Konstrukts an: „Kompetenz zeigt sich im je situativen Bewältigen von Anforderungen (in der „Performanz" des Handelns), wird aber als Disposition interpretiert. Dementsprechend ist Kompetenz kontextualisiert und spezifisch, aber auf Transfer und Verallgemeinerung angelegt. Kompetenz bezieht sich sowohl auf Handlungsvollzüge als auch auf die ihnen zugrunde liegenden mentalen Prozesse und Kapazitäten, zu denen Kognition, Motivation und Volition bzw. Wissen und Können sowie Bereitschaften und Einstellungen gehören." (Klieme & Hartig, 2007).

Eine andere Linie der pädagogischen Kompetenzdiskussion entstand aus der Unzufriedenheit mit der relativen Unbestimmtheit traditioneller pädagogischer Begriffe. In älteren pädagogischen Texten findet sich die Begrifflichkeit des Sollens, Könnens, Wollens und Dürfens in dieser Diktion, ohne dass die Entstehung von Handlungsfähigkeit theoretisch befriedigend hätte modelliert werden können. Insbesondere der bisweilen unterstellte Automatismus von Wissenserwerb und Handlungsfähigkeit wurde zunehmend problematisch. In der erziehungswissenschaftlichen Diskussion erfuhr der Begriff der Kompetenz daher eine erste Konjunktur im Zusammenhang der Allgemeinbildungsdebatte (Z.f.Päd. 1986, Göbel & Kramer, 1989) der 1980er Jahre in der alten Bundesrepublik: Die Überfrachtung schulischer Lehrpläne mit Unterrichtsstoff, ein durchgängiges Thema nach dem Zweiten Weltkrieg, und eine verbesserte Vermittelbarkeit von Schulabsolventen am Arbeitsmarkt hoffte man durch den Aufbau von *Schlüsselqualifikationen* (Mertens, 1974) zu erreichen. Dieses beschäftigungspolitische Ziel bekam nach der Vereinigung der beiden deutschen Staaten eine besondere Brisanz. Ausgangspunkt war für die 1992 gegründete Arbeitsgemeinschaft betriebliche Weiterbildungsforschung (ABWF) eine Erfahrung in der gesellschaftlichen Transformation: Zwar verliefen die Aneignung neuen berufsspezifischen Wissens und der Erwerb neuer Abschlüsse erfolgreich im Rahmen der beruflichen Weiterbildung nach gängigen Kriterien durchaus erfolgreich, aber die individuelle Handlungsfähigkeit der Betroffenen im und für das neue System wurde nicht befriedigend verbessert. Dies legte den Schluss nahe, dass das traditionelle Verständnis von beruflicher Weiterbildung zu kurz greift. Eine erweiterte und zumindest teilweise neue Sicht bei der Entwicklung von Humanressourcen fokussierte nun auf stärker ganzheitliche Kompetenzen als isolierte Qualifikationen. Die Globalisierung der Märkte und die durch sie mit bedingte höhere Anforderung an die Mobilität von Arbeitnehmerinnen und Arbeitnehmern lösten in der Folge eine Diskussion über die Entwicklung, Bilanzierung und Zertifizierung von Kompetenzen aus, unabhängig davon, ob sie in formalisierten Ausbildungsprozessen oder in nichtformalen Lernprozessen erworben worden sind.

Dieser Entwicklungsstrang wurde zum zweiten zentralen Movens der neueren Kompetenzdebatte, als sich die EU im März 2000 auf die Lissabon-Strategie verständigte, in deren Folge die Europäische Union zum wettbewerbsfähigsten und dynamischsten wissensbasierten Wirtschaftsraum der Welt gemacht werden sollte und als deren frühe Konsequenz das „Memorandum on Lifelong Learning" (European Commission, 2001) im Oktober 2000 verabschiedet wurde. Der Wirtschaftsraum der EU sollte künftig als Bildungsraum begriffen werden. Das Memorandum enthielt zum lebenslangen Lernen sechs Botschaften:

1. Neue Basisqualifikationen für alle,
2. Höhere Investitionen in die Humanressourcen,
3. Innovation in den Lehr- und Lernmethoden,
4. Bewertung des Lernens,
5. Umdenken in Berufsberatung und Berufsorientierung,
6. das Lernen den Lernenden auch räumlich näher bringen.

Vor allem die vierte Forderung ist für das weitere Verständnis wichtig, denn sie zielte auf die Verbesserung von Bewertungsmethoden von Lernbeteiligung und Lernerfolg insbesondere im Bereich des nichtformalen und des informellen Lernens.

Insbesondere aus der Operationalisierung des vierten Punktes „Bewertung des Lernens" entstanden eine Vielzahl von Arbeiten und Projekten zur Erfassung, Exploration, Dokumentation und Bilanzierung von individuellen Kompetenzen, z.B. über Portfolio- oder Pass-Ansätze in Bereichen, in denen formalisierte Lernprozesse nicht etabliert waren (z.B. DIE/DIPF/IES, 2004). Von hier aus bildete sich eine enge Verzahnung der Kompetenzdiskussion mit der Thematik des Lifelong Learnings heraus.

1.2 Abgrenzung: Kompetenz in der empirischen Bildungsforschung und in der Berufsbildung

Den Überblick in dieser Vielfalt von Konzepten und Entwicklungen zu behalten, ist offensichtlich nicht einfach. Für den in diesem Beitrag besonders interessierenden Bereich der Kompetenzenzwicklung im Hochschulbereich hat vor kurzem Schaper (2012) vorgeschlagen, verschiedene bildungswissenschaftlich relevante Kompetenzauffassungen zu unterscheiden. Obwohl es sich hierbei weniger um eine theoretisch begründete Systematik als eine ergebnisgeleitete Heuristik handelt, ist diese Unterteilung doch nützlich, um Abgrenzungen und Anschlussmöglichkeiten deutlich zu machen. Schaper lässt Schlüssel- und akademische Kompetenzen aus dem Kompetenzverständnis der Berufsbildungsforschung bzw. -pädagogik hervorgehen und grenzt sie damit vom Kompetenzverständnis der empirischen Bildungsforschung ab. Ich folge dieser Aufbauidee.

Der Harvard-Psychologe David McClelland hatte bereits 1973 die Ansicht vertreten, weder klassische Intelligenztests noch Examensnoten seien geeignet, beruflichen Erfolg oder sonstige Leistungen im Leben eines Menschen zu prognostizieren. Es gäbe allerdings durchaus für eine bestimmte berufliche Position erfolgsrelevante Merkmale – er nannte sie „competencies" –, die er empirisch aus Kontrastgruppeninterviews mit einer Abwandlung von Flanagans (1954) „Critical Incident Technique" identifizierte. Innerhalb eines Jahrzehnts entwickelte sich ein regelrechter Competencie-Boom und Competencie-Models wurden vielerorts zur Basis von HR-Entscheidungen. Im Mittelpunkt stand die Prognose von kontextspezifischem Leistungsverhalten, das durch empirisch zugängliche Competency-Variablen beschreibbar gemacht werden sollte.

Die Sichtweise von Kompetenz als „kontextspezifischer Leistungsdisposition" spielte auch in der bekannten Definition Weinerts (1999) eine prominente Rolle, der sie allerdings zunächst auf die kognitive Dimension einschränkte und auch in einer späteren Publikation (Weinert, 2001) vorschlug, kognitive und nichtkognitive Kompetenzdimensionen empirisch getrennt zu untersuchen. Empirische Bildungsforschung, insbesondere in den internationalen Schulleistungsuntersuchungen wie TIMMS und PISA, orientierten sich in der Folge stark an kognitionspsychologischen Theorien zum Aufbau von domänenspezifischen Kompetenzen.

Im Fokus der empirischen Bildungsforschung stehen die psychometrische Modellierung und Messung von Kompetenzen, teils in Analogie zur Entwicklung des Intelligenzkonstrukts. Zugänglich werden Kompetenzen in diesem Ansatz primär über die Messung von Lernergebnissen.

Der Ansatz der empirischen Bildungsforschung ist einerseits durchaus verdienstvoll, weil er sich in besonderem Maße zur Modellierung der domänenspezifischen Kompetenzstruktur eignet und bei der didaktischen Aufbereitung von *Learning Outcomes* als Indikatoren für Kompetenzentwicklung wertvolle Dienste leistet, andererseits ist die Reduktion auf die Ebene der kognitiven Leistungsdisposition sehr problematisch, weil dadurch motivationale, volitionale, einstellungsbezogene und sozial-kommunikative Aspekte von Kompetenz unzureichend berücksichtigt werden.

Demgegenüber entwickelte sich im Bereich der Berufsbildungsforschung und Berufspädagogik ein anderes Kompetenzverständnis, das auf (berufliche) Handlungsfähigkeit in bestimmten Situationen zielt. Für diese Handlungsfähigkeit konstitutiv sind in diesem Ansatz insbesondere zwei zentrale Fähigkeiten: erstens die Fähigkeit zur Situationswahrnehmung sowie zur angemessenen inneren Modellierung von Handlungssituationen sowie zweitens die Fähigkeit zur angemessenen handlungsbezogenen Situationstransaktion, sowohl in gedanklicher Form im Problemlösen als auch im praktischen Handeln. In Anlehnung an Roth (1971) nimmt man an, „dass sich berufliche Handlungskompetenz in fast allen beruflichen Domänen aus unterschiedlichen, aber hinsichtlich ihrer kategorialen Zugehörigkeit vergleichbaren Kompetenzfacetten zusammensetzt" (Schaper, 2012, 16f.): Berufsrelevante Handlungskompetenzen lassen sich demnach in vier große Bereiche einteilen bzw. strukturieren:

- Fachkompetenz: spezifische Kenntnisse und Fertigkeiten, die zur Bewältigung beruflicher Aufgaben benötigt werden.
- Methodenkompetenz: situationsübergreifend einsetzbare kognitive und metakognitive Fähigkeiten, die zur selbstständigen Bewältigung komplexer Aufgaben gefordert sind.
- Sozialkompetenz: Wissen, Fertigkeiten und Fähigkeiten zum erfolgreichen Realisieren von Zielen und Plänen in sozialen Interaktionssituationen.
- Personale- oder Selbstkompetenz: persönlichkeitsbezogene Dispositionen wie Einstellungen, Werthaltungen und Motive, im Verein mit Fähigkeiten zur Selbstwahrnehmung und zur Selbstorganisation.

Auch die im personalwirtschaftlichen Bereich höchst erfolgreiche Sichtweise von Kompetenzen als „Fähigkeiten einer Person zum selbstorganisierten Handeln in für sie bisher neuen Situation" (Erpenbeck, 2010, 15) arbeitet mit der Unterteilung in vier übergeordneten Kompetenzgruppen personale Kompetenz, Aktivitäts- und Handlungskompetenz, sozial-kommunikative Kompetenz und Fach- und Methodenkompetenz (Heyse & Erpenbeck, 2007).

Im Fokus dieses Ansatzes stehen also komplexe Modelle von Handlungsfähigkeit und didaktische Konzepte zur Aneignung von Handlungskompetenzen. Ihrer großen Plausibilität stehen allerdings dort, wo es bei der Benennung von (zumeist) vier übergeordneten Kompetenzen bleibt, deutliche Mängel in der Operationalisierung und Messung von Kompetenzen gegenüber, die zudem einer weiteren theoretischen Fundierung bedürfen.

1.3 Schlüsselkompetenzen

Im Zusammenhang mit dem Aufbau von Handlungsfähigkeit kommt dem Konzept der *Schlüsselkompetenzen* eine besondere Bedeutung zu. Den Beginn dieser Diskussionslinie markiert ein Aufsatz von Dieter Mertens (1974), der vor dem Hintergrund des Ölpreisschocks, der nun beginnenden Jugendarbeitslosigkeit in der Bundesrepublik und der Dynamisierung des Arbeitsmarktes der Frage nachging, welchen Qualifikationen im Hinblick auf Berufsvorbereitung, gesellschaftliches Verhalten und Persönlichkeitsentwicklung eine Schlüsselrolle zukämen: „Schlüssel*qualifikationen*", definierte er damals, „sind übergeordnete Bildungsziele und Bildungselemente, die den Schlüssel zur raschen Erschließung von wechselndem Spezialwissen bilden." (Mertens, 1974, 36) Mertens entwickelte ein System von vier unterschiedlichen Qualifikationskategorien:

- „Basisqualifikationen", unter die er im wesentlichen eine Reihe kognitiver Fähigkeiten zählte, wie zum Beispiel „logisches Denken", „konzeptionelles Denken", „kontextuelles Denken", „kreatives Denken" und andere mehr;
- „Horizontalqualifikationen", die anders als die Basisqualifikationen nicht vornehmlich dem „vertikalen" Transfer jetziger Probleme auf früher erlernte Lösungsmuster, sondern dem Ziele dienten, „horizontal", d.h. auf der aktuellen Problemebene, relevante Information zu beschaffen und zu verarbeiten;
- „Breitenelemente", die sich durch einen Filterprozess identifizieren ließen als diejenigen Qualifikationen, die in der überwiegenden Anzahl von Berufen vom Arbeitenden gefordert wurden; hierzu gehörten die kulturellen Grundfertigkeiten Lesen, Schreiben und Rechnen und darüber hinaus eine Reihe von Fähigkeiten, die man durch Schnittmengenbildung sämtlicher Ausbildungsprüfungsordnungen ermitteln könnte.
- Schließlich fasste Mertens unter der etwas launigen Bezeichnung „Vintage-Faktoren" eine Reihe von Bildungsinhalten zusammen, die ihre Existenz der epochal bestimmten Ausprägung von Bildungsprofilen verdanken: Generationsspezifischer Qualifikationsbedarf ist gemeint.

Mit der seit den 80er Jahren des letzten Jahrhunderts einsetzenden kompetenztheoretischen Umschrift der Berufsbildung wurde diese Vorstellung in die Kompetenzbegrifflichkeit übernommen. Durch eine Verbindung mit der erwähnten Roth'schen Kompetenztrias sprach man jetzt bevorzugt von Schlüssel*kompetenzen*. Beispielhaft sei auf die folgende Sichtweise verwiesen: „Key competence is used to designate competencies that enable individuals to participate effectively in multiple contexts or social fields and that contribute to an overall successful life for individuals and to a well-functioning society (i.e. lead to important and valued individual and social outcomes)" (Rychen, 2004, 22).

Befördert wurde dieser Entwicklungsstrang durch die theoretische Fundierung im OECD-Projekt DeSeCo (Defininig and Selecting Key Competencies), das im Kontext der oben erwähnten Strategie zur Förderung des Lebenslangen Lernens angesiedelt war. Lebenslanges Lernen bzw. die Fähigkeit, durch formale und informelle Lernprozesse gesellschaftliche Entwicklungen und damit verbundene berufliche und alltagsbezogene Herausforderungen erfolgreich zu meistern, erfordert nicht nur Lernfähigkeiten, sondern auch generalisierbare kognitive, soziale und motivational-emotionale Fähigkeiten und die jeweils zugehörige Bereitschaft. DeSeCo orientierte sich an grundlegenden Dimensionen von individueller Lebensqualität und gesellschaftlicher Partizipation. Daraus ergaben sich allgemeine Schlüsselkompetenzen zu drei grundlegenden Handlungsbereichen: 1) effektiver Umgang mit Medien und Mitteln, 2) Handeln in heterogenen Gruppen, 3) eigenverantwortliches Handeln. Der dritte Punkt umfasst die klassische Handlungssteuerung und die gewohnten Planungs- und handlungssteuernden Kompetenzen. (Schlüssel-)Kompetenzen wurden in diesem Ansatz folgendermaßen definiert:

> „A competence is defined as the ability to succesfully meet complex demands in a particular context. Competence performance or effective action implies the mobilization of knowledge, cognitive and practical skills, as well as social and behaviour components such as attitudes, emotions and values and motivations. A competence – a holistic notion – is therefore not reducible to its cognitive dimension, and thus the terms of competence and skill are not synonymous." (OECD, 2003, 2).

Die eingangs erwähnte Koinzidenz von situativer Anforderung und ihrer erfolgreichen Bewältigung weist die große Anschlussfähigkeit dieses Kompetenzbegriffs zu klassischen pädagogischen Konzepten aus.

Insbesondere das Argument der Nichtreduzierbarkeit einer Schlüsselkompetenz auf ihre kognitive Dimension macht darüber hinaus den besonderen Wert dieses Konzepts für den Kompetenzerwerb auch im akademischen Bereich aus. Zwei Aspekte des Konzepts der Schlüsselkompetenzen werden besonders hervorgehoben: „Competence means the ability to apply knowledge, know-how and skills in a stable/recurring or changing situation. Two elements are crucial: applying what one knows and can do to a specific task or problem, and being able to transfer this ability between different situations" (Chisholm, 2005, 1)

Im Konzept der Schlüsselkompetenzen treffen sich also Kenntnisse, Fähigkeiten und Einstellungen, die bereichsübergreifend anwendbar sind und Menschen in die

Lage versetzen, fachliches Wissen und Können in komplexen und schwierigen beruflichen Alltagssituationen, aber auch in neuen und ungewohnten Situationen anzuwenden. Die Idee einer multifunktionalen und polyvalenten Verwendbarkeit übt einen besonderen Reiz auf bestimmte Abnehmergruppen aus: Für beruflichen Erfolg wird nicht nur fachliche Expertise als erforderlich und ausreichend angesehen, sondern es seien weitere Kompetenzen erforderlich, die einerseits domänenübergreifend eingesetzt werden können und andererseits die Anwendung von Wissen in völlig neuen Situationen ermöglichen sollen. „Schlüsselkompetenzen beziehen sich auf den Kontext des Umgangs mit Wissen, kontextuieren also Fachkompetenz und integrieren sie in Handlungskompetenz“ (Schaper, 2012, 19).

2. Erfahrungsbericht

2.1 Beschreibung des Studiengangs

Der Studiengang „Begabungsforschung und Kompetenzentwicklung / Studies in Abilities and Development of Competences“ ist ein viersemestriger nichtkonsekutiver universitärer Masterstudiengang, der im Oktober 2009 an der Universität Leipzig seinen Lehrbetrieb aufgenommen hat. Im gegenwärtigen Wintersemester 2013/14 wurde der fünfte Jahrgang von Studierenden immatrikuliert. Der Studiengang ist an der Erziehungswissenschaftlichen Fakultät angesiedelt und bildet den erziehungswissenschaftlichen Fachstudiengang neben den Lehramtsstudiengängen der Fakultät.

Thematisch fokussiert unser Masterstudiengang auf zwei Themenbereiche: Begabungsforschung und -förderung einerseits und Kompetenzforschung und -entwicklung andererseits. Diese Kombination ist auf den ersten Blick ungewöhnlich, kann aber als gemeinsamer Kern eines in den letzten Jahren neu entstandenen sozial-, kultur- und erziehungswissenschaftlichen Forschungs- und Handlungsfeldes begriffen werden.

Wir führen bislang getrennte Forschungs- und Handlungsperspektiven zusammen. Dazu gehören

- die Identifikation und optimale Förderung von begabten und hochbegabten Menschen im Bildungssystem,
- die Entwicklung angemessener Strategien selbstgesteuerten und selbstorganisierten Lernens,
- die Erschließung und Erprobung neuer und effektiver Wege zur Förderung von Menschen auf verschiedenen Begabungsniveaus und mit unterschiedlichen Ressourcen,
- die Professionalisierung von Kompetenzentwicklung bei Angehörigen unterschiedlicher Zielgruppen in verschiedenen Anlässen und Orten für Lernen und Kompetenzentwicklung.

Ausgangspunkt bei der Planung des Studiengangs war die Erkenntnis, dass die beiden Schwerpunkte eine Vielzahl von Berührungspunkten und strukturelle Gemeinsamkeiten aufweisen. „Begabung", verstanden als ein Insgesamt von Leistungsmöglichkeiten, das zu seiner optimalen Entfaltung der Anregung und Förderung von außen bedarf, und Kompetenz, verstanden als handlungssteuernde Leistungsdisposition, tragen beide zum Potenzial eines Menschen bei. Talentförderung sowie Kompetenzentwicklung bedienen sich formal sehr ähnlicher Prozesse zum Aufbau von Selbstorganisationsfähigkeiten zur Bewältigung komplexer Aufgaben. Wir gehen davon aus, dass die begriffliche Differenzierung mehr im unterschiedlichen Herleitungskontext und in der Altersdifferenzierung hat als in der Struktur der Prozesse. Von Begabungsförderung spricht man häufiger im Kindes- und Jugendalter, von Kompetenzentwicklung eher im Erwachsenenalter und im betrieblichen Kontext. Vertiefung und Verbindung der beiden Schwerpunkte Begabungsforschung und Kompetenzentwicklung sind das wesentliche Kennzeichen des Leipziger Studiengangs.

Studierende erhalten die Möglichkeit, Konzepte zur Förderung von Begabung und Kompetenz theoretisch zu durchdringen, weiter zu entwickeln und so zu profilieren, dass entsprechende Förderprozesse professionalisiert werden können. Über die Inhalte der Wissensbereiche Begabungsforschung und Kompetenzentwicklung hinaus erwerben sie auch Verfahrenswissen über die Organisation und Evaluation von Fördermaßnahmen sowie über Qualitätsentwicklung und -management. Dies betrifft schulische und außerschulische Handlungsfelder ebenso wie Felder der Erwachsenen- bzw. Weiterbildung, der sozialen Arbeit, der Wirtschaft, Kulturarbeit und Politik sowie Organisationen, die interne Bereiche für Bildung und Lernen ausdifferenziert haben.

Die Studierenden sollen befähigt werden,

- die theoretischen Grundlagen der Begabungs- und Kompetenzforschung umfassend und gründlich zu beherrschen;
- vertiefte und umfassende Kenntnisse in Diagnostik und Evaluation im Bereich Begabungsforschung und Kompetenzentwicklung zu erwerben, kritisch reflektieren und korrekt anwenden zu können;
- die strukturellen Bedingungen und inhaltlichen Bezüge von Professionalität in diesen Forschungs- und Handlungsfeldern zu kennen und zu reflektieren;
- Beratungsanlässe, -aufgaben und -konzepte in diesen Forschungs- und Handlungsfeldern zu kennen, angemessen auswählen und anwenden zu können;
- die institutionalisierten Formen von Begabungsförderung und Kompetenzentwicklung zu kennen, Grundsätze von Verfahren der Qualitätssicherung und -entwicklung zu kennen und zum Aufbau oder zur Evaluation entsprechender Interventionsstrategien oder ganzer Einrichtungen anwenden zu können sowie den internationalen Forschungsstand zu kennen, in eigene Forschungsvorhaben zu integrieren und auf hohem Niveau kommunizieren zu können.

Die vermittelten Inhalte zielen darauf ab, die Teilnehmenden zu befähigen, Konzepte, Methoden und Verfahren der Begabungsforschung und Kompetenzentwicklung zu kennen, entsprechende Förderkonzepte zu entwickeln, anzuwenden und zu evaluieren.

Die Absolventen des Studienganges sind in der Lage, beratend und gestaltend in Institutionen und Organisationen tätig zu sein oder eigene Forschungsaufgaben in diesem thematischen Feld im Rahmen ihrer nachfolgenden akademischen Qualifikation und einer späteren akademischen Berufstätigkeit wahrzunehmen.

Der Studiengang gliedert sich inhaltlich nach einem gemeinsamen ersten Fachsemester in die Schwerpunkte Begabungsforschung und Kompetenzwicklung. Neben den drei Modulen des ersten Studiensemesters (Grundlagen der Begabungs- und Kompetenzforschung; Diagnostik und Evaluation; Profession, Professionalität und Professionalisierungsforschung) wird im zweiten Studiensemester ein weiteres gemeinsames Modul (Personal Growth) studiert, das einerseits auf hohem Niveau die Bereitstellung und Weiterentwicklung von Arbeitsstrategien und -methoden sichert und zum anderen die bewusste Reflexion eigener Erfahrungen von Förderprozessen unterstützt. Die ab dem zweiten Semester einsetzende Differenzierung in die beiden Studienbereiche Begabungsforschung und Kompetenzentwicklung wird durch jeweils sechs studienbereichsspezifische Module realisiert. Zugleich wird die integrative Perspektive des Studienganges durch gemeinsame Lehrveranstaltungen in jedem Semester gesichert. Über die weitere inhaltliche Struktur informiert die Abbildung 1:

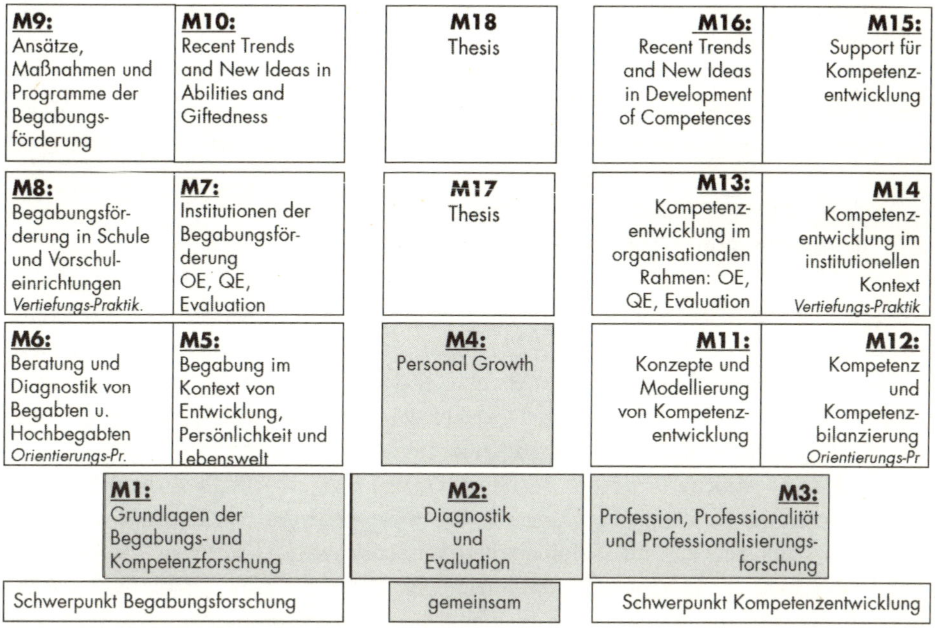

Abb. 1: Struktur des Studiengangs

In den Studiengang kann aufgenommen werden, wer einen ersten Studienabschluss hat und eine Eignungsfeststellungsprüfung besteht. Für die Auswahl der aufzunehmenden Studierenden entscheidend sind weniger die zuvor studierten Fächer, als die Qualität des Studienabschlusses, die Motivation und eventuell vorhandene einschlägige Vorerfahrungen in Form von Praktika, Berufserfahrung oder anhaltendem sozialem Engagement in einer der beiden Domänen. Wir erwarten von künftigen Studierenden, dass sie sich bewusst für diesen Studiengang entscheiden und die Auswahlkommission davon überzeugen können, dass sie sich mit der Struktur und den Anforderungen des Studiengangs aktiv auseinandergesetzt haben.

Das spiegelt sich in der Struktur der Studierenden wieder. Die Studierenden

- kommen aus der gesamten Bundesrepublik (11 Bundesländer) und dem Ausland (Brasilien, Chile, China, Korea, Niederlande und Österreich),
- verfügen über akademische Abschlüsse in derzeit insgesamt 14 verschiedenen Fachrichtungen, darunter Rechts- und Staatswissenschaften, Management, Geistes-, Kultur- und Sozialwissenschaften, Medienpädagogik, Soziale Arbeit und Erziehungswissenschaft,
- haben ihren ersten akademischen Abschluss vorwiegend (80%) an einer Universität, Technischen Universität und Pädagogischen Hochschule erworben; rund 20% der Studierenden kommen von Fachhochschulen;
- sind zu 88% weiblich;
- belegen mit einem Anteil von 57% die Vertiefungsrichtung Kompetenzentwicklung sowie zu 43% den Schwerpunkt Begabungsforschung.

Wir steuern eine Aufnahmezahl von 30 Studierenden pro Jahr an, die sich in den beiden Schwerpunkten dann in Lerngruppen zu etwa 15 Studierenden gruppieren.

2.2 Kompetenzentwicklung im Studiengang

Als Studiengang, der darauf abzielt, Begabtenförderung und Kompetenzentwicklung zu professionalisieren, kommt es uns darauf an, Prozesse des Aufbaus von Kompetenz nicht nur zu kennen, sondern sie erleben zu lassen und der Reflexion zugänglich zu machen. Dementsprechend sind eine Vielzahl von Settings und Aktivitäten im Studiengang ausgerichtet, die ich im Folgenden kurz vorstellen möchte.

Die große fachliche Diversität der Studierenden war ursprünglich gewünscht, um den Horizont des Denkens über die erwartbaren Bereiche der erziehungswissenschaftlichen, psychologischen und soziologischen Wissenskulturen hinaus zu erweitern. Inzwischen haben wir gelernt, dass diese fachliche Diversität eine spezifische Entwicklungschance für die Studierenden beinhaltet, die ihrerseits gezwungen sind, ihre unterschiedlichen Wissensstände zu erkennen und anzuerkennen, individuellen Angleichungsbedarf an ein gemeinsames Grundwissen zu erkennen und mit der fachlichen Expertise ihrer Kommilitonen wertschätzend umzugehen. Dazu ist eine hohe

Bereitschaft und Fähigkeit zu interdisziplinärer Kommunikation erforderlich, welche die Studierenden in den ersten drei bis vier Monaten des Studiums in einem mitunter als krisenhaft erlebtem Prozess aktiv auf- und ausbauen. Wir thematisieren diese Situation explizit als Erfahrungswert der vergangenen Jahrgänge und regen dadurch die Selbstreflexion an.

Das Studium beginnt mit einer Einführungswoche, die wir von Montag bis Freitag füllen. Inhaltliche Bestandteile sind einerseits die Vermittlung spezifischer Tools und Methoden wissenschaftlichen Arbeitens auf Graduiertenniveau, andererseits eine Reihe von Maßnahmen zum Teambuilding. Wir dokumentieren mit der inhaltlichen Füllung des Wochenplans und der Leistungsforderung ab dem ersten Tag unser Anforderungsniveau gegenüber den Studierenden. Gleichzeitig dienen die Teambuilding-Maßnahmen nicht nur einem intensiven Kennenlernen, sondern ebenso der Wahrnehmung der spezifischen Stärken und Kompetenzausprägungen der Studierenden untereinander. Wir thematisieren dies beispielsweise über einen über mehrere Tage verteilten Methodenworkshop, der an den Methodenkenntnissen der Teilnehmer aus deren Abschlussarbeiten ansetzt, sie wechselseitig transparent macht, sie als Ressource im Studium ins Bewusstsein hebt und im Anschluss die individuellen fachlichen Stärken in die Verantwortung für gemeinsame Lernprozesse einbindet.

Es gibt eine durchgängige Projektorientierung im Studium, anhand derer Studierende sich die Inhalte des Studiums begleitet durch Lehrende und teilweise in Kooperation mit Praxispartnern selbständig erarbeiten. Diese hochschuldidaktische *Shift from Teaching to Learning* ist ein Kernbestandteil unserer täglichen Arbeit. Dieser Ansatz wird nicht von allen Studierenden uneingeschränkt begrüßt: *Shift from Teaching to Learning* ermöglicht nachhaltige Lernprozesse und einen gelingenden Kompetenzaufbau, aber ist zugleich eine Herausforderung und Zumutung für eher konsumorientierte Lerner. Der Perspektivwechsel von einem vorwiegend rezeptiven Lernen in stark verschulten Studiengängen zu dem, was wir als Arbeits- und Lernhaltung erwarten, wird anfangs zumindest auch als Belastung erlebt. Mit dem Selbst-Tun-Müssen verbindet sich nicht selten eine Unsicherheit über die Richtigkeit des eingeschlagenen Weges, in der überzogenes Effektivitätsdenken die Bereitschaft zum Entdeckerrisiko und natürlich auch die Entdeckerfreude mindern kann. Wir thematisieren diese Situationen und machen explizit, dass in wissenschaftlichen Berufen und Tätigkeiten der Umgang mit neuartigen und ungewissen Situationen typisch ist und daher im Studium aktiv eingeübt werden muss.

Im Studiengang wird die Masterthesis als Abschlussprojekt durchgängig begleitet. Im zweiten Semester werden die Studierenden im Projektmanagement ausgebildet. Das Projekt, anhand dessen sie Projektmanagement lernen, ist die eigene Masterthesis, die im dritten und vierten Fachsemester angefertigt wird. Während dieser beiden Semester begleiten verbindliche engmaschig organisierte Veranstaltungen die Entstehung der Arbeit, indem die Studierenden ein Exposé ihrer Arbeit und Fortschrittsberichte regelmäßig präsentieren und mit ihren Kommilitonen diskutieren. Das verbindlich anzufertigende Exposé entspricht im Aufbau einem Forschungsantrag und entwickelt damit eine wichtige postgraduale Kompetenz: die Fähigkeit, erfolgreiche Finanzierungsanträge zu schreiben. Gleichzeitig fördern wir die Fähigkeit, eigene Fragestellungen zu entwickeln und abzugrenzen, sie sinnvoll auf einen vorhandenen Forschungsstand zu beziehen, ihre Beantwortung mit einem angemessenen methodischen Design zu unternehmen und das Ganze mit einem detaillierten Arbeitsplan abzusichern. Wir lösen die Studierenden dabei aus der noch immer für geistes- und sozialwissenschaftliche Examina typischen Vereinzelung, erweitern ihren methodischen Blick, entwickeln das Zutrauen in die eigenen Fähigkeiten und reflektieren diese Entwicklung gemeinsam mit ihnen.

Jedes angefertigte Exposé wird in einem Peer-Review-Verfahren von zwei studentischen Juroren beurteilt. Die Juroren vergeben bis zu zehn Punkte für das Exposé nach Kriterien, die zu Beginn des Prozesses in der Gruppe ausgehandelt wurden. Dieser Aushandlungsprozess ist von großer Wichtigkeit: Erstens schafft er Transparenz hinsichtlich der Anforderungen. Darüber hinaus fördert die Diskussion über die genaue Punkteverteilung unter der Leitfrage, welches Gewicht und welchen Wert im konstant vorgegebenen Rahmen von maximal zehn Punkten welche Unterkategorie des Exposés erhalten soll, die prospektive Einschätzung der von den Teilnehmern erwarteten Leistung. Das Peer-Review selbst leitet zur kritisch wertschätzenden Beurteilung von Peer-Leistungen an und bereitet damit auf eine konstitutive Bedingung des heutigen Wissenschaftsbetriebes vor. Um ausreichend Anreize zu bieten, die Review-Aufgabe sorgfältig zu erfüllen, erhalten die Teilnehmer neben den möglichen zehn Punkten für ihr Exposé bis zu fünf weitere Punkte für ihr Review von der Lehrperson. Damit ist gewährleistet, dass Bestleistungen nur durch die Erfüllung beider Aufgabenteile, Exposé und Review, erreicht werden können.

Der Evaluation kommt in diesem Studiengang eine Doppelrolle zu: Einerseits werden Lehrveranstaltung regelmäßig einer Zwischen- und einer Abschlussevaluation unterzogen. Gleichzeitig ist Evaluation ein zentraler Ausbildungsbestandteil und wird in zweisemestrigen Lehrveranstaltungen in eigenen kleinen Projekten erarbeitet. Das Bewusstsein um die Notwendigkeit einer Evaluation von Maßnahmen und Programmen fließt zurück in den Studiengang, in dem die Studierenden nicht nur an der Durchführung, sondern auch an der Konzeption der Evaluation im Studiengang beteiligt sind und die Notwendigkeit der Optimierung von Evaluationen zwischen Informationswunsch, Kosten und Teilnehmerbelastung erleben.

Wir verbinden mit all dem das Ziel, die Motivation der Studierenden auf hohem Niveau zu erhalten – was wie berichtet nicht in jedem Fall gelingt, sondern aktive Studierende voraussetzt, die bereit sind, Verantwortung für ihren eigenen Lernprozess zu übernehmen – indem wir Lernsituationen mit hoher subjektiver Relevanz zu schaffen versuchen. Dieses Unternehmen hat keine Erfolgsgarantie, sondern kann durchaus scheitern. Es beschreibt aber Gelingensbedingungen für den Aufbau und die Entwicklung von Schlüsselkompetenzen, die weder über die Ebene des rezeptiven Lernens noch bei zu kleinschrittiger Anleitung zu erreichen wären. Diese Offenheit des Ausgangs, die Möglichkeit des Scheiterns wie die Möglichkeit des Gelingens, spiegelt dabei auch eine anthropologische Konstante: die Unverfügbarkeit der menschlichen Person, die sich nicht vollständig kausal determinieren lässt.

Literatur

Chisholm, L. (2005). Bridges for Recognition Cheat Sheet: Proceedings of the SALTO Bridges for Recognition: Promoting Recognition of Youth Work across Europe, Leuven-Louvain.

DAAD (2013). Fachtagung Kompetenzorientierung in der Lehre. Verfügbar unter https://eu.daad.de/veranstaltungen/aktuell/uebersicht/de/19969-fachtagungen-kompetenzorientierung-in-der-lehre/, 01.09.2013).

DIE/DIPF/IES (2004). Machbarkeitsstudie im Rahmen des BLK-Verbundprojektes „Weiterbildungspass mit Zertifizierung informellen Lernens". Berlin (BMBF).

Erpenbeck, J. (2010). Kompetenzen – ein begriffliche Klärung. In: Erpenbeck, J., Heyse, V. & Ortmann, S. (Hrsg.): Grundstrukturen menschlicher Kompetenzen. Münster: Waxmann, 13-19.

European Commission (2001). Memorandum on Lifelong Learning. Brussels.

Göbel, U. & Kramer, W. (Hrsg.) (1989). Aufgaben der Zukunft – Bildungsauftrag des Gymnasiums. Köln: Deutscher Instituts-Verlag.

Heyse, V. & Erpenbeck, J. (Hrsg.) (2007). Kompetenzmanagement. Münster: Waxmann.

HRK (2004) (Hrsg.). Bologna-Reader. Texte und Hilfestellungen zur Umsetzung der Ziele des Bologna-Prozesses an deutschen Hochschulen (S. 21–30). Bonn: HRK.

Klieme, E. & Hartig, J. (2007). Kompetenzkonzepte in den Sozialwissenschaften und im erziehungswissenschaftlichen Diskurs. Zeitschrift für Erziehungswissenschaft, 10, Sonderheft 8, S. 11–29.

KMK (2005). Qualitätssicherung in der Lehre. Beschluss der Kultusministerkonferenz vom 22.09.2005. Verfügbar unter http://www.kmk.org/leadmin/veroeffentlichungen_beschluesse/2005/2005_09_22-Qualitaetssicherung-Lehre.pdf.

McClelland, D. C. (1973). Testing for competence rather than for „intelligence". American Psychologist, 28(1), 1-14.

Mertens, D. (1974). Schlüsselqualifikationen. Thesen zur Schulung für eine moderne Gesellschaft. In: Mitteilungen aus der Arbeitsmarkt- und Berufsforschung. H 4 (1974) 36-45.

OECD (2003). Definition and Selection of Competencies: Theoretical and Conceptual Foundations (DeSeCo). Summary of the final report „Key Compentencies for a Successful Life and a Well-Functioning Society". Paris: OECD.

Roth, H. (1971). Pädagogische Anthropologie. Band II: Entwicklung und Erziehung. Grundlagen einer Entwicklungspädagogik. Hannover: Schroedel (1971).

Rychen, D.S. (2004). Key competencies for all: an overarching conceptual frame of reference. In: Rychen, D. S. & Tiana, A. (Hrsg.) Developing Key Competencies in Education: Some lessons from International and National Experience. Geneva: UNESCO / International Bureau of Education.

Schaper, N. (2012). Kompetenzorientierung in Studium und Lehre. Fachgutachten für die Hochschulrektorenkonferenz. Bonn: HRK.

Weinert, F. E. (1999). Concepts of competence. Paris: OECD.

Weinert, F. E. (2001). Concept of Competence: A Conceptual Clarification. In D. S. Rychen & L. H. Salganik (Hrsg.), Defining and Selecting Key Competencies (S. 45–65). Seattle: Hogrefe & Huber.

White, R. W. (1959). Motivation reconsidered: The concept of competence. In: Psychological Review. 66 (1959) 297-333.

Wollersheim, H.-W. (1993). Kompetenzerziehung. Frankfurt/M.: Peter Lang.

Zeitschrift für Pädagogik 32 (1986). Heft 4: Allgemeinbildung, Themenschwerpunkt mit Beiträgen von Wolfgang Klafki, Adalbert Rang, Fritz Oser, Hannelore Faulstich-Wieland, Wolfgang Nahrstedt und Volker Lenhardt, 455-542.

Stefan Ortmann

Konzepte und Einsatzmöglichkeiten computerbasierter Tools zur Kompetenzmessung in Schulen und Hochschulen

Abstract

Im Abschnitt „Konzepte und Einsatzmöglichkeiten computerbasierter Tools zur Kompetenzmessung in Schulen und Hochschulen" werden zunächst die Verfahren KODE®, KODE®-S, KODE®X sowie die KODE®-KODE®X-Brücke unter Einbeziehung von PC und Webtechnologien beschrieben. Es folgt eine Darstellung genereller Einsatzmöglichkeiten im Kontext von Schulen und Hochschulen. Im Anschluss daran wird auf konkrete, in der Praxis aufzufindende, Best Practices eingegangen.

1. Einleitung

Argumente, die eine Notwendigkeit eines systematischen Kompetenzmanagements in Schulen und Hochschulen aufzeigen, werden in unterschiedlichen Abschnitten dieses Buches dargelegt.

In diesem Kapitel soll ergänzend auf die Ausgestaltung computerbasierter Tools zur Kompetenzmessung eingegangen werden. Dazu wird zunächst auf die zugrundeliegenden Verfahren KODE® und KODE®X Bezug genommen, um darauf folgend konkrete Anwendungsszenarien der Tools zu beschreiben.

2. Grundlegende Verfahren

Basis der in diesem Abschnitt durchgeführten Kompetenz-Diagnostik-Anwendungen bilden das KODE® bzw. KODE®X-Verfahren. KODE® steht dabei für Kompetenzdiagnostik und Entwicklung (Erpenbeck, 2007), KODE®X für KODE®-Kompetenz-Explorer (Heyse, 2007).

Beide Systematiken wurden von den Kompetenzforschern Prof. Dr. Erpenbeck und Prof. Dr Heyse in den 90er Jahren entwickelt. Sie sind auf aktuellen Management-Theorien (z.B. Selbstorganisations-Theorie) begründet und bilden die Basis für moderne (Selbst-)Trainings, für Coaching oder Mentoring.

2.1 KODE®

Bedingt durch immer komplexer und dynamischer werdende Märkte, Politik, Technologien, Wirtschaft etc. wird erfolgreiches Handeln schwieriger. Für heutige und zukünftige Generationen wird es zunehmend wichtiger, mit Unsicherheiten umzugehen und unter Ungewissheit zu entscheiden – also für sich bzw. ihr Team selbstorganisiert zu handeln.

Ergänzend dazu wissen viele Personen bzw. Teams nicht, welches Potenzial in ihnen steckt. Sie nutzen ihr Leistungsvermögen nur eingeschränkt bzw. unsystematisch. Diese Personen setzen möglicherweise ihre (Team-)Stärken und Talente (Heyse & Ortmann, 2008) nur begrenzt ein und limitieren somit ihre Entwicklungs- und zukünftigen Einsatzmöglichkeiten. Unter Umständen verlieren sich diese Personen in unstrukturierten Zielen und gehen Illusionen nach. In Bezug auf Schulen und Hochschulen bedeutet dies möglicherweise, dass Ziele gesetzt oder Bildungswege eingeschlagen werden, die sich im Nachhinein als falsch erweisen oder von den Schülern bzw. Studierenden nicht erreicht werden (können).

Eine Bewertung des von Schülern bzw. Studierenden zu beherrschenden „Faktenwissens" ist zwar sicherlich aus Sicht einer Wissens- und Informationsgesellschaft hinreichend begründet, reicht jedoch alleine – so die Meinung des Autors – für zukünftige Erfolgsträger nicht mehr aus, um sich in unterschiedlichen Lebens- und Arbeitssituationen behaupten zu können (bzw. zu müssen).

KODE® (Heyse, 2010) eignet sich sehr gut zur Kompetenzfeststellung und Erfolgsberatung von Personen und Personengruppen. Es unterstützt sowohl die Beratenden, um Entwicklungs- und Karrierepfade darzulegen als auch die Beratenen, die eine Kompetenzfeststellung oder das Aufzeigen von Kompetenzentwicklungs-Schritten wünschen.

KODE® misst die vier Grundkompetenzen (personale, aktivitäts- und handlungsbezogene, fachlich-methodische und sozial-kommunikative Kompetenzen).

Die Kompetenzmessung erfolgt anhand eines Fragebogens, der 24 Fragen mit jeweils 4 Satzergänzungen enthält. Diese Satzergänzungen sind in eine (Zwangs-) Rangreihenfolge zu bringen. Das Ausfüllen des Fragebogens dauert ca. 20 Minuten und kann sowohl papierbasiert als auch online (über Internet) erfolgen.

Die KODE®-Auswertung stellt ein differenziertes Bild der aktuellen Kompetenzausprägungen dar. Betrachtet werden in der Auswertung sowohl „günstige" als auch „schwierige Lebens- und Arbeitsbedingungen" wie z.B. Stress- oder Konfliktsituationen. In der Auswertung wird auf sogenannte „Übersteigerungen" hingewiesen. Übersteigerung bzw. Überziehungen basieren auf dem „Stärken-/Schwächen-Paradoxon" von Erich Fromm, der beschreibt, dass sich eine überausgeprägte Stärke zu einer Schwäche umkehren kann.

Insgesamt kann über das Softwarepaket Competenzia[1] auf ein über 40 Seiten umfassendes KODE®-Auswertungsdokument zugegriffen werden.

---

1 Informationen zur Kompetenzmanagement-Software Competenzia, verfügbar unter www.competenzia.de (25.01.2014).

Je nach Bedarf werden folgende Abschnitte (jeweils für normale und schwierige Lebens- und Arbeitssituationen) durch die beratende Person abgerufen:

- *Kompetenzprofil bzw. -verteilung*
  Numerische und grafische Darstellung der Kompetenzen
- *KompetenzAtlas*
  Darstellung der Ausbreitung der Kompetenzwerte auf einem KompetenzAtlas mit 64 Teilkompetenzen
- *HI/HE/HV/HR*
  Darstellung von Handlungsideal, Handlungserwartung, Handlungsvollzug, Handlungsresultat als persönliche Kompetenzbilanz.
- *Interpretationsangebote*
  Verbalisierung der KODE®-Ergebnisse. Dabei handelt es sich um ein Gesprächs- und Reflexionsangebot und nicht um „Stigmatisierungen".
- *Empfehlungen bei Übertreibungen*
  Verbalisierungen bezüglich der Überziehung von Kompetenzen, sofern ein Überziehungsverdacht vorliegt.
- *Übungsempfehlungen*
  Entwicklungshinweise zur Stärkung von Kompetenzen.
- *Empfehlung im Umgang mit Anderen*
  Verhalten gegenüber Personen mit höheren Kompetenzausprägungen in Bereichen, in denen die eigenen Kompetenzen geringer ausgeprägt sind.
- *Persönliches Zeitmanagement*
  Entwicklungshinweise zur Optimierung des eigenen Zeitmanagements unter Berücksichtigung der eigenen Kompetenzverteilung.
- *Lernverhalten*
  Entwicklungshinweise zu persönlichen Lernstilen auf Basis der KODE®-Ergebnisse.
- *Modulare Informations- und Trainingsbausteine (MIT)*
  Für jede der 64 Teilkompetenzen steht ein MIT zur Verfügung. Es existieren weitere 16 MITs speziell für Führungskräfte.

Ergänzend festzustellen ist, dass es sich bei KODE® um ein Selbst-/Fremdcheck- und Entwicklungsverfahren für den Einsatz auf individueller, Team- und Organisationsebene handelt welches kontinuierlich weiterentwickelt wird. KODE® ist kein psychometrischer Test.

KODE® - Interpretationsangebote für eine besonders starke P-Ausprägung unter *normalen* Arbeits- und Lebensbedingungen

Die nachfolgend aufgezeigten Interpretationsvarianten beruhen auf vielfach beobachtetem Handeln und dienen als Gesprächs- und Reflexionsangebot. Natürlich müssen nicht alle aufgeführten Fähigkeiten und Handlungsweisen für alle Personen mit analogen KODE®-Werten in Frage kommen, doch wird ein großer Teil davon auch für Sie zutreffen.

Manchmal werden vorhandene, jedoch bisher noch wenig beanspruchte Handlungsvoraussetzungen erst bei neuen Anforderungen erkennbar. Es kann somit angenommen werden, dass Sie über mehr Teilkompetenzen verfügen, als Ihnen spontan bewusst sind.

Wenn **P** sehr stark ausgeprägt ist und die anderen Kompetenzen dominiert, dann kann bei Ihnen von folgenden Handlungsweisen ausgegangen werden:

Herr Grohmann

- ☐ setzt sich sehr loyal für das Unternehmen und die Mitarbeiter / Kollegen ein
- ☐ verhält sich auch gegenüber Gleichgestellten und Höhergestellten offen und kooperationsbereit
- ☐ identifiziert sich mit den Zielen, Produkten, Dienstleistungen des Unternehmens und vertritt diese mit Überzeugung
- ☐ vertritt das Unternehmen in der Öffentlichkeit auch bei zeitweiliger Unzufriedenheit, steht zu ihm
- ☐ baut auf eine innere Haltung, die sich in konsequent verantwortungsbewusstem sittlichen Handeln ausdrückt
- ☐ handelt wertgeleitet, mit hohen Ansprüchen an sich selbst und andere
- ☐ setzt sich dafür ein, gemäß wichtiger Werte der Organisationskultur zu handeln
- ☐ nimmt Verantwortung für das Unternehmen und die Mitarbeiter aus freier Entscheidung wahr
- ☐ steht für das eigene Handeln ein und misst es an eigenen ausgeprägten Wertvorstellungen
- ☐ gibt erlebte und beobachtete Situationen, Sachverhalte und Bewertungen zutreffend und einsichtig wider
- ☐ überzeugt durch persönliche Gelassenheit und Stabilität von der Richtigkeit der eigenen Sichtweise
- ☐ motiviert andere durch eigenes vorbildliches Handeln

Abb. 1: Auszug KODE®-Interpretation

2.2 KODE®-S für Schüler

Bei KODE®-S handelt es sich um eine auf Schüler adaptierte Form des KODE®-Verfahrens, die z.B. im Übergangsmanagement Schule–Beruf/Studium in Schulen bzw. im Bildungsmanagement eingesetzt werden kann.

Für die Zielgruppe Schüler wurden der KODE®-Fragebogen, der KompetenzAtlas sowie die KODE®-Auswertungsdokumente für Jugendliche verständlicher formuliert sowie in Teilen inhaltlich verkürzt.

Die Durchführung erfolgt analog zum KODE®-Verfahren: Auf Basis des Fragebogens (24 Fragen mit je 4 Satzergänzungen) wird ein persönliches Auswertungsdokument erstellt und in einem Feedbackgespräch erörtert.

Mit KODE®-S besteht die Möglichkeit, das Thema Kompetenzen unter Einbeziehen der einzelnen Individuen in schulische Aktionen zu integrieren.

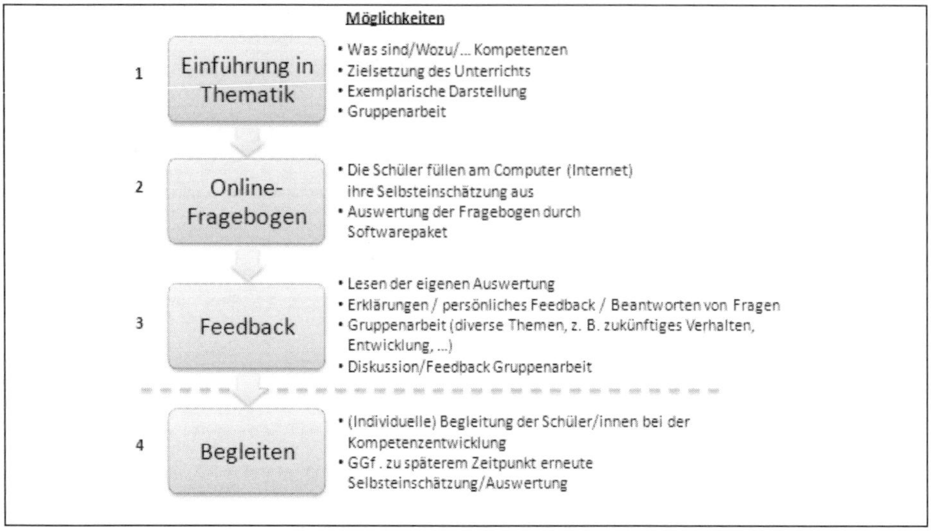

Abb. 2: Mögliches Konzept zur Integration in den Unterricht

2.3 KODE®X

Im Fokus des KODE®-Kompetenz-Explorers (KODE®X) stehen die strategisch relevanten Kompetenzanforderungen aus Sicht der betrachteten Organisation bzw. Organisationseinheit.

Der KODE®X-Prozess ist standardisiert und transparent für alle Beteiligten und wird in den nachfolgend dargestellten acht Schritten durchgeführt.

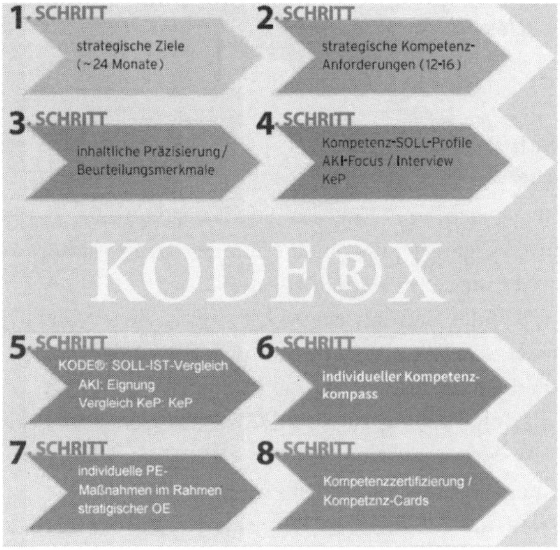

Abb. 3: KODE®X-Prozess

Zunächst werden im Rahmen eines Strategie-Workshops bzw. einer Strategie-Diskussion die für die nächsten ca. 24 Monate wichtigsten 12-16 Kompetenzen durch ein Top-Team ermittelt („erkundet") und organisationsspezifisch durch beobachtbare Verhaltensmerkmale – sogenannte Identifikationsmerkmale – präzisiert.

In einem weiteren Analyseschritt erfolgt die Festlegung der notwendigen job- bzw. funktionsspezifischen Kompetenz-Sollprofile. Auf einer Ordinalskala wird die Definition der Soll-Kompetenzkorridore je Kompetenz, die zugleich auch den Entwicklungskorridor für die zukünftige Personalentwicklung aufzeigen, eingetragen.

Nach der Durchführung der Selbst- bzw. Fremdeinschätzungen (bis zu 360°) erfolgen Soll-Ist-Vergleiche und die Ableitung individueller Personalentwicklungsmaßnahmen, die in einer Kompetenzzertifizierung abgeschlossen werden können.

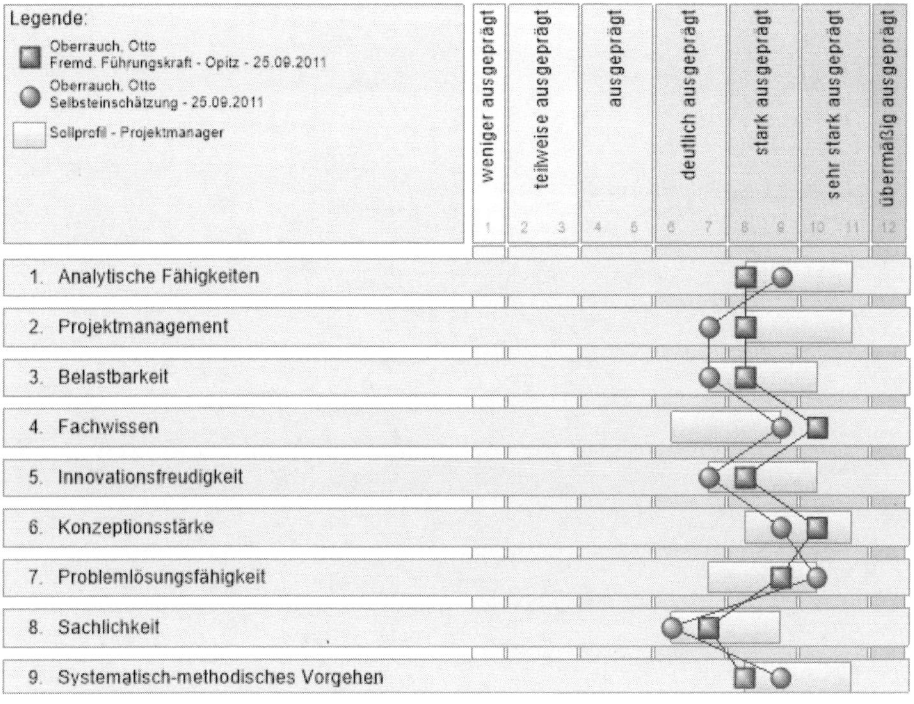

Abb. 4: Auszug Soll-Ist-Vergleich

Basierend auf dem erweiterten KompetenzAtlas stellt das KODE®X-Verfahren bereits 64 Kompetenzdefinitionen mit Erklärungen und Identifikationsmerkmalen zur Verfügung, so dass in der Durchführung zeitlicher Freiraum für analytische und konzeptionelle Arbeit bleibt.

2.4 KODE®-KODE®X-Brücke

Im Zusammenhang mit der Anwendung von KODE® stellt sich häufig die Frage, ob die KODE®-Ergebnisse in Beziehung zu einem Kompetenzsollprofil gesetzt werden können. Genau diese Frage beantwortet die KODE®-KODE®X-Brücke.

Grundlage des KODE®-KODE®X-Matchings bildet der KompetenzAtlas. Über die Position einer jeden Kompetenz innerhalb des KompetenzAtlasses kann eine Relation zum KODE®-P, A, F, S-Wert hergestellt und somit die Passfähigkeit zum Sollprofil ermittelt werden. Bei den Ergebnissen handelt es sich um Tendenzaussagen, die die Basis für die Feedback- und Entwicklungsgespräche bilden.

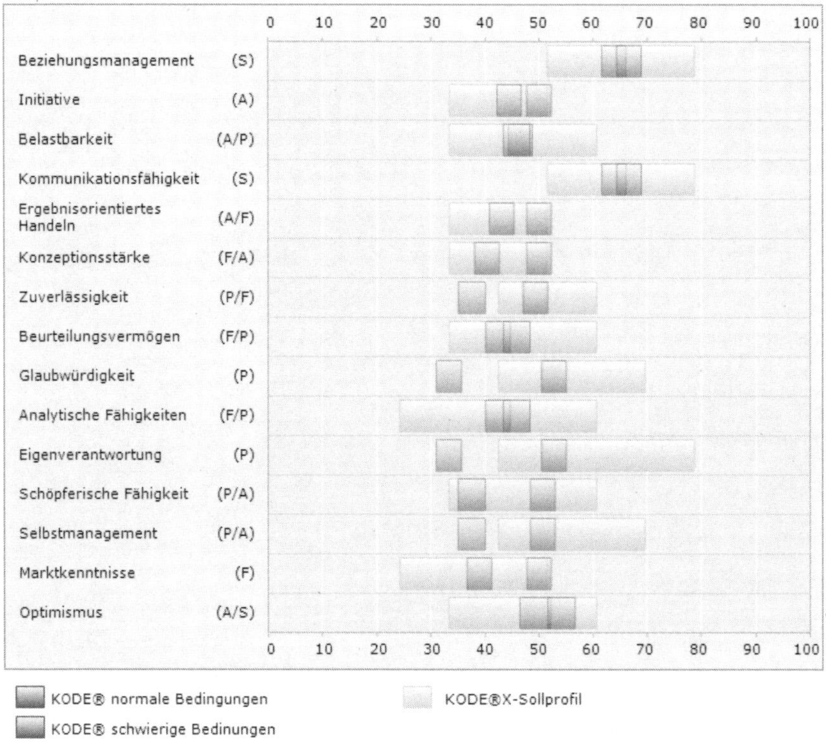

Abb. 5: Auszug Brücken-Auswertung

Im obigen Beispiel ist erkennbar, dass die betrachtete Person unter günstigen Bedingungen gut bis sehr gut die Kompetenzanforderungen des Sollprofils erfüllt. Unter ungünstigen Bedingungen sind bezüglich der Kompetenzen Zuverlässigkeit, Glaubwürdigkeit, Eigenverantwortung und Selbstmanagement Gaps vorhanden.

2.5 Webbasierte Beratungstools

Web- bzw. internetbasierte Beratungsprogramme gewinnen auch im Personalbereich mehr und mehr an Bedeutung. Sowohl KODE® als auch KODE®X stehen als komplette Online-Version zur Verfügung.

Ein echter Mehrwert wird natürlich nicht zwingend nur dadurch erreicht, dass vorhandene Systematiken über neue Technologien bereitgestellt werden, sondern durch Erreichung von (Prozess-)Optimierungen oder durch die Abbildung neuer oder ergänzender Anwendungsszenarien.

Folgende Argumente können als Vorteile für einen Einsatz von Web-Tools im HR-Bereich angesehen werden:

- Reduktion der Informationslogistik (relevante Informationen werden zentral eingestellt, statt z.B. per E-Mail oder Post versendet).
- Zeit- und ortsunabhängige Bereitstellung von Fragebögen und ggf. Auswertungen.
- Betreuung einer großen Anzahl von Assesses (z.B. Studierende, Bewerber, …) effizient möglich.
- Push-Service: Auswertung bzw. Auswertungsinformation wird dem Assessor oder Assessee zugestellt.

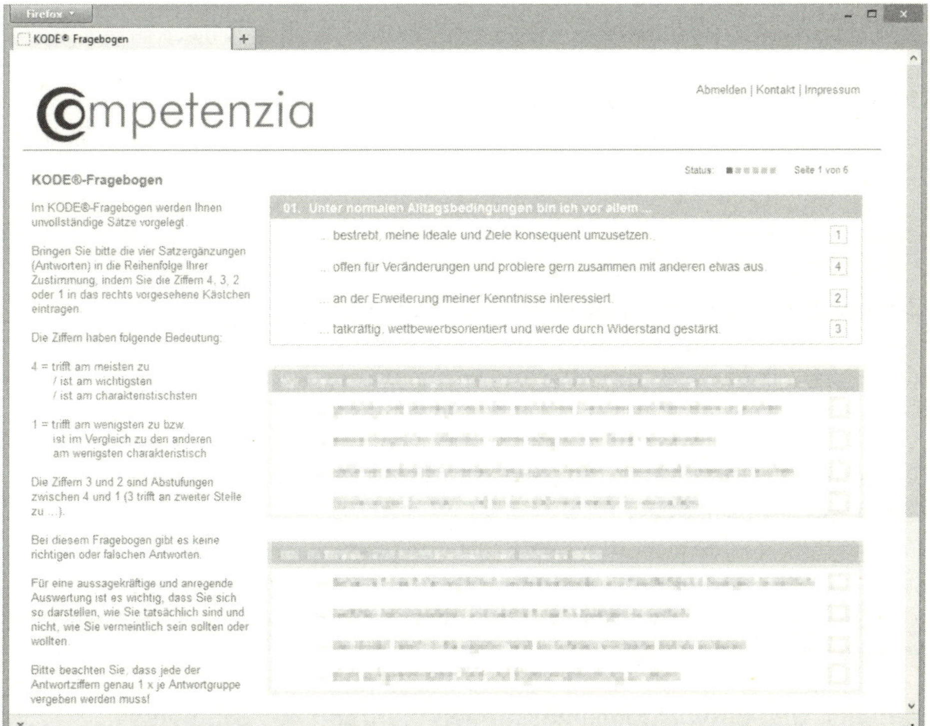

Abb. 6: Auszug KODE®-Online-Fragebogen-Erfassung und -Auswertung

- Ermöglichung eines Self-Service (z.B. Lehrkräfte/Hochschullehrer rufen für ihren Kompetenzbereich die notwendigen Feedback-Informationen ab).
- Zentrale Steuerung der Prozesse (zeitnahe Statusinfos, ...).
- Neuerungen / Anpassungen stehen zum gleichen Zeitpunkt für alle Beteiligten an allen Orten zur Verfügung.
- Eigene IT-Ressourcen sind nicht zwingend notwendig (Cloudlösung, Software as a Service, ...).

3. Anwendungsszenarien

Es gibt zahlreiche Möglichkeiten, Kompetenzmessung und -diagnostik in Schulen und Hochschulen einzusetzen.

Bei Betrachtung eines zeitlichen Ablaufs kann Kompetenzdiagnostik und -entwicklung den Hochschulen vorgelagert sein, zu Beginn oder während des Studiums sowie im Übergangsmanagement Hochschule – Beruf stattfinden.

Kompetenzdiagnostik in der Schule

Eine Kompetenzmessung wird im Rahmen der schulischen Ausbildung durchgeführt und Kompetenzentwicklung praktisch transportiert (z.B. Teamfähigkeit durch Arbeit in Arbeitsgruppen, Konfliktlösungsfähigkeit in Rollenspielen in Schülergremien u.a.).

Übergangsmanagement Schule–Beruf / Hochschule

Schülern, die im Übergang von Schule zu Beruf und/oder Hochschule stehen, wird bei der Entscheidungsfindung Unterstützung angeboten, indem z.B. Berufsempfehlungen bestätigt oder „utopische" Zielsetzungen bzw. Entscheidungen in Frage gestellt werden.

Eignungsfeststellung / Zulassung zu Studiengängen

Formale Immatrikulationsunterlagen werden um die Ergebnisse der Kompetenzmessung ergänzt. Formale Dokumente plus Dokumentation der Kompetenzausprägungen bilden zusammen die Basis für eine objektivierte Zulassungsentscheidung.

Eingangsmessung zur Standortbestimmung für die persönliche Kompetenzentwicklung

Die Eingangsmessung dient dazu, eine erste Kompetenzfeststellung vorzunehmen und Entwicklungsbedarf zu ermitteln. Auf Basis der Selbsteinschätzung können Studierende im oder neben dem (fachlichen) Studium durch individuelle Maßnahmen eine Kompetenzstärkung erhalten.

Verlaufs- und Entwicklungsmessungen während des Studiums

Während des Studiums werden Selbst- und Fremdeinschätzungen (Dozenten, Kommilitonen) herangezogen, um die Kompetenzentwicklung zu verfolgen. Durch das

Fremdbild – im best case Mehrfachfremdbilder – entstehen aussagekräftige Kompetenzfeedbacks.

Messung der Kompetenzentwicklung im Zusammenhang

Studierende formulieren einen „Vertrag mit sich selbst", d.h. eine Vereinbarung, die eine festgelegte Anzahl von Schlüsselkompetenzen (z.B. 3 Kompetenzen) in den Mittelpunkt der persönlichen Kompetenzentwicklung stellt. Seitens der Hochschule erfolgt die Messung der Kompetenzveränderungen möglichst unter Einbezug von (Mehrfach-)Fremdbildern und Kompetenzinterviews zur Validierung.

Abschlussmessung und Kompetenzdokumentation

Die Ergebnisse von Verlaufs-/Entwicklungsmessungen sowie einer abschließenden Kompetenzmessung (z.B. Kompetenzworkshops) führen parallel zur Bestätigung fachlicher Abschlüsse („Scheine") zu formalen Bestätigungen von Kompetenzen.

Übergang Hochschule–Beruf

Über Career-Service-Einrichtungen kann eine Kompetenzberatung als berufliche Orientierungshilfe für Studienabgänger eingerichtet werden. Eine formale Kompetenzbestätigung liefert wichtige Entscheidungsgrundlagen, die auch ggf. in die Bewerbungsunterlagen aufgenommen werden können. Evtl. erfolgt die Unterstützung bei der Stärkung von Kompetenzen, um konkrete Laufbahnen einzuschlagen.

4. Konkrete Anwendungsbeispiele

Nachdem im vorherigen Abschnitt generelle Einsatzmöglichkeiten der Kompetenzmessung und -entwicklung dargestellt wurden, sollen nun exemplarische Beispiele aus dem deutschsprachigen Raum aufgeführt werden.

4.1 Übergangsmanagement und Berufseignungstest

Durch die Berufs- bzw. Studienfachauswahl wird eine weitreichende Lebensentscheidung getroffen. Mit Unterstützung des Europäischen Sozialfonds bzw. des Freistaates Sachsen existieren Projekte zum „Übergangsmanagement Schule-Beruf/Studium für Schülerinnen und Schüler"[2].

Zunächst findet eine Standortbestimmung mit Hilfe des KODE®-Verfahrens statt, es wird die Kompetenzbilanz aufgestellt. Die Schüler erhalten ausführliche schriftliche Kompetenzreports. In persönlichen Beratungsgesprächen werden die Berichte umfassend besprochen, Wünsche aufgenommen und Entwicklungsempfehlungen abgegeben.

2 Übergangsmanagement Schule-Beruf/Studium für Schülerinnen und Schüler an den Gymnasien im Vogtland, verfügbar unter: http://www.pscherer-online.de/www/phpwcms/index.php?id=122 [14.11.2103].

Der KODE®-Bericht plus die Ergebnisse der Feedbackgespräche bilden die Basis für die weiteren Aktivitäten. Unter anderem sind dies: Praxisveranstaltungen mit Unternehmen / Akademien / Hochschulen, Teilnahme an beruflichen oder wissenschaftlichen Exkursionen, Programme, wie z.B. „Schüler im Chefsessel" sowie Praxisarbeitstage in unterschiedlichen Berufsfeldern (z.B. Automatisierungstechnik)[3].

Die Oldenburgische Industrie- und Handelskammer bietet im Rahmen ihrer Aus- und Weiterbildungsaktivitäten die Möglichkeit der Teilnahme am **Berufseignungstest (BET)**[4] zur Fragestellung „Welche beruflichen Kompetenzen habe ich".

In diesem Zusammenhang kommt das KODE®-S-Verfahren als ein Baustein zum Einsatz. Softwaregestützt wird der KODE®-Fragebogen „für Schüler/-innen" eingesetzt und es wird ein spezifisches Auswertungsdokument bereitgestellt. In einem persönlichen Gespräch besteht die Möglichkeit, persönliche Perspektiven zu erörtern. KODE®-S ist auf den schulischen Einsatz in allgemeinbildenden Schulen ausgerichtet. BET bietet Schülern freiwillig die Möglichkeit, sich (über ihre Eltern) an dem Verfahren anzumelden. Des Weiteren richtet sich BET auch an Unternehmen, die für ihre Auszubildenden eine Kompetenzfeststellung durchführen möchten.

4.2 Selbstcheck für Studierende in der Humanmedizin

Im Rahmen eines Forschungsprojektes, initiiert durch das Bundesamt für Gesundheit (BAG), Bern[5], wurde 2009 die Frage gestellt, wie sich die beruflichen Anforderungen an Ärztinnen und Ärzte zukünftig verändern und was dies für die Aus- und Weiterbildung in der Humanmedizin bedeutet.

Im Anschluss an das Forschungsprojekt wurde 2013 der **„Selbstcheck Kompetenzprofile Humanmedizin"** erarbeitet. Der Selbstcheck ermöglicht es Medizinstudenten von fünf Universitäten, anonym einen Selbstcheck bezüglich ihrer Passfähigkeit in Bezug auf unterschiedliche Kompetenzprofile der Humanmedizin durchführen.

---

3 Übergangsmanagement Schule-Beruf/Studium Vogtland, verfügbar unter: http://pscherer-online.de/www/phpwcms/index.php?aid=403 [25.01.2014].

4 Welche beruflichen Kompetenzen habe ich? Verfügbar unter http://www.ihk-oldenburg.de/aus-_und_weiterbildung/ausbildung/lehrer_und_schueler/berufseignungstest_bet_fuer_schuelerinnen_und_schueler.php [25.01.2014].

5 Bulletin 47/12 des Bundesamtes für Gesundheit BAG, Bern (S. 891 bis 893), verfügbar unter: http://www.bag.admin.ch/dokumentation/publikationen/01435/11505/12789/ [25.01.2014].

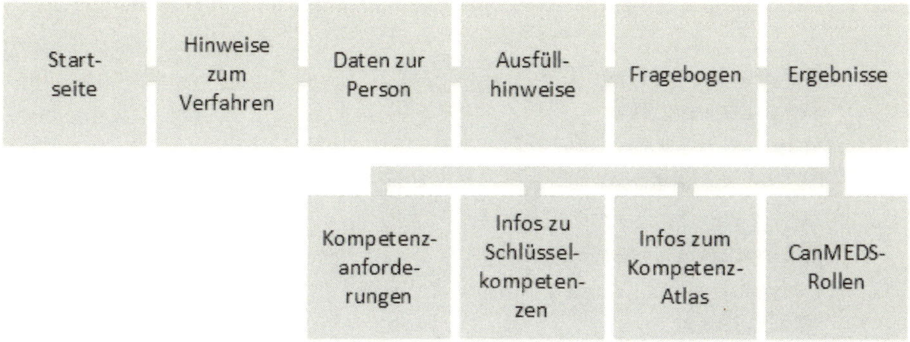

Abb. 7: Struktur des Selbstchecks

Basis des Selbst-Assessments für Studierende der Humanmedizin bildet zum einen das KODE®-Verfahren, zum anderen die KODE®-KODE®X-Brücke.

Im Fokus der humanmedizinischen Zukunftsorientierung stehen aus Sicht des BAG sechs Kompetenzsollprofile, die in drei Bereiche geclustert wurden:

Bereich / Berufsbild	Unmittelbare Patienten-versorgung	Mittelbare Patienten-versorgung	Patientenferne Aufgaben
• Ärztin bzw. Arzt in Organisation und Verwaltung			X
• Ärztin bzw. Arzt in Forschung und Entwicklung (Beginner/-in)			X
• Ärztin bzw. Arzt in der Führung im Spital		X	
• Hausärztin bzw. Hausarzt im Ärztehaus	X		
• Spitalärztin bzw. Spitalarzt (fest angestellt	X		
• Telemedizinisch tätige Ärztin bzw. tätiger Arzt		X	

Diese sechs Kompetenzsollprofile sind über das Online-Tool hinterlegt, um ein Matching zwischen Selbst-Einschätzung und Kompetenzsollprofil zu ermitteln. Dabei bildet die theoretische Grundlage des Matchings der KompetenzAtlas, über den die Schlüsselkompetenzen den vier Grundkompetenzen P (personale Kompetenz), A (Aktivitäts- und Handlungskompetenz), F (fachlich-methodische Kompetenz) und S (sozialkommunikative Kompetenz) zugeordnet sind.

Zunächst erhält der Assessee als Ergebnis die Verteilung der P/A/F/S-Werte sowie Erklärungen zu den Grundkompetenzen und der Systematik. Sofern eine Tendenz zu Übersteigerung (Wert > 39) vorliegt, wird ein entsprechender Hinweis ausgegeben.

Vertiefende Details zu jeder der vier Grundkompetenzen können über eine Online-Verlinkung abgerufen werden.

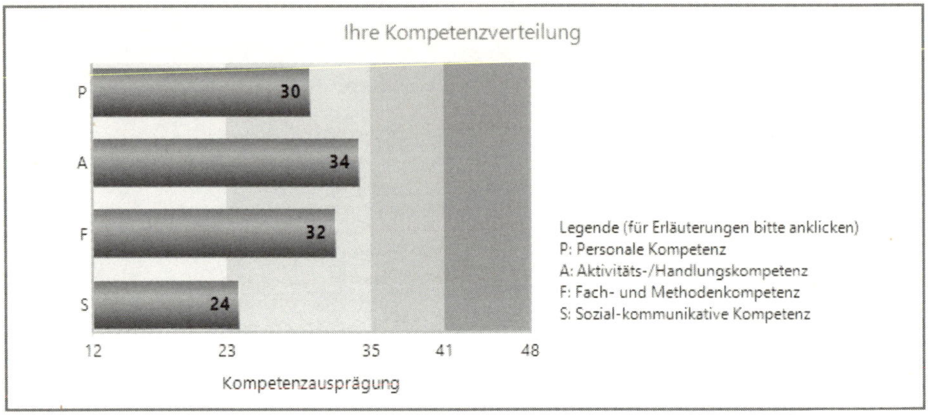

Abb. 8: Kompetenzverteilung

Im zweiten Abschnitt der Auswertung werden Aussagen zur Passfähigkeit bezüglich der Kompetenzsollprofile vorgenommen. Anhand des Matchings werden die beiden am besten passenden Berufsbilder benannt und eventuelle Gaps ausgegeben.

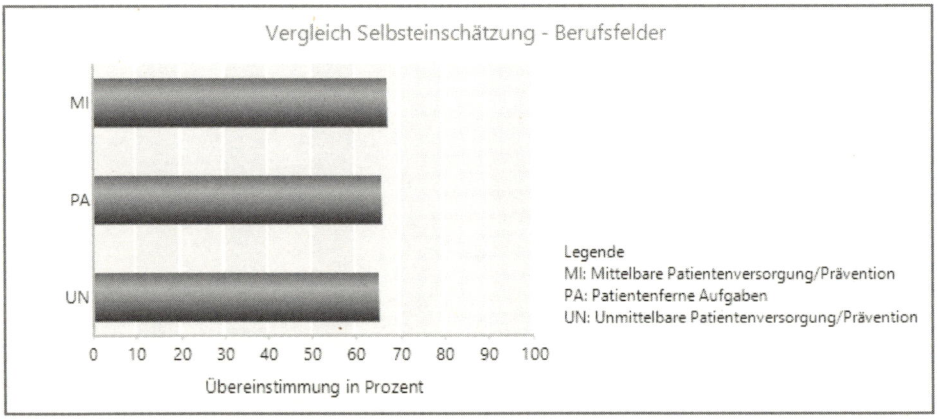

Im Profilvergleich ergibt sich die höchste Übereinstimmung im Berufsbild ‚Ärztin bzw. Arzt in der Führung im Spital' der Gruppe ‚Mittelbare Patientenversorgung/Prävention'.

Die zweithöchste Übereinstimmung im Profilvergleich ergab ‚Ärztin bzw. Arzt in Forschung und Entwicklung (Beginner/-in)' der Gruppe ‚Patientenferne Aufgaben'. Sofern Sie Interesse an einer Tätigkeit in diesem Berufsfeld haben, dann wäre eine Weiterentwicklung der Kompetenzen Glaubwürdigkeit und Kommunikationsfähigkeit wichtig, um die Kompetenzanforderungen des Berufsbildes zu erfüllen.

Abb. 9: Auszug aus dem Matching

Im dritten Auswertungsabschnitt der Ergebnisdarstellung ist ein individuelles Interpretationsangebot abrufbar. Bei den Interpretationsangeboten handelt es sich um ausführliche Beschreibungen der Kompetenznutzung bezogen auf die ermittelte Kompetenzverteilung.

Die Einzelauswertungen bzw. -aussagen werden ergänzt um hilfreiche Informationen zum Thema Kompetenzanforderungen an gute Ärztinnen und Ärzte, Schlüsselkompetenzen, den KompetenzAtlas oder auch CanMED-Rollen.

Der bisher im Rahmen des BAG eingesetzte Selbstcheck könnte noch weiter detailliert werden. Aus Softwaresicht ist ergänzend eine vergleichende Darstellung in Bezug auf einzelne Schlüsselkompetenzen eines Kompetenzprofils möglich. Daraus lassen sich dann sehr konkrete Aussagen über die Stärken bzw. Gaps in Bezug auf das angestrebte Kompetenzsollprofil ableiten.

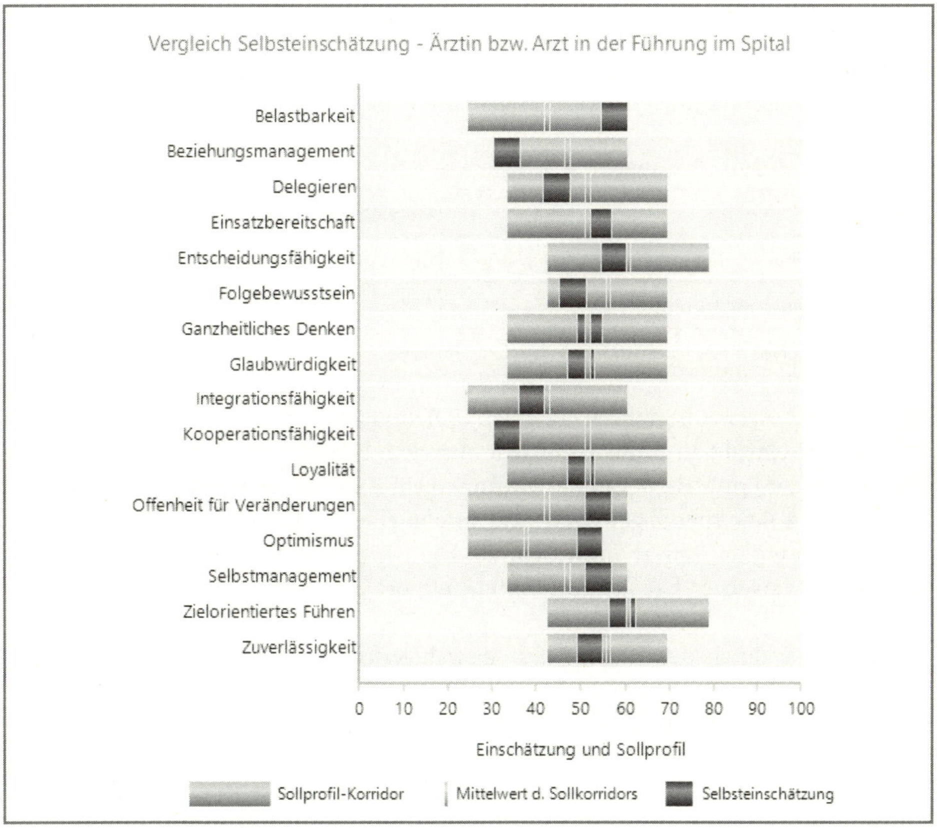

Abb. 10: Detaillierte Soll-Ist-Darstellung

Insgesamt zeigt sich, dass das komplett onlinegestützte Softwareverfahren auch für ein Auswahlverfahren an Hochschulen sinnvoll eingesetzt werden kann.

Innerhalb des BAG-Tools wird nur die Selbsteinschätzung in die Auswertung einbezogen. Bei Einsatz eines Online-Soll-Ist-Vergleichs während des Studiums besteht die Möglichkeit, mehrere studentische Fremdeinschätzungen oder Fremdeinschätzungen der Lehrkräfte mit in den Soll-Ist-Vergleich einzubeziehen.

4.3 Auswahl von zukünftigen Tourismusmanagern

Am Institut für Tourismusmanagement an der FHWien der WKW werden Nachwuchskräfte für verantwortungsvolle Positionen in nationalen und internationalen Tourismusunternehmen ausgebildet.

Da in den letzten Jahren die Anzahl der Bewerber für den Bachelor-Studiengang Tourismus die Anzahl der verfügbaren Studienplätze überschritten hat, wurde ein effizientes Aufnahmeverfahren (Dudziak & Mair, 2011) implementiert.

Das Auswahlverfahren besteht aus mehreren Bausteinen, die unterschiedlich gewichtet sind.

Methode	**Gewichtung**
Auswahlseminar	65%
KODE®-Selbsteinschätzung	15%
Lebenslaufanalyse	20%

Während des Auswahlseminars wird der KODE®-Fragebogen ausgefüllt und mittels Software mit einem Soll-Profil verglichen. Aus dem Ergebnis dieses Soll-Ist-Vergleichs wird ein Faktor ermittelt, der in das Gesamtergebnis des Auswahlprozesses einfließt.

Sofern ein Bewerber abgewiesen wird, erfolgt eine fundierte Auskunft über die erbrachte Leistung im Bewerbungsverfahren. Die Akzeptanz der Ablehnung (durch die abgelehnten Personen) hat sich mit Einführung des Auswahlverfahrens erheblich verbessert.

Ziel ist es, durch den Einsatz des Auswahlverfahrens die Drop-out-Quote während des Studiums bzw. bei den Abschlussprüfungen zu reduzieren. Ebenso soll die Employability bzw. die Integrationsfähigkeit der Absolventen am Arbeitsmarkt erhöht werden.

4.4 Kompetenzzentrum an einer Fachhochschule

Die Fachhochschule des Mittelstands (FHM) in Bielefeld unterstützt mit ihrem Kompetenzzentrum sowohl mittelständische Unternehmen als auch die Mitarbeiter und

Studierende innerhalb der Hochschule in sämtlichen Fragen und Anwendungen zur Kompetenzdiagnostik und Entwicklung.

Innerhalb des Studiums zum Master of Business Administration (MBA) durchlaufen die Studierenden eine Kompetenzbilanzierung auf Basis des KODE®-Verfahrens (Weitz, 2012).

Zunächst wird dazu der KODE®-Fragebogen online erfasst. Dieser wird im Kompetenzzentrum per Software ausgewertet und ein ausführliches Gutachten wird erstellt. Dieses Gutachten enthält neben den KODE®-Basisinformationen Interpretationsangebote, Übungsempfehlungen, Informationen zum Umgang mit anderen, Lernverhalten usw.

Die Studierenden erhalten das Gutachten im Rahmen eines ausführlichen Einzel-Feedbackgesprächs unter Bezugnahme auf den Arbeits- und Studienalltag. Neben der Reflexion auf die persönliche Situation dient das Gutachten auch für die persönliche Karriereplanung.

In die Gespräche einbezogen werden können auch die seitens Prof. Dr. Heyse und Prof. Dr. Erpenbeck entwickelten Meta-Kompetenzprofile. Das Meta-Kompetenzprofil „Führung“, welches u.a. die Schlüsselkompetenzen „Glaubwürdigkeit“, „Eigenverantwortung“, „Selbstmanagement“, „Entscheidungsfähigkeit“ usw. enthält, liefert hier gute Grundlagen zur Kompetenzentwicklung.

Des Weiteren stehen 16 speziell auf Führungskräfte ausgerichtete Modulare Trainings- und Informationsbausteine (MIT) bereit, die zielgerichtet auf die Führungskräfteentwicklung zugeschnitten sind.

4.5 Poffenberger KODE®X an der SIBE

Die School of International Business and Entrepreneurship (SIBE) setzt während des Studiums ebenfalls computergestützte Verfahren zur Kompetenzdiagnostik und -entwicklung ein.

Zunächst werden für die Bewerberauswahl der Studierenden das KODE®-Verfahren und die KODE®-KODE®X-Brücke eingesetzt. Nachdem der KODE®-Fragebogen erfasst wurde, erfolgt ein Soll-Ist-Vergleich mit dem Sollprofil.

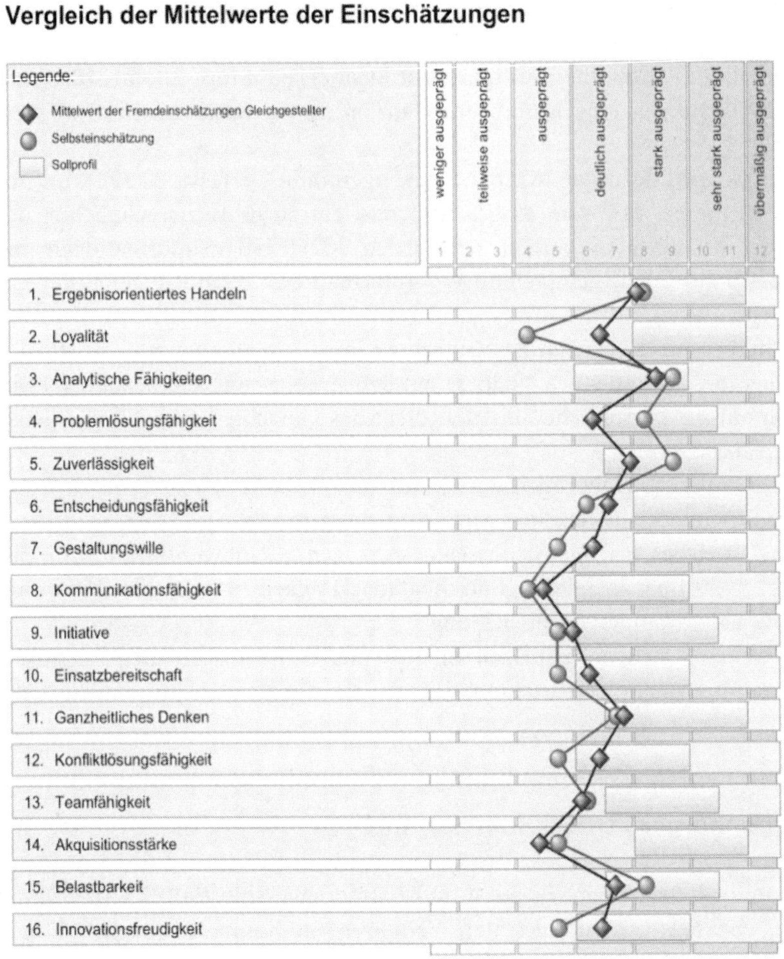

Abb. 11: Kompetenz-Sollprofil und Einschätzungsvergleich

Jede der 16 Kompetenzen wurde mit beobachtbaren Verhaltensmerkmalen durch die SIBE hinterlegt. Anhand dieser beobachtbaren Verhaltensmerkmale („Identifikationsmerkmale“) erfolgen die onlinegestützte Kompetenzmessung bzw. der Soll-Ist-Vergleich.

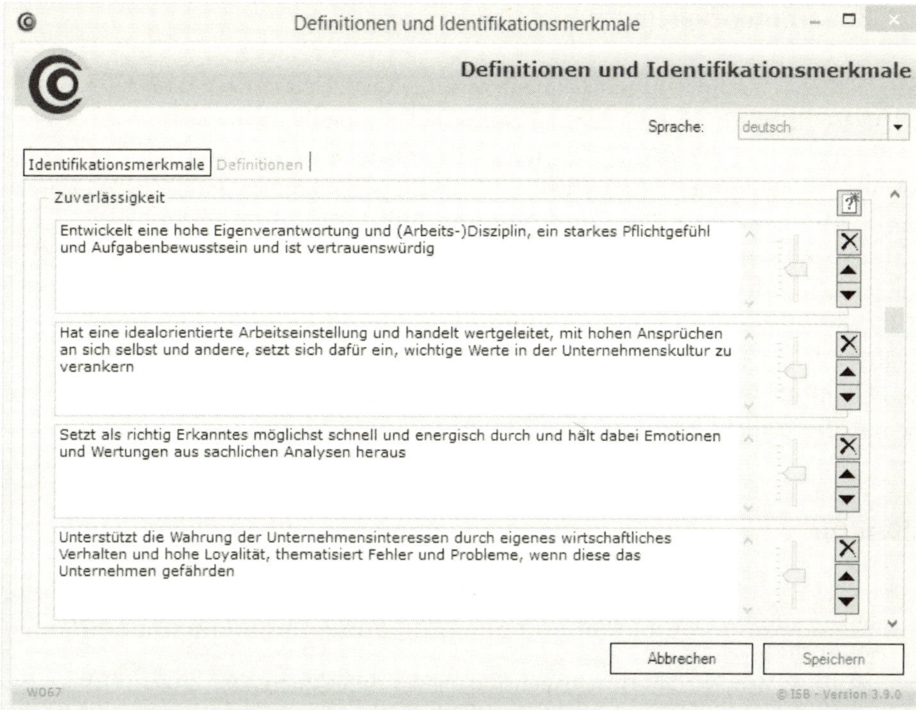

Abb. 12: Identifikationsmerkmale zur Kompetenz „Zuverlässigkeit"

Im weiteren Verlauf des Studiums werden mehrfach bis zu 270 Auswertungen durchgeführt. In jeden KODE®X-Durchlauf fließen neben der KODE®X-Selbsteinschätzung mehrere Fremdeinschätzungen von Kommilitonen („Fremdeinschätzung Gleichgestellte") und auf Wunsch auch Einschätzungen der Führungskräfte und Mitarbeiter aus dem Arbeitsumfeld ein.

Die Besonderheit der Kompetenzmessung an der SIBE besteht darin, eine größere Anzahl gleichgestellter Fremdeinschätzer einzubeziehen (Keim & Wittmann, 2012). Insgesamt werden neben der Selbsteinschätzung bis zu acht Fremdeinschätzungen einbezogen. Diese Systematik ist angelehnt an den amerikanischen Psychologen Albert T. Poffenberger, der durch die sogenannten „Poffenberg'schen Figuren" belegt hat, dass bei einer Gruppe anonymer Rater die Abweichungen in den Einschätzungeen geringer sind als bei einer Individualeinschätzung.

Durch studiumbegleitende Maßnahmen erfolgt die aktive Stärkung von Kompetenzen. Dazu wird jeder Studierende aufgefordert, in einem sogenannten „Vertrag mit sich selbst" die Kompetenzen zu benennen, die gestärkt werden sollen.

Abschließend zum Studium erfolgt die Erstellung des Kompetenzzertifikats (Keim & Wittmann, 2012), das die Ausprägung der letzten Kompetenzmessung dokumentiert.

5. Zusammenfassung

Systematisches Kompetenzmanagement ist mit KODE®, KODE®X und der KODE®-KODE®X-Brücke in verschiedensten Hochschulanwendungen möglich.

Beginnend bei der Berufs-/Studiumsvorbereitung über die Bewerberselektion bis hin zur Betreuung der Absolventen in Career Center können individuelle Anwendungspakete konzeptioneller und softwaretechnischer Art bereit gestellt werden.

Dabei müssen KODE® und/oder KODE®X nicht zwingend vorhandene Entscheidungs- oder Arbeitsmuster vollständig ersetzen, beide können auch additiv zum Einsatz kommen.

KODE® und KODE®X werden kontinuierlich weiterentwickelt. Das bezieht sich sowohl auf die wissenschaftliche, methodische und Software-Begleitung als auch auf die instrumentelle Weiterentwicklung.

Literatur

Bulletin 47/12 des Bundesamtes für Gesundheit BAG, Bern (S. 891 bis 893), verfügbar unter: http://www.bag.admin.ch/dokumentation/publikationen/01435/11505/12789/ [25.01.2014].

Dudziak, K. & Mair, M. (2011).Weiterentwicklung des Aufnahmeverfahrens am FH Wien-Bachelor-Studiengang Tourismus. In Erpenbeck, J. (Hrsg.), Der Königsweg zur Kompetenz. Stuttgart: Waxmann.

Erpenbeck, J. (2007). KODE® Kompetenzdiagnostik und -Entwicklung. In Erpenbeck, J. & von Rosenstiel, L. (Hrsg.), Handbuch Kompetenzmessung. Stuttgart: Schäffer-Poeschel Verlag.

Heyse, V. (2007). KODE®X-Kompetenz-Explorer. In Erpenbeck, J. & von Rosenstiel, L. (Hrsg.), Handbuch Kompetenzmessung. Stuttgart: Schäffer-Poeschel.

Heyse, V. (2010). Verfahren zur Kompetenzermittlung und Kompetenzentwicklung. In Heyse, V., Erpenbeck, J & Ortmann S. (Hrsg.), Grundstrukturen menschlicher Kompetenzen – Praxiserprobte Konzepte und Instrumente. Münster: Waxmann.

Heyse, V. & Ortmann, S. (2008). Talent-Management in der Praxis: Eine Anleitung mit Arbeitsblättern, Checklisten, Softwarelösungen. Münster: Waxmann.

Informationen zur Kompetenzmanagement-Software Competenzia, verfügbar unter www.competenzia.de [25.01.2014].

Keim S. & Wittmann P. (2008). Management Kompetenz Test (MKT). In Faix, W. G. & Auer M. (Hrsg.), Talent. Kompetenz. Management, Band 1, Dokumentation zum Stuttgarter Kompetenz-Tag 2008 (S. 435f.). Stuttgart: Steinbeis-Edition.

Keim S. & Wittmann P. (2012). Der Poffenberger-KODE®X. In Faix, W. G. (Hrsg.), Festschrift Prof. Dr. John Erpenbeck zum 70. Geburtstag. Stuttgart: Steinbeis-Edition.

Übergangsmanagement Schule-Beruf/Studium für Schülerinnen und Schüler an den Gymnasien im Vogtland, verfügbar unter: http://www.pscherer-online.de/www/phpwcms/index.php?id=122 [25.01.2014].

Übergangsmanagement Schule-Beruf/Studium Vogtland, verfügbar unter: http://pscherer-online.de/www/phpwcms/index.php?aid=403 [25.01.2014].

Weitz, A (2012). Einsatzszenarien für Selbst- und Fremdeinschätzungen zur Erfassung überfachlicher Kompetenzen. In Erpenbeck, J. (Hrsg.), Der Königsweg zur Kompetenz. Münster: Waxmann.

Welche beruflichen Kompetenzen habe ich? Verfügbar unter http://www.ihk-oldenburg.de/aus-_und_weiterbildung/ausbildung/lehrer_und_schueler/berufseignungstest_bet_fuer_schuelerinnen_und_schueler.php [25.01.2014].

Autorinnen und Autoren

Prof. Dr. **Rolf Arnold**, Professor für Pädagogik (insbesondere Berufs- und Erwachsenenpädagogik) sowie Aufsichtsratsvorsitzender und Wissenschaftlicher Direktor des Distance and Intependent Studies Centre (DISC) an der TU Kaiserlautern. Arbeitsschwerpunkte: Pädagogischer Konstruktivismus, Selbstlernkompetenzen, systemische Führung, Bildungssystementwicklung.
E-Mail: arnold@sowi.uni-kl.de

Mathias Balliet, Studienrat, Unterrichtstätigkeit an einem Herner Gymnasium, Psychologisch ausgebildeter Beratungslehrer (zertifiziert), Fachmoderator der Bezirksregierung Arnsberg, Lehrbeauftragter an der Ruhr-Universität Bochum. Arbeitsschwerpunkte: Schul- und Unterrichtsentwicklung; Lern- und Problemberatung in der Sekundarstufe I; Konzepte der Medienerziehung; Weiterbildung von Lehrerinnen und Lehrern im Rahmen der Qualifikationserweiterung im Fach Praktische Philosophie.
E-Mail: balliet77@yahoo.de

Monika Beck, MNSc, Pflegewissenschaftlerin, Inhaberin von: MonikaBeck Analysen und Entwicklung, Wissenschaftliche Mitarbeiterin Berner Fachhochschule Gesundheit. Arbeitsschwerpunkte: Entwicklung von Lehrplänen im Bereich Pflege und Betreuung, Qualitäts- und Organisationsentwicklung in Pflegeinstitutionen.
E-Mail: contact@monikabeck.ch

Regine Berger, Seniorpartnerin im IfaS, Institut für angewandtes Schulmanagement. Arbeitsschwerpunkte: Umsetzung neuester Erkenntnisse der Pädagogik, OE und Prozesssteuerung im Kontext von Lernen, das vom Schüler her gedacht wird.
E-Mail: Berger@Ifas-schulmanagement .de

Matthias Braunisch, Didaktischer Leiter an der Gesamtschule Holweide, Lehrer mit den Fächern Geschichte und Biologie. Arbeitsschwerpunkte: Unterrichts-, Schul- und Organisationsentwicklung, Bildungsmanagement, Mediation, Lehrerausbildung, Veröffentlichungen zu den Themen Coaching und Lernen.
E-Mail: matthias.braunisch@gesamtschule-holweide.de

Prof. Dr. **Tobina Brinker**, Leiterin des Netzwerks hdwnrw – Hochschuldidaktische Weiterbildung der 20 Fachhochschulen des Landes Nordrhein-Westfalen mit Sitz in Bielefeld. Diplom-Pädagogin mit Schwerpunkt Erwachsenenbildung, Promotion über neue Medien im Führungskräftetraining, Weiterbildung zum systemischen Coach, Lernprogrammautorin, Trainerin und Beraterin für Hochschuldidaktik und Schlüsselkompetenzen.
Vorsitzende der Gesellschaft für Schlüsselkompetenzen in Lehre, Forschung und Praxis e.V. und Vorstandsmitglied der Deutschen Gesellschaft für Hochschuldidaktik dghd.
E-Mail: tobina.brinker@fh-bielefeld.de

Univ.-Prof. Dr. **Olaf-Axel Burow**, Professor für Allgemeine Pädagogik am Institut für Erziehungswissenschaft der Universität Kassel. Arbeitsschwerpunkte: Theorien und Methoden der Erziehungswissenschaft, Kreativitätsforschung, Personal-, Schul- und Organisationsentwicklung, Verfahren der partizipativen Zukunftsmoderation.
E-Mail: oaburow@arcor.de

Susanne Czachs, M.A., ist seit 2012 in der Wirtschaftskammer Niederösterreich (WIFI NÖ) als Referentin für den Bereich Weiterbildung Management zuständig, promoviert derzeit an der TU Kaiserslautern im Fachbereich Erziehungswissenschaft. Arbeitsschwerpunkte: Entwicklung von Bildungsprodukten in den Bereichen Management und Persönlichkeit; Entwicklung und Durchführung von Train-the-Trainer-Aus- und -Weiterbildungen.
E-Mail: Susanne.Czachs@noe.wifi.at

Prof. Dr. **Werner Esser**, em., Gesamtleiter Bildungsberatung, Schulentwicklung, Coaching. Arbeitsschwerpunkte: Lehrerfortbildung, Institutions- und Organisationsentwicklung, individuelles Coaching innerhalb und außerhalb des Bildungssektors.
E-Mail: esser.werner.m@t-online.de

Mag. **Alice Fleischer**, Referentin, ist seit 2002 im WIFI Österreich beschäftigt. In ihre Verantwortung fällt zum einen die österreichweite Koordination der Geschäftsfelder Berufsreifeprüfung und Sprachen. Zum anderen leitet sie die österreichweite Projektgruppe „WIFI-Lernmodell LENA" zur Definition didaktischer Qualitätsstandards von WIFI-Trainings und damit verbundener Kompetenzanforderungen an Trainer/innen und Organisation, Entwicklung nationaler Bildungsprodukte im Geschäftsbereich Privatschulen.
E-Mail: Alice.Fleischer@wko.at

Prof. Dr. **Gudrun Gaedke**, Institutsleiterin, Institut für Personal & Organisation, FHWien der WKW. Arbeitsschwerpunkte: Kompetenzorientierung und Kompetenzmanagement, Mentoring, Wissens- und Lerntransfer, Personalentwicklung.
E-Mail: gudrun.gaedke@fh-wien.ac.at

Dr. **Dietlinde Granzer**, Wissenschaftliche Leitung, Institut für angewandtes Schulmanagement. Arbeitsschwerpunkte: Angewandte Bildungsforschung, Begleitung und Auswertung von Implementationsvorhaben im Bildungsbereich (Hattie-Ansatz, Qualitätsentwicklung, Bildungserträge).
E-Mail: granzer@ifas-schulmanagement.de

Prof. Dr. **Elke Gruber**, Universitätsprofessorin: Institut für Erziehungswissenschaft und Bildungsforschung, Abteilung Erwachsenen- und Berufsbildung der Alpen-Adria-Universität Klagenfurt/Österreich. Arbeitsschwerpunkte: Erwachsenenbildung, Weiterbildung, Lebenslanges Lernen, Berufspädagogik
E-Mail: elke.gruber@aau.at

Prof. Dr. **Volker Heyse** Vorstandsvorsitzender der HEYSE STIFTUNG „Menschenbilder – Menschenbildung", Geschäftsführer der ACT SKoM GmbH sowie des Trainingszentrums für Personalentwicklung (TfP). Arbeitsschwerpunkte: Kompetenzdiagnostik und -entwicklung, Kompetenzbilanzierung, Organisations- und Personalentwicklung.
E-Mail: tfp@gmx.org

Prof. Dr. rer. nat. Dr. med. habil. **Gerald Hüther**, Professor für Neurobiologe an der Universität Göttingen. Wissenschaftlich befasst er sich mit dem Einfluss früher Erfahrungen auf die Hirnentwicklung, mit den Auswirkungen von Angst und Stress und der Bedeutung emotionaler Reaktionen. Er ist Autor zahlreicher wissenschaftlicher Publikationen und populärwissenschaftlicher Darstellungen.
E-Mail: ghuethe@gwdg.de

Dipl.-Kffr. **Susanne Krey-de Groote**, Studiendirektorin am Berufskolleg an der Lindenstraße in Köln, Moderatorin für Unterrichtsentwicklung. Arbeitsschwerpunkte: Kompetenzorientierte Unterrichtsentwicklung, Führungskräftetraining.
E-Mail: Krey-de_groote@bkal.de

Dr. **Udo Kliebisch**, Studiendirektor, Fachleiter im Kernseminar am Zentrum für schulpraktische Lehrerausbildung in Dortmund, Seminar Gymnasien / Gesamtschulen, Systemischer Coach (WIBK-zertifiziert nach Richtlinien DBVC), KODE®-Kompetenztrainer (ACT-zertifiziert). Arbeitsschwerpunkte: Ausbildung von Lehramtsanwärterinnen und -anwärtern u.a. in den Handlungsfeldern Unterrichten, Erziehen und Beraten; Coaching von Lehramtsanwärterinnen und -anwärtern im Rahmen des Vorbereitungsdienstes.
E-Mail: kliebisch@justmail.de

Dr. **Stefanie Lebsack**, Dozentin für Psychologie an der Fachhochschule des Mittelstands (FHM). Arbeitsschwerpunkte: Lehre und Forschung im Bereich Arbeits- und Organisationspsychologie und klinische Psychologie.
E-Mail: lebsack@fh-mittelstand.de

Prof. Mag. **Michael Mair**, Institutsleiter Tourismus-Management der FHWien der WKW. Arbeitsschwerpunkte: Leitung eines touristischen Bachelor- und Master-Programms, Innovation in Bildung und Tourismus.
E-Mail: Michael.Mair@fh-wien.ac.at

Prof. Dr. rer. nat. **Eckehard Müller**, Prof. am Institut für Bildung, Kultur und Nachhaltige Entwicklung der Hochschule Bochum sowie Prof. am Institut für Werkstoff- und Fügetechnik sowie angewandte Physik im FB Maschinenbau der Hochschule Bochum. Arbeitsschwerpunkte: Schlüsselkompetenzen insbesondere Methodenkompetenz, Hochschuldidaktik, Berufsschulpädagogik, Physik und Werkstofftechnik insbesondere mechanische Oberflächenverfestigung.
E-Mail: eckehard.mueller@hs-bochum.de

Prof. Dr. **Walter Niemeier**, Dekan FB Personal/Gesundheit/Soziales, Leiter Institut für Wissenschaftliche Weiterbildung an der Fachhochschule des Mittelstands (FHM). Arbeitsschwerpunkte: Beratung und Schulung Kompetenzmanagement, Unternehmensführung und Personalmanagement.
E-Mail: niemeier@fh-mittelstand.de

Prof. Dr. MAH **Cornelia Oertle**, Direktorin Fachbereich Gesundheit Berner Fachhochschule BFH, Vorstand Schweizerische Akademie der Medizinischen Wissenschaften SAMW, Vorstand Verein zur Förderung der Wissenschaft in den Gesundheitsberufen VFWG. Arbeitsschwerpunkte: Management Fachhochschule, Bildungspolitik, insbesondere Tertiär- und Berufsbildung, Fachhochschulberufe im Gesundheitswesen, Interdisziplinarität, neue Versorgungsmodelle im Gesundheitswesen.
E-Mail: cornelia.oertle@bfh.ch

Stefan Ortmann ist Mitglied der Geschäftsführung der ISB Information und Kommunikation GmbH & Co. KG, die verantwortlich für die Entwicklung von Kompetenzmanagement-Tools, wie z.B. Competenzia, zeichnet. Des Weiteren ist er Autor diverser Publikationen im Zusammenhang mit Kompetenzmanagement und arbeitet bei der Herausgabe der Waxmann-Reihe „Kompetenzmanagement in der Praxis“ mit. Im Team von Prof. Dr. Heyse und Prof. Dr. Erpenbeck ist sein Arbeitsschwerpunkt die algorithmische Umsetzung der KODE®/KODE®X-Verfahren.
E-Mail: stefan.ortmann@competenzia.de

Dr. **Anita Pachner**, Wissenschaftliche Mitarbeiterin am Fachgebiet Pädagogik, insbes. Berufs- und Erwachsenenpädagogik, der Technischen Universität Kaiserslautern. Arbeitsschwerpunkte: Erwachsenenbildung, lebenslanges und selbstgesteuertes Lernen, Blended Learning, Lerntagebuch/Portfolio, Selbstreflexionskompetenz, empirische Bildungsforschung, interkulturelle Erwachsenenpädagogik.
E-Mail: pachner@sowi.uni-kl.de

Univ.-Prof. Dr. **Monika Petermandl**, Wissenschaftliche Leiterin des Universitäts-Lehrgangs „Professional Teaching and Training MA“ an der Donau-Universität Krems. Arbeitsschwerpunkte: Berufliche Aus- und Weiterbildung, Betriebliche Bildung, Methoden des ganzheitlichen Lernmanagements in Organisationen, Lernen mit neuen Medien, Qualität von Networking, Bildungs-, Berufs- und Karriereberatung.
E-Mail: monika.petermandl@donau-uni.ac.at

Daniela Pilger, Lehrerin mit den Fächern Kunst und Deutsch, Koordination Zentrale Prüfungen an der Gesamtschule Holweide, Fachberaterin für Schulentwicklung.
E-Mail: daniela.pilger@gesamtschule-holweide.de

Dr. **Thomas Prescher**, wissenschaftlicher Mitarbeiter am Fachgebiet Pädagogik der Technischen Universität Kaiserslautern. Arbeitsschwerpunkte: Intuitive Pädagogik, Ökologie des Selbst und Selbstveränderung, transformative Schulentwicklung.
E-Mail: Thomas.prescher@sowi.uni-kl.de

Margret Rasfeld, Schulleiterin Ev. Schule Berlin Zentrum, Gründung der Initiative Schule im Aufbruch. Arbeitsschwerpunkte: Transformationsprozesse in Schulen und Unternehmen zu einer Kultur der Potenzialentfaltung und wertschätzender Beziehung, Referentin, Beratung, Vernetzung.
E-Mail: margret.rasfeld@gmail.com

Wolfgang Scharl, Mitarbeiter im österreichischen Bundesministerium für Unterricht, Kunst und Kultur und Lehrer an der Höheren Technischen Lehranstalt TGM in Wien. Arbeitsschwerpunkte: Lehrplan- und Unterrichtsentwicklung sowie Personalentwicklung und Lehrerfortbildung.
E-Mail: wolfgang.scharl@tgm.ac.at

Prof. Dr. **Lothar Schäffner**, Universitätsprofessor a.D., Arbeitsschwerpunkte: Weiterbildung, aktueller inhaltlicher Arbeitsschwerpunkt: Das Arzt-Patienten-Verhältnis und Organisationsentwicklung in hochprofessionellen Dienstleistungsunternehmen.
E-Mail: info@lotharschaeffner.de

Dr. **Michael Schwager**, Lehrer für Sonderpädagogik, Jahrgangsleiter. Gesamtschule Köln-Holweide. Arbeitsschwerpunkte: Unterricht; Veröffentlichungen zu Fragen der Inklusion und des Gemeinsamen Unterrichts; Schul- und Unterrichtsentwicklung in Richtung Inklusion.
E-Mail: Michael.schwager@gesamtschule-holweide.de

Sebastian Werle, Referendar am Studienseminar Mainz, Lehrbeauftragter im Fachgebiet Politikwissenschaft der TU Kaiserslautern, Arbeitsschwerpunkte: Bildungsforschung, Bildungspolitik und Außenpolitik der USA.
E-Mail: werle@sowi.uni-kl.de

Dr. **Peter Wex**, Bildungsforscher an der FU Berlin. Arbeitsschwerpunkte: Entwicklung von Hochschulen, Bologna-Reform, Studien- und Prüfungsordnungen, Prüfungsrecht.
E-Mail: wex@zedat.fu-berlin.de

Prof. Dr.-Ing., M.A. **Christian Willems**, Professor an der Westfälischen Hochschule in Recklinghausen. Arbeitsschwerpunkte: Werkstofftechnik, Schlüsselkompetenzen, Persönlichkeits- und Organisationsentwicklung, Hochschuldidaktische Weiterbildung.
E-Mail: christian.willems@w-hs.de

Univ.-Prof. Dr. **Heinz-Werner Wollersheim**, Lehrstuhl für Allgemeine Pädagogik, Universität Leipzig, Studiengangverantwortlicher des Masterstudiengangs „Begabungsforschung und Kompetenzentwicklung / Studies in Abilities and Development of Competences". Arbeitsschwerpunkte: Begabungsforschung und Kompetenzentwicklung, Hochschuldidaktik, E-Learning und E-Assessment, Historische Bildungsforschung.
E-Mail: wollersheim@uni-leipzig.de

Dr. **Bert Xylander**, Lehrer für Mathematik und Physik, Stellvertretender Schulleiter am Sächsischen Landesgymnasium Sankt Afra zu Meißen. Arbeitsschwerpunkte: Begabtenförderung, mathematikdidaktische Forschungen.
E-Mail: bert.xylander@st-afra.smk.sachsen.de

John Erpenbeck, Volker Heyse

Mit Beiträgen von Timo Meynhardt und Johannes Weinberg

Die Kompetenzbiographie

Wege der Kompetenzentwicklung

2007, 496 Seiten, geb., 2. aktualisierte Aufl., 39,80 €
ISBN 978-3-8309-1808-0; E-Book-Preis: 31,80 €

In ihrer Untersuchung richten die Autoren ihren Fokus auf innovative und erfolgreiche Führungskräfte und untersuchen, wie sich die entsprechenden individuellen Kompetenzen lebensgeschichtlich und arbeitsbiographisch entwickelt haben. Dabei werden sowohl fachlich-methodische als auch personale, aktivitätsbezogene und soziale Kompetenzen berücksichtigt.
Diese Ausgabe geht dabei auf die neuesten Entwicklungen in der Kompetenzforschung ein und ergänzt das Standardwerk um entscheidende weiterführende Überlegungen und Resultate. Das Buch ist eine Fundgrube für alle, die Lebensweisheiten sammeln. Die untersuchten Führungskräfte werden umfassend zitiert.

[...] ein Standardwerk zur Entwicklung von Kompetenzen und Möglichkeiten der Erfassung ihrer biographischen Entwicklung [...] Für diejenigen, die sich mit (biographischer) Kompetenzentwicklung, vor allem im unternehmerischen Kontext beschäftigen, ist dieses Buch uneingeschränkt zu empfehlen – ein Muss, um das man nicht herumkommt.
Sandra Schaffert auf: www.socialnet.de

WAXMANN

Volker Heyse, John Erpenbeck (Hrsg.)

Kompetenzmanagement

Methoden, Vorgehen, KODE® und KODE®X im Praxistest

Kompetenzmanagement in der Praxis, Band 1
2007, 336 Seiten, br., 34,90 €; ISBN 978-3-8309-1825-7
E-Book-Preis: 27,90 €

Die Verfahrenssysteme KODE® und KODE®X bieten ein einheitliches Modell zur Messung von Kompetenzen, das seit 1999 von einer Vielzahl von Beratern und Trainern erfolgreich angewendet wird. Das Buch wendet sich an Führungskräfte, Personalentwickler, Berater und Trainer, die von der Notwendigkeit eines Paradigmenwechsels im Human Ressource Management hin zu einem dynamischen Kompetenzmanagement überzeugt sind.

Volker Heyse, Stefan Ortmann

Talentmanagement in der Praxis

Eine Anleitung mit Arbeitsblättern, Checklisten, Softwarelösungen

Kompetenzmanagement in der Praxis, Band 2
2008, 156 Seiten, br., 24,90 €; ISBN 978-3-8309-1983-4
E-Book-Preis: 19,90 €

Neben einem Glossar zur begrifflichen Klärung enthält der Band Praxisbeispiele, Tabellen, Checklisten und Arbeitsblätter, die die Umsetzung des Talentmanagements im Betriebsalltag erleichtern sollen.
In: Personalführung, 8/2008.

WAXMANN

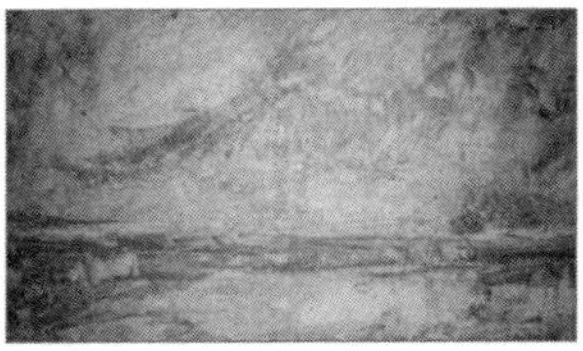

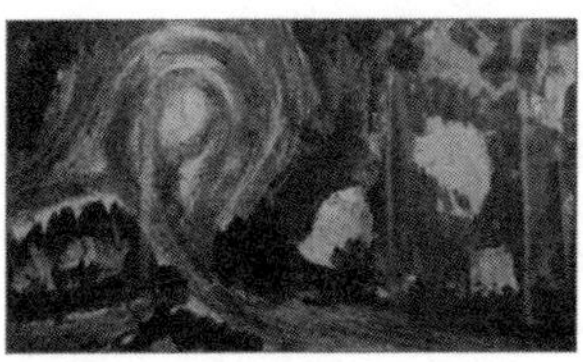